Friedrich K. Hennemann

„über Wasser...
...unter Wasser“

Erlebnisse eines Unterseebootfahrers
vor, im, und nach dem 2. Weltkrieg

Hennemann

Layout und Umschlaggestaltung: B. Kina
Druck und Bindung: Gemi s.r.o., Prag
ISBN 3-00-020117-3
ISBN 978-3-00-020117-2

Warum habe ich meine Erlebnisse in diesem Buch
„über Wasser unter Wasser“
aufgeschrieben?

Als ich 1996 erfuhr, dass ich eine gefährliche Krankheit hatte, machte ich mir darüber Gedanken, wer erzählt meiner Frau dann die kleinen Erlebnisse, welche sie immer von mir hören wollte.

Meine Frau wusste aber nichts von meiner Erkrankung. Sie war rechtsseitig gelähmt, konnte nicht allein stehen, oder gehen. Sie konnte nicht akut sprechen. Aber ich sprach mit ihr und sie stimmte mir zu, *unser erlebtes Leben für unsere Enkel aufzuschreiben.*

Und alles was ich ihr immer wieder erzählt habe, habe ich in diesem Buch aufgeschrieben.
Die Kapitel, welche die Erkrankung meiner Frau betreffen, und deren Folgen, werden in einem gesonderten Buch veröffentlicht.

Am wichtigsten waren ihr immer unsere kleinen Erlebnisse erzählt zu bekommen. Hier hat sie geduldig und sehr aufmerksam zugehört. Es war erstaunlich wie sie nach etwa zwei Jahren nach dem Beginn der Erkrankung wieder alles verstanden hat.

Ihre Freude über meine Erzählungen zeigte sie dann immer durch ein unnachahmliches Lächeln. Aber vor allem auch mit ihren wundervoll strahlenden Augen.

Mein Gedanke war aber, dass alles was ich aufgeschrieben habe, meiner Frau vorgelesen werden könnte, wenn mir etwas passiert. Hiermit musste ich ja rechnen.

Man darf nicht vergessen, dass die meisten Ereignisse 60 Jahre und länger zurückliegen.

Auch die damaligen Unterrichtungen und Vorträge durch unseren Obersteuermann über die Erde, die Geschichte und das Sonnensystem, erfolgten bereits in den Jahren 1936 bis 1939!

60 Jahre später habe ich festgestellt, dass unser Obersteuermann eine Voraussage für die Zukunft getroffen hat, ohne die technischen Mittel zur Verfügung zu haben, wie man sie heute zur Verfügung hat, *und die mich heute immer wieder in Erstaunen versetzen.*

Alles was uns unser Obersteuermann in den drei Jahren Fahrenszeit auf einem Unterseeboot immer wieder durch Vorträge nahe brachte, ist inzwischen zum größten Teil eingetreten!

Friedrich K. Hennemann

Kapitel 1

Bilder vergangener Tage

- deiner, meiner und unserer

Szenen aus der Kindheit / Flitterwochen / Reise in den Harz / Anmerkungen zur DDR

Immer wieder hört man von Paaren, deren Bekanntschaft bis in die Kindheit zurückreicht. Bei uns, liebste Ilse, war es nicht so. Unsere Beziehung ist keine so genannte Sandkastenbeziehung. Die Kindheit, liebe Ilse, war die Zeit, in der wir noch gar nichts voneinander wussten. Alles, was ich von deiner Kindheit weiß, hast du mir erzählt und umgekehrt. Aber im Laufe unserer Ehe haben wir uns immer wieder gern die kleinen Geschichten erzählt und sie vor unserem inneren Auge ablaufen lassen.

Und so will ich an den Anfang dieser Aufzeichnungen ein paar von den Begebenheiten stellen, die ich von deiner Kinderzeit weiß. So gehen sie nicht verloren und vielleicht, wer weiß, fallen sie einmal in die Hände einer unserer Nachkommen in späteren Zeiten. Vielleicht werden sie dann im Licht einer Leselampe geöffnet und vor seinem (oder ihrem) inneren Auge wieder lebendig und frisch.

Ich habe erfahren, dass deine Kindheit und deine Jugend unter glücklichen Sternen standen. Zwei dieser Sterne trugen die Namen deiner Großeltern. Oft hast du mir erzählt, wie gut es dir getan hat, Großvater und Großmutter immer auf deiner Seite zu wissen. Auf ihr Wohlwollen, ihre Hilfe, ihre Fürsprache konntest du dich blind verlassen.

Die persönliche Bekanntschaft mit deiner Oma habe ich nicht mehr machen können. Der Tod kam mir zuvor, ich kam zu spät. Aber Deinen Opa Rudolf mit seinem grundgütigen Herzen und seiner zuverlässigen Fürsorge für Dich, lernte ich noch kennen, bevor er ihr folgte. Von ihm konnte ich mir noch selbst einen Eindruck verschaffen - und er von mir.

Auch ich bemerkte sofort, dass dieser Mann für seine Enkel ungewöhnlich viel Verständnis aufbrachte. Und alle spürten, dass er die kleine Ilse ganz besonders in sein Herz geschlossen hatte. Wenn er dir helfen konnte, war er zur Stelle. Auch wir beide profitierten davon. Für uns beide war es ja schon wenige Monate nach unserer ersten Begegnung klar, dass wir uns das große Ja-Wort geben wollten. Aber so manche Stimme gab es, die zum Abwarten riet und vor Überstürzungen warnte. Deinem immerhin schon 72-jährigen Großvater haben wir es zu verdanken, dass wir noch 1940 heiraten durften und vor Gesetz und Gott zu Mann und Frau wurden. Er glaubte an unsere Ehe!

*

In früher zurückreichenden Erinnerungen kommt der Humor des alten Herrn gut zum Ausdruck. Ein Kind warst du, als du mit der ganzen Familie im Biegwald spazieren gingst. Es war Ostern. Und - sehr merkwürdig, wirklich! - der Osterhase schien, welchen Weg ihr auch einschlugt, stets kurz zuvor dagewesen! Ihr bekamt den scheuen Burschen zwar nie zu Gesicht, aber links und rechts des Weges fandet ihr ein Osterei nach dem anderen. Deine jüngere Schwester Edith und du, ihr habt nicht lange warum und wieso gefragt, sondern erst einmal mit roten Wangen gesucht und gefunden. Eifrig habt ihr das Gras durchstöbert und hattet bald so viele Eier, dass sie dem Opa zur Aufbewahrung übergeben wurden, damit ihr Platz für die neuen Funde hattet. Eure Freude über das Finden war so groß, dass es kaum auffiel, dass

Ilse mit kleiner Schwester und Mama

der Gesamtfund zu Hause dann doch deutlich geringer war als gedacht. Dass Opa Rudolf in eurem Rücken sich immer wieder von den anderen gelöst hatte, um die Eier noch einmal vor euch auszulegen, war euch ja schließlich im Eifer des Gefechts auch entgangen. Wie oft im Leben war auch diesmal das Finden aufregender als das Gefunden-haben.

*

Ging Opa Rudolf in sein Stammlokal, um seinen Schoppen zu trinken, vergaß er nie, sich dem dort vorhandenen Schokoladen-Stechautomaten zuzuwenden, um für seine Enkel Schokolade und Pralinen zu erbeuten. Er freute sich fast so viel wie die Beschenkten, wenn er euch mit seinen Süßigkeiten beglückte. Auch daran sieht man sein gutes Herz.

Im Sommer pflegte er in Euerm Gartenhaus zu wohnen. Er hatte es sich dort gemütlich eingerichtet und fühlte sich wohl. Es war aber kein zurückgezogenes Eremitendasein, dem er da huldigte. Im Gegenteil, oft kamen gute Freunde und Bekannte zu ihm raus zum Gartenhaus, so dass er selten allein war. In der Mittagspause hast du ihm oft sein Mittagessen mit dem Fahrrad in den Garten gebracht. Als ich diese hübsche Hütte später kennen lernte, konnte ich seine Vorliebe sehr gut nachvollziehen.

*

Bei einem dieser Besuche, es war schon nach seinem Tod, machten wir einen interessanten Fund. Wir hatten die Hütte mit den Fahrrädern angesteuert und sahen uns neugierig um. Dabei fanden wir zwei ziemlich alte, aber gut verkorkte Flaschen mit rotem Inhalt. Dieser entpuppte sich als der so ausgezeichnete wie alkoholhaltige Sauerkirschwein, den dein Vater aus euren Kirschen herzustellen wusste. Opa Rudolf, offenbar kein Verächter dieses Tropfens, hatte sich einige Fläschchen als Vorrat beiseite gelegt und einige so gut versteckt, dass sie erst nach seinem Tod durch neugierige junge Leute wie uns wieder zum Vorschein gebracht wurden.

Es war Samstag und es war Krieg. Wir öffneten eine Flasche und tranken sie auf das Wohl von Opa Rudolf. Doch warum eigentlich sollte die zweite Flasche dieses guten und bekömmlichen Getränks verschlossen bleiben? Uns fiel kein Grund ein …

Als wir dann auf unsere Räder stiegen, um den Nachhauseweg anzutreten, merkten wir schon, dass der Gleichgewichtssinn etwas gelitten hatte, denn es war nicht einfach, die Fahrräder auf Kurs zu halten.

Trotzdem traten wir wacker in die Pedalen.

Es war damals üblich, dass viele Bewohner am Feierabend, - insbesondere am Wochenende, störenden Autoverkehr gab es ja kaum - die Arme auf Kissen in den Fensterbänken gestützt, dem Kommen und Gehen auf den Straßen zusahen. Da wurde auch so manches Grußwort zugerufen und hier und da ein Schwatz gehalten. Plötzlich tauchten zwei komische Radfahrer auf der Strasse auf. In weit ausgreifenden Schlangenlinien eierten sie die Straße entlang. Die amüsierten Anwohner links und rechts ließen es sich nicht nehmen, unter großem Hallo und Hoho Beifall zu klatschen, so dass ein Spalier entstand, fast wie bei einem Radrennen.

Erst am nächsten Tag machten uns stichelnde Anspielungen klar, dass wir es zu einer gewissen Berühmtheit gebracht hatten mit unserer Schlangenlinientour. Uns störte das herzlich wenig - der Wein war doch köstlich gewesen!

*

Im März 1940 haben wir geheiratet. Unsere 14-tägige Hochzeitsreise führte uns in den Harz, meine Heimat. Als wir nach diesen zwei erlebnisreichen Wochen wieder in Frankfurt eintrafen, klingelten wir abends an der Wohnungstür deiner Eltern, bei denen wir ja noch wohnten. Wer kurz darauf geradezu stürmisch die Tür öffnete, weil wir offenbar schon erwartet wurden, war dein Opa Rudolf. Wie herzlich war dieser Empfang! Er schloss dich in seine Arme, drückte und küsste dich, als wolle er dich gar nicht mehr loslassen. Mich, aber auch deine Eltern berührten die große Zuneigung, die er für dich offenbarte. Er musste sehnsüchtig auf die Rückkehr seiner geliebten Enkeltochter gewartet haben und konnte sich nun vor Freude gar nicht beruhigen. Den ganzen Abend wich er nicht von deiner Seite. Wer, liebste Ilse, hätte diese Zuneigung besser verstehen können als dein glücklicher, frisch gebackener Ehemann?

Und sofort musstest du ihm erzählen, wie es dir in meiner Heimat Thüringen ergangen war. Als er hörte, wie liebevoll dich meine Familie aufgenommen hatte, wie du von deinen neuen Verwandten eingeladen und verwöhnt worden warst, strahlte er vor Freude.

Du erzähltest ihm dann auch von unserer interessanten Wanderung im steilwandigen Tal der Bode, die am Brocken entspringt, auf dem sich bekanntlich die Hexen treffen sollen. Und Du verschwiegst ihm auch nicht, dass Dich dein Ehemann eine große Strecke tragen musste, weil Du vor Schmerzen nicht mehr gehen konntest.

Da richtete er seine klugen Augen auf mich und sah mich lange an. Er dankte mir für meine Fürsorge. Dann wandte er sich an seine Enkeltochter und sagte noch etwas. was ich bis heute nicht vergessen habe und nie vergessen werde.

Gleich beim ersten Mal, begann er, und ich habe seine Worte bis heute nicht vergessen und werde sie auch nie vergessen, solange ich lebe, *als du uns deinen Fritz vorstelltest, habe ich gespürt, dass du den richtigen gewählt hast. Glaub mir, ich kenne die Menschen ganz gut. Ich bin sicher, dass er immer gut zu dir sein und alles für dich tun wird, was in seinen Kräften steht. Auf diesen Mann kannst du bauen, ja, das glaube ich. Ich habe großes Vertrauen zu ihm.*

Nach diesen bewegenden Worten wandte er sich an uns beide: *Auf eurer Hochzeitsreise habt ihr viel Schönes und Interessantes erlebt, gemeinsam erlebt. Diese gemeinsamen Bilder tragt ihr nun in euch wie etwas Kostbares. Hochzeitsreise und Flitterwochen sind ja etwas Einmaliges am Anfang einer Ehe, die nun vor euch liegt. Eure Erinnerungen sind wie ein Schatz, ein Schatz, von dem ihr euer ganzes*

Leben zehren könnt. Hütet diesen Schatz gut! Und dann verschattete sich seine Miene und er setzte hinzu, *ihr wisst ja, wir haben Krieg und niemand kann heute wissen, was morgen kommt...*

Nach diesen ersten Worten, die aus tiefem Herzen kamen, entstand eine Pause, bevor er fortfuhr: *Auch ich werde bald eine lange Reise antreten und hoffe, nur Gutes und Schönes zu sehen.* Über diesen Satz wunderten wir zwei uns sehr. Wir wussten nichts von dieser geplanten Reise. Aber wir fragten nicht nach. Sicher würde er uns in den nächsten Tagen erzählen, was er vorhatte.

Der weitere Abend verlief sehr harmonisch. Wir feierten unsere Heimkehr mit der Familie, wenn auch nur ganz bescheiden bei ein paar Gläschen Wein. So schön unsere Reise gewesen war, so sehr genossen wir es jetzt, wieder zu Hause zu sein. Das wichtigste war, dass wir einander hatten. Doch dies, und das trübte unsere Freude ein wenig, würde sich in den nächsten Tagen ändern. Mein Urlaub neigte sich dem Ende zu, die Kameraden warteten auf mich.

Müde gingen wir zu Bett.

Opa Rudolf

Doch tief in der Nacht, es mag gegen zwei Uhr gewesen sein, riss uns dein Vater aus dem Schlaf.

Etwas Schreckliches war geschehen: Opa Rudolf war gestorben!

Wir konnten es kaum fassen, der Schmerz war groß. Wie konnte es sein, dass unser Opa ausgerechnet nach diesem harmonischen Abend starb, an dem er seinen Enkeln und besonders Dir seine Liebe so unverhüllt gezeigt hatte? War das nicht rätselhaft? Musste in diesem Zusammentreffen nicht ein geheimer Sinn liegen? Voller Trauer sprachen wir darüber, dachten nach, tauschten unsere Gedanken aus. Und plötzlich war allen klar, was sich zugetragen hatte:

Opa Rudolf hatte - wovon wir nichts wussten, was deinen Eltern aber seit längerem bekannt war - einen schweren Herzfehler. Oft hatte er Wasser in den Beinen gehabt und schließlich auch in der Lunge. Die Möglichkeiten der Ärzte vor nunmehr über 60 Jahren waren nicht so groß wie heutzutage. Wahrscheinlich spürte er selbst sein Ende nahen. Und so wartete er voller Sehnsucht auf die Rückkehr seiner Lieblingsenkelin, um sie noch ein letztes Mal umarmen zu können, bevor er die Reise antreten würde, von der er zu uns gesprochen hatte und von der noch niemand wiedergekehrt ist. Bis zu Ilses Eintreffen hatte Kraft und Lebenswille noch ausgereicht, dann hatte er sich überzeugt, dass seine Enkelin bei mir in guten Händen war, hatte sich innerlich ergeben und der Tod hatte ihn mitgenommen.

Alle waren wir tief bewegt. Es gelang mir, meinen Urlaub zu verlängern und konnte ihm so die letzte Ehre erweisen. Oh, ich erinnere mich, wie untröstlich du warst! Kaum ein Tag war doch vergangen, an dem du nicht mit ihm gesprochen hattest. Wie wichtig waren dir die langen Gespräche, die ihr geführt hattet, wenn du ihn im Garten besuchtest. Und wie grell wurde dir jetzt bewusst, was dir dieser gebildete und belesene Mann alles gegeben hatte! Und wie würde dir seine Lebensklugheit fehlen! War er es doch gewesen, der uns zur Heirat geraten hatte, obwohl wir uns noch kein halbes Jahr kannten. Er hatte gespürt, wie sehr es uns zueinander zog und dass wir nicht mehr ohne einander sein wollten. Ich sah, wie entsetzlich traurig du warst und ich schwor mir, deinen Opa nie zu enttäuschen …

*

Von Deinen Eltern weiß ich, dass Du ein zwar lebhaftes, aber dennoch nicht ungehorsames Kind warst. Kein Zaun war Dir zu hoch, kein Bach war dir zu breit. Genau wie die Buben musstest Du jedes Hindernis überwinden und jeden Baum erklettern. Und von dieser Bewegungslust ließest du dich auch nicht abhalten, als sich einmal die Spitze eines schmiedeeisernen Zaunes tief in deinen Oberschenkel bohrte. Alles verheilte und weiter ging´s. Und deine Schönheit, da bin ich Kronzeuge, hat kein bisschen darunter gelitten!

Du mochtest - wie ich, und Millionen andrer Kinder! - keinen Spinat, der doch sooo gesund sein sollte. Gingst du aber nach dem Essen in der Familie zu deiner Lieblingstante Fenn, die nicht weit entfernt wohnte, so ekelte dich der Spinat plötzlich nicht mehr. Freiwillig sogar sollst du bei Tante Fenn Spinat gegessen haben! Hättest du es doch für dich behalten. Aber nein, treuherzig plauderst du es bei deiner Mutter aus. Und, wie Mütter manchmal so sind, war sie gekränkt, wo doch ihr Spinat auch nicht schlechter schmeckte als der von Tante Fenn.

Frisches Gemüse kam bei euch oft auf den Tisch, denn es stammte zum großen Teil aus eurem Garten am alten Flughafen. Dass alles so üppig gedieh, war vor allem eurer effektiven Düngung zu verdanken. In den Ferien seid ihr mit Eimer und Schippen bewaffnet losgezogen, um im Pferch, in dem die Schafe zusammengetrieben worden waren, geeigneten Dünger zu sammeln. Dieser wurde dann auf euren Beeten untergegraben. Der Erfolg gab euch Recht: Nicht nur euer Gemüse wuchs vortrefflich, sondern auch die Blumen dankten die Sonderrationen mit prächtigen Blüten.

*

Bald nach unserer Hochzeit begegnete uns einmal Deine frühere Lehrerin, Frau Letsch. An der Freude, die ihr Gesicht erhellte, konnte ich ablesen, wie sehr sie dich mochte. Sie nahm Dich in den Arm wie eine lang vermisste Tochter. Als Du mich als Deinen Mann vorstelltest, gratulierte sie mir dazu, ihre Lieblingsschülerin geheiratet zu haben. Und nicht nur die liebste seiest du gewesen, sondern auch die beste und fleißigste. Nie würde sie dich vergessen, du habest einen sicheren Platz in ihrem Herzen. Dann wünschte sie uns, dass wir eine glückliche Ehe führen und vor allem den Krieg gut überstünden. Der Krieg, der seit etwa einem Jahr im Gange war, machte vielen Leuten schon damals große Sorgen, obwohl die deutschen Truppen zunächst ja nur Erfolge zu vermelden hatten. Etwas unvermittelt setzte Frau Letsch, die selber unverheiratet und kinderlos war, dann hinzu, dass es für sie eine große Ehre wäre, wenn sie bei unserem ersten Baby Taufpatin sein dürfte. Das war etwas voreilig, denn ein Baby erwarteten wir ja noch nicht. Aus der Patenschaft wurde auch deshalb nichts, weil wir die herzliche Frau Letsch durch die späteren Evakuierungen aus dem Auge verloren. Schade eigentlich.

In deiner Schulzeit bekamst du als glänzende Schülerin eine finanzielle staatliche Unterstützung, ein Stipendium. Besondere Stärken hattest du in den Fächern Englisch und Französisch. In eurer Schule habt ihr Theaterstücke in diesen Fremdsprachen aufgeführt und du hast mit Begeisterung mitgespielt. Noch in diesen Jahren habe ich den gehüteten französischen Text eines Theaterstücks gefunden, das an eurer Schule aufgeführt worden sein wird. Ich betrachtete deine Anmerkungen in dem alten Exemplar, sah den Stempel eurer Schule und bedauerte, dich nicht wenigstens einmal als Schauspielerin auf der Bühne gesehen zu haben.

Dann kam die Zeit des BDM, des *Bundes Deutscher Mädchen* in der Nazizeit. Für Mädchen im Alter von 14 bis 18 Jahren war eine Mitgliedschaft in dieser Organisation eigentlich Pflicht. Nicht zuletzt, weil ausgerechnet das gröbste und dreisteste Mädchen in euerer Wohngegend zur BDM-Führerin ernannt wurde, weigertest du dich, in den BDM einzutreten. Und dies hast Du durchgehalten bis zu unserer Heirat.

Als wir dann nach Frankfurt-Eschersheim in unsere erste eigene Wohnung umzogen, schafftest du es auch, dich dem Eintritt in die Frauenschaft zu entziehen. Hartnäckig hast du darauf hingewiesen, dass es für dich undenkbar wäre, unsere kleine Tochter Marlis allein in der Wohnung zu lassen. Allein die Vorstellung, dass das Kind bei einem überraschenden Bombenangriff ohne Mutter sein könnte, setze dich in Furcht und Schrecken. Der Führerin der Frauenschaftsgruppe blieb schließlich nichts anderes übrig als deine Haltung zu akzeptieren und dich in Ruhe zu lassen. Vor entschiedener Mutterschaft hatten die Nazis immerhin Respekt.

*

Musik, liebe Ilse, gehörte in deinem Leben einfach dazu. Bereits als Schulkind hast Du Musikunterricht bekommen. Das erste Instrument war das Klavier. Dann folgte vor allem die Handharmonika. Und diese wurde zu Deinem Lieblingsinstrument, an dem du es zu einer gewissen Meisterschaft brachtest. Deine Beherrschung dieses damals so beliebten Instruments reichte jedenfalls hin, viele junge Menschen an der Musikschule darin zu unterrichten.

Unter diesen befanden sich auch junge Männer, von denen sich nicht wenige - wen wundert es! - sich in ihre charmante Harmonika-Lehrerin verliebt haben. So musstest du dich selten mit dem Transport deines Instrumentes herummühen, denn es fand sich immer ein Verehrer, dem es eine Ehre war, dein Instrument tragen zu dürfen.

Meine Ilse mit ihrem Lieblings-instrument - der Handharmonika

Einer nach dem anderen wurde Soldat, musste das Instrument mit einer Waffe vertauschen und verschwand aus deinem Blickfeld an irgendeine Front. Einige sahst du erst nach Monaten wieder, wenn sie auf Urlaub kamen, viele erst nach einem Jahr und nicht wenige deiner Musikschüler tauchten nie mehr auf …

Manch einer hatte sich wohl Hoffnungen auf dich gemacht und womöglich in einem fernen Schützengraben von einem Leben mit Dir geträumt. Jedenfalls war ich, der glückliche Auserwählte, mehrmals Zeuge, wie einer dieser jungen Männer aus allen Wolken fiel und seine Enttäuschung kaum unter Kontrolle bekommen konnte, als er hörte, dass du inzwischen verheiratet warst.

Im Musikgeschäft und der Musikschule erfreutest du dich großer Beliebtheit. Ich konnte das immer wieder beobachten. Ich kann mich noch sehr gut erinnern, dass ich eines Tages mit Deiner Chefin an einem kleinen Tisch beim Nachmittagskaffee saß, als ein Offizier vom Range eines Kapitänleutnants die Geschäfträume betrat. Da ich als Maat mehrere Dienstgrade unter ihm rangierte, gebot der Kodex, dass ich aufzustehen und ihn zu grüßen hätte. Doch dieser Mann bedeutete mir, die Förmlichkeiten beiseite zu lassen, er sei nur gekommen, für seinen Sohn eine Trompete zu kaufen. Du hast ihm gezeigt, was ihr im Sortiment hattet. Er ließ sich gründlich beraten und wählte sorgfältig, bis er schließlich eine näher ins Auge fasste. Dann bat er Dich lächelnd, etwas überraschend, aber durchaus nachvollziehbar:

Ach, Fräulein, wäre es möglich, dass Sie mir ein paar Takte vorspielen, ich würde gern einmal den Klang dieses Instruments hören.

Da ich ja auch mit im Laden war, wurdest Du etwas verlegen. Wir waren ja weder verlobt noch gar verheiratet. Darüber hatten wir zu diesem Zeitpunkt noch nie gesprochen. Nur in unserem Inneren wussten wir wohl beide, dass wir nicht mehr voneinander lassen wollten.

Der Kapitänleutnant bemerkte Deine Verlegenheit und sagte zu Dir, ganz diskreter Kavalier der alten Schule:

Verzeihen Sie meine Aufdringlichkeit, mein Fräulein, das habe ich nicht ernst gemeint, es war doch nur ein Scherz!

Und da hast Du voller Schwung das Instrument an die Lippen gesetzt und nach allen Regeln der Kunst eine Melodie hineingeschmettert, dass es nur so eine Lust war. Nicht nur der Kapitänleutnant, war verblüfft, auch ich staunte nicht schlecht! Und Deine Chefin strahlte, voller Stolz auf ihre musikalisch so begabte Verkäuferin.

Des Weiteren erinnere ich mich an einen reichen Geschäftsmann aus der Gegend um den Chiemsee. Er hatte oft geschäftlich im Frankfurter Raum zu tun und tätigte seine umfangreichen Schallplattenkäufe grundsätzlich nur in Eurem Geschäft. Als Bedienung kamst nur Du für ihn in Frage. Du warst es auch, die ihm die Platten nachsandte, die gerade nicht vorrätig waren.

Als er eines Tages wieder einmal zum Einkaufen bei Euch im Geschäft erschien, erzählte ihm Deine Chefin, dass Du Dich verlobt hättest. Umgehend verließ er das Geschäft. Aber keine halbe Stunde war vergangen, da kam sein Fahrer herein und überreichte dir ein prachtvolles Blumenbukett mit seiner herzlichen Gratulation.

Von diesem Tage an aber ward er nie wieder in eurem Geschäft gesehen …

Die tiefste Enttäuschung löste aber unsere Verlobung bei einem jungen Mann aus, der den Rang eines Hauptmanns beim Heer bekleidete. Er muss mit großen Plänen und großen Hoffnungen angereist sein. Er hatte Deine Adresse im Geschäft erfragt. Man hatte es aber versäumt, ihn darauf hinzuweisen, dass Du inzwischen verheiratet bist. Und so kam er ahnungslos in die Wohnung Deiner Eltern, wo wir zu diesem Zeitpunkt noch wohnten. Als er klingelte, ging ich zur Tür und begrüßte den Gast. Ich war in Zivil, da ich gerade Urlaub hatte.

Wir tranken zusammen ein Glas Wein und machten wacker in Konversation, während wir auf Dich warteten. Doch was war nur mit Dir? Warum ließest du dich nicht blicken? Ich musste nachsehen. Ich entschuldigte mich bei unserem Gast und fand dich in der Küche bei deiner Mutter, Tränen rannen über deine Wangen. Du ahntest, dass es sich nicht um einen Routinebesuch handelte und du empfandest heftiges Mitleid mit ihm, dem dein Nein großen Schmerz bereiten würde. Wir versuchten dich zu trösten und redeten dir zu. Schließlich gabst du dir einen Ruck und erschienst mit getrockneten Tränen im

Wohnzimmer, um ihn zu begrüßen. Fast hättest du ihn nicht mehr angetroffen, denn sein Blick war auf die Anrichte gefallen, auf der unser Hochzeitsbild stand. Da standest du als strahlende Braut an meiner Seite. Er war wie vor den Kopf geschlagen, sprang auf und wollte sich augenblicklich verabschieden. Ich versuchte, den Erregten soweit zu beruhigen, dir wenigstens guten Tag zu sagen. Ich bemerkte, dass auch seine Augen sich mit Tränen füllten, aber er setzte sich wieder.

*

Über ein Jahr hatte er nichts von sich hören lassen. Nie hatte er dir seine Liebe gestanden und nie hatte es ein Versprechen zwischen euch gegeben, ganz abgesehen davon, dass du nicht in ihn verliebt warst. Wie leichtfertig war es von ihm gewesen, anzunehmen, dass du unter diesen Bedingungen auf ihn warten würdest! Eine Leichtfertigkeit, die er nun bitter bereute und von der ich profitierte. So ist das Leben manchmal: Des einen Leid ist des anderen Glück.

Er aber hatte diesen ersten Heimurlaub in diesem entsetzlichen Krieg dazu nutzen wollen, dir einen Antrag zu machen und dich auf das große ostpreußische Gut seiner Familie zu führen, um dich seinen Eltern als seine Braut vorzustellen. Daraus wurde nun nichts. Die Enttäuschung war groß, er würde ohne Braut zurückkehren. Denn du, mein Schatz, bliebst bei mir, wofür ich Gott danke! Wäre ich an seiner Stelle gewesen, wäre ich mindestens so unglücklich gewesen wie er, mindestens. Deshalb empfand ich keinen Hass auf meinen Konkurrenten, nicht einmal eine Abneigung irgendeiner Art, sondern tatsächlich Mitgefühl. Diese Eigenschaft, Mitgefühl mit dem Leiden anderer Menschen zu empfinden, gehört wohl zu meinem Charakter. Das jedenfalls haben mir meine Mitmenschen oft zurückgespiegelt und ich will ihnen in diesem Punkt nicht widersprechen.

Wir begleiteten unseren Gast zum Bahnhof. Er hatte seine Fassung wieder erlangt. Kein Wort des Vorwurfs kam über seine Lippen, stattdessen wandte er sich vor Abfahrt des Zuges, der ihn auf Nimmerwiedersehen in seine geliebte ostpreussische Heimat bringen sollte, mit etwa folgenden Worten an dich:

Nun, nachdem ich gesehen habe, wie glücklich du verheiratet bist, fühle ich mich doch beruhigt. Das Herz ist mir schwer, dass aus uns nun nichts wird, aber ich weiß dich in guten Händen. Das ist so viel in diesen bedrohlichen Zeiten. Der Krieg hat erst jetzt eigentlich begonnen und seinen mörderischen Höhepunkt sicher noch nicht erreicht. Frankreich ist geschlagen, aber das war noch nicht das Ende des Krieges. Es geht weiter. Schwere Zeiten werden kommen, sehr schwere Zeiten.

Dann sprach er mich an. Es war zu spüren, dass er seine Fassung wieder erlangt hatte, wenn seine Worte auch etwas förmlich klangen:

Und Ihnen, lieber Kamerad der Kriegsmarine, so etwa könnten seine Worte gewesen sein, *wünsche ich, dass Sie stets wieder gesund nach Hause kommen zu ihrer lieben Frau. Einmal wird auch dieser Krieg enden und es wird Frieden geben.*

Und er fragte, ob er sich nach dem Kriege bei uns erkundigen dürfe, wie es uns ergangen sei. Er würde sich dann an die Adresse wenden, an der er uns jetzt gefunden hatte.

Selbstverständlich waren wir mit dieser Ankündigung einverstanden. Niemand konnte zu diesem Zeitpunkt allerdings wissen, wie lange sich dieser Krieg hinziehen würde. Aber noch schien es wahrscheinlich, dass er mit einem schnellen deutschen Sieg enden könnte. Auch du, Ilse, willigtest gern ein. Du warst erleichtert, dass sich die dramatisch hochschießenden Wogen dieser unerwarteten Begegnung so bald geglättet hatten und eine vernünftige Verständigung unter erwachsenen Menschen möglich geworden war.

Der Krieg endete bekanntlich am 8.Mai 1945. Das Haus deiner Eltern war durch Fliegerbomben zerstört worden. Die Adresse existierte nicht mehr. Mit unseren beiden Kindern warst du in die Schwalm evakuiert, bis ich im März 1946 aus der Gefangenschaft nach Hause kam. Ob er seine Ankündigung wahr zu machen und nach dem Krieg Kontakt zu uns aufzunehmen versuchte, wissen wir nicht. Keine

Nachricht erreichte uns. Wir machten uns gelegentlich Gedanken über das Schicksal des jungen Mannes, den wir unter so tragischen Umständen zuletzt gesehen hatten. Schließlich bildete sich die Auffassung heraus, dass er entweder im Krieg gefallen war oder dass es ihm nicht gelungen war, uns zu finden. Auch seine Eltern hatten mit Sicherheit Haus und Hof in Ostpreußen verloren. Wie so viele werden sie auf Pferdewagen, beladen mit dem nötigsten Hab und Gut, in Richtung Westen geflohen sein. Und wir hofften inständig, dass es ihnen gelungen sein möge, wenigstens ihr Leben in Sicherheit zu bringen und eine neue Heimat zu finden.

Ein ähnliches Schicksal erlitten Freunde von uns, welche aus Allenstein (heute polnisch: *Olsztyn*) in Masuren ebenfalls flüchten mussten. Das Geschäft und alle Werte, die sie erwirtschaftet hatten, mussten aufgegeben werden. Zum Glück hatte die lebenskluge Mutter unserer Freunde das kommende Unglück rechtzeitig kommen sehen. Alle materiellen Werte wurden veräußert und in leicht zu transportierende und inflationsfeste Brillanten angelegt. Diese Steine bildeten nach dem Krieg in der BRD den Grundstock eines Kapitals mit dem sich ein Geschäft eröffnen ließ, ohne Schulden machen zu müssen.

Aber nur wenige hatten einen derart scharfen, nüchternen Blick für die politische Situation, die sich spätestens nach der vernichtenden Niederlage der 6.Armee in Stalingrad ab Januar 1943 abzuzeichnen begann. Der Niedergang Nazi-Deutschlands hatte angefangen. Ein guter Freund von mir, der aus meinem Heimatdorf stammte, gehörte zu der Armee des Generals Paulus. Nie mehr haben die Eltern meines Freundes oder seine Freunde in der Heimat eine Nachricht von ihm erhalten. Von über 100.000 Gefangenen sahen nur 6000 ihre Heimat wieder. Er gehörte nicht zu ihnen. Er ist in Stalingrad gefallen oder in russischer Gefangenschaft verhungert. Zu diesem Zeitpunkt war ich in Köslin zu einem Flakleiter-Lehrgang. Wir haben uns sehr eingehend mit der Katastrophe von Stalingrad befasst. Nie war unsere Stimmung so niedergeschlagen wie zu diesem Zeitpunkt Januar/Februar 1943.

Auch mein Bruder Hermann blieb in Russland. Er starb in einem

Gefangenenlager vor Moskau im Juli 1945, also zwei Monate nach dem offiziellen Ende des Krieges. Mitgefangene teilten es nach ihrer Entlassung seiner Frau mit. Seine im Januar 1945 geborenen Zwillingssöhne hat er nie gesehen, da er kurz vor deren Geburt zur Wehrmacht eingezogen worden war. In diesen wenigen Zeilen steckt der ganze Wahnsinn des Krieges ...

*

Aus meiner Kindheit und Jugendzeit habe ich Dir viele kleine Erlebnisse erzählt. Was ist für Kinder interessanter als ein Bauernhof? Die Eltern meines besten Freundes Werner hatten ein großes Gut. Schon der Hof mit den vielen Tieren, besonders den Pferden, war schlicht und einfach faszinierend. Es ergab sich fast zwangsläufig, dass wir beide schon in frühester Jugend das Reiten lernten. Pferde gab es genug. Und so haben wir oft, wenn der Vater nicht zu Hause, und der Verwalter im Feld war, zwei Pferde gesattelt, haben uns in den Sattel ..., nun *geschwungen* wäre übertrieben, sagen wir: *gehievt* und sind stolz und glücklich durchs Gelände geritten. Eigentlich hätte ich später bei der Kavallerie landen müssen statt bei der Marine.

Oft fuhren wir mit Speer und Tomahawk zwischen die Hühner auf dem großen Hof und haben sie in Angst und Schrecken versetzt. Einmal hat Werner bei unseren wilden Spielen in der Hitze des Gefechts ein Huhn mit dem Speer erlegt, was keineswegs beabsichtigt war, schließlich wussten wir, dass uns da nur Ärger blühte. In diesem Fall hat seine ältere Schwester Ortrud mit sich reden lassen und uns aus der Patsche geholfen.

Übrigens verdienten wir uns auch unser Taschengeld mit Eiern von frei laufenden Hühnern auf den Höfen und in den Scheunen! Jedes gefundene Ei, sofern wir es nicht selbst zum Kuchenbacken im Sandkasten benötigten, lieferten wir Ortrud ab und bekamen dafür pro Ei immerhin 5 Pfennig ausgezahlt. Den Ertrag hat der großzügige Werner immer brüderlich mit mir geteilt.

Da die Eier-Sammelstelle aber je nach Größe 9 bis 11 Pfennig für ein Ei zahlte, machte die wackere Ortrud durchaus noch ein respektables Geschäft. Wir arbeiteten Hand in Hand, und eine Hand wusch die andere!

In Nordhausen, einer kleinen sehr alten Stadt am Südrand des Harzes, gab es ein schönes Stadttheater mit einem guten Ensemble. Um in den Genus ihrer vorzüglichen Aufführungen zu kommen, war es notwendig, ca. 18 km zurückzulegen. Diese Strecke pflegten Werners theaterbegeisterte Eltern in einem Landauer, der von zwei Kutschpferden gezogen wurde, zurückzulegen. Als Werner und ich konfirmiert wurden, gestattete man uns, die Eltern zu begleiten. Wir waren Feuer und Flamme. Die Sache war wildromantisch; ein Wort, das uns damals natürlich unbekannt war. Um so genauer verfolgten wir jede Einzelheit. Noch heute sehe ich den Landauer vor mir, den der Kutscher, Herr Mieth, auf Hochglanz poliert hatte.

Rechts und links seines Kutschbocks war je eine Laterne befestigt, die das Licht für die Hinfahrt am Abend, vor allem aber für die Rückfahrt in stockfinsterer Nacht geben sollten. Diese Karbidlampen hatten nur ein Bruchteil der Kraft heutiger Autoscheinwerfer, nur unwesentlich mehr, als hätte man Wachskerzen in die Laternengehäuse gestellt.

Die Hinfahrt verlief ohne Zwischenfall. Ohne großes Hü und Hot trabten die Pferde auf dem Wege dahin, man hätte meinen können, sie kennten ihren Weg auswendig. Auf der Heimfahrt aber, es war außergewöhnlich dunkel, passierte, was nicht passieren sollte: Der Landauer verfehlte den Weg und kippte in den Straßengraben. Zwar war niemand verletzt worden, auch war keine Achse gebrochen, aber es war nicht möglich mit den vorhandenen Mitteln, das Fahrzeug wieder flott zu kriegen. Bevor die Kutsche aus dem Graben gezogen werden konnte, musste sie aufgerichtet werden. Dazu bedurfte es noch einiger kräftiger Männer. Die nächste Ortschaft hieß Fronderode. Bis zu den ersten Häusern waren es zum Glück nur etwa 300 m. Werner und ich wurden geschickt, Hilfe zu holen. Mit einer Taschenlampe bewaffnet tasteten wir uns durch die Finsternis. Es gab ein großes Gut mit kräftigen Arbeitern. Dort fragten wir nach Hilfe. Obwohl zu dieser späten Stunde der Hof schon im Schlaf lag, dauerte es nur kurze Zeit, bis ein kleiner Trupp von vier Mann zusammengestellt war. Der Gutsherr ließ es sich nicht nehmen, die Führung zu übernehmen und begleitete uns zum Unfallort. Es war nicht der erste Unfall dieser Art. Nach kurzer Beratung wurden die mitgebrachten Seile so befestigt, dass der schräg geneigte Wagen in die Senkrechte gezogen werden konnte. Nun erfolgte das Kommando an die Pferde, die, unterstützt von den Männern, unter großem Hallo anzogen und unser Gefährt langsam und ächzend aus dem Graben zogen. Nicht mehr ganz so makellos aber noch voll fahrtüchtig stand es schließlich wieder bereit. Man bedankte sich für die geleistete Hilfe. Die verbleibenden drei Kilometer wurden mit besonderer Vorsicht zurückgelegt.

Für uns Jungen war dies ein tolles Erlebnis, das uns noch lange beschäftigte und das sich mir bis zum heutigen Tag eigenartig deutlich eingeprägt hat.

Für die nächsten Fahrten wurde der Landauer dann übrigens mit stärkeren Lampen ausgerüstet. Außerdem achtete man mehr auf das Wetter, vor allem auf den Mond. Mondhelle Nächte wurden nun bevorzugt für die Theaterfahrten ausgewählt. An einen Verzicht auf den Genus dieser Aufführungen aber war zu meiner Freude nie gedacht worden. Ich durfte nämlich so manches Mal mitfahren und war stets voller Dankbarkeit.

Mit der Eisenbahn zu fahren wäre viel zu umständlich gewesen. Erst hätte man die 3 km zum Bahnhof fahren oder laufen müssen. Dann hätte man mit der Eisenbahn die 20 km bis Nordhausen fahren können. Nun hätte man noch einmal die Straßenbahn abpassen müssen, um endlich ermüdet am Theater anzukommen.

*

Ich hielt mich gern auf diesem Gehöft auf und ich glaube sagen zu können, dass ich dort gern gesehen war. Wenn mich Werners

Mutter zu Gesicht bekam, sagte sie oft zu mir: *Fritz komm bitte heute zum Mittagessen zu uns. Werner isst besser wenn er mit Dir zusammen isst.*

Und so war es in der Tat. Werner war, was man einen schlechten Esser nennt. Wenn aber wir beide mit dem Kindermädchen an einem separaten Tisch im Esszimmer saßen und Werner sah, mit welchem Appetit ich mir die aufgetragenen Speisen munden ließ, wirkte das irgendwie ansteckend und auch er verputzte mehr als sonst. Ich musste mich wahrlich nicht zum Essen zwingen, denn was da aus der Küche hereingetragen wurde, war kein Arme-Leute-Essen.

Interessanter Weise gab es etwas, das den Appetit meines Freundes noch mehr förderte als mein Beispiel: Nie langte er so zu, wie wenn er bei uns zu Hause zu Tisch saß. Zwar wurden bei uns nicht derart erlesene Speisen geboten, wie in Werners Familie, die konnten wir uns nämlich nicht leisten, dafür aber regierten gleich zwei vorzügliche Köchinnen in der Küche und was die am Herd zusammenzauberten, erfreute den Gaumen nicht weniger. Zuhause schwärmte Werner seiner Mutter von dem leckeren Essen vor, das ihm bei uns serviert worden war. Seine Mutter, immer ein wenig in Sorge über seine Appetitlosigkeit, freute sich.

Sie war, wie meine Mutter auch, eine kluge und gütige Frau. Sie wusste ganz genau, warum es Werner bei uns so gut schmeckte. Natürlich war es nicht allein das Essen, sondern in erster Linie war es die große Runde unserer munteren Familie, in der er sich pudelwohl fühlte. Bei uns saßen immer mindestens sechs bis acht Personen am Tisch. Das gefiel dem Werner. Auch bei den belegten Broten, die meine Mutter für uns Heranwachsende zu jeder Tageszeit bereithielt, langte er tüchtig zu.

Für viele Jahre verloren wir uns aus den Augen. Für über ein halbes Jahrhundert, aber nicht für immer! Es war im Jahre 1990, der Eiserne Vorhang war gerade gefallen, als wir uns in Bad Sachsa ein Zimmer mieteten und von dort aus Besuche bei Bekannten und Verwandten starteten. Und einen Tag reservierte ich für meinen alten Freund

Werner. Ich suchte ihn in seiner Wohnung auf, in der er, mittlerweile Rentner wie ich auch, lebte. Und wovon sprachen wir beide in die Jahre gekommenen Herrschaften? Sicher wir hatten weiß Gott viele Themen - der Krieg, die Kinder, der Beruf, die gemeinsamen Bekannten, von der leidigen Politik gar nicht zu reden - aber besonderes Vergnügen bereitete uns das Ausbreiten gemeinsamer Kindheitserinnerungen. Klar, auch das tolle Erlebnis mit dem umgekippten Landauer kam aufs Tapet. Doch dann erzählte Werner, wie oft er noch heute an seine Besuche in meinem Elternhaus dachte und wie wohl er sich bei uns gefühlt habe. Ich freute mich, dass er das in so schöner Erinnerung bewahrt hatte. Doch ich konnte ihm versichern, dass es mir mit seinem Elternhaus auch so ging, wenn auch aus anderen Gründen.

*

Die anderen Tage unseres Aufenthalts wurden der Verwandtschaft gewidmet. Es hatte sich herumgesprochen, dass wir *aus dem Westen* angereist waren und überall wurden wir schon erwartet. Der Kofferraum unseres Wagens war dicht gepackt mit Produkten, die in der nun von der Landkarte verschwundenen DDR knapp oder gar nicht zu erhalten waren. Ich glaube, wir konnten manche Freude bereiten mit unseren kleinen Geschenken. Natürlich kam zuerst meine Schwester an die Reihe. Gerade zwei Tage zuvor hatte sie ihren 80. Geburtstag gefeiert. Der Geburtstagskuchen war noch frisch. Es war mein Lieblingskuchen, der Thüringer Fett- oder Schmandkuchen. Allen in der Verwandtschaft schien dies bekannt zu sein. Wo ich auch hinkam, gab es am Morgen zum Frühstück meist Thüringer Hackfleisch, zum Nachmittagskaffee aber vor allem den berühmten Fettkuchen. Man kann ihn belegen mit Äpfeln, Pflaumen, Stachelbeeren, Johannisbeeren oder mit Quark. Jede Hausfrau hatte so ihre besonderen Spezialitäten. Ich hatte Gelegenheit einige Varianten zu probieren und zu vergleichen.

Obwohl es doch schon 65 Jahre zurücklag, dass ich meine Heimat verlassen habe, fühlte ich mich bei unseren Besuchen gar nicht wie ein

Fremder. Es war erstaunlich, wie schnell sich zu meinen Geschwistern, meinen Nichten und Neffen ein vertrautes Verhältnis herstellte. Fast als wäre ich nur kurz mal weg gewesen. Auch mit meinen alten Freunden, sofern sie den Krieg überlebt hatten, traf ich mich immer bei meinen Besuchen. Ich gehörte immer noch zu ihnen.

Doch nicht nur ich, auch du, liebe Ilse, wurdest von allen aufs Herzlichste aufgenommen. Dein gutes Aussehen und deine sympathische Ausstrahlung ließen manchen fragen: *Sag mal, Fritz, ist deine Frau vielleicht eine Schauspielerin?* Ich verneinte dann lachend, aber nicht ohne Stolz auf dich. Aber ich war froh, dass du warst, was du bist und nicht eine Schauspielerin.

*

Bei unseren Besuchen wurde noch so manche Erinnerung wach. So erinnerte ich mich lebhaft, mit meinen fünf Jahre älteren Bruder oft auf dem Bauernhof gewesen zu sein, der dem Hof von Werners Familie direkt gegenüber lag. Dort gab es eine große Familie mit drei Söhnen und zwei Töchtern, die allesamt älter waren als wir beide. Die Bäuerin war eine gutherzige Frau, die viel für uns Kinder übrig hatte.

Für sie habe ich manchmal eingekauft, aber auch Eier zur Sammelstelle gebracht. Dafür bekam ich dann meinen Obulus. Manchmal waren es auch ein oder zwei Eier mehr. Hierdurch stieg dann mein Gewinn. Mit 10 Jahren einen Groschen zu besitzen, war für mich schon ein kleines Vermögen. Taschengeld gab es damals noch nicht.

Nicht selten geschah es, dass nach beendetem Mittagessen, wenn die Söhne und Knechte wieder auf dem Feld waren, dass ich von der Bäuerin gefragt wurde: *Na Fritz, hast du Lust auf ein Täubchen? Ich hätte da noch ein übrig ...* Na, und ob der Fritz Lust hatte! Und dann noch ein Täubchen! Da sagte ich niemals nein! Im nächsten Moment saß ich am Tisch und ließ mir das gebratene Täubchen schmecken. Ja, diese Frau meinte es wirklich gut mit uns Kindern. War eines von uns krank, erschien sie persönlich und brachte eingemachte Birnen,

Kirschen oder Himbeeren ans Krankenbett. Nie hat sie uns vergessen.

Der Bauer pflegte mittags ein Stündchen auf dem Sofa zu schlafen. Wenn er sich dann wieder erhoben und die Stube verlassen hatte, flitzten seine jüngste Tochter und ich schnell zum Sofa. Wir suchten die Sofaritzen ab.

Oft nämlich war aus seiner Weste beim Herumdrehen auf dem Sofa das Kleingeld, das er lose in den Taschen trug, herausgerutscht. Selbstverständlich wurde auch in diesem Fall die Beute geschwisterlich geteilt.

Wenn er manchmal das Wohnzimmer aus irgendeinem Grund verließ, dann ließ er seine brennende Zigarre auf dem Aschenbecher liegen. Wenn er dann zurückkam, sah er uns Jungs stets mit strengem Blick prüfend in die Augen. Wir hatten das Gefühl, dass er geradezu darauf wartet, dass wir an seiner Zigarre ziehen. Nur einmal hat es mein älterer Bruder dann auch tatsächlich probiert und prompt einen schrecklichen Hustenanfall bekommen.

Von diesem Tage an, konnte uns die qualmende Zigarre des Bauern überhaupt nicht mehr locken.

*

Der Bauer hatte für uns zwei Ziegenböcke in einem kleinen Stall neben den Schafen stehen. Sein Sattlermeister fertige die Geschirre an. Wir durften anspannen und mit Freude und großem Hallo mit den Ziegenböcken auch beträchtlich lange Wege zurücklegen. Das hat Spaß gemacht.

Im Winter sind wir auf diese Weise beispielsweise in die ca. 5 km entfernte Mühle gefahren. Wir haben Getreide mitgenommen und dafür dann Mehl und Kleie wieder mitgebracht. Auf diesem Hof war der Backofen für den eigenen Bedarf immer noch im Betrieb.

Bei uns lag oft hoher Schnee. Aber die Strassen waren ja fast ganz frei von Fahrzeugen. Personenwagen gab es erst vereinzelt. Und Lastwagen, viele übrigens immer noch mit Vollgummireifen, kamen sehr selten durch unser Dorf.

Eines Tages waren wir auf der Heimfahrt von der Mühle. Auf einem großen Schlitten waren Säcke voll Mehl und Kleie festgebunden, die wir mit unserem Ziegenbockgespann zum Hof kutschieren sollten. Aber irgendetwas machte die Tiere nervös. Sie ließen sich mit unseren Zügeln nicht mehr bändigen und von unseren Rufen nicht beruhigen, sie gingen regelrecht durch. Wir schafften es nicht, auf dem Schlitten zu bleiben und stürzten in den Schnee. So sahen wir die erregten Böcke samt der Säcke ohne uns durch die weiße Landschaft in Richtung Heimat davonstieben.

Uns blieb nichts anderes übrig als die verbleibenden drei Kilometer zu Fuß hinterher zu laufen. Als wir endlich auf dem Hof eintrafen, waren wir ziemlich erschöpft. Die Ziegenböcke hatten ihren Heimathof auch ohne uns gefunden, die Söhne hatten die Säcke bereits abgeladen und die Tiere versorgt. Nun standen sie um uns herum und lachten uns aus. Wer den Schaden hat, braucht für den Spott nicht zu sorgen, wie das Sprichwort sagt. Wir ärgerten uns darüber. Doch als uns ein gutes Stück Kuchen und ein Glas heiße Milch vorgesetzt wurde, verflog der Ärger schnell.

Die ganze Bauernfamilie waren gute Nachbarn und oft kam auch der Bauer zu Besuch zu uns. Dann pflegte er sich so zu setzen, dass er durch ein bestimmtes Fenster unseres Hauses seine Felder und seine Weiden überblicken konnte. Unser Haus war das letzte vor dem Dorfende. Von hier aus konnte er seine lange, an einem Südhang gelegene Kirschen-Allee bestens im Auge behalten. Wenn er dann noch das Fernglas vor die Augen setzte, entging ihm nichts mehr. Und wehe, wenn sich dann Kirschdiebe an seinen Kirschen vergreifen wollten! Er rief meine jüngeren Geschwister heran, schickte sie, sofort seine Söhne oder Knechte zu alarmieren und diese rückten dann den Dieben zu Leibe. Ein Überwachungssystem, das perfekt funktionierte.

Besonders meine jüngeren Geschwister warteten schon immer auf seinen Besuch. Wenn er sich dann nämlich verabschiedete, kehrte er seine Westentaschen um und ließ die vorhandenen Münzen den

Kindern vor die Füße kullern. Während er dann lachend hinausging, jagten wir hinter den herumrollenden Münzen her. Und es waren nicht nur Fünfer und Groschen, sondern manchmal war auch ein Fünfziger oder sogar ein ganzes Markstück darunter. Den Jubel darüber kann man sich vorstellen!

*

Ich kann mich noch sehr gut erinnern, dass in der Zeit um 1924 das Getreide zum Teil noch mit dem *Dreschflegel* bearbeitet wurde, um die Körner aus den Ähren zu entfernen. Erst ab der zweiten Hälfte der Zwanziger Jahre setzen sich in unserer Gegend nach und nach die Dreschmaschinen durch. Zuerst zogen wandernden Maschinen zur Miete durch die Orte. Später hatten die größeren Bauern, vor allem die reicheren Gutshöfe, eigene Dreschmaschinen. Die Mechanisierung der Guts-und-Bauernhöfe machte große Fortschritte. Auch die ersten Traktoren kamen in der Landwirtschaft zum Einsatz. Das Resultat war, dass Arbeitskräfte frei wurden. Diese wanderten aus der Landwirtschaft ab und gingen in die Industrie. Hier verdienten sie mehr und konnten ihre Familie besser versorgen. In unserer Gegend wurde vor allem der Kaliabbau vorangetrieben. Mehrere Kalischächte wurden am Südharz und in Nordthüringen gebaut und getäuft.

Tausende von Menschen aus der Umgebung dieser Bergwerke fanden hier Arbeit und Brot.

Aber es war eine schwere körperliche Arbeit. Nicht jeder war dafür geeignet. Viele mussten aus gesundheitlichen Gründen zurückgestellt werden. Später dann, ab 1930 und den nächsten Jahren gab es hier hohe Arbeitslosenquoten; bis zu 25 % war keine Seltenheit. Wer Arbeit hatte, war glücklich seine Familie gut ernähren zu können.

Doch mit der Mechanisierung der Landwirtschaft blühte auch das Handwerk auf. Der Handel nahm wieder zu, da die steigenden Familieneinkommen entsprechende Ausgaben erlaubten. Damals legte man noch großen Wert darauf, dass die Töchter vor ihrer Hochzeit eine gute Aussteuer besaßen.

In unser Geschäft kamen zu dieser Zeit noch sehr oft die Mütter der angehenden Ehefrauen und kauften die Aussteuer ein. Viele Frauen kamen noch mit der *Kiep,* um die Einkäufe in althergebrachter Manier nach Hause tragen zu können. Wenn aber der Einkauf besonders umfangreich war, lieferte unsere Firma kostenlos nach Hause. Unseren Kunden und Kundinnen wurde auch sonst ein guter Service geboten. Zuerst bekamen sie ein Frühstück mit frisch gebrühtem Kaffee serviert. Meistens wünschten sie sich dazu Kaffeestückchen, die wir in der nebenan befindlichen Bäckerei besorgten. Dann begann allmählich der Einkauf.

Damals ließen Hochzeitspaare zum größten Teil ihre Möbel - ganz gleich ob Schlafzimmer, Wohnzimmer oder Küchen - noch vom ortsansässigen Schreinermeister anfertigen.

*

Als meine Schwester 1950 heiratete, es war ja in der DDR-Zeit, habe ich Holz aus dem Westen zu ihr in die DDR transportiert damit der Schreinermeister die Küchenmöbel daraus anfertigen konnte. Bereits zu diesem Zeitpunkt herrschte in der DDR bei vielen Artikeln des täglichen Lebens großer Mangel. Versorgungsengpässe gab es allerorten. Nun. wir haben geholfen, wo wir konnten. Oft waren wir selbst, vor allem in den 50er Jahren finanziell durch die vielen Wünsche der vielköpfigen Verwandtschaft einigermaßen überfordert. Eine gewisse Dankbarkeit konnte man eigentlich erwarten, war aber nicht immer selbstverständlich. Manche nahmen die Pakete in Empfang, hatten aber offenbar nicht einmal das Porto für eine Postkarte mit einem kleinen Dankeschön. Nun, wir sind nicht nachtragend, freuten uns aber über diejenigen, die unsere Hilfe offenbar zu schätzen wussten.

Als wir die Erlaubnis bekamen, mit unserem Wagen in die DDR einzureisen, waren wir jedes Mal voll beladen mit Kaffee, Schokolade, Apfelsinen und - natürlich! - Bananen.

Es war z. Zt. einer Olympiade. Die Grenzer der DDR, die sonst stur und pedantisch sein konnten, wie die Ochsen, hatten offenbar Order, ausnahmsweise einmal großzügig zu sein. Vielleicht waren sie auch einfach nur gut gelaunt, weil der Medaillensegen für die DDR so reichlich war. Dass diese Erfolge allerdings zum guten Teil - oft ohne Wissen der Athleten - auf Doping beruhten, wissen wir erst heute mit Sicherheit.

Jedenfalls hatte ich unter anderem zwei Bananenstauden dabei. Ich hatte mich vorbereitet mit einer Liste von Verwandten, welche alle mindestens eine Banane erhalten sollten und durften. Der Grenzer ließ sich die ganze Liste vorlesen. Er fragte *wer ist dies, und wer ist dass?* Ich konnte ihm alles sofort beantworten. Schließlich gab er sich zufrieden und ließ uns nach dieser langen Prüfung mit den Geschenken in den angeblich sozialistischen Teil unseres Vaterlandes einreisen. Ich hatte ja den Verdacht, dass er nur großzügig war, weil die DDR gerade wieder eine Medaille gewonnen hatte …

Schikanen an der Grenze waren der Normalfall. Wir mussten den Rücksitz aus dem Wagen nehmen und den Kofferraum leer räumen, man suchte mit fahrbarem Spiegelsystem den Unterboden des Autos ab und man ließ sich Zeit, viel Zeit. Über eine Stunde gefilzt zu werden war keine Seltenheit.

Es war immer nervenaufreibend, wenn wir durch die DDR-Grenze fahren mussten. Und zwar ganz gleich welchen Grenzübergang wir benutzen.

Die DDR-Grenzer spielten sich als Herren der Grenze auf. Wir aus dem Westen mussten DM 25.-- für jeden Tag, für jede Person, unseres Besuches eintauschen, zu einem Zwangskurs von 1:1, die harte West gegen die schwache Ostmark, ein enormes Verlustgeschäft für uns. Vermutlich hat man mit dem Geld dann das Luxusleben der DDR-Bonzen finanziert, die sich ja bei jeder Gelegenheit als Diener des Volkes bezeichneten. Daran hatte sich bis zum Schluss nichts geändert! Es war eine Farce!

Als wir erfuhren, dass die Führungsclique der DDR in einem abgeschirmten Wohngebiet bei Berlin (Wandlitz - eine Siedlung nur für Mitglieder des SED-Politbüros) wohnte und sich in bestens sortierten Läden nach Herzenslust bediente, wollte uns das keiner unserer Gesprächspartnern in der DDR so recht glauben. Und doch war es so. Diese heuchlerischen Herrschaften hatten sich selbst freien Zugang zu Westwaren genehmigt, der kleine Bürger aber durfte froh sein, wenn er die mitgebrachte Banane essen durfte!

Auch für Genossen, die einen mittleren Rang bekleideten gab es abgestimmte Vergünstigungen. Auch sie konnten manches kaufen, das für den normalen Bürger unerreichbar war.

Es gab in der DDR eine Drei-Klassen-Gesellschaft. Aber die braven DDR-Bürger, mit wenigen Ausnahmen, haben dieses nicht bemerkt, ja, sie wollten davon nichts wissen. Denn Wissen war gefährlich.

Für die anderen nämlich, die Meckerer, wurden Ende der 80er Jahre Konzentrationslager geplant. Zum Glück kam der Zusammenschluss rechtzeitig und machte diesem Spuk ein Ende.

Dass viele Bürger, deren Begeisterung für das politische System zu wünschen übrig ließ, in Straflagern landeten, wurde in der DDR ebenso übersehen wie die Konzentrationslager der Nazizeit.

Viele hatten Angst vor der Obrigkeit. Und daran hat sich damals und heute nichts geändert. Dabei war und ist es offensichtlich, dass viele dieser Politiker alles andere als Ehrenmänner sind. Sie lassen sich bestechen und werden selten dafür zur Rechenschaft gezogen. Ob sich daran jemals etwas ändern wird, kann niemand vorher sagen. Macht zu haben verführt viele schwache Charaktere dazu, diese Macht zu ihren Gunsten zu missbrauchen. Kontrolle tut Not!

Jetzt bin ich doch ins Politisieren geraten. Genug für heute, meine liebes Ils`chen. Ich habe Dir sehr viel erzählt. Du wirst müde sein, bald in süßen Schlummer gleiten, in dem du neue Kräfte sammelst. Und ich werde, wie immer, Deine Hand halten, damit Du leichter einschläfst. Dann wird es Zeit, dass auch ich zu Bett gehe, denn das

Ausbreiten so lange zurückliegender Geschehnisse, kostet auch Kraft. Aber sei unbesorgt, mir geht der Stoff so schnell nicht aus. Im Gegenteil: Ich habe ja erst angefangen …

~~*~~

Kapitel 2

Das Sterben meines Bruders

Der plötzliche Tod meines Bruders Karl im Jahre 1923 / Wirkungen dieses Todes

---

Heute Mittag habe ich dir beim Schlafen zugesehen. Tief und entspannt war dein Schlaf. Und nun, da du die Augen aufgeschlagen hast, siehst du geradezu blühend gesund aus. Keine Spur deiner Krankheit kann ich entdecken und obwohl du nicht mehr jung bist, strahlst du immer noch etwas Jugendliches aus.

Ob ich es heute wagen kann? Ob ich mir heute den Ruck geben sollte, dir ein Ereignis unserer Familiegeschichte zu erzählen, das ich dir noch nie zuvor erzählt habe, weil ich immer befürchtete, dass du dich zu sehr aufregen könntest? Etwas, das im Gedächtnis meiner Familie unauslöschlich eingeprägt ist, obwohl es schon sage und schreibe 76 Jahre zurückliegt! Sagt man nicht, die Zeit heilt alle Wunden? Nun, vielleicht tut sie das, doch manchmal braucht sie lange, die Zeit, sehr lange, mitunter gar fast ein ganzes Menschenleben ...

Dies sage ich besonders mit Blick auf meine ältere Schwester Erna. Ich selbst war damals, 1923, erst 5 Jahre alt, ein Alter also, an das sich die meisten Menschen nur sehr vage erinnern können, wenn überhaupt. Für Erna aber war alles viel einschneidender als für mich. Jahre-, nein, jahrzehntelang hatte meine Schwester den Schmerz, den diese Ereignisse in ihr ausgelöst hatten, in sich verschlossen und geschwiegen. Und erst kurz vor ihrem Tode hat sie sich ihrer Enkelin Andrea anvertraut und ihr viele mir unbekannte Einzelheiten dieses schrecklichen Ereignisses erzählt. Und über Andrea wiederum, die das Gehörte für mich niederschrieb, wofür ich ihr sehr dankbar bin, gelangten die Schilderungen zu mir.

Es handelt sich um meinen Bruder Karl. Er war der älteste von uns vier Jungs. Er war ein blitzgescheites Kind. In der Schule war er stets der Beste, ohne dass er sich besonders darum bemühen musste. Er hatte eine schnelle Auffassungsgabe, er war begabt, das Lernen fiel ihm leicht. Dazu kam, dass er ausgesprochen gern zur Schule ging. War einer von uns einmal krank, so waren wir meist alles andere als traurig darüber, zu Hause bleiben zu müssen. Nicht so unser Karl! Das Lernen machte ihm eine solche Freude, dass er bettelte, doch trotzdem bitte zur Schule gehen zu dürfen. Und da die Erkrankungen meist nicht so gravierend waren, gab meine Mutter oft seufzend nach und ließ ihn ziehen.

Dennoch war er kein Streber oder Angeber, der von den anderen schief angesehen worden wäre. Nein, trotz seiner herausragenden Leistungen und seiner offensichtlichen Intelligenz war er bescheiden, zuvorkommend und hilfsbereit. Alle mochten ihn, Lehrer wie Mitschüler. Und so lebt er in unserer Erinnerung bis er 12 Jahre alte wurde. Ein Lebensjahr, das sein letztes werden sollte!

Meine Brüder Herrmann (rechts) und Karl (links). Die Aufnahme stammt aus dem Jahre 1923. Niemand ahnt, dass Karl das Jahr 1924 nicht mehr erleben wird ...

Unser Vater nahm sich fast täglich die Zeit, seinen drei Ältesten einen besonderen Unterricht zu erteilen. Frieda war drei, Erna war ein Jahr älter als ihr Bruder Karl. Besonders gern hat der Vater aus der Zeitung oder aus einem Buch bestimmte Abschnitte oder Ereignisse diktiert. Bei Karl fand er kaum je einen Fehler. Bei seinen Schwestern, so tüchtig sie auch waren, schlich sich doch dieser oder jener Fehler ein. Karl übertraf uns eben alle. Und wenn seine Schwestern mal mit den Hausaufgaben nicht zurechtkamen, dann wussten sie, an wen sie sich wenden konnten, um Hilfe zu bekommen! Karl machte kein Aufhebens davon, wenn er ihnen auf die Sprünge half. Noch viel später, als längst erwachsene Frauen, haben meine Schwestern von dieser Großzügigkeit unseres Bruders erzählt.

Die Lehrer waren sich einig: Der Karl muss auf die Oberschule, eine solche Begabung darf nicht vergeudet werden. Manch einer von ihnen sah in meinem älteren Bruder, der ja noch ein Kind war, gar schon einen zukünftigen Kollegen.

Doch so einfach ließ sich das nicht machen. Um unseren Tisch sammelte sich mittlerweile eine 5-köpfige Kinderschar, unser Haus war zu klein geworden und der Vater plante und sparte für ein neues, größeres. Woher das Schulgeld nehmen? Dazu kam, dass die nächste Oberschule 22 km entfernt in Nordhausen lag. Ein Schulweg von insgesamt 44 km schien damals kaum zumutbar. Das Problem wurde hin und her gewendet, eine Lösung war nicht zu erkennen.

Da erschienen eines Tages die Lehrer, die Karl unterrichteten, um dem Vater einen wahrhaft großherzigen Vorschlag zu unterbreiten. Sie selbst, sowie der Pfarrer und ein Gutsbesitzer erboten sich, das Schulgeld sowie sämtliche Kosten für die Unterbringungen in Nordhausen für die gesamte Schulzeit zu übernehmen! Nur solle er darin einwilligen, dass sein so ungewöhnlich begabter Sohn die Oberschule besuchte.

Natürlich lehnte mein Vater dieses Angebot nicht ab. Er bat jedoch, die Einschulung auf die Oberschule um ein Jahr zu verschieben. Die Lehrer, der Pfarrer und auch der Gutsbesitzer waren einverstanden. Ihr Angebot, da solle er ganz unbesorgt sein, würde auch im nächsten Jahr noch gelten. Alles schien bestens geregelt. Und doch sollte Karl nie die Oberschule von innen sehen. Das Schicksal hat es nicht erlaubt.

*

Es begann durchaus harmlos. Karl war am Tag eines geplanten Schulausflugs nach Kassel stark erkältet. Deshalb sollte er zu Hause bleiben und sich kurieren. Doch Karl wollte nicht verzichten. Er bettelte die Eltern an, bis diese schließlich nachgaben und ihn mitfahren ließen. Wie bitter sollten sie diese Nachgiebigkeit später bereuen!

Karl versprach sich zu schonen und sich nicht mehr anzustrengen als nötig. Ein Versprechen, das er dann wohl doch nicht beherzigt hat. Außerdem ist so ein Ausflugstag lang. Vom frühen Morgen bis zum späten Abend waren sie unterwegs. Kassel war über 110 km von uns entfernt. Als es daran ging, das Wahrzeichen der Stadt, die Herkulesstatue, zu ersteigen, sei Karl dennoch immer frisch vorneweg gewesen. Dies jedenfalls berichteten später seine Kameraden. Dass er eigentlich ins Bett gehörte, merkten sie ihm nicht an.

Doch als er am Abend wieder zu Hause ankam, war er völlig erschöpft. Er selbst machte sich Vorwürfe, dass er nicht auf den Rat der Eltern gehört und verzichtet hatte. Doch nun war es zu spät. Sein Zustand schien so bedenklich, dass unser Hausarzt Dr. Sickel aus Bleicherode gerufen wurde. Er war zuverlässig und tüchtig und genoss das Vertrauen der Familie. Trotz der späten Stunde, war Dr. Sickel sofort zur Stelle. Nachdem er meinen Bruder untersucht hatte, machte er ein sorgenvolles Gesicht, denn er war sich sicher, dass es sich um Diphtherie handelte. Gleich am nächsten Tag sollte Karl ins Krankenhaus nach Bleicherode gebracht werden.

Am Morgen des nächsten Tages spitzte sich sein Zustand noch einmal dramatisch zu: Er bekam einen Blutsturz. Der Krankenwagen brachte ihn eilends ins Krankenhaus. Die sofort durchgeführte Untersuchung erbrachte, dass eine Ader im Kopf geplatzt war. Eine entsetzliche Diagnose! Beim damaligen Stand der Medizin nahezu ein Todesurteil! Die Ärzte machten uns keine Hoffnung. Heute würde man derartige Fälle in Neurochirurgischen Kliniken behandeln.

Karl ahnte wohl, dass es schlecht um ihn stand. Wie sonst soll man es verstehen, dass er die Eltern bat, seine Geschwister und auch die

Großmutter Ernestine zu ihm ins Krankenzimmer zu bringen, er wolle alle gern sehen. Wir kamen alle und blieben bei ihm den ganzen Tag.

Dann fragte er die Mutter, ob sie für ihn das Lied *Lobe den Herrn den mächtigsten König der Erde* singen könnte. Wie hätte seine Mutter ihm diesen Wunsch abschlagen können? So sang sie in diesem Krankenzimmer ihrem sterbenden Ältesten dieses alte Kirchenlied vor, während ihr die Tränen über die Wangen liefen. Es muss ihr das Herz zerrissen haben. Als sie geendet hatte, dankte ihr Karl. Dann wandte er sich an seine Schwester Erna. Und nun ereignete sich jene Szene, die Erna zeit ihres Lebens nicht mehr loslassen sollte. Ihr Bruder, mit dem sie so oft gespielt, getobt, gezankt hatte, wünschte sich von ihr das alte Volkslied *Am Brunnen vor dem Tore.* Doch seiner Schwester saß ein Kloß im Hals und in ihren Augen standen die Tränen. Sie konnte nicht singen, sie wollte nicht singen. Sie fühlte sich überfordert mit ihren 13 Jahren.

Und doch, als dann die Mutter leise zu ihr sagte: *Komm, Erna, sing dem Karl doch das schöne Lied vor ... du siehst doch, wie sehr er es sich von dir wünscht!* Da gab sie ihre Weigerung auf und sang, von Schluchzern unterbrochen:

Am Brunnen vor dem Tore,
da steht ein Lindenbaum.
Ich träumt in seinem Schatten
so manchen süßen Traum ...

Viele, viele Jahre später, als die kleine Erna schon eine Oma war hat sie ihrer Enkelin Andrea von diesem Lied am Bett ihres sterbenden Bruders erzählt, das sie erst nicht singen wollte. Später war sie froh, dass sie es doch gesungen hatte. Dem Bruder diese letzte Bitte abgeschlagen zu haben hätte sie sicherlich noch zusätzlich belastet.

Auch das Personal des Krankenhauses nahm Anteil am Sterben meines Bruders. Dieses 12-jährige Kind hatte eine große Familie um sein Bett versammelt und wollte keinen fortgehen lassen. Und wenn sie auf dem Gang ihrer Arbeit nachgingen, werden sie stehen geblieben sein und gelauscht haben auf die Lieder, die da aus dem Zimmer des todkranken Jungen drangen.

Mein Bruder Hermann in späteren Jahren

Die Ärzte versuchten alles in ihrer Macht stehende, um doch noch eine Wende herbeizuführen. Aber ihre Macht reichte nicht aus; das Schicksal war stärker. Am frühen Abend schlief Karl friedlich lächelnd ein. Seine Augen blieben für immer geschlossen ...

Am anderen Tage wurde er zurück in unser Haus gebracht und im Flur des Hauses aufgebahrt. Dieses war damals so üblich, denn auf dem Friedhof war noch kein Trauerhaus errichtet worden.

Unsere Mutter 1974. Der Verlust ihres ersten Sohnes liegt nun viele Jahre zurück und die Lebensfreude ist zurückgekehrt. Aber vergessen hat sie ihn nie.

Drei Tage lag der Leichnam meines Bruders da. Und den ganzen Tag über hielten seine Mitschüler und die Kameraden des Männer-Turnvereins eine Ehrenwache an seinem Sarg. Letztere hatten nicht nur einen Freund sondern auch einen ihrer besten Sportler verloren, denn Karl war mit 10 Jahren bereits ein guter Geräteturner gewesen. Sicherlich eine Erbschaft unseres Vaters.

Alle Kinder der Schulen kamen zu Karl, um Abschied zu nehmen von einem Mitschüler, den sie alle sehr achteten und besonders gern mochten. Manche der Kinder kamen an jedem Tage, um Karl noch einmal zu sehen. Auch die Lehrer kamen mit ihren Klassen, um Abschied zu nehmen.

Aber nicht nur die Kinder kamen, sondern sehr viele Dorfbewohner wollten Karl noch einmal sehen.

Die Trauerfeier war ergreifend und wurde von allen Teilnehmern über viele Jahre im Gedächtnis behalten. Ja, noch nach vielen Jahren erzählten mir meine älteren Geschwister, aber auch seine Mitschüler von diesem plötzlichen Tod meines Bruders, um den das ganze Dorf getrauert hatte.

Für meine Mutter begann eine lange Trauer- und Leidenszeit. Der Verlust ihres ersten Sohnes hatte sie in tiefe Schwermut gestürzt. Über zwei Jahre war unsere bekannte Hausmusik nicht mehr zu hören. Alle machten sich Sorgen um die Mutter. Für lange Zeit sprach sie kaum ein Wort mit uns Kindern und so gut wie gar nicht mit Menschen außerhalb der Familie.

Als die Trauer sich gar nicht mindern wollte, begann der Vater, sich um die Mutter ernstlich zu sorgen. Ärzte wurden hinzugezogen. Doch sie wussten keinen Rat. Der Schock, den meine Mutter erlitten hatte, saß zu tief.

Dies änderte sich erst 1926, als unsere Schwester Hilde geboren wurde. Das Baby brauchte ihre mütterliche Zuwendung. Meine Mutter überwand ihre Apathie und widmete sich dem Kind mit aller Liebe.

Mein Vater atmete auf und auch die Ärzte waren zuversichtlich. Sie sagten eine Besserung voraus, die auch wirklich eintrat.

Durch die neue Aufgabe änderte sich auch ihr allgemeines Verhalten wieder. Ihre gedrückte Stimmung normalisierte sich allmählich. Das Leben muss ja immer weiter gehen …

Bis zu diesem Zeitpunkt hatte die Führung des Haushaltes ganz in den Händen unserer Großmutter Ernestine gelegen. Wir liebten sie alle. Wenn sie ihre Rente bekam, dann fiel für uns Kinder immer eine Kleinigkeit ab. Und sie freute sich, wenn sie uns Kindern wieder eine kleine Freude machen konnte.

*

Karls Grab wurde erst im Jahre 1997 von irgendeiner ABM-Arbeitsgruppe abgeräumt. Vom Jahre 1923 bis zu diesem Zeitpunkt war es von den Geschwistern und der Verwandtschaft stets vorbildlich gepflegt worden. 74 Jahre lange Jahre war dieses Grab Sinnbild dafür, dass mein Bruder im Gedächtnis der Familie weiterlebte. Doch dann wird es ohne Takt und Rücksicht entfernt, ohne dass man es für nötig hält, die Familie vorher zu benachrichtigen! Bürokratien können schrecklich grausam sein!

~~*~~

Kapitel 3

Hochzeitsreise und Urlaub in Thüringen

Harzreise März 1940

Bereits zwei Tage nach unserer Hochzeit fuhren wir in meine Heimat, um dort unsere Hochzeit noch einmal zu feiern. Meine Angehörigen kannten Dich bislang ja nur von Bildern und brannten darauf, Fritzens Ilse einmal in natura zu erleben.

So machten wir uns auf nach Thüringen in den Südharz. Am Bahnhof wurden wir von einem vielköpfigen Begrüßungskomitee in Empfang genommen. Die Verwandten drängten sich um uns und ich sah, dass sie dich freundlich willkommen hießen. Es sah fast aus wie ein regulärer Hochzeitszug, was sich da vom Bahnhof ins Dorf bewegte. Nur waren die Teilnehmer nicht ganz so festlich herausgeputzt. Aber wir beide gehören ja zu jenen, denen das Herz wichtiger ist als die Hülle. Und herzlich, da gab es keine Zweifel, ging es zu! Mit deiner zurückhaltenden Art und deiner natürlichen Anmut hast du meine Sippe im Sturm bezaubert und die Herzen flogen dir nur so zu. Auch deine Schönheit wurde natürlich zur Kenntnis genommen.

Meine geliebte Frau Ilse im Alter von 20 Jahren.

Erinnerst du dich daran, dass wir eine Tante zu meiner Mutter sagen hörten: *Ein hübsches Ding ist sie ja, seine Ilse, aber die hat doch nichts auf den Rippen, die ist doch viel zu dünn, finden Sie nicht?*

Wir, die zufällig gelauscht hatten, konnten uns das Lachen kaum verkneifen. Auf dem Dorf hat man eben manchmal sehr eigene Ansichten und Maßstäbe...

Für den folgenden Sonntag war unsere Hochzeitsnachfeier angesetzt. Man hatte sie zusammengelegt mit der Konfirmationsfeier meiner jüngsten Schwester. Wir befanden uns mitten im Krieg, mit gewissen Lebensmitteln wurde in den Städten schon rumgeknapst. Nicht so hier auf dem Dorf! Hier waren wir sozusagen an der Quelle. Es fehlte an nichts, aber auch an gar nichts! Es war eine Feier in Saus und Braus, bei der alle aus dem Vollen schöpfen konnten. Und du warst mittendrin in meiner Verwandtschaft und hattest Gelegenheit, alle kennen zu lernen und zu beschnuppern. Ich stellte dich vor, man scherzte, klatschte und tauschte sich aus. Zwischendurch, wenn wir unter uns waren, unterhielten wir uns über die verschiedenen Persönlichkeiten, und bald stand unser Resümee fest. Jawohl, du bist von allen mit Freuden in die Familiengemeinschaft aufgenommen worden.

Nach der Feier zeigte ich dir das Dorf, mein Dorf, das Dorf, in dem ich aufgewachsen bin. Es ist ein gemütvolles Bauerndorf. Auffällig ist, dass es gemessen an der nicht gerade sehr hohen Einwohnerzahl ein erstaunlich reges Vereinsleben gibt. Nicht wenige Männer und sogar einige Frauen waren Mitglieder in gleich mehreren Vereinen. Der älteste dieser Vereine ist der MTV, Männer-Turnverein, gegründet im Jahre 1908. Unter den Gründungsmitgliedern befand sich mein Vater, der bis zu seinem Tode in leitenden Funktionen dem Verein die Treue hielt. Zu den Turnern gesellte sich 1922 eine Handballmannschaft und ab 1931 stellte der MTV auch eine Fußballmannschaft.

Mein Vater war aber nicht nur der Mitbegründer des MTV, er war auch viele Jahre der beste Turner des Vereins. Und zwar an sämtlichen Geräten und sogar beim Bodenturnen. Wir waren alle mächtig stolz darauf, eine Sportskanone zum Vater zu haben!

Und noch eine seiner Fähigkeiten darf keinesfalls unerwähnt bleiben. Er war ein wahrer Meister darin, laut und höchst virtuos auf den

Fingern zu pfeifen. Für uns Kinder war dies das Signal zum Sammeln. Niemand von uns Kindern hätte es gewagt, diesen Sammelpfiff unseres Vaters irgendwie zu überhören, weil das Spielen gerade so einen Spaß machte! Oh nein, damit kam man bei ihm nicht durch. Er wusste haargenau, wo seine Schäfchen steckten und ob sie ihn gehört hatten oder nicht.

Um die Vereinskasse aufzufüllen, wurden alle Jahre vom MTV Maskenbälle durchgeführt. Eine Hauptattraktion war alljährlich unser Herr Papa! Er bot folgende zirkusreife Artistennummer: Er steckte die Hände in seine Schuhe, schwang sich mühelos in den Handstand, balancierte einen Kopf auf den Füßen und umrundete so zum Erstaunen der Gäste den gesamten Festsaal. Jedes Jahr wurde diese Vorführung mit Spannung erwartet. Man hielt den Atem an - musste er unterbrechen? fiel der Kopf herunter? Und er schaffte es jedes Mal! Sprang wieder auf die Beine, verneigte sich und nahm den verdienten Applaus in Empfang.

*

Die erste urkundliche Erwähnung des Dorfes ist für das Jahr 1093 nachgewiesen. Die Gründung der Siedlung aber dürfte noch weiter zurückliegen. Wahrscheinlich ist die Zeit um das Jahr 800, dem Jahr, in dem sich der Frankenkönig Karl I., der als Karl der Große in die Geschichtsbücher einging, zum Kaiser krönen ließ.

Die Kirche des Dorfes, eine so genannte Wehrkirche, wurde im 11. und 12. Jahrhundert errichtet. 1619 wurde ein Kirchenschiff ergänzt, dass 1850 baulich verändert wurde. In diesem Jahr kam auch eine Orgel dazu, gebaut vom Orgelbauer Gottlieb Knauf aus Bleicherode. Restauriert wurde sie 1992 und am 29.12.1992 eingeweiht.

Ursprünglich mit drei Glocken ausgestattet, hatte die Kirche eine Zeit lang mit nur einer Glocke auskommen müssen. Doch am 2. Juni 1927 wurden zwei neue Glocken in den Glockenturm gehievt. Nun waren es wieder drei Glocken, die mit vollem Klang zum Gottesdienst riefen. Die feierliche Einweihung der Glocken fand am ersten Pfingsttage statt unter Teilnahme eines großen Teiles der Bevölkerung.

Um eine Vorstellung von der Größe - oder soll man sagen Kleinheit? - des Dorfes zu geben: Im Jahre 1935 zählte der Ort 772 Einwohner. Hiervon waren 10 Gutsbesitzer, 35 Landwirte und 23 Bergleute. Ich kann mich gut daran erinnern, dass im Jahre 1930 etwa 100 Kinder die Schulen des Ortes besuchten.

Im Jahre 1953 war die Zahl der Einwohner auf 1086 Einwohner gestiegen. Doch das DDR-Regime war nicht jedermanns Sache. Bis 1961, dem Jahr des Mauerbaus, verließen ca. 150 Einwohner das Dorf in Richtung Westen!

Die Mauer fiel bekanntlich 1989, dennoch verzeichnet das Jahr 1998 nur noch 593 Einwohner. Dieser Schwund hatte einen anderen Grund: Viele, vor allem junge Leute, hatten das Dorf verlassen, weil sie keine Arbeit fanden. So lässt sich am Auf und Ab der Einwohnerzahl das Auf und Ab der Geschichte ablesen.

Überhaupt muss man sagen, dass die große Geschichte an unserem kleinen Dorf nicht spurlos vorüber gegangen ist. Manchmal war das zum Nutzen, oft genug aber zum Schaden der Bewohner. Selbst der Ortsname blieb nicht gleich, sondern wurde im Laufe der Jahrhunderte mehrfach geändert. Auch die Besitzer des Ortes und der umliegenden Ländereien wechselten nicht nur einmal. Dieses war im Mittelalter keine Seltenheit. Eine Heirat in der Familie des Feudalherren konnte der Grund sein oder die Schulden, die der gnädige Herr zu begleichen hatte. Bis zur Demokratie war noch ein weiter Weg, besonders in Deutschland.

Auch die größte Katastrophe, die die Europäer jemals heimgesucht hat, die Beulenpest, ließ unser Dorf nicht ungeschoren. Der schwarze Tod dezimierte in den Jahren 1348 bis 1350 die Bevölkerung ganzer Dörfer. Fast jeder dritte Europäer fiel unter der Sichel dieser Seuche. Erst 1894 gelang es der Wissenschaft, den Pesterreger zu entdecken. Bis dahin stand die Medizin dieser Krankheit ziemlich hilflos gegenüber.

Im Jahre 1678 wütete eine Feuersbrunst und vernichtete weit mehr als die Hälfte aller Häuser. Nur 20 Gehöfte, das Pfarrhaus und die Kirche blieben verschont. Knapp 100 Jahre später, so verraten uns die Chroniken, hatte der Ort wieder 65 Häuser und 426 Einwohner.

Auch im 19. Jahrhundert schlug das Schicksal mit harter Tatze zu.

Das Jahr 1804 brachte eine große Hungersnot über das Land infolge lang anhaltender Regenfälle, welche vom Januar bis zum Juni andauerten.

Mit Beginn der Napoleonischen Kriege ab September 1806 brach neue Not und neues Leid über die Bevölkerung herein. Mit dem Sieg von Jena und Auerstädt wurden die Franzosen Herr unserer Heimat.

Während des Krieges führte die französische Militärstraße durch den Ort. Soldaten und Verwundete wurden einquartiert und mussten von der Kommune versorgt werden.

Napoleon I. bildete 1807 das Königreich Westfalen (Hauptstadt Kassel) unter seinem Bruder Jérôme.

Das Königreich wurde nach französischen Gesetzen aufgebaut und gliederte sich in 8 Departements, die wiederum in Verwaltungsdistrikte unterteilt waren. Diesen unterstanden die Kantone. Nordhausen wurde Distrikt-Hauptstadt und gehörte zum Harzdepartement.

Die Bevölkerung litt unter den Belastungen, Aushebungen von Soldaten und hohen Steuern. Obwohl sie durch die neuen Gesetze endlich mehr Freiheit erlangt hatten, sehnten sie das Ende der Besatzung herbei. Die europäischen Völker sammelten sich zu den Befreiungskriegen. In den Jahren 1813/14 stellte unser Dorf bei 452 Einwohnern 87 Soldaten, die sich freiwillig zu den Freiheitskriegen gemeldet hatten.

Die Völkerschlacht bei Leipzig brachte im Oktober 1813 die Niederlage Napoleons und damit die Freiheit.

Die Hoffnung des Volkes auf eine demokratische Verfassung blieb aber versagt. Erst mit der Einigung Deutschlands 1871 wurden politische Veränderungen eingeleitet.

*

Doch zurück ins 20. Jahrhundert! In die Winter in den zwanziger Jahren - die Winter meiner Kindheit. Viel Schnee gab es. Und da es innerhalb des Dorfes beträchtliche Höhenunterschiede gab, konnte man, das Gefälle nutzend, fast durch das ganze Dorf rodeln. Das machte uns einen Riesenspaß! Für uns Kinder war der Winter jedenfalls eine herrliche Zeit!

Und weil die Winter so lang und streng waren, konnten die Bauern ihre Pferde natürlich nicht einfach im Stall stehen lassen, wie einen Traktor. Es galt, den Pferden auch im Winter Bewegung zu verschaffen. Wer davon profitierte, waren wir Kinder. Da wurden nämlich lange Wagenseile an den Pferden befestigt und an diesen Seilen wiederum hingen jeweils mehrere Schlitten von uns Kindern. Dann hieß es *Hü* und das Pferd zog an. Groß war unsere Begeisterung, wenn wir so komfortabel durch die weiße Winterlandschaft glitten!

Verliebte wollen ja meistens alles voneinander wissen. Und du, liebe Ilse, hast mich wieder und wieder nach meinen Kindheitserinnerungen gefragt. Du wolltest dir vorstellen können, wie ich als Kind gelebt habe und wo wir gespielt haben und überhaupt alles.

Nun, ich gab mir Mühe, dir alles vor Augen zu führen und ich muss sagen, ich tat´s auch nicht ungern. Ja, ich weiß, dass man oft von missglückten, schrecklichen Kindheiten hören muss! Wie oft werden Kinder von Lieblosigkeit, Unglücken, Grausamkeiten gequält und überfordert und leiden ihr ganzes Leben unter Ereignissen, an denen sie vollkommen unschuldig sind. Das ist leider wahr und es ist traurig, dass es so ist. Umso dankbarer bin ich, dass es bei mir ganz anders war! Nein, ich will nicht behaupten, dass meine Kindheit ganz ohne Trübungen war. So weit würde ich nicht gehen. Wo auf dieser Erde gibt es schon ein 100% lupenreines Glück? Und doch, ja, meine Kindheit war schön! Fast immer, wenn ich morgens aufwachte, freute ich mich auf das, was ich heute erleben würde. Frisch lagen die Tage vor mir. Zu leben, war ein Genuss.

Eine Rolle dabei spielte sicher die Landschaft. Eine Kindheit auf dem Land ist eben etwas ganz anderes als eine in der Stadt. Da bieten sich den Kindern ganz andere Entfaltungsmöglichkeiten. Um unser Dorf dehnten sich gesunde Wälder - ein Paradies, von dem die heutigen Städter nur träumen können.

Viele kleine Erlebnisse kamen mir in den Sinn, als wir durch unser Dorf spazierten.

Wir wohnten am Rand des Ortes. Wenn wir aus dem Haus gingen, mussten wir nicht lange gehen, um an einen Bach zu gelangen. Das war für mich und meine sechs Geschwister natürlich ein interessanter Spielplatz. Da wurden Dämme gebaut und Brücken gebaut und da wurden auch Fische gefangen, und zwar mit der Hand!

Und im Frühjahr, zur Zeit der Schneeschmelze, schwoll unser Bach mächtig an und der Wasserspiegel stieg.

Die größeren Buben entwendeten dann heimlich die Wanne, in der die Mutter die Wäsche wusch. Die Wanne wurde zum Bach getragen und als Boot zu Wasser gelassen. Schwankend und unsicher konnte man auf dem Bach herumpaddeln. Meine beiden älteren Brüder waren mit von der Partie. Ich war vier Jahre alt und wollte unbedingt mitmachen. Ich ließ mich nicht ablenken und nicht abschütteln. Meinen Brüdern blieb nichts anderes übrig, als mich auch auf den Wannenkahn zu lassen. Wenn sie mich am Ufer stehen gelassen hätten, hätte ich leicht ins eiskalte und gefährlich schnell fließende Wasser stürzen können.

Es wurde eine schaukelnde Fahrt, der Seegang war für unsere dörflichen Verhältnisse beträchtlich. Meinen Brüdern gelang es aber, den zweckentfremdeten Kahn mehr oder weniger geschickt im Gleichgewicht zu halten. Alles schien gut zu gehen. Doch als meine Brüder dann an Land stiegen, ging das Gleichgewicht verloren, die Wanne kippte und der kleine Bruder platschte ins eisige Wasser! Der Schreck war groß - und zwar auf beiden Seiten. Man zerrte den Kleinen ans Ufer. Triefend, nass und vor allem zitternd vor Kälte stand der da und fing an zu heulen und zu brüllen. Dass dieser Knirps in ein paar Jahren auf einem U-Boot die Weltmeere bereisen würde, hätte damals wohl niemand vermutet. Jedenfalls durften die Eltern auf keinen Fall von dieser Havarie erfahren! Da drohte eine saftige Tracht Prügel! Mit einiger Mühe gelang es meinen Brüdern, mich halbwegs zu beruhigen und mich sodann flugs nach Hause zu transportieren. Doch wie sollten sie mich unbemerkt in den 1. Stock hoch schaffen, um dort die Spuren des Unglücks zu beseitigen, sprich: mir die nassen Kleider vom Leide zu ziehen und mir trockene zu verpassen? Der normale Weg über die Treppe kam nicht in Frage, alles wäre sofort aufgeflogen. Doch Not macht erfinderisch. Ihre Idee war bemerkenswert: Ich wurde unter das im 1. Stock liegende Schlafzimmerfenster gestellt, dann wurde von dort ein Wäscheseil heruntergelassen, dieses wurde mir um die Brust geschlungen und mit vereinten Kräften wurde ich nun hoch gehievt. Ein wirklich guter Plan, der leider einen Schönheitsfehler hatte: Unter dem Schlafzimmerfenster befand sich nämlich das Wohnzimmerfenster. Und vor diesem sah mein erstaunter Vater plötzlich seinen jüngsten Sprössling gen Himmel schweben wie bei Christi Himmelfahrt!

Mein Vater stürzte nach oben, erfasste die Situation und packte mit an. Zu dritt hievten sie mich ins Schlafzimmer.

Doch dabei konnte man es natürlich nicht belassen. Strafe musste sein. Die übernahm meine Mutter. Bei sieben Kindern waren zwangsläufig öfter spürbare Erziehungsmaßnahmen geboten.

Wie lange meine armen Brüder dann nicht mehr bequem auf ihren Allerwertesten sitzen konnten, steht auf einem anderen Blatt ... Mir selbst geschah nichts, ich war ja schließlich nur das unschuldige Opfer dieser Streiche …

Aber auch sonst gab es allerhand zu erleben. Die Eltern meines besten Freundes hatten ein großes Gut. Auf solch einem Gut gibt es Pferde, und so konnten wir schon als Kinder recht gut reiten. War der Vater meines Freundes nicht zu Hause und war auch der Verwalter draußen auf dem Feld, dann nutzten wir die Gelegenheit und schwangen uns auf die Rücken der Pferde. Wir galoppierten natürlich nicht querfeldein, nein wir ritten nur im Hof rund um den Misthaufen! Den Rest erledigte unsere kindliche Phantasie, die einem Don Quichotte Ehre gemacht hätte. Wie dieser fühlen wir uns als Ritter und waren in wilde Kämpfe verwickelt, aus denen wir natürlich stets als strahlende Sieger hervorgingen! Wir zwei Helden durften uns allerdings bei unseren Heldentaten nicht erwischen lassen. Dann nämlich erhielt der eine der Helden eine Tracht Prügel, während man seinen Kumpanen nach Hause schickte. Glücklicherweise galt dieser Bann nur bis zum nächsten Tag, dann war dieser Kumpane schon wieder ein gern gesehener Gast …

*

Bald nachdem du dich mit meinen Verwandten beschnuppert und das Dorf erkundet hattest, machten wir uns auf, um den Harz unsicher zu machen. Es war ja unsere Hochzeitsreise und wir wollten auch ein bisschen herumkommen. Wo hier die besonders hübschen Flecken und die interessantesten Sehenswürdigkeiten waren, wusste ich. In jugendlichen Jahren war ich oft mit dem Fahrrad auf Erkundungstour gewesen und kannte mich deshalb ganz gut aus. Nun aber brannte ich darauf, diese Erinnerungen mit dir zusammen noch einmal aufzufrischen.

Wir hatten den Plan, den Harz von Süden nach Norden zu durchqueren. Unser erster Weg führte uns nach Nordhausen, eine über 1000 Jahre alte Kreisstadt am Südrand des Harzes. Bevor wir von dort mit der berühmten Schmalspurbahn weiter ins Gebirge hinein fuhren, um schließlich nach Thale im Nordharz anzukommen, nahmen wir uns die Zeit, diese aus mehreren Gründen interessante Stadt unter die Lupe zu nehmen.

Über 1000 Jahre Geschichte, das ist eine Menge Zeit! Und die Zeit hat vieles an Gebäuden hinterlassen, das wir heute noch bewundern können. Nur fünf Jahre nach unserem Besuch, im Jahre 1945, wurde sehr viel von der historischen Substanz durch Kriegseinwirkung zerstört. Mittlerweile aber ist das historische Erbe wieder hergestellt worden und bietet den Anblick, der den der alten Gemälde, Fotografien und Erinnerungsbilder in den Köpfen von Bewohnern und Besuchern nahe kommt.

Ich erinnere mich, dass dich alles interessiert hat. Die Rautenstraße, die Stadtmauer, die Treppen, das Gehege. Ich sehe uns Arm-in-Arm die Hallenkirche Sankt Blasi bewundern, die 1490 geweiht wurde und ich sehe uns durch den Dom Zum Heiligen Kreuz schreiten, der sogar noch ein Jahrhundert früher gebaut worden war. Doch die Geschichte der Stadt hatte noch ein halbes Jahrtausend früher begonnen, nämlich im 8. Jahrhundert als Siedlung in der Nähe des Frauenberges.

Im Mittelalter florierte in Nordhausen der Handel. Im Jahre 1810 wurde sie zur Reichsstadt ernannt. Schon als Kreisstadt des Kreises Grafschaft Hohenstein hatte sie ca. 40 000 Einwohner und heute dürften es nur einige Tausend mehr sein.

Nordhausen war eine Stadt mit Kultur und gastlichem Niveau. Hier ließ sich leben! Man konnte das Theater besuchen, in gepflegten Kaffeehäusern plaudern oder in guten Restaurants speisen. Auch für das, was man heutzutage *Shopping* nennt war gesorgt, gut sortierte Geschäfte lockten zum Einkauf.

Doch nicht nur gehandelt wurde, man produzierte auch. Von hier stammt der Kautabak der Firma *Grimm & Triebel* und keinesfalls unerwähnt bleiben darf der *Echte Nordhäuser*, ein Korn, der zu Nordhausen gehört, wie der Steinhäger zu Steinhagen. Prosit!

*

Von dem eigentlichen Geheimnis Nordhausens in der damaligen Zeit ahnten wir harmlosen Hochzeitsreisende nichts. Auch die meisten Nordhäuser wussten nicht, dass es ganz in ihrer Nähe ungeheuer ausgedehnte Stollen gab, die weit in den Berg getrieben waren. Diese Stollen weiteten sich zu riesigen Hallen. Schienenfahrzeuge fuhren zweispurig bis zu 3 km tief unter den Kohnstein. Die Gesamtlänge aller Stollen soll ca. 9 bis 10 km betragen haben. Unser Verwandter sagte mir nach dem Kriege, dass die Arbeitsräume in den Stollen wohl etwa 55 großen Fabrikhallen entsprochen hätten! Versorgungseinrichtungen gab es hier, Küchen, Lagerräume, ein Kraftwerk zur eigenen Stromerzeugung - alles war vorhanden, um vollkommen unabhängig von der Außenwelt zu funktionieren. Es gab Haupt- und Nebenstollen. Die einen dienten der Versorgung, in die anderen waren Produktionshallen gesprengt. Es handelte sich um nichts anderes als um ein bombensicheres unterirdisches Rüstungszentrum! Und während wir oben Landschaft und Sehenswürdigkeiten bewunderten, wurde tief in den Schächten und Stollen die so genannte V-Waffe montiert. Unter der Leitung von Wernher von Braun entwickelten die Nazis eine Rakete, die, als Geheimwaffe eingesetzt, den deutschen *Endsieg* bringen sollte. Bis 1945 sollten hier über 30 000 Zwangsarbeiter und KZ-Häftlinge unter strengster Bewachung arbeiten.

Dass angesichts dieses Umfangs der Produktion selbst von den Nordhäusern nur wenige etwas ahnten, ist wirklich erstaunlich. Diese wenigen, die von diesem Projekt der Wehrmacht Kenntnis hatten, weil sie dort beschäftigt waren, ließen nichts durchsickern. Sie wagten es nicht. Kein Bauarbeiter oder Techniker der dann nicht Angst um sein Leben hätte haben müssen. Alle waren bei Androhung schwerster Strafen zu absolutem Stillschweigen verpflichtet worden. Selbst die eigenen Familien wussten nichts.

Diese unglaublich strenge Geheimhaltung kann ich selbst bezeugen. Ein Verwandter von mir, welcher dort als Bauleiter tätig war, sagte nie ein Sterbenswörtchen über die Art seiner Arbeit. Obwohl wir ein durchaus vertrauensvolles Verhältnis zueinander hatten, sprach er mir gegenüber stets von *Wohnblocks*, an denen sie arbeiten würden.

Ich selbst war anlässlich eines Genesungsurlaubs Ende 1943 für einige Wochen in meiner Heimat. Ich musste wieder behandelt werden und kam deshalb in ein Lazarett in Nordhausen. Ich habe mich mit vielen Nordhäusern, Soldaten und Zivilisten unterhalten. Aber nie machte auch nur einer eine Bemerkung darüber, dass er Kenntnis von den Maßnahmen im Kohnstein und der Produktion von Raketen dort hatte.

Und das, obwohl die Produktion zu diesem Zeitpunkt bereits auf Hochtouren lief!

Vor dem Krieg hatte ein Normalbürger nicht ahnen können, zu welchem Zweck der Ausbau erfolgte.

Erst als mit der Produktion der V-Waffen begonnen wurde, wurde natürlich vieles klarer.

Ich kann mich aber noch sehr genau erinnern, dass 1938 und 1939 von Peenemünde an der Ostsee aus bereits Probeflüge mit Raketen durchgeführt wurden. Wir konnten dies von unserem Unterseeboot aus sehr gut beobachten. Aber keiner von uns dachte damals daran, dass diese Raketen eines Tages gegen England eingesetzt werden könnten!

Es war ja auch noch kein Krieg, als wir die ersten Raketen fliegen sahen. Ja, wir dachten nicht einmal daran, dass es wirklich zur kriegerischen Auseinandersetzung kommen würde!

Und dennoch gab es hohe Kreise, die schon zu dieser Zeit an den Waffen arbeiteten, die später als Vergeltungswaffen bezeichnet werden sollten.

Die Raketen-Produktions-Anlagen in Peenemünde wurden durch Fliegerangriffe im August 1943 zerstört. In der Folge wurde die gesamte Produktion in die Produktionsstätte *Mittelwerk* verlegt, wie das Tunnelsystem unter dem Kohnsteinberg in Nordhausen offiziell genannt wurde.
Bereits ab Juni 1944 wurden die ersten im Kohnstein gebauten Raketen, unbemannte Flügelraketen, gegen England eingesetzt, es war die V 1.

Diese war aber noch so langsam, dass ein Teil von der englischen Luftabwehr abgeschossen werden konnte. Trotzdem waren die Zerstörungen in England hierdurch recht groß.

Im September 1944 wurde dann erstmals die erheblich weiter entwickelte V 2 eingesetzt. Diese hatte eine größere Reichweite und war auch schneller. Dennoch lag die Versagerquote ziemlich hoch. Da diese Waffen von Zwangsarbeitern und KZ-Häftlingen montiert wurden, könnte ein Teil davon auf Sabotage zurückzuführen sein.

Je näher die Alliierten rückten, umso schwieriger wurde der Raketenbeschuss von England. Man hat dann versucht, die in Belgien stationierten Kommandostäbe der alliierten Truppen mit der V 2 zu beschießen.

Aber es war alles zu spät. Der Erfolg der *Wunderwaffe* blieb aus.

*

Nordhausen wurde bis zum Herbst 1944 von größeren Fliegerangriffen verschont. Zwar tauchten Einzelflieger auf und griffen Ziele an. So wurden fahrende Züge unter Beschuss genommen. Durch Bombenabwürfe wurde ein Munitionszug in der Nähe von Nordhausen getroffen. Es entstand doch großer Schaden. Nordhausen selbst aber geriet erst am 3. April 1945 voll ins Visier des Feindes. Mehrere Angriffe auf die Stadt richteten erhebliche Schäden an. Auch in unser Dorf kamen Verwandte, die sich vor den Fliegerbomben in Sicherheit bringen wollten. Und es blieb nicht bei dieser ersten Angriffswelle. Am Morgen des 04.04.1945 setzten sehr starke Flugzeugverbände die Angriffe fort. Die Zerstörungen und Menschenverluste waren furchtbar. Allein von der Nordhäuser Bevölkerung sind ca. 6000 Einwohner getötet worden. Hinzu kamen noch ca. 2800 Tote, die sich zusammensetzten aus Fremdarbeitern, Wehrmachtangehörigen und KZ-Häftlingen.

Etwa 15 % der Wohnhäuser und Industriebetriebe wurden total zerstört. Außerdem waren sehr viele Gebäude schwer beschädigt. Die ganze Innenstadt und Bahnhofsgegend war ein Trümmerhaufen. Aber auch in anderen Stadtteilen waren Bomben gefallen. Es gab keinen organisierten Luftschutz mehr!

Man muss davon ausgehen, dass ca. 70 % der Stadt Nordhausen durch die Luftangriffe vom 03.04, aber ganz besonders vom 04.04.1945 beschädigt wurden. Zwei Tage, die vielleicht als die schwärzesten Tage der über 1000-jährigen Geschichte in die Chronik der Stadt eingegangen sein dürften.

Auch unsere Nordhäuser Verwandten hatten im Inferno der Bomben Hab und Gut, nicht aber ihr Leben verloren.

*

Von diesen Ereignissen, die fast genau fünf Jahre später über das hübsche alte Städtchen hereinbrechen sollten, ahnten weder wir beide, noch sonst irgendjemand irgendetwas.

Und das war auch gut so. Denn wie sonst hätten wir die Fahrt mit der Schmalspurbahn genießen können?

So waren wir guter Dinge, als wir über Eisfelder Talmühle, Benecken-stein, Sorge, Drei-Annen-Hohne nach Wernigerode fuhren. Von dort ging's weiter nach Thale. Während der Fahrt musste ich immer an das Lied von der *Schwäb`sche Eisenbahn* denken. An manchen Stellen wäre es auch hier möglich gewesen während der Fahrt *Blumen zu pflücken* oder eine *Geiß* hinten anzubinden. Doch uns gefiel es, schließlich hatten wir es nicht eilig.

Die herrlichen Harzwälder, an denen damals noch keine Waldschäden festzustellen waren, waren voll von Wild. Ganz besonders stark waren hier die Rothirsche vertreten. Und auf unserer Fahrt konnten wir einige prächtige Exemplare beobachten. Und was die Bäche anging, so waren sie derart klar, dass wir vom Zug aus die Forellen im Wasser sehen konnten! Der Natur ging es gut und uns auch.

Doch nicht alle konnten das von sich behaupten. In vielen Gegenden des Harzes herrschte in den 20er und 30er Jahren wirtschaftliche Not. Die Folge war eine gefährliche Zunahme der Wilderei. Und mit den Wilderern war nicht zu spaßen. Nicht alle Regionen waren durch den öffentlichen Verkehr erschlossen. Ein Auto konnten sich nur die wenigen Betuchteren leisten. War man in der Einsamkeit unterwegs, hatte man sich vor Wilddieben in Acht zu nehmen! Man hatte von Mord und Raub gehört...

In Thale angekommen, suchten wir uns ein Zimmer in einer Pension.

Wir mussten für das Doppelzimmer 10.-- RM bezahlen.

Am anderen Morgen machten wir uns auf zu einer Wanderung durch das Bodetal, das sich von Thale bis nach Treseburg erstreckt. Es ist ein herrlich romantisches Tal!

Allein der Durchfluss der Bode zwischen den steilen Felsen *Hexentanzplatz* und der *Roßtrappe* ist ein großartiger Anblick! Viele Sagen ranken sich um diese über 200 m den Fluss überragenden Granitgebilden. Ich werde später noch einmal auf diese berühmten Naturdenkmäler zu sprechen kommen.

Doch aus unserer großen Wanderung Seite an Seite wurde nichts. Meine zarte Ilse litt nach etwa 2 km unter großen Schmerzen. Das Gehen wurde dir zur Qual. Doch wozu hattest du einen ziemlich stabilen Ehemann an deiner Seite? Nun, ich nahm dich huckepack und trug dich auf dem Rücken die restlichen Kilometer bis nach Treseburg.

Auf diese Weise konntest Du gleich einmal ausprobieren, ob dein Mann auch kräftig genug war, seine Frau auf Händen zu tragen. Ich hoffe, ich habe den Test bestanden! Jedenfalls gab ich mein Bestes und kam ziemlich erschöpft in Treseburg an.

Wir suchten uns ein Restaurant zum Mittagessen und zum Aufwärmen. Das Lokal war warm und gemütlich. Wir aßen gut, du wärmtest dich auf und erholtest dich nach einer ausgiebigen Ruhepause.

Bald mussten wir an den Rückweg nach Thale denken. Die Aussicht, mich womöglich wieder als Kuli betätigen zu müssen, fand ich allerdings nicht gerade verlockend. Mein Bedarf an sportlicher Betätigung war für diesen Tag eigentlich schon gedeckt. Erfreulicherweise gab es einen hübschen Ausweg. In Treseburg wurden nämlich Pferdekutschen angeboten. Du wurdest in warme Decken gehüllt und los ging´s - wie schon in uralten Zeiten! Das gefiel dir sehr und deine Laune stieg. Ich glaube fast, dass du dich etwas über mich lustig gemacht hast, als du mich so ausführlich wegen der morgendlichen Strapazen bedauert und getröstet hast. Jedenfalls genossen wir beide die Kutschfahrt in vollen Zügen und wir kamen ausgeruht und guter Dinge wieder in Thale an. Diese wirklich romantische Kutschfahrt durch den Harz mit meiner fröhlichen Ilse gehört zu meinen schönsten Erinnerungen.

Auch Thale hat Sehenswürdigkeiten zu bieten, die diesen Namen verdienen! So besuchten wir das Hüttenmuseum. Hier wird die Entwicklung und Geschichte der Stahlproduktion von ca. 1690 an bis in die jüngste Zeit präsentiert. Übrigens wurde hier im Jahre 1831 die allererste eiserne Wagenachse Deutschlands hergestellt. Wie viele Abermillionen Achsen werden dieser ersten gefolgt sein?

Am nächsten Tag besuchten wir den Hexentanzplatz, von dem weiter oben schon einmal die Rede war. Es handelt sich um einen Granitfelsen, der sich etwa 250 m fast senkrecht über das Tal der Bode erhebt. Dieser Platz gilt, wie der Name schon andeutet, im Volksglauben neben dem Brocken als Versammlungsstätte der Hexen zum Hexensabbat. Wie Fundstücke beweisen, wurde er in früheren Jahrhunderten als Kultplatz genutzt.

Dasselbe gilt für die Roßtrappe. Um diesen Felsen rankt sich eine alte Sage von dem Riesen Bodo, der Brunhilde, die liebliche Tochter des Böhmenkönigs, ehelichen wollte. Brunhilde floh am Vorabend der Hochzeit auf ihrem weißen Rosse, verfolgt von dem wutentbrannten Bodo. Und als die wilde Verfolgungsjagd an eine tiefe Harzschlucht kam, zögerte Brunhilde nicht und feuerte ihr edles Pferd zu einem gewaltigen Sprung an, der auch gelang. Noch heute ist schließlich der Abdruck des aufsetzenden Hufes zu besichtigen, eben die Roßtrappe. Bodo aber stürzte in den Bergfluss, der seit dem seinen Namen trägt - die Bode.

Wie gut, dass du kein scheußlicher Riese bist, flüsterte Ilse mir ins Ohr. *Und wie gut, dass du die Ilse bist und brav bei mir bleibst*, flüsterte ich zurück, *da können wir uns die Verfolgungsjagd sparen...* Ich sehe noch heute vor mir, wie glücklich sie lachte und beide freuten wir uns, dass wir ein glücklicheres Paar waren als diese beiden

Sagenfiguren.

Mit der Schmalspurbahn fuhren wir in mein Heimatdorf zurück, um Kräfte für neue Exkursionen zu sammeln, und um uns wieder ein wenig der Verwandtschaft zu widmen. Der Zufall kam uns zur Hilfe. Ein Bekannter hatte eine Autofahrt zu unternehmen, deren Route an zwei weiteren berühmten Sehenswürdigkeiten dieser Gegend vorbeiführte. Wir nahmen sein Angebot sofort an, zumal ich nicht befürchten musste, zu weiteren Kulidiensten herangezogen zu werden. Nach den Felsen und Höhen, kamen jetzt die Höhlen dran. Wir konnten bis zur *Heimkehle* mitfahren, einer ca. 10 km südlich von Stollberg liegenden etwa 1700 m langen Gipshöhle, von der immerhin 700 m touristisch erschlossen sind.

Das Flüsschen Thyra hatte während der Eiszeit in unermüdlicher Arbeit riesige Mengen von Gestein zu Höhlen ausgewaschen. Da es sich nicht um Granit, sondern um Gips und Anhydrit handelte, war das Flüsschen ziemlich erfolgreich. Später, vom März 1944 bis April 1945 befand sich in der Heimkehle eine Rüstungsfabrik, in der Häftlinge des Nebenlagers *Mittelbau Dora* des KZ Buchenwald unter unmenschlichen Bedingungen eingesetzt wurden.

Unser zweites Ziel war der sagenumwobene Berg Kyffhäuser.

Der Kyffhäuser ist 457 m hoch. Der Ausbau der Burg erfolgte 1056 - 1106 unter Heinrich dem IV. Nachdem sie 1118 bei Kämpfen zwischen Heinrich dem V. und den Sächsischen Königshäusern zerstört wurde, wurde sie 1150 wieder aufgebaut. Unter Friedrich Barbarossa (1152 - 1190) wurde sie erweitert und verstärkt.

Die Sage berichtet von einem *im alten Wodansberg schlummernden Herrscher*. Dies bezog sich zuerst auf den germanischen Windgott Wodan. Später trat an die Stelle Wodans Friedrich der II. Seit dem 16. Jahrhundert aber ist damit die volkstümliche Gestalt Kaiser Friedrichs des I. gemeint, Barbarossa, der Mann mit dem roten Bart. Die Sage will, dass er irgendwo in der 1500 m langen Gipshöhle im Südabhang des Kyffhäusers, schlafend sitzt, irgendwann erwachen und die alte

Kaiserherrlichkeit wieder errichten wird …
Wir haben ihn nicht entdeckt. Ich bin mir auch nicht sicher, ob seine Wiederkehr wünschenswert wäre und ob es den kleinen Leuten damals besser ging. Jedenfalls hätte ich zu Barbarossas Zeiten nicht zum Zahnarzt gehen wollen!
Für die Rückfahrt mussten wir die Eisenbahn nehmen, denn unser Bekannter hatte in Halle hochrangige Persönlichkeiten abgeholt, mit denen wir unpolitischen kleinen Leute nicht fahren durften.

~ ~ * ~ ~

Kapitel 4

Zwischen Paradies und Flakschule

Mein Sommer mit Carla / Erfahrungen und Begegnungen während des Flakkurses 1936

In dem bittenden Blick, den du, liebste Ilse, so sprechend auf mich richtest, glaube ich ablesen zu können, was du möchtest. Ich soll, so lese ich da, dir wieder etwas erzählen, und wenn ich mich nicht sehr täusche, soll es wieder etwas aus der Jugendzeit sein. Klar, das mache ich gern. Wie wäre es heute mit dem Jahr 1936, einem Jahr, in dem wir noch gar nichts von unserer jeweiligen Existenz wussten?

Ich war damals bei der Marine. Ja, meine Zeit bei, in und mit den Schiffen war in gewisser Weise die abenteuerlichste Zeit meines Lebens. Besonders U-Boote trugen mich über die Ozeane hinaus in die Welt und schon als junger Mann sollte ich viel von unserer schönen Erde zu sehen bekommen. *Dafür* bin ich meinem Schicksal auch nicht undankbar. (Bei anderen Gelegenheiten hätte ich dem Schicksal weiß Gott gerechtere Vorschläge zu machen gehabt!)

Also 1936. Für den Dienst auf einem Unterseeboot hatte ich im Rahmen meiner Ausbildung bei der Kriegsmarine einen so genannten *Flakkurs* zu absolvieren.

Was du dir darunter vorzustellen hast? Nun, du musst dir vorstellen, dass auf den damaligen U-Booten 2-cm-Geschütze montiert waren, mit denen auf feindliche Flugobjekte geschossen werden konnte. Das einsilbige Wort *Flak* ist eine bequeme Abkürzung des Wortungetüms **Fl**ug(zeug)**a**bwehr**k**anone. Und da diese Geschütze auch bedient werden mussten, wurde dein Zukünftiger in eine Flakschule abkommandiert. Diese lag an der Außenjade, also nicht weit von Wilhelmshaven entfernt, und zwar an der äußersten Nordostseite der Jade.

Ganz in der Nähe befand sich ein kleiner gemütlicher Badeort mit einem kleinen Fischerhafen - Horumersiel! Hier lagen vor allem

Kutter von Krabbenfischern.

Dieser an sich nicht spektakuläre Fischerort sollte dann eine gewisse Berühmtheit erlangen, nachdem der Führer höchstpersönlich hierher zu Besuch gekommen war, und sich in einem Hotel des Dorfes einlogiert hatte.

Das Zimmer, in dem er genächtigt haben soll, wurde späteren Gästen dann stolz als *Hitlerzimmer* vorgeführt. Wie sich dies auf die Preisgestaltung ausgewirkt hatte, ist mir entfallen. Ebenso wenig weiß ich, wie lange mit dieser kleinen Sensation Kasse gemacht wurde. Doch bin ich mir ziemlich sicher, dass nach der Kapitulation diese Tatsache nicht mehr an die große Glocke gehängt, vielleicht sogar ganz unter den Teppich gekehrt wurde.

Womit ich durchaus nichts gegen die Wirtsleute gesagt haben will! Jeder muss sehen, wie er seine Brötchen verdient. Uns begegneten die Hotelinhaber als sehr nette und zuvorkommende Leute. Ich habe dort einige Male gegessen. Vor allem dann, wenn ein besonderer Anlass bestand.

Um die Insel Mellum herum, welche unserem Küstenstreifen

unmittelbar vorgelagert war, entstand später der *Nationalpark Niedersächsisches Wattenmeer*. Daran kann man schon ermessen, dass es ein landschaftlich durchaus reizvoller Streifen ist, an den es mich da verschlagen hatte.

Nach Norden, also zur Seeseite, bilden die nordfriesischen Inseln Wangerooge, Spiekeroog, Langeoog, Baltrum, Norderney und Juist ihre charakteristische Kette vor dem offenen Meer. Unsere Flakschule lag in einem Gebiet, das als *Wangerland* bezeichnet wurde.

Unsere Unterkünfte befanden sich unmittelbar hinter dem Schutz des Deiches. Es waren einstöckige Baracken, aber für uns hatten sie auch etwas von, nun, heute würde man vielleicht sagen *Strandbungalows*. Die fühlbare Nähe des Meeres war ganz nach dem Herzen von uns jungen Seeleuten! Dazu ein Wetter wie bestellt. Ein prachtvoller Sommerhimmel spannte sich fast wolkenlos über der See.

Wir mussten nur aus dem Haus, über den Deich und waren schon am Strand. Und was für ein Strand! Ein breiter Naturstrand aus feinkörnigem, blendent weißem Sand. Dazwischen ein paar Muschelschalen, nicht so viele und kleinere als an tropischen Gewässern, aber immerhin. Hier und da behauptete sich hartes Gewächs gegen Sand und Wind, Krüppelkiefern, hartlaubige Büsche und auch mal eine malerische Gruppe Strandhafer. Dies aber alles sehr dezent, vorherrschend wie gesagt: ein einladender Sandstrand, an dem das Meer mit salziger Zunge leckte. Oh ja, ich mochte die See. Besonders, wenn sie sich so zahm zeigte wie hier! Was sie keineswegs immer tut! Es wird nicht lange dauern, bis ich die zahme Riesin von einer ganz anderen Seite kennen lernen sollte. Da würde sie ihr ganz anderes, wildes Gesicht zeigen! Toben kann sie in gewaltigem Zorn, dann wirft sie Brecher auf Brecher heran, unermüdlich und ohne Pardon!

Aber wir waren natürlich nicht zum Urlaubmachen hierher beordert worden. Wir sollten die Handhabung der Geschütze kennen lernen und damit anständig schießen lernen. Und anständig schießen heißt:

Treffen. Unsere Quote, so ließ man uns wissen, könne sich durchaus sehen lassen. Na, also!

Wir begannen mit Schießübungen auf fliegende Ziele.

Das sah folgendermaßen aus: Ziemlich großflächige, stoffgefertigte Zielscheiben wurden von Flugzeugen durch den Luftraum gezogen. Wir nahmen das Ziel ins Visier. Der Geschützführer setzte ein spezielles Messgerät zur Distanzmessung ein. Dann konnte das Geknatter beginnen. Wir feuerten und die Geschosse jaulten auf ihr Ziel los. Wir hatten viel Spaß an der Sache.

Später wurden die Geschütze, sie waren verhältnismäßig leicht, auch auf den Deich transportiert, um Schießübungen gegen Schiffsziele durchzuführen.

Die Ziele auf See wurden von einem Schlepper gezogen. Es waren ebenfalls Stoffscheiben, welche auf einem schwimmenden Untergrund montiert waren. Der Abstand zum Schlepper war derart riesig, dass selbst ein blinder Schütze, der ja nach einem alten Seemannwitz stets die beste Quote haben soll, das Schiff kaum treffen konnte.

An Bord geht es oft hektisch zu. Aber natürlich gibt es immer auch einmal einen Moment, in dem die Gedanken abschweifen zu dem, was war und dem, was kommt. Mein Blick gleitet hier ins tiefe Wasser, aber noch ist die Küste in Sicht...

Zu dieser hochsommerlichen Jahreszeit strömten viele Wochenendurlauber an unseren Strand. Zu den Wochenenden trafen dann mehrere Züge der KdF-Bewegung ein und spuckten koffer- und taschen- und rucksackbepackte Kurzurlauber aus. Eine lebendige Mischung. Die meisten waren junge Unverheiratete, aber es gab auch einen großen Anteil an Familien, die mit ihren

Kindern in der frischen Seeluft Strandburgen bauen wollten. Überhaupt: die Kinder! Für sie war es das Paradies auf Erden. Dieses Spritzen mit Wasser und Graben im Sand, das gefiel ihnen.

Als ich diesem munteren Strandtreiben so zusah, war ich davon sehr angetan. Das Familienleben sah so lebendig, einfach und glücklich aus, dass ich dachte, das könnte genau das Richtige für mich sein. Ich fasste einen Entschluss: Sollte ich einmal verheiratet sein und Kinder haben, so wollte ich mit Ihnen jeden Sommer an die See fahren. Das versprach ich meinen Kindern schon, obwohl ich sie noch gar nicht hatte!

Und bitte, Ilse, erinnere dich! Sind wir nicht ab dem Jahre 1952 Sommer für Sommer an der See gewesen? Bis zu deiner Erkrankung im Jahre 1991 haben wir das regelmäßig praktiziert und doch meistens sehr genossen, meinst du nicht? Doch halt, das ist ein ganz anderes Kaptitel, das in einer ganz anderen Zeit spielt.

Zurück ins Jahr 1936, zum Flakkursus an der Außenjade.

*

Ein schönes Fleckchen Erde, dass Urlauber, Frischlufturlauber und Freizeitler anzog. Sie kamen hierher, um einen schönen Urlaub zu erleben. Ihr gutes Recht. Wir jungen Kerle haben uns tüchtig Mühe gegeben, den Urlaub zum vollen Erfolg werden zu lassen! Vorausgesetzt allerdings, das entsprechende Mädchen war hübsch und interessiert.

Man konnte von diesem Strand weit in die Jade und sogar in die offene See hinaus schwimmen. Sobald die Gezeitenströmung einsetzte, war allerdings Vorsicht geboten, starke Strömung konnte auch einen guten Schwimmer in Lebensgefahr bringen.

Und gute Schwimmer waren wir so gut wie alle. Wohl aus diesem Grund wurde uns die Badaufsicht angetragen. Wir sollten also über Leib und Leben der sich im Wasser tummelnden Badegäste zu wachen.

An diesem Naturstrand gab es nämlich keine offizielle Badeaufsicht, wie es an den von der DLRG kontrollierten Stränden üblich war.

*

Viel zu tun und zu retten gab es nicht. Gerade wollte uns die ganze Sache schon etwas lästig werden, da kam Leben in die Bude:

Eine zu forsche junge Dame hatte sich zu weit vom Ufer zur Seeseite entfernt und konnte durch die einsetzende starke Strömung nicht wieder aus eigenen Kräften ans rettende Ufer zurück. Sie hatte, wie bei unerfahrenen Landratten nicht ungewöhnlich, ihre Kräfte überschätzt. Als wir die Hilferufe hörten, schien sie bereits völlig erschöpft zu sein und Panik klang aus ihrer Stimme. Alarm!! Ich hechtete mit drei Kameraden unverzüglich ins Wasser, um ihr zu Hilfe zu eilen. Und in einem gemeinsamen Kraftakt manövrierten wir sie wieder an den Strand. Bei dieser starken Strömung hätte es ein einzelner Schwimmer kaum geschafft!

Als wir ihren Körper auf den Sand legten, entgingen uns nicht seine attraktiven Formen. Und da schenkte sie uns schon ein erstes dankbares Lächeln - es war ein bisschen wie im Kino. Sofort waren wir von einer dichten Schar von Neugierigen umgeben, die sich um die schwer Atmende drängten. Wir, als Mitglieder der Kriegsmarine Respektspersonen, wenn auch in nassen Badehosen nicht als solche erkennbar, drängten die Neugierigen von der Geretteten weg.

Wir prüften genau ihren Zustand und kamen zu dem Schluss, dass eine Mund-zu-Mund-Beatmung wirklich nicht indiziert war, was einer meiner Kameraden, der sich für diese Aufgabe schon freiwillig gemeldet hatte, sehr bedauerte...

Einige Wochen später konnten wir dann feststellen, dass der Kamerad mit dem Faible für Mund-zu-Mund-Beatmung eine andere *gerettet* hatte, mit der er die Methode ausdauernd und erfolgreich praktizierte. Wie es hieß, käme die Betreffende kaum noch zum Luft holen, vor lauter Beatmungsübungen …

Unsere Gerettete aber war eine echte Gerettete. Es war wirklich gefährlich gewesen. Sie sagte, sie habe sich in jeder Hinsicht verschätzt und ziemliche Angst ausgestanden.

Aber bei einsetzender starker Strömung muss man eben höllisch aufpassen. Jährlich kommen immer wieder Badegäste, weil sie zu leichtsinnig sind, zu Tode.

*

Der Kommandant unseres Lagers war gleichzeitig unser Lehrgangsleiter. Er stand im Rang eines Kapitänleutnants und wohnte mit seiner Familie in einem Haus nur wenige Hundert Meter vom Lager entfernt. Er war sehr korrekt und es gab eigentlich nie Schwierigkeiten. Es gab auch keinen Anlass, irgendeinen meiner Kameraden zu bestrafen. Klar, keiner von uns wollte sich diesen interessanten Dienst in der prächtigen Natur verderben. Was unseren Kommandanten angeht, so hatte ich das Gefühl, er verhielte sich zu uns fast so, als wäre er unser Vater. Wir waren eben noch recht junge Männer und der Altersabstand flößte uns Respekt ein.

Nicht weit von uns, an der äußersten Nordostecke des Deiches, befand sich ein kleiner Leuchtturm mit einer Signalstation. Diese war besetzt mit drei Signalgasten und einem Maat. Es war ein einsamer, aber geruhsamer Dienst auf dieser Station. Natürlich fand sich auch hier immer ein Grund zum Feiern, wenn man nur lange genug danach suchte! Und wie ich später an Bord hörte, liefen diese Feiern unter einem bestimmten Titel, man nannte sie *die Leuchtturmfeste*.

Bei diesen Leuchtturmfesten muss es teilweise wirklich wild zugegangen sein! Bezeichnenderweise blieben die genauen Teilnehmer an diesen Feiern immer etwas im Dunklen. Eines Morgens, ein Wochenende stand bevor, wir freuten uns auf einen frischen Schwung von KdF-Gästen, bemerkten wir an der Signalstation ein Signal, das im Flaggenkatalog der Kriegsmarine nicht aufgeführt wird! Wir pfiffen unsere Kameraden aus den Unterkünften, denn das musste jeder gesehen haben! Was da stolz und für jeden sichtbar im Wind der

Nordsee flatterte, war nichts anderes als ein niedlicher, kleiner Damenslip! Das hat uns natürlich köstlich amüsiert!

Es hat übrigens ziemlich lange gedauert bis der Maat der Signalstation dieses merkte, den Slip unverzüglich einholen und die richtige Flagge hissen ließ! Zum Glück hatten es andere Vorgesetzte noch nicht bemerkt. Die Jungs hätten wirklich Ärger kriegen können!

Also dieser ganze Flak-Kursus war wie ein Abenteuerurlaub. Nach Dienstschluss sprangen wir in die Nordsee, spielen Wasserball oder schwammen gottweiß wie weit raus … Ja, die Jugend ist eine herrliche Zeit …

*

Und mitten in die Stimmung dieses Sommers hinein traf mich Amors Pfeil. Obwohl, nein, voll getroffen hatte er mich nicht, das weiß keine besser als du liebste Else, aber geritzt, geritzt hat er mich vielleicht schon, dieser Pfeil. Und das kam so:

An einem herrlichen Nachmittag, wir hatten immer bereits um 16.00 Uhr Dienstschluss, war ich mit meinem Freund Udo aus dem Wasser gekommen und wir hatten uns gerade in den Sand gelegt. Plötzlich flitzte eine bildhübsche junge Dame ohne Begleitung an uns vorbei, um sich kopfüber in die Fluten zu stürzen. Verdutzt blickten wir uns an, dann sagte einer *los*! Und wir stürzten hinterher.

Damit ihr auch nichts zustieße, folgten wir ihr kavaliersgerecht als eventuelle Retter. Sie lachte, als wir heran waren und meinte: *Na, gut, so schwimmen wir eben zu dritt*!

Beruhigt stellten wir fest, dass ihr unsere Begleitung nicht unangenehm war, im Gegenteil.

Das hübsche Fräulein schwamm wie ein Delphin, und wir hatten unsere Freude an diesem frischen und kapriziösen Fräulein. Wir spielten und balgten und flirteten nach Herzenslust. Alle fühlten sich prächtig und hatten viel Spaß.

Als es ans Verabschieden ging, streckte sie mir die Hand hin und sagte: *Ich bin die Carla.* Und ich antwortete: *Ich bin Fritz und mein Kamerad hier heißt Udo.*

Ob wir denn morgen wieder zum Schwimmen hierher kämen? Wir überschlugen uns dabei, ihr zu verstehen zu geben, dass wir auf keinen Fall etwas anderes vorgehabt hätten. *Klar, wir sind morgen wieder da!,* riefen wir wie aus einem Munde. *Gut*, sagte sie, lachte und weg war sie.

Als diese entzückende Person aus unserem Blickfeld verschwunden war, sahen wir uns an und sagten: *Uffff!* Mich jedenfalls hatte es gepackt. Ich wusste, dass sie mir nicht mehr aus dem Kopf gehen würde. Ich wollte sie allein treffen. Um sie aber allein zu treffen, musste ich geschickt vorgehen.

Hör, mal Udo, bemerkte ich so beiläufig wie möglich zu meinem Freund Udo, *eigentlich doch schade, dass sie nichts für dich ist ...*

Wieso denn? fragte Udo verdutzt, *Wieso soll sie nichts für mich sein?*

Nun, hast du mir da nicht von deiner hübschen, treuen Freundin in Wilhelmshaven erzählt?

Ach, so, Udo kniff die Augen zusammen, er verstand, *willst mit ihr allein los, stimmt`s?*

Ich nickte.

Ich glaube, grinste Udo nach einer kleinen Denkpause, *ich habe da so merkwürdige Zahnschmerzen. Vielleicht sollte ich doch mal zum Doktor gehen, was meinst du ...*

Tu das Udo, sagte ich und schlug dem Freunde dankbar auf die Schulter, *mit merkwürdigen Zahnschmerzen ist nicht zu spaßen...*

Ja, gute Freunde sind Gold wert! Ach, was sage ich: *mehr* als Gold, viel mehr!

Jedenfalls war die Bahn nun frei, nun lag es an mir, was ich daraus machte.

Am anderen Nachmittag war sie pünktlich zur Stelle. Sie sah mich allein ankommen und fragte: … *und dein Freund Udo, wo ist denn der?*

Ich machte ein mitfühlendes Gesicht, brachte die Geschichte mit Udos Zahnschmerzen vor und sagte bescheiden, sie müsse eben mit mir Vorlieb nehmen.

Doch sie durchschaute den ganzen Schwindel und lachte hell heraus.

Du Lügner! rief sie, *Das glaube ich dir nicht*! Aber ich hatte das Gefühl, dass sie sich mit dieser neuen Situation durchaus anfreunden konnte.

Und wirklich, es wurde ein wundervoller Nachmittag! Wir waren beide blutjung, sie süße 17 und ich nicht mal 18! Die ersten Begegnungen mit dem anderen Geschlecht sind ja stets ungeheuer interessant und aufregend. Alles daran ist neu. Dabei darfst du, liebe Ilse, dir aber nicht vorstellen, dass wir da wunders wie sexuell aktiv geworden wären. Junge Leute unseres Alters waren in der damaligen Zeit viel ahnungsloser als heute, die reinsten Unschuldslämmer! Heute wissen 10-jährige Kinder manchmal mehr von diesen Dingen als wir mit 17! Das waren ganz andere Zeiten! Aber natürlich, bis zur Mund-zu Mundbeatmung sind wir schon vorgestoßen. Die haben wir nach allen regeln der Kunst geübt.

Freund Udos Zahnschmerzen erforderten gut abgestimmte Termine, so dass ich stets *leider* allein zu den Treffen kommen musste.

Carla und ich hatten uns inzwischen besser kennen gelernt und entdeckten immer neue Seiten aneinander.

Sie besuchte die Schule in Wilhelmshaven. Da es sich dabei um eine nicht ganz unerhebliche Entfernung handelt, war ihr die Möglichkeit eingerichtet worden, bei Verwandten in der Werkswoche zu wohnen und zu übernachten, wovon sie auch meistens Gebrauch machte.

Doch was war plötzlich geschehen, dass Carla den weiten Weg sich nun fast täglich zumutete? Ich solle mir nichts dabei denken, gab sie bekannt, es sei nur wegen des schönen Wetters und wegen des Badevergnügens. Kein Wort glaubte ich, aber ich hütete mich, ihr zu widersprechen.

Nach einigen unbeschwerten Tagen, als wieder einmal die Abschiedszeit gekommen war, sträubte sich alles in mir, sie wieder einfach verschwinden zu sehen.

Hör mal, Carla, schlug ich vor, *komm doch mit zu meiner Unterkunft, da ziehe ich mich schnell um und dann begleite ich dich nach Hause, was meinst du?*

J*a*, sagte sie, *eine gute Idee, das gefällt mir*! *So können wir noch ein bisschen länger zusammen sein.* Gesagt - getan. Unser Weg war nicht lang. Schon nach einigen Hundert Metern nämlich sagte sie: *Stopp, Fritz, wir sind da, hier wohne ich*!

Mich durchfuhr ein gewisser Schreck, denn das Haus, auf das sie deutete, war das Haus unseres Kapitänleutnants, meines Vorgesetzten! Carla hatte von meinem Schreck zunächst gar nichts mitbekommen. *Ich gehe mich schnell umziehen,* sagte sie fröhlich*, dann können wir noch einen kleinen Spaziergang dranhängen!* Und schon stand ich allein vor dem Haus.

Doch als sie zurückkam, bemerkte sie sofort, dass ich etwas bedripst aussah.

Was ist los, Fritz, fragte sie, *ist dir eine Laus über die Leber gelaufen?*

Ja, weißt du, versuchte ich zu erklären, *du wohnst in demselben Haus wie unser Kapitänleutant.*

Ja und,? lachte sie, *warum auch nicht? Schließlich ist das mein Papa*!

Ach du Schande! Seine Tochter! Als sie merkte, dass mich diese Tatsache einschüchterte, sagte sie ungefähr das Folgende zu mir: *Ach, weißt du, mein Vater war auch mal so jung wie Du jetzt. Sicher hat er in dieser Zeit auch Freundinnen gehabt. Es ist doch nichts dabei. Genießen wir doch einfach die gemeinsamen Tage und freuen uns, dass wir jung und frei sind. Du musst mich doch nicht gleich heiraten, denn dazu sind wir noch viel zu jung und haben unser Leben noch vor uns*! *Es beginnt doch erst. Du möchtest doch noch etwas erreichen und später Deine Familie gut ernähren können. Also Schwamm drüber. Mein Vater ist ein sehr guter und vernünftiger Vater mit viel Verständnis für seine Kinder.*

Diese aufmunternde Rede beeindruckte mich sehr. Kein Zweifel, dachte ich, da habe ich ein sehr kluges und vernünftiges Mädchen kennen gelernt!

Als wir uns am anderen Tage trafen, teilte sie mir schmunzelnd mit, nun hätte sie ihren Eltern von mir erzählt. *Mein Vater kennt dich und hat mir ausdrücklich erlaubt, mit dir schwimmen und spazieren zu gehen. Er hält dich für einen anständigen Kerl.*

Er kennt mich - ja, aber woher denn? fragte ich verblüfft.

Er hat dich gestern vor unserem Haus warten sehen und sofort erkannt.

Na, wenn das so ist, rief ich, *dann kann ich ihm zumindest noch nicht negativ aufgefallen sein!*

Eine kleine Last fiel von mir ab. Ich brauchte nicht befürchten, dass mir der Kommandant übel nehmen würde, dass ich mit seiner Tochter herumpoussierte.

Davon konnte ich mich auch noch auf direktem Wege überzeugen: Jeden Morgen zu Dienstbeginn fand nämlich der *Morgenappell* statt. Stets wurde dieser vom Vorgesetzten persönlich abgenommen. Beim Appell des Morgens, nachdem er mich mit seiner Tochter quasi *erwischt* hatte, konnte ich mich des Gefühls nicht erwehren, dass er mich ausführlicher fixierte als sonst. Täuschte ich mich, oder huschte da ein durchaus wohlwollendes Lächeln über seine Züge? Vielleicht hat seine hübsche, kluge Tochter ganz Recht, dass dies ein Mann ist, der nicht vergessen hat, wie es sich anfühlte, als er jung war.

Für uns kamen in bestem Sinne unbekümmerte Tage daher, die wir mit Freuden genossen. Und das in uns gesetzte Vertrauen haben wir nicht enttäuscht. Verbrechen haben wir meines Wissens keine begangen …

Unbeschwert überließen wir uns dem Sommer. Es war beinahe wie im Paradies! Jeden Tag waren wir mit den Rädern unterwegs, um die Gegen zu erkunden. Ich durfte das Fahrrad ihres Vaters benutzen. Da es hier keine Berge gab, konnten wir weite Ausflüge unternehmen. Und bei alledem fanden wir immer wieder Zeit, uns an den Strand zu legen, zu schwimmen und uns im Wasser gegenseitig vollzuspritzen.

Doch dann endete unser Strandleben von einem Tag auf den anderen. Und zwar aus einem sehr einfachen Grund: Ich musste zurück zu meiner Einheit nach Kiel-Wik.

Ein ganzes Jahr haben wir uns noch geschrieben, haben aber kein Treffen mehr hingekriegt und haben uns also nicht mehr gesehen, nie mehr. Ein Jahr später begann sie ein Studium und musste von Wilhelmshaven fort. So trennten sich unsere Wege. Aber, so kann ich sagen, wir haben zusammen ein Zipfelchen vom Paradies gesehen! Und dafür bin ich dem Mädchen namens Carla auch heute noch dankbar!

*

Für mich begann in jetzt ein neuer Lebensabschnitt mit der Ausbildung auf der Unterseeboot-Flottille Weddigen.

Diese Boote hatten eine Wasserverdrängung von nur ca. 250 Tonnen. Was das konkret bedeutete, sahen wir, als wir zum ersten Mal ein solches kleines U-Boot bestiegen. Eine derartige Enge hatten wir nicht erwartet! Viele von uns mussten zunächst mal mit Beklemmungen kämpfen. Auch mir war etwas mulmig zumute. Auf diesem minimalen Raum zwischen Leitungen und Armaturen sollte das ganze Leben der Besatzung über Tage und Wochen hinaus stattfinden? Na, prost Mahlzeit! Aber man gewöhnt sich mit der Zeit ja angeblich an alles! Und richtig, auch diesmal war es so!

Zuerst wurde uns vor allem die Technik erklärt. Und so ein U-Boot besteht ja *nur* aus Technik! Das *ist* Technik pur, folglich gibt es sehr viel zu lernen. Nicht nur die Techniker, auch wir Seeleute wurden bei diesem technischen Unterricht im Boot mit einbezogen. Schließlich mussten auch wir gewisse Grundvorstellungen davon haben, wie so ein Boot funktioniert. Anfangs fühlten wir uns von dem vielen Lern- und Merkstoff fast erschlagen, aber mit der Zeit haben wir das für uns Erforderliche in unseren Köpfen verstaut.

Für die Heizer, welche ja die Maschinen bedienen mussten, wurde dann ein besonderer Unterricht durchgeführt, um die Diesel, die E-Maschinen, den Kompressor und viele andere technische Geräte genau kennen zu lernen, um sie dann später in Stresssituationen auch ohne Schwierigkeiten bedienen zu können.

Wir Seeleute erhielten seemännischen Unterricht über alles, was auch wir an Bord können und wissen mussten. Dazu gehörte etwa auch das Morsen. Alle Flaggen mussten wir aus dem Effeff erkennen und verstehen, was sie bedeuten.

*

Nun ging es daran, die ersten Fahrten zu unternehmen. Der erste Tauchgang stand an. Dies geschah in Höhe der Eckernförder Bucht. Für uns Grünschnäbel an Bord war es ein aufregendes Erlebnis! *Auf* dem Wasser die See zu befahren, war schon aufregend, wie erst *unter* Wasser! Hellwach verfolgten wir alle Vorgänge. Die Befehle des Kommandanten bekamen wir hautnah mit. Als er das Turmluk schließen ließ, fühlten wir uns wie verloren. Als dann das Kommando zum Tauchen erfolgte, rutschten unsere Herzen in die Kniekehlen.

Das Boot wurde vorlastig - für uns vollkommen ungewohnt. Später lernten wir, dass man durch geschickten Wechsel von Vor- und Achterlastigkeit das Boot *durchpendeln* kann, um die Restluft aus den Tauchtanks zu entfernen. Es gab sehr viel Neues für uns jungen Seeleute. Fast fühlten wir uns überfordert.

Doch schon nach vier Wochen Lehrfahrten auf diesen kleinen U-Booten hatten wir enorm an Selbstvertrauen gewonnen und fühlten uns schon beinahe als alte Füchse! Auch das Tauchen selbst, welches uns am Anfang doch eine gewisse Angst eingejagt hatte, war für uns inzwischen fast zur Routine geworden!

Die Fahrten mit diesen kleinen U-Booten dauerten nie länger als einen Tag. Da die Stammbesatzung ja auch noch mit an Bord war, wir Neulinge waren doch nur zusätzliche Passagiere, war es aus Platzgründen nicht möglich, alle im Boot unterzubringen und mehrere Tage auf See zu bleiben. Natürlich wurden auch Nachtfahrten durchgeführt. Diese waren sogar ganz besonders wichtig. Dabei lernten wir vor allem die Leuchtsignale der Schiffe zu erkennen und sie sicher zu deuten.

Es war schon ein imposanter Anblick, wenn ein großes Passagierschiff, in voller Beleuchtung und über die Toppen geflaggt, uns in der Nacht entgegenkam! Wie das glitzerte und strahlte in der Schwärze der Nacht und des Wassers - unvergesslich! Aber es gab auch kleinere Schiffe, Fischkutter beispielsweise, welche spärlich

Wie allgemein bekannt, herrscht in U-Booten notorischer Platzmangel. Alles muss optimal ausgenutzt werden. Für Menschen, die unter Klaustrophobie leiden, ist dieser Aufenthaltsort nicht zu empfehlen.

beleuchtet waren, und meist nur die erforderlichen Schiffssignale gesetzt hatten. Da hieß es aufpassen, damit es keine Havarie gab! Diese Gefahr bestand vor allem bei aus- oder einlaufenden kleinen Schiffen und Kuttern. Aber wie gesagt, alle notwendigen Lichter waren im Regelfall vorschriftsmäßig gesetzt, so wusste man, woran man war.

Für alles und jedes gab es Merksprüche, die sehr nützlich waren, denn so konnte man sich alles sicherer einprägen.

Ein Merksatz ging so:

Grün an Grün, Rot an Rot, geht alles klar, hat keine Not!

Das bedeutete, wenn sich die Schiffe so begegnen, dass man an der Steuerbordseite die grüne Positionslaterne des anderen Schiffes sieht, dann kann nichts passieren, weil beide aneinander vorbei fahren. Genau so ist es dann auch mit den roten Positionslichtern. Denn das Positionslicht der Steuerbordseite, also der rechten Seite, ist immer grün. Und somit ist das Positionslicht der Backbordseite immer rot!

Außerdem gibt es bei jedem Schiff noch die *Lee*seite und die *Luv*seite.

Schüttet z. B. der Smutje seinen Abfall aus nach *Luv*, dann kommt er wieder *ruf*!

Schüttet er den Abfall aber nach *Lee*, dann geht er in die *See*!

*

Untergebracht waren wir, ich erwähnte es bereits, auf einem kleinen Kreuzer aus dem 1. Weltkrieg.

Er hatte zu seiner aktiven Zeit eine Besatzung von ca. 600 Mann. Und nun hatte man uns zukünftigen U-Bootfahrern hier eine Art Kaserne eingerichtet.

Bevor ich weiter erzähle, will ich innehalten. Meine ich doch zu bemerken, dass deine Aufmerksamkeit nun allmählich erschöpft ist. Nun wollen wir eine Pause machen und du wirst dich ein wenig ausruhen. Aber keine Angst, bald schon werde ich dir erzählen, was in meiner Ausbildungszeit noch so alles geschah.

Lehrjahre sind keine Herrenjahre, so sagt man doch. Wer in der Ausbildung sich befindet, ist eben vor allem damit beschäftigt zu verstehen, sich zu merken, zu lernen, zu probieren. Auch ganz einfache und manchmal seit Jahrhunderten überlieferte Fertigkeiten mussten von uns erst einmal erlernt werden. Beispiel: Seemannsknoten und Spleißen. Diese Übungen fanden auf dem Oberdeck unseres Wohnschiffes statt. Es war am Anfang gar nicht so leicht. Die verschiedenen Namen der Knoten verhedderten sich ebenso wie diese Knoten selbst!

Der Theoretische Unterricht, z. B. über die Dienstvorschriften der Kriegsmarine, fand in der Kaserne unserer Abteilung statt. Hier standen ausreichende Unterrichtsräume zur Verfügung. Wir gehörten zu einem Ausbildungszug mit einem Oberbootsmann als Zugführer. Wir merkten bereits an seiner Art, seinem Auftreten, dass wir es mit einem alten Fahrensmann zu tun hatten.

Drei Züge bildeten eine Batterie. Der Chef unserer Batterie war ein Kapitänleutnant. Beide, Zugführer und Batteriechef, haben uns Unterricht in den verschiedenen Fächern erteilt. Zum Teil waren die Unterrichtsstunden hochinteressant. Vor allem für uns noch unerfahrenen jungen Seeleute. Natürlich ließen beide aus ihren Erfahrungen auf verschiedenen Schiffen ihre Erlebnisse mit einfließen. Man wollte uns schließlich den Dienst bei der Kriegsmarine schmackhaft machen.

Manchmal erschien - oft ohne jede Ankündigung - unser Abteilungskommandeur zum Unterricht. Er liebte es, sich in den laufenden Unterricht hineinzusetzen und zuzuhören. Aber er mischte sich auch ganz gern ein, wenn ihm das Thema geeignet erschien. Dann erzählte er uns gerne von seinen Erfahrungen und Erlebnissen als junger Seemann. Er hatte als Matrose den Dienst bei der *Kaiserlichen Marine* begonnen. Jetzt war er *Kapitän zur See*.

Zu unserer Abteilung gehörten drei Batterien! Und alle drei Batterien bestanden aus zukünftigen U-Bootfahrern.

Unser Abteilungskommandeur war ein strenger, aber freundlicher

Mann mit viel Verständnis für seine jungen Seeleute!

*

Unter den Seeleuten gab es ein Repertoire von einschlägigen Liedern und man stimmte bei verschiedenen Gelegenheiten ganz gern ein Lied an. Das gehörte dazu und machte fast allen Spaß. Ein Lied gab es, das sich besonderer Beliebtheit erfreute: *Hamburg am Elbestrand, Kiel an der Waterkant usw.* In diesem Lied kam folgende Zeile vor:

...und sie haben ihr Herz auf den Arm tätowiert...

Dies muss ich vorwegschicken, um folgenden Vorfall verständlich zu machen.

Eines Tages nämlich, wir waren gerade auf dem Weg von unserem Tauchpott in die Kaserne, wurde wieder einmal fleißig gesungen. Unser Kommandeur schien uns schon von weitem gehört zu haben, denn er stand vor dem Eingang und wartete auf uns. Das überraschte uns, denn es war bisher noch nicht vorgekommen, dass er uns bei unserer Heimkehr persönlich in Empfang nahm.

Nachdem ihm unser Batteriechef Meldung gemacht hatte, sagte er: *Nicht wegtreten lassen*!

Wir ahnten Schlimmes.

An den Batteriechef gerichtet, aber so, dass wir es alle hören konnten, fragte er: *Was war das für ein Lied, das da durch die Stadt gesungen wurde?* Wahrheitsgemäß antworteten wir: *Hamburg am Elbestrand.*

Dies, sagte er ironisch, *habe ich bereits telefonisch erfahren müssen.*

Was sich herausstellte war Folgendes: Da hatte die Gattin eines hohen Marineoffiziers angerufen und sich darüber beschwert, dass nicht korrekt gesungen wurde *...und sie haben ihr Herz auf den Arm tätowiert*, sondern dass das Herz auf einen anderen Körperteil tätowiert wurde, der allerdings auch mit *A* beginnt.

Natürlich wussten alle, was gemeint war.

Um in Zukunft nicht wieder mit derartigen Beschwerden belästigt zu werden, befehle er, ab sofort am Hindenburgufer entlang zu marschieren, weil der beanstandete Gesang so die Dame nicht stören könne. Ob man ihn verstanden hätte? Hatten wir. Die Angelegenheit war erledigt.

Dass er nicht nur über einen trockenen Humor verfügte, sondern sich auch ein gewisses Maß an innerer Unabhängigkeit bewahrt hatte, scheint mir folgende Erinnerung nahe zu legen:

Die Nationalsozialisten verlangten einen so genannten Ariernachweis, d.h. man hatte durch Vorlage entsprechender Urkunden zu beweisen, dass die Familie seit einigen Generationen arisch sei. Konnte man dies nicht beweisen, gab es Schwierigkeiten.

Einem unserer Kameraden gelang es nicht, eine geforderte Urkunde termingerecht zu beschaffen. Er musste zum Kommandeur, ein endloses Hin-und-Her stand zu erwarten. Doch da hatte er die Rechnung ohne unseren Kommandeur gemacht. Da bis auf diese eine fehlende Urkunde alle vorhanden waren, setzte er sich über die strikten Bestimmungen hinweg und entschied, dass Matrose Meyer seinen Ariernachweis erbracht habe. Ob sich darin eine Verachtung für bürokratische Enge oder Distanz zu den Rassegesetzen ausdrückte, lässt sich im Nachhinein nicht mehr beurteilen.

~ ~ * ~ ~

Kapitel 5

Seeadler I - Die Vorbereitung

Husarenstück aus dem 1. Weltkrieg: Segelschiffs-Hilfskreuzer *Seeadler* wird in Dienst gestellt / Zwei Vorbilder werden vorgestellt: Leutnant Kling und Graf Felix von Luckner

---

Eines Tages, als unser Batteriechef uns im Unterricht über den U-Bootkrieg des ersten Weltkriegs informierte, kam wieder einmal unser Kommandeur unangemeldet hereingeschneit und gesellte sich zu uns. Der Batteriechef berichtete gerade über die Zahl der eingesetzten Boote und auch über die versenkten BRT Schiffsraum des Gegners in den Jahren 1914 bis 1918.

Da schaltete sich unser Kommandeur ein und wies darauf hin, dass diese Erfolge nicht nur durch U-Boote erzielt worden seien, sondern in hohem Maße auch durch Hilfskreuzer. Das war offenbar ein Thema, dass ihm besonders am Herzen lag, jedenfalls ergriff er nun für eine längere Ausführung das Wort und alles trug er in freier Rede vor:

Am Anfang - so unser Kommandeur - wurden vor allem Passagierdampfer als Hilfskreuzer ausgerüstet, z.B. die *Prinz Eitel Friedrich,* die *Kaiser Wilhelm der Große,* die *Kronprinz Wilhelm* usw. Aber hier wurde vor allem die Versorgung mit Kohle ein großes Problem! Deshalb wurden später Frachtschiffe als Handelsstörer eingesetzt. Die Erfolge dieser Hilfskreuzer waren größer als die der Passagierschiffe.

Ein erfahrener früherer Erster Offizier bei der Hamburg-Süd-Schifffahrtslinie, Leutnant Kling, kam auf die Idee, einen Segler (!) als Hilfskreuzer einzusetzen. Zuerst wurde er belächelt, seine Idee stieß auf Ablehnung. Aber dann wurde er doch zum Oberkommando nach Berlin befohlen, um dort seine Ideen vorzutragen. Er machte den hohen Herren dort die Sache in allen Einzelheiten so plausibel, dass er für dieses kuriose Vorhaben, einen Segler zum Hilfskreuzer umzurüsten, tatsächlich die Genehmigung bekam. Er sollte ein geeignetes Schiff aussuchen und sorgfältig ausrüsten.

Eine originelle, ja eine ausgefuchste Idee! Bisher war noch keine der kriegführenden Nationen auf diese Idee gekommen. Lediglich England hatte einige kleine Segler als U-Boot-Fallen eingesetzt. Das Entscheidende war, dass diese Hilfskreuzer so perfekt getarnt würden, dass die englischen Kontrollen sie als neutral passieren ließen. Wie ein Trojanisches Pferd würde der Feind das getarnte Kriegsschiff hinter seine eigenen Reihen lassen. Alles stand und fiel mit der Wirksamkeit der Tarnung. Darauf musste besonderes Augenmerk gelegt werden. Sie musste so perfekt wie möglich sein. Auch dafür existierte ein nahezu geniales Konzept. Man ließ den Hilfskreuzer als Norwegischen Handelssegler fahren. Norwegen war in der kriegerischen Auseinandersetzung bekanntlich neutral.

Kling bekam vollkommen freie Hand, um alles gründlich vorzubereiten. Der erste Offizier der Hamburg-Süd war jetzt also Leutnant bei der Kaiserlichen Marine mit viel Erfahrung im Führen von Handelsschiffen und vor allem Segelschiffen!

Er suchte sich einen Dreimaster aus und ließ ihn in die berühmte Segelschiffswerft Tecklenborg nach Geestemünde bringen, wo unverzüglich mit dem Umbau begonnen wurde. Damit aber feindliche Segelschiffe, gegen solche sollte er vor allem eingesetzt werden, nicht einfach davonfahren konnten, wurde zusätzlich ein 1000 PS-Diesel eingebaut. Mit diesem war man einem einfachen Segler in jedem Fall überlegen. Die Laderäume wurden entsprechend umgebaut. Man benötigte für diesen Hilfskreuzer zwei Mannschaften, also auch zwei verschiedene Mannschaftsräume.

Eine Mannschaft war die Militärische, und die andere Mannschaft war die Original-Segelschiffsmannschaft!

Der Unterkunftsraum für die Soldaten war getarnt. Er konnte nur durch eine Bodenklappe in einem Abstellraum erreicht werden. Dieser hing immer voll mit Wetterbekleidung und allem was dazu gehörte. Diese musste erst zur Seite geschoben werden, bevor die Klappe überhaupt geöffnet werden konnte.

Die Mannschaftsräume der echten Segelschiffsbesatzung hingegen waren vorn unter Deck, und wie üblich für jeden - also auch für jeden kontrollierenden Engländer - zugänglich.

Zur Tarnung reichte es natürlich nicht, die norwegische Flagge zu hissen, die ganze Mannschaft musste bei einer Kontrolle des Feindes als waschecht norwegisch durchgehen!

Alle Mitglieder der zivilen Besatzung mussten die norwegische Sprache einwandfrei beherrschen! Alle bekamen norwegische Namen und Pässe. Ja, sogar norwegische Familien wurden ihnen angedichtet. Auch gefälschte Briefe dieser Angehörigen erhielten die Seeleute. An

Von Segelschiffen geht eine ganz besondere Faszination aus. Ob es an den imposanten Segeln liegt? Oder daran, dass es diesen Schiffstypus schon vor Jahrtausenden gab? - Demgegenüber beruht das Boot, von dem aus wir hier beobachten, auf einem technischen Prinzip, das erst wenige Jahrzehnte alt ist.

den Wänden gab es Bilder aus Norwegen und Fotos von erfundenen Familienmitgliedern!

Alle Schilder auf dem Hilfskreuzer waren in norwegischer Sprache beschriftet. Ebenso sämtliche Geräte. Das Schiff erhielt den norwegischen Namen *Maletta*.

Für die Mannschaften der Schiffe, welche versenkt werden sollten, wurde ausreichend Unterkunftsraum in den Laderäumen vorgesehen. Diese waren durchaus nicht unbequem ausgestattet.

Der dreimastige Hilfskreuzer sollte als friedlicher Holztransporter durchgehen. Natürlich wurde eine ordentliche Ladung Holz auf dem Oberdeck vertäut. Dass unter Deck zwei versteckte 10.5 cm-Kanonen auf ihren Einsatz warteten, musste man den Engländern ja nicht auf die Nase binden!

Die Kommunikation mit Leutnant *Kling* fand nur mündlich statt. Der ganze Aufwand mit der Tarnung wäre für die Katz, wenn es nicht gelänge, alles streng geheim zu halten. Nichts durfte irgendwo durchsickern.

Kling bemühte sich, Seeleute mit einwandfreien Norwegisch Kenntnissen anzuheuern. Sie mussten aber auch erfahrene *Janmaaten* sein. Hierzu suchte er sich Leute von Tiefwasserseglern aus, die nach ihrem Können und ihrer Sprache keinen Zweifel an ihrer Echtheit als Norweger zuließen.

Auf diese Weise bekam er eine seemännische Besatzung zusammen, um die ihn mancher Kapitän beneidet hätte.

Wenn Leutnant Kling allerdings damit gerechnet hatte, dass ihm als erfahrenem Handelsschiffsoffizier auch das Kommando übertragen werden würde, hatte er sich getäuscht.

Der Admiralstab war der Ansicht, dass ein Hilfskreuzer von einem aktiven Offizier mit entsprechender militärischer Ausbildung kommandiert werden muss.

Der Admiralstab sah sich nach einem erfahrenen Seeoffizier um. Er fand ihn in dem 35-jährigen Kapitänleutnant *Felix Graf von Luckner*. Dieser hatte auch an der Seeschlacht vor dem Skagerrak auf der S.M.S. *Kronprinz* teilgenommen. Leutnant Kling wurde sein Erster Offizier.

So kam es, dass an einem Novemberabend sich auf der Werft in Wilhelmshaven ca. 60 Männer trafen und einen Werftdampfer bestiegen, von dem sie nicht wussten, zu welchem Schiff mit welcher Mission er sie bringen würde. Keiner wusste wohin die Fahrt ging. Alle kamen aus einem Heimaturlaub. Der einzige, der ihnen hätte sagen können, wohin die Fahrt ging, Graf von Luckner, schwieg …

*

Nicht erst als unser Kommandeur bis hierhin die Vorgänge um dieses Kling/Lucknersche Husarenstück geschildert hatte fragten wir uns, woher er wohl derart genaue Kenntnisse über diesen Segelschiff-Hilfskreuzer haben mochte. Und nun erfuhren wir es! Er ließ die Katze aus dem Sack, indem er am Schluss dieser Schilderung so ganz nebenbei bemerkte: *... und, meine Herren, einer dieser 60, die da einer geheimen Mission entgegengingen, steht hier vor Ihnen... - ja, ich selbst war Mitglied der militärischen Mannschaft ...*

Donnerwetter! Unsere Bewunderung war echt, unser Respekt vor unserem Kommandeur stieg noch weiter an! Er hatte also unter dem Kommando des fast schon legendären Seehelden Graf Felix von Luckner (bewundert und gefürchtet unter dem Namen *Seeteufel*) die Meere unsicher gemacht! Wir kannten seinen Ruhm aus Büchern und über Gerüchte, aber hier stand einer, der dabei gewesen war! Das waren hautnahe Berichte aus erster Hand! Doch gehen wir zunächst in jene Stunde zurück, da 60 ahnungslose Besatzungsmitglieder darauf warteten, wo der Dampfer sie absetzen würde …

*

Als die Maschine stoppte, lagen wir neben einem stattlichen Vollschiff. Wenig später traten wir an Deck des Seglers an. 64 Mann, Offiziere und Mannschaft zusammengerechnet.

Einige von uns kamen aus dem Staunen nicht heraus. Es waren diejenigen Soldaten, welche die Zivilbesatzung bilden sollten. In ihren Kajüten fanden sie alles vor, was ein Janmaat an Bord eines Vollschiffes eben so braucht! Verblüfft stellten sie sodann fest, dass sie alle auf Segelschiffen gefahren waren und merkwürdigerweise alle Norwegisch sprachen.

Der militärische Teil der Besatzung, zu welchem ich gehörte, wurde nun unter Deck geführt. Aber es ging nicht durch ein offenes Luk nach unten, sondern wir mussten durch eine Art großen Schrank, welcher voller Ölzeug hing, durch eine Bodenklappe nach unten klettern. Keiner von uns hatte hier den Zugang zu unseren Mannschafträumen vermutet.

Unsere Räume waren gut und großzügig ausgestattet. Wir waren angenehm überrascht! Aber niemand unter uns hatte eine Ahnung, wozu dieser rätselhafte und aufwändige Mummenschanz dienen sollte.

Der Auslauftermin war auf den 9. Dezember 1916 angesetzt. Einen Tag vorher nämlich sollte ein norwegischer Segler namens *Maletta* mit einer Holzladung nach Australien auslaufen. Sollte unsere falsche *Maletta* von den Engländern gestellt werden, was wir natürlich gern vermieden hätten, würde bei Rückfragen in Norwegen das Auslaufen eines Schiffes dieses Namens und dieser Kategorie bestätigt werden. Das hatte Hand und Fuß.

Und doch musste dieser Termin wieder umgeworfen werden. Ein deutsches Handels-U-Boot wurde zurück erwartet und die Engländer hatten die Kontrollen auf allen Wegen massiv verschärft. Kein günstiger Zeitpunkt für das, was wir vorhatten.

Es musste ein anderer norwegischer Segler ausfindig gemacht werden, der ebenfalls bald aus einem norwegischen Hafen auslaufen sollte. Man kam auf den Segler *Hero*, dessen Heimathafen das norwegische *Arendal* war. Selbstverständlich mussten Name und Daten der *Maletta* auf dem Schiff und in sämtlichen Papieren durch die *Heros* ersetzt werden. Und dabei durfte nicht geschlampt werden. Schöpfte einer der Engländer auch nur den geringsten Verdacht, flöge alles auf.

Am 17.12.1916 überbrachte ein Torpedoboot dem Kommandanten des Seeadlers endlich den Befehl zum Auslaufen.

Doch auch daraus wurde nichts! Diesmal war das Wetter zu gut. Man hoffte, bei schlechten Sichtverhältnissen und starkem Seegang ohne das beträchtliche Risiko, das eine Kontrolle mit sich bringen würde durch die englische Barriere zu kommen. Drei Tage vor Weihnachten wurde das Wetter günstig, und das hieß in unserem Fall paradoxerweise: Es wurde saumäßig. Ziemlich saumäßig sogar, Wind der Stärke

10 fegte aus Süd-Ost über die Nordsee und ließ die Wellen tanzen. Die Besatzung unseres Hilfskreuzers hatte alle Hände voll zu tun. Mit 13 Meilen Fahrt konnten wir jedem feindlichen U-Boot davonziehen. Aber wohin man auch blickte, war nur diese auf- und niedertanzende Wassermasse. Verständlich, denn wer ist Weihnachten im Sturm unterwegs, wenn er nicht muss? Sollte es uns tatsächlich gelingen, unbemerkt durch die britische Barriere zu kommen? Alles deutete darauf hin.

*

Doch dann, am ersten Weihnachtsfeiertag, meldete der Ausguck: *Achtern ein fremdes Schiff*!!

Als es uns entdeckte, hielt es sofort in schneller Fahrt auf unseren Segler zu. Pech gehabt, es war tatsächlich ein englischer Hilfskreuzer.

Schiff klar zur Verschleierung, kam das Kommando, die militärische Mannschaft verschwand durch den *Schrank* unter Deck. Für die übrigen hieß es jetzt, die Rolle des friedlichen Norwegers zu spielen, und zwar fehlerlos. Das war keine Generalprobe, das war die Premiere!

Damit Seeadler auf keinen Fall den Engländern in die Hände fallen konnte, wurden überall unter Deck Sprengpatronen angebracht.

In der Kapitänskajüte wurde vom Zimmermann ein Bullauge zerdeppert, und provisorisch wieder verschlossen, so dass die Kajüte innen nass wurde durch den starken Seegang. Bedauerlicherweise waren auch die Schiffspapiere nass geworden und die Lesbarkeit beeinträchtigt, die Tinte war verlaufen.

Eine besonders pikante schauspielerische Leistung wurde unserem Steuermann abverlangt. Er musste die bereit liegenden Frauenkleider anziehen und die Frau des Kapitäns mimen! Da er eine Stimme hatte wie ein Reibeisen, musste er sich mit Zahnschmerzen mit dick verpackter Backe in die Koje legen. So sah er krank und erbarmungswürdig aus. Einer der beiden Bordhunde bewachte ihn. Trat man ihm nicht zu nahe, konnte er allgemeinen Schwanken und Flackern durchaus als Frau durchgehen.

Wir waren bereit, als das Flaggensignal *Drehen Sie sofort bei* aufgezogen wurde. Zur Bekräftigung gab es einen Schuss vor den Bug, allerdings in ungefährlichem Abstand.

Dass die Besatzung nervös war, ist verständlich. Sie zog dennoch erst einmal in aller Ruhe die norwegische Flagge hoch. Der Hilfskreuzer, ein aufgerüstetes Passagierschiff, blieb ca. ½ sm entfernt liegen und ließ ein Boot zu Wasser.

Zwei Offiziere und ein Signalgast kamen an Bord. Alle drei waren unbewaffnet.

Good morning, captain! And a happy Christmas! sagte Kapitän Graf von Luckner. Dann bat er die Herren in seine Kabine, wo ein guter Whisky und die Papiere warteten. Sie bedauerten, dass Rasmus so arg gewütet hatte und die Kapitänskajüte beschädigt hatte. Aber die Papiere sollten natürlich dennoch vorgelegt werden.

Des Käptens Gattin wälzte sich derweil stöhnend auf dem Kajüten-Diwan und wartete auf den Durchbruch ihres Weisheitszahnes.

Dass die Schiffspapiere nach dem Sturm nicht gerade mustergültig aussahen, verstanden die Engländer. Von der Kapitänsfrau nahmen sie diskret Notiz und entschuldigten sich bei *Madame* - ganz britische Gentlemen - höflich für ihr Eindringen. Aber auch das Logbuch schien ihnen tadellos geführt und wurde nicht beanstandet. Sie fanden nichts auszusetzen.

Sie verabschiedeten sich von Graf von Luckner. *Your papers are all right! Happy Christmas!*

Doch damit war noch nicht alles ausgestanden. Noch eine kleine Zitterpartie galt es kaltblütig zu überstehen. Die Engländer hatten per Funk in Norwegen angefragt, ob das Auslaufen der Hero bestätigt werden konnte. Wir sollten noch zwei Stunden warten, dann wäre die Funkantwort aus Norwegen da. Wir beteten dafür, dass die Hero wirklich planmäßig ausgelaufen war.

Draußen unterhielten sich die *Norweger* mit der englischen Bootsbesatzung. Sie wollten wissen, mit wem man es zu tun hatte. Ein

Bootsgast sagte: *Highland Scot*!

Unsere *Norweger* blickten voller Neid zum englischen Hilfskreuzer mit seinen schweren 15,2 cm Geschützen und noch einigen kleineren Kanonen. Was hätten unsere zwei 10.5 cm Kanonen dagegen schon ausrichten können? Wir wären einfach weggepustet worden! Ganz abgesehen davon, dass unsere Geschütze ja noch unter Deck versteckt waren! Nein, ein Kampf war aussichtslos, unsere Tarnkappe durfte nicht reißen.

Doch da kamen die Engländer endlich aus der Kajüte und verabschiedeten sich. Das Auslaufen der *Hero* war also bestätigt worden! Unsere höflichen Feinde bestiegen ihr Boot.

Doch da drohte die nächste Gefahr. Das Boot trieb nach achtern. Dort aber ragte eine ausgewachsene Antriebsschraube ins Gewässer! Würden die Engländer die entdecken - ein Segler mit Motorantrieb! - wäre alles verraten. Also musste das Abtreiben des Bootes unter allen Umständen verhindert werden.

Hilfsbereit warf man dem Boot eine Leine zu und zog es weg vom Schiff, wofür man auch noch Dank erhielt. Der Trick gelang, die Engländer ließen sich ablenken!

Kurz darauf setzte der Engländer das Signal *TXB(*= Setzen Sie Ihre Reise fort!)

XOR ließ Graf Luckner setzen (=Ich danke Ihnen!)

TDL kam von englischer Seite zurück (=Ich wünsche Ihnen eine glückliche Reise!)

Der englische Hilfskreuzer entfernte sich und ließ *Hero* allein zurück.

Alles hatte geklappt, wir waren frei - im Rücken des Feindes!!

*

Der Kommandeur schwieg. Mucksmäuschenstill war es während seines Berichts in unserem Ausbildungsraum gewesen. Ich meine mich zu erinnern, dass wir an dieser Stelle spontan applaudierten. Natürlich brannten wir darauf zu hören, wie es weitergehen würde! Bis hierher war der Plan geglückt, doch was jetzt, würde sich die aufwändige Vorbereitung auszahlen?

Doch der Kommandeur spannte uns auf die Folter, verabschiedete sich schmunzelnd - nicht allerdings, ohne eine baldige Fortsetzung in Aussicht zu stellen.

Und so mussten wir uns ebenso gedulden, wie du, liebe Ilse, dich nun gedulden musst …

~ ~ * ~ ~

Kapitel 6

Seeadler II - Die Ernte

Seeadler mit Kapitänleutnant Graf Felix von Luckner auf tollkühner Kaperfahrt

---

Die Fortsetzung des spannenden Berichts unseres Kommandeurs ließ nicht lange auf sich warten. Wir mussten kaum länger warten als du, liebste Ilse.

Denn bereits einige Tage später kam er wieder zum Unterricht. Er merkte sofort, dass wir alle ganz gespannt auf die Fortsetzung seines Berichtes über die Feindfahrten des Hilfskreuzers warteten.

Wir spürten, dass er ein begeisterter Vollblut-Seemann war, dem es Spaß machte, den Funken der Begeisterung auf uns junge Seeleute überspringen zu lassen. Man kann nun nicht sagen, dass wir schwer zu begeistern gewesen wären! Wie alle Jugend standen auch wir schnell in Flammen! Dazu kam aber, dass er Ereignisse zu berichten hatte, in denen die abenteuerliche Seite des Krieges hervortrat und seine blutige Fratze fast verschwand. Was er zu erzählen hatte, berichtete nicht von dumpfer, hasserfüllter Materialschlacht, sondern von einem Abenteuer, in dem Intelligenz, List und Kühnheit den Erfolg brachten. Das kam bei uns gut an.

Doch, liebe Ilse, höre selbst die spannende Geschichte, mit der er uns motivierte. Zuerst zog er ein Buch aus seiner Mappe, legte es sorgfältig neben sich auf den Tisch, ließ den Blick über unsere gespannten Gesichter streifen und begann:

*

Was ich Ihnen hier mitgebracht habe, meine Herren, ist kein Poesiealbum, sondern das Logbuch, in dem ich die Daten der damaligen Ereignisse niedergelegt habe. So kann ich Ihnen an geeigneter Stelle mit präzisen Angaben dienen.

Nachdem also die Barriere der englischen Seekontrollen mit List und

Kühnheit überwunden war, ließ sich Seeadler noch bis zum 4. Januar 1917 Zeit. Bis dahin war der Wolf sozusagen im Schafspelz unterwegs. Doch dann wurde die Tarnladung kurzerhand in die See gekippt und das Schiff gefechtsklar gemacht. Der Wolf war auf der Jagd, und zwar ohne Schafspelz!

Einige Tage später, genau am 9. Januar: Erste Begegnung mit einem Schiff! Seeadler änderte die Fahrtrichtung, so dass der Frachter seinen Weg kreuzen musste.

Der Hauptauftrag der Seeadler-Mission war zwar die Versenkung von Segelschiffen. Doch warum sollte man sich nicht auch an einem Frachter versuchen? Seeadler hisste das internationale Flaggenzeichen *G U* (= Ich bitte um Ihre Chronometerzeit). Der Dampfer gab sofort Antwort, setzte aber nicht seine Flagge. Erst als er Seeadler passiert hatte, gab er zu erkennen, dass er ein Engländer war.

Dieser Dampfer sah ziemlich harmlos aus. Kanonen hatte er sicher nicht an Bord. Seeadler drehte nun bei und ging auf Gegenkurs, und kam so parallel zum Engländer zu liegen. Dabei wurde er sofort gefechtsklar gemacht.

Die norwegische Flagge wurde eingeholt und die deutsche Kriegsflagge gesetzt. Ein Teil des Schanzkleides wurde umgelegt und die zwei Geschützrohre wurden gut sichtbar in Position gebracht. Gleichzeitig ging das Signal hoch *Stoppen Sie sofort*, und ein Warnschuss wurde vor seinen Bug gesetzt.

Natürlich dachte der Kapitän des Engländers nicht daran, sich einem Segelschiffs-Hilfskreuzer unterzuordnen.

Er versuchte zu entkommen, denn er hatte ja eine schnelle Maschine, der Deutsche aber - wie er annehmen musste - nur seine Segel. Schwarzer Rauch quoll aus dem Schornstein des Frachters und an Deck wurde es lebendig. Die Flucht wurde mit allen Kräften betrieben. *Die wollen einfach nicht*, seufzte der I. 0. und sah zum Kommandanten rüber.

Verpassen wir ihnen noch einen Warnschuss, brummte dieser. Aber auch dieser wurde vom Engländer ignoriert. Der Kapitän des Frachters versuchte weiterhin mit aller Gewalt aus der Gefahrenzone kommen.

Der dritte Schuss heulte über den Schornstein hinweg, ohne dass sich etwas änderte. Auch der vierte Schuss, der über die Brücke pfiff, zeigte keine Wirkung.

Felix Graf von Luckner - Deutschlands größter Seeheld (9.Juni 1881 in Dresden - † 14.April 1966 in Malmö)*

Doch der fünfte Schuss wurde gezielt abgegeben und traf das Heck des Dampfers. Es gab sofort einen Brand. Jetzt endlich ließ der Kapitän die Maschinen stoppen und ein Boot wurde zu Wasser gelassen.

Eigentlich wäre es Angelegenheit des Hilfskreuzers gewesen, ein Prisenkommando zu dem Engländer zu schicken. Doch dieser Kapitän bemühte sich, zuvorkommend zu sein.

Er wurde auch keineswegs unfreundlich empfangen, Dass er sich nicht beim ersten Schuss einem Segler ergeben hatte, war nachvollziehbar.

Aus den Schiffspapieren ging hervor, dass es sich um die *Gladys Royal* handelte, die ca. 3700 Tonnen Kohle mit sich führte.

Ein Prisenkommando fuhr mit rüber und sorgte davor, dass sämtliche Lebensmittel an Bord des *Seeadlers* geholt wurden. Diese nämlich würde man für die gefangene Besatzung benötigen. Die Engländer mussten quasi ihre eigene Verpflegung mitbringen.

Bei mittlerweile anbrechender Dunkelheit durfte die Besatzung der *Gladys Royal* von Deck des *Seeadlers* zusehen, wie ihr Schiff für immer in den Fluten versank. Nun traten sie ihre Gefangenschaft an, die natürlich insofern mit zusätzlicher Unsicherheit behaftet war, als ein deutsches Kriegsschiff stets Ziel der englischen U-Boote und Kreuzer blieb.

Jedenfalls, der Anfang war gemacht, *Seeadler* hatte sein erstes Schiff versenkt.

Am nächsten Tage schon wiederholte sich der gleiche Vorgang! Wieder bat man um die Chronometerzeit. Als der Dampfer seine englische Flagge zeigte, wiederholten sich hierauf die gleichen Vorgänge. Auch dieser Dampfer versuchte mit voller Kraft zu fliehen, was ihm ebenfalls nicht gelang. Der vierte Schuss war gezielt und beschädigte das Heck in Höhe der Wasserlinie. Trotzdem gab der Kapitän nicht auf und lief weiter mit voller Fahrt. Erst als der zweite Treffer das Rudergeschirr seines Dampfers zerfetzte, war er gezwungen zu stoppen.

Nun wurde auch klar, warum der Kapitän sich so hartnäckig gewehrt hatte: Es war bereits das zweite Mal, dass er in deutsche Gefangenschaft geriet. Beim ersten Mal war er nur unter der Bedingung frei gekommen, dass er ein Revers unterschrieb, nie mehr gegen Deutschland zur See zu fahren. Nun fürchtete er, wegen Bruch seines Wortes hingerichtet zu werden. Doch von Luckner beruhigte den Mann. Er sei schließlich nicht auf einem Kriegsschiff unterwegs gewesen, sondern unbewaffnet und zivil, insofern sei er, Luckner, nicht verpflichtet ihn zu töten. Wie man sich vorstellen kann, erleichterte diese Mitteilung den Kapitän der Gladys Royal beträchtlich. Den Verlust seines Schiffes, samt 4500 Tonnen Zucker für Frankreich, nahm er mit mehr Gelassenheit hin.

*

An dieser Stelle seines Berichts, liebe Ilse, nahm unser Kommandeur in aller Ruhe sein Logbuch vom Tisch und blätterte es auf. Wir hielten fast den Atem an, so spannend war sein Erzählstil. Endlich hatte er die Seite gefunden, die er gesucht hatte und fuhr fort:

*

Zehn Tage lang kam kein Schiff mehr in Sicht! Erst am 21. Januar 1917 sah man dann die Masten eines Vollseglers über den Horizont ragen. Wie üblich zeigte man sich schon von weitem Namen und Nationalität. Seeadler gab sich als norwegisches Vollschiff *Hero* aus. Der andere zeigte die französische Trikolore und den Namen *Charles Gounod.* Es war ca. 2200 BRT groß und hatte 3300 Tonnen Mais geladen.

Die Franzosen dürften nicht gerade begeistert gewesen sein, als die norwegische Flagge plötzlich eingeholt wurde und die Kriegsflagge der deutschen Wehrmacht aufzog!

Was blieb den Franzosen übrig, als an Bord des Seeadlers zu gehen! Die gesamte Besatzung bestand durchweg aus Franzosen. Sie hatten keine Schwarzen oder andere Nationalitäten an Bord wie die Engländer und Amerikaner. Das war auffällig, dass auf französischen Schiffen nur Franzosen fuhren und dass Franzosen auch kaum auf Schiffen anderer Nationalitäten anheuerten.

Und sie hatten offenbar eine sehr emotionale Bindung an ihr Schiff. Ihr Schiff war ihr zu Hause, ihre Heimat! Man sah ihnen an, wie sie um ihr Schiff trauerten. Als die See schließlich über ihm zusammenschlug, hatte mancher Franzose Tränen in den Augen. Niemand machte sich darüber lustig.

*

Prise Nummer vier kam am 28. Januar in Sicht und bestand aus einem Dreimastschoner aus *Liverpool.* Er hatte 375 Tonnen Klippfisch geladen. Es waren nur 7 Mann und die Frau des Kapitäns an Bord, welche nun zum Seeadler übersteigen mussten. Der Schoner wurde in Brand geschossen, da er noch eine Decksladung Holz an Bord hatte.

Prise Nummer fünf war wieder ein größerer Vollmastsegler mit 3000 BRT. Er hatte Salpeter geladen und wollte diesen in *Brest* löschen. Am 3. Februar musste die Besatzung Abschied von ihrem Schiff nehmen, weil es versenkt wurde. Auch hier konnten wir beobachten, wie sehr die französischen Seeleute mit ihrem Schiff verbunden waren. Die Zahl der Gefangenen stieg noch einmal um immerhin 31 Mann an.

Der Kapitän, sein Name war Antonin, erzählte eingehend, dass sie am Tage zuvor von einem großen englischen Hilfskreuzer gründlich durchsucht worden waren! Das habe ihn gewundert, wieso ein englisches Kriegsschiff einen zivilen französischen Segler derart gründlich durchsucht. Doch nun, da er die Verhältnisse auf der Seeadler kenne, halte er es für möglich, dass die Engländer Verdacht geschöpft hätten und bereits einen getarnten Segler suchten.

Doch *Seeadler* ließ sich nicht irritieren und setzte seine Kaperfahrt fort.

Am 8. Februar wurde ein Tiefwasserseegler aufgebracht. Dieser hatte Salpeter geladen, welches er in Gibraltar löschen sollte. Obwohl es ein Italiener war, musste er versenkt werden, da er Bannware geladen hatte. Die 20 Männer der Besatzung mussten auf den Hilfskreuzer umsteigen. Ihr Schiff *Buenos Ayres* wurde mit Sprengpatronen versenkt.

Am 16. Februar gab es Kontakt mit einem Viermastschoner mit Holzladung. Es war Amerikaner und man musste ihn ziehen lassen. Amerika war neutral - noch!

Ein englischer Gegensegler kam am 19. Februar in Sicht. Er hieß

Pinmore und hatte 3.700 Tonnen Mais geladen, welche er auf die Azoren bringen sollte. Daraus wurde nichts. Das Schiff ging zu den Fischen und 29 Mann wechselten die Planken!

Eine Woche später traf man auf einen dänischen Segler. Er hatte vom deutschen Generalkonsul in Buenos Aires abgestempelte Ladepapiere für Kopenhagen. Er durfte sofort weiterfahren. Der Kapitän hatte im Seeadler einen englischen Hilfskreuzer vermutet und deshalb Fersengeld geben wollen, was ihm aber nicht gelang!

Am Tage darauf ging der englische Segler *British Yeoman* in die Falle mit seinen 2000 BRT. Er hatte 3000 Tonnen Weizen nach Nantes in Frankreich geladen und wurde sofort versenkt. 20 Männer und eine Frau waren die neuen Gäste.

In der Nacht zum 27. Februar sah man Positionslampen in der Dunkelheit. Man jagte diesen Segler bis zum Morgengrauen. In der Morgendämmerung musste er sein Unterscheidungssignal setzen. Es war die *La Rochefoucauld* mit 3100 Tonnen Salpeter an Bord für Rochefort! Damit die Kanoniere nicht aus der Übung kamen, wurde dieser Segler durch Artilleriebeschuss versenkt! Er stand sehr schnell in hellen Flammen und ging mit steilem Bug in die Tiefe.

Am 5. März kam bereits wieder ein Franzose in Sicht. Er war 2 200 BRT groß und hatte ebenfalls Salpeter geladen. Er wurde versenkt und die Besatzung wurde von Seeadler übernommen.

Fest stand, dass die Franzosen bisher die größten Verluste durch die Operationen von Seeadler erlitten hatten.

Das Oberkommando der Kaiserlichen Marine in Berlin durfte auf ihren Leutnant Kling wahrlich stolz sein. Und das exzellente Kommando von Kapitänleutnant Felix Graf von Luckner hatte mindestens eben so vollste Anerkennung verdient (und sicherlich auch erhalten).

Und noch hatte der Gegner noch nicht in Erfahrung bringen können, wer ihm einen Segler nach dem anderen abfing und vernichtete. Vielleicht suchte man zunächst irrtümlich nach einem umgebauten

Frachter.

Die Besatzung des dänischen Seglers, welcher vom Seeadler angehalten wurde, hätte bei ihrer Ankunft in Kopenhagen die Kunde vom Segelschiffshilfskreuzer verbreiten können. Dann hätten alle gewusst, wonach sie suchen mussten. Aber sie hat es nachweislich nicht getan.

Die bis zu diesem Zeitpunkt versenkte Handelsschiffstonage betrug über 22 000 BRT. Dabei muss man berücksichtigen, dass Seeadler selbst nur 1500 BRT groß war. Somit hatte er zu diesem Zeitpunkt etwa das Fünfzehnfache seiner eigenen Tonnage versenkt! In den Gefängnisräumen der Seeadler dürfte es allmählich eng geworden sein.

Aber die Kapererfolge waren noch nicht zu Ende! Am 3. März kam ein Frachter in Sicht. Seeadler befand sich bereits südlich des Äquators im Südatlantik! Der Frachter lief zügig nordwärts und es kostete Mühe, ihn zu stellen. Aber es gelang!

Der Schuss vor den Bug bewirkte nur, dass der Frachter seine Fluchtversuche noch verbissener fortsetzte. Er wollte sich von einem kleinen Segler nicht aufbringen lassen und zog die Flucht vor.

Auch durch den zweiten Schuss ließ sich der Kapitän nicht zur Kapitulation bewegen. Ebenso wenig der dritte Schuss, welcher über die Brücke heulte.

Aber es ging ihm so wie den beiden ersten Frachtern welche von dem Seeadler aufgebracht und versenkt wurden. Er meinte mit Leichtigkeit davon fahren zu können!

Der vierte Schuss schlug in der Nähe der Brücke ein und sprengte Schiffsteile ab, die durch die Luft geschleudert wurden und zwei Seeleute schwer verletzten.

Zäh wie Leder ist der, hörten wir von Luckner nicht ohne Bewunderung murmeln, bevor er den fünften Schuss abfeuern ließ, der ein Dampfrohr zerriss, was Verbrühungen von vier Maschinisten zur Folge hatte. Doch der Frachter versuchte immer noch, aus der Reichweite des vermeintlichen Seglers zu kommen. Erst einige weitere Schüsse brachten ihn dazu, endlich die weiße Fahne der Kapitulation aufzuziehen.

Es stellte sich heraus, dass die Maschine nicht abgestellt werden konnte, solange noch Dampf im Kessel war. Bis die Maschine dann ohne Dampf von selbst stehen blieb, umkreiste das gekaperte Schiff den Seeadler.

Erstaunlich war, dass von dem an Bord befindlichen Funkgerät kein Gebrauch gemacht wurde. Die *Horngarth* mit 3.309 BRT aus Cardiff wurde versenkt, nachdem die 32 Man Besatzung auf Seeadler an Bord der Seeadler genommen worden waren.

Der Schiffsarzt Dr. Pietsch behandelte sofort die schwer verletzten Engländer. Trotz aller Mühe konnte er nicht verhindern, dass am anderen Morgen ein Seemann starb. Es war das erste Todesopfer seit der Indienststellung vom Seeadler!

*

Durch diesen neuerlichen Zuwachs aber waren die Kapazitäten der Gefangenenräume erschöpft.

Der Segler war völlig überfüllt. Bei einer Länge von 75 m und einer Breite von 12 m trug er 327 Menschen, von denen 263 *Gäste* waren! Weitere Menschen konnten also nicht an Bord genommen werden!

Die Gefangenen mussten von Bord. Eine Möglichkeit die sie loszuwerden, ergab sich am 21. März.

Die französische Bark *Cambronne* kam in Sicht. Auch sie wurde gestoppt und der Kapitän aufgefordert, zu einer Unterredung an Bord des Seeadler zu kommen. Der Franzose rechnete damit, sein Schiff zu verlieren. Doch Luckner bot ihm an, fast ungeschoren davon zu kommen, wenn er die Gefangenen Seeleute mit seinem Schiff nach *Rio de Janeiro* bringe. Natürlich müsse seine Ladung von 2800 Tonnen Salpeter über Bord geworfen werden, um Platz für die zu übernehmenden 263 männlichen und 2 weiblichen Gäste zu schaffen!

Der älteste der an Bord befindlichen Kapitäne, der Kapitän *Mollen* von der englischen Viermastbark *Primor* erhielt das Kommando. Er musste sich verpflichten, sehr langsam seine Fahrt nach Argentinien aufzunehmen. Es wurden dem Segler nur die Marsseegel gelassen. Die Bramstangen wurden abgesägt und alle anderen Segel über Bord geworfen.

Für die gute Behandlung auf dem Hilfskreuzer Seeadler brachten die nun in die Freiheit abgeschobenen Seeleute dem Kapitän Graf Luckner und seiner Besatzung ein dreifaches *Hurra* aus. 9 Tage dauerte die Fahrt des Seglers nach *Rio*. Unterwegs trafen sie kein anderes Schiff, so dass in diesen 9 Tagen keine Funksignale über den Hilfskreuzer Seeadler in die Welt gefunkt werden konnten.

Am 30. September erreichten die Gefangenen Rio und wurden in die Freiheit entlassen. Nun wurde natürlich bekannt, dass ein deutscher Segler unter einem norwegischen Namen als Hilfskreuzer unterwegs war.

Mehrere britische Hilfskreuzer erhielten am 1. April den Befehl, diesen deutschen Hilfskreuzer aufzubringen! Hierzu sollten sie vor allem in Richtung *Kap Horn* fahren und dem Hilfskreuzer den Weg in den *Stillen Ozean* abschneiden. Einer der an Bord genommenen Kapitäne hatte nämlich auf Seeadler Karten gesehen, welche die See bei *Kap Horn* zeigten!

Seeadler geriet mit zunehmender Südfahrt in schwere Stürme, ja sogar in einen Orkan! Die Segel wurden schwer beschädigt. Aber der Orkan hatte den Vorteil, dass es möglich war, ungesehen durch die Kette der englischen Hilfskreuzer hindurch zu schlüpfen.

Die Hoffnung allerdings, auf dieser neuen Route ebenfalls zu kapernde Segelschiffe anzutreffen, wurde enttäuscht. Aber einer Konfrontation mit den englischen Hilfskreuzern *Otranto* und *Orbita*, die in unmittelbarer Nähe standen, ging man tunlichst aus dem Wege.

Allerhöchste Vorsicht war ohnehin geboten. Dies wurde noch einmal unterstrichen, als man einen Funkspruch aus Uruguay auffing, der etwas folgendermaßen lautete:

Warnung vor deutschem Hilfskreuzer - als Segler getarnt mit Hilfsmaschine - höchste Wachsamkeit geboten

Am 17. April ließ der Sturm nach. Man konnte den Seeadler überholen und die Sturmschäden beseitigen. Am 18. April gab es noch einmal Alarm. Ca. 15 Seemeilen entfernt tauchte ein etwa 10 000 BRT großer Dampfer auf. Weil die Sicht sehr schlecht war, wurde Seeadler nicht bemerkt. Aller Wahrscheinlichkeit nach war es ein britischer Hilfskreuzer.

In den nächsten Wochen ließ sich kein Schiff mehr sehen. Es war, als wären wir allein auf den Meeren. Die See war wie leergefegt. Mittlerweile waren nun bald 3 Monate vergangen, seit die Gefangenen nach Rio gebracht worden waren. Kein Schiff ließ sich mehr sehen. Die Strapazen wurden immer größer, langsam wurde die Mannschaft zermürbt. Manch einer fragte sich, wozu man immer noch hier herumfuhr.

Als nach langer Zeit, am 14. Juni 1917 an Steuerbord voraus ein Schiff ausgemacht wurde, war es das erste Schiff nach 4 Monaten. Wir hofften auf den Anfang einer neuen Kaper-Serie. Es war aber nur ein kleiner amerikanischer Viermastschoner. Er hieß *A. B. Johnson* und war 530 BRT groß. Geladen hatte er 950 Tonnen Holz. An Bord waren 8 Mann Besatzung und eine Frau. Es war wieder mal ein Anfang!

Nach drei weiteren Wochen vergeblichen Lauerns, setzte plötzlich ein schweres Gewitter ein und wir konnten 60 Tonnen Frischwasser auffangen! Und während dieses Gewitters kam plötzlich - wir schrieben den 8. Juli 1917 - ein Schoner in Sicht. Seeadler musste ihn 3 Stunden jagen, bevor er einen Warnschuss vor den Bug abgeben konnte. Immer wieder hatte sich der Schoner im Tosen des Gewitters der Sicht entziehen können. Schließlich wurde er gestellt. Die *Manila* war ein Viermastschoner mit einer Tonnage von 730 BRT, Ladung 1000 Tonnen australische Kohle für Honolulu! Die 10 Man Besatzung wurden übernommen und das Schiff mit Sprengpatronen versenkt!

*

Doch diese Beute sollte die letzte bleiben. Der Schiffsarzt hatte bei der Besatzung die Anzeichen für Beri-Beri festgestellt. Dies ist eine Erkrankung, die durch Mangel an Vitamin B1 verursacht wird. Schädigungen des Herzens und der Nerven waren zu erwarten, sollte es nicht gelingen, die Vitamin-B1-Mängel zu beseitigen. Die monatelange Konservenkost rächte sich.

Graf Luckner beschloss, eine unbewohnte Insel anzusteuern. Der

Hier eine zeitgenössische Postkarte des Seeadlers, *des legendären Lucknerschen Seglers, der nach 14 Kaperungen und dem Versenken von insgesamt 40000 BRT, auf einer Koralleninsel 265 südwestlich von Tahiti sein Ende findet.*

Besatzung sollte Zeit für Ruhe und Entspannung gegeben werden, vor allem aber wollte man frisches Fleisch und Fische für die Besatzung auftreiben.

Inzwischen hatte Seeadler fast 36 000 Seemeilen zurückgelegt. Kein Besatzungsmitglied hatte in dieser Zeit auch nur eine einzige Minute festen Boden unter den Füßen gehabt! Das Bedürfnis danach war dementsprechend groß!

Auf der Seekarte fasste Graf von Luckner einige Inseln ins Auge, die unbewohnt waren und wo wir eine Bereicherung unseres Speisezettels erwarten durften. Er entschied sich für das Inselchen *Mopelia*, 265 Seemeilen westlich von Tahiti, eine jener tropischen ringförmigen

Koralleninseln, die die Gipfel untermeerischer Vulkane darstellen. Ein etwa 25 m breiter Durchbruch verband den Ozean mit der Lagune im Inneren. Der Ring bestand aus Felsen, zum Teil mit Korallen besetzt. Der Felsen war nicht glatt und ausgewaschen, sondern spitz und scharfkantig, zudem noch häufig knapp unter der Wasseroberfläche verborgen. Höchste Vorsicht war geboten!

Zwei ausgesetzte Boote sollten mit Bojen eine Fahrrinne durch den Felsenring abstecken und die Wassertiefe überprüfen. Doch welche Enttäuschung, als sich herausstellte, dass die Wassertiefe am inneren Ring um einen Meter zu gering war. Seeadler benötigte 6 m und hier traf das Lot bei 5 m schon auf Grund.

In die Lagune konnte also nicht eingelaufen werden. Aber dicht an der Laguneneinfahrt entdeckte Leutnant Kircheiß einen halbwegs geeignet erscheinenden Ankergrund vor den schroffen Felsen.

Am nächsten Morgen bedurfte es mehrerer Versuche, das Schiff zu positionieren. Als es dann gelang, hat man gleich eine Stahltrosse auf dem Festland zum Schiff befestigt, um ein Abtreiben zu verhindern.

Nun endlich konnte sich die Freiwache die Beine an Land vertreten. Die andere Mannschaft hatte Seewache und musste sich noch gedulden.

Am anderen Morgen konnte auch die Steuerbordwache an Land gehen. Der Kommandant ging mit ihnen. Die Welt sah friedlich aus.

Doch kaum waren sie an Land, donnerten zwei Kanonenschüsse über das Atoll - das Signal für: *Gefahr im Verzuge*!

Alles stürzte zurück an Bord und sah die Bescherung: Das Schiff war inzwischen mit der Breitseite ans scharfkantige Riff gedrückt worden und rollte heftig!

Der Motor wurde sofort klargemacht und angelassen. Es war jedoch bereits zu spät, denn ein schwerer Grundstoß hatte das Schiff gegen die Korallenfelsen geschmettert und beschädigt.

Auch bei voller Kraft voraus war Seeadler nicht mehr frei zu bekommen. Alle verbissenen Bemühungen blieben vergeblich. Nach 2 1/2 Stunden wurde Seeadler aufgegeben. Durch die Lecks drang Wasser in den Schiffskörper. Der Kommandant musste schließlich der Tatsache ins Auge sehen, dass sein so verdienstvolles Schiff nicht mehr flott zu machen war! Was die Geschütze der Engländer nicht zuwege gebracht hatten, schaffte die Natur mit Leichtigkeit: Seeadler den Garaus zu machen.

Doch Luckner wäre nicht Luckner, wenn er nun zu jammern begonnen hätte! Er wusste, was zu tun war:

Gut, das Schiff würde untergehen. Aber der Proviant und das Frischwasser mussten geborgen werden. Alles, was nicht niet- und nagelfest war, wurde auf die Insel geschleppt. Für das Trinkwasser wurden Munitionsbüchsen genommen. Sämtliche Segel, alle Holzteile sämtliche Werkzeuge und Waffen wurden ebenfalls auf die Insel geschafft!

Von Sonnenaufgang bis Sonnenuntergang waren wir 64 Mann Besatzung, aber auch alle Gefangenen der zuletzt gekaperten Schiffe voll beschäftigt. Unser aller Leben hing jetzt davon ab, was wir auf die Insel bringen konnten!

Das Wasser stand am 5. August brusthoch in allen Räumen des Schiffes. Auch jetzt wurde noch alles Brauchbare von Bord geholt. Vor allem wurde die Funkstation an Land aufgebaut. Als Antennenmasten dienten zwei hohe Palmen. Damit auch gesendet werden konnte, musste an Bord die E-Maschine ausgebaut und auf der Insel betriebsklar gemacht werden. Nur die Geschütze und die Munition waren an Bord geblieben.

So endete diese überaus erfolgreiche Kaperfahrt, die in Wilhelmshaven begonnen hatte nach -zig Tausend Kilometern auf einer winzigen Vulkaninsel der südlichen Halbkugel!

Verluste unter der Besatzung gab es keine zu beklagen! Jetzt kam es darauf an, das Beste aus dem zu machen, was uns noch zur Verfügung stand.

*

Nachdem unser Kommandeur so weit berichtet hatte, schlug er sein Logbuch zu und sah uns an. *Wie es dann weiterging und was alles passieren musste, bis ich so vor Sie hintreten konnte, wie sie mich jetzt vor sich sehen, erzähle ich Ihnen beim nächsten Mal.*

Doch zu einer Fortsetzung kam es zu unserem Bedauern nicht mehr. Er wurde zu höheren Aufgaben in die Marineführung berufen …

*

Aus meiner persönlichen Sicht möchte ich nur noch anfügen, dass Felix Graf von Luckner nicht nur als Blockadebrecher und Seeteufel bekannt wurde, sondern auch nach dem Kriege noch einige Weltreisen auf Segelschiffen unternahm und mehrere Bücher über seine Abenteuer veröffentlichte.

Was ich als Junge am Seeteufel schon immer bewundert hatte, war die ungeheure Kraft, über die er verfügt haben soll. Es heißt, er sei in der Lage gewesen, jedes deutsche Telefonbuch mit einem Ratsch in zwei Teile zu zerreißen (und zwar quer!)! Für uns junge Männer war er ein Vorbild an Mut und Kraft, aber auch an Korrektheit und Bescheidenheit.

Durch sein Verhalten hat er nach dem Ersten Weltkriege das Bild der Kaiserlichen Marine sehr positiv mit geprägt! Die Erinnerung an diesen Helden wurde gepflegt und auf uns überliefert.

Aus Respekt vor diesem ungewöhnlichen Mann habe ich hier einen aus seiner Mannschaft ausführlich zu Wort kommen lassen.

Ich hoffe, es ist dir nicht lang geworden? Weder dir, liebe Ilse, noch dir, lieber Leser …

~~*~~

Kapitel 7

Lehrling - Familienvater - Soldat

Besuch in der Heimat 1941/ Erinnerungen an die Schul- u. Ausbildungszeit /Geburt unserer Tochter / Wirkungen des Krieges / gute und böse Nachbarn / Krankheit

---

Wie würde es dir gefallen, wenn ich nach diesem nassen Seeteufel-Intermezzo aus den Jahren 1916/17 noch einmal aufs trockne Land zurückkehre, und zwar zu unserer Fahrt nach Bleicherode im März 1940, von der ich ja schon etwas erzählt habe (Kapitel 4)? Du erinnerst dich doch an unsere Wanderung, die vom Wetter so begünstigt war? Dann erinnerst du dich auch an den großen Kalischacht, der uns schon auf der Anreise ins Auge fiel. Zu dieser Zeit arbeiteten 2000 Arbeitskräfte in diesem Bergwerk - die größte Arbeitstelle für Bleicherode und die Nachbardörfer. *Getäuft*, was in der Bergmannssprache so viel heißt wie *eingeweiht*, wurde der Schacht Ende des vorletzten Jahrhunderts, nämlich 1899 und geschlossen wurde die Grube erst rund 100 Jahre später.

Ganz besonders hatten es Dir die charakteristischen Fördertürme angetan, welche die Arbeiter in die Grube, aber auch das Kalisalz nach oben beförderten. Unermüdlich drehten sich die Räder der Türme. Auch über die großen Abraumhalden hast Du sehr gestaunt. Die unterirdischen Stollen waren schon bis unter die Hasenburg getrieben worden, eine Entfernung von immerhin etwa 10 km, und dies nicht nur in einer Linie, sondern in einem weit verzweigten System.

Als ich im Herbst 1999 Bleicherode einen kurzen Besuch abstattete, wurden die Halden bepflanzt und waren zum Teil schon recht grün, was sicherlich das Abrutschen des lockeren Abraums verhindern soll, aber auch der Landschaft gut bekommt.

Nach Stilllegung gingen auch hier alle Arbeitsplätze verloren. Viele Bergleute, aber auch Angehörige anderer Berufe wanderten ab,

Historische Ansicht von Bleicherode

Richtung Westen.

Bei unserem Besuch führte ich dich über die Hauptstraße, die bei einer 7000-Seelen-Stadt natürlich andere Ausmaße hat als in einer Großstadt wie Frankfurt. Bewundert hast du unsere spätgotische Marienkirche und das Rathaus, das aus dem 14. Jahrhundert stammt und mithin ein halbes Jahrtausend auf dem Buckel hat. Erwähnt wurde die Stadt aber schon 1130. Es wuchs, wie viele mittelalterliche Siedlungen um eine Burg herum, von dessen Herren Schutz erwartet wurde, was diese sich natürlich teuer bezahlen ließen. Davon zeugt noch der so genannte Zinsturm, der im 16. Jahrhundert erbaut und im 18. erneuert wurde. Bekannt war Bleicherode auch durch seine Webereien und - der Name sagt es ja schon - Bleichereien! Und dies weiß ich sogar noch aus eigener Anschauung! Oft nämlich musste ich als Lehrling zu einer der Webereien, um dort zum Beispiel Handtücher abzuholen, welche extra für uns gewebt wurden. Manche Kunden wollten ein ganz bestimmtes Muster in ihren halb- oder ganzleinenen Handtüchern haben. Alles wurde in dieser kleinen Weberei nach Wunsch angefertigt. Wir selbst besitzen noch heute, nach über 60 Jahren, Handtücher aus dieser Zeit. Woran Du ermessen magst, dass der Ausdruck *deutsche Wertarbeit* hier wirklich noch angebracht ist!

Übrigens war die Firma, in welcher ich meine Lehrzeit absolvierte, nicht nur ein Modehaus, sondern hatte einen weiteren Schwerpunkt in Aussteuerartikeln. Es war eine der größten Betriebe der Stadt und es gab sogar Filialen in umliegenden Städten. Zum Beispiel in Nordhausen, Rautenstraße 50, war ein Spezialgeschäft von uns, das ausschließlich mit Aussteuerartikeln handelte.

Auch waren mehrere Vertreter unterwegs, welche aufgrund von Mustern direkt an die Verbraucher Waren verkauften. Die Firma war seit Jahrzehnten so gut eingeführt, dass viele Kunden Standardartikel, zum Beispiel Betten, Handtücher, Bettbezüge bestellten, ohne Muster zu sehen. Sie verließen sich vollkommen auf die bewährte Qualität und ich kann mich nicht erinnern, dass es jemals eine Reklamation gab!

Das Bleicheröder Rathaus in unseren Tagen

Was mich, wenn ich es mir vor Augen führe, heute immer noch erstaunt ist, dass unserer Firma in Bleicherode, - also eine Stadt von gerade mal 7000 Einwohnern - außer den 2 Junior-Chefs und den 2 Junior-Chefinnen 8 bis 9 junge Männer im Verkauf und Versand, und 20 bis 21 Verkäuferinnen beschäftigte! Und alle hatten wir viel zu tun und mussten manchmal noch Überstunden dranhängen! Wer in aller Welt kaufte denn diese vielen Waren, wie kam dieser Umsatz zustande? Ob es daran lag, dass das Umland im Radius von ca. 10 km relativ stark besiedelt war? Ich schätze diese Bevölkerung auf 40 000 bis 50 000 Bewohner. Ja, vielleicht. Aber sicher lag es nicht zuletzt an der hervorragenden Qualität unserer Ware. Qualität setzt sich eben durch! Und die Preise waren für die Kunden sehr günstig!

Vor allem vor Weihnachten musste der Versand reibungslos laufen und die Lager mussten nach Feierabend wieder aufgefüllt werden. Doch in diese Zusatzarbeit ging man nicht ohne ein Abendessen in der nahen Gaststätte, auf Kosten der Firma. Man war nicht knickerig, das sorgte für ein gutes Betriebsklima. Selbstverständlich wurden diese Überstunden auch bezahlt. Für mich war das damals eine wichtige zusätzliche Einnahme! Denn mein Gehalt betrug im ersten Lehrjahr

12.50 Reichsmark, aber nicht etwa täglich, sondern für den ganzen Monat! Durch diese Überstunden kam ich dann oft erst zwischen 23.00 und 24.00 Uhr nach Hause. Manchmal lag vor Weihnachten bereits hoher Schnee und ich musste ca. 8 km zu Fuß marschieren.

Und am anderen Morgen dasselbe wieder in der anderen Richtung. Es war oft sehr kalt und der Schnee lag nicht selten über einen halben Meter hoch. Die Temperatur sank in den 30er Jahren oft bis auf minus 30 °C! Eine Busverbindung gab es nicht. Auch waren an den vier Sonntagen vor Weihnachten alle Geschäfte geöffnet!

*

Ein Kunde ist mir besonders im Gedächtnis geblieben. Er kam aus der Gegend von Sangerhausen, ca. 50 Km von Bleicherode entfernt, und machte bei uns seine Einkäufe für seinen Großhandel. Er kam immer mit einem schweren Motorrad mit Beiwagen. Eine schwere Maschine war bei ihm auch vonnöten, denn er hatte einen Leibesumfang, der heutzutage an Sumoringer erinnern würde. Bevor dieser Kunde sich mit seiner Bestellung überhaupt befasste, klärte er mit dem jeweiligen Verkäufer zunächst einmal, seine Frühstückswünsche. Obwohl es da eigentlich nicht so viel zu klären gab. Jeder von uns hätte vorhersagen können, was er zum Frühstück wünschte: 2 Flaschen Bier, 1 Pfund Thüringer Hackfleisch und 2 Brötchen!

Und wenn es ein tüchtiger Verkäufer war, dann flüsterte er diesem Kunden zu: *Herr Kühnemund, ich habe mir erlaubt, Ihnen 2 Pfund Hackfleisch und 4 Brötchen zu bestellen. Wenn Sie nicht alles essen können, nehmen Sie bitte den Rest mit für die lange Rückfahrt!* Aber es blieb sehr selten etwas übrig für die *lange Rückfahrt!* Er verputzte alles.

Erst nachdem das Frühstück geordert war und er es im Geiste schon vor sich sah, widmete er sich der Bestellung. Dieser Mann mit seinem gigantischen Appetit hat sich mir eingeprägt. Was auf uns kurios oder komisch wirkte, dürfte für ihn über kurz oder lang zum gesundheitlichen Problem geworden sein.

*

Es war klar, dass du diese Firma, in der ich meine Ausbildung bekommen hatte, auch einmal sehen wolltest und solltest. Sobald du einen ersten Eindruck von der Stadt Bleicherode gewonnen hattest, setzten wir einen Besuch bei dieser renommierten Firma auf die Tagesordnung.

Dort war man von unserem Erscheinen durchaus nicht überrascht, da man zugetragen bekommen hatte, dass ich geheiratet hatte und mich mit meiner frisch Angetrauten als Urlauber im Dorf aufhielt. Wenn wir uns nicht hätten sehen lassen, wäre man enttäuscht gewesen. Ein fast überschwänglicher Empfang, bei dem du von der Juniorchefin mit Beschlag belegt wurdest.

Alles bekamst Du gezeigt und Du durftest auch einkaufen, was Dein Herz begehrte, obwohl wir keine *Punktekarte* vorweisen konnten, die damals für Artikel dieser Art Pflicht war. Die Punkte könnten wir ja dann später zusenden, hieß es - und uns war`s natürlich sehr recht so. Ich habe mich gefreut, dass wir, vor allem aber Du so freundlich aufgenommen wurdest. Als wir uns dann verabschieden wollten, sagte die Juniorchefin zu uns: *Wir würden uns so freuen, wenn Sie das Mittagessen bei uns einnehmen würden! Ich habe schon alles herrichten lassen!* Was blieb uns übrig, wir mussten bleiben. Eine so liebenswürdige Einladung konnten wir nicht abschlagen.

Nach dem Mittagessen saßen wir dann auf der Dachterrasse und unterhielten uns sehr interessant. Was Deine neue Freundin geradezu entzückte, war das warme Timbre Deiner Stimme. Auch zum Nachmittagskaffee sollten wir bleiben und auch das Abendessen nahmen wir gemeinsam ein. Ja, das war der Beginn einer guten Freundschaft, die bis zu ihrem Tod im Jahre 1990 Bestand hatte, also über 50 Jahre!

Und in dieser Zeit, von 1940 bis zum Jahre 1990, waren wir bei jedem Besuch in unserer Heimat für mindestens einen Tag wieder eingeladen. Es gab immer sooo viel zu erzählen!

*

Übrigens waren meine Chefs auch Förderer des örtlichen Fußballvereins. Heute würde man sagen, es sind die *Sponsoren* dieses Vereins! Alle Trikots und Fußballstutzen wurden von Ihnen jährlich gespendet. Auch sorgten sie dafür, dass am ersten Pfingsttag jeweils ein besonders interessantes Fußballspiel stattfand. Ein paar Mal war es z.B. Tennis Borussia Berlin! Verloren haben die Bleicheröder zwar immer, aber nicht etwa haushoch, sondern eher knapp.

Einige meiner Kollegen waren gute Fußballspieler. Auch ich selbst spielte Fußball in unserem Dorfverein! Mit 16 Jahren durfte ich bereits den Torwart der ersten Mannschaft ablösen, denn dieser musste Soldat werden. Meine beiden Verteidiger waren große und sehr kräftige Kerle. Ihre Abstöße gingen manchmal noch über das gegnerische Tor hinaus.

Beim Marsch zum Sportplatz oder zurück wurde oft das Lied gesungen, in dem es heißt *und unser Tormann, ein hübscher junger Mann usw.* Und ich war stolz, dass ich bereits in der ersten Mannschaft spielen durfte.

Alle Kosten für Busfahrt zu den Spielen usw. musste jeder Spieler übrigens selbst bezahlen. Dafür ging es nach dem Spiel immer lustig zu. Gefeiert wurde immer, ob wir verloren oder gewonnen hatten, war dabei nicht entscheidend.

Wer von uns hätte denn damals daran gedacht, dass eines Tages Fußballspieler das Zehnfache von dem verdienen, was der höchste Repräsentant des Staates im Jahr erhält! Und der verdient ja auch nicht eben wenig. Wir spielten damals aus Begeisterung und wegen des Sports und nicht für Geld, und so hätte es auch bleiben sollen!

Bleicherode war mit damals ca. 7000 Einwohnern ein friedliches Städtchen. Ich kann mich sehr gut an die vielen Vereine erinnern, welche in Bleicherode aktiv tätig waren. Aber es war in der Anzahl noch kein Vergleich mit der Zeit nach 1992.

Es gibt jetzt 56 aktive Vereine in Bleicherode. Es ist wohl die Stadt mit den meisten Vereinen ihrer Größe in ganz Deutschland. Hieran sieht man doch, dass ein guter Bürgersinn vorhanden ist!

Ein festlicher Umzug in meinem Heimatdorf im Jahre 1926

*

Als ich dich so durch mein Heimatdorf führte, kam mir natürlich an jeder zweiten Ecke eine Kindheitserinnerung in den Sinn. Nicht alle waren angenehm. So die folgende, die etwas über die politischen Umstände im Jahre 1935 erzählt.

An allen Berufsschulen wurden die so genannten *Reichsberufswettkämpfe* durchgeführt. Diese fanden an einem Samstag statt. Alle Schüler dieser Schulen waren zur Teilnahme verpflichtet. Die besten Arbeiten wurden ausgezeichnet. Und die Schüler dieser Arbeiten durften dann als Zeichen der Anerkennung beim Umzug durch die Stadt in den ersten Reihen marschieren.

Auch 1935 fand dieser Reichsberufswettkampf statt. Die gestellten Arbeiten waren im Grunde nicht allzu schwer. Aber in diesem Jahre muss ich einen besonders schlechten Tag gehabt haben. Zu einem der gestellten Themen wollte mir einfach nichts einfallen. Und dabei sollte es die leichteste Arbeit des ganzen Wettkampfes sein!

Das nicht gerade originelle Thema lautete: *Was weißt Du über unseren Führer, Adolf Hitler*?

Nun, wie gesagt, ich hatte einen sehr schlechten Tag erwischt. Unser Klassenlehrer, welcher mit mir sonst eigentlich ganz zufrieden war, denn ich gab mir immer große Mühe weil ich möglichst viel lernen wollte, blickte während des Aufsatzes sorgenvoll auf mein fast leeres

Ein Schulausflug nach Halle 1928 mit den Lehrern Kurzius und Kraft. Hinter Herrn Kurzius der Schüler Fritz Hennemann im Alter von 10 Jahren.

Blatt. Dieses sollte auch bis zum Ende der Stunde nicht viel voller werden, so sehr ich auch an meinem Füller herumkaute.

Wann und wo Hitler geboren war, bekam ich noch zusammen. Auch dass er Reichskanzler war, wusste ich. Ich wusste eigentlich noch viel mehr, aber es wollte nichts aufs Papier. Ich habe auch nicht versucht, bei meinem Nachbar abzugucken! So blieben die Sätze: *Der Führer wurde in Braunau am Inn am 20.4. 1889 geboren. Er ist unser Reichkanzler.* allein auf dem großen Blatt stehen.

Mir war klar, dass ich meine Hoffnung, auch in diesem Jahre wieder bei den Besten zu sein, begraben konnte. Als der Umzug dann stattfand, stellte ich mich gleich freiwillig ans Ende. Das war besser, als dann nach hinten geschickt zu werden.

Doch als unser Klassenlehrer das bemerkte, kam er auf mich zu und meinte er: *Komm nach vorn in die erste Reihe, Fritz. Deine Arbeiten waren sehr gut - bis auf die eine, die ist schon etwas kurz geraten*!

So kam es, dass ich 1935 stolz mit an der Spitze der Reichsberufswettkampfteilnehmer marschierte, obwohl ich im Hitler-Aufsatz komplett versagt hatte. So richtig wohl habe ich mich allerdings nicht gefühlt! Ich freute mich aber, dass mein Klassenlehrer mir weiterhin wohl gesonnen war. Ja, fast hatte ich den Eindruck, dass er von da an mit mir besonders zufrieden war …

*

Später, während meiner Lehrzeit, erlebte ich das ganz verrückte Deutschland!

Zogen heute die Kommunisten mit Schallmaiengetöse durch die Stadt, marschierte morgen die SA oder die SS mit Trommelwirbel durch die Straßen. Wer nicht voll überzeugt war, bekam Angst, Angst davor, was noch alles kommen könnte!

Für mich war es unverständlich, dass Menschen, welche zusammen groß geworden waren, gemeinsam die Schule besucht hatten, plötzlich zu Feinden wurden und sich sogar den Schädel einschlugen.

Und es kam dann ja auch bald faustdick. Doch diese ganze verhängnisvolle Entwicklung wäre nicht in Gang gekommen, wenn es nicht diese verheerende Arbeitslosigkeit gegeben hätte. Es waren jahrelang zwischen 25 und 30% der Menschen arbeitslos, ohne ausreichendes Einkommen für ihre Familie!

Sie alle mussten zweimal in der Woche persönlich zum Arbeitsamt, um sich zu melden. Auch das Arbeitslosengeld musste persönlich bei dem Arbeitsamt wöchentlich abgeholt werden. Und dieses auch dann, wenn im Winter 60 oder 70 cm Schnee lagen und es bis zu 30° kalt war. Das demoralisierte die Menschen, die Unzufriedenheit wuchs und wuchs.

Für mich war es immer eine Katastrophe, wenn ich mit meinem Fahrrad an den vor dem Arbeitsamt Schlange stehenden armen Menschen vorbeifahren musste. Fast schämte ich mich dafür, dass ich Arbeit hatte!

Ausschau nach einem Festtagsbraten auf dem Helenenhof mit Tante Emma.

*

Während des Urlaubs haben wir auch einen Abstecher zu unserer Tante nach dem *Helenenhof* gemacht. Als ich sie anrief, um unseren Besuch anzukündigen, bat sie uns, erst am nächsten Tag zu kommen, da sie noch allerhand zu erledigen und vorzubereiten habe. Sie verwaltete mit ihrem Mann ein großes Gut. Es war wohl das größte Gut in der ganzen Umgebung. Wir wurden herzlich aufgenommen, und die Freude auf beiden Seiten war spontan und echt. Ich hatte von Anfang an das Gefühl, sie betrachtet Dich wie eine Tochter!

Zu dieser Zeit gab es kaum Traktoren. Wenn ich mich richtig erinnere, hatte das Gut ca. 30 - 36 Ackerpferde, also 15 oder 18 Gespanne. Den Hof, das Herrenhaus und alle Gebäude konnten wir besichtigen. Ganz besonders gefielen Dir das Herrenhaus und der große Teich mit den vielen Enten und Gänsen. Einige davon sollten im Laufe der Zeit in unserem Bräter landen!

Das Gut selbst gehörte einem Stahlbaron aus dem Ruhrgebiet, aber das Kleinvieh, Gänse, Enten, Hühner usw. waren Eigentum unserer Tante! Dass sie darüber frei verfügen konnte, merkten wir nicht zuletzt an unseren schweren Taschen …

Gut, dass wir mit den Fahrrädern gekommen waren! Vollgepackt, wie von einem guten Weihnachtsmann beschert, konnten wir unsere Taschen und die Rucksäcke an die Räder hängen. Es wäre uns nicht möglich gewesen, unsere Rucksäcke und all die prall gefüllten Taschen, die 6 km zu tragen. Und so schoben wir unsere Drahtesel, die zu Packeseln geworden waren, die ganze Strecke bis nach Hause. Fahren kam nicht in Frage. Es war viel zu gefährlich mit diesem vielen Gepäck. Außerdem nahmen wir den kürzeren Weg über einen Feldweg. Und der war weder gepflastert noch asphaltiert, sondern eben nur ein gewöhnlicher Feldweg mit tief eingegrabenen Rillen und Spuren von den Pferdewagen der Bauern!

Die Kriegssituation spitzte sich zu. Auch für die Zivilbevölkerung wuchs die Gefahr. Auf unsere Stadt fielen immer wieder Bomben. Und es kam der Tag, an dem Mütter mit Kindern evakuiert wurden auf das Land, in ungefährlichere Gegenden! Nur, wo war es noch wirklich ungefährlich? Überall fanden Luftangriffe statt. Nicht nur auf große Städte, sondern auch auf kleinere Ortschaften. Vor allem auch auf Industriebetriebe und zwar ganz gleich, wo diese sich befanden.

*

Im Jahre 1941 kamen wir wieder nach Bleicherode. Und auch diesmal ließen wir uns in meiner alten Ausbildungsfirma sehen. Dies rief erst Überraschung, dann Freude hervor, denn auch diesmal hatten wir unseren Besuch nicht angekündigt.

Ich kann mich noch gut erinnern, dass dich die neugierige Frage, ob denn schon *ein Baby unterwegs* wäre, in Verlegenheit brachte und du ganz rot wurdest. Aber es stimmte ja, es *war* tatsächlich ein Baby unterwegs!

Das war nun für deine Freundin, die Juniorchefin, das Signal uns im großen Stil mit Babywäsche zu versorgen.

Die Punkte von der *Punktekarte* haben wir dann gerne zugesandt. Bei uns in der Großstadt konnten wir kaum etwas für unser Kind bekommen. Da alle Artikel knapp waren und wir beileibe nicht zu den Stammkunden zählten, zuckte man bedauernd die Achseln. Außerdem wurden die knappen Waren 1941 teilweise nur noch *unter der Theke* verkauft, d.h. ohne Gegenleistungen lief da nichts. Aber durch die Freundschaft mit der Juniorchefin, brauchten wir uns zum Glück mit solchen Beschaffungsproblemen nicht herumzuschlagen.

Die Erstausstattung an Babysachen war auch so reichlich, dass wir für unsere ganze kleine Kinderschar, es wurden drei Kinder, genügend zur Verfügung hatten.

Wir waren ganz glücklich, dass unsere große Sorge, Babywäsche für unser erstes Kind zu bekommen, so plötzlich und vor allem großzügig gelöst war. Wir bekamen eine große Kiste mit allem, was ein Baby benötigt, nach Hause geschickt! Ja, es waren nicht nur Babyartikel in der Kiste, sondern auch bereits ein Kleidchen mit Hütchen für Mädchen von 2 bis 3 Jahren. Und als Du sagtest: *Aber wir wissen doch gar nicht, ob es ein Mädchen wird*, antwortete Deine Freundin: *Glaub mir Ilse, es* ***wird*** *ein Mädchen, ich spüre das einfach*! Und sie hatte Recht behalten! Ein Mädchen wurde uns geschenkt, ein süßes kleines Mädchen, unser erstes Kind!

Unsere Tochter sollte im Februar 1942 zur Welt kommen. Es lag viel Schnee. Ich hatte Urlaub. Als die Wehen einsetzten, brachte ich Dich mit der Straßenbahn, da bei uns kein Taxi zu bekommen war, bis zum Hauptbahnhof. Hier erwischte ich endlich ein Taxi für uns, welches uns in das kleine Krankenhaus brachte, bei welchem wir uns schon länger angemeldet hatten.

Du wurdest liebevoll aufgenommen. Das Pflegepersonal bestand zum großen Teil aus Nonnen. Ich wusste Dich in guten Händen. Alles war bereit, das Töchterchen konnte kommen.

Doch das kleine Fräulein ließ sich Zeit. Immer rief ich an und immer wieder hieß es: *Das Baby ist noch nicht da, rufen Sie doch etwas später wieder an. - Ist gut*, sagte ich, legte auf, sah auf die Uhr und goss mir einen Cognac ein. Dieses Spielchen machten wir ein paar Mal. Bis zum späten Abend die Cognacflasche fast leer, und unser Baby noch immer nicht da war. Was soll das werden? Wo sollte ich Cognac-Nachschub herbekommen?

Irgendwann am sehr späten Abend wollte ich nicht mehr anrufen und legte mich aufs Ohr. Und ausgerechnet da, kurz nach meinem letzten Anruf, muss sich unser Püppchen entschlossen haben, es doch mit dem Leben auf unserer Welt zu versuchen! Als ich nämlich am nächsten Morgen anrief, hieß es: *Sie ist da, Sie ist gesund, die Mutter auch, Sie können kommen!*

Im Krankenhaus kam mir eine strahlende Nonne mit unserem Kind entgegen.. Und siehe da, die Kleine war kaum 12 Stunden auf der Welt, und hob mir schon eifrig das Köpfchen entgegen.

Sehen Sie, Herr Hennemann, sagte die Nonne lächelnd, *ihre Tochter möchte sich den Herrn Papa doch mal genauer ansehen.*

Na, hoffentlich ist sie mit mir so zufrieden wie ich mit ihr, sagte ich.

Ich konnte euch dann noch während meines Urlaubs in unsere schöne Wohnung holen. Wir erlebten noch gemeinsam einige wundervolle Tage mit unserem Kind!

*

Ein kleines Ereignis ist mir für immer im Gedächtnis geblieben. Du warst nach Deiner Rückkehr aus dem Krankenhaus doch noch sehr mitgenommen und müde. Und mitten in der Nacht fängt unser Kindchen an und schreit wie am Spieß. Du hast es nicht gehört. Ich aber hatte Angst, dass Du wach würdest. Und so kam ich auf die schreckliche Idee, unser Püppchen in ihrem Bettchen in das Bad zu fahren, damit Du nicht gestört wirst. Sie war dann auch bald ganz still, und wir drei haben bis zum Morgen ruhig durchgeschlafen.

Plötzlich hast Du mich geweckt mit einem Aufschrei: *Um Gottes willen, Fritz, wach auf, unser Kind ist weg!!*

Im ersten Moment hatte ich vergessen, dass ich unsere Kleine ins Badezimmer gefahren hatte. Und ich war eine Sekunde lang genauso entsetzt wie Du über das unerklärliche Verschwinden unseres Babys aus unserem Schlafzimmer. Doch dann fiel es mir natürlich sofort wieder ein und ich konnte alles aufklären. Du aber musst einen gewaltigen Schreck bekommen haben und warst sehr zornig über diesen Unmenschen, den du zum Ehemann hattest! Da hast du mir eine ziemlich temperamentvolle Szene gemacht, hast mir vor Augen geführt, was alles hätte passieren können, mich beschimpft und gescholten, dass ich ganz kleinlaut wurde. Es hätte nicht viel gefehlt und du hättest mir nach dem Leben getrachtet! Und dabei hatte ich doch nur deinen Schlaf behüten wollen! Erst als du dich überzeugt hattest, dass unser Baby gesund und ausgeruht in seinem Bettchen lag, hast du dich wieder beruhigt und mir großmütig verziehen. Der Ehefrieden war schnell wieder hergestellt.

1942 in Saint Nazaire

Doch lange genießen konnten wir diesen Frieden leider nicht mehr, denn draußen in der Welt war leider kein Friede und mein Urlaub ging zu Ende. Was hätte ich darum gegeben, bei euch zu bleiben! Doch es war Februar 1942 und der Krieg wurde immer härter.

Aber ich hatte Glück im Unglück. Man beschloss nämlich, mich erst einmal zu einem Kursus nach Kolberg in Pommern zu schicken. Saint-Nazaire, wo ich stationiert war, ist eine Hafenstadt an der Mündung der Loire in den Golf von Biskaya. Also musste ich quer durch Frankreich und durch Deutschland reisen. Und es wurde mir erlaubt, die lange Fahrt von der französischen Atlantikküste nach Kolberg, auf der Hin- und Rückfahrt für jeweils zwei Tage zu unterbrechen, um Euch zu besuchen. Überraschung und Freude waren groß!

*

Nicht alle Mitmenschen sind angenehme Zeitgenossen. Das gilt besonders für schwierige Zeiten. Da zeigt sich oft der wahre Charakter.

Ich erinnere mich, dass du mir empört und verärgert von deinem Metzger folgende aufschlussreiche Geschichte erzählt hast.

Stets hattest du dort gern eingekauft, denn die Inhaberin bediente dich freundlich und großzügig. Eines Tages aber sagte sie beiläufig zu Dir:

War das alles, oder haben Sie noch einen Wunsch, Frau Doktor?

Den Doktor können Sie ruhig weglassen, sagtest du, *denn weder ich noch mein Mann haben einen Doktorgrad.*

Ja, sind Sie denn nicht die Schwiegertochter von Herrn Dr. Hennemann? kam´s erstaunt von der andren Seite der Verkaufstheke.

Nein, nein, da müssen Sie mich verwechseln.

Man hatte in dieser Metzgerei angenommen, Du wärst die Schwiegertochter eines Namensvetters, *eines Doktors der Medizin*!

Und von diesem Tage an gab es für 100 Gramm Fleischmarke auch nur noch 100 Gramm Fleisch oder Wurst. Von Stund an hattest du den Eindruck, man wiege den Daumen noch mit, um die Großzügigkeit aus der Doktor-Zeit wieder reinzuholen.

Zum Glück gab es noch eine andere Metzgerei. Den längeren Weg nahmst du dafür gern in Kauf, auch wenn das mit einem kleinen Mädchen bei Eis, Schnee, Regen viel mehr Mühe kostete. Übrigens haben weder du noch ich je wieder, auch nach dem Kriege nicht, einen Fuß in diesen dünkelhaften Metzgerladen gesetzt, in dem 100 Gramm für die Schwiegertochter eines Doktors mehr war als für eine einfache

Frau.

Besuch bekamst Du wiederholt von der zuständigen Leiterin der Frauenschaft! Sie wohnte uns gegenüber. Sie war eine ganz patente Frau, dennoch war es ihr ein Dorn im Auge, dass eine so junge Frau nicht zu ihren Abenden der Frauenschaft erschien.

Du hast es fertig gebracht, mit dem Hinweis auf Deine kleine Tochter, die Du auf keinen Fall allein in der Wohnung zurücklassen könntest, dir die ganze Sache vom Halse zu halten.

Die meisten Mitbewohner des Hauses waren nett und hilfsbereit. Eine ältere Mitbewohnerin kam gleich bei unserem Einzug auf uns zu und bot an, auszuhelfen, wenn es uns an etwas fehlen sollte.

In einem so jungen Haushalt könne ja noch nicht alles vorhanden sein. Nun, sie kannte ja Deine Aussteuer überhaupt nicht, und sie wusste natürlich auch nicht, was Dein Ehemann so alles in Kisten zuschicken ließ! Nach einigen Monaten lieh sie von uns ein Kuchenblech, welches wir bis zum heutigen Tag, nach immerhin einigen Jahrzehnten, nicht wieder zu Gesicht bekommen haben. Es wird wohl auch weiterhin verschollen bleiben, denn die betreffende Dame war damals mindestens 25 Jahre älter als wir und müsste demnach bald die 100 überschritten haben …

Ein anderer Mitbewohner war als Soldat in Holland stationiert und in seinem Keller stapelten sich Blechbüchsen voll mit Keksen! Wenn er im Urlaub war, dann hat er gegen 5 Reichsmark auch euch gelegentlich eine Büchse verkauft. Wir fanden dieses sehr nett und hätten ihm gerne öfter eine Büchse abgekauft, denn Du und unsere Kleine habt die Kekse gerne gegessen. Doch mit seiner Frau war da nicht zu reden. Sie hütete diese Keksdosen wie ein Drache! Wahrscheinlich befürchtete sie den sofortigen Hungertod, sollten in ihrem Keller statt 400 nur noch 399 Keksdosen stehen!

Im zweiten Stock wohnte ein Ehepaar mit einer Tochter. Die Mutter gab sich als eine Russische Gräfin zu erkennen. Obwohl adelig, war sie bescheiden und nett. Ihr Mann war bei einer Bank beschäftigt.

Wenn ich ihn sah, klagte er darüber, dass er soviel arbeiten müsse, und manchmal sogar Überstunden machen müsste.

Sie erzählte gelegentlich ihre haarsträubende Fluchtgeschichte. Die Gräfin konnte mit 18 Jahren aus Russland fliehen mit Hilfe von Freunden ihrer Familie. Vier Wochen irrte sie herum, bevor sie in Deutschland eintraf. Ihre Eltern mussten zurückbleiben. Von diesen hat sie nie mehr etwas gehört.

Unter uns wohnte eine sehr nette Familie. Er war Reserveoffizier, im Zivilberuf Beamter bei der Post. Leider wurde er in den allerletzten Kriegstagen noch tödlich verwundet. Es hat uns sehr Leid getan.

Die Ehefrau mit dem kleinen Jungen zog dann nach Kriegsende in ihre Heimat nach Baden.

Und in diese Wohnung wurde nach dem Krieg ein älteres Ehepaar eingewiesen, welches in der Stadt ausgebombt war. Leider war es ein sehr böses Ehepaar. Sie wollten unbedingt durchsetzen, dass in unsere Wohnung ihre Schwester eingewiesen wird.

Ich wäre doch Soldat, noch in Gefangenschaft und überhaupt wahrscheinlich ein böser Nazi! Schließlich wären solche schönen Wohnungen im Kriege doch nur an Nazis vergeben worden.

Leider habe ich damals vergessen zu fragen, ob sie nicht selbst vielleicht böse Nazis waren! Denn woher sonst sollte der Reichtum stammen, den sie zur Schau trugen? Wer kein Nazi war, konnte nicht reich sein, das war doch ihre Logik!

Nein, wir waren keine Nazis. Es war ein bemerkenswerter Zufall, dass wir diese schöne Wohnung im Jahre 1941 beziehen konnten. Nach unserer Hochzeit im März 1940 hatten wir uns gleich bei einer Wohnungsgesellschaft für eine Wohnung angemeldet. Aber wir hörten bis August 1941 nichts von dieser Wohnungsgesellschaft.

Natürlich war ich bei unserer Anmeldung in Marineuniform erschienen. Dieses hatte sich ein Angestellter des für die Vermietung zuständigen Büros gemerkt. Als er dann seine Einberufung erwartete, rief er mich an und sagte, ich habe drei Wohnungen frei bekommen, von denen eine besonders schön sei. Sie sei soeben erst telefonisch gekündigt worden. Sollten wir daran Interesse haben, sollte ich mich mit Gattin unverzüglich in der Wohnung einfinden.

Wir fuhren sofort mit der Straßenbahn zu der zu vermietenden Wohnung. Sie lag im I. Stock und war wirklich modern und gut geschnitten. Sie gefiel uns auf Anhieb!

Wenn Sie diese Wohnung haben wollen, sagte Herr Holst, können wir auf der Stelle den Mietvertrag abschließen. Und mit Handschlag galt die Wohnung als vermietet. Wir waren ab sofort die neuen Mieter!

Doch im nächsten Moment klingelte es an der Tür. Die Mieterin aus der Parterre-Wohnung stand da. Sie hatte soeben von der Kündigung gehört und wollte die Wohnung haben.

Herr Holst, ein Ehrenmann, dem sein Handschlag noch genauso viel wert war wie ein schriftlicher Vertrag heute, sagte, es täte ihm leid die Wohnung sei bereits vermietet! Das Erstaunen war groß. Sie wollte es nicht glauben und ließ nicht locker. Wir aber wollten keine Wohnung im Parterre und bestanden auf unserem soeben abgeschlossenen Vertrag.

Ganz uneigennützig war diese Hilfe von Herrn H. nicht gewesen. Er erkundigte sich bei mir, ob ich ihm behilflich sein könne, dass er zur Marine eingezogen würde. Er wollte unbedingt zur Marine.

Da ich einen guten Freund auf der entsprechenden Marinedienststelle hatte, konnte ich ihm behilflich sein. Es war es kein Problem, seine Einberufung zur Kriegsmarine zu veranlassen. Als ich etwas später seine Frau kennen lernte, konnte ich plötzlich gut verstehen, warum der Mann so gern Soldat werden wollte …

Später hat sich alles mit der Mieterin wieder eingerenkt. Sie bekam ja auch unser Kuchenblech auf Lebenszeit von uns geliehen...

Als das ältere Ehepaar nach dem Kriege in die linke Parterre-Wohnung eingewiesen wurde, warst Du doch noch immer evakuiert. In unserer Wohnung wohnte Deine Schwester mit einer Kollegin, welche auch beide ausgebombt waren.

Die Ureinwohner dieser Stadt würden sagen, diese alte *Schnerch* in der Parterre-Wohnung hat es doch nicht geschafft, für ihre Schwester die Wohnung zu bekommen.

Aber als ich dann aus Gefangenschaft zurück war und wir selbst unsere Wohnung wieder bezogen, hatte diese feindselige Person noch den Schneid, mich zu fragen, ob ich ihr bitte mal den Eimer mit Kohlen in ihre Wohnung tragen würde!

Was soll man da als gut erzogener junger Mann machen?

Natürlich habe ich ihr die Kohlen nach oben getragen, aber nur bis zur Flurtür. Gedacht habe ich, wie kann in einer so unauffällig aussehenden alten Frau nur eine so bösartige, giftige Hexe stecken!

*

Im Sommer 1943 wurdest Du evakuiert. Du Ärmste musstest alles allein entscheiden, alles selbst in die Hand nehmen. Wir hatten uns entschieden, dass Du zu meiner Mutter evakuiert wirst. Da Deine Eltern bereits ausgebombt waren und der Betrieb in die Schwalm verlegt war, konnten sie Dir nicht helfen.

Du wurdest von meinem jüngeren Bruder zu meiner Mutter in den Südharz abgeholt. Unsere Marlis konnte inzwischen schon recht gut laufen und sprechen. Hier, in dem Bauerndorf, wart Ihr doch sicherer als in der Großstadt.

*

Nach unserer Rückkehr aus Deinem Evakuierungsort im März 1946 ereignete sich der folgende Vorfall:

Plötzlich stand ein Polizist vor unserer Tür!

Ich fragte, was er wolle.

Nun, antwortete er, nicht ohne Ironie, *besonders aufmerksame und gute Nachbarn haben Sie angezeigt, weil sie so viel Brennholz in Ihren Keller getragen haben. Sie vermuten, illegale Bezugsquellen. Ich muss Sie also fragen, wie Sie an dieses Holz gelangt sind.*

Ich merkte an seinem Ton, dass ihm diese Befragung ziemlich unangenehm war.

Das lässt sich einfach aufklären, sagte ich ihm, *in dem Ort, an dem meine Frau evakuiert war, erhielten alle Familien jährlich 4 bis 6 Festmeter Brennholz aus dem Gemeindewald gegen Bezahlung. Und dieses erhielten auch alle evakuierten Bewohner! Sie sehen, unser Holzreichtum ist also ehrlich erworben. Aber nur für uns und nicht für andere bösartige Holzköpfe. Bitte richten Sie das den ehrenwerten neidischen Nachbarn aus!*

Der Polizist schmunzelte und versprach, den Satz mit den Holzköpfen wörtlich zu übermitteln! Und damit war die Angelegenheit erledigt.

Übrigens traf ich ihn einige Jahre später wieder. Er war im Polizeisportverein, Grün-Weiß, welchem ich ebenfalls angehörte. *Wir waren beide in der Judogruppe.*

*

Für mich selbst war der Sommer 1943 eine Katastrophe. Ich sollte bereits Ende Juni zur Marineschule Flensburg-Mürwik, und anschließend zur U-Bootschule Pillau! Dort war inzwischen mein ehemaliger I.WO, mit welchem ich 3 Jahre auf dem gleichen U-Boot gefahren war, Kommandant. Ich war damals auf unserem U-Boot der Gefechtsrudergänger! Er selbst gehörte zu dieser Zeit 1943 bereits zu den erfolgreichen U-Bootkommandanten und war mit hohen Auszeichnungen dekoriert worden! Und als ich dann nicht pünktlich in Pillau eingetroffen war, hatte er in St. Nazaire angerufen und gefragt, warum ich nicht gekommen sei. Ich sagte ihm, dass ich mich bereits seit einiger Zeit irgendwie krank fühlte und bei einem Arzt in Behandlung war, der bei mir eine tief sitzende Grippe diagnostiziert hatte!

Und er sagte: Dann werde erst mal schnell gesund und komm dann nach Pillau. Ich freue mich auf ein Wiedersehen!

Doch daraus wurde nichts. Ich kam weder nach Flenburg-Mürwik, noch nach Pillau. Die Diagnose des Arztes in St. Nazaire konnte nämlich nicht die richtige Diagnose sein! Mein Befinden verschlechterte sich immer mehr. Schließlich wandte ich mich an den ranghöchsten anwesenden Marinearzt in unserem Unterseeboot-Bunker. Ich schilderte ihm die bei mir aufgetretenen Krankheitssymptome.

Er untersuchte mich persönlich. Seine Diagnose, die er mir vorenthielt lautete: Typhus! Jedenfalls wurde ich sofort mit dem Sanka (also dem **San**itäts**kra**ftwagen) nach Nantes in das Marinelazarett gefahren. Dort wurde mir ohne Angabe von Gründen mitgeteilt, ich müsse ins Heereslazarett. Dort jedoch wollte man mich auch nicht aufnehmen. Also fuhr mich der Sanka wieder zurück ins Marinelazarett. Hier zögerte man und wusste scheinbar nicht, was man mit mir machen sollte. Ich war aber so schwach, hatte hohes Fieber, und fühlte mich so hundeelend, dass ich so bestimmt, wie ich sagen konnte sagte, dass ich nicht bereit sei, mich wieder ins Heereslazarett fahren zu lassen. Man solle mich gefälligst aufnehmen.

Man hat meinen Wunsch akzeptiert!

Ich wurde in das letzte Zimmer des untersten und längsten Flügels des Lazarettes verlegt.

Offenbar waren Blutproben an ein Labor gegangen. Bereits am anderen Tage wurde ich wieder in das Heereslazarett gefahren und auch aufgenommen - und zwar *auf der Isolierstation!*

Jetzt endlich wurde mir gesagt, was ich hatte: Typhus. Das war nun eine Diagnose von einem anderen Kaliber als *Grippe*! Mir ging`s entsprechend elend.

~ ~ * ~ ~

Kapitel 8

Meisterkoch und *Waldheini*

Wiedersehen in Bonn 1957 / Erinnerungen an 1938 / Mit dem U-Boot nach Afrika / Probleme am Kochtopf und im Ärmelkanal / Waldheini als Lebensretter

---

Das Treffen mit unserem I. W.O. konnte 1943 also krankheitsbedingt nicht stattfinden und auch die Jahre danach kam es nicht dazu. Doch lange nach dem Krieg, im Jahre 1956, hatte ich geschäftlich in der Nähe von Bonn zu tun. Er war inzwischen Chef der Seemännischen Abteilung der Bundesmarine. Ich suchte ihn in seiner Geschäftsstelle auf.

Als wir uns gegenüberstanden, war die Wiedersehensfreude auf beiden Seiten groß. Schließlich hatten wir drei Jahre gemeinsam auf dem beschränkten Raum eines U-Bootes verbracht. Das war zwar noch vor dem Ausbruch des Krieges gewesen, aber auch zu Friedenszeiten fehlte es nicht an komischen und dramatischen Erlebnissen, die verbinden. Ja, rief er, oft habe er an mich gedacht und sich gefragt, wie es mir wohl ergangen sei. Aber er habe nicht gewusst, wohin es mich verschlagen hätte, ja, er sei sich nicht einmal sicher gewesen, ob ich den Krieg überhaupt überlebt hätte. Umso erfreulicher, mich nun so munter vor sich zu sehen! Ob ich denn nicht gleich bei ihm in Dienst treten wolle? Das war nun nicht nach meinem Sinn, aber seine Einladung, ihn nach Hause zu begleiten, *um seine Familie kennen zu lernen,* nahm ich mit Vergnügen an. Dort kam es, wie es kommen musste: Wir schwelgten in Erinnerungen an gemeinsame Erlebnissen, und erzählten uns, was uns widerfahren war, nachdem wir uns aus den Augen verloren hatten. Die Zeit verging wie im Fluge und schließlich war es so spät geworden, dass ich es vorzog, bei ihnen zu übernachten.

Damals - d.h. kurz vor dem Krieg - wurden mehrere Boote auf lange Erkundungs- und Erprobungsfahrten rund um den Erdball geschickt. Diese Reisen führten in den Indischen Ozean, bis vor die amerikanische Küste oder - wie in unserem Fall - in die Gewässer des afrikanischen Kontinents. Wir waren teilweise weit mehr als ein halbes Jahr unterwegs. In einer so langen Zeit wird das Boot zum mobilen Zuhause, man kennt jeden Winkel in- und auswendig und ist mit den technischen Routinen völlig vertraut. Wasser und Lebensmittel wurden in Häfen neutraler Staaten an Bord genommen. War das nicht möglich, lagen deutsche Versorgungsschiffe an bezeichneten Stellen vor Anker, die uns mit allem Nötigen versahen.

*

Als wäre es gestern gewesen, riefen wir uns folgenden Zwischenfall ins Gedächtnis:

Wir lagen 1938 vor der nordafrikanischen Küste, nicht weit von Ceuta, also der spanischen Küste gegenüber, vor Anker. Noch war Frieden und niemand rechnete ernsthaft mit kriegerischen Angriffen, was, wie sich herausstellen sollte, ein großer Fehler war!

In Spanien bekämpften sich die Truppen Francos und die Kommunisten in einem erbitterten Bürgerkrieg. Im April 1937 hatte Hitler die *Legion Condor* zur Unterstützung Francos das baskische Dorf *Guernica* bombardieren lassen, was weltweit Empörung hervorgerufen hatte. Erst im Frühjahr 1939 zog Franco in Madrid ein und erklärte den Bürgerkrieg für beendet.

Noch aber war es nicht so weit! In der Gegend von Malaga hatten die Kommunisten noch die Oberhand. Und von dort muss unsere Fahrt beobachtet worden sein. Es kann auch sein, dass der Vorfall, der nun zu schildern sein wird, ausging von der englischen Festung Gibraltar, möglich, dass Spionage im Spiel war, die Sache wurde nie aufgeklärt, es blieb bei Spekulationen.

Es war nach dem Mittagessen. Wir - d.h. die Steuerbordwache, zu der auch ich gehörte - lagen friedlich auf dem Oberdeck und gönnten uns eine Verdauungspause. Das Wetter ließ keine Wünsche offen, prächtiger Sonnenschein. Doch plötzlich ließ sich ein Flugzeuggeräusch vernehmen, das näher und näher kam. Der I. Wachoffizier - derselbe

Mann, mit dem ich mich 19 Jahre später in seiner Bonner Wohnung an diesen Vorfall erinnern sollte - hatte das Kommando und gab Fliegeralarm.

Das war ein Ernstfall. Ich glaube, der erste meines Soldatenlebens. Es galt anzuwenden, was ich geübt hatte. In Sekundenschnelle hatte ich die Geschützbedienung für unsere Flugzeug-Abwehrkanone in Bereitschaft, wir lagen ja alle bereits an Oberdeck. Noch war allerdings nicht klar, um was für ein Flugzeug es sich handelte und ob es böse Absichten hatte. Doch im nächsten Moment wurde deutlich, dass es wirklich böse Absichten hatte und zwar sehr böse. Denn während ich noch mit der Entfernungsmessung beschäftigt war, sah ich, dass das Flugzeug in Richtung unseres Bootes eine Bombe ausklinkte und gleich darauf abdrehte.

Wir eröffneten sofort das Feuer, erzielten aber keine Treffer. Die Maschine flog zu hoch und war bald außer Reichweite unserer Geschütze. Die Bombe detonierte in ungefährlicher Entfernung.

Als der Kommandant dann mit der Backbordwache aus Tetuán zurückgekommen war und unsere Meldung entgegengenommen hatte, zeigte er sich erleichtert, dass diese rätselhafte Attacke ohne Erfolg geblieben war.
So konnten die beiden Wachen ihre Eindrücke von der Besichtigung von Tetuàn austauschen. Der Kalif von Tetuán hatte die Besatzung dazu eingeladen und ich war mit der Steuerbordwache gestern in Tetuan gewesen.
Wir hatten die so ganz anders gebauten Häuser bewundert, von denen viele noch im alten maurischen Stil erhalten waren. Glanzstück dieser Häuser waren oft kunstvoll gestaltete Innenhöfe.
Viele der Häuser waren noch im alten maurischen Stil sehr gut erhalten. Vor allem die Innenhöfe waren ein Glanzpunkt vieler Häuser. Das heutige Königreich Marokko erlangte seine Unanhängigkeit erst 1956 und stand damals unter spanischer Kontrolle, und war noch Spanisch-Marokko.
Bald nach unseren Besuchen von Tetuán verließen wir den

Ankerplatz, um kurz darauf in den Hafen von Ceuta einzulaufen, wo wir von der Kapelle des Panzerschiffes Graf Spee mit zünftiger Marschmusik empfangen wurden.

*

Natürlich waren es noch andere Erinnerungen, die wir an jenem Abend in Bonn 1957 miteinander ausbreiteten. Natürlich sprachen wir von den Kameraden, die mit uns unterwegs gewesen waren und von denen so erschreckend viele gefallen waren. Aber es waren nicht nur bedrückende Erinnerungen, sondern es gab auch viel zu lachen bei unserem Treffen. Eine besondere Rolle spielte dabei meine Karriere als Koch.

Natürlich hatten wir unseren Smutje, der uns passabel und professionell bekochte. Doch wenn wir vor Anker lagen und der Smutje an Land war, musste für die Mannschaft an Bord irgendjemand anderes ein Essen auf den Tisch bringen. Seeleute leiden für gewöhnlich nicht an Appetitmangel. An jenem bereits erwähnten Tag vor der marokkanischen Küste war unser Smutje mit der Backbordwache unterwegs nach Tetuan, und man musste nach einem Ersatzmann Ausschau halten. Niemand meldete sich freiwillig. Sei es, dass man es sich nicht zutraute, sei es dass man anderes vorhatte. Da fiel die Aufmerksamkeit auf mich. Und von mir erwartete man sogar ein besonders köstlich zubereitetes Essen! Und zwar aus einem einfachen Grund. Man erinnerte sich nämlich daran, dass ich ja einen 3-wöchigen Kochkurs absolviert hatte.

Bei Werftliegezeiten von 8 oder 10 Wochen werden die Seeleute nicht einfach in den Urlaub entlassen, sondern nach Möglichkeit für andere Aufgaben eingesetzt oder zu Fortbildungen und Weiterqualifikationen geschickt. Und so war ich nach Kiel geschickt worden, um den Umgang mit Töpfen und Pfannen für ganze Mannschaften zu erlernen.

Zusammen mit einem weiteren Seemann war ich in das *graue Schloss am Meer,* nach Friedrichsort, abkommandiert worden. Dort wurden Unteroffiziere, bzw. angehende Unteroffiziere - bei der Kriegsmarine waren dieses die Maate - ausgebildet oder holten ihre Ausbildung nach.

Meinen Kameraden, die auf ein gutes Essen hoffenden, sagte ich vorerst lieber nicht, worin unsere Ausbildung zum Koch bestanden hatte. Das hätte ihre Illusionen wahrscheinlich schlagartig zerstört. Ich verschwieg, dass unsere Hauptaufgabe darin bestanden hatte, nach einem ausgiebigen Frühstück dem Herrn Verwaltungsoffizier sein Mittagessen zu servieren, sein Urteil entgegen zu nehmen und dann in aller Ruhe das Abendessen für die Soldaten vorzubereiten. Von Kochunterricht war da wenig zu bemerken, jedermann hielt unseren Aufenthalt mehr für eine Verlegenheit zur Überbrückung, bis unser Boot wieder seeklar wäre.

Dass die Erwartungen meiner Kameraden vor der afrikanischen Küste, ich würde ihnen eine interessante Abwechslung im Speiseplan auf den Tisch zaubern, der Grundlage entbehrte, mag folgende Episode aus meiner Koch-Lehrzeit illustrieren:

Es kam vor, dass mein Kamerad und ich zum Mittagessen die Portionen ausgeben mussten. Er übernahm den Gemüsekessel und ich den Kartoffelkessel. In diesem Kartoffelkessel befanden sich an die 5 bis 6 Zentner Kartoffeln! Der Chefkoch rief mir zu, ich solle noch Salz an die Kartoffeln geben, die wären noch nicht gesalzen. Salz an die Kartoffeln? - Kein Problem - dachte ich. Wenig später prüfte ich mit einem spitzen Messer, ob die Erdäpfel gar waren. Sie waren gar und fachgerecht ließ ich das Wasser ab. Und erst als das Wasser aus dem Kessel war, fiel mir siedendheiß ein, dass ich ja das Salz *vorher* hätte zugeben müssen! Was jetzt tun? Zunächst schloss ich den Topf wieder. Ich hoffte, dass sich noch Wasserdampf im Kessel bilden würde, in dem sich das Salz lösen und verteilen würde. Doch niemand sollte meinen Fehler bemerken. Deshalb musste ich eine Gelegenheit abwarten, in der ich unbeobachtet war. Das war gar nicht so einfach, denn in der Kombüse waren mehrere Köche, alles Zivilisten, zu Gange. Doch als mir die Gelegenheit günstig erschien, riss ich den Deckel vom Kessel und warf mit einer großen Kelle das fehlende Salz über die Kartoffeln, die damit ihrem Namen Salzkartoffeln erst gerecht wurden. Dann, zack, schnell wieder den Deckel drauf und die Sache war gerettet - so hoffte ich zumindest.

Bald erschienen die ersten Backschafter, um mit ihrer Barkasse das Essen abzuholen. Backschafter werden die Seeleute genannt, welche dazu bestimmt sind, an diesem Tage für das leibliche Wohl ihrer Kameraden zu sorgen. Sie nahmen von den verschiedenen Beilagen. Die Kartoffeln gab`s bei mir. Alles ging zunächst zügig und reibungslos über die Bühne. Dass ich im Stillen darum betete, dass sich das Salz noch rechtzeitig auflösen möge, wird niemand bemerkt haben.

Mein Gebet wurde nicht erhört! Denn nach wenigen Minuten kam der erste Backschafter zurück, wandte sich gleich an den Chefkoch und beschwerte sich darüber, dass die Kartoffeln *total versalzen* wären! Noch bevor der Chefkoch irgendetwas erwidern konnte, erschien ein anderer Backschafter und beschwerte sich darüber, dass *überhaupt kein Salz* an den Kartoffeln wäre, völlig *fade* sei das Ganze! Das Spielchen wiederholte sich noch ein oder zweimal.

Als dann der Chefkoch den nächsten Backschafter auf sich zusteuern sah, rief er ihm zu: *Ja, ja, ich weiß schon Bescheid, an den Kartoffeln ist kein Salz, trotzdem sind sie total versalzen, stimmt`s? Wie soll das möglich sein, wenn alle Kartoffeln aus ein und demselben Kessel kommen, hä, könnt ihr mir das mal logisch erklären?*

Nun, erklären konnten sie es nicht. In der Hoffnung, das Rätsel zu lösen, nahm er mich auf die Seite und fragte:

Hör mal, du hast doch Salz in den Kessel getan, wie ich es gesagt habe?

Aber selbstverständlich! rief ich und habe dabei ja nichts als die reine Wahrheit gesagt.

Später dann, als die drei Kurswochen dem Ende zuneigten, bekamen wir, wie es Sitte war, von unseren Kochlehrern, zu denen wir übrigens ein ausgezeichnetes Verhältnis hatten, unser Abschiedsessen serviert.

Wir aßen und tranken und waren guter Dinge. Da wandte sich der Chefkoch, mit einer Frage an mich, an der er offenbar die ganze Zeit herumgegrübelt hatte.

Hör mal, sagte er, *es will mir nicht in den Kopf, wie aus einem Kessel gleichzeitig ungesalzene und versalzene Kartoffeln ausgegeben werden können. Ich habe so etwas in meiner langen Kochlaufbahn noch nicht erlebt! Hast du vielleicht eine Erklärung dafür?*

Nun, die hatte ich. Ich sah nun auch keinen Grund mehr, damit hinter dem Berg zu halten. Das Gelächter war groß. Einige, die davon hörten, haben Tränen gelacht. Einer meinte, an dieser Idee sehe er, dass an mir ein Chefsmutje verloren gegangen wäre. Ich grinste und winkte ab.

*

Dies mag die Qualität, der Kochausbildung illustrieren, die mir zuteil geworden war. Und nun stand hier der Ernstfall an! Hier auf dem U-Boot vor der Küste Marokkos sollte ich doch mal zeigen, was ich gelernt hatte. Ich ging frisch zu Werke und hoffte auf mein Glück. Der Speisezettel sah schon mal nicht schlecht aus. Rinderbraten mit Salzkartoffeln sollte es geben (bei Salzkartoffeln kannte ich mich ja bestens aus ...), vorher eine Nudelsuppe und zum Nachtisch Erdbeeren. Man muss wissen, dass eine U-Bootskombüse so eng ist, dass selbst der Smutje manchmal darin keinen Platz hat. Und dann auch noch der Durchgangsverkehr. Jeder Heizer, zuständig sowohl für unsere beiden 1000-PS-Diesel Max und Moritz als auch für die elektrischen Antriebsmaschinen, mussten bei Wachwechsel oder wenn sie zu ihren Kojen wollten durch die Kombüse. Für Enge und Hektik war damit gesorgt.

Für mich ein ungewohnter Arbeitsplatz. Denn mein Platz war entweder auf der Brücke oder im Turm des U-Bootes. Manchmal, wenn ein Ruderversager auftrat, was allerdings selten der Fall war, auch im hintersten Teil des E.-Maschinenraumes. Dann nämlich musste von Hand, mit einem traditionellen Steuerrad, wie man es von älteren Schiffen kennt, der Kurs gehalten werden. Die Befehle des wachhabenden Offiziers kamen dann durch das Sprachrohr.

Doch nun war kein Ruderversager auszugleichen, sondern ein anständiges Gericht vorzusetzen. Da das Rindfleisch irgendwie zäh aussah, setzte ich es mit ordentlich viel Fett an. Die Kartoffeln, von der Mannschaft vorgeschält, setzte ich zum Kochen auf.

Dann fiel mir ein, dass es ja auch noch Nudelsuppe geben sollte. Und zwar noch vor dem Rinderbraten. Also flugs 10 Liter Wasser zum Kochen aufgesetzt. Die Mägen von 20 hungrigen Seeleuten waren zu füllen und ich ging von ½ Liter Suppe pro Nase, bzw. pro Magen aus.

Als der Obermaschinist vorbeikam, hielt er das für eine korrekte Menge. Für ihn solle ich allerdings noch einen halben Liter mehr dazu geben. Er sei nämlich ein ausgesprochener Suppenfreund und insbesondere gute Nudelsuppen gehörten zu seinen Leibgerichten. Gut, ein halber Liter mehr für den Obermaschinisten - überhaupt kein Problem.

Als das Suppenwasser sprudelte, schüttete ich aus einer großen Nudeltüte eine großzügig bemessene Menge Nudeln in den Suppentopf. Nach 10 Minuten sah ich nach und fand, dass die ganze Sache doch etwas zu wässrig ausgefallen war und gab noch mehr Nudeln dazu. Niemand sollte hinterher kommen und sagen, er wäre bei mir nicht satt geworden!

Doch kurz darauf begannen die Nudeln der ersten Ladung mächtig zu quellen. Was eben noch friedlich unter der Oberfläche vor sich hin gekocht hatte, quoll nun zu einer massiven Masse auf. Besorgt beobachtete ich diese erstaunlichen Vorgänge in dem großen Mannschaftstopf und fragte mich, wo denn die 10,5 Liter Wasser geblieben waren. Als *Suppe* im eigentlichen Sinne konnte man das Ganze eigentlich schon gar nicht mehr bezeichnen! Und da begannen auch die Nudeln der zweiten Ladung zu quellen, die Nudelmasse stieg an und erreichte schon den Rand des Topfes!

Ich schnappte mir eine Kelle und fing die überquellenden Nudeln auf und gab sie in einen Eimer. Als die Nudeln endlich mit der Quellerei aufhörten, waren Topf und Eimer gefüllt - wirklich erstaunlich. An Nudelsuppe würde es also nicht fehlen!

Als der Obermaschinist zum Abschmecken reinschaute, verzog er das Gesicht, denn im Eifer des Gefechts hatte ich ans Würzen nicht gedacht. Er übernahm es für mich, denn ich hatte ja noch das Hauptgericht zu betreuen. Da war in der Zwischenzeit einiges geschehen. Die Kartoffeln waren bereits zu Matsch verkocht, was aber kein Problem war, da sich daraus vorzüglich Kartoffelbrei herstellen ließ, den die meisten sowieso lieber aßen.

Das Fleisch war immer noch recht zäh. Aber waren wir nicht alles junge Kerle mit guten Gebissen? Wir würden das schon klein kriegen. Dass einige Kameraden dann meinten, das Fleisch hätte man besser zu Schuhsohlen für Stiefel verwenden sollen, fand ich etwas übertrieben.

Die Nudelsuppe aus dem ursprünglichen Suppentopf wurde doch als die besser schmeckende serviert. Sie war so dick geraten, dass der Löffel darin stehen blieb. Sehr nahrhaft!

Um die Stimmung positiv zu beeinflussen, rief mir der Obermaschinist augenzwinkernd zu, er habe selten eine so exzellent gewürzte Nudelsuppe gegessen! Doch die Kameraden wollten sich da nicht anschließen. Sie äußerten sich eher kritisch. Das Beste wäre der Nachtisch mit den Erdbeeren gewesen, meinten sie. Ein zweifelhaftes Lob, denn die Erdbeeren hatte ich direkt aus der Büchse genommen …

Wir haben an diesem Abend herzlich über dieses Bravourstück in der Kombüse gelacht. Obwohl es ja schon 19 Jahre zurücklag.

*

Noch zwei weniger amüsante Ereignisse kamen an jenem Abend zur Sprache. Auch die will ich dir, liebe Ilse, nicht vorenthalten.

Es war im Jahre 1938 als wir auf dem Weg in den Atlantik im Ärmelkanal in einen außerordentlich dichten Nebel gerieten. Der Seemann hat dafür das Wort *pottdick.* Ein pottdicker Nebel ist ein Nebel mit extrem schlechten Sichtverhältnissen. Für eine Unterwasserfahrt reichte die Wassertiefe nicht. Auf der Back und auf dem Turm waren alle verfügbaren Seeleute und Dienstgrade als Ausguckposten mit starken Gläsern postiert. Wir konnten nicht zurück, die Fahrt musste fortgesetzt werden!

Da tauchte plötzlich, wie aus dem Nichts, ein Riesenschatten vor uns auf! Der Kommandant rief mir sofort den Befehl *Ruder hart backbord* zu! Ich war, wie alle anderen, sehr angespannt und nervös. Ich wiederholte zwar den Befehl *Ruder hart backbord*, betätigte aber am elektrischen Ruder den Knopf für *hart steuerbord*!

Unmittelbar darauf bemerkte ich meinen Fehler und meldete *Ruder läuft hart steuerbord*!

In den paar Sekunden, die vergangen waren, war der Schatten des Ozeanriesen noch weiter angewachsen. Er kam auf uns zu wie eine Wand. Eine Kollision schien unausweichlich! Der Kommandant schrie *lass liegen, Ruder bleibt hart steuerbord*!

Unser Atem stand still und mancher von uns hat vielleicht im Stillen gebetet! Unser Boot drehte weiter nach steuerbord und der Riesendampfer schrammte fast unsere Backbordseite! Es war äußerst knapp! Doch wir waren noch einmal davon gekommen! Ein Aufatmen ging durch die Reihen.

Lange, sehr lange wie mir schien, ruhte der Blick des Kommandanten auf mir. Was würde er sagen? Würde er mir einen Anschiss verpassen, weil ich seinen Befehl falsch ausgeführt hatte oder eine Anerkennung aussprechen, weil sich mein Irrtum als das Richtige herausgestellt hatte?

Du hast uns das Leben gerettet! sagte er dann langsam. Er fügte aber hinzu: *Du Waldheini!* Das Wort *Waldheini* pflegte er zu benutzen, wenn er einen sanften Tadel erteilen wollte. Wie mochte es diesmal gemeint sein?

Hätte ich das Ruder, wie befohlen, nach backbord gelegt, wären wir innerhalb von zwei Minuten zermalmt worden und vermutlich wäre dann niemand mehr in der Lage gewesen, Lob oder Tadel auszusprechen …

Und was lernen wir daraus? Dass es Situationen im Leben gibt, in denen es lebensrettend sein kann, einen Befehl nicht zu befolgen.

*

Und noch eine Episode dieser Fahrt kam zur Sprache. Auch diese gehörte nicht zu den amüsanten Vorkommnissen, sondern zu den gefährlichen.

Es war nach mehr als einem halben Jahr in tropischen Gewässern, dass wir auf der Heimreise waren. Im Ärmelkanal herrschte nicht annähernd so ein Nebel wie auf der Hinfahrt. Im Gegenteil, das Wetter zeigte sich von seiner angenehmsten Seite, worüber wir recht froh waren. Unsere Gedanken gingen uns voraus, zu unseren Lieben, die sicher auf uns warteten. Bald würden wir bei ihnen sein und Wiedersehen feiern!

Doch noch immer wurden Tauchübungen durchgeführt. Regelmäßige Tauchübungen waren erstens Vorschrift, denn das Boot musste stets tauchfähig gehalten werden, auch wenn wir uns auch noch in Friedenszeiten befanden. Außerdem gab es noch einen angenehmen Nebeneffekt. Für jede durchgeführte Tauchfahrt gab es für jedes Mannschaftsmitglied ein Tauchgeld, dessen Höhe nach Dienstgraden gestaffelt war. An manchen Tagen wurde sogar mehrmals getaucht, was unsere Dienstbezüge höchst erfreulich aufstockte.

Noch auf der Höhe der französischen Küste kam noch einmal der Befehl: *Boot klar zum Tauchen!* Es war bereits das zweite Tauchmanöver an diesem Tag.

Es gehört zu den Pflichten des Leitenden Ingenieurs, die Gewichtsverteilungen im Boot so zu berechnen und auszutarieren, dass das Boot während des Tauchvorgangs möglichst leicht in der Waagerechten zu halten ist. Bei Überwasserfahrt fallen Gewichtsverschiebungen kaum ins Gewicht. Unter Wasser jedoch kann eine falsche

Berechnung zur Katastrophe führen!

Auch diesmal verließen wir uns auf die bewährten Berechnungskünste unseres Ingenieurs. Doch als wir Sehrohrtiefe erreichten, ging irgendetwas vor sich. Alle spürten sofort, dass etwas nicht stimmte. Die Gleichgewichtslage des Bootes ging verloren, es kippte und wurde plötzlich extrem vorlastig.

In diesen Momenten blieb keine Zeit, nach Ursachen zu forschen. Uns beherrschten nur zwei Gedanken. Erstens: Ein Aufschlag mit dem Bug auf dem Meeresgrund kann uns das Leben kosten! Zweitens: Wie kann das verhindert werden? Wie kann das Boot wieder manövrierfähig ausgerichtet werden?

Während des Manövers waren wir zu dritt im Turm, der Kommandant, der Signalgast und ich. Ich übermittelte die Befehle des Kommandanten durch die Sprachrohre an die Besatzung an den verschiedenen Einsatzstellen des Bootes.

Alle Mann achteraus war in einem solchen Moment der Befehl, der am schnellsten Erfolg versprach! Durch die schnelle Gewichtsverlagerung der freien Besatzung nach achtern war es meistens möglich, die Lage des Bootes so zu beeinflussten, dass sich der Bug wieder hob.

Doch diesmal schien es nicht zu klappen.

Die Vorlastigkeit war dieses Mal derart extrem, dass manche Kameraden wieder zurückrutschten und sich nur mühsam nach achtern durchkämpfen konnten. Sie mussten sich an Gegenständen festhalten und hoch ziehen! Außerdem konnten nicht alle für diese Umgewichtung eingesetzt werden, denn es gab noch andere Maßnahmen, die zur Aufrichtung des Bootes unternommen werden mussten und die einen Aufenthalt der Ausführenden an anderen Stellen erforderten.

Sofort wurde eine Verlagerung des Wassers aus dem vorderen Trimmtank in den achteren Trimmtank eingeleitet. Dazu wurde Pressluft eingesetzt. Doch ein solcher Vorgang braucht auch eine gewisse Zeit, bis er Wirkung zeigt.

Und währenddessen sank das Boot tiefer und tiefer. Wir waren im Nu bereits auf 100 m Tauchtiefe! Als abzusehen war, dass die Vorlastigkeit nicht so schnell zu stoppen war, dass sie im Gegenteil noch weiter zunahm, hatte der Kommandant den Befehl zum Auftauchen gegeben: *Flutklappen schließen, Pressluft Mitte, vorn, achtern!*

Wir waren bereits in einer Wassertiefe von ca. 120 bis 130 m, als das Boot ganz allmählich anfing, die Nase zu heben. Das war aber noch nicht genug. Außerdem sanken wir noch immer! Die Wassertiefe betrug hier nur ca. 180 bis 200 m. Der Bug durfte in dieser Tiefe auf keinen Fall in zu spitzem Winkel auf den Meeresgrund aufschlagen!

Als wir feststellten, dass die Sinkgeschwindigkeit abnahm, schöpften wir wieder Hoffnung. Doch noch immer war eine höhere Vorlastigkeit vorhanden, als jemals seit Indienststellung des Bootes.

Da donnerte ein dröhnender Schlag durch das Boot. Der Bug musste auf dem Meeresboden aufgeschlagen sein!

Jeder erstarrte und horchte angespannt, ob sich ein verdächtiges Geräusch irgendwo bemerkbar machte. War ein Spant gebrochen? War ein Leck geschlagen worden? Strömte Wasser ein?

Doch es war nichts zu bemerken. Wir schienen Glück gehabt zu haben!

Doch was war mit den Tiefenrudern? Sollte der Boden felsig sein, wäre das zu erwarten. Aber auch diese Befürchtung erwies sich als unbegründet. Das Boot hatte seine Manövrierfähigkeit nicht eingebüßt.

Bei diesem Tauchmanöver waren wir fast bis an die maximale Tauchtiefe gelangt, die für diesen Bootstyp noch erreichbar war. Sie war mit 200 m berechnet worden. Einem größeren Druck hätte das Boot nicht standhalten können, es wäre zusammengequetscht worden - und wir mit ihm …

Die Kameraden, die während des ganzen brenzligen Manövers meine Stimme aus den Sprachrohren gehört hatten, schlugen mir auf die Schulter und riefen: *Mensch Fritz, wie hast du es bloß geschafft, so ruhig zu bleiben! Du hast ja Nerven wie Stahlseile! Deine Stimme hat sich angehört, als wäre gar nichts Besonderes los! Das war toll!*

Nur unser Signalgast, der ja im Turm hinter mir gestanden hatte, hatte noch etwas anderes gesehen.

Na gut, sagte er, *seine Stimme war ganz ruhig, aber ihr hättet mal seine Nackenhaare sehen sollen, wie die zu Berge standen!*

Ja, damit wird er wohl Recht gehabt haben, zumal ich damals noch genügend Haare an der betreffenden Stelle hatte.

Auch der Kommandant richtete das Wort an mich.

Gute Leistung ..., sagte er anerkennend, und wieder vergaß er nicht hinzuzufügen, ... *Waldheini!*

Doch ich schmunzelte nur in mich hinein, denn ich wusste ja, was das tadelnde Wort diesmal bedeutete: Das Gegenteil!

Selten sogar hat er mich so direkt gelobt. Was kein Wunder war, schließlich war ich gerade erst 20 Jahre alt und der jüngste Seemann an Bord!

~ ~ * ~ ~

KAPITEL 9

Oh, schönes Granada!

Besuch in Granada. Mit dem U-Boot nach Algecieras und Ceuta

Bei meinen Erzählungen aus meinem und unserem Leben, liebe Ilse, halte ich mich nicht an die tatsächliche Reihenfolge. Um etwas Abwechslung hineinzubringen, erlaube ich mir Vorgriffe und Rückblenden, ganz wie es mir gerade passend erscheint. Ich erzähle wie ein Maler, der an verschiedenen Stellen seines Bildes malt und doch weiß, dass es hinterher zu einem Ganzen zusammenwächst. Bei der Auswahl des Stoffes richte ich mich nach dem, was ich in deinen Augen für Wünsche lese.

Heute zum Beispiel sehe ich, dass du frisch und ausgeruht bist und gern auf große Fahrt gehen möchtest. Na klar, das machen wir! Übrigens hat das den Vorteil, dass ich das unerfreuliche, ja traurige Kapitel von meiner Gefangenschaft noch etwas aufschieben kann. Erzählt wird das auch, ich werde mich nicht herumdrücken, das verspreche ich, aber jetzt geht es erst einmal zurück in die Jahre 1936 bis 1949, zurück auf das U-Boot U31.

Wenn wir auf große Fahrt gingen, Spanien, Portugal, Afrika, das Mittelmeer oder den Indischen Ozean erreichen wollten, stets war der erste Abschnitt unserer Reise der Englische Kanal. So war es auch diesmal.

Du erinnerst dich, dass wir von einem Flieger der Roten angegriffen wurden, als wir während eines längeren Aufenthalt in spanischen Gewässern vor der marokkanischen Küste lagen?

Zuvor hatten wir einige Zeit im spanischen Hafen Algeciras, gegenüber der Englischen Festung Gibraltar gelegen! Den Felsen von Gibraltar und den Felsen gegenüber an der afrikanischen Küste, welche die Pforte zum Mittelmeer bildeten, nannte man im Altertum die *Säulen des Herakles*! Herakles, so die griechische Mythologie, habe diese Felsen aufgerichtet als Zeugen seiner weitesten Fahrt. Herakles habe auf diese Felsen *Non plus ultra* geschrieben, wörtlich übersetzt: *nicht noch weiter*. Die alten Griechen dachten nämlich, dass hier das Ende der Welt läge und man nicht weiter kommen könnte. Dass man den Atlantik befahren und sogar überqueren kann, wussten sie natürlich noch nicht - bis Kolumbus dauerte es noch viele, viele Jahrhunderte.

Diese felsige Halbinsel Gibraltar, welche von England während des Spanischen Erbfolgekrieges 1704 im Handstreich erobert wurde, war seit 1830 britische Kronkolonie! Erst nach dem Zweiten Weltkrieg erreichte das Gebiet eine weitgehende Unabhängigkeit sowohl von England als auch von Spanien. Oft war diese strategisch wichtige Halbinsel Gegenstand von Spannungen zwischen Engländern und Spaniern, denen ein britisches Gebiet vor der eigenen Haustür verständlicherweise ein Dorn im Auge war.

Aus diesem Grunde wurde von Spanien die Landesgrenze zu Gibraltar von 1966 bis 1985 zwischen La Linea und Gibraltar geschlossen. Aber seitdem ist der Touristenverkehr nach Gibraltar wieder in vollem Gange. Jedenfalls hat dieses kleine, begehrte Gebiet eine wechselvolle Geschichte.

Panzerschiff Admiral Scheer in Ceuta-Nordafrika 1937

Interessant ist, dass auf Gibraltar die einzige wild lebende Affenart Europas lebt. Diese werden von den Touristen gerne mit Peanuts gefüttert. Eine Sage sagt: Wenn der letzte freie Berberaffe von den Felsen Gibraltars verschwunden ist, dann ist das Gebiet für England verloren.

Im Felsen von Gibraltar befinden sich über 50 km lange Höhlengänge! Darin ist ein umfangreiches Waffenarsenal untergebracht, sehr wahrscheinlich ist dieses eine der größten Waffenkammern der Welt!

Man kann übrigens auch mit der Seilbahn auf den Felsen fahren. Von hier hat man einen atemberaubenden Blick über das Meer, nach Algeciras und in die Grotten des Felsens! Ca. 30 000 Einwohner bevölkern Gibraltar und man trifft hier Gesichter der verschiedensten Menschenrassen!

Direkt gegenüber, auf spanischer Seite, liegt Algeciras, wo wir im Hafen lagen.

Algeciras gehört zur Provinz Cadiz und hatte 1937 ca. 18 000 Einwohner. Die Stadt hatte keine Besonderheiten zu bieten. Im Hafengebiet standen vor allem Tanks der petrochemischen Industrie.

Die Bevölkerungszahl wuchs sehr stark und betrug in den letzten Jahren etwa 170 000. Algeciras ist auch ein Umschlagplatz für Rauschgift geworden. Die Kriminalitätsrate ist hier sehr hoch und die Gefängnisse sind überfüllt.

Von hier kann man mit Fähren nach Tanger in Nordafrika, oder nach Spanisch-Marokko, nach Ceuta fahren.

*

Unsere Besatzung machte von Algeciras aus eine interessante Busfahrt nach Granada! Wir fuhren über Marbella nach Malaga, und von hier dann aber über das Gebirge nach Granada. Zwischen Malaga und Motril an der Mittelmeerküste, lagen nämlich noch immer Truppen der Roten! Deshalb konnten wir nicht einfach an der Küste entlang fahren. Die Roten Truppen lagen auch noch in einem Teil des Sierra Nevada-Gebirges, südlich von Granada. Später, als wir größere Höhen erreichten, konnten wir ihre Stellungen beobachten.

Nun ist eine Fahrt über Berge schon für die meisten Landratten ein besonderes Erlebnis, wie erst für Seeleute, gar noch solche, die sich oft *unter* Wasser aufhalten! Größer kann der Kontrast ja kaum sein! Unser Blick stürzte von extrem steilen Straßen in gefährliche Abgründe und wir dachten, dass das so gar nicht unser Element war.

Dass so mancher von uns es vermied, aus dem Fenster zu schauen, wo es direkt steil hinunter ging, war nicht zuletzt Schuld des Mannes, der am Steuer saß. Der nämlich fuhr, als gehörten wir zu einem Selbstmordkommando. Alle Zurufe, doch lieber etwas vorsichtiger zu fahren, so eilig hätten wir es doch gar nicht, beantwortete er mit einem eigenartigen Grinsen und einem noch energischeren Druck aufs Gaspedal. Scharf jagte er in die Kurven und wir hofften inständig, dass die Bremsen gut gewartet waren. Wir hielten dann auch lieber den Mund. Der hatte sich offenbar in den Kopf gesetzt, die deutschen Seeleute mal fühlen zu lassen, wie nahe wir alle dem Himmel sind - und zwar im doppelten Sinne ... Vielleicht verstand er uns auch falsch und dachte, wir meinten, er solle doch noch einen Zahn zulegen!

Als wir in Granada dann mit buttrigen Knien aber unverletzt aus dem Bus stiegen, gratulierten wir uns als wäre uns das Leben noch einmal geschenkt worden.

Wir hatten keine Zeit, uns den halsbrecherischen Fahrer mal vorzuknöpfen, denn schon wurden wir von einem Angehörigen der Deutschen Botschaft, die unseren Aufenthalt in und unsere Führung durch Granada bereits durchorganisiert hatte, in Empfang genommen.

Schon unsere ersten Eindrücke von dieser berühmten Stadt waren wirklich überwältigend! Eine hoch gelegene Stadt, innerhalb derer der Höhenunterschied 200 m betrug.

Erfreulicherweise sprach unser Fremdenführer ein exzellentes Deutsch und war mit Geschichte und Besonderheiten dieser ungewöhnlichen Stadt bestens vertraut.

Granada blickt auf eine Geschichte von nicht weniger als 3 Jahrtausenden zurück! Dass es da nicht immer nur friedlich zuging, kannst du dir ja denken. Aber immer wieder im Laufe ihrer wechselvollen Geschichte wurde sie zum Mittelpunkt Spaniens. Ihre Lage in den Bergen ist von verlockender Schönheit. Sie ist auch gleichzeitig die wichtigste Universitätsstadt Andalusiens!

Der rote Palast der Nasriden hebt sich mit seinen Türmen wunderbar gegen die Bergkulisse ab. Seine Säulen, seine Arabesken und Wasserspiele ergeben ein sehr harmonisches Bild. Wir kamen aus dem Staunen nicht mehr heraus!

Die Geschichte dieser Stadt erschien uns sehr bemerkenswert. Bereits ca. 1000 Jahre vor Christi war diese Stadt die Metropole der Turduler, einem damals bereits zivilisierten Volk des alten Iberiens.

Dann folgten die Griechen, die Phönizier und dann die Römer. Und das alles erfolgte, bevor unsere Zeitrechnung überhaupt begann!

Doch bereits im ersten Jahrhundert nach Christi wurde die Christianisierung eingeleitet. Zu dieser Zeit wurden auch die ersten Bewässerungssysteme angelegt. Es wurde eine blühende und fruchtbare Stadt!

Die Erklärungen des Fremdenführers waren so interessant, dass wir uns Notizen machten, um nicht das Wichtigste wieder zu vergessen.

Bereits im frühen Mittelalter besetzten germanische Stämme das heutige Granada. Damals bestand Granada aber nur aus den beiden Siedlungskernen Albayzin und Alcazaba.

Zu dieser Zeit ließen sich auch die ersten Juden in Granada nieder. Sie nannten ihr Wohnviertel Garnatha-Alyehud. Sehr wahrscheinlich wurde aus diesem Namen dann später der heutige Name der Stadt, nämlich Granada!

Im Jahre 711 nahmen die Araber unter Tarik die Stadt ein. Und von da an begann die eigentliche Blütezeit der Stadt. Die Mauren sahen das ihnen verheißene Paradies in dieser einzigartigen Stadt. Und noch heute, weit über 1000 Jahre später, konnten wir nachvollziehen, wie sie darauf gekommen sind!

Zuerst bauten sie schützende Bollwerke um die Stadt, dann schufen sie Gärten, Paläste und Moscheen. Auch eine Universität gründeten sie.

Es heißt, diese Stadt sei die schönste der damaligen Welt gewesen. Und manche behaupten, dass sie auch kulturell und geistig Mittelpunkt der südlichen Länder gewesen sei. Ja, es gibt Stimmen, die sagen, der ganzen Welt.

Das letzte Maurische Königreich in Granada bestand unter Mohammed Ibn Al-Ahmar. Bis zum Jahre 1491 konnte er sich halten. Und in den Jahrzehnten davor wurde die einmalige Alhambra vollendet. Es ist ein festungsartiger Palast der maurischen Könige, eine der großartigsten Schöpfung der islamischen Baukunst, die heute einen sicheren Platz auf der Liste der UNESCO-Weltkulturerbe-Stätten hat.

1492 konnte Ferdinand, Herrscher über Argonien und Kastilien, mit Isabella diese Stadt wieder übernehmen und die Mauren verdrängen. Mit dem Fall Granadas endete die Herrschaft der Mauren in Spanien. In ihrer Glanzzeit hatte die Stadt rund eine halbe Million Einwohner, um später Phasen zu erleben, in der sie, zur Provinzstadt abgesunken, nicht mehr als 70 000 Menschen Wohnung bot.

Erst als dann nach dem Bürgerkrieg wieder Ruhe in Spanien einkehrte, erholte sich die Stadt und wurde wieder größer und ein neuer Aufstieg begann. Der Touristenstrom wurde gerade in den letzten Jahrzehnten sehr stark.

*

Für uns war die Besichtigung der Alhambra vorgesehen. Unser Bus brachte uns auf die Anhöhe oberhalb Granadas. Kein Berg in Spanien ist geschichtsträchtiger als die Sabika! Hier ist ein wundervoller Platz ausgesucht worden für den Palast der Nasriden, die Alhambra! Bereits am Eingang wurden wir darauf aufmerksam gemacht, dass Wasser aus den vier größten spanischen Flüssen über ein aufwendiges Leitungssystem bis vor den Eingang der Alhambra geführt wurde, wo es in einem Auffangbecken gesammelt wurde. Bis zum 19.Jahrhundert sei die Festung auf diese Weise versorgt worden, das Becken war noch zu besichtigen.

Manch einer möchte diese Palastanlage den sieben Weltwundern der Antike als Nummer acht anfügen. Auch wir wurden bezaubert von der kunstvollen Architektur, im Ganzen wie im Detail. Jeder Steinmetz muss ein Künstler im vollen Sinne des Wortes gewesen sein!

Allein der berühmte Innenhof mit seinen bald 300 Säulen, alle noch verziert mit den feinsten Ziselier- und Filigranarbeiten, ließ uns aus dem Staunen nicht herauskommen.

Alhambra in Granada

Und was das Beste ist: Kaum ein Bauwerk hat die kriegerischen Auseinandersetzungen der Jahrhunderte unbeschadeter überstanden als die Alhambra! Und dies hat einen ehrenwerten Grund. Es war der Nasridenkönig Boabdil, der die belagerte Stadt kampflos übergab, um die Zerstörung ihrer unersetzlichen Schätze zu verhindern.

All dies lockt natürlich alljährlich viele Touristen in die Stadt und die Festung. Doch als wir uns dort aufhielten waren wir ungestört. Den Blick hinunter auf die Stadt und über die Landschaft Andalusiens gehörte uns fast ganz exklusiv.

Der Grund war der Bürgerkrieg, der zwischen den Truppen des Generals Franco und den Kommunisten tobte. Die Deutsche Legion *Condor* griff bekanntlich auf der Seite Francos ein. Später trafen wir öfters auf Soldaten dieser umstrittenen Legion. Sie nutzten Urlaubstage, um sich Sevilla, Cadiz, Jerez, aber auch Huelva anzusehen!

Eigentlich hätten wir mehrere Tage gebraucht, um den Sehenswürdigkeiten der Stadt gerecht zu werden, doch das war in unseren Zeitplänen leider nicht vorgesehen. Wir mussten uns auf die absoluten Höhepunkte beschränken.

Dazu kann man getrost auch einen Besuch der berühmten Höhlen des fahrenden Volkes zählen, der uns allen im Gedächtnis blieb. Zigeuner (Sintis, Romas) wohnten hier in Wohnungen, die in die Berge gehauen worden waren. Diese Höhlenwohnungen waren sauber und ordentlich. Sie lebten nicht nur in Kleinfamilien, sondern in größeren Sippen.

Wir hatten das Glück, dass uns eine Gruppe eine Vorführung ihrer berühmten feurigen Tänze bot. Gebannt sahen wir zu, wie diese temperamentvollen schönen jungen Frauen vor uns herumwirbelten, mit blitzenden Augen, pechschwarzem Haar und enormer erotischer Ausstrahlung.

Eine dieser hübschen Zigeunerinnen war offensichtlich fasziniert von meinem blonden Haar und tanzte lachend um mich herum.

Immer wieder rief sie *mucho rubio, mucho rubio*!

Als unser Kommandant diese besondere Aufmerksamkeit für mich bemerkte, rief er: *Na so was, ausgerechnet unser Jüngster hat hier die größten Chancen!* Aber klar, er hatte ja auch nicht zu bieten, was ich zu bieten hatte: blondes Haar.

Diese Begegnung mit den Zigeunern hatte die ganze Mannschaft in eine fröhliche Stimmung versetzt, die wir mitnahmen in unsere abschließende Unternehmung, eine Fahrt hoch hinaus ins Sierra Nevada-Gebirge.

Unser Bus arbeitete sich auf 2400 m Höhe. Obwohl es bereits Mai geworden war und im Tal schon Sommerwetter herrschte, lag hier oben immer noch Schnee. Wir ließen uns den Spaß nicht nehmen und lieferten uns eine saftige Schneeballschlacht, die uns sehr erfrischte. Der höchste Berg des Sierra Nevada-Gebirges ist übrigens der

Mulhacen mit 3481 m Höhe. So hoch sind wir nicht gekommen, aber es genügte, dass wir die Stellungen der Roten Truppen mit unseren Gläsern beobachten konnten. Ob sie uns ebenfalls gesehen haben, weiß ich nicht, es krachte jedenfalls kein einziger Schuss durch die Berge.

Dann wurde es Zeit für die Rückfahrt nach Algeciras. Diesmal jedoch war dem Fahrer nachdrücklich ins Gewissen geredet worden, und zwar auf Spanisch. Er unterließ es, seine halsbrecherischen Fahrkünste zu demonstrieren und brachte uns zu unserer Erleichterung in gemäßigtem Tempo zurück.

Eigentlich hatte unser Kommandant vorgehabt, noch einmal nach Granada zu fahren. Doch daraus wurde in diesem Jahr nichts mehr. Immerhin kam es noch zu einem Ausflug in die nähere Umgebung, nach Tarifa.

Tarifa ist der südlichste Punkt Europas. Auf einem Berg hatte sich die Ruine einer Burg erhalten, zu welcher wir aufstiegen. Von hier hatten wir einen beeindruckenden Panoramablick über die Spanische Küste, bis rüber nach Marokko, aber auch auf die Meerenge von Gibraltar. Europa und Afrika mit *einem* Blick, wo gibt`s das schon?

Wir hielten uns an einer historischen Stätte auf: Hatte das Zeitalter der Mauren auf der iberischen Halbinsel in Granada seinen Höhepunkt und sein Ende erlebt, so hatte es hier in Tarifa seinen Anfang genommen.

Hier war es gewesen, dass die Mauren zum ersten Mal spanischen Boden betraten. Dieses hatte sich im 8. Jahrhundert n. Chr. ereignet!

Und schon damals dürfte dieser unermüdliche Wind geherrscht haben, der auch uns auffiel. Ideal zum Segeln!

Leider hatten wir kein Segelboot zur Verfügung. Und an Bord unseres U-Bootes hatten wir nur ein Dingi, zu welchem wir uns selbst Segel angefertigt hatten. Doch dieses kleine Gefährt konnte nur drei Personen aufnehmen und auch das nur im Notfall.

Also begnügten wir uns damit, einige Aufnahmen zu machen.

Für den nächsten Tag lag ohnehin schon der Befehl zum Aufbruch vor. Nach Nordafrika sollten es gehen und, nach Tanger …

~ ~ * ~ ~

Kapitel 10

Einer für alle - alle für einen!

Porträts der Besatzungsmitglieder des U-Bootes U 31 / Bemerkung zur Vorgeschichte des 1. Weltkriegs

---

Doch während unser U-Boot unterwegs ist von Europa nach Afrika, nutze ich die Zeit, dir unsere Besatzung vorzustellen. Etwa 40 Männer waren es, die genaue Zahl schwankte wohl auch von Fahrt zu Fahrt, die in dem knapp kalkulierten Raum unseres Bootes arbeiteten und lebten. Zumindest auf einige Kameraden möchte ich hier das Licht richten, damit du sie dir besser vorstellen kannst.

Die Gesamtbesatzung teilte sich noch einmal auf in die seemännische und die technische Mannschaft.

Zur seemännischen Hälfte gehörte in erster Linie der Kommandant, er war im Rang eines Kapitänleutnants, dann kamen der Erste und Zweite Wachoffizier, der Obersteuermann, sowie der Oberbootsmann und zwei Obermaate.

Hinzuzurechnen sind fünf Seeleute, also Matrosen der Seemännischen Laufbahn und der Signalgast. Von den fünf Seeleuten arbeitete einer als Smutje in der Kombüse.

Zum technischen Personal, das in der Überzahl war, rechnete der Leitende Ingenieur, ein Kapitänleutnant zur See (Ing.), zwei Obermaschinisten, vier Maschinenmaate, bzw. Obermaate, sämtliche Heizer der verschiedenen Dienstgrade, der Torpedo-Obermaat, zwei Torpedo-Mechaniker, der Funk-Obermaat und zwei Funker.

Ein Teil des technischen Personals war zuständig für die beiden Dieselmotoren Max und Moritz, der andere Teil kümmerte sich um die E-Maschinen, welche besonders bei den Unterwasserfahrten wichtig sind. Der Einsatz von Dieselmotoren bei Unterwasserfahrten ist deshalb problematisch, weil die Motoren in relativ kurzer Zeit den

Sauerstoff aus dem Boot saugen würden. Das wäre natürlich für die Besatzung eine äußerst gefährliche Situation, denn bevor die Motoren sich wegen Luftmangel abgestellt hätten, wäre die Mannschaft erstickt oder zumindest schwer verletzt.

Später erst, als der Krieg schon im Gange war, wurde der Schnorchel erfunden. Dabei handelte es sich im Prinzip um ein Rohr, das etwa ebenso hoch über den Turm ragte wie das Sehrohr in ausgefahrenem Zustand. Durch dieses Rohr konnte den Dieselmotoren die notwendige Luft zugeführt werden. Dies wiederum hatte zur Folge, dass bei Fahrten, die die Seerohrtiefe nicht unterschritten, mit Dieselmotoren gefahren werden konnte, und die wertvolle Strom der Batterien für die E-Motoren für Unterwasserfahrten geschont werden konnten.

Doch von den Maschinen zurück zu den Menschen! Beginnen wir mit unserem Chef, mit unserem Kommandanten, einem gebürtigen Berliner des Jahrgangs 1906. Er war verheiratet und hatte einen kleinen Sohn. Seine Fähigkeiten, unser Boot zu kommandieren scheinen mir über jeden Zweifel erhaben. Ich hatte oft Gelegenheit, seine navigatorischen Kenntnisse zu bewundern. Er war stets korrekt und auch sehr besorgt um seine Mannschaft, seine Besatzung!

Alle hatten wir großen Respekt vor ihm und er hat jedem von uns etwas beigebracht. Dass er die Angewohnheit hatte milde Rügen zu erteilen, indem er einen als *Waldheini* bezeichnete, habe ich dir ja schon erzählt. Und an noch etwas erinnere ich mich: An seine Kopfgröße! Er hatte Größe 62, was nun nicht gerade wenig ist. Man sah ihm eigentlich nicht an, dass er einen so mächtigen Schädel hatte. Woher ich das weiß? Nun, heimlich schnappte ich mir manchmal seine Mütze, um mal zu probieren, wie mir so eine Kommandanten-mütze zu Gesicht steht. Doch wie erstaunt war ich, als ich feststellte, dass mir seine Mütze über beide Ohren fiel!

Natürlich habe ich diese Mützenprobe heimlich gemacht. Dazu bot sich eine günstige Gelegenheit. Unser Kommandant belegte als einziges Besatzungsmitglied eine Einzelkabine. Diese befand sich sinnvoller Weise direkt vor der Zentrale, damit der wichtigste Mann des Bootes im Ernstfall schnellstens auf die Brücke oder in den Turm gelangen konnte. Es war nur ein dicker Vorhang, der die Kabine von einem Durchgang abteilte, der zu den Unterkünften eines großen Teiles der Besatzung führte. Dennoch ließ es sich hier gut schlafen, zumal es für uns alle selbstverständlich war, beim passieren des Durchgangs möglichst leise zu sein. Zum Zeichen, dass er in der Koje lag, hängte er seine Mütze für alle sichtbar an einen Haken.

Ich selbst kam des Öfteren in den Genuss, mich in der Kommandantenkoje aufs Ohr legen zu dürfen. Grund war, dass ich nach einem tagelang tobenden schweren Orkan schwere Magenverstimmungen bekam, trotzdem aber meinen Dienst in vollem Umfang versah. Nach einer Wache, die ich, an Magenproblemen leidend, mit unserem I.WO ausgeführt hatte, übernahm der Kommandant die Wache und meinte zu mir: *Kannst dich in meine Koje legen, da kannste besser schlafen.* Dankbar nahm ich dieses großzügige Angebot an und merkte bald, dass ich wirklich mehr Ruhe hatte. Dies lag auch daran, dass seine Koje fast mittschiffs lag, so dass man bei Sturm nicht so stark nach oben und unten geschleudert wurde, wie dieses im Bug des Bootes der Normalfall war. Dies wiederholte sich, wenn er Wache hatte und ich ausruhen musste. Nicht ausgeschlossen, dass ihm meine Jugend bewusst war und er so etwas wie väterliche Fürsorglichkeit empfand. Jedenfalls hatte ich Gelegenheit seine zweite Mütze auszuprobieren, bevor ich sie an den Haken vor der Koje hängte, damit die Kameraden genauso leise vorbeigingen als läge der Kommandant in der Koje.

*

Also unser Kommandant war sehr in Ordnung. Das gleiche möchte ich von unserem I. WO behaupten, mit dem ich meistens zusammen zur Wache eingeteilt war. Er war das, was man damals einen feinen Kerl nannte: fair, heiter, hilfsbereit und korrekt.

Er war nicht verheiratet und vielleicht 28 Jahre alt. Er musste auch eine Ausbildung als Sanitäter haben, zumindest übernahm er die medizinische Betreuung, da wir keinen voll ausgebildeten Arzt unter uns hatten.

Jeden Morgen nach dem Frühstück hatten sich die Kranken bei ihm zu melden. Nachdem er sich ihre Beschwerden geduldig angehört hatte, kam es häufig vor, dass er sich erkundigte, ob eventuell ein guter Cognac hilfreich sein könnte. Selten wurde abgelehnt! In hartnäckigeren Fällen wurden auch zwei Cognacs verordnet und der Patient ging geheilt von dannen - bis zur nächsten Therapie!

Einige Kameraden verschafften sich so einen guten Schluck und er machte den Spaß gutmütig mit. Doch auch bei ernsthaften medizinischen Problemen wusste er, was zu tun war. Wenn die Möglichkeiten auf dem Boot nicht ausreichten, schickte er den Patienten in kompetentere Hände. Auf unserem Wohnschiff befand sich ein gut eingerichtetes kleines Lazarett mit den erforderlichen Ärzten.

Ich erinnere mich, dass er einmal, wir waren auf hoher See, bei einem Kameraden die Diagnose Blinddarmentzündung stellte. Der Kranke wurde an das Panzerschiff Graf Spee übergeben und dort operiert. Seine Diagnose war zutreffend - es handelte sich um eine Blinddarmentzündung. Vielleicht ist an ihm ein guter Arzt verloren gegangen.

Unser zweiter Wachoffizier, ein Leutnant zur See, war der Sohn eines Kommandierenden Admirals. Er hat davon aber nie ein Aufheben gemacht. Es war ein bescheidener junger Offizier, welcher korrekt seinen Dienst tat. Er hat sehr viel bei uns gelernt, denn er stand erst am Beginn seiner Offizierslaufbahn. Später, im Krieg, wurde er - wie übrigens auch unser I.WO. - ein berühmter U-Boot-Kommandant.

Unser Obersteuermann war ein sanftmütiger und sehr korrekter Mensch. Er war schon über 30 Jahre alt, verheiratet und nicht mehr der Allerschlankste. Er war der Älteste der gesamten Mannschaft. Gern erzählte er von seiner Heimat im Hunsrück. Sein Vater war dort Förster im Revier des Räuberhauptmanns Johann Bückler, der unter dem Namen *Schinderhannes* eine gewisse Berühmtheit erlangen sollte. Die Meinungen über ihn und seine Bande waren geteilt. Von vielen armen Leuten wurde er verehrt, weil er manches, was er den

Reichen nahm, an die Armen weitergab. Trotzdem, er verstieß gegen geltende Gesetze und wurde, als man ihn 1803 fangen konnte, hingerichtet.

Der Vater unseres Obersteuermanns fungierte oft als Haus- und Hoflieferant unserer Kantine in Wilhelmshaven. Er lieferte Wildbret, meist frisch erlegtes Reh, wenn für unser Boot eine Feier anstand. Und gefeiert haben wir sehr gern und oft!

Unser Obersteuermann war ein Könner und Kenner der Astrologie und der Astronomie. Wie gerne haben wir seinen lehrreichen Vorträgen gelauscht, wenn er uns bei unseren Fahrten über die Erde, das Sonnensystem und die Entstehung des Weltalls unterrichtete. Wir waren immer wieder fasziniert von seinen Ausführungen, von seinen Kenntnissen! Unser Obersteuermann hat Voraussagen getroffen in den Jahren 1937 bis 1939, welche erst 30 bis 60 Jahre später durch die modernsten uns für Verfügung stehenden neuesten Erfindungen, wie Satelliten, riesengroßen Weltraumteleskopen usw. bestätigt wurden. Was wäre es für ihn ein wunderbares und großes Ereignis gewesen, wenn er seine damaligen Voraussagen nach über 30 Jahren voll bestätigt bekommen hätte! Leider war dies nicht mehr möglich.

Übrigens war unser Kantinenwirt ein erfahrener Chef-Schiffskoch und viele Jahre als solcher auf einem großen Passagierdampfer tätig. Er wusste den Kochlöffel zu schwingen und seine Kompositionen sorgten dafür, dass wir uns nach kalorienintensivem Dienst stets mit freudiger Erwartung zu Tisch setzten.

Unser Oberbootsmann war eigentlich ein friedlicher Mensch. Allerdings nur, wenn alles wie am Schnürchen lief und alle spurten. War dies einmal nicht der Fall, was allerdings selten vorkam, konnte er fuchsteufelswild werden. Vor allem knöpfte er sich dann seine Obermaate vor, und diese wiederum uns, uns armen Seeleute!

Doch wenn es dann ans Feiern ging, waren alle wieder ein Herz und eine Seele. Mehr wohl noch, als auf normalen Schiffen, ist auf einem Unterseeboot einer auf den anderen angewiesen. Man muss sich

100%ig aufeinander verlassen können. Animositäten und Reibereien können bei der Enge des Zusammenlebens und der Unmöglichkeit, sich einfach aus dem Wege zu gehen, sehr schnell entstehen. So etwas muss bereinigt werden. Hierbei sollte der Dienstgrad keine Rolle spielen. Dieses ist Gebot für jedes Besatzungsmitglied!

Unsere Obermaate waren zwei goldige Burschen. Der eine, Detlef, war aus Hamburg. Er war ungewöhnlich groß und kräftig. Seine Augen leuchteten, wenn er ein besonders großes Schnitzel vor sich auf dem Teller hatte. Er versuchte stets, das größte zu ergattern. Unser Smutje kannte diese Vorliebe und sorgte dafür, dass die prächtigsten Schnitzelexemplare auf seinem Teller landeten. Dass es sich dabei nicht um die reine Menschenfreundlichkeit handelte, wurde sichtbar, als beobachtet wurde, dass unser Kantinenmann Willi immer wieder mal eine Flasche Bier für den Smutje beim Obermaat anschrieb …

Und unser zweiter Obermaat war ein in sich gekehrter, zufriedener Mann, welcher gern etwas Hochprozentiges im Glas hatte, ansonsten aber keine besonderen Ansprüche stellte. Er war auch zuständig für unsere stärkste Waffe, die 8,8 cm Kanone.

Unser Funkmaat fiel niemand auf. Ruhig und mit kühlem Kopf war er stets zur Stelle, wenn es besonders funkte! Unser Funker Johny war aus Hamburg und verstand was von seinem Fach. Kein Funkspruch, den er nicht zu entschlüsseln wusste! Auch er war sehr groß gewachsen. Oft habe ich mich gewundert, wie er sich überhaupt durch die Schotten quetschen konnte. Er heiratete 1940. Du, liebe Ilse, erinnerst dich, dass seine Frau Dich später einlud, mit unserer Kleinen an die Küste zu kommen, weil es dort nicht so gefährlich wäre wie in unserer Großstadt.

Signalgast Emil war ein pfiffiges Kerlchen. Er war 23 Jahre alt und ich wette, dass in unserer Flottille kein Signalgast aufzutreiben war, der flinker und sicherer mit den Signalflaggen umzugehen wusste als Emil.

Auch das Morsealphabet beherrschte er aus dem Effeff. Auch wir

Seeleute an Bord mussten beides beherrschen, die Signalflaggen und das Morsen. Aber so schnell und traumhaft mühelos wie unser Emil war, wurde ich nie. Na ja, er hatte natürlich auch viel mehr Gelegenheit zu üben als ich.

Der Torpedo-Mechaniker-Obermaat hatte fast immer eine ernste Miene. Man hätte meinen können, er wäre ein alter Griesgram. Aber das wäre völlig falsch! Das konnte man sehen, wenn man ihn bei unseren Leuchtturmfesten erlebte. Da ging er fröhlich aus sich heraus. Er war verheiratet und hatte zwei Kinder. Da wir ja manchmal monatelang unterwegs waren, quälte ihn oft die Sehnsucht nach seinen Kindern. Vielleicht sah er deshalb manchmal zu zugeknöpft aus. Wenn wir in Wilhelmshaven an unserer Pier lagen, kam oft seine Frau, um ihn zu besuchen.

Seine beiden Torpedo-Mechaniker Willi und Walter waren fast ganz normale Seeleute. Willi hatte immer eine kleine Cognacflasche in der Tasche seiner Lederhose. Wenn er sich wieder mal einen Schluck gönnte, zog der Walter immer mit. Es ist ja auch so traurig, allein zu trinken! Die zwei passten gut zusammen.

Willi war auch unser Kantinenwirt. Er war verantwortlich dafür, dass Getränke, Zigaretten usw. rechtzeitig an Bord waren, wenn wir auf Fahrt gingen. Liefen wir z. B. von Wilhelmshaven aus, dann hatten wir *Becksbier* an Bord. Gingen wir von Kiel aus auf große Fahrt, dann bekamen wir *Holstenbier* an Bord. Beide Marken erfreuten sich in etwa gleicher Beliebtheit. Willi hatte die Sache prima im Griff. Ich kann mich nicht erinnern, dass uns mal das Bier ausgegangen wäre! Und das will was heißen, denn es waren nicht wenige Liter, die da durch unsere Kehlen rannen!

Da unser Willi selbst einer seiner besten Kantinenkunden war, hätte er eigentlich eine saftig hohe Rechnung haben müssen. Wie kam es nur, dass sich das doch in engen Grenzen hielt? Nun, seine nicht ganz lupenreine Methode gestand er mir erst nach dem Krieg. Ob ich mich erinnerte, dass die georderten Getränke mit einem Strich im Kantinenbuch angeschrieben wurden? Klar, erinnerte ich mich. Nun, er sei da manchmal mit dem Stift irgendwie hinter einem anderen Namen gelandet. Nie hätte einer etwas gemerkt. Gerade wollte ich aufbrausen und ihn auffordern, mir die falsch angeschriebenen Biere zurückzuzahlen, da sagte er, dass er es nicht gewagt hätte, bei mir seine Methode anzuwenden. Ich nämlich wäre der einzige, der bestimmt sofort gemerkt hätte, das da was faul war.

Ich bedankte mich für die Blumen und lachte mit.

Wir bekamen ja fast alles an Bord zollfrei. Z. B. kostete 1 Flasche Echter Nordhäuser nur 0.90 RM!

Willi war nicht nur ein großer Freund deutscher Biere, sondern er aß liebend gern Eier, vor allem Spiegeleier, und dies zu jeder Tages- und Nachtzeit. Kam er um Mitternacht vom Landgang zurück, verlangte es ihn nach einer ordentlichen Portion Spiegeleier. Die rückte der Smutje gegen ein paar Flaschen Bier heraus, da Kochen bekanntlich durstig macht. Willi hatte quasi Eierzoll in Bierform zu zahlen. Willis Bierkonto war also zum Teil ein Eierkonto. Und dieses Bier/Eierkonto ließ er sich teilweise von anderen Besatzungsmitgliedern entlasten. Seltsame Geschäfte, die da vorgingen!

Seine Eierliebe verpasste unserem Kantinen-Willi noch einen zweiten Namen. Der spielt in folgendem Steckbrief eine Rolle, der anlässlich eines Leuchtturmfestes verfasst wurde und den ich dir unbedingt vorlesen muss, weil er wirklich witzig ist:

S t e c k b r i e f!

In einer der letzten Nächte wurden auf einer Hühnerfarm ca. 5000 Eier gestohlen. Als Täter kommt nur der in der und Unterwelt und Gangsterkreisen unter dem Namen Old-Wackelknie bekannte Kantinen-Wille alias Jamotto in Frage. Derselbe ist wegen seiner Eierbegehrlichkeit leicht erkennbar. In letzter Zeit hielt er sich bei seiner Braut in Essen auf.

Eine Verkleidung in jungfräuliche Kostüme ist anzunehmen, da ihm die Umstellung aufgrund seiner kaloderma-gepflegten, lilienmilchweißen Haut und seinen elastischen Bewegungen nicht schwer fällt.

Zweckdienliche Angaben sind unter dem Kennwort „Eierkiste" an die Funktionärstube zu richten.

Das Verlesen dieses Steckbriefes war, wie man sich denken kann, gefolgt von brüllendem Gelächter. Natürlich bekamen auch andere Besatzungsmitglieder einen lustigen Vers gewidmet.

*

Wenn ich dieses heute meinen damaligen Kameraden erzählen könnte, dann würden diese herzlich lachen. Aber von der damaligen Besatzung leben nur noch zwei. Der eine bin ich, der andere ist Eugen, ein damaliger Heizer, der heute in einem Altersheim in Nordhessen lebt. Wir stehen immer noch in Verbindung.

1936 waren wir dabei, als unser Boot in Dienst gestellt wurde und seit diesem Jahr besteht auch unsere Freundschaft!

Vom seemännischen Teil der Besatzung bleiben nur noch die Matrosen bzw. Obermatrosen übrig. Über mich brauche ich dir ja nicht viel zu erzählen. Mich hast du ja im Laufe unseres langen und ereignisreichen Ehe- und Familienlebens gut kennen gelernt.

Und somit ist über mich nur soviel zu erzählen, dass ich nicht nur der jüngste Seemann auf unserem U-Boot war, sondern sogar der jüngste Matrose der gesamten Kriegsmarine der je bis Kriegsbeginn 1939 eingestellt wurde! Diese Tatsache habe ich allerdings erst erfahren, als ich bereits ca. 6 Wochen Grundausbildung hinter mir hatte!

Da war der Kompaniechef auf mich zugekommen und hatte gesagt: *Landfein machen, wir müssen zum kommandierenden Admiral!* Der Admiral persönlich erwartet uns. Ich fiel aus allen Wolken! Wieso gerade ich? Ich hatte nicht die geringste Ahnung!

Als ich mich in Schale schmiss, ging ich im Geiste mein Sündenregister durch. Gut, mir fielen zwar einige kleinere und vielleicht mittlere Streiche ein, aber nichts, was ein Erscheinen vor dem Admiral begründet hätte. Worum in aller Welt mochte es also gehen? Der Admiral begutachtete mich von allen Seiten, lachte dann auf und sagte: *Den Burschen behalten wir. Er ist doch schon recht kräftig. Der wird es schon schaffen!*

Mit meinem Kompaniechef marschierte ich wieder zurück zum Block Derfflinger! Unterwegs kam endlich seine Erklärung: *Sie sind versehentlich ein Jahr zu früh eingestellt worden. Wir dürfen junge Marinesoldaten eigentlich erst nach Vollendung des 18. Lebensjahres einstellen.*

Aha, jetzt wusste ich Bescheid. Und ich war froh, dass man mich nicht wieder Richtung Heimat abgeschoben hatte. Ich hätte es irgendwie als Blamage empfunden, obwohl es natürlich nicht mein Verschulden war.

Und - seltsam - seit diesem Tag jedoch ging mein sonst so gestrenger Ausbilder merklich freundlicher mit mir um. Sogar seine dummen Bemerkungen über mein angeblich zu hohles Kreuz blieben plötzlich aus. Könnte er mich heute sehen, könnte er sich übrigens leicht davon überzeugen, dass weder mein Kreuz hohl ist, noch mein Bauch (und mein Kopf schon gar nicht!).

Noch bevor ich meine Abschlussprüfung abgelegt hatte, hatte ich mich beworben. Als dann prompt die Einberufung zur Kriegsmarine erfolgte, wurde die Prüfung entgegenkommenderweise sogar vorgezogen.

Du fragst, wieso ich junger Kerl es so eilig hatte, ein Schiff unter die Füße zu kriegen?

*

Nun, in unserem Bauerndorf lebte ein Nachbar, den wir Kinder einfach den Onkel Alfred nannten. Er war im ersten Weltkrieg bei der Kaiserlichen Marine gewesen! Schon als Junge hatte er mir begeistert davon erzählt. Er selbst hatte an der Schlacht am Skagerrak im ersten Weltkrieg am 31. Mai / 01. Juni 1916 teilgenommen, bei der sich die Kaiserliche Marine bravourös gegen eine überlegen ausgerüstete englische Flotte behauptet hatte. Ausführlich hat er mir immer wieder hiervon erzählt. Ich lauschte mit offenem

Mund. Und immer wieder endeten seine tollen Schilderungen mit Sätzen wie: *Geh zur Marine, Fritz, da siehst du was, da lernst du was, da erlebst du was!* Das fiel bei mir auf fruchtbaren Boden. Und welcher Junge träumt nicht von fernen Meeren und Abenteuern?

1909 war er in die Marine eingetreten, 1914 war er persönlich bei der Kieler Woche anwesend. Und genau während der Kieler Woche, genau am 28.06.1914, wurde der Österreichische Thronfolger Erzherzog Franz Ferdinand in Sarajewo ermordet. Mit diesem Mord begann bekanntlich der erste Weltkrieg. Natürlich hatte es in Europa schon vorher gekriselt.

Zum Beginn der Kieler Woche am 23.06.1914 hatte die Kaiserliche Marine Besuch von der Royal Navy bekommen. Ihr Schlachtschiffs-Geschwader wurde mit Salutschüssen empfangen. Die Engländer führten die geballte Kraft ihrer Seestreitkräfte vor. Die Royal Navy verfügte über eine größere Anzahl an Schiffen als die Kaiserlichen. Auch die schwere Artillerie ihrer Schlachtschiffe war der deutschen überlegen. Die Engländer hatten auf Ihren Schlachtschiffen 34,3cm- und auf den neuesten sogar 38,1cm-Geschütze. Außerdem waren die neuen Schiffe schneller als die deutschen.

Am 23.06.1914 erschien der Kaiser persönlich in Kiel. Auf der Hohenzollern fuhr er zur Eröffnung des Nord-Ostsee-Kanals und durchschnitt das Band.

Als dann am 28.06.1914 die Nachricht von der Ermordung des Erzherzogs in Kiel eintraf, befand sich der Kaiser auf seiner Rennjacht Meteor in der Förde. Ein Depeschenboot überbrachte ihm die Nachricht. Der Kaiser fuhr sofort zu Krisensitzungen nach Berlin zurück.

Die Festlichkeiten und Segelregatten in Kiel wurden wegen der Ereignisse in Sarajewo zunächst unterbrochen und in den nächsten Tagen beschleunigt zu einem Ende gebracht.

Drei Wochen später - die Europäische Krise war in vollem Gange - führte die Royal Navy in endlosen grauen Kolonnen die Parade vor

König Georg V. durch. Es war die größte Seemacht, die die Welt je gesehen hatte.

*

Schon im Jahre 1910 war die Normalität der englisch-deutschen Beziehungen nur trügerisch. Als Deutschland dann 1911 sein Kanonenboot *Panther* zur marokkanischen Stadt Agadir entsandte, angeblich um deutsche Staatsbürger während des Aufstandes gegen den Sultan zu schützen, war Onkel Alfred mit an Bord!

Die Engländer betrachteten diese Begründung sehr skeptisch. Es waren nämlich kaum Deutsche in Agadir!

Natürlich wollten die Engländer ihren französischen Bundesgenossen zu Hilfe kommen. Die Situation spitzte sich derart zu, dass am 22. Juli 1911 der Krieg unmittelbar bevorstand.

Doch das britische Kabinett stellte mit Entsetzen fest, dass keinerlei Pläne für den Aufmarsch der britischen Flotte ausgearbeitet waren. Innerhalb der Marineleitung in England bestanden starke Gegensätze über den Einsatz der Royal Navy im Kriegsfalle. Das Fehlen eines Seekriegsplanes wurde Admiral Sir John Fisher vorgeworfen.

Lord Charles Beresford führte jetzt eine Untersuchungskommission. Deren Arbeit durch Aufdeckung von Missständen führte zum Rücktritt von Admiral Fisher.

Die Engländer versuchten noch, das Wettrüsten aufzuhalten. Sie sandten Lord Haldane nach Berlin, um mit dem Kaiser ein Übereinkommen zu erzielen. Aber die deutschen Forderungen waren für die Engländer unannehmbar.

Nun wurde die Arbeit des ersten Lords der Admiralität, Winsten Churchill, für England lebenswichtig! Er bereitete die Roayl Navy auf den Krieg vor.

*

Nach diesem kleinen Ausflug in die Vorgeschichte des I. Weltkrieges möchte ich Dir meine restlichen Kameraden vorstellen.

Meine Kameraden Bernhard, Pio und Ewald waren tüchtige Matrosen und gute Kameraden. Solange wir zusammen waren haben wir durch dick und dünn zusammengehalten und uns gegenseitig unterstützt. Neid oder Missgunst gab es nicht unter uns, aber eigentlich gab es sie auf dem ganzen Boot nicht.

Pio war klein, aber oho! Mit dem konnte man Pferde stehlen.

Bernhard stammte aus Neuß und war von Beruf Buchdrucker. Er war als Ersatz für einen erkrankten Kameraden an Bord gekommen und hatte sich schnell eingelebt. Er war immer freundlich und hilfsbereit.

Doch nun zu Ewald, dem stärksten Seemann der gesamten Mannschaft. Er stammte aus der Gegend von Stolpe und hatte seine Oberschule vorzeitig verlassen, um, wie er sagte, zur See fahren zu können.

Eigentlich hieß er ja Gerhard. Wie er zu seinem Namen Ewald gekommen ist, wusste niemand zu erklären. Es machte ihm aber nichts aus, der Ewald zu sein.

Viel wichtiger war, dass er immer genügend zu essen hatte! Und da die Verpflegung bei uns an Bord außerordentlich reichlich bemessen war, konnte er sich nach der normalen Abendbrotzeit, gegen 16.00 Uhr, für den kleinen Hunger am späteren Abend eine kleine Reserve zurücklegen. Ich staunte nicht schlecht, als ich sah, worin dieser *kleine* Imbiss bestand! Dazu reichte etwa 1/2 Pfund Butter, 4 - 5 Scheiben Brot, 3 - 4 Büchsen Ölsardinen und 1/2 Pfund Hartwurst gerade aus!

Ewald war ein hilfsbereiter Kamerad. Ohne langes Fragen stellte er mir seine herkulischen Kräfte zur Verfügung, wenn ich einmal Arbeiten zu verrichten hatte, die sehr starke Muskeln erforderten.

Wenn z. B. im Trockendock die Trimmgewichte von vorn nach achtern, oder umgekehrt getragen werden mussten, hat er das für mich oft mit übernommen. So ein Trimmgewicht wog immerhin etwa einen Zentner. Unser Herkules war in der Lage gleich vier Zentner auf einmal zu tragen, ohne dass er mit der Wimper gezuckt hätte!

Ich erinnere mich, dass vier von uns an einem Wochenende zum Tanz gehen wollten. Wir hatten von einer Veranstaltung gehört, in einem Dorf nicht allzu weit von Kiel entfernt. Als wir Mariner dort auftauchten, reagierten die jungen Männer sofort ziemlich feindselig. Sie befürchteten, dass wir ihnen ihre Mädchen ausspannen könnten. Das wollten sie sich nicht bieten lassen und da sie in der Überzahl waren, legten sie sich mit uns an und wollten uns Marinern mal zeigen, was eine Harke ist. So standen wir vier etwa 10 Zivilisten gegenüber, alles junge stramme Burschen. Sie waren sich ihres Sieges sicher, denn sie ahnten ja nicht, dass wir einen Kraftmenschen wie Ewald unter uns hatten! Als sie uns angriffen, kam ich kaum dazu, etwas auszuteilen, denn Ewald hatte kurzen Prozess gemacht. Ehe sie sich versahen, lagen mehrere von ihnen auf dem Boden, woraufhin die übrigen sich diskret zurückzogen. *Nun gebt Ruhe*, rief er ihnen nach, *und dann Schwamm drüber ... Wir wollen doch nur ein bisschen tanzen.* Er war eben ein friedliebender Mensch.

Das alles hatte sich natürlich vor den Augen der anwesenden Damenwelt abgespielt und wir merkten bald, dass wir durch Ewalds Auftritt enorm in ihrer Gunst gestiegen waren. Womöglich dachten die Damen, dass jeder von uns über derartige Kräfte verfügte und wir nur einen beliebigen vorgeschickt hatten, die Dorfjungs mal zur Vernunft zu bringen.

Nur einer der Burschen konnte die Demütigung nicht verwinden und pöbelte uns noch einmal an. Ewald schnappte ihn am Kragen, hob ihn in die Höhe und ließ ihn etwas zappeln. Dann fragte er ihn sanft: Soll ich dir nun richtig wehtun und wirst du brav sein? Der Zappelnde überlegte nicht lange und gab klein bei, er hätte ja nur Spaß gemacht. *Ach so,* sagte Ewald gutmütig, und setzte ihn wieder auf den Boden. Er strich ihm sein zerzaustes Haar glatt und ließ ihn laufen. Wir tanzten weiter.

Recht besehen war es verwunderlich, das die übrigen Männer der Gemeinde ihren Heißspornen nicht zur Hilfe kamen. Ja, wir hatten sogar den Eindruck, dass sie durchaus einverstanden gewesen wären, wenn ihre Dorfrüpel mal eine ordentliche Dresche bezogen hätten. Es schien, als hätten die sich nicht das erste Mal daneben benommen!

Dieser Eindruck bestätigte sich, als uns andere Bürger zum Umtrunk einluden. Da war kein bisschen Feindseligkeit zu spüren, im Gegenteil. Es wurde ein fröhlicher Abend, wir tranken, lachten, tanzten und quatschten über Gott und die Welt. Wie der Abend ohne Ewald verlaufen wäre, weiß ich nicht. Womöglich wären wir mit blauen Augen wieder abgezogen.

Doch weiter in der Einzelvorstellung.

Unser Leitender Ingenieur war ein sehr ruhiger und besonnener Offizier. Ich kann mich nicht erinnern, dass ihm jemals ein Fehler unterlaufen wäre. Mit einer Ausnahme, die uns allerdings fast das Leben gekostet hätte. Da wären wir vor der französischen Nordküste fast abgesoffen. Ich habe dir davon schon erzählt (vgl. Kap. 8) Dennoch stand sein enormes fachliches Können außer Frage. Er war Junggeselle, fast könnte man sagen, er war mit seinem Fach verheiratet.

Dieses traf auch auf unsere beiden Obermaschinisten zu. Was auf langen Auslandsfahrten oft an Reparaturen, vor allem an unseren Dieseln ausgeführt wurde, ist erstaunlich. Unsere Heizer waren Könner in ihrem Fach. Beneidet habe ich sie nicht. Für uns Seeleute war es doch dann einfacher. Wir mussten nicht mit verhältnismäßig primitiven Mitteln, unter engsten Raumverhältnissen und oft auch noch bei starkem Seegang, im Schweiße unseres Angesichts mit einer widerspenstigen Technik fertig werden.

Wir hatten höchstens damit zu rechnen, auf der Brücke vom eisigen Sturm zu Eisklumpen runtergekühlt zu werden. Was allerdings auch nicht unbedingt ein Vergnügen war. Wie oft tappten wir mit einer dicken Eisschicht bezogen wieder unter Deck!

Unser Obermaschinist Walter tauchte in meinen Erzählungen schon einmal auf, als er mir beim Würzen einer problematischen Nudelsuppe vor der nordafrikanischen Küste assistierte. Auch er war stets freundlich und hilfsbereit. Aber er war auch ein Experte für unsere mehrfach erwähnten Leuchtturmfeste! Sein Freund und Kollege, Obermaschinist Erich, stand ihm an Lebenslust nicht nach. Ihre Heizer hatten sie zu einem gut funktionierenden Team zusammengeschweißt, auf das sie sich in jeder Situation verlassen konnten. Die jahrelange Zusammenarbeit auf dem gleichen Boot hat dieses noch gefördert. Da muss man Hand in Hand arbeiten, da darf man kleine Reibereien nicht anwachsen lassen. Auf einem U-Boot kann man sich nicht in die Schmollecke verdrücken, die ist nämlich schlicht und einfach gar nicht vorhanden.

Von den Obermaaten und Maaten der Heizer möchte ich keinen hervorheben. Ich begnüge mich mit der Feststellung, dass es prachtvolle junge Männer mit großem Einsatzwillen waren!

Bleiben die Heizer. Mein heute noch lebender Kamerad Eugen war ein stolzer Seemann. Er ließ keinen Landgang aus, wenn er Freiwache hatte. Er war hoch gewachsen und hatte volles schwarzes Haar. Er sah aus wie ein richtiger Frauenheld. Man hätte ihn fast mit dem Schauspieler Harry Piel vergleichen können, der oft in der Rolle eines Dompteurs zu sehen war. Ob Eugen sich vielleicht als Damen-Dompteur betätigt hat, darüber schwieg er …

Peter stammte aus Oberschlesien. Man hörte es an seinem ausgeprägten Dialekt. Er strengte sich an, Hochdeutsch zu sprechen, doch sehr erfolgreich war er ehrlich gesagt nicht. Auf seinem Posten aber machte ihm niemand etwas vor.

Harry dagegen war ein Meckerfritze. Nicht so sehr bei der Arbeit, sondern vor allem beim Essen. Es war äußerst selten, dass er mit dem Essen mal zufrieden war. Dabei waren die Mahlzeiten, die unser Smutje auf den Tisch brachte, durchaus mit *gut* zu bewerten, angesichts der beengten Küchenverhältnisse sogar mit *sehr gut*. Und so zuckten die Kameraden meist die Achsel, wenn er wieder mit seinem Genörgel anfing.

Wie Smutje Hans es schaffte, das Essen immer pünktlich auf die Back zu bringen, ist mir heute noch ein Rätsel! Und das, wo ich doch als sein Ersatzmann geführt wurde! Bei mir wäre die Besatzung wahrscheinlich mit der Zeit abgemagert oder sogar verhungert. Aber jeder hat eben seine Qualitäten!

Hans stammte aus dem Ruhrgebiet und war von Beruf Bankkaufmann und Boxer. Seine Bank habe er verlassen, weil es ihm da zu langweilig geworden sei. Hans war ein sehr verträglicher Kämpfer, der keiner Fliege etwas zuleide tat. Das galt aber nur, solange man ihn nicht reizte. Dann nämlich konnte unser friedfertiger Smutje hart zuschlagen. Bei seinen Landgängen kam er wohl hin und wieder in Situationen, wo er die Fäuste fliegen ließ. Danach bedauerte er die Sache meistens. Am liebsten hätte er sich bei seinen Gegnern entschuldigt.

Zum Schluss noch ein Kurzbericht vom Weihnachtsurlaub unseres tüchtigen Obergefreiten Josef. Den möchte ich dir nicht vorenthalten, weil er charakteristisch und amüsant zugleich ist.

Er stammte aus Memel und bekam zu Weihnachten 1937 Urlaub. Sein Vater war ebenfalls bei der Kriegsmarine und bekam auch zu Weihnachten 1937 Urlaub. Beide hatten sich zu Hause in Memel als Weihnachtsurlauber angemeldet. Die Vorfreude auf ein Wiedersehen war auf allen Seiten groß. Die Frau des Hauses besorgte zwei schwere Gänse, denn sie wusste, *zwei kräftige Seeleute*, die bringen einen mächtigen Appetit mit!

Als Josef nun in Memel angekommen über den Markt ging, fiel sein Blick auf die angebotenen Gänse. Ach, dachte er bei sich, die Mutter wird sich freuen, wenn ich ihr eine schöne Weihnachtgans mitbringe. *Und er kaufte ein schönes Exemplar.*

Als der heimkehrende Vater über den Markt schritt, kam ihm die gleiche Idee. Er kannte den gewaltigen Appetit seines Sprösslings und *kaufte gleich zwei Gänse.*

Das Resultat dieser unkoordinierten Gänsekäufe teilte uns Josef nach seiner Rückkehr mit als wir ihn fragten: *Na, Josef, wie war es denn zu Hause?*

Josef verdreht die Augen und stöhnte: *Mensch, fragt mich bloß nicht! Ich sage nur Gänsebraten, Gänsebraten, morgens mittags abends Gänsebraten, nichts als Gänsebraten!*

Wir sahen ihn verständnislos an, was hatte er nur gegen Gänsebraten? Dann erzählte er uns die Geschichte, dass es zu Hause für drei Personen fünf Gänse gegeben hatte. Er erzählte so verzweifelt-komisch, dass wir Tränen lachten.

*

So, liebes Frauchen, mit diesen vielen Gänsen enden meine Einzelbeschreibungen.

Aus diesen Männern also bestand unsere Besatzung. Der Spruch *Einer für alle - alle für einen*, ließ sich gut auf uns anwenden.

Hauptsächlich beziehe ich das auf die Arbeit auf dem Boot, aber wir waren auch als Fußballmannschaft nicht schlecht. Gut, wir hätten vermutlich keine Europameisterschaft gewonnen - zumal wir ja wochenlang nicht trainieren konnten, ja nicht mal festen Boden unter den Füßen hatten - aber wir hätten als *Mannschaft* gespielt! Und eine Fußballmannschaft, die nicht als Mannschaft zusammenspielt, kann doch gleich einpacken!

Außerdem hatten wir einen Seemannschor, der sich meiner Meinung nach hören ließ. Wenn du unsere Tenöre und Bässe gehört hättest, vielleicht hätten wir sogar vor deinem musikalisch geschulten Ohr bestanden! (Ganz sicher bin ich allerdings nicht …) Und wenn wir uns in einer Bodega trafen und ein paar Vino-Tinto oder Vino-Blanco intus hatten, dann kam bestimmt einer von uns auf die Idee, ein Lied anzustimmen. Dann schmetterten wir los. Das geschah eigentlich in allen Hafenstädten, wo wir an Land gingen. Ich habe natürlich auch mitgesungen. Und nach jedem Glas wurde meine Stimme geschmeidiger.

Die Kameraden waren mit meiner Stimme zufrieden, obwohl mein Vater früher, wenn Haus- oder Gartenmusik angestanden hatte, immer den Kopf geschüttelt und gesagt hatte, ich hätte eine Stimme *zum Bratwurstessen.* Was genau er damit sagen wollte, weiß ich nicht. Nur, dass er mich nicht für den neuen Caruso hielt, war mir schon klar.

Ja, unser Gesang hat uns tolle Erfolge beschert! So auch in Cadiz. Wir hatten in einer Bodega wieder mal gefeiert und auch gesungen. Die Spanier waren begeistert von unseren Liedern. Sie verstanden zwar kein Deutsch, aber die Melodien gefielen ihnen. Sie sorgten dafür, dass unsere Gläser nie leer wurden. Wenn wir nicht aufpassten, konnten wir nur noch mit dem Taxi unser Boot im Hafen erreichen und finden!

Wenn wir danach bei einem Bummel durch die Stadt an dieser Bodega vorbeigingen, kam der Wirt heraus, und bat uns, doch bitte seine Gäste zu sein. Wir sagten meistens für einen späteren Zeitpunkt zu. Und wenn wir dann in der Bodega auftauchten, war diese stets brechend voll. Es hatte sich herumgesprochen, die Deutschen Seeleute kommen wieder und singen! Das wollte keiner verpassen!

Damals, meine Liebe, kannte ich dich ja noch nicht. Aber wenn du uns noch mit der Handharmonika begleitet hättest, dann hätten wir eine Platte aufnehmen können. Und die hätten wir uns jetzt anhören können!

~ ~ * ~ ~

Kapitel 11

Wale, Tanger und der lange Weg des Sternenlichts

Fahrt nach Tanger in Nordafrika / Der südliche Sternenhimmel

Nun kannst du dir ein erstes Bild machen von den Männern, die unsere Besatzung bildeten. Du siehst: Jeder von ihnen war eine Persönlichkeit für sich. In der Zwischenzeit aber hat unser Boot, das wir (Ende des Kapitals 9) verlassen haben, als es von Algeciras nach Tanger aufbrach, etwa die Hälfte des Weges zurückgelegt. Hier in der Durchfahrt der Meerenge von Gibraltar treffen die Wasser des Mittelmeeres und des Atlantiks aufeinander. Bei bestimmten Wasserständen kann man sehen, wie sich die Strömungen mischen, sich kappeln, sagt der Seemann. .

Alles war problemlos verlaufen und ohne Zwischenfälle. Doch dann kam es zu einer Begegnung, die sich mir eingeprägt hat. Plötzlich nämlich sichteten wir die typischen Fontänen von Walen! Bis zu 25 oder sogar 30 Meter spritzen diese gigantischen Säugetiere das Wasser, nachdem sie es nach Nahrung durchgeseiht haben, in die Höhe. Was für ein imposantes Schauspiel! Diesmal musste es sich um eine ganze Herde handeln. Wir hielten direkt auf sie zu. Doch unsere Annäherung beunruhigte sie keineswegs. Ich stand auf der Brücke am Ruder. Dort war mein Platz, beim Ein- oder Auslaufen in Häfen und ähnlichen Manövern. Ich hatte sehr gute Sicht. So dicht ließ uns die Herde herankommen, dass ich fürchtete, wir würden eins der Tiere rammen und verletzen. Doch eine entsprechende Erschütterung blieb aus. Und plötzlich, ohne dass ein Laut zu hören gewesen wäre, waren sie wieder verschwunden. Sie waren in größere Tiefen abgetaucht. Wie man weiß, können Wale bis zu einem Kilometer tief tauchen! Eine Tiefe, das muss man sich mal vorstellen, in die wir ihnen mit unserem U-Boot nicht folgen könnten, selbst wenn wir gewollt hätten.

Schon lange vorher würden wir vom Wasserdruck zusammengequetscht. Es war nicht unsere erste Begegnung mit diesen größten lebenden Tieren unserer Erde. Aber noch nie waren wir so dicht herangekommen, dass wir fast mitten durch die Herde fahren konnten. Dennoch war es erfreulicherweise zu keiner Kollision gekommen.

Bald erschien die afrikanische Küste, Tanger kam in Sicht. Welch ein Anblick! Die Stadt ist an einen Berghang gebaut. Ein Meer von weißen Häusern zieht sich von den Bergkämmen hinunter bis an den weißen Saum des Mittelmeeres. Tanger ist eine Stadt mit durchaus internationalem Flair. Der Hafen stand prinzipiell jedem Schiff mit friedlichen Absichten offen. Aber natürlich waren für Handels- oder Passagierschiffe die entsprechenden Anmeldungen mit Kontrollen Vorschrift. Als wir einliefen, lagen außerdem bereits zwei holländische Kriegsschiffe und ein französischer Zerstörer im Hafen.

Zu deren Besatzungen war schnell Kontakt hergestellt. Besonders mit den Holländern klappte die Verständigung gut, unsere beiden Sprachen haben ja mancherlei Ähnlichkeiten. Schwieriger war es mit den Franzosen. Doch es stellte sich heraus, dass sich unsere Sprachschwierigkeiten mit ein paar Flaschen ihres vorzüglichen Weins beheben ließen! Sofort lief der internationale Austausch wie geschmiert. Wir revanchierten uns mit gutem deutschen Bier, da sagten die Franzosen nicht nein! In den paar Tagen, welche wir gemeinsam im Hafen lagen, traf man sich auch an Land und es entstanden erste Freundschaften.

Tanger war schon immer eine Stadt, die ihre speziellen Geheimnisse hatte. Nicht nur, dass an der gesamten Küste der Schmuggel blühte. In entsprechenden Vierteln blühte noch ein anderes Gewerbe: Es wimmelte geradezu von Prostituierten. Fast an jeder Ecke lockte eine Schöne mit ihren Diensten. Wie man hörte, gab es keinen noch so ausgefallenen Wunsch, der sich in dieser Stadt nicht erfüllen ließ. Dafür war Tanger berühmt, bzw. berüchtigt. Wir relativ unerfahrenen Seeleute staunten nicht schlecht, dass sich die Geschäfte nicht im Verborgenen abspielten, sondern ganz offen am helllichten Tage. In

Deutschland war derartiges damals unmöglich.

Als Johny, Pio und ich durch die Straßen schlenderten, wurden wir von einer bemerkenswert hübschen jungen Dame in einwandfreiem Deutsch angesprochen. Sie sei entführt worden. Sie wolle wieder zurück in ihre Österreichische Heimat. Sie flehte uns geradezu an, sie mitzunehmen nach Deutschland.

Ob das alles stimmte oder nicht, darüber will ich mir kein Urteil erlauben. Möglicherweise erzählte sie diese Geschichte allen Deutschsprachigen, die hier auftauchten. Und natürlich konnten wir sie nicht einfach aufs Boot mitnehmen, womöglich noch als blinden Passagier! Man stelle sich den Skandal vor, wenn mitten auf See plötzlich entdeckt worden wäre, dass wir eine junge Frau, dazu noch eine Vertreterin des käuflichen Gewerbes, an Bord versteckten!

*

An dieser Stelle ein paar kurze Bemerkungen über die Geschichte der Stadt. Viel gäbe es zu berichten, doch ich begnüge mich mit ein paar Sätzen, denn ich will dich nicht ermüden.

Tanger war zuerst eine Berbersiedlung, die Tinghe oder auch Tinga genannt wurde. Später wurde es ein Handelszentrum der Phönizier und war eine karthagosche Kolonie. Tanger wurde zum ersten Mal im 4. Jahrhundert v. Chr. erwähnt. Später kam es zu Mauretanien, und zwar im Jahre 146 v. Chr., dem Jahr, in welchem Karthago von den Römern zerstört wurde.

Später gab es Berberaufstände im ganzen Land, auch in Tanger. Und so wurde sie 38 v. Chr. unter römische Verwaltung gestellt.

Ende des 3. Jahrhunderts wurde Tanger die Hauptstadt der römischen Provinz Mauretania *Tingitana*. Der Vandalenkönig Geiserich eroberte 429 n. Chr. Tanger. Ab dem 8. Jahrhundert fand ein ständiger Wechsel der Besitzer statt.

Im 14. Jahrhundert wurde Tanger zu einem wichtigen Handelsplatz. Innerhalb von 2 Jahrhunderten, zwischen etwa 1437 und 1600, wechselte die Stadt zweimal von spanischer in portugiesische Hand und umgekehrt. Später kam sie zu Marokko. Seit 1870 unterhielt Deutschland Handelsbeziehungen zu Marokko.

1923 wurde die Stadt zum internationalen Gebiet erklärt und gleich 8 Staaten verwalteten nun die Stadt. Hierdurch kam die Stadt zur wirtschaftlichen Blüte und wurde auch Freihandelsplatz.

*

Als wir in den Hafen einliefen, liefen staunende Bürger zusammen. Wir waren das erste deutsche Unterseeboot, welches in Tanger einlief. Es waren vor allem Jugendliche, die sich an uns hängten wie die Kletten. Einen von diesen 16-jährigen wurde ich nicht mehr los. Er sprach recht gutes Deutsch, aber außerdem noch Französisch, Englisch, Italienisch, Spanisch und natürlich Arabisch. Ich habe den kleinen Kerl wirklich bewundert, dass er so viele Sprachen sprechen konnte.

Noch 1939 hat er mir geschrieben: *Warum kommst Du nicht wieder nach Tanger, lieber Freund?* Mein Freund Sidi Ahmed schrieb immer in der schwungvollen arabischen Schrift, die auf mich wirkte wie ein kunstvolles Ornament. Ich hatte ihm nämlich versprochen, Arabisch zu lernen. Ich hatte mir das wirklich fest vorgenommen, aber irgendwie war in diesen turbulenten Jahren leider nie Zeit dazu. Doch Sidi Ahmed, das Sprachgenie, legte fürsorglicher Weise eine deutsche Übersetzung dazu, nur für den Fall, dass ich mit meinen Arabisch-Studien noch nicht so weit gediehen sein sollte. Und ich fand in seinem Deutsch kaum einen Fehler! Ein erstaunlicher Bursche!

Einen Brief von ihm fiel mir neulich in die Hände. Er ist datiert auf den 2.5.1938. Und den möchte ich Dir jetzt vorlesen. Sidi Ahmed schreibt:

Du wirst schon lange auf ein Lebenszeichen von mir warten. Entschuldige bitte wegen der langen Wartepause. Dein lieb gut Foto von Dir und mir unter Palmen habe ich mit vielen Freuden dankend erhalten. Es macht Dir immer gut Freude, wenn Du aus Marokko Post bekommst. Ich bin immer gesund und hoffe von dir das Gleiche. Schön wäre es doch, wenn du noch einmal nach Tanger kommen kannst. Solltest Du nicht mehr nach Tanger kommen, und uns nicht mehr wiedersehen, so wollen wir doch immer gut Freund bleiben, und immer schreiben so lange wir können. Ich denke noch immer an das Araberkaffee wo wir zusammen waren und den schönen Tee getrunken haben. Viele Grüße auch von meiner Schwester Marietta. Viele Grüße auch an die anderen zwei Kameraden.

Viele Grüße von Dein Freund Sidi Ahmed Rbati!

In Tanger begleitete er uns auf fast allen unseren Erkundungsgängen. Er kannte sich hervorragend aus und wusste alles zu erklären und zu erläutern. Es war für ihn selbstverständlich, von seinem Freund und dessen Kameraden kein Geld zu nehmen.

Grand Socco heißt der wohl lebhafteste Marktplatz in Tanger. Hier sind viele Geschäfte und Teestuben. Hier sahen wir auch zum ersten Mal Rifbäuerinnen und Rifbauern, welche ihre Waren ausstellten. Sie trugen ihre charakteristischen, mit Wolltroddeln verzierten großen Strohhüte. Ich selbst habe mir einen gekauft und viele Jahre in Deutschland aufbewahrt.

Mein neuer Freund führte uns auch zum Mendoubia-Park, welcher ganz in der Nähe liegt. Der Palast des Mendoubia ist ein beeindruckendes Gebäude. Hier residierte der Sultan der internationalen Kommission.

Ganz in der Nähe, an der Rue Sidi Bouabib steht die Moschee des Sidi Bou Abid, zu dessen Ehren sie 1917 gebaut wurde.

Nicht weit vom Hafen steht die Große Moschee welche im 17. Jahrhundert erbaut wurde. Der Anlass für ihren Bau war der Abzug der Engländer im Jahre 1684.

*

Für uns Europäer war die Altstadt, die Medina, besonders interessant. Ein Gewirr aus verwinkelten kleinen Gassen, so dass man manchmal nicht wusste, wo es weiterging. Man konnte schnell die Orientierung verlieren. Das Gedränge war für uns ungewohnt. Fast jeder Berufsstand hatte seine eigene kleine Gasse. Oft konnte man schon mit geschlossenen Augen ahnen, um welche Art von Geschäft es ging. Hier zog der Duft von frischen Backwaren durch die Lüfte, dort verbreiteten Früchte ihren Geruch oder Leder oder gebeiztes Holz. Feste Preise gab es nicht. Nicht ein einziges Preisschild habe ich entdecken können! Hier musste gefeilscht und gehandelt werden. Wer einfach den Preis zahlte, den der Händler nannte, der galt hier als Dummkopf. Die Araber sagen, die Intelligenz eines Mannes zeige sich erst, wenn die Preise ausgehandelt werden müssen. Bei Festpreisen könnte jeder Trottel kaufen. Sich nicht übers Ohr hauen zu lassen, oder sogar einen günstigen Kauf zu tätigen, gilt ihnen geradezu als Kunststück, das sie mit Hingabe einüben. Darauf kam es an, da zeigte sich, wer etwas im Köpfchen hatte. Fasziniert beobachtete ich, mit welchen Tricks hier auf beiden Seiten gearbeitet wurde. Oft nennt der Händler den Preis erst, nachdem er eine blitzschnelle Einschätzung des Kunden vorgenommen hat. Hat er aus gewissen Merkmalen der Kleidung oder der Sprache geschlossen, dass der Fragende wohlhabend ist, schießt auch der genannte Preis in die Höhe. Manchmal scheint es allerdings auch, dass der Händler

Tanger-Nordafrika 1937

je nach Lust und Laune irgendeinen Preis als Probeballon in die Luft sagt. Dann geht das Gefeilsche los. Keinesfalls darf man als potentieller Kunde sein Interesse an einer Ware zu deutlich zeigen. Wer großes Interesse an einer Ware hat, signalisiert damit, dass er auch viel zu zahlen bereit ist. Also fragt man am besten so ganz beiläufig und tut nach der ersten Preisnennung so, als wolle man sich schon wieder abwenden. Damit drückt man aus, dass das eigene Kaufinteresse bei diesem Preis bereits wieder zu erlöschen beginnt. Dies zwingt den Verkäufer, einen mit einem günstigeren Angebot zurückzulocken. Dieses ganze Hin und her läuft meistens äußerst wortreich ab und kostet eine Menge Energie und Zeit. Doch man mache sich keine Illusionen, gegen einen geübten orientalischen Händler haben wir naiven Abendländer schlechte Karten. Gegen die psychologische Raffinesse, mit denen sie zu Werke gehen, sehen wir aus wie Waisenknaben. Ein Beispiel: Da gefielen mir z.B. ein paar Unterhosen, die aus Japan importiert waren und mir von guter Qualität zu sein schienen. Pro Stück sollten sie 25 französische Franc kosten. Ich war schon fast bereit, die Geldbörse zu zücken, da nahm mich mein Freund Sidi am Arm und meinte, lass mich mal. Er übernahm die Verhandlungen. Staunend sah ich zu, wie in einem ungeheuer wortreichen Hin und Her der Preis meiner Unterhose immer weiter nach unten sank. Als sie schließlich bei 5 Franc angekommen waren, grinste mich Sidi an und bedeutete mir, dass die Sache nun ausgereizt sei, mehr wäre nicht rauszuholen. Nun bekam ich fünf Unterhosen zum Preis von einer! Da wir für eine Reichsmark 20 Franc eingetauscht hatten, kostete mich also eine dieser japanischen Qualitätsunterhosen ganze 0,25 Reichsmark! Sidi sei Dank!

Es war wirklich eine fremde Welt, in die wir da eingetaucht waren. Das ungeheuer dichte und bunte Treiben in diesen engen und unübersichtlichen Gassen unterschied sich radikal von den klar geordneten Verhältnissen einer deutschen Geschäftsstraße. Für uns Neulinge war es auch schwer einzuschätzen, wer freundlich war und wer Übles im Schilde führte. Teilweise war es geradezu etwas unheimlich und ich gebe zu, dass wir oft vorsichtshalber unser Bordmesser geöffnet in der

Tasche hielten, um auf alles gefasst zu sein. Dabei schlug uns keineswegs Feindseligkeit entgegen. Im Gegenteil, die meisten waren ausgesprochen deutschfreundlich.

Fremd wirkte auch dieser völlig andere Kleidungsstil. Die Männer in ihren Burnussen waren ein ebenso ungewohntes Bild, wie die Frauen, die fast alle verschleiert gingen. Wenn sie auf den Gassen an einem vorbei gingen, sah man von ihnen meist nur ein Paar große glänzende schwarze Augen und vielleicht noch die Füße und die Fesseln in den Sandalen. Die ganze Gestalt aber war verborgen von den weiten Stoffbahnen ihrer Gewänder. Wie sollte man da wissen, ob da eine Schönheit vor einem schritt oder ein völlig unattraktives Mauerblümchen? Doch die arabischen Männer hatten da offensichtlich ihre speziellen Methoden entwickelt. In Tetuan hatten wir bei unserem Besuch einen Scheich kennen gelernt. Er sprach ein gutes Deutsch und war oft geschäftlich in Deutschland gewesen. Dieser erfahrene Mann, der beide Kulturen gut kannte, erteilte mir jungem Kerl lächelnd Unterricht in einem merkwürdigen Fach. Er erklärte mir, wie sich an gewissen Bewegungen des Kopfes, der Hüften und der ganzen Gestalt, an der Art wie und wo das Gewand sich raffte oder straffte, wie das Lid sich über den Augapfel hob und senkte, die Schönheit einer Frau im Geiste ergänzt werden konnte. Er schien es in dieser Kunst zu einer wahren Meisterschaft gebracht zu haben. Ich gab mir Mühe, seine Lektionen anzuwenden. Ob allerdings meine Vermutungen über die Schönheit einer betreffenden Frau zutrafen oder völlig daneben lagen, konnte ich ja leider nicht überprüfen …

Auf einem Dach in Tanger-Nordafrika

Auch in den Arabercafes war es uns manchmal nicht so ganz geheuer. Wir bemühten uns jedoch, uns nichts anmerken zu lassen und tranken unseren Kaffee oder Tee gelassen wie alte Hasen (falls die so etwas trinken sollten). In diesen Cafes konnte man nicht selten studieren, wie die Frauen unter ihren Stoffen aussahen, denn hier gab es Bauchtanz. Draußen auf der Straße völlig verhüllt, hier drinnen im Cafe spärlich bekleidet und mit aufreizend beweglichen Bäuchen und Hüften - welch ein Kontrast! Die Tänzerinnen hatten meist recht üppige Figuren - so lieben es die arabischen Männer. Eine Tänzerin, die in unseren Augen schön schlank war, erschien ihnen unattraktiv mager. So unterschiedlich ist das Schönheitsideal in verschiedenen Kulturen!

Tanger besteht natürlich nicht nur aus diesem Gassengewimmel. Steigt man in der oberen Stadt immer höher, gelangt man schließlich zu der so genannten Kashbar, einer Zitadelle, von der aus man den Blick ungehindert schweifen lassen kann, über das Meer der weißen Häuser bis hinunter zum Hafen, weit über das tiefblaue Meer, bis zum Horizont.

Wir lernten jedenfalls jeden Tag Neues über viele interessante Dinge des Lebens. Jeder Tag brachte neue Überraschungen. Der alte Satz, dass Reisen bildet, bewahrheitete sich wieder einmal aufs Vollkommenste.

*

Du erinnerst dich, dass unsere Kinder später immer wieder von meinen Reiseerlebnissen hören wollten. Besonders unsere Ältesten warteten auf Schilderungen meiner Marinezeit. Jeden Samstag war bei uns Erzählstunde, das war eine regelrechte Tradition. Was ich da alles ausgepackt habe, will ich heute nicht alles noch einmal erzählen. Das würde deine Kraft überfordern. Außerdem habe ich damals für die Kinder so manches Stück Seemannsgarn gesponnen, was ich mir dir gegenüber natürlich keinesfalls erlaube.

Eine Sache kam bei den Kindern immer besonders gut an. Das war, wenn ich von einer *Fata Morgana* berichtete. Ich bin diesem verblüffenden Naturphänomen mehrfach auf meinen Reisen begegnet. Obwohl es sich anhört wie aus einem Märchen aus 1001 Nacht, handelt es sich dabei um ein physikalisch erklärbares Naturereignis und nicht etwa um ein Stück Seemannsgarn.

Natürlich reibt man sich die Augen, wenn einem plötzlich, vielleicht 5 Seemeilen vor der nordafrikanischen Küste, etwa auf der Höhe von Rabatt auf hoher See eine Karawane entgegenkommt! Wir standen am Oberdeck und fragten uns im ersten Moment, wie es sein kann, dass eine Karawane auf dem Meer wandelt wie Jesus auf dem See Genezareth. Seit wann können ganze Kamele inklusive der Kameltreiber über dem Wasser schweben wie eine Wolke? Das war keine Einbildung. Wir schätzten die Entfernung und schwankten zwischen 300 und 500 Metern. In aller Ruhe zählten wir die Kamele und die Treiber und verglichen unsere Ergebnisse. Als wir bei 15 angekommen waren, verschwand diese Luftspiegelung wie ein Spuk. Verblüfft sahen wir uns an. Das war also wieder einmal eine Fata Morgana, von der wir natürlich alle schon gehört hatten, und die auch nicht die erste war, die wir zu Gesicht bekamen. Aber wenn man dann mit eigenen Augen sieht, was doch nicht sein kann, wirkt es doch immer wieder wie ein Wunder. Uns alle hatte diese Karawane so beeindruckt, dass wir immer wieder darauf zurückkamen.

Durch eine warme tragende Luftschicht wird, oft aus Entfernungen von mehreren Hundert Kilometern, das als Fata Morgana erscheinende Bild übertragen. Oft kann eine solche Erscheinung mehrere Minuten andauern. Meistens aber verschwindet die Fata Morgana bereits nach 30 bis 60 Sekunden.

Auf der gleichen Fahrt, nur einige Hundert Seemeilen weiter südlich, erschienen plötzlich die Aufbauten und Masten mehrerer großer Schiffe, die auf uns zuhielten. Wir warteten darauf, dass die Schiffskörper sichtbar würden, aber das trat nicht ein, sie blieben unsichtbar. Wäre Krieg gewesen, hätten wir einen kleinen Geleitzug vermuten können. Aus der Art der Aufbauten und der Masten konnten wir schließen, dass es sich um größere Frachtschiffe handelte. Aber auch hier war alles wieder so plötzlich verschwunden wie es erschienen war. Wir erwachten wie aus einem merkwürdig realen Traum, den wir alle gemeinsam geträumt hatten. Aber es waren keine Träume! Es wäre interessant gewesen herauszufinden, in welcher Entfernung sich diese Schiffe tatsächlich befanden. Aber dazu fehlten uns die Möglichkeiten.

*

Ebenfalls bemerkenswert, wenn auch weniger mysteriös, erschienen uns die merkwürdigen Gäste, die uns an einem Tag vollkommener Windstille besuchten. Da landeten so genannte Fliegende Fische auf unserem Oberdeck, das etwa zwei Meter über die Wasseroberfläche ragte. Es handelt sich um Fische, deren Brustflossen flügelartig verbreitert sind, so dass sie bis zu 50 Metern über die Wasseroberfläche gleiten können. Eine nützliche Fähigkeit, um Unterwasserfeinden zu entkommen, in unserem Fall aber weniger sinnvoll, denn wenn wir sie nicht wieder in ihr eigentliches Element zurückgeworfen hätten, wären sie wohl verendet. Natürlich ließen wir es uns nicht nehmen, diese seltenen Tiere eingehend aus der Nähe zu betrachten.

*

Und noch ein Naturphänomen darf hier nicht unerwähnt bleiben: Der ganz andere Sternenhimmel der Südhalbkugel. Wo waren die vertrauten Sternbilder geblieben? Nicht nur ich, sondern auch diejenigen meiner Kameraden, die zum ersten Mal in der Nähe des Äquators den Blick in den Nachthimmel richteten, staunten darüber, dass insgesamt viel weniger Sterne zu sehen waren.

Unser Interesse für die Himmelskunde war groß, ja, wir hatten in dieser Hinsicht einen regelrechten Wissensdurst. Oft saßen wir halbe Nächte an Oberdeck und studierten den sich langsam drehenden so unvertraut aussehenden Südhimmel.

Und einer war dabei in seinem Element: Unser Obersteuermann.

Dieser ruhige und gelassene Mann geriet in Begeisterung, wenn es um die vielfältigen Erscheinungen des Weltalls ging. Er konnte nicht nur die Sterne *schießen* (mit dem Sextanten zur Standortbestimmung), sondern verfügte über ein enormes astronomisches Wissen, das er überdies packend darzustellen wusste. Fasziniert lauschten wir seinen Erläuterungen, während wir diese winzigen Lichtpunkte anstarrten, die von so ungeheuer weit entfernten Sonnen stammten.

Ein Seemann, so erklärte er, hat es eigentlich immer mit den elementaren Kräften der Natur zu tun. Gleichgültig, ob es sich um die Bewegungen der Luft handelt, die wir als Sturm, Tornado, Orkan usw. einstufen oder um die Bewegungen des Wassers - ignorieren kann er diese Kräfte nicht. Sein Leben hängt davon ab, dass er diese Kräfte richtig einschätzt und die richtigen Konsequenzen daraus zieht. Wolken, Eis, Eisberge, die Gezeiten, besondere Strömungen oder extremer Seegang - alles dies sind nur Bewegungsformen des Elementes Wasser. Und was ist von einem Seemann zu halten, der sich nicht zu orientieren weiß, der die Sprache der Gestirne nicht lesen kann? Also ein Grundwissen in Sternenkunde sei natürlich jedem Seemann zu empfehlen, für einen Steuermann natürlich erst recht. Aber ihn, so gestand er uns seine Leidenschaft, interessiere die Astronomie noch über das übliche Maß hinaus. Ihn interessiere beispielsweise, wie weit so ein Stern entfernt sei, woraus er bestehe, wie heiß er sei und wie er entstanden sei. Viele dieser Fragen könne die Wissenschaft heute durchaus schon beantworten. Und das sei, so unser Steuermann, deshalb so erstaunlich, als man ja so einen Stern nicht aus der Nähe untersuchen könne. Das einzige, was man von einem Stern habe, sei dieser dünne Lichtstrahl, den er Jahr für Jahr auf die Erde schicke. Alle Informationen müsse man diesem bischen Licht entnehmen! Man fange diesen Lichtstrahl auf und zerlege ihn nach allen Regeln der Kunst, besser gesagt: der Physik. Und wenn man das fachgerecht mache, dann beginne dieser Lichtstrahl im wahrsten Sinne des Wortes zu reden.

Wisst Ihr überhaupt, wie ein Stern entsteht? fragte er uns.

Natürlich waren unter uns einige, die so eine ungefähre Ahnung mitbrachten, aber so richtig wusste es niemand. Einige hatten vielleicht sogar gemeint, dass die Sterne irgendwie schon immer da oben gestanden haben. Doch diese Ansicht war falsch.

Sterne werden geboren. Zunächst beginnt eine Wolke aus Gas und Staub langsam zu rotieren. Die Schwerkraft sorgt dafür, dass sich ihre Teilchen immer mehr zusammenziehen und im Zentrum verdichten. Die Wolke stürzt in sich zusammen. Dadurch entsteht ein gewaltiger Druck, der wiederum mit einem Ansteigen der Temperaturen verbunden ist. Die entstandene Zusammenballung der Materie wird immer dichter und heißer. Ab einer bestimmten kritischen Temperatur beginnen die Kerne der Atome zu verschmelzen. Der Stern wird, wie unsere heimische Sonne, die ja auch nur ein ganz bescheidener Durchschnittsstern ist, zu einem Brennofen, in dem Kernfusionen stattfinden, die Energienmengen unglaublichen Ausmaßes freisetzen.

Ohne die Kernfusionen, die auf unserer Sonne seit einigen Milliarden Jahren stattfinden, würden wir hier nicht auf dem Oberdeck eines U-Bootes sitzen und uns in aller Ruhe über die ganze Sache unterhalten können. Die Erde wäre ein toter eisiger Klumpen, auf dem nicht einmal eine einzige Mikrobe sich am Leben halten könnte!

Das ganz besondere Interesse unseres Obersteuermanns galt dem Orionnebel. Eine halbe Nacht hörten wir seinen spannenden Erläuterungen zu. Wohl jedem, der schon einmal im Winter den Blick an den Winterhimmel gerichtet hat, dürften die drei Sterne aufgefallen sein, die so exakt in einer Reihe stehen, als habe der Schöpfer des Universums das Lineal angelegt. Diese drei Sterne nennt man die Gürtelsterne des Orion. Knapp unterhalb des mittleren Sterns findet sich ein Lichtfleck, der sogar mit bloßem Auge zu erkennen ist. Dieser Fleck ist der Orionnebel, ein Gebiet aus Staub und Gas, das als Entstehungsstätte neuer Sterne gilt. Die Astronomen nennen diesen Flecken ganz nüchtern M42. Die Entfernung von M42 beträgt 1600 Lichtjahre.

Doch was versteht man unter einem Lichtjahr? Ein Lichtjahr ist die

Strecke, die das Licht in einem Jahr zurücklegt. Und nichts gibt es, das schneller ist als das Licht! Die Lichtgeschwindigkeit ist die absolute kosmische Maximalgeschwindigkeit. Fast genau 300 000 km schafft ein Lichtstrahl in einer Sekunde! Und nun kann man sich ja ausrechnen, wie viele Sekunden ein Jahr hat: 60 x 60 x 24 x 365, das dann mal 300 0000 ergibt 9 460 800 000 000 km. Das ist kein Pappenstiel, obwohl es kosmisch gesehen doch ein Pappenstiel ist, aber das ist ein anderes Thema. Für die Strecke Mond-Erde benötigt das Licht ein paar Sekunden, von der Sonne zur Erde dauert es etwa so lange, wie ein Raucher für eine Zigarette raucht, ein paar Minuten. Das Licht aber, das jetzt vom Orionnebel in unserem Auge, bzw. unserem Feldstecher eintrifft, ist etwa 400 nach Christi Geburt losgeflogen! Das gesamte Mittelalter hindurch, jahrhundertelang, ist es unermüdlich durch den Weltraum gerast, um jetzt bei uns einzutreffen!

Doch es gibt auch Objekte, die der Erde näher stehen. Der allernächste Nachbarstern heißt Alpha Centauri. Sein Licht braucht *nur* läppische 4,3 Jahre, bis es bei uns ankommt.

Die enormen Energiemengen, die nötig sind, um eine Sonne am Brennen zu halten sind nur durch Kernfusionen denkbar. Bekanntlich hat der Erfindergeist des Menschen im letzten Jahrhundert auch die Möglichkeit geschaffen, Kernfusionen technisch herbeizuführen. Diese Technik ist zunächst einmal zerstörerisch gewesen. Stichwort Hiroshima und Stichwort Tschernobyl. Dennoch könnte es sein, so meine ich, dass eine kontrollierte Nutzung der Kernenergie für das Überleben der Menschheit einmal nötig sein wird. Dann nämlich, wenn alle fossilen Energien wie Kohle und Öl verbraucht sein werden.

*

Unser Obersteuermann hatte übrigens noch weitere hochinteressante Erkenntnisse über den Orion mitzuteilen. Doch die will ich dir vorerst nicht mitteilen, um dich nicht zu überfordern. Klar aber ist, dass er eigentlich Professor für Astronomie an einer Universität hätte sein sollen. So aber steuerte dieser wissenschaftlich hochbegabte Mann U-31 durch die Weltmeere.

Er versprach, uns auf unserer langen Fahrt und bei günstigem Beobachtungswetter immer wieder mal eine Lektion in Himmelskunde zu erteilen. Später, liebe Ilse, werde ich auch dich an diesen faszinierenden Einblicken in die Forschung teilnehmen lassen.

Das für mich so Erstaunliche ist, dass unser Obersteuermann über diese Erkenntnisse schon vor über 60 Jahren verfügte. Vieles, was heute durch modernste Mess- und Beobachtungstechniken bestätigt worden ist, hat er uns schon damals in der Nacht auf dem Oberdeck von U-31 erzählt! Noch heute empfinde ich große Bewunderung für diesen so tiefgründig gebildeten Mann!

~~*~~

Kapitel 12

Krankheit - Kriegsende - Gefangenschaft

Typhus 1943 / Landung der Amerikaner 1944 an der Kanalküste / Gefangenschaft in Frankreich.

Doch nun verlasse ich das Oberdeck von U 31 vor der Küste Afrikas im Jahre 1938 samt der interessanten Gespräche, die dort unter südlichem Nachthimmel stattfanden. Stattdessen möchte ich einen Faden wieder aufnehmen, den ich am Ende des Kapitels 7 fallen gelassen hatte. Wir machen einen Sprung von fünf Jahren. Seit mehreren Jahren ist der 2. Weltkrieg in vollem Gange. Mir war soeben mitgeteilt worden, dass die rätselhafte Krankheit, unter der ich litt, als Typhus diagnostiziert worden war! Der Schreck fuhr mir durch alle Knochen! Typhus - war das nicht so eine schrecklich gefährliche Infektionskrankheit? Oder hatte man dagegen inzwischen schnell wirkende Mittel gefunden?

Nun, was ich in den sich anschließenden Wochen und Monaten im Lazarett durchmachen musste, war wahrlich keine Kleinigkeit. Das pharmazeutische Wundermittel existierte offenbar noch nicht. Die Sache zog sich hin.

Über die äußeren Umstände konnte ich mich dabei nicht beklagen. Ich lag in einem 2-Bettzimmer, einem schönen großen hellen Zimmer, mit eingebauter Badewanne. Die ersten Wochen lag ich sogar allein.

Wie ich bereits erzählt habe, fühlte ich mich ja schon seit einigen Wochen nicht wohl. Zum Glück war für uns in St. Nazaire gerade eine verhältnismäßig ruhige Zeit, obwohl es noch immer Fliegerangriffe gab. Die Stadt selbst war zu diesem Zeitpunkt bereits fast vollständig zerstört. Auch die Hafenanlagen hatten sehr unter den Fliegerangriffen gelitten. Es stand keine einzige Lagerhalle mehr!

Hauptziel der massiven Angriffe waren die Unterseeboot-Bunker. Diese sollten unbrauchbar gemacht werden. Aber auch die Zerstörung der Schleusentore hätte bereits furchtbare Verwüstungen angerichtet.

Bei Ebbe hätten dann die im Bunker liegenden U-Boote zum Teil auf Grund gelegen und es wären viele Beschädigungen an den Booten entstanden. Doch bisher konnte dies gegen alle Angriffe verhindert werden. Den schweren Bombern der Engländer und Amerikaner gelang es nicht; und auch die tief fliegenden Jagdbomber der Engländer, die kleine Bomben und Torpedos gegen die Schleusentore und in die Bunkereinfahrten warfen, mussten unverrichteter Dinge wieder abdrehen.

Zu diesem Zeitpunkt war ich Leiter der leichten und mittleren Flak im Hafengebiet, an den Schleusen und den U-Boot-Bunkern.

Hier sollte ich für eine unbestimmte Zeit meinen Dienst tun, da das jahrelange Fahren auf dem U-Boot meine Gesundheit angegriffen hatte.

Ich hatte Magengeschwüre, sehr schweres Gelenkrheuma und Probleme mit dem Herzen. Besonders bei schwerem Seegang hatte ich große Mühe gehabt, mich im Boot festzuhalten. Das war aber unbedingt erforderlich, wenn man nicht Gefahr laufen wollte, herumgeschleudert zu werden und sich sämtliche Knochen zu brechen.

Wenn man auf einem so kleinen Boot in einen Orkan kommt, sollte jedes Besatzungsmitglied gesundheitlich voll auf der Höhe sein. Und auf unseren Afrikafahrten waren wir tagelang starken Stürmen ausgesetzt gewesen. All dies hatte es geraten erscheinen lassen, mich in St. Nazaire an Land ärztlich zu behandeln und völlig auszukurieren. Doch statt dass die erwartete Kräftigung eintrat, verschlechterte sich mein Gesundheitszustand immer mehr.

*

Der Geschützführer eines meiner Flakgeschütze war im zivilen Beruf Künstler, Bildhauer! Er betrachtete meinen Kopf von allen Seiten und meinte, es würde ihn reizen, von mir eine Büste zu gestalten, ob ich mich ihm für ein paar Sitzungen zur Verfügung stellen würde. Ich hatte nichts dagegen und willigte ein. Nachdem er einen guten Lehm gefunden hatte, begann er mit seiner Arbeit. Jeden

Nachmittag musste ich ihm Modell sitzen. Möglichst ruhig hielt ich meinen Kopf hin und er studierte mich mit geübtem Blick und formte den Lehm. Die Rohform war bereits fertig und es ging um die Ausarbeitung der Feinheiten, als er plötzlich den Spachtel beiseite legte. Ob er sich ein paar freie Bemerkungen erlauben dürfe? Ich nickte, klar, nur zu! Er sah mir besorgt in die Augen. Durch die Arbeit bedingt, sagte er dann, habe er mich sehr genau studiert. Und jeden Tag habe er Veränderungen in meinen Gesichtszügen feststellen müssen, und zwar Veränderungen zum Schlechteren hin. Ja, er glaube mit einiger Sicherheit sagen zu können, dass da eine Krankheit in mir sein müsse, die an mir fräße.

Als er das sagte, wurde mir bewusst, dass er völlig Recht hatte. Seit Tagen hatte auch ich eine Verschlechterung meines Zustandes bemerkt. Am Tage fiel es mir nicht so stark auf, doch des Nachts wälzte ich mich in Fieberschüben, die von Albträumen begleitet waren.

Wurde in der Nacht Fliegeralarm gegeben, musste ich unverzüglich auf den Gefechtsstand, der etwa 150 m entfernt war. Anfangs brauchte ich höchstens 2 Minuten, bis ich auf meinem Posten war. Doch zurzeit benötigte ich dafür 5 bis 10 Minuten! Natürlich war das auch meinen Seeleuten nicht entgangen. Es waren Männer mit Lebenserfahrung und Sensibilität darunter, denen auffiel, wenn mit einem Kameraden etwas nicht war wie sonst.

Ab einem bestimmten Zeitpunkt kam bei Alarm einer der Seeleute schnell zu mir und half mir in den Kampfanzug. Das schnelle Anziehen unter Zeitdruck war mir zur Qual geworden. Mir selbst war das, wie gesagt, zunächst gar nicht so stark aufgefallen. Doch schließlich konnte ich mich der Einsicht nicht mehr verschließen, dass es mit mir bergab statt bergauf ging. Ich suchte unseren zuständigen Arzt auf. Dieser stellte nach einer Untersuchung die harmlose Diagnose: Grippe. Doch es trat keine Besserung ein, im Gegenteil, es wurde schlimmer. Ich stellte mich - wie ich schon geschildert habe - dem Mediziner in den U-Boot-Bunkern vor.

Nun lag ich also in meinem Bett. An Aufstehen war überhaupt nicht zu denken. Ich hatte hohes Fieber. Nur manchmal musste ich mich zwingen, mich im Bett aufzusetzen, um eine Thrombose zu vermeiden.

Wir hatten sehr tüchtige und verantwortungsbewusste Ärzte. Unser Chefarzt, ein Oberstabsarzt, begnügte sich nicht mit der üblichen Visite, sondern er erschien mehrmals täglich am Bett seiner Patienten, um sich ein persönliches Bild vom Zustand des Kranken zu machen. Dieser Arzt hatte mein volles Vertrauen.

Im Zivilberuf, denn er war Reservearzt, war er Chefarzt in einem großen Krankenhaus in Berlin. Dieses erzählte mir unsere ostpreußische Krankenschwester, welche uns aufopfernd und umsichtig mit allem versorgte und pflegte! Um jeden Patienten bemühte sie sich in gleicher Weise, völlig unabhängig vom Dienstgrad. Mir war das sehr sympathisch. Sie war auch nicht nur stets zur Stelle, wenn ein Kranker sie brauchte, sondern sie bereitete auch die Mahlzeiten für die Patienten mit zu. Und diesen Mahlzeiten merkte man an, dass sie mit Liebe und Verstand zubereitet worden waren. Ein Typhuskranker hat Mühe mit dem Beißen und Schlucken. Außer den typischen Typhuspickeln auf der Bauchdecke ist auch die Mundhöhle lange Zeit voller Pickel, wund und entzündet. Das Essen ist eine Qual. Welche Hilfe war es da, dass unsere fabelhafte Krankenschwester weiches Weißbrot servierte, das zudem in mundgerechte Häppchen geschnitten war! Wegen der Schwierigkeiten beim Kauen dauerte das Frühstück trotz der guten Vorbereitungen manchmal 1 1/2 bis 2 Stunden, bevor dann alles aufgegessen war.

Oft kam unser Chefarzt mit jungen Ärzten um ihnen die charakteristischen Anzeichen für Typhus am lebendigen Fall zu zeigen. Die lebendige Anschauung ist doch oft lehrreicher als die Buchweisheiten.

Bei mir scheinen die Anzeichen für Typhus besonders deutlich ausgeprägt gewesen zu sein. Jedenfalls musste ich öfter als Studienobjekt für die angehenden Ärzte dienen. Aufmerksam betrachteten sie die Pickel auf meiner Bauchdecke, damit sie später die richtige Diagnose stellen konnten. Unser Chefarzt hat sich außerhalb der Visitenzeit oft mit mir unterhalten. Er interessierte sich für seine Patienten als Menschen nicht nur als Fälle.

Um dem Loblied auf unsere Krankenschwester noch eine Strophe hinzuzufügen: Die Brote waren reichlich und schmackhaft belegt und sie machte sich die Mühe, jedem an jedem Morgen ein gekochtes Ei aufs Frühstückstablett zu stellen. Auch die Zwischenmahlzeit, z. B. Trauben und Kekse, waren immer sehr nett garniert und nie lieblos auf einen Teller geworfen. Mehr konnte man wahrhaftig nicht verlangen.

Eines Tages jedoch kam unsere Krankenschwester zu mir ins Zimmer und brach in Tränen aus. Na, na, versuchte ich sie zu trösten, was ist denn nur so Schlimmes passiert? Nach und nach, von Schluchzern unterbrochen, erfuhr ich, dass sie von unserer Station genommen und versetzt werden sollte.

Ich war betroffen, sie tat mir leid, doch was konnte ich machen?

Bereits einige Tage später erschien eine andere Krankenschwester auf unserer Station. Sie war mürrisch und übellaunig, was man zu Kranken doch keinesfalls sein sollte. Und zwar auch dann nicht, wenn es alles *nur* Soldaten sind. Sie nannte uns auch nie beim Namen. Vielleicht war es ihr zu mühsam, sich unsere Namen zu merken. Ganz offensichtlich, so jedenfalls war sofort mein Eindruck, hatte man an anderer Stelle versucht, diese lieblose Person loszuwerden und sie zu uns abgeschoben.

Schon am nächsten Morgen wurden die Folgen dieses Personalwechsels sichtbar. Das Frühstück - kein Vergleich! Lieblos waren die Brotscheiben auf den Teller gepfeffert. Nur ganz wenig Butter und keinen Belag dazu, von unserem täglichen Frühstücksei fehlte jede Spur. Wir sollten unsere Brote selbst zurechtmachen. Auch die Zwischenmahlzeit blieb vollkommen aus.

Ich habe mir das einige Tage schweigend angesehen und wartete auf eine Gelegenheit, diese unerfreuliche Geschichte unserem Oberstabsarzt beizubringen. Und die Gelegenheit kam schneller als gedacht. Als er mich, wie er es manchmal tat, fragte, ob ich einen besonderen Wunsch hätte, sah ich die Chance. Dass sein ganzer Stab mit ihm im Zimmer stand, störte mich nicht.

Freimütig packte ich aus: Seit die neue Krankenschwester da sei, gäbe es nur noch die Hälfte zu essen. Es gäbe kaum Butter und des Morgens keinen Belag. Auch fehle immer das gekochte Ei. Eine Zwischenmahlzeit bekämen wir überhaupt nicht mehr. Alles sei lieblos zubereitet und auf die Teller geklatscht. Ich hätte den Eindruck, unsere Verpflegung werde zum Teil verschoben!

Betretene Stille trat ein. Der Chefarzt wurde ernst und fragte, ob meine Aussagen wirklich den Tatsachen entsprächen. *Selbstverständlich stimmt das, Herr Oberstabsarzt,* antwortete ich. *Ich würde mir nie erlauben, jemand zu beschuldigen, wenn es nicht hundertprozentig den Tatsachen entsprechen würde!*

Er wandte sich an meinen Zimmergenossen von der Organisation Todt, der seit einigen Tagen bei mir auf dem Zimmer lag, ob er denn meine Klagen bestätigen könne. Der stimmte meinen Äußerungen voll und ganz zu. Auf einigen Mienen - besonders verständlicherweise auf der der Krankenschwester, die ebenfalls anwesend war! – bemerkte ich Empörung über meine Dreistigkeit. Sie meinten vermutlich als Marineangehöriger in einem Heereslazarett müsse ich den Mund halten und dürfe nur eine zweite Geige spielen. Der Oberstabsarzt aber verließ das Zimmer, ohne sich geäußert zu haben.

Doch am nächsten Morgen - oh Wunder! - spazierte unsere liebevolle Krankenschwester wieder herein! Glücklich war sie und in ihrer Freude umarmte sie uns alle, mich besonders. Vermutlich hatte sie mitbekommen, wer daran gedreht hatte, dass sie ihren alten Posten, der ja keineswegs eine leichte Arbeit bereithielt, wieder bekommen hatte.

Und alles war wieder wie früher! Das Frühstück, die Zwischenmahlzeit, das Mittagessen usw. Alle waren zufrieden und froh.

Und dann war Visite! Ein fragender Blick unseres Chefarztes traf mich! Und ich antwortete mit den einzigen Worten, die hier angemessen waren. Ich sagte: *Herzlichen Dank, Herr Oberstabsarzt!*

Er nickte wohlwollend, sagte aber kein Wort in Gegenwart seines Stabes. Vielleicht vermutete er unter ihnen einen oder einige Drahtzieher dieser kleinen Affäre. Erst später, als er allein mit unserer Schwester in das Zimmer kam, kam er noch einmal auf die Sache zu sprechen. *Es war gut, dass Sie mich auf diese Missstände aufmerksam gemacht haben. Man darf sich nicht einfach alles gefallen lassen, nur weil man krank oder ein einfacher Soldat ist. Sie haben viel Mut bewiesen, Hennemann, bleiben Sie so!*

Die Fürsorge und Aufmerksamkeit unserer Ärzte und vor allem unserer Krankenschwester zahlte sich aus. In der Zeit meines Aufenthaltes im Lazarett, es waren immerhin über zwei Monate, ist jedenfalls kein Kamerad verstorben. Wie gerne hätte ich mich nach dem Kriege für die aufopfernde Pflege bei unserem Arzt und auch unserer Krankenschwester bedankt! Diese beiden haben vielen Kameraden das Leben gerettet! Aber leider ist es mir nach dem Kriege nicht gelungen, sie wieder ausfindig zu machen.

Übrigens zog sich mein Lazarettaufenthalt auch dadurch in die Länge, dass ich mir noch Paratyphus zuzog. Doch irgendwann war auch das überstanden und ich bekam Genesungsurlaub in die Heimat.

Stell dir vor, sagte ich freudig erregt zu unserer Bedienung, einer hübschen jungen Französin, *ich kann endlich in die Heimat und meine Familie sehen!*

Doch erstaunt sah ich, dass sie sich gar nicht mit mir freuen wollte.

Ach, Friedrisch, seufzte sie stattdessen, *warum bleibst du nicht hier, bei mir?*

Na hör mal, antwortete ich ihr, *du weißt doch, dass ich verheiratet bin und eine kleine Tochter habe, oder?*

Ja, ja, meinte sie, *aber das ist egal, du kannst doch trotzdem bei mir bleiben.*

Da erst ging mir ein Licht auf! Die ganze Zeit über hatte ich tatsächlich nicht bemerkt, dass diese süße Französin sich während der Wochen des Umgangs miteinander in mich verguckt hatte. Doch selbst wenn ich es bemerkt hätte, so hätte sich dadurch nichts, aber auch gar nichts in meinem Herzen geändert. Denn dort, liebe Ilse, war gar kein Platz mehr für eine andere Frau, denn alles war besetzt mit dir, mein Schatz...

Gelächelt hast du, als ich dir dann diese Szene beichtete - obwohl es da ja gar nichts zu beichten gab. Und auch heute, so viele Jahre später, wo du mit rechtsseitiger Lähmung und unfähig zu sprechen vor mir liegst, huscht immer wieder dieses Lächeln über deine Züge. Deine Behinderung hat es nicht geschafft, dein Lächeln auszulöschen. Immer noch kann ich es durch mein Erzählen hervorlocken! Wie mich das freut!

*

Jedenfalls machte ich mich damals freudigen Herzens auf die Reise von St. Nazaire nach Thüringen. Während der Fahrt sah ich dich und unser Püppchen immer wieder vor meinen inneren Augen. Doch selten hat mich eine Reise so angestrengt wie diese. Ich hätte es nicht für möglich gehalten, dass es mich regelrecht erschöpfen würde, obwohl ich mich doch wochenlang hatte ausruhen und kurieren können. Doch die Krankheit hatte ihren Tribut verlangt.

Unser Wiedersehen war voller Freude! Unsere kleine Tochter war tüchtig gewachsen und hatte sich gut entwickelt. Nach einer so langen Trennung erlebten wir das Zusammensein besonders intensiv. Doch gab es da etwas Beunruhigendes. Da gab es diese Schwächeanfälle, die mich immer wieder unerwartet überfielen. Was war da nur los?

Auch meine Mutter und die ganze Familie freuten sich, dass ich wieder zu Hause sein konnte. Bald auch wanderten wir drei mit dem Kinderwagen nach Bleicherode zu meiner alten Firma! Die Freude war groß bei Deiner Freundin und ihrer Familie. Doch dieses Mal konnten wir unmöglich bis zum Abend bleiben. Hatten wir doch einen langen Fußweg über Berg und Tal mit Kinderwagen vor uns!

An einem anderen Tage fuhren wir dann mit unserer Kleinen zu unserer Tante zum Helenenhof. Ein Schulfreund hatte Vieh abzuholen und hatte deshalb noch immer ein Auto zur Verfügung, was in dieser Zeit ein großes Privileg war, um das ihn viele beneideten.

Die Tante war hocherfreut dich und mich zu sehen, besonders entzückt aber war sie über unsere Kleine. Sie war ganz glücklich, dass wir wieder bei ihr sein konnten und füllte uns gehörig unsere Taschen. In den nächsten Tagen brauchten wir keinen Metzger aufzusuchen, sie hatte uns mit Fleisch und Wurst reichlich versorgt.

Unser Freund fuhr uns auch wieder zurück, da der Weg zu Fuß viel zu lang und für uns zu anstrengend war. Den Feldweg hätten wir mit unserem Kinderwagen nicht benutzen können. Es wäre eine Tortur gewesen, vor allem auch deshalb, weil ich noch ziemlich schwach war, was ich Dir damals allerdings so gut es eben ging zu verheimlichen suchte. Reichte es nicht, wenn sich *einer* Sorgen machte?

Es wurde Dezember und ich bekam Fieber. Es blieb mir nichts anderes übrig, als den nächsten Militärarzt aufzusuchen. Dieser praktizierte in Nordhausen im Lazaret. Es lag Schnee und es war kalt und die Straßen vereist und spiegelglatt!

Und so sind wir zwei, mit Wollstrümpfen über die Schuhe gezogen um nicht auszurutschen, 3 km zum Bahnhof gelaufen und nach Nordhausen gefahren. Die Untersuchung ergab keine Entwarnung. Der Arzt, wieder einer des Heeres nicht der Marine, machte ein bedenkliches Gesicht und sagte, ich solle zur Beobachtung dableiben. Es spräche aber nichts dagegen, wenn du mich häufig besuchen kämest.

Und egal wie das Wetter war, bei Wind und Wetter, fast jeden Tag, kamst du, um deinen Friedrich zu besuchen! So sehr ich mich immer freute, wenn du kamst, so mahnte ich dich doch so manches Mal, dich nicht zu überanstrengen und nicht zu häufig den beschwerlichen Weg auf dich zu nehmen. Genutzt haben diese Mahnungen nichts. Du wusstest natürlich auch, dass ich an die Front geschickt werden würde, sobald ich genesen war. So wusstest du gar nicht, ob du meine Genesung so aus vollem Herzen wünschen solltest, es war irgendwie ein zweischneidiges Schwert.

Und ich würde wieder auf ein U-Boot kommandiert werden. Ich sollte selbst, nachdem ich in Flensburg und Pillau war, ein U-Boot als Kommandant übernehmen. Obwohl mein Rheuma und meine Herzbeschwerden nicht auskuriert waren, war ich wieder U-Boot-tauglich geschrieben worden. Man brauchte eben dringend jeden Mann mit U-Boot-Erfahrung.

Du wustest ja, ich sollte erst nach Flensburg-Mürwik zur Marineschule und dann nach Pillau. Aber vorher musste ich ja erst noch einmal zurück nach St. Nazaire zu meiner Truppe, um dort meine Marschpapiere in Empfang zu nehmen.

Über Weihnachten durfte ich zu Euch nach Hause. Und kurz darauf schlug die Abschiedsstunde. Am 30.12.1943 traf ich wieder in St. Nazaire ein, obwohl mich mein Arzt in Nordhausen noch nicht aus dem Lazarett entlassen wollte.

Der Kamerad, welcher für mich meinen Dienst die ganze Zeit zusätzlich übernommen hatte, konnte sofort in den Neujahrsurlaub fahren. Sehnsüchtig hatte er auf mich gewartet! Ich sagte zu ihm: *Warte nicht lange, fahre so schnell wie möglich ab, denn ich spüre, dass es mir nicht gut geht!*

*

Da ich in St. Nazaire immer noch Kontakt mit meinen früheren Kameraden auf den U-Booten hatte, welche oft im U-Boot-Bunker lagen, war ich über die augenblickliche gefährliche Situation der U-Boote genau informiert. Ich wusste also von den immer stärker zunehmenden Verlusten unserer U-Boote gerade seit dem Frühjahr 1943.

Genaue Zahlen konnte man mir damals zwar nicht sagen. Aber es wurde gemunkelt, dass kaum jedes zweite Boot von der Feindfahrt heimkehre! Welch ungeheurer Verlust! Nicht nur an U-Booten, sondern vor allem an Menschen, Marineangehörigen aller Dienstgrade! An Partnern, Brüdern, Söhnen und Vätern, die plötzlich nicht mehr da waren und schrecklich vermisst wurden.

Jahre später konnte ich mir die Zahlen ansehen, in denen sich die U-Boot-Verluste während des 2. Weltkriegs darstellten. Ich verglich sie mit denen des 1. Weltkrieges. Beide Kriege hatten so furchtbare wie sinnlose Opfer unter den U-Bootmännern gefordert, aber die Bilanz des 2. Weltkrieges ist noch niederschmetternder als die des ersten.

Im ersten Weltkrieg sind 5250 U-Bootmänner nicht wieder zurückgekehrt! Im zweiten Weltkrieg sind ca. 30 000 U-Bootmänner im Fronteinsatz gefallen! Im Einsatz waren ca. 38 500 U-Bootfahrer. Nur ca. 8500 haben überlebt!

Im ersten Weltkrieg wurden 370 Unterseeboote eingesetzt. Diese versenkten ca. 12 Millionen Bruttoregistertonnen Frachtschiffe.

Im zweiten Weltkrieg kamen etwas über 900 Unterseeboote zum Einsatz, die über 14,2 Millionen Bruttoregistertonnen Schiffsraum versenkten.

Im zweiten Weltkrieg gingen 661 Boote im Fronteinsatz verloren. Die Verluste steigerten sich von 9 Booten im Jahre 1939 auf 88 Boote im Jahre 1942. Aber bereits im Jahre 1943 kehrten von unseren Booten 245 nicht mehr zurück!

Und die Aussagen meiner Kameraden im Sommer 1943 bestätigten sich, dass sehr wahrscheinlich weniger als jedes zweite unserer Unterseeboote nicht zurückkommen würde.

Vielleicht hat mir also, was ich 1943 allerdings nicht ahnte, *ausgerechnet der Typhuserreger das Leben gerettet!*

Mein Kamerad und Freund war noch zu Silvester zu Hause. Er wohnte in Stolpe in Pommern. Er war im Zivilberuf Oberstudienrat und hatte zwei Kinder. Als er dann Mitte Januar wieder aus dem Urlaub zurückkam, lag ich bereits wieder im Lazarett in Nantes.

Gleich nach Silvester brach bei mir die Gelbsucht aus, was eine längere Zeit der Dienstunfähigkeit bedeutete.

Mein Arzt im Lazarett in Nordhausen hatte also doch Recht behalten, als er sagte, ich sei noch nicht wieder hergestellt und sollte doch vorerst im Lazarett Nordhausen bleiben! Vielleicht hatte er auch an Dich gedacht, weil er wusste, dass Du Dir große Sorgen machtest.

Meine Erkrankung zog sich hin. Erst im April kam ich etwas zu Kräften. Der Arzt im U-Bootbunker, bei welchem ich zu einer weiteren Kontrolluntersuchung im Mai erscheinen mußte, entließ mich mit den Worten: *Sie sind noch nicht reisefähig. Kommen sie in 4 Wochen wieder zu mir.*

Was blieb mir übrig, ich musste noch in St. Nazaire bleiben. Das Leben hängt oft von Zufällen ab. Ich selbst bewohnte an einem Geschützstand vor der Mittelmole ein recht angenehmes Zimmer, welches bei Luftangriffen stets verschont geblieben war.

Aus Deutschland hatte ich mir Angelhaken mitgebracht. Wir lagen doch direkt an der Loire. Wir legten an Schnüren Angelhaken aus. Und es bissen auch Fische an. Vor allem zappelten Aale an den Schnüren, aber nicht selten auch Schollen. Wir räucherten oder brieten sie. Eine schmackhafte Zusatzverpflegung!

*

Anfang Juni, am 05.06.1944 landeten die Amerikaner und Engländer an der Kanalküste. Als sich herausstellte, dass ihre Truppen nicht aufzuhalten waren, wurden einige Besatzungen der bei uns im Hafen von St. Nazaire liegenden Minensuchboote nach Deutschland zurückbeordert. Die Minensuchboote wurden außer Dienst gestellt!

Die noch vorhandene Verpflegung mussten die Boote wieder an die zentrale Versorgungsstelle in St. Nazaire zurückgeben.

Da ich einige von den Kommandanten persönlich kannte, wurde ich auch manchmal zum Essen eingeladen. Von der zurückzugebenden Verpflegung konnte ich einen Teil abzweigen und als Reserveverpflegung für meine Leute in unseren Bunkern einlagern. Vor allem die Verpflegung in Büchsen ließ ich mir geben.

Da die stillgelegten Boote uns zur Bewachung übergeben wurden, von den Besatzungen durfte niemand als Wache zurückbleiben, konnten wir uns auch kleine Boote, zum Teil mit Segeln ausgestattet, aber auch Schlauchboote von den Minensuchbooten holen. So lag an meiner Mittelmole eine richtige kleine Bootsflotte!

Wir alle, die wir nun in St. Nazaire bleiben mussten, rechneten damit, bald eingekesselt und womöglich auch eingenommen zu werden. Mit den uns zur Verfügung stehenden Soldaten der Marine-Artillerie und des Heeres ließ sich unmöglich eine Verteidigungslinie aufbauen, die Aussicht auf Erfolg gehabt hätte. In gewisserweise standen wir auf verlorenem Posten. Tagelang trafen so gut wie keine Befehle von der Brigade oder Abteilung ein, die sich auf die Verteidigung der See- und Landgrenzen der Festung St. Nazaire bezogen hätten. Wir hatten den deutlichen Eindruck, dass man an vorgesetzter Stelle überhaupt nicht mehr wusste, was man tun sollte. So waren wir auf uns selbst angewiesen. Wir niedrigen Dienstgrade verständigten uns untereinander. Und es wurde nichts versäumt. Schließlich ging es um das Leben und die Sicherheit unserer Soldaten.

Eine Dienststelle war trotzdem sehr aktiv! Es war das *Kriegsgericht* in St. Nazaire! Einer der Kriegsrichter sprach am laufenden Band die härtesten Strafen aus. Auch die Todesstrafe wurde angeordnet. Ob diese auch noch ab Juni 1944 in St. Nazaire vollstreckt wurde, weiß ich nicht mit Sicherheit zu sagen.

Einer meiner Soldaten, er war aus Tschechien, aus Brün, aber Deutscher, fragte mich, was ich tun würde, wenn er die Truppe verließe.

Aber wir hielten durch bis zum Mai 1945, dem bitteren Ende des Krieges.

Ich sagte ihm: *Machen Sie keinen Blödsinn! Ich muss Sie dann festnehmen. Eine disziplinarische Bestrafung ist bei Fahnenflucht nicht mehr möglich, Sie kommen vor ein Kriegsgericht. Und das bedeutet für Sie die Todesstrafe, die mit Sicherheit auch vollstreckt wird. Bleiben Sie hier bis zum Kriegsende. Ihre Kameraden müssen das ja auch! Außerdem sind Sie hier sehr wahrscheinlich auch sicherer.*

Nun, er hat keine Fahnenflucht begangen, sondern weiter brav seinen Dienst getan. Später, als wir in Gefangenschaft geraten waren, kam er zu mir und sagte: *Ich kann mit einem Extratransport für Angehörige der Wehrmacht, welche aus Tschechien stammen, morgen mit nach Hause fahren und möchte mich von Ihnen verabschieden.*

Wieder riet ich ihm ab: *Machen Sie das nicht! In den Nachrichten, welche wir in unseren Unterkünften vor der Gefangenschaft noch empfingen, war sehr viel von Verfolgungen Deutscher in der Tschechoslowakei die Rede. Auch die Feindsender berichteten Gleichlautendes.*

Doch der heimwehkranke Mann wollte sich von seinem Vorhaben nicht mehr abbringen lassen. Er versprach, mir spätestens zwei Jahre nach Kriegsschluss Nachricht von seiner glücklichen Heimkehr zu geben. Doch ich habe nie mehr etwas von ihm gehört. Wie wir später hörten, wurden die Angehörigen dieser Transporte nach ihrer Rückkehr sofort in besonderen Lagern interniert. Was dann mit ihnen geschehen ist, haben wir nicht erfahren können. Eine Überprüfung solcher Nachrichten auf ihren Wahrheitsgehalt war noch lange Zeit nach dem Kriege nicht möglich! Leider glaube ich, dass er seine *Ungeduld teuer bezahlt hat.*

Doch das alles war wie gesagt, erst nach dem Ende des Krieges. Soweit war es noch nicht. Noch waren wir damit beschäftigt, uns auf Landangriffe der Feindtruppen vorzubereiten! Noch waren die einige Hundert Kilometer entfernt. Aber jeden Tag rückten sie näher an St. Nazaire heran. Inzwischen waren auch unsere oberen Kommandostellen wieder wach geworden. Plötzlich jagte ein Befehl den anderen. Zum Teil war das, was uns jetzt befohlen wurde, von uns längst durchgeführt worden! Für vieles wäre es jetzt zu spät gewesen.

Es ging darum, eine neue Landfront aufzustellen. Die Festung, welche im eigentlichen Sinne gar keine war, sollte gegen die anrückenden Landtruppen verteidigt werden. Die einzelnen Batterien bzw. Abteilungen mussten Flakzüge abstellen und Infanteriezüge aufstellen, welche an die Landfront verlegt wurden. Die Festung hatte einen Durchmesser von ca. 25 bis 30 Kilometern. Um diese Frontlinie zu besetzen fehlten uns vorn und hinten die Soldaten. Oft lagen die einzelnen Soldaten 100 m auseinander und sollten so die anrennenden Feinde aufhalten! Auch unsere Bewaffnung war keineswegs ausreichend. Selbst die Gewehrmunition wurde für jeden Soldaten rationiert. Dennoch geschah zunächst nichts. Die Feindbewegungen konzentrierten sich in Richtung Rhein!

Doch im Herbst 1944 ging es für uns dann doch los. Allerdings hatten wir sehr gute schwere Flakbatterien und auch einige sehr schwere Geschütze, und vor allem auch Eisenbahngeschütze zur Verfügung. Die Reichweite dieser Eisenbahngeschütze war sehr groß und erreichte fast die gesamte Landfront. Und die schweren Flakbatterien wurden so verlegt, dass sie in die Erdkämpfe an der neuen Front eingreifen konnten. Unsere an die Landfront verlegten Flakzüge, bisher waren diese vor allem gegen Angriffe von See eingesetzt, wurden alle vier Wochen abgelöst!

Und eines Tages im Herbst war es dann so weit.

Amerikaner und Engländer rückten mit Panzern gegen unsere Landfront vor. Da dieser Vorstoß ausspioniert worden war, erwarteten wir die Attacke. Als sie begann, antworteten wir unmittelbar mit einem massiven Gegenschlag. Wir feuerten mit allem, was wir hatten, aus allen schweren Geschützen, Flak- und Eisenbahngeschützen.

Ein Feuerhagel prasselte auf die angreifenden Panzer nieder, wie diese es sicher nicht erwartet und einkalkuliert hatten. Von diesen ersten Salven wurden mehrere Panzer getroffen und vernichtet. Andere wurden sofort außer Gefecht gesetzt.

So schnell wie der Angriff begonnen worden war, so schnell wurde er auch wieder beendet. Man wollte wohl keine weiteren Verluste riskieren. Außerdem saßen ja *wir* in der Falle. Wohin sollten wir fliehen? Wozu also sollte der Feind die eigenen Soldaten opfern? Scheinbar hatte man es sich sehr leicht vorgestellt, die Atlantik-Festungen einzunehmen, die ja eigentlich keine waren.

Dieser Vorstoß, der wohl nur als Test unserer Verteidigungsfähigkeit durchgeführt wurde und der auf unsere entschiedene Gegenwehr gestoßen war, hatte immerhin eine Wirkung: Der Feind verzichtete darauf, auch die anderen Atlantik-Festungen anzugreifen.

Auch wir hatten keine weiteren Landangriffe mehr zu erwarten, was wir aber leider nicht wussten. Das hätte die dauernde Anspannung herausgenommen. Doch wir mussten damit rechnen, dass jederzeit der nächste Vorstoß erfolgt und standen unter ständiger Hochspannung.

Auf jeden Fall musste die Landfront bis zum Ende des Krieges immer besetzt bleiben. Erst ganz allmählich wurde uns klar, dass der Feind von uns abgelassen und sich anderen Zielen zugewendet hatte.

Auch die Angriffe aus der Luft ließen nach.

Und während überall in Europa erbittert gekämpft wurde, hatten wir plötzlich Zeit zum - Angeln. So merkwürdig kann das Leben sein! Die Loire war wie gesagt, voller Fische und unser Erfolg konnte sich sehen lassen. Unsere Räucherfässer waren voll ausgelastet. Die Fische hatten über 400 Haken zur Auswahl, welchen Haken sie auswählten, war uns egal. Aber sie bissen natürlich nur an, wenn da ein leckerer Wurm dran steckte. 400 Haken - 400 Würmer, die mussten gesammelt werden.

Wie überall gab es auch unter unseren Flak-Männern ein paar Faulpelze. Schon vor Dienstbeginn in aller Herrgottsfrühe in den Vorgärten der zerstörten Häuser nach Regenwürmern wühlen? Ach nein, dazu waren diese Herren sich zu schade. Beim Verspeisen der Fische dagegen zeigten sie durchaus keine Zurückhaltung.

Das war kein akzeptabler Zustand, hier musste ein salomonisches Urteil gefällt werden: Wer sich nicht an der Regenwürmerbeschaffung beteiligt, kann auch nicht am Verzehr des Fangs beteiligt werden, der bekommt weder einen Aal noch eine Scholle auf den Teller. Das wirkte. Mehrere der Spätaufsteher bequemten sich nun doch, wieder Köder für unsere Angelhaken zu suchen. Sie hatten ganz einfach Hunger! Es gab wenig Brot. Mehl war sehr knapp. Und zuerst mussten die Unterseeboote mit allem versorgt werden.

Bei Ebbe legten wir die Angelschnüre aus und holten sie mit unseren Booten bei Hochwasser wieder ein. Außer der hochwillkommenen Zusatzverpflegung bot die Angelei uns noch etwas anderes: sehr viel Spaß!

Im Herbst zeigte sich noch eine weitere, sehr interessante Möglichkeit, unsere Verpflegung aufzustocken! Auf der Loire tummelten sich nämlich täglich große Scharen von Flugenten. Fisch ist schmackhaft und gesund, aber *nur* Fisch ist auch nicht das Rechte. So eine knusprige Ente - oh, da lief uns das Wasser im Munde zusammen! Allerdings war unsere Munition bedenklich knapp und wer weiß, wenn der Feind wieder angriff, konnten wir ihm ja nicht Fische und Enten entgegenwerfen. Doch trotz der knappen Munition musste es sein, wir gingen also auf Entenjagd. Köstlich mundete uns, was da in unseren Töpfen landete!

Eine weitere Quelle der Nahrungsbeschaffung waren die von den französischen Fischern ausgelegten Reusen. Wir holten sie ein und entnahmen nur einen Teil des Fanges. Wir nahmen nicht alles, denn die Fischer sollten ihre Familien auch versorgen können. Der Kontakt mit ihnen war eher freundschaftlich, trotz der komplizierten politischen Lage, die uns zu Feinden machte.

Nie haben sie sich darüber beschwert, dass wir einen Teil ihres Fangs entwendeten! Gut möglich, dass sich die Reusen auch wieder gefüllt hatten, bis sie von den Fischern geleert wurden.

*

Ständiger Anlass zur Sorge war auch unsere Postversorgung! Nachdem wir eingeschlossen worden waren, kam die Postzustellung aus der Luft. Flugzeuge warfen des Nachts an vorher verabredeten Plätzen heiß begehrte Briefe und Päckchen von Zuhause, aber auch Versorgungsgüter für den täglichen Bedarf ab. Die postierten Soldaten nahmen die Abwürfe in Empfang, darunter auch das Geld, dass unsere Zahlmeister als Sold auszahlten. Schwieriger, genauer gesagt unmöglich, war natürlich, diese Briefe zu beantworten. Da die Flugzeuge nicht landen konnten, konnten wir ihnen auch keinen Postsack mitgeben.

Ab Herbst 1944 fand man eine neue Lösung für den Transport unserer Post in die Atlantik-Festungen. Die Post wurde mit kleinen Flugbooten, welche direkt in unserem Hafen des Nachts landen konnten, gebracht und - das war das Neue und Erfreuliche! - auch abgeholt. Wir konnten antworten! Etwa alle zwei bis drei Wochen kam ein solches Flugboot. Es durfte aber nur Briefe befördern. Der Pilot war dann meistens unser Gast direkt am Hafen. Es waren mutige und freiwillige Piloten, welche ihr Leben aufs Spiel setzten, um unsere Post durch die feindlichen Reihen zu fliegen und unsere Briefe von der Front in die Heimat zu befördern und umgekehrt! *Hut ab vor diesen Männern!*

Ab August 1944 wurden die Festungen in Frankreich auch mit Nachrichten über den Rundfunk versorgt. Hierfür waren bestimmte Uhrzeiten festgelegt. Wir in St. Nazaire zum Beispiel erhielten zuerst dreimal in der Woche persönliche Nachrichten zwischen 18.00 und 19.00 Uhr. Ab September sogar täglich. Und auf diesem Wege, am 8. September 1944 kurz nach den Nachrichten, empfing ich, am Radioempfänger sitzend, eine ganz persönlich an mich gerichtete Botschaft. Die Kunde von der Geburt meines Sohnes. Er war schon drei Tage alt, wog 8 1/2 Pfund und war 52 cm groß. Mutter und Kind seien wohlauf und grüßten den Vater herzlich. Diese Nachricht hatten alle meine Geschützbedienungen gehört. Als stolzer Vater nahm ich die Gratulationen entgegen und die Wünsche für die Familie. Dann kam die Idee auf, den neuen Hennemann auch *hochleben* zu lassen.

Und so geschah es dann auch. Etliche Kameraden aus den anderen Batterien und der Abteilung riefen an oder kamen vorbei, um zu gratulieren, vor allem aber um mit zu feiern. Es war eine willkommene Gelegenheit, ein erfreuliches Ereignis zu feiern! Und diese Feiern zu Ehren meines Sohnes dehnten sich aus, wurden fortgesetzt und fanden im Endeffekt bis zum Kriegsende statt! Keine Gelegenheit wurde ausgelassen, ihn aufs Neue hochleben zu lassen! Innerhalb der 9 Monate, vom September 1944 bis Mai 1945, wurde es ein verdammt teurer Sohn, bereits im Babyalter (später wurde er nicht billiger). Glücklicherweise hatte ich genügend Kredit bei unserer Kantine, wo mein Minuskonto unaufhörlich wuchs.

Dass ich diese *Holger-lebe-hoch-Schulden* nach Kriegsende nicht mehr bezahlen musste, bedauerte ich natürlich nicht unbedingt. In diesem Fall hatte der verlorene Krieg einen persönlichen Vorteil: Er löschte alle Konten.

*

Soldaten sind bekanntlich keine Engel. Engel hätten die beiden Schweine und paar Gänse, die sie an der Landfront aufgegriffen hatten, vielleicht nicht nach St. Nazaire in unsere Batterie gebracht. Doch eine Nachfrage ergab, dass diese Tiere tatsächlich herrenlos im neuen Frontgebiet herumgelaufen waren. Über kurz oder lang wären sie ganz ohne Zweifel zu Tode gekommen. Ob sie ihr Leben dort beendeten oder bei uns in der Batterie - wo lag der Unterschied? Und was sprach dagegen, ihnen vor ihrem Ableben noch ein paar kräftige Henkersmahlzeiten zu servieren, auf dass sie möglichst dick und rund würden? Sie wurden tüchtig gefüttert und hatten keine Ahnung, welches Schicksal ihnen vorherbestimmt war.

Meine Soldaten lagen auf der Lauer und warfen hungrige Blicke auf diese Ansammlung von Koteletts, Schinken und prächtigen Braten, die da auf vier Beinen fröhlich vor sich hingrunzte. Im Geiste wetzten sie schon die Messer. Doch das Leben des quiekenden Vierbeiners durfte nicht ohne meine Einwilligung beendet werden.

Die Angriffe, die aus der Luft auf das Hafengebiet, vor allem auf die U-Bootbunker, erfolgten, nahmen wieder zu. Die Soldaten hatten verständlicherweise Angst, dass ihr Schwein vielleicht bei einem Luftangriff umkommen könnte, was seine Verarbeitung zu Schweinebraten erschwert oder unmöglich gemacht hätte. Wir konnten es ja nicht in einem Bunker unterbringen. Am besten, man verspeiste es möglichst bald. Doch wie sollte man mich dazu bringen, diese Notwendigkeit einzusehen und einzuwilligen?

Und so verfielen die Burschen auf folgenden Trick!

Zunächst erhielt das Schwein so viel Rotwein zum Saufen, dass es nur noch schwankend auf seinen Beinen stehen konnte. Sodann wurde mir gemeldet, unser Schwein sei krank und müsse notgeschlachtet werden.

Als ich im Schweinestall erschien, überzeugte ich mich schnell davon, dass das Schwein tatsächlich erhebliche Gleichgewichtsprobleme hatte. Dass mir allerdings die Rotweinlachen im Trog ebenfalls nicht entgangen waren, verschwieg ich. Ich gab mich überzeugt, auch mir knurrte schließlich der Magen. *zwecks Vermeidung von Fleischverlusten,* sagte ich, *Schwein zur Kombüse zwecks Notschlachtung*.

Die Kerle dachten, ich sähe nicht, wie sie sich zugrinsten, weil sie dachten, ich hätte mich hinters Licht führen lassen. Schnell, ehe ich mir`s anders überlegen konnte, war das Schwein bei unserem Koch, der Metzger im Zivilberuf war und der das Tier im Handumdrehen fachgerecht in all die leckeren Sachen verwandelte, von denen meine Soldaten, und insgeheim auch ich geträumt hatten.

Wir speisten fürstlich. Erst als alles verputzt war, fragte ich beiläufig einen meiner Geschützführer, den schon erwähnten Bildhauer, der später als Professor in Tübingen lehren sollte, wieso das Schwein denn mit den Pfoten in Rotweinlachen gestanden hätte und ob da nicht ein gewisser Zusammenhang mit seinen Gleichgewichtstörungen bestehen könnte. Alle sahen mich an, einen Moment waren sie still, dann sahen sie, dass ich ihren Trick durchschaut hatte und wir lachten alle, bis uns die Tränen über die Wangen liefen.

*

Nach Kriegsende stellten wir übrigens fest, dass für unsere Unterseeboote in ihren Versorgungsbunkern ausreichende Verpflegung für viele Monate vorhanden war!

Doch erst jetzt, bei Kriegsende, wurden wir einbezogen in die Gesellschaft der besseren Verpflegung! Ich kannte ja von meiner Dienstzeit auf Unterseebooten die gute Qualität der Verpflegung, welche die U-Bootfahrer bei ihren Feindfahrten mitbekamen.

Jetzt gab es sogar Zucker, pro Mann 3 Pfund, Hähnchenschenkel, Schinken und alles, was das Herz begehrt. Aber es war eigentlich zu spät und wir hatten nicht viel davon. Auch Mehl gab`s nun in Menge. Es waren bei jedem Geschützstand Kohlenherde aufgestellt, die aus den zerstörten Häusern stammten. Und am laufenden Band wurden Pfannkuchen gebacken. Brennmaterial gab es ja genug, ebenfalls aus den zerstörten Häusern. Außerdem gab es noch genügend große Lokomotiven-Briketts, welche im Hafen lagen.

*

Als wir in Gefangenschaft gerieten, war die Verpflegung aus den außer Dienst gestellten Minensuchbooten eine große Hilfe. Wir hatten die Reste gleichmäßig auf die Männer verteilt und wer es schaffte, sein Gepäck bis ins Lager zu schleppen, hatte etwas zu essen. Viele allerdings überschätzten ihre Kräfte und schafften die Schlepperei nicht.

Unser Gefangenenlager mussten wir uns selbst einrichten. Etwa 8 Kilometer außerhalb von St. Nazaire mussten wir unseren neuen Wohnsitz selbst mit Stacheldraht einzäunen. Der Zaun war die erste Zeit durchlässig. Man konnte des Nachts leicht nach draußen, aber auch leicht wieder zurück in das Lager! Bewachung war kaum vorhanden, jedenfalls in den ersten 8 Tagen nicht. Auch die Kombüse musste von unseren Soldaten in Gang gehalten werden. Bis dahin hatte sich eigentlich gar nicht so viel an unserem Leben verändert.

Unser Zahlmeister hatte einen großen Teil der französischen Franken in einem Seesack in das Lager mitgenommen. Es war für uns verboten, noch französisches Geld zu besitzen. Das Problem bestand also darin, den Sack mit den Französischen Franken so zu verstecken, dass man ihn nicht fand! Unser Zahlmeister, von Beruf Handelsvertreter aus Frankfurt am Main, schaffte auch dieses.

Unser lockeres Lagerleben änderte sich allerdings schlagartig, als eines Tages die Amerikaner die Lagerbewachung an die Franzosen abgaben. Die amerikanischen Soldaten hatten nichts dabei gefunden, sich mit uns hier und da zu unterhalten. Doch nun wurden andere Seiten aufgezogen! Plötzlich erfolgte beispielsweise das Kommando: Alle Soldaten der folgenden Einheiten sofort fertig machen für Abmarsch in ein neues Lager!

Zum Glück waren wir nicht dabei.

Es war drückend heiß und unsere Soldaten schwer bepackt, denn sie hatten doch noch sehr viel aus den Unterkünften in St. Nazaire mitgebracht!

Der Marsch begann des Morgens um ca. 10.00 Uhr und endete am Abend gegen 18.00 Uhr! Es war ein harter Marsch gewesen. Vollkommen erschöpft wankten die Soldaten ins Ziellager. Das meiste Gepäck hatten sie unterwegs abwerfen müssen. Alles, was sie zurückließen wurde von der Bevölkerung aufgegriffen und auf Brauchbarkeit untersucht. Was aber das Schikanöse an der Sache war: Das Ziellager war dasselbe wie das Ausgangslager, sie waren im Kreis herummarschiert und nach diesem Gewaltmarsch wieder bei uns angekommen.

Wir haben uns sofort um diese erschöpften Soldaten bemüht und die Halbverdursteten vor allem mit Getränken versorgt. Nun rechneten auch wir bisher Verschonten mit ähnlichen Maßnahmen unserer neuen Bewacher. Doch dazu kam es nicht. Eines Tages wurde gefragt, wer nach *Dreux* in ein anderes Lager mit festen Kasernen verlegt werden wolle. Allen war bewusst, dass dieses Lager wesentlich näher an der deutschen Grenze lag als St. Nazaire. Die Möglichkeit einer Flucht wäre größer. Und so wurden wir mit der Eisenbahn in Waggons nach Dreux transportiert! Was für eine Fahrt!

Die Waggons waren offen. Der Hass der französischen Bevölkerung entlud sich. Von einigen Brücken flogen schwere Steine in die offenen Waggons. Wir hatten Verletzte. Wir versuchten, uns dadurch zu schützen, dass wir unsere Seesäcke über die Köpfe hielten.

An einem größeren Bahnhof wurden Soldaten ausgeladen. Warum, wurde nicht gesagt. Ein Soldat wurde auf einer Bahre abtransportiert.

Etwas später hielt dann der Eisenbahnzug auf freier Strecke in der Nähe eines großen Industriebetriebs. Ein Teil der Belegschaft kam in unsere Waggons und nahmen uns weg, was ihnen gefiel. Einer der Arbeiter wollte unbedingt meine Stiefel haben. Ich habe ihn aber so voller Wut betrachtet und ihm einige französische Brocken an den Kopf geworfen, dass er sich einschüchtern ließ und wieder verschwand. Als der Zug wieder anfuhr, waren viele Seesäcke geplündert, manche komplett geraubt worden.

Nun, wir hatten den Krieg verloren und waren vorerst Freiwild für viele Franzosen, keineswegs aber für alle.

Schließlich erreichten wir Dreux. Mit wütendem Gebrüll wurden wir empfangen und wie Vieh durch die Straßen zur Kaserne, unserem neuen Lager getrieben! Den Dienstgraden wurden unterwegs von den Wachmannschaften die Schulterstücke von der Uniform gerissen. Wer sich wehrte, bekam oft noch Schläge mit dem Gewehrkolben!

Wir waren tatsächlich Freiwild! Nur wenige Soldaten konnten so viel Französisch, dass sie sich wenigstens mit Worten wehren konnten. Aber auch das war zwecklos.

Bevor wir überhaupt in unsere Unterkünfte durften, wurden wir durch eine Halle mit ausgestellten Bildern aus Deutschen Konzentrationslagern geführt.

Es waren grauenhafte Bilder! Die meisten Soldaten hatten bis zu diesem Zeitpunkt nicht gewusst, was alles in den KZs passiert war. Sie waren entsetzt über so viel Grausamkeit! Diese Bilder machten den Zorn auf die Deutschen verständlich. Allerdings richtete sich der Hass hier nicht gegen die eigentlichen Täter. Wir wurden verantwortlich gemacht für das, was im Namen der Deutschen verbrochen worden war.

Nach der Zuteilung der Unterkünfte kehrte eine gewisse Regelmäßigkeit in den Tagesablauf. Uns blieb nichts anderes übrig, als uns Allem zu fügen. Ändern konnten wir nichts, gar nichts.

Die Verpflegung war miserabel. Erstens war die Qualität unter aller Kritik und zweitens waren die Portionen so knapp bemessen, dass man nicht mehr satt wurde. Der Effekt war, dass wir von Tag zu Tag magerer wurden. Mittags gab es fast immer eine Runkelrübensuppe, keine Zuckerrübensuppe. Ich bekam oft Fieber nach dem feudalen Mahl! Einige Zeit später gab es dann als Nachtisch eine Pferderübe! *Nun, diese war schon fast eine Delikatesse!*

*

Als einige Tage vergangen waren, wurden Soldaten für die Landwirtschaft gesucht, bzw. abkommandiert.

Mit einem Freund meldete ich mich freiwillig. Schlimmer konnte es da auch nicht zugehen. Wir wurden auch genommen. Schließlich waren wir jung und (noch) kräftig und bereit, tatkräftig zu helfen. Ich stammte ja aus einem Bauerndorf!

Ein Monsieur Cabaret holte uns zwei mit einem Pferdewagen aus dem Lager ab. Wir wurden auf einen Familienbauernhof in der Gegend von Charonville gebracht. Auf diesem arbeitete der Chef, so bezeichnete er sich selbst, die Madam, der Sohn und zwei Töchter, von denen eine hübscher war als die andere.

Man quartierte uns im Backhaus ein. Hier war schon lange nicht mehr gebacken worden. Jedem von uns wurde ein eigenes Bett zugewiesen. Als Matratze dienten Spreusäcke, die sich als durchaus bequem herausstellten. Unsere Mahlzeiten bekamen wir im Backhaus serviert. Es war Sommer.

Nachdem man festgestellt hatte, dass wir keine deutschen Monster waren, sondern recht fleißig und umgänglich, wurden wir besser behandelt. Ja, man kann sagen, wir hatten fast so etwas wie einen Familienanschluss. Es kam vor, dass die Madam uns des Mittags den Kaffee brachte. Und nicht genug damit. Oft zog sie unter ihrer Schürze eine Dose Zucker hervor und ehe wir uns versahen, hatte jeder von uns einen köstlichen Löffel Zucker im Kaffee. Zucker war damals noch sehr knapp, auch in Frankreich. Wir dankten artig und schon war Madam augenzwinkernd wieder verschwunden. Es konnte dann aber auch vorkommen, dass kurz darauf eine der Töchter mit einem Becher Zucker unter der Schürze zu unserer Kaffeestunde gehuscht kam. Schwupps hatten wir noch einen Löffel Zucker in unseren Kaffees. Manchmal wurde er durch die doppelte Ladung schon wieder zu süß, aber wir waren natürlich nicht so dumm, ein Sterbenswörtchen verlauten zu lassen.

Wir zwei mussten den Pferdestall ausmisten, die Töchter den Kuhstall und der Sohn den Schweinestall. Alle akzeptierten diese Verteilung der Aufgaben ohne zu murren. Hin und wieder tauchte der Pfarrer bei unserem Bauern auf und erkundigte sich: *Na, wie machen sich denn deine zwei Deutschen?* Und stets gab unserer Chef, Monsieur Cabaret, zur Antwort: *Danke, ich kann nicht klagen, die beiden Boches sind recht fleißige Burschen.*

Wir beide waren Protestanten, die Dorfbewohner Katholiken. Jeden Sonntag gingen wir zum Gottesdienst, was von den Dörflern genau beobachtet wurde. Diese Kirchenbesuche trugen viel dazu bei, dass uns die Dörfler mit der Zeit Respekt und Achtung entgegenbrachten. Da wir uns in unserer freien Zeit auch frei bewegen durften, bekamen wir immer besseren Kontakt zur Dorfbevölkerung.

Auch die Dorfjugend war im Großen und Ganzen sehr anständig und nett zu uns. Doch zunächst wollten die Burschen ihrem Groll auf die Deutschen Luft machen.

Eines Nachts so gegen 23.00 Uhr, als wir in tiefem friedlichen Schlaf lagen, erhob sich plötzlich ein Höllenlärm auf der Straße direkt unter unserem Backhausfenster. Wir erschraken und äugten durch den Spalt des geöffneten Fensters hinaus auf die aggressiven Unruhestifter. Wir erkannten den Sohn des Bauern. Ein Angriff blieb für diesmal aus, doch wir waren gewarnt. Wir besorgten uns aus der Räucherkammer ein Paar ordentliche Eichenknüppel und stellten diese griffbereit an unser Bett.

Als der Bauer uns wie immer am nächsten Morgen weckte, besah er sich die Knüppel und verlangte eine Erklärung. Wir berichteten von den bedrohlichen Ereignissen der Nacht. Die Knüppel seien die Waffen, mit denen wir uns verteidigen würden.

Doch von diesem Tage an hatten wir endgültig unsere Ruhe. Es passierte nichts mehr! Wir waren nicht nachtragend. Später haben wir mit den Betreffenden sogar über diese Vorfälle lachen können. Dazu war allerdings so manches gemeinsame Gläschen erforderlich.

Die hübschen Töchter warfen uns immer freundlichere Blicke zu. Junge Männer gab es ja zu dieser Zeit im Dorf nicht allzu viele. Mein Freund und ich hüteten uns allerdings, allzu freundlich zurückzugucken. Und zwar aus mehreren Gründen. Erstens und hauptsächlich waren wir beide glücklich verheiratet, zweitens aber wäre es ziemlich dumm gewesen, unseren Arbeitsplatz und vor allem die gute Verpflegung durch ein Techtelmechtel aufs Spiel zu setzen. Mit Schrecken dachten wir an den Runkel- und Pferderübenfraß im Lager.

Doch unsere Zurückhaltung stachelte das Interesse der Mesdemoiselles offenbar eher noch an. Wenn wir am Abend schweißig und staubig von der Arbeit zurückkamen, hatten wir das verständliche Bedürfnis, uns gründlich zu waschen. Das Backhaus stand in einem schönen Garten und war zur Nachbarseite mit Büschen blickdicht abgegrenzt. So meinten wir jedenfalls.

Also zogen wir uns seelenruhig die schmutzigen Kleider vom Leibe und stellten uns, nackt wie Gott uns geschaffen hatte, unter unsere Gießkanne im Garten, um uns abzuseifen.

Dass die Töchter zu dieser Zeit nie im Garten zu erwarten waren, sondern immer erst später, fiel uns nicht auf, also schöpften wir auch keinen Verdacht.

Irgendwann aber fragte uns der Sohn unseres Chefs, Philipp, ob wir eigentlich nicht wüssten, dass zur Stunde unserer Abendtoilette sich nahezu die gesamte weibliche Dorfjugend auf dem Nachbargrundstück zu versammeln pflege, um den nackten Deutschen beim Abseifen zuzusehen? Philipp grinste dabei von einem Ohr bis zum anderen. Wir aber fielen aus allen Wolken! Mucksmäuschenstill müssen die neugierigen Mesdemoiselles hinter den Büschen gesessen haben, nur, um uns ihm Adamskostüm studieren zu können. Wir haben nie ein Kichern oder Schwätzen vernommen, obwohl es bis zum Zaun höchstens 10 Meter Entfernung waren. Möglich auch, dass ihnen das, was sie da zu sehen bekamen, die Sprache verschlagen hat, kann man`s wissen? Jedenfalls wird klar, dass auch französische Weibchen ganz normale Weibchen sind.

Doch ich sehe, dass Du, meine Liebe, von meiner langen Erzählung über Krieg, Krankheit und Gefangenschaft sehr müde geworden bist. Ich finde auch, dass wir uns jetzt beide eine Pause verdient haben, meinst du nicht?

~ ~ * ~ ~

Kapitel 13

So ist ein U-Boot aufgebaut …

Das U-Bootehrenmal in Möltenort 1986 / Das U-Boot U-995 vor Laboe / Erläuterungen des Bauplans

Doch nun verlassen wir die Nachkriegsjahre erst einmal wieder. Wir wechseln die Szene. Wohin? Nun, Du kannst Dich gewiss noch erinnern, dass wir im Jahre 1986 während unseres jährlichen Urlaubs an der See nicht nur das U-Boot-Ehrenmal in Möltenort wieder besuchten, sondern auch das Marineehrenmal in Laboe. Und darum soll es jetzt gehen. Diese beiden Gedenkstätten gaben uns Anlass, uns den Aufbau eines U-Bootes anschaulich vor Augen zu führen und ich konnte dir überhaupt so manche interessante Einzelheit vom Leben an Bord erzählen.

In den Hallen des Ehrenmals wurde die lange Reihe der Männer ins Gedächtnis gerufen, die im ersten und zweiten Weltkrieg ihre Pflicht für das Vaterland getan hatten. Dass man die politische Situation heute anders beurteilt, tut ihrem Mut und ihrer Gesinnung keinen Abbruch. Als junger Mann rutscht man manchmal in etwas hinein, das man später, wenn man es von außen sieht, kritischer beurteilt. Dennoch steht die Gesinnung dieser Männer für mich über jedem Zweifel.

Und wie viele sind nicht mehr in die Heimat, für die sie doch zu kämpfen glaubten, zurückgekommen! Der Prozentsatz der Opfer ist viel höher als in anderen Waffengattungen. Und sie haben alle gewusst, was auf sie wartete. Wenn sie ausliefen zur Feindfahrt, mussten sie damit rechnen, nicht wieder zurückzukommen. Und für die meisten hat sich diese Befürchtung auch erfüllt, das Meer hat sie behalten!

Was wären wir für armselige Wesen, wenn wir das Gedenken an unsere gefallenen Kameraden nicht bewahren würden! Bewahren im Herzen und in der Erinnerung, aber bewahren auch ganz handfest durch materielle Unterstützung der Gedenkstätten.

Es ist eigenartig berührend, wenn man diese vielen Bronzetafeln der versenkten Unterseeboote sieht mit der langen Namensliste der Besatzungen. Wie bei jedem Besuch sorgten wir dafür, dass vor der Bronzetafel, in die Namen der Besatzung von U-31 eingraviert waren, frische Blumen das Andenken ehrten. Doch mit unseren Spenden machten wir es möglich, dass auch die anderen Tafeln durch Blumen geehrt wurden.

Unser Kommandant (links) und sein Obersteuermann

Fast die gesamte Besatzung meines Bootes wurde kurz vor Kriegsbeginn auf andere Unterseeboote oder Dienststellen kommandiert. Diese praxiserprobten Männer, die über jahrelange Borderfahrung verfügten, sollten das Rückgrat bilden für die neuen U-Bootbesatzungen. Von der Stammbesatzung blieben nur 6 Kameraden zurück, Seeleute und technisches Personal. Sie sollten die neue Besatzung einarbeiten.

Und genau diese 6 Namen fanden wir auf der Bronzetafel meines U-Bootes. Namen, mit denen ich Gesichter, Gespräche, Erlebnisse verband. Sie waren am 11.03.1940 bei einem englischen Fliegerangriff durch eine Fliegerbombe mit ihrem Boot in der Jade vor Wilhelmshaven versenkt worden. Überlebende gab es keine. 58

Kameraden fanden in den Fluten den Tod, 10 von ihnen waren Zivilpersonen.

Das Boot wurde später gehoben und die Besatzung in Wilhelmshaven bestattet. Das Boot wurde flott gemacht und wieder in Dienst gestellt.

Dieses wieder in Dienst gestellte Boot wurde noch im selben Jahr, am 02.11.1940 nordwestlich von Irland, auf 56 Grad 26 Min. Nord, und 10 Grad 18 Min. West, durch den britischen Zerstörer Antelope und durch britische Fliegerbomben vom Flugboot versenkt. Zwei Mann der Besatzung sind gefallen. Der Rest geriet in britische Gefangenschaft.

*

Um sich das Schiff vorzustellen, sind vielleicht ein paar Zahlen ganz nützlich.

Es handelte sich um ein Boot vom Typ VII a. Es war in der Deschimag-Werft in Bremen vom Stapel gelaufen. 1936 wurde es in Dienst gestellt und gehörte zur U-Boot-Flottille Saltzwedel! Boote dieses Typs waren im zweiten Weltkrieg sehr erfolgreich.

Es war ein hochseefähiges U-Boot. Seine Länge betrug 64,5 m, die Breite 5,9 m. Es hatte einen Tiefgang von 4,4 m und eine Wasserverdrängung von 626 t.

Sein Gesamtfahrbereich bei 10 kn Geschwindigkeit betrug 6 800 Seemeilen. Die Höchstgeschwindigkeit über Wasser 16 kn, und unter Wasser ca. 8 kn.

Das Boot konnte bis auf 200 m Tiefe gehen und die Alarmtauchzeit lag bei ca. 30 sec.

Es konnte in seinen Tanks 67 t Treibstoff bunkern. Die Besatzung bestand aus 4/40 bis 4/56 Mann.

Es wurde über Wasser von 2 Dieselmaschinen mit 2 300 PS, und unter Wasser von 2 E.-Motoren mit 750 PS angetrieben.

Die Bewaffnung bestand aus 4 Bug- und 1 Hecktorpedorohr. Es konnte 11 Torpedos oder 33 Minen laden. Hinter dem Turm stand eine

8,8 cm Kanone auf Oberdeck. Hierfür befanden sich im Munitionsbunker 250 Schuss Munition. Eine 2 cm Flak stand auf dem hinteren Teil des Turms. Hierfür standen 4380 Schuss Munition zur Verfügung. Später, im Krieg, wurde die 8.8 cm Kanone entfernt und durch weitere Flak-Waffen ersetzt.

Wer sich ein bisschen vertraut gemacht hat, mit den Maßen und Leistungen von Schiffen, sieht auf den ersten Blick, dass es sich um ein relativ kleines Fahrzeug gehandelt hat.

Aber was besagen diese Zahlen schon? Ohne Besatzung ist ein solches Boot ein totes Ding ohne Wert. Alle Männer, die 1936 bei Indienstnahme des Bootes zur Besatzung zusammengestellt wurden, hatten zuvor die U-Bootschule besucht. Jeder hatte eine Ausbildung bekommen, die ihn auf seine zukünftige Aufgabe vorbereitete.

Besatzung

Die U-Bootsschule befand sich in Kiel-Wik. Wir wohnten auf der Ariadne, einem ehemaligen kleinen Kreuzer aus dem ersten Weltkrieg. Die Wohnverhältnisse waren nicht gerade ideal. Aber wenn man jung ist und gesund, kann man viel ertragen und viel leisten. Außerdem brachte jeder von uns den Willen mit, alles zu lernen, was für den späteren Einsatz auf einem Unterseeboot von Nutzen sein könnte.

Unterrichtet wurden wir von erfahrenen U-Bootfahrern. Parallel zum theoretischen Unterricht wurden wir für Ausbildungsfahrten auf der U-Bootflottille Weddingen eingeteilt. Diese bestand damals, Anfang 1936, aus den Booten 1 bis 9. Das waren kleine Boote mit einer Wasserverdrängung von nur 250 t, sogenannte Küsten-U-Boote. Das bedeutete, dass wir Gelegenheit bekamen, uns an die beengten Verhältnisse unserer zukünftigen Arbeitsplätze zu gewöhnen.

Wir Matrosen erhielten nicht nur die klassisch seemännische Ausbildung, sondern wir wurden auch mit den Grundprinzipien der ziemlichen komplexen Technik eines U-Bootes vertraut gemacht. Es stürzte sehr viel Neues auf uns ein, manchmal wussten wir nicht, wo uns der Kopf stand.

Eine Unterweisung im Tauchen gehörte zum Ausbildungsprogramm. Dies ist gerade auf einem U-Boot ein Ausbildungspunkt von allerhöchster Wichtigkeit. Was man da lernt, im entscheidenden Augenblick abrufen zu können - das kann über Leben und Tod entscheiden.

Bei einem U-Boot muss stets damit gerechnet werden, dass - durch welchen Umstand auch immer - ein Teil des Bootes geflutet wird. Diese Situation muss nicht durch feindlichen Beschuss ausgelöst worden sein, auch in Friedenszeiten kann im geschlossenen Bootskörper irgendwo ein Leck gerissen werden, wodurch augenblicklich eine lebensgefährliche Situation entsteht.

Da unser Boot durch 2 druckfeste Kugelschotten in 3 druckfeste Kammern unterteilt werden konnte, bestand die Chance, die Überflutung nur auf einen Teil des Bootes zu beschränken. Außerdem konnte der Turm sowohl zur Zentrale als auch zur Brücke hin durch druckfeste Kugelschotten luftdicht abgeschlossen werden. Diese Möglichkeiten waren natürlich nur dann von Nutzen, wenn sie im Ernstfall schnell angewendet werden konnten. Jeder Handgriff musste sitzen und das erforderte Übung und nachmals Übung.

Übrigens ist es bei den Unterseebooten der heutigen Bundesmarine nicht mehr möglich, das Boot zur Sicherheit der Besatzung durch druckfeste Kugelschotten oder andere druckfeste Schotten in mehrere wasserdichte und druckfeste Kammern zu unterteilen. Diese neuen Boote haben keine Sicherheitsschotten mehr! Das mag ja für die Beweglichkeit der Besatzungen im Boot wesentlich bequemer sein, bietet aber im Fall eines Lecks nicht mehr die geringste Sicherheit für die Besatzung. Ist das Leck nicht augenblicklich mit Bordmitteln zu schließen, ist die Überflutung des gesamten Bootes nicht mehr zu stoppen! Die Konsequenzen liegen auf der Hand. Für mich als nicht ganz unerfahrenem U-Bootfahrer ist die Entscheidung für diese Konstruktion nicht akzeptabel. Das Sicherheitsrisiko erscheint mir einfach zu hoch. Eine Änderung der Konstruktion wäre angebracht.

Alles, aber auch alles, was mit der Bedienung und Versorgung unseres Bootes im Zusammenhang steht, muss immer wieder geübt und exerziert werden. Es kommt auf jede Sekunde an! Wenn ein Tauchmanöver in 30 Sekunden geschafft worden war, dann wurde beim nächsten Tauchgang versucht, diese Zeit zu unterbieten. Und oft ist uns dies auch gelungen. Auf See wurde täglich exerziert. Jeder sah ein, wie wichtig das für uns war, im Notfall lebensrettend.

Während unserer Ausbildung übten wir das Aussteigen aus einem gesunkenen U-Boot! Hierzu stand uns ein Tauchpott von ca. 10 m Höhe zur Verfügung. In diesem war es auch möglich, das Aussteigen aus einem gesunkenen Boot aus einer viel größeren Tiefe zu üben. Der entsprechend größere Druck wurde simuliert.

Bis zu einer Tiefe von ca. 50 m ist der Ausstieg für jeden der Besatzung ohne allzu große Schwierigkeiten möglich.

Natürlich gilt es, die Nerven zu behalten. Überhaupt kann man auf einem Unterseeboot nur Seeleute einsetzen, welche außer einer hervorragenden Ausbildung auch noch starke Nerven besitzen.

Ich habe ja vorstehend bereits mehrfach darauf hingewiesen, wie wichtig gute Nerven sind, wenn etwas Unvorhergesehenes eintritt. Und eine U-Bootfahrt ohne unvorhergesehene Ereignisse gibt es nicht.

Wird ein Ausstieg aus einem gesunkenen U-Boot erforderlich, wird das herunterziehbare Schott verlängert. Es bildet einen runden Schacht von ca. 80 cm Länge beim Öffnen des Turm- oder Zentraleluks. Und so kann die durch einen Wassereinbruch zusammengepresste Luft im Boot unter der Bootsdecke festgehalten werden. Sie kann dann nicht einfach durch das geöffnete Luk entweichen. Durch das

Herunterziehen entsteht eine in das Boot verlängerte luftdichte Schleuse.

Die Mannschaft kann sich in dieser Luftblase aufhalten.

Nun erfolgt ein geordneter Aus- bzw. Aufstieg jedes Besatzungsmitglieds. Einer nach dem anderen muss langsam an die Oberfläche steigen. Auf die Langsamkeit kommt es dabei entscheidend an. Durch die zusammengepresste Luft im Boot ist nämlich ein Überdruck in den Lungen entstanden! Beim Aufsteigen fällt der Gegendruck des Wassers und es droht ein Lungenriss. Deshalb sollte der Betreffende an einer im Boot befestigten Leine verzögert nach oben gelassen werden.

Beim Aufsteigen perlt die Luft aus dem Mund und der Überdruck in der Lunge wird somit abgebaut.

Dieser Ablauf ist von uns immer wieder geübt worden. Sollte man, durch irgendeinen Umstand bewirkt, unkontrolliert nach oben schießen, so können die Lungenbläschen platzen und der Betreffende bleibt sein ganzes Leben gelähmt, falls er es überhaupt überlebt hat!

Bei kontrolliertem Auftauchen, darf die Wassertiefe die 50 m Marke noch übersteigen. Übrigens muss dieser ganze Ausstiegsvorgang im Regelfall ohne Taucheranzug durchgeführt werden. Man hat bestenfalls eine Tauchermaske zur Verfügung, so man sie in der Hektik des Geschehens finden und aufsetzen konnte.

*

Nach unserem Besuch des U-Boot- Ehrenmals sind wir wieder nach Laboe zurückgefahren, um das dort am Strand liegende Unterseeboot U 995 zu besichtigen. Es ist das einzige Boot, welches von Norwegen wieder an Deutschland zurückgegeben wurde.

Bei Kriegsende lag U 995 in Drontheim/Norwegen fest und konnte nicht nach England überführt werden. Es war nicht fahrtüchtig und die Besatzung wurde dort bis zu ihrer Rückkehr nach Deutschland interniert.

Für die an England ausgelieferten U-Boote schlug die letzte Stunde am 25. November 1945 vor der nordirischen Küste, westlich der Hebriden. Bis zum 07. Januar 1946 hatten englische Einheiten fast alle Boote versenkt. Nur wenige Boote, ausnahmslos solche neuesten Typs, wurden unter den Siegermächten aufgeteilt.

U 995 lag später im Hafen von Bergen und wurde am 14.10.1965 um 15.10 Uhr vom Schlepper Fairplay II auf den Haken genommen und nach Kiel geschleppt.

Im Herbst 1967 wurde erstmals erwogen, es vor dem Ehrenmal in Laboe aufzustellen.

Nach langem Tauziehen wurde U 995 dann vom Marinebund übernommen und auf einem Podest neben dem Ehrenmal von Laboe aufgestellt. Die Bundesmarine hatte es im Marinearsenal Kiel instand setzen lassen.

Die Aufstellung am Strand erfolgte mittels zweier Schwimmkräne und einer eigens gebaggerte Fahrrinne. Am 13. März 1972 konnte U-995 zu seinem letzten Liegeplatz vor dem Ehrenmal gebracht werden.

Seit dem kommen Besucherscharen, um das Boot zu besichtigen. Es ist ein attraktiver Anziehungspunkt für Touristen und Interessierte. Auch wir beide haben am 15. Juli 1986 das U-Boot besichtigt.

Du hast zum ersten Mal in deinem Leben das Innere eines U-Bootes betreten. Und Dir ging es wie vielen: Auch Dich beschäftigte die Frage, wie man es auf derart beschränktem Raum aushalten konnte und kann. Und dies tage-, wochen-, ja monatelang! Dabei war dieses U-Boot vom Typ VII C immerhin ca. 300 t schwerer, und somit sogar etwas größer als mein Boot. Doch der innere Aufbau und die Aufteilung der Räume ähnelten sich in beiden Bootstypen. Ich habe mich jedenfalls gleich wieder zurechtgefunden, obwohl doch inzwischen einige Jahrzehnte vergangen waren. Die Erinnerungen stellten sich prompt wieder ein. Ich konnte Dir alles erklären. Und Du hast sehr aufmerksam zugehört und viele Fragen gestellt, wie es sich für eine gute Seemannsfrau gehört!

Damals war ich gertenschlank gewesen und hatte mit einem Sprung durch die Kugelschotten hechten können! Heute, nachdem ich nun doch etwas zugelegt habe, wäre das nicht mehr so einfach möglich. Probieren konnte ich es nicht mehr, das Hechten!

Wir betraten das Boot durch eine Türöffnung an der achteren Steuerbordseite.

Ich zeigte Dir dann von achtern nach vorn gehend folgende Räume bzw. Maschinen und technischen Einrichtungen:

1. den Hecktorpedo- und E-Maschinenraum.

Die E-Maschinen bewegen mit dem aus den Batterien bezogenen elektrischen Strom das Boot unter Wasser.

Im Hecktorpedoraum konnte man das achtere Torpedorohr sehen.

Bei unserem Boot lag dieses noch an Oberdeck und wurde vom Wasser umspült, so dass es während eines Angriffs nicht nachgeladen werden konnte.

2. das über dem E-Maschinenraum befindliche hintere Torpedoluk.

3. den Dieselmotorenraum mit den beiden Dieselmotoren. Diese waren für die Überwasserfahrt zuständig! Gleichzeitig wurden bei Überwasserfahrt die Generatoren betrieben, welche Pressluft erzeugten, um die Tauchtanks beim Auftauchen hiermit ausblasen zu können. Ferner wurden bei der Überwasserfahrt die Batterien für die E-Maschinen aufgeladen.

4. die Kombüse, welche Dir sehr klein vorkam. Aber für mindestens 40 Personen wurde hier immer gekocht! Unser Smutje war ein Künstler!

Über der Kombüse befand sich das Kombüsenluk!

5. der Unteroffizierswohnraum. Rechts und links an den Bordwänden waren die Kojen, welche weggeklappt werden konnten. In die Bordwände waren dann die Spinde eingearbeitet, worin sie Habseligkeiten der Besatzung untergebracht werden konnten.

6. die Zentrale, das Gehirn des ganzen Bootes. Die Befehle des Kommandanten erreichen diese zuerst. Während des Tauchens ist hier der Platz des Leitenden Ingenieurs, des L. I. Außerdem sind hier noch einige Techniker anwesend, welche die entsprechenden Geräte bedienen müssen. In der Zentrale befindet sich auch die Steueranlage für die beiden Tiefenruder, welche vorn am Bug an Steuer- und Backbordseite angebracht sind. Diese wirken allerdings nur, wenn das Boot fährt. Du warst ganz überrascht über den Wirrwarr an Ventilen und sonstigen technischen Geräten in der Zentrale und meintest: hier kann man sich doch nicht so schnell zurechtfinden! Aber die Techniker mussten sich immer sofort zurechtfinden. Davon hing unser aller Leben ab!

7. den Turm oberhalb der Zentrale, die eigentliche Befehlszentrale in Friedenszeiten, wenn sich das Boot auf See befindet. Von hier aus sieht der Kommandant auch durch das Sehrohr. Dieses wird nur auf seinen Befehl aus- und eingefahren. Durch dieses Sehrohr erfolgt, nach jedem Auftauchen auf Sehrohrtiefe, der erste Rundblick! Dieser Rundblick wird stets mit Spannung erwartet, weiß man doch nie, ob sich nicht ein fremdes Schiff oberhalb des U-Bootes befindet. Zum Beispiel liegen Fischkutter oft mit Ihren Netzen ganz in der Nähe oder sogar über dem U-Boot, ohne dass man sie bemerken konnte, da ihr Motor abgestellt worden ist.

*

Übrigens ist ein derartiger Fall bei uns einmal vorgekommen, als wir in der Ostsee unterwegs waren. Wir hatten uns zum Mittagessen gemütlich auf den Meeresgrund gelegt, um in Ruhe essen zu können. Daran haben wir noch ein kleines Verdauungsnickerchen angeschlossen. Es war bis dahin ein ruhiger, erholsamer Tag ohne besondere Vorkommnisse gewesen.

Der Kommandant gab den Befehl zum Auftauchen! Wie gesagt, erst einmal auf Sehrohrtiefe. Ich selbst befand mich zusammen mit dem Signalgast Emil auf meinem Platz im Turm. Der Kommandant machte seinen Rundblick! Plötzlich ein überraschter Ausruf und ein Pfiff durch die Zähne.

Schau an! Da sind wir doch direkt neben einem Fischkutter aufgetaucht! Aber der Bursche scheint uns überhaupt nicht bemerkt zu haben. Das werden wir gleich mal testen. Sehrohr einfahren und auf 30 m gehen!

Am Hafen

Wir entfernten uns mit kleiner Fahrt von dem Fischkutter. Wir manövrierten so, dass wir auf keinen Fall die sehr wahrscheinlich nach achtern ausgelegten Netze des Kutters beschädigen konnten.

In einer gewissen Entfernung tauchten wir wieder auf. Doch der Kutter bemerkte auch jetzt nichts. Die schienen ebenfalls ein Mittagsschläf chen zu halten. Wir stellten um auf die leisen E-Maschinen und nahmen mit kleiner Fahrt Kurs auf den Fischkutter.

Mit dem Megaphon rief unser Kommandant den Kapitän des Fischkutters an. Jetzt kam endlich Leben in den Kutter. Plötzlich stolperten fünf, sechs verschlafene Seeleute an Deck.

Haben Sie ein anderes U-Boot in der Nähe gesehen? fragte unser Kommandant rüber.

Nein, kam die ahnungslose Antwort des Kutter-Kapitäns, *bisher ist überhaupt kein Schiff in unserer Nähe gewesen!*

Danke, für die Information, rief unser Kommandant ihm zu, *aber passen sie gut auf, dass sie nicht vom Klabautermann gestohlen werden!*

Wir amüsierten uns köstlich, aber ich bin nicht sicher, dass dieser Hinweis auf der anderen Seite verstanden worden ist.

Aber noch hatten wir ja tiefsten Frieden und die Ostsee war ein verhältnismäßig ruhiges Meer. Von Seeräubern war hier schon lange nichts mehr gehört worden. Die Zeiten Störtebeckers lagen schon ein paar Jährchen zurück. Insofern war der Fehler der Wachen des Kutters verzeihlich. Nur bei hohen Windstärken wird die Ostsee gerade aufgrund ihrer verhältnismäßig geringen Wassertiefe an vielen Stellen zu einem ziemlich gefährlichen Gewässer.

Doch die Erzählung davon heben wir uns für später auf.

*

Zurück zum U-Boot 995 vor dem Ehrenmal von Loboe! Vor der Zentrale, welche nach beiden Seiten durch ein Kugelschott druckfest verschlossen werden kann, befindet sich auf der Backbordseite der Kommandantenraum! Auf der Steuerbordseite ist der Funkraum.

Vor dem Kommandantenraum ist der Offiziersraum. Hier wohnen die Wachoffiziere und der Leitende Ingenieur, der L. I.

Und vor diesem wiederum befindet sich der Oberfeldwebelraum für die Obermaschinisten, den Oberbootsmann, den Obersteuermann und den Torpedo-Obermechanikermeister. Alle hatten ebenfalls Lederkojen zum herunterklappen. Dann kam der Bugraum, genau heißt er Bugtorpedoraum. In diesem waren alle Mannschafts dienstgrade untergebracht. Diejenigen, die schon erste Beförderungen erfahren hatten, kamen in den Genuss von Lederkojen, während sich der gemeine kleine Rest mit einfachen Hängematten begnügen musste. Aber die waren gar nicht so schlecht! Gab es Sturm oder Orkan, so lagen die Hängemattenfahrer am ruhigsten. Sie schaukelten wohl hin und her. Aber das wirkte sich im Schlaf nicht so arg störend aus. Man fühlte sich richtig in den Schlaf geschaukelt!

Ich habe meine Hängematte aufgrund dieser positiven Erfahrungen nie mit einer Koje vertauscht! Auch später nicht, als mir eine Koje zustand.

Zwischen den Hängematten war auch so wenig Spielraum, dass eine

Hin- und Herbewegung nur eingeschränkt möglich war. Im Bugraum jedoch merkte man den Seegang ganz besonders stark in den Lederkojen. Der Bug sauste nach oben und unten, manchmal mit enorm harten Schlägen. Es ist nicht nur einmal vorgekommen, dass ein schlummernder Seemann aus seiner Koje regelrecht herauskatapultiert wurde, wenn er sich nicht fest genug verankert hatte. Die Kojengitter waren bei Orkan viel zu niedrig.

Im vorderen Bugraum befanden sich die 4 vorderen Torpedorohre! Unter diesen lagerten die Reservetorpedos. Und vor diesen wiederum befand sich die sehr tief gelagerte vordere Trimmzelle.

Zwischen diesen Torpedorohren, von diesen quasi bewacht, standen die so streng gehüteten Eierkisten unseres Kantinen-Willis! Ein Leben ohne Spiegeleier, wäre für ihn nicht lebenswert gewesen! Spiegeleier mussten sein, ohne Spiegeleier ging`s nicht.

Soweit die Beschreibung der Parterre-Etage! Über der Zentrale befand sich der Turm. Bei allen normalen Manövern war hier der Befehlstand des Kommandanten bei Unter-Wasser-Fahrten! Bei Überwasserfahrten, sowie bei besonderen Ereignissen, wie Ein- und Auslaufen in Häfen oder Schleusen, war sein Platz auf der Brücke.

In der unteren Etage, bezeichnen wir sie nicht-seemännisch als Souterrain (fachlich korrekt wurde sie *Bilg* genannt) befinden sich Tanks, der Munitionsbunker, die Akkuzellen für die E-Maschinen usw.

Während ich - durch deine interessierten Fragen animiert - mich mit meinen Erläuterungen so richtig in Fahrt geredet hatte, hatten sich einige U-Boot-Besucher angeschlossen und lauschten auf das, was ich Dir erklärte.

Sie müssen, sprach mich eine der Besucherinnen schließlich an, *auf einem U-Boot gefahren sein, so gut wie Sie sich auskennen ...*

Ja, antwortete ich, und rief damit große Heiterkeit hervor, *aber das waren doch nur ein paar Jährchen ...*

Froh, einen Experten gefunden zu haben, rückte man nun mit weiteren

Fragen heraus. Ob ich ihnen erklären könnte, wie die U-Boote es schafften, derartige Tiefen unbeschadet zu überstehen?

Ich gab mein Bestes und erklärte: Sie müssen sich vorstellen, dass diese Boote in einen fest verschweißten Mantel aus Flussstahl von mindestens 22 mm gehüllt sind. Lediglich über den Maschinen sind Stahlplatten genietet, um später einen Austausch der Maschinen zu erleichtern. Diese Stahlhülle, also der Druckkörper, wird durch innen liegende Spanten stabilisiert. Außen am Druckkörper sind noch Tauchzellen angeschweißt. Die Haupttauchreglerzelle liegt aber innerhalb des Druckkörpers.

Der Druckkörper darf keinen Mangel aufweisen. Auch kleinere Beschädigungen des Mantels rächen sich, wenn getaucht wird und der Druck auf das Boot steigt. Unser Boot hatte eine maximale Tauchtiefe von ca. 200 m. Das bedeutet, dass auf jedem Quadratzentimeter des Druckkörpers ein Druck von 20 kg ausgeübt wird.

*

Besondere Aufmerksamkeit musste man bei allen Manövern den Tiefenrudern widmen. Diese sind vorn am Bug an Backbord- und Steuerbordseite angebracht. Da sie nicht eingefahren oder eingeklappt werden können, besteht eine besondere Gefahr, dass sie beschädigt werden. Und ein Boot ohne funktionsfähige Tiefenruder ist so manövrierunfähig wie ein Fisch ohne Flossen!

Bei dem Boot, das wir hier besichtigen, wie auch bei dem Boot, auf dem ich Dienst tat, ist auf den Druckkörper noch ein Oberdeck aufgesetzt worden. Dort konnten viele Gegenstände untergebracht werden, welche dem Seewasser ausgesetzt werden durften, z. B. Leinen, welche man als Festmacher an der Pier benötigte und Pfänder, um das Boot beim Anlegen gegen Beschädigungen zu schützen. Die heutigen modernen U-Boote haben kein Oberdeck mehr, damit sie - strömungsgünstiger - unter Wasser eine höhere Geschwindigkeit erreichen können. Erstaunlicherweise sind die heutigen U-Boote unter Wasser teilweise sogar schneller als über Wasser!

Unser Oberdeck erfüllte noch eine andere sehr wichtige Aufgabe. Seeleute, das hat sich herumgesprochen, haben immer Durst. Dass dies in erster Linie durch die salzhaltige Seeluft bewirkt wird, ist weniger bekannt. Jedenfalls brauchen Seeleute ab und zu ein gut gekühltes Bierchen. Und diese Bierchen kühlte bei uns das Meer höchstpersönlich, denn unsere Bierkästen waren am Oberdeck verstaut, wo sie direkt vom Wasser umspült wurden. Ich habe ostsee-, nordsee-, mittelmeer-, atlantik-, pazifik-gekühltes Bier getrunken!

Nachteil unserer Kühlmethode war allerdings, dass trotz der soliden Flaschenverschlüsse gelegentlich etwas Seewasser in einzelne Flaschen eindrang! Erwischte man eine solche Flasche mit versalzenem Bier, hatte man eben Pech gehabt und ließ sich flugs die nächste Flasche geben...

Mit diesem kleinen Scherz über den Durst der Seeleute beendete ich meine U-Boot-Führung.

Man lachte, bedankte sich bei mir und ich glaube gar, es gab Applaus.

Heute ist mir ein zufriedener Blick deiner Augen Applaus genug. Aber ich sehe auch, dass du müde bist. Deshalb will ich meine Führung durch die Innereien der U-Boote hier unterbrechen und dir die wohlverdiente Ruhe gönnen. Später mehr!

~~*~~

Unser Kommandant

Unser Obersteuermann

Unser Kommandant und Oberbootsmann

Unsere Seeleute zwischen vereisten Pollern (x Ewald unser stärkster Seemann

Unser Kommandant und der leitende Ingenieur (links) bei einer Zwischenmahlzeit

Besatzung bei der Mittagspause

Kapitel 14

Die Señoritas von Cadiz und die Weine von Jerez

Im Hafen von Cadiz. / Weinprobe in Jerez

In der Zeit, von der ich jetzt erzähle, sind wir uns noch nicht begegnet. Aber selbst wenn ich Dich damals schon gekannt hätte, so hättest du dennoch auf keine unserer Fahrten mitkommen können. Frauen durften aus Prinzip nicht an Bord. Auch die Angehörigen der U-Bootbesatzung nicht! Kann sein, dass da auch ein wenig Aberglaube im Spiel ist: Frauen an Bord - das bringt Unglück. Und Seeleute sind nun einmal abergläubische Heinis, dagegen ist noch kein Kraut gewachsen. Noch heute, ich kann es nicht leugnen, steckt ein gewisser Aberglaube in mir.

*

Von Tanger aus nahmen wir Kurs auf Cadiz an der Südwestseite Spaniens. Cadiz hat einen großen Hafen. Da es am Atlantik liegt, macht sich der Unterschied von Ebbe und Flut sehr deutlich bemerkbar. Damals diente der Hafen als wichtiger Umschlaghafen für den Nachschub an Truppen und Material für die Armee von General Franco. Fast alle Schiffe, die Truppen und Materialnachschub aus Spanisch-Marokko brachten, legten hier an! Der Bürgerkrieg zwischen den Franco-Truppen und den Roten dauerte an.

Wir haben oft beobachtet, dass diese Truppen ohne jede Unterkunft auf der Pier übernachteten, nur in ihren Uniformen, gehüllt in Decken und Umhänge. Und in den Nächten konnte es ziemlich kalt werden. Erstaunt beobachteten wir, dass Munitionskisten und sogar Geschütze oft tagelang für jeden zugänglich im Hafengebiet herumstanden. Von einer Wache war weit und breit nichts zu sehen. Dennoch passierte nichts. Zumindest während unseres Aufenthaltes kam es nicht zu

Sabotageakten.

Cadiz selbst ist eine typische Hafenstadt. Es gab hier - und ich vermute, das ist noch immer der Fall - gute Hotels, Restaurants, aber auch sehr schön angelegte Parks. Es gibt mancherlei Sehenswürdigkeiten, besonders eine Besichtigung der Altstadt sollte man sich keinesfalls entgehen lassen.

Während unserer Freiwache flanierten wir gern durch diese Parks, die mit üppiger Vegetation prunkten. Auch Angehörige der berühmt-berüchtigten Legion *Condor* verbrachten hier in Cadiz ihren Urlaub. Wir trafen sie nicht nur in der Stadt und in den Parks, sondern ihre Anwesenheit war auch sozusagen *indirekt* vernehmbar. Was damit gemeint ist will ich gerne erklären:

In den Parks von Cadiz waren Maronenverkäufer unterwegs und versuchten, ihre heißen Bissen an den Mann zu bringen. Männer der Marine schienen gute Abnehmer zu sein. Wenn wir in ihr Blickfeld gerieten, begannen sie schon von weitem, uns ihre Ware anzupreisen. Als wir näher kamen, bemerkten wir zu unserem Erstaunen, dass die Verkäufer nicht spanische sondern deutsche Sätze riefen. Noch erstaunlicher aber war, dass sie uns nicht etwa Preise entgegen riefen, sondern Flüche und Schimpfwörter der gröbsten Sorte. Es war ungefähr so, als hätte man einem unschuldigen Ausländer beigebracht, dass es in vornehmen deutschen Restaurants besonders höflich sei, den mit der Rechnung erscheinenden Kellner mit den Worten zu empfangen: Verpiss dich, sonst knallt´s!

Nach der ersten Verblüffung haben wir uns dann zusammengereimt, *wer* hinter diesem Streich steckte und uns über die Kameraden von der Legion Condor amüsiert. Die Maronen haben trotzdem gemundet. Der Versuch aber, einen Händler davon zu überzeugen, dass er seine deutsche Anpreisung vielleicht lieber korrigieren solle, stieß auf taube Ohren. Schließlich hatten sie mit ihren Sprüchen stets die Aufmerksamkeit der deutschen Kunden auf sich ziehen können, das Geschäft blühte, wozu korrigieren? Ob *wir* sie womöglich hinters Licht führen wollten? Nun, da gaben wir es auf. Vielleicht werden in den Parks von

Cadiz ja noch heute die heißen Maronen den deutschen Touristen lächelnd, aber mit Schimpfwörtern und Flüchen angeboten? Ich habe es nicht überprüft...

Natürlich verzichteten wir auch diesmal nicht darauf, uns ein paar schöne Stunden in einer der Bodegas oder einem der gemütlichen Restaurants zu machen. Überall gab es Wein, der gut war und dabei erstaunlich billig. Für eine Flasche Malaga zahlten wir damals höchstens eine Pesete. Das waren umgerechnet gerade mal 5 Pfennig!

*

Doch nun noch ein paar Stichworte zur Historie der Stadt. Cadiz ist eine der ältesten Städte Europas. Es wurde ca. 1100 v. Chr. gegründet und zwar von dem uralten Handels- und Seefahrervolk der Phönizier. Hier legten Flotten an, die voll waren mit geraubten Gütern, mit Gold und Silber und allen möglichen Schätzen. Es ist die erste Stadt der iberischen Halbinsel, die das Römische Recht erhielt. Cadiz war eine reiche Stadt.

Dieser Reichtum lockte die Engländer auf den Plan. 1587 zerstörte Sir Francis Drake im Auftrag der habgierigen Königin Elisabeth einen großen Teil der spanischen Flotte im Hafen von Cadiz. In der Seeschlacht von Calais wurde 1588 die Seeherrschaft der Spanier dann endgültig beendet.

Zuvor, genauer gesagt am 03.08.1492, war Kolumbus von Palos de la Frontera aus in See gestochen, um nach einem Seeweg nach Indien zu suchen. Eine Tat, durch die sich bekanntlich die Geschichte der Menschheit änderte.

Um 1502 wurden die Muslime vor die Wahl gestellt, das Land zu verlassen oder Christen zu werden. Als so genannte *Morisken* bleiben die meisten zurück. Ein Jahrhundert später jedoch, 1609, wurden sie von Felipe III ausgewiesen, was verheerende Folgen für die Landwirtschaft hatte.

Im Laufe einer 5 Jahre dauernden Belagerung durch die Franzosen in den Jahren 1808 bis 1813 wurde die historische Bausubstanz der Stadt

Cadiz weitgehend vernichtet. Doch eine Einnahme der Stadt gelang den Franzosen nicht. Im Jahre 1812 wurde in dem frei gebliebenen Cadiz eine liberale Verfassung proklamiert.

In gewisser Weise kann man sagen, dass der 1936 beginnende Bürgerkrieg zwischen Franco und den Kommunisten bereits in dieser Zeit seine Wurzeln hat. In dieser Zeit beginnen sich die sozialen Probleme, welche aus dem Großgrundbesitz resultieren, immer stärker abzuzeichnen. Unter den landlosen Bauern verbreitet sich das anarchistische Gedankengut immer stärker.

Es ist um 1840 notwendig, die Guardia Civil zu gründen um das immer stärker um sich greifende Bandenunwesen in Andalusien zu bekämpfen.

Bereits 1898 verliert Spanien seine letzten Kolonien, die Philippinen, Puerto Rica und Kuba.

Übrigens verfügt Cadiz über sehr schöne Museen, welche wir uns gründlich angesehen haben. Besonders die Museen *Museo de Bellas Artes / Museo Arqueologien* und das *Archäologische Museum* hatten es uns angetan. Wir waren sehr wissbegierig und haben auch die Catedral Nueva besichtigt.

Cadiz fungierte für uns als Versorgungshafen, wenn wir in Südspanien oder Nordafrika lagen. Hier legten unsere Versorgungsschiffe an, die alles an Bord hatten, was wir brauchten. Wir wurden vor allem mit Treibstoff, technischen Geräten und Ersatzteilen versorgt. Auch unser gutes deutsches Bier erreichte uns auf diesem Wege. Und dieser Artikel stand nicht am Ende unserer Wunschliste, sondern ziemlich weit oben! Lebensmittel besorgten wir so weit wie möglich lieber frisch. Das war in Spanien kein Problem. An Lebensmitteln bestand nämlich trotz des Bürgerkrieges in Franco-Spanien keine Not. Zumindest haben wir hiervon nichts bemerkt!

*

In Cadiz gab es auch eine Deutsche Botschaft. Unser Kommandant war oft hier eingeladen. Offenbar hat es ihm dort ausgezeichnet gefallen, denn manchmal verschwand er für einen ganzen Tag in der Botschaft. Wenn dann plötzlich auf der Pier ein Taxi erschien und unser Kommandant heraussprang, dann wussten wir, dass in Kürze das Kommando *fertig machen zum Tauchen* erfolgen würde. Das Tauchen musste ja täglich durchgeführt werden. Wir *armen* Seeleute waren damit auch voll einverstanden. Denn da wir für jeden Tauchvorgang eine Art Prämie, also das Tauchgeld erhielten, erhöhte sich dadurch unser Soldkonto ganz beträchtlich. Oft überstieg die Summe der Tauchzulagen sogar unseren Grundsold. Außerdem hielt sich der Aufwand in Grenzen. Ja, wir legten zum Tauchen oft noch nicht einmal von der Pier ab. Die Wassertiefe im Hafen, die die erforderliche Mindesttiefe von 15 m überstieg, ließ das Tauchen auch an der Pier zu. Wir brauchten gar nicht groß rauszufahren.

Routiniert bewerkstelligten wir das Tauchen und Auftauchen, das uns nun wirklich langsam in Fleisch und Blut übergegangen war. Kaum lagen wir wieder in der Ausgangsposition, rief uns der Kommandant noch ein paar aufmunternde oder ermahnende Worte zu, stieg wieder in sein Taxi und brauste in Richtung Botschaft davon. Wir sahen ihm nach und sagten zueinander: *Ei, ei, was muss es doch schön sein in dieser Botschaft!* Aber wir gönnten ihm ja seine Abwechslung! Zumal auch wir durchaus auf unsere Kosten kamen.

Beispielsweise unternahmen wir Busausflüge in die bedeutenden Weinregionen um Cadiz. In einem sehr großen Weingut wurden wir ganz besonders aufmerksam empfangen und bewirtet. Es waren sehr reiche Weingutsbesitzer. Sie hatten auch einen wunderbaren Marstall mit edlen Araberpferden. Die beiden Töchter und der Sohn führten uns stolz ihre Reiterkunststücke vor. Alle saßen sicher im Sattel und beherrschten ihre Tiere mit leichter Hand.

Den Reitern unter uns wurde angeboten, einen kleinen Ausritt mit den Kindern des Gutsbesitzers zu unternehmen. Drei Mann wagten sich auf den Rücken dieser temperamentvollen Pferde. Wir mussten höllisch aufpassen, um uns im Sattel zu halten.

Im Nachhinein betrachtet kann man sagen, dass es sich hierbei um eine Art Probereiten für die Ritte handelte, die auf uns, Vertreter der reitenden Kriegsmarine (eine sehr seltene Waffengattung!), in Sevilla noch warten sollten.

*

Hochinteressant war für uns junge Kerle das Flanieren an den Abenden auf der Promenade! Jeden Abend zwischen 18.00 Uhr und 21.00 Uhr fand sich die Jugend auf der Hauptstraße ein. Junge Ehepaare und die älteren Semester waren zwar auch vertreten, aber eindeutig in der Minderheit. Die meisten waren junge Männer und junge Frauen, die solo waren und deren Augen genau registrierten, ob da eine in Frage kommende attraktive Manns- bzw. Weibsperson ins Blickfeld trat.

Für uns Ausländer erwies es sich allerdings als gar nicht so einfach, Kontakt mit den promenierenden Señoritas herzustellen. Zwar warfen sie uns aus ihren schwarzen glänzenden Augen so feurige Blicke zu, dass es uns fast die Sprache verschlug. Aber vielleicht lag eben darin das Problem. Wir hatten ein Handicap. In punkto sprachlicher Verständigung waren wir nämlich gegenüber der einheimischen Konkurrenz, die reichlicher vertreten war, als wir uns das gewünscht hätten, klar im Nachteil. Es bedurfte erst einer gewissen *Einarbeitungsphase*, bis wir den Bogen raus hatten.

Äußerlich war die ganze Promeniererei sehr einfach. Man spazierte auf der einen Straßenseite hinauf und auf der anderen wieder hinab. Das war alles. Das hatte den Vorteil, dass man sich mehrfach am Abend entgegenkam und näher ins Auge fassen konnte.

Als es uns endlich gelang, einen ersten Kontakt zu einigen jungen Damen herzustellen, wollten wir uns gerade so richtig ins Zeug legen, als es 21.00 Uhr schlug und unsere Schönen wie auf einen Zauberschlag hin spurlos verschwanden. Blitzschnell schienen sie mit den

Schatten der umliegenden Höfe und Häuser zu verschmelzen. Zu unserem tiefsten Bedauern aber, ohne dass wir ein weiteres Treffen verabredet hätten. Bei den nächsten Kontakten waren wir dann schon gewitzter. Zügig versuchten wir - je nachdem wie unsere Freiwachen lagen - einen Treffpunkt für den nächsten oder übernächsten Tag auszumachen. War das Rendevouz erst einmal vereinbart, konnten wir über die die Pünktlichkeit der Señoritas nicht klagen. Selten mussten wir warten, zuverlässig fanden sich die Schönen am Treffpunkt ein.

Diese Treffpunkte lagen vorzugsweise in einem der prächtigen Parks. Dort ließ es sich ungestört flanieren, wobei wir nebenbei unsere Spanischkenntnisse verbesserten. Es gab manches Gelächter, wenn die Sprachkenntnisse an ihre Grenzen stießen und Hände und Füße zur Hilfe genommen werden mussten. Fasziniert beobachteten wir, wie uns ein hübsches Kind des Landes mit heftigen Gestikulationen eine Lektion in Heimatkunde erteilte. Man lernte sich kennen, man flirtete, man machte seine Erfahrungen miteinander, das war in der Regel aber auch schon alles, meistens jedenfalls.

*

Irgendwann kam der Tag des Abschieds, von Cadiz und seinen Señoritas. *In zwei Tagen in Sevilla einlaufen* - so lautete der Befehl, der den Kommandanten über seine geliebte deutsche Botschaft erreicht hatte. Wir waren alle gespannt darauf, Sevilla endlich kennen zu lernen. Hatten wir doch gehört, dass es eine der schönsten Städte Spaniens sein sollte. Zuvor jedoch ankerten wir bei *Sanlucar de Barrameda* und machten Station in *Jerez de la Frontera.* Und dieser Abstecher lohnte sich durchaus!

Die Freiwache, es war an diesem Tage die Steuerbordwache, zu der glücklicherweise auch ich gehörte, fuhr nach Jerez. Wir waren sofort verzaubert von dieser wunderbaren Stadt. Die vielen so farbig belebten Plätze, auch hier die üppige Vegetation der Parkanlagen, die prächtigen Alleen - wir waren begeistert. Auch Paläste waren zu sehen, deren Pracht etwas Märchenhaftes anhaftete. Viele davon dienten den so genannten Sherry-Baronen als Residenz. Denn ihren unübersehbaren Reichtum verdankte die Stadt nicht nur ihren edlen Weinen, bekannter wurde sie durch einen hier hergestellten speziellen Likörwein, den weltberühmten und beliebten Sherry.

Auch hier stellte man uns einen sehr gut Deutsch sprechenden Fremdenführer zur Verfügung, der uns ausgezeichnet informierte.

Schon 1000 v. Chr. gründeten die Phönizier diese Stadt. Sie waren es auch, die die ersten Rebstöcke anbauten. Wahrscheinlich kelterten sie selbst schon Wein, vor allem aber verarbeiteten sie die Trauben zu Rosinen.

Nach der Schlacht bei Guadalete im Jahre 711 begann in Spanien das Zeitalter der Mauren. Jerez jedoch wurde bereits 1264 durch die Christen zurück erobert. Die Stadt bildete jetzt aber die Grenze zwischen dem Islam und dem Christentum bis 1492.

Im Jahre 1380 wurde der edlen und treuen Stadt durch König Juan der Ehrenname *Xeres de la Frontera* verliehen.

*

Nach der Stadtbesichtigung machten wir erst eine Siesta in einem der schönsten Cafes in einem Garten zwischen den großen Blühten unbekannter Blumen. An den spanischen Mocca mussten wir uns erst gewöhnen. Er war enorm stark. Selbst nach längerem Aufenthalt in Spanien konnten wir uns nie so recht daran gewöhnen. Mit Vorsicht zu genießen waren auch die hochprozentigen Anisgetränke, welche hier auf der Karte standen.

Nach der Stadtbesichtigung hatte unser Fremdenführer noch einen heißen Tipp für uns: Unbedingt sollten wir einem bestimmten Weinkeller einen Besuch abstatten. Es sei der größte in Jerez und führe die besten Tropfen. Neugierig ließen wir uns von ihm dorthin führen, zahlten ihm, was ihm für seine Dienste zustand, worauf er dankte und verschwand. Wir brauchten nicht lange warten, bis man uns begrüßte. Fast hatten wir den Eindruck, man habe bereits mit uns gerechnet.

Der Keller lag sehr tief in der Erde, was bewirkte, dass es hier angenehm kühl war, während draußen eine schweißtreibende Hitze herrschte. Überrascht waren wir über die beträchtliche Größe des Kellers, in dem etwa 400 Fässer lagerten, die jeweils 500 Liter fassten.

Leider waren die Deutschkenntnisse des Kellermeisters nicht so berauschend, wie das, was er in seinen Fässern zur Verkostung anbot. Wir begnügten uns mit ein paar ungefähren Angaben und langten zu.

Führung und Probieren sei selbstverständlich kostenlos, den *Aleman-Submarinos* könne er doch kein Geld abnehmen - eine Einstellung, die unseren uneingeschränkten Beifall fand.

Gerade hatten wir uns etwas in Laune probiert, da erschien eine bildhübsche Señorita und stellte sich als Tochter des Hauses vor. Sie sprach ein ausgezeichnetes Deutsch. Ihre Deutschkenntnisse, so erklärte sie, habe sie während eines zweijährigen Aufenthaltes in einem Schweizer Internat und längeren Reisen durch Deutschland erworben.

Fachkundig erläuterte sie die Eigenarten der vorhandenen Weine, die wir einen nach dem anderen verkosteten. Unser besonderes Augenmerk aber wolle sie auf die weltberühmte Spezialität des Ortes richten, auf den Sherry. Der Name sei wahrscheinlich eine Schöpfung von Engländern des 17. Jahrhunderts. Da diese den Namen der Stadt *Jerez* nicht recht über die Zunge brachten, sagten sie einfach *Sherry*.

Während bis zum 16. Jahrhundert dieser Likörwein in erster Linie für die eigene Region und Umgebung hergestellt und verkauft wurde, begann dann ab dem 16. Jahrhundert der Export, vor allem nach England.

Erst ca. 1872/1873 habe man begonnen, einen Teil des Sherry in Flaschen abzufüllen. Aber noch immer wurde der größte Teil des Weines in Fässern exportiert. In Spanien gebe es staatliche Stellen, welche den gesamten Wein kontrollieren. Nicht nur die Qualität werde überprüft, sondern auch der Schnitt der Reben und der Ertrag.

Nachdem sie dieses und andere interessante Einzelheiten mitgeteilt hatte, wünschte sie uns einen angenehmen Aufenthalt und schon war dieses charmante Wesen, unter dessen Führung wir stundenlange Verkostungen mit Vergnügen auf uns genommen hätten, verschwunden. Dafür erschien wieder der Herr Papa, der sogleich einen Wein ankündigte, der so alt sei wie Methusalem. Die *Aleman-Submarinos* waren gespannt.

Weinprobe tief im Keller in Jerez

Was nun folgte glich einer gut einstudierten Artistennummer. An einem langen Stab führte er mit der rechten Hand ein Glas zur Probeentnahme tief in ein Fass, während er in der Linken gleich drei Gläser bereithielt, die knapp größer waren als unsere typischen Sherrygläser. Nun zog er gekonnt das Glas aus dem Fass bis in Kopfhöhe und ließ von dort schwungvoll und haargenau gezielt einen Weinstrahl direkt in die drei Gläser fallen, die er lässig in der Höhe seiner linken Hüfte hielt. Alle drei Gläser wurden gefüllt, ohne dass auch nur ein einziges Tröpfchen daneben gegangen wäre. Unserem artistischen Kellermeister stand der Stolz auf seine Vorführung ins Gesicht geschrieben. Die *Aleman-Submarinos* warfen sich bewundernde Blicke zu und applaudierten.

Nun erklärte er, dass der Methusalemwein immer wieder verschnitten werde. Dabei würde aber, falls wir ihn richtig verstanden haben, Geschmack und Qualität des ursprünglichen uralten Weines erhalten bleiben. Wir glaubten es ihm aufs Wort. Warum sollten wir es bezweifeln? Unsere Stimmung war hervorragend. Als er von uns etwas über unser Fahrzeug wissen wollte, zeichneten wir bereitwillig unser U-31 auf die Stirnseite seines Methusalemfasses und erklärten ihm ein paar Funktionen.

Übrigens schwor unser Kantinen-Willi Stein und Bein, dass er 1967, also genau 30 Jahre später, als er mit seinem Kegelklub unsere damalige Tour nachgereist war, unser Kreide-U-Boot noch auf dem Fass gesehen habe. Vielleicht werde ich das in nächster Zeit einmal überprüfen.

Damals war der Methusalemwein noch keineswegs der Abschluss. Wir kosteten fleißig weiter. Da es im Weinkeller sehr kühl war, hatten wir gar nicht bemerkt, dass wir unser Maß bereits überschritten hatten. Das merkten wir dann umso deutlicher, als wir in die heiße Luft auf der Straße traten! Einigen Kameraden drohten die Knie wegzuknicken. Eine blamable Katastrophe bahnte sich an! Ich sah schon eine Zeitungsschlagzeile vor mir: *Sturzbetrunkende Aleman-Submarinos vor Weinkeller zusammengebrochen* ... Das musste verhindert werden, wir mussten zum Boot zurück, ohne auffällig zu werden und die ganze Nation zu blamieren. Bis zum Hafen ging es noch halbwegs.

Aber als uns dann eine Barkasse an Bord nehmen wollte, um uns zu unserem vor Anker liegenden Boot zu bringen, sackten etlichen die Beine weg. Auch mit ihrem Bewusstseinszustand schien es nicht mehr weit her zu sein. Vorsichtig schleiften wir sie in die Barkasse. Nicht einmal, wenn sie ins Wasser geplumpst wären, wären die Kameraden wieder zu sich gekommen. Wie viel Promille sie im Blut hatten wird auf ewig unbekannt bleiben.

Zum Glück war die Backbordwache an Bord geblieben. Von ihr wurde jetzt voller Einsatz verlangt. Mit der Wurfleine um die Brust wurden die Weinprobierer, die schwerer waren als Mehlsäcke, die zwei Meter hoch an Bord gehievt. Das war ein schönes Stück Arbeit, mit vielen Hau-rucks und Hallos. Aber die Backbordwache hat sich dabei trotzdem köstlich amüsiert! Unser Kommandant besah sich schweigend den jämmerlichen Zustand seiner Kämpfer und schüttelte nur sein weises Kommandantenhaupt. Er war immerhin froh, dass er kein Schäfchen der Steuerbordwache an den Wein verloren hatte.

*

Wir blieben bis zum anderen Morgen vor Anker liegen und fuhren dann den Guadalquivir aufwärts nach Sevilla. Es wurde eine hochinteressante Fahrt mit vielen Überraschungen.

Von der Mündung bis *La Puebla del Rio* gab es kaum Ansiedlungen in der Nähe des Flusses. Alles war kaum berührte Natur. An den Ufern befanden sich viele Feuchtgebiete, Sümpfe und Teiche. Zum Teil waren diese viele Kilometer breit. Es war (ist?) ein ideales Gebiet für alle möglichen Vogelarten. Hier konnte man große Kolonien auch seltener Arten beobachten. Da flatterten, flogen, stelzten, brüteten Störche, Silberreiher, Kuhreiher, Kraniche der verschiedensten Arten, dazu gesellten sich unzählige kleinere Vogelarten mit buntem Gefieder und erstaunlich kräftigen Stimmen. Selbst ein Ornithologe hätte bei dieser Artenvielfalt wahrscheinlich Schwierigkeiten gehabt, die richtigen Namen auf Anhieb zu nennen.

Der Gualdalquivir ist einer der größten Flüsse Spaniens.

Wo Ackerbau in der Nähe des Flusses möglich ist, geschieht dieses von einzeln gelegenen großen Haciendas aus.

Um den Gualdalquivir, die Lebensader dieser Region, ranken sich viele Sagen. So soll z.B. in einer einzigen Nacht, während die Königin Isabella schlief, eine Brücke über den Fluss gebaut worden sein, damit sie auf ihrem Marsch in Richtung Granada beim Überschreiten des Flusses ihre Füße nicht nass machen musste!

Dann kamen wir an *La Puebla del Rio* vorbei und erreichten kurz darauf Sevilla, die Stadt, auf die wir so gespannt waren. Unser Liegeplatz war kurz vor der eisernen Hebebrücke an der Stadtseite. Das Boot sollte so ausgerichtet sein, dass es ohne Wendemanöver Richtung Atlantik starten konnte. Aber eine Drehung um 180 ° erwies sich als gar nicht so einfach, da die Wassertiefe außerhalb der Fahrrinne für unseren Tiefgang fast zu knapp berechnet war. Aber wir schafften es schließlich doch.

Erster Besucher an Bord war der deutsche Konsul. Er revanchierte sich mit einer Einladung unseres Kommandanten für den nächsten Tag ins Konsulat.

Sechs Tage sollten wir in Sevilla ankern, und so hatten wir genügend Zeit uns die Stadt gründlich anzusehen. Schon am ersten Abend unternahm die Freiwache ihren ersten kurzen Erkundungsspaziergang. Diese Stadt bot einen ganz anderen Anblick als die spanischen Städte, die wir bisher kennen gelernt hatten. Wir waren verblüfft, einen ganz anderen Baustil vorzufinden. Doch wir beließen es bei diesem ersten Eindruck und kehrten recht früh von dieser ersten Inspektion zurück. Von irgendwelchen Weinproben wollte diesmal niemand etwas wissen, das Abenteuer im Weinkeller von *Jerez de la Frontera* lag schließlich erst wenige Tage zurück.

Stattdessen ließen wir uns auf dem Oberdeck unseres U-Bootes nieder und machten ein paar Flaschen deutsches Bier auf. Es dauerte nicht lange und wir waren regelrecht umlagert von Spaniern aller Altersgruppen. Sie wurden angelockt durch den ungewöhnlichen Anblick eines deutschen U-Bootes und suchten Kontakt zu uns. Als wir ein erstes Bierchen intus hatten, erfreuten wir unser spanisches Publikum mit einem Ständchen unseres Chores. Es gab Applaus, für den wir uns mit Flaschenbier bedankten, das wir den Caballeros zuwarfen. Die Folge unserer musikalischen Darbietungen war, dass die Pier immer voller wurde. Ob man nicht das *Submarino* mal besichtigen dürfe, wurden wir immer wieder gefragt. Leider war das nicht möglich, weil es grundsätzlich untersagt war. Zum Trost legte sich unser Chor noch einmal ordentlich ins Zeug und schmetterte ein deutsches Seemannslied in die spanische Nacht hinaus.

Allmählich verlief sich dann das Publikum, die letzten Spanier verabschiedeten sich gegen Mitternacht.

Die Nacht verlief ruhig. Unsere Posten bekamen nichts zu tun.

Am nächsten Tag wurde unser Kommandant bereits zum Mittagessen ins Konsulat abgeholt. Am frühen Abend kam er dann zurück. Er brachte eine frohe Botschaft mit. Es läge eine Einladung vor für bis zu fünf Marinesoldaten für die Hochzeitsfeier der Tochter eines spanischen Kapitäns. Einzige Bedingung: Die Betreffenden müssen sich auf dem Rücken eines Pferdes halten können.

Und, liebe Ilse, Du weißt ja: Der, der später Dein Ehemann wurde, konnte reiten …

~ ~ * ~ ~

Kapitel 15

Drei U-Bootfahrer hoch zu Ross

Mit dem U – Boot in Sevilla / Hochzeitsfeier auf einer Hazienda / Carmen

---

Drei des Reitens kundige Männer fanden sich auf Anhieb, darunter auch ich. Wir drei hatten uns auf dem Weingut in Cadiz ja sozusagen schon qualifiziert. Doch eingeladen waren ja fünf. Wir waren gespannt, ob sich noch zwei Matrosen zu uns gesellen würden. Vielleicht würde sich der eine oder andere plötzlich erinnern, hier oder da schon einmal auf einem Pferd gesessen zu haben. Denn eine Hochzeit in Andalusien miterleben zu dürfen, das war schon eine besondere Sache. Noch waren drei Tage bis dahin. Wir nutzten die Tage, um uns noch möglichst viele Brocken Spanisch einzuprägen. Die Aussicht auf die Hochzeitsfeier, bei der es sicherlich von rassigen Señoritas nur so wimmeln würde, beflügelte uns dabei ungemein …

Doch zuvor stand noch eine Stadtbesichtigung auf dem Programm. Wir hofften, über das Konsulat auch diesmal einen gut Deutsch sprechenden Fremdenführer zu finden. Und wir wurden nicht enttäuscht! Der Mann, der uns die Stadt zeigte, kannte nicht nur jeden ihrer Winkel, sondern war auch mit ihrer Geschichte bestens vertraut. Er verstand es geschickt, an geeigneter Stelle interessante Ereignisse aus der Geschichte Andalusiens einzuflechten, ja, die Stadtgeschichte im Zusammenhang mit der Geschichte Spaniens zu beleuchten.

Diesen historischen Überblick gab er, bevor wir zur Besichtigung der wichtigen Bauten und Plätze aufbrachen. Wir gehörten nicht zu den Touristen, die solche Erläuterungen über sich ergehen lassen und nur die Sensationen begaffen wollen. Nein, wir hörten aufmerksam zu, dachten mit und auch unsere Phantasie stellte uns das Gehörte vor Augen. Als unser Fremdenführer merkte, dass er wirklich interessierte junge Männer vor sich hatte, befeuerte dies wiederum seine Ausführungen und so waren wir alle mit Begeisterung bei der Sache. Im Folgenden halte ich einige seiner Erläuterungen fest.

Sevilla ist der Mittelpunkt Andalusiens. Die Bewohner von Sevilla sind ganz besonders stolz auf ihre Stadt. Sie behaupten, Sevilla wäre im Grunde noch immer der Mittelpunkt Südspaniens. Ihre Stadt wäre schöner sogar als Granada oder Cordoba! Ja, manche Sevillaner rühmen ihre Stadt als die Perle Spaniens. Wenn man die Schätze betrachtet, die diese Stadt zu bieten hat, kann man ihre Meinung gut verstehen.

Sevilla war zur Zeit der Maurischen Epoche der Mittelpunkt des Taifa-Reiches. Schon damals hieß es: Hast du noch kein Wunder gesehen, so kannst du noch nicht in Sevilla gewesen sein.

Die drei freiwilligen

Der Sage nach soll Sevilla von Herakles gegründet worden sein. Die nüchternen Historiker allerdings schreiben diese Tat den Phöniziern zu.

Andalusien ist eine sehr lebensfrohe Region und Sevilla ist der Mittelpunkt dieser Region.

Sevilla gilt als Inbegriff des heiteren und lebenslustigen Spaniens. Nirgends werden die *Ferias* heiterer und ausgelassener gefeiert als hier.

In Sevilla steht eine der größten gotischen Kathedralen der Welt und hier befindet sich einer der bemerkenswertesten Glockentürme überhaupt.

Die Universität und die Tabakfabrik gehören zu den größten Gebäuden ganz Spaniens. Das Kunstmuseum von Sevilla ist dem berühmten *Prado* von Madrid fast ebenbürtig.

Unser Fremdenführer war ja Sevillaner und ließ seiner Begeisterung freien Lauf. Wir haben uns davon überzeugen lassen, dass Sevilla in vieler Hinsicht Granada in nichts nachsteht.

Er erklärte uns, dass hier die archetypische Figur der *Carmen* ebenso geschaffen wurde wie die des *Don Juans*. Carmen gilt noch heute als die Verkörperung der weiblichen Sinnlichkeit, während jeder den Don Juan kennt als Inbegriff der männlichen Begierde. (Von einer Carmen wird in diesem Kapitel übrigens noch die Rede sein, von einem Don Juan ... ähh ... nein, von einem Don Juan eigentlich nicht.)

Im 15. und 16. Jahrhundert erreichte in Sevilla der Wohlstand seinen Höhepunkt. Damals war Sevilla das Tor zu der von Kolumbus entdeckten Neuen Welt. Schätze aus Amerika kamen über das Meer, den Fluss hoch in den Hafen von Sevilla und zwar wahrhaftig nicht zum Schaden der Bewohner. Doch es waren nicht nur Gold und andere Schätze, die den Weg hierher fanden, sondern auch Krankheiten wurden eingeschleppt, Seuchen breiteten sich aus, es gab Tage, da hatte man 400 Tote zu beklagen.

Unser Fremdenführer führte uns zu der *Real Fabrica de Tabacos*. Die Königliche Tabakfabrik war noch im vollen Betrieb, an die 3200 Arbeitskräfte waren hier beschäftigt. Die Mehrheit waren Frauen. Damals war es hier so, dass meist die Frauen das Geld verdienten. Die Männer rauchten die geschmuggelten Zigarren und viele waren arbeitslos.

Wir setzten unseren Weg fort und gelangten zur Kathedrale *Santa Maria de la Sede*. Den Turm hatten wir schon von weitem gesehen. Aber jetzt waren wir überrascht über die imposanten Ausmaße der Kathedrale. Sie ist ca. 115 m lang, 75 m breit und 65 m hoch. Der Turm der Kathedrale (die so genannte *Giralda*) ist 95 m hoch.

Die Giralda war 1184 durch die maurischen Herrscher als Minarett erbaut worden. Sie gilt als eine Glanzleistung der maurischen Handwerker und deren ungewöhnlichen Baukunst! Durch all die Jahrhunderte haben die Besucher Sevillas immer wieder ihren Blick voller Bewunderung in die Höhe gleiten lassen. Heute sagt man auch, es wäre der Eifelturm Sevillas.

Die Form der Kathedrale ist ungewöhnlich und nicht leicht in ihrer Gesamtheit zu erfassen. Innen wird alles beherrscht durch den mächtigen Hochaltar. Mit 23 m Höhe und 20 m Breite ist der vergoldete Altaraufsatz das größte Retabel der Welt.

Es zeigt in 45 holzgeschnitzten Darstellungen das Leben Jesu Christi und Marias. Für die Vergoldung wurden 2,4 t Blattgold verarbeitet!

Die Giralda, also der Turm, ist etwas ganz Besonderes. In jeder Beziehung ist er der Höhepunkt der ganzen Kathedrale. Dies aber weniger durch seine Höhe als vielmehr durch die Besonderheiten seiner Konstruktion und Gestaltung.

Der Glockenstuhl beherbergt 25 Glocken, so viel wie kaum eine andere Kirche der Welt. Ein besonderes Erlebnis ist das Glockengeläut. Die Glocken schallen derart mächtig vom Turme, dass sich Lärmempfindliche bei aller Harmonie des Klanges dagegen zu schützen pflegen!

Bis hinauf zur Glockengalerie in ca. 70 m Höhe führen nicht etwa Stufen, sondern sanfte Schrägen, die ca. 2.5 m breit sind. Mit einiger Mühe konnte man früher auch auf einem Pferd oder Esel hinaufreiten! In keinem anderen Land habe ich eine Kathedrale oder einen Turm gesehen, den man auf so ungewöhnliche Weise besteigen konnte. Als wir oben waren, bot sich uns ein beeindruckender Rundblick über die Dächer von Sevilla.

Die heutige Kathedrale steht auf geschichtsträchtigem Boden. Unter den Westgoten hatte hier ein großer Dom gestanden. An der gleichen Stelle errichteten dann die maurischen Fürsten die zweitgrößte Moschee der Welt. Da diese zu Beginn des 15. Jahrhunderts durch ein Erdbeben stark beschädigt wurde, beschlossen die Domherren, hier eine Kirche zu bauen, wie es sie herrlicher und größer nirgends auf der ganzen Welt geben sollte!

Die Dächer von Sevilla

40 Säulenanlagen tragen 69 Gewölbe über 7 Kirchenschiffen und 54 Kapellen. Über 40 Maler und 70 Bildhauer waren am Bau lange Zeit beschäftigt. Es dauerte fast 100 Jahre bis die Kathedrale ihre heutige Form erreicht hatte. Übrigens findet sich in ihrem Inneren das Grabmal des Kolumbus.

*

Die zweite architektonische Glanzleistung der Mauren liegt nicht weit entfernt von der Giralda, der *Alcazar*, was auf Arabisch schlicht und einfach *Burg* heißt. Wie die Kathedrale steht auch der Alcazar auf der Liste der UNESCO als Weltkulturerbe, wodurch seine Bedeutung gewissermaßen unterstrichen wird.

Er war ursprünglich die Residenz der maurischen Herrscher. Später war er Herrschersitz vieler gekrönter Häupter. Erbaut wurde er im Jahre 712. Er war die Stadtfestung der Mauren.

Im gewissen Sinne ähnelt der Alcacar der Alhambra in Granada, erreicht aber nicht dessen fast überirdische Schönheit. Peter der Grausame ließ aus Granada und Toledo maurische Baumeister und Handwerker kommen und erbaute im Jahre 1366 einen weiteren Großteil der Anlage.

Allein die Kapelle der Königin Isabella I. und das prunkvolle Schlafzimmer Pedros würden eine Besichtigung des Alcazar lohnen, von den

Im Alcazar in Sevilla

wertvollen Gemälden und anderen Kunstschätzen einmal abgesehen.

Wir besichtigten auch das *Museo de Bellas Artes* mit der bedeutensten Kunstsammlung Spaniens. Hier sind auch Gemälde zu sehen von Velazquez, Murillo, Barroca und Zurbaran und vielen anderen spanischen Meistern!

Für die Besichtigung des *Casa de Pilatos*, fehlte es uns an diesem Tage an Zeit. Es soll sich dabei praktisch um eine Kopie des Pilatus-Hauses in Jerusalem handeln, in welchem jener römische Stadthalter Jerusalems einst wohnte, der seine Hände in Unschuld wusch, als er Jesus verurteilte. Auch die Besichtigung der anderen Sehenswürdigkeiten verschoben wir auf eine Freiwache der nächsten Tage. Die menschliche Aufnahmefähigkeit ist bekanntlich begrenzt.

Hervorzuheben sind auch hier die Parks. Nirgendwo, weder in Paris, noch in Lugano, Zürich oder in Deutschland habe ich eine so gelungene künstlerische Parkgestaltung gesehen wie hier in Sevilla.

Eine Besichtigung der Altstadt ließen wir uns nicht nehmen. Es handelt sich dabei um ein malerisches Gewirr von Gassen und Gässchen, in denen sich ein Fremder schnell verirren kann. Ein Fremdenführer ist da sehr nützlich.

Das Santa-Cruz-Viertel hat wunderbar gepflegte Plätze und prangt im Blumenschmuck. Hier kann man geruhsam spazieren gehen, vor allem auch am Abend.

Am Sonntagmorgen sahen wir auf vielen Plätzen, aber auch vor den

Junge Flamenco Tänzerinnen

Wohnhäusern, besonders hübsch aussehende kleine Mädchen in Flamenco-Kostümen. Schon die 3- bis 5-jährigen Mädchen tanzten den Tanz ihres Lebens, den Flamenco! Wir waren begeistert!

*

Wie schon erwähnt war es die Herrschaft der Mauren, die besonders im Süden Spaniens deutliche Spuren hinterlassen hat. Immerhin währte diese Herrschaft 800 lange Jahre. Zeit genug, die Lebensweise, das Kunsthandwerk und die Bauweise dauerhaft zu beeinflussen. Die so wohltuend schattigen und meist sehr gepflegten Innenhöfe vieler Häuser gehen auf diese Phase der spanischen Geschichte zurück.

Der endgültige Sieg über den Islam erfolgte erst 1492 mit der Einnahme von Granada. Jetzt begann die neue spanische Zeit.

Im gleichen Jahre verließ Columbus Spanien und unternahm die Fahrt nach Amerika. Er tat dieses im Auftrag der Königin Isabella I. von Palos de la Frontera aus.

Trotz des Reichtums, der durch die großen Entdeckungen nach Spanien gelangte, verschwanden die sozialen Probleme nicht. Die Hafenstadt Sevilla verwandelte sich in eine reiche Handelsmetropole, aber dem übrigen Südspanien fehlten die Perspektiven.

Andalusien blieb weiter eine reine Agrarregion und die sozialen Ungerechtigkeiten wurden immer größer. Vor allem durch die Großgrundbesitzer und die ungerechte Bodenverteilung. Das führte zu einer Auswanderungsbewegung in die neuen Kolonien.

Im 19. Jahrhundert führten soziale Spannungen zu gewalttätigen Unruhen. Und diese führten dann zum Bürgerkrieg von 1936 bis 1939. Franco-Spanien führte den Bürgerkrieg gegen die Kommunisten. Auf der Francoseite kämpfte auch die deutsche Legion Condor. Auf der kommunistischen Seite kämpften ebenfalls Deutsche, welche dann in späteren Jahren sogar führende politische Ämter in Deutschland einnahmen, obwohl Deutschland nicht von Kommunisten regiert wurde. Vor allem wurden erstmalig starke Verbände der deutschen

Luftwaffe bei der Legion Condor eingesetzt, welche große Verwüstungen anrichteten.

Unnötige Opfer wurden auf beiden Seiten gebracht. Auf Francos Seite wurden vor allem marokkanische Truppen aus Spanisch-Marokko, dem heutigen Königreich Marokko, eingesetzt. Auf Seiten der Roten kämpften überzeugte Kommunisten aus allen Ländern, vor allem aber der östlichen Welt.

Ende der fünfziger Jahre öffnete sich Spanien dem Ausland und es setzte eine erstaunliche kräftige wirtschaftliche Entwicklung ein.

Auch von dieser industriellen Entwicklung profitierte Andalusien wenig. Deshalb wanderten viele Andalusier aus in die wirtschaftlich starken nördlichen Industriegebiete. Viele gingen auch als Gastarbeiter ins Ausland.

Erst die Entwicklung des modernen Massentourismus eröffnete endlich auch für Andalusien neue Möglichkeiten. Vor allem die Costa del Sol zog Jahr für Jahr mehr und mehr Touristen aus Nord- und Mitteleuropa an. Die Gesellschaft veränderte sich.

Aber erst nach Francos Tod im Jahre 1975 begann der Demokratisierungsprozeß in Spanien. Der Beitritt zur Europäischen Union brachte dann weitere wirtschaftliche Vorteile.

Starke Impulse gingen auch von der Weltausstellung aus, die 1992 in Sevilla stattfand. Sie bewirkte eine Stärkung der Wirtschaftskraft für ganz Andalusien.

Genug der Stichworte über die geschichtliche Entwicklung Andalusiens bis zum 19. Jahrhundert und den ab ca. 1950 erfolgten wirtschaftlichen, sozialen und touristischen Aufschwung.

*

Steigen wir nun hinunter von der hohen Warte des historischen Überblicks, herab zu einer Hochzeit auf einer Hazienda im Jahre 1938! Unter uns Seeleuten hatten sich keine weiteren Reiter finden lassen. Viele wären gern mitgefahren, aber das Risiko, vom

Pferd zu fallen und sich zu blamieren, wirkte dann doch abschreckend. Es blieb also bei uns dreien. Zusammen mit dem Kommandanten wurden wir zu dem festlichen Ereignis abgeholt.

Wir hatten keine Ahnung, was da auf uns zukommen würde. Obwohl nach der Kleiderordnung der Marine eine weiße Hose vorgesehen war, hatten wir vorsichtshalber darauf verzichtet. Wir dachten an die Pferde, auf denen wir ja irgendetwas vorführen sollten. Vielleicht irgendwelche Ritterspiele zur Belustigung der Gäste? Oder ein wildes Pferderennen, wie es alljährlich im italienischen Siena stattfand? Nun, wir würden sehen.

Die ungewöhnlich ausgedehnte Hazienda lag unmittelbar an der Stadtgrenze von Sevilla. Der Besitzer war Kapitän der spanischen Marine. Er empfing uns herzlich, ebenso seine Gemahlin und die Hauptpersonen des Festes, das Brautpaar. Wir waren nicht die ersten Gäste. Aus allen Richtungen waren Hochzeitsgäste eingetroffen, mit denen wir uns nach und nach bekannt machten.

Vor dem Festmahl führte uns das Brautpaar durch die Besitzungen. Wir wurden durch saubere Stallungen geführt, man zeigte uns das stattliche Herrenhaus, die Höfe und den paradiesischen Garten.

Der Bräutigam, ein Oberleutnant der spanischen Marine, wie könnte es auch anders sein, sprach gutes Deutsch und erklärte uns alles. Die Braut, eine entzückende Spanierin mit kohlschwarzem Haar, sprach ebenfalls ein verständliches Deutsch, war aber sehr zurückhaltend.

Der Bräutigam erklärte uns, dass die Hochzeit in ihrer familieneigenen Kirche stattfinden würde. Diese wäre nur ca. 2 km entfernt und gehöre zu der Hazienda seiner Eltern.

Nun waren wir in etwa im Bilde! Hier heiratet also ein Nachbarsohn die Tochter des anderen reichen Nachbarn. Beide waren Einzelkinder und somit würde bald, sofern Franco den Bürgerkrieg gewinnen würde und die Kommunisten keine Bodenreform zugunsten der Armen durchführen würden, aus den zwei Haziendas eine einzige werden! Dadurch würde dann eine außerordentliche ausgedehnte

Besitzung entstehen.

Beide waren sympathische junge Menschen. Er war 28 Jahre alt und seine Braut war 22 Jahre jung. Er war z. Zt. Offizier bei der Marine, wurde aber nach seinem Abitur erst in einer Bank ausgebildet. Seine Braut studierte in Sevilla Jura. Kann man mit besseren Voraussetzungen in eine Ehe starten?

Dann begann ein Festessen, welches seinen Namen wirklich verdiente! Es gab wohl an die 20 Gänge an Speisen. Leider habe ich nicht mitgezählt. Nach jeweils vier bis fünf Gerichten wechselte der Wein und auch der nun ausgeschenkte harmonierte aufs köstlichste mit den gereichten Speisen.

Beim Trinken hielten wir uns weise zurück, denn die Erfahrungen von Jerez standen uns noch lebhaft vor Augen! Außerdem sollten wir uns ja noch als Reiter bewähren. Noch immer wussten wir allerdings nicht, wann und wie.

Die Tafel dauerte über zwei Stunden. Untermalt von dezenter Gitarrenmusik, die im Hintergrund unserer Konversationen geboten wurde. Wir drei von der reitenden deutschen Marine waren erfreulicherweise zwischen sehr hübschen jungen Damen platziert worden. Sie wurden uns vorgestellt als Carmen, Juanita und Isabella, spanischer ging es ja nun wirklich nicht mehr. Die Konversation war teilweise nicht ganz einfach. Im Eifer des Gefechtes verwechselten wir des Öfteren die Namen unserer hübschen Tischdamen. Diese nahmen es uns aber nicht übel, sondern amüsierten sich darüber, wobei ihre perlweißen Zähne zwischen den sehr roten Lippen faszinierend aufblitzten. Außerdem bereiteten ihnen umgekehrt unsere Vornamen ebensolche Schwierigkeiten, über die wir ihnen als echte Kavaliere galant hinweghalfen.

Mein blondes Haar wurde bewundert, während wir Carmen, Juanita und Isabella Komplimente machten über ihre prächtigen tiefschwarzen Mähnen. Ich glaube, wir fanden uns gegenseitig recht attraktiv.

Zwischendurch sahen wir zu unserem Kommandanten hinüber. Er saß in unmittelbarer Nähe des Brautpaares und der Brauteltern. Aber auch neben ihm beugte sich eine ziemlich attraktive Dame graziös über den Teller. Sie war so um die Dreißig und beide unterhielten sich angeregt. Der Kommandant nickte uns aufmunternd zu. Er schien mit unserem Auftreten zufrieden zu sein und wollte uns Mut machen, uns nicht von den spanischen Caballeros einschüchtern zu lassen.

In der Tat war alles neu für uns. Die Menschen um uns herum waren um ein Vielfaches reicher als wir, aber alle behandelten uns höflich und respektvoll, was wir auch bei der anschließenden Begegnung im Garten bestätigen konnten.

Nach dem opulenten Mahl begannen die Vorbereitungen für den Hochzeitszug. Jetzt endlich erfuhren wir auch, warum wir reiten können sollten. Jedem von uns wurde ein prachtvolles Pferd gegeben und dazu eine junge Dame. Nun dämmerte uns, dass wir mit jeweils einer Señorita hinter uns auf dem Pferderücken zur Kirche reiten sollten. Die Pferde waren entsprechend gesattelt. Also keine wilden Turniere und Jagden, sondern eine wesentlich angenehmere, galante Aufgabe wartete auf uns! Zwar hatten wir nie etwas Ähnliches gemacht, doch einen richtigen Seemann kann ja bekanntlich nichts erschüttern und er meistert auch ungewöhnliche Situationen mit Herz und Verstand.

Wir schwangen uns in den Herrensitz, hinter uns eine Señorita im Damensitz. Während ich mich noch damit beschäftigte, dem Pferd den Hals zu tätscheln, fühlte ich, dass hinter mir von zwei Caballeros ein leichter Frauenkörper aufs Pferd gehoben wurde und gleich darauf zwei schlanke Arme an mir Halt suchten. Und diese beiden Frauenarme waren durchaus nicht zaghaft, sondern umklammerten mich ziemlich fest und schienen nicht gewillt, mich in absehbarer Zeit wieder loszulassen. Ich muss gestehen, es war ein wundervolles Gefühl, die Zügel in der Hand auf diesem Pferd zu sitzen und hinter mir eine der hübschen jungen Spanierinnen zu fühlen, die sich haltsuchend an mich schmiegte. Ich spürte die Wärme ihres Körpers und schnupperte den köstlichen Duft, den sie ausströmte.

Leider hatte ich nicht mitbekommen, *welche* Señorita zu mir aufs Pferd gehoben worden war und so musste ich raten.

Isabella? fragte ich vorsichtig zur Seite hin.

Isabella? *No!* kam ein energisches Stimmchen, ganz nah an meinem Ohr. *Carmen!*

Die hübsche Carmen also war es, deren Arme sich um mich schlangen. Ich weiß nicht, ob mir die Worte unseres Fremdenführers über den Namen Carmen durch den Kopf gegangen sind. Wahrscheinlich hatte ich genug damit zu tun, die Eindrücke zu verarbeiten, die auf mich einstürmten.

Ich sah unseren Kommandanten in eine Kutsche einsteigen. Als er uns hoch zu Ross erblickte, strahlte er uns zufrieden an.

Auch der Brautvater rief uns noch aufmunternde Worte zu. Auch er war offensichtlich mit seiner Wahl, deutsche Seeleute - er nannte uns Kameraden - eingeladen zu haben, sehr zufrieden.

Nicht weniger als 20 Kutschen, voll besetzt mit Gästen, setzten sich schwankend in Richtung Kirche in Bewegung.

Alle wurden von Bediensteten der Haziendas der Brautleute und der Umgebung gefahren. Auch ein Teil der Gäste aus den nahegelegenen Haziendas waren mit eigenen Kutschen gekommen.

Dahinter folgten dann 15 Reiter mit ebenso vielen Damen, darunter waren wir drei *vom Submarino!* Die spanische Sonne schien auf uns herab, der Himmel war von azurnem Blau, es war ein wunderbarer Hochzeitszug und wir platzten fast vor Lebenslust!

Unsere Pferde machten keine Probleme. Es waren keine feurigen Araber, sondern recht friedliche Reitpferde. Vielleicht hatte man uns drei doch nicht als ganz sichere Reiter eingeschätzt. Die temperamentvolleren Pferde bekamen jedenfalls die geübteren spanischen Jünglinge, welche ebenfalls ihre Damen mit auf ihrem Pferd sitzen hatten.

Viele junge Spanier waren ja im Bürgerkrieg verstrickt. In die Lücken, die sie hinterließen, konnten wir einspringen und durften diese tolle spanische Hochzeit miterleben. Es entging uns auch nicht, dass mehrere junge Damen in Kutschen fahren mussten, da zwar genügend Pferde, nicht aber genügend Caballeros zur Verfügung standen.

Obwohl wir nur an einem Tage an der Hochzeitsfeier, die sich über mehrere Tage hinzog, teilnahmen, war es für uns ein unvergessliches Erlebnis! Als wir den an Bord zurück gebliebenen Kameraden nach unserer Rückkehr in leuchtenden Farben davon erzählten, beneideten sie uns um dieses Erlebnis.

Nach einem etwa 30-minütigen Ritt kamen wir an der Kirche an. Hier standen genügend Bedienstete der Haziendas zur Verfügung, die sich um unsere Pferde kümmerten.

Die Kirche war klein, aber von kostbarer Ausstattung. Wir spürten eine echte Frömmigkeit unter den Anwesenden und bemerkten die fast ehrfürchtige Hochachtung, die man den Geistlichen entgegenbrachte.

An diesem Tage war eine hochstehende Persönlichkeit der katholischen Kirche anwesend, ein Bischof, der die Trauung vollziehen sollte. Die Kirche war bis zum letzten Platz gefüllt.

Es war eine prachtvolle Hochzeitsfeier. Ich hatte etwas so Festliches noch nie erlebt. Obwohl wir vier vom U- Boot alle evangelisch waren, passten wir uns selbstverständlich den katholischen Gebräuchen an.

Unser Kommandant hatte uns am Abend zuvor eine kurze Anweisung für unser Verhalten gegeben. Im Zweifelsfall sollten wir uns einfach so verhalten wie die anderen Gäste auch. Dies gelte insbesondere für die Feierlichkeiten in der Kirche. Dann könne nichts passieren!

Aber damit hatte er nicht ganz Recht. Es passierte nämlich sehr wohl etwas. Etwas, das niemand vorhersehen konnte: Alle drei hatten wir uns in unsere Partnerinnen verliebt! Amor hatte ganze Arbeit geleistet. Wie er das so schnell geschafft hatte, war uns schleierhaft. Und bald sollten wir feststellen, dass er nicht nur uns in Brand gesetzt hatte, sondern unsere Partnerinnen ebenfalls!

Nach der Kirche wurde im Garten der Hazienda Kuchen und Kaffee gereicht. Gut ausgebildete Ober erfüllten die Wünsche der Gäste. An jeder Tafel bedienten vier von ihnen. Sie begannen an den vier Ecken und arbeiteten sich von außen nach innen in nahezu symmetrischen Bewegungen. Es war faszinierend zu beobachten.

Natürlich hatten wir die vorbereitete Tanzfläche bereits erspäht. Wir fragten uns, ob nur Flamenco oder auch andere Tänze wie Walzer oder Tango getanzt würden. Schließlich würden wir als Flamencotänzer keine gute Figur machen! Nach der Kaffeepause erhoben sich alle Gäste und umsäumten die Tanzfläche. Das Brautpaar eröffnete mit einem Solotanz den Tanzreigen. Und - oh Wunder! - sie tanzten einen schwungvollen Wiener Walzer!

Nachdem sie einige Runden getanzt hatten, reihten sich die Brauteltern, dann auch die Gäste ein. Und alle tanzten Wiener Walzer. Das hatten wir nicht für möglich gehalten, hier im tiefsten Spanien!

Plötzlich spürte ich eine zarte Berührung an meiner Hand. Ich sah auf und blickte Carmen in die dunklen Augen. Sie lächelte mich auffordernd an. Ich brauchte eine Sekunde, bis ich verstand: Sie wollte tanzen! In meiner Aufregung hatte ich nicht daran gedacht, auch zu tanzen. Aber sie erinnerte mich daran.

Nun, an mir sollte es nicht liegen! Wir begaben uns auf die Tanzfläche, obwohl sie bereits dicht gefüllt war, und legten einen passablen Walzer auf das Parkett. Aus dem Augenwinkel sah ich, dass auch meine Kameraden sich bemühten, beim Tanzen eine gute Figur zu machen.

Die älteren Herrschaften legten nach dem Eröffnungstanz erst einmal eine Tanzpause ein, so dass wir jungen Leute mehr Platz zum Tanzen hatten.

Und wir nutzten die Gelegenheit! Nachdem fast nur noch die Jugend tanzte, wurde außer Walzer auch Tango gespielt. Tango ist im Grunde ja ein erregender Liebestanz. Doch unsere Partnerinnen kniffen nicht. Carmen bewegte sich mit mir über die Tanzfläche, als hätten wir wochenlang Tango geübt. Wir harmonierten erstaunlich gut, es machte großen Spaß!

Plötzlich war aber verstummte die westliche Musik. Eine kleine Pause trat ein. Dann kamen andere Klänge von der Kapelle: der befürchtete Flamenco, der Lieblingstanz der Spanier. Wir sahen zunächst unsere Felle davonschwimmen, hatten wir doch noch nie in unserem Leben einen Flamenco getanzt.

Dieser für Spanien so charakteristische Tanz ist eigentlich ein Tanz, welcher im 18. Jahrhundert sehr wahrscheinlich aus Rajasthan über Indien von eingewanderten Zigeunern in Spanien eingeführt wurde.

Die Zigeuner verbanden ihre Musik sehr wahrscheinlich mit der Musiktradition, welche sie in Andalusien vorfanden. Eine besondere und eigenwillige Musik entstand so, der Flamenco!

Wurde er zunächst besonders in Andalusien zwischen Cadiz, Jerez und Sevilla getanzt, verbreitete er sich bald über mehrere spanische Regionen.

Zunächst wollten wir Ausländer uns heraushalten und den Flamenco den Einheimischen überlassen. Es waren jedoch sehr wenig spanische junge Flamencotänzer anwesend. Unser Kommandant machte uns Mut und rief uns zu: *Auf in den Kampf Toreros!*

Dazu kam, dass wir uns nur höchst ungern von unseren entzückenden Tanzpartnerinnen getrennt hätten. Der Wein, der in unseren Blutbahnen kreiste, tat sein übriges und so kam es, dass wir die Herausforderung annahmen. *Ahoi, Seemann, auf in den Flamenco-Tanz!*

Nach ersten Versuchen, die etwas zaghaft ausfielen, fassten wir Mut und unser Stampfen mit den Füßen wurde kräftiger. Die Hände klatschten genau im richtigen Rhythmus. Ich sah, dass die Augen meiner Carmen vor Begeisterung zu funkeln begannen. Wir steigerten uns gegenseitig und kamen toll in Schwung. Ja, es kam so weit, dass man zurücktrat und uns drei deutsch- spanischen Tanzpaaren die Tanzfläche allein überließ. Wir gaben unser Bestes und gingen voll aus uns heraus. Wir waren jung und tanzwütig. Die zuschauenden Gäste sparten nicht mit Applaus. Und ich muss in aller Bescheidenheit sagen, dass wir nach einer ersten Erprobungsphase nicht schlechter waren als die spanischen Caballeros, die den Tanz sozusagen mit der Muttermilch eingesogen hatten. Wir unterschieden uns von ihnen schließlich nur noch durch unser Aussehen und natürlich unsere Kleidung, doch daran ließ sich nun nichts ändern. Der alte Spruch, dass sich ein Seemann durch nichts erschüttern lässt, hatte sich wieder einmal bewahrheitet. Dass unsere hübschen und biegsamen Partnerinnen unseren Eifer außerordentlich beflügelten, muss ich ja nicht noch einmal betonen. Irgendwann hatten wir plötzlich sogar Kastagnetten in den Händen! Doch auch dadurch ließen wir uns nicht aus der Bahn werfen. Schon nach kurzem Üben wussten wir sie ebenso geschickt zu handhaben wie unsere spanischen Freunde. Ich glaube, die staunten nicht schlecht über die Wandlungsfähigkeit deutscher Seeleute!

Wir tanzten durch, bis das Abendessen angekündigt wurde. Es stand an Festlichkeit und kulinarischer Qualität dem Mittagessen nicht nach. Die Unterhaltungen mit unseren Damen wurden immer lebhafter und ungezwungener. Nach dem Abendessen, es war noch hell, schlugen wir vor, doch noch einen Spaziergang zu machen. Carmen, Isabella und Juanita willigten so begeistert ein, dass wir das Gefühl hatten, sie hatten auf diesen Vorschlag gewartet.

Die Eltern von Carmen und Isabella, die anwesend waren, erteilten ihre ausdrückliche Einwilligung, mit den deutschen Seeleuten in allen Ehren einen Spaziergang zu machen. Es wäre uns auch nicht in den Sinn gekommen, die Señoritas zu bedrängen. Wir wussten, dass es sich um einen Vertrauensbeweis handelte, der für die damalige Zeit und für spanische Verhältnisse keineswegs selbstverständlich war. Doch kosteten wir jede Minute unseres Spaziergangs voll aus. Wir verstanden uns prächtig. Es war sehr angenehm, sich einmal ganz vertraulich zu unterhalten. Carmen versprach mir, mich einmal an unserem Unterseeboot zu besuchen.

Nach dem Abendessen konnte zwar noch einmal getanzt werden, doch der Spaziergang in den weitläufigen Garten- und Parkanlagen hatte für uns jetzt den größeren Reiz.

Als dann die Stunde des Abschieds kam, sah ich Tränen in Carmens schönen Augen glitzern. Auch ich war sehr gerührt und kämpfte mit den Tränen des Bedauerns. Selbst unserem Kommandanten war anzusehen, dass er nicht leichten Herzens von seiner Tischdame schied, mit der er sich die ganze Zeit über so angeregt unterhalten hatte.

Und alle waren wir angetan von der großen Aufmerksamkeit und Zuvorkommendheit, in der wir in den Kreis der Gäste aufgenommen worden waren. Sollten wir einmal wieder nach Sevilla kommen, diese Worte richtete der Brautvater zum Abschied an unseren Kommandanten, wäre es ihm eine besondere Ehre, uns wieder auf der Hazienda begrüßen zu dürfen. Die ganze Hochzeitsgesellschaft nahm Abschied von uns und man vergaß nicht, uns etliche Flaschen guten Weines für die Kameraden mitzugeben, die auch etwas von der Hochzeit haben sollten.

*

Als wir unser heimisches Boot wieder erreichten, trafen wir die Kameraden am Oberdeck sitzend an. Das Wetter war großartig. Die Pier stand wieder voller Besucher. Der Wein tat das übrige. Unser Chor schmetterte ein Lied nach dem anderen in den nachtdunklen spanischen Himmel. Der Abend wurde lang und fröhlich. Unsere spanischen Gäste wollten sich überhaupt nicht von uns trennen. Stunden, die man nie vergisst!

Unser Kommandant, selbst in bester Laune, gab schließlich den Befehl, eigentlich war es eher eine Empfehlung, doch nun in die Kojen zu steigen. Und wir 3 Ritter vom U-Boot waren von den Ereignissen des Tages auch redlich müde und schliefen bald den Schlaf des Gerechten in unseren Hängematten und Kojen! Wovon und vor allem *von wem ich geträumt habe*, habe ich leider vergessen, aber eigentlich kann man es sich ja denken …

Der nächste Tag war der vorletzte Tag in Sevilla. Nur am Vormittag wurde Dienst gemacht. Tauchen konnten wir hier auf dem Gualdalquivir wegen mangelnder Wassertiefe nicht. Am Nachmittag sollten noch einige Sehenswürdigkeiten der Stadt besichtigt werden.

Es war aber kaum 10.30 Uhr als unser Kommandant, welcher sich gerade an Oberdeck aufhielt, in das Boot rief: *Die 3 Ritter vom Hochzeitsdienst an Oberdeck! Damenbesuch ist eingetroffen!*

Hei, wie schnell waren wir nach oben gestürmt! Und richtig, ein Bediensteter der Hazienda hatte uns unsere drei Schönen gebracht. Vor uns standen im hellen Licht des Tages Carmen, Isabella und Juanita!

Wir sprangen auf die Pier und wurden von unseren Damen nicht gerade zurückhaltend empfangen, was in der spanischen Öffentlichkeit damals großen Mut der Damen voraussetzte. Sogar ein Küsschen war möglich, wenn dieses auch vor den Augen so vieler Beobachter weniger stürmisch ausfallen musste als jene Küsse gestern Abend in den Gartenanlagen ...

Angesichts dieser Situation wurde uns dienstfrei gegeben. Wir genossen es, paarweise durch die Stadt und die nicht genug zu rühmenden Parkanlagen zu flanieren. Der Bedienstete, der den Auftrag hatte, die drei Schönheiten wieder wohlbehalten zurückzubringen, wurde derweil an Oberdeck von unseren Kameraden bewirtet. Er amüsierte sich königlich und merkte gar nicht, wie die Zeit verflog.

Und wie beneideten uns die Kameraden um unsere charmanten Bekanntschaften! Manch einer wird sich geärgert haben, dass er nicht reiten gelernt hatte! Hier in diesen Tagen hätte es sich wirklich ausgezahlt ...

Doch auch unser Glück währte nicht ewig! Nach Rückkehr an Bord stand der endgültige Abschied von unseren Herzensdamen an. Tränen auf beiden Seiten konnten daran nichts ändern. Oft noch dachten wir später an unsere süßen Spanierinnen. Leider sahen wir sie nie mehr wieder, denn auch im nächsten Jahr führte unsere Route uns nicht mehr nach Sevilla.

Am nächsten Morgen brachen wir nach Cadiz auf. Auf der Rückfahrt den Gualdalquivir hinunter bestaunten wir wieder die großen Vogelkolonien und sahen auch mehrere Fischotter, die in größerer Zahl in den Uferregionen auf der Jagd waren.

Als wir dann die Nähe von Jerez passierten, erinnerten wir uns grinsend an die Abenteuer der letzten Weinprobe. Einige von uns hatten so eifrig probiert, dass sie zwei Tage außer Gefecht gesetzt waren. Man soll eben nichts übertreiben.

In Cadiz war unser alter Liegeplatz an der Pier frei. Noch am selben Tag begannen die Aufnahme von Treibstoff und die Übernahme von allen möglichen Versorgungsgütern und anderem Material. Besonders am Herzen lag uns dabei die Ergänzung der Bierreserven, die in Sevilla doch arg dezimiert worden waren …

~~*~~

Kapitel 16

Stiere, Wetter und das trügerische Paradies

Neuer Aufenthalt in Cadiz und Fahrt nach Huelva.

Auch bei unserem erneuten Aufenthalt in Cadiz blieb uns wieder einige Zeit, um unsere Stadterkundungen zu vertiefen. Schon ein flüchtiger Blick auf die Karte zeigt, wie eng der Kontakt ist, den Cadiz mit dem Meer hat. Schon vor Jahrhunderten starteten hier die Segler nach Afrika: Cadiz - das Tor nach Afrika.

Doch nun wollten wir es genauer wissen. Wir ließen uns durch die Botschaft einen Fremdenführer vermitteln. Auch diesmal hatten wir Glück. Senior Perres besaß nicht nur detaillierte Ortskenntnisse, Engagement für die Sache, sondern nicht zuletzt auch erstklassige Deutschkenntnisse, insgesamt also optimale Voraussetzungen.

Er führte uns auch nicht sogleich in einen der herrlichen Parks, sondern zunächst studierten wir die aufwändigen Befestigungsanlagen. 4,5 km lange Mauern, die teilweise eine maximale Höhe von 15 m erreichen, schützen die Altstadt. Er rühmte die meisterhaften Verteidigungsanlagen, wies darauf hin, dass die Kasernen aus dem 18. Jahrhundert heute noch benutzt würden und zeigte uns das *Monumento de las Cortes* auf der *Plaza de Espana*, das an ein einschneidendes Ereignis der spanischen Geschichte erinnert. Er zeigte uns die Neue (18. Jahrhundert) und Alte Kathedrale (13. Jahrhundert), aber auch die Kirche *Santa Cruz*. Hierüber werde ich Dir später noch ausführlich berichten.

Nachdem wir uns müde gelaufen und gesehen hatten, suchten wir nach einer Bodega, um uns auszuruhen. Durch puren Zufall landeten wir in derjenigen, in der wir es vor wenigen Monaten durch unsere Seemannsgesänge zu einer gewissen Berühmtheit gebracht hatten.

Erst als uns der alte Bodegawirt freudestrahlend mit ausgestreckten Händen zur Begrüßung entgegenkam, erkannten wir, wo wir waren. Unser Ruhm war noch nicht erloschen! Er gab uns zu verstehen, dass er sich sehr freuen würde, wenn wir unsere unvergessenen Gesänge wieder anstimmen würden. Doch das mussten wir ihm abschlagen. Für solche Kraftakte waren wir nach den historischen Lektionen von Senior Perres wahrhaftig nicht mehr in der Lage. Der Wirt sah das ein und bedrängte uns nicht weiter. Wir mussten ihm allerdings versprechen in den nächsten Tagen wieder aufzutauchen und ein weiteres *Submarino*-Konzert erschallen zu lassen.

*

Am anderen Tage stand ein ganz besonderes Ereignis auf dem Plan. Ein Ereignis, von dem jeder schon dies und das gehört hatte, dass aber keiner aus eigener Anschauung kannte. Die Rede ist vom Stierkampf.

Zwar entspricht dieses umstrittene, blutige Schauspiel nicht unbedingt unserem Empfinden, doch da wir uns sozusagen im Herzland des Stierkampfs befanden, wollten wir uns selbst ein Bild machen. Die Arenen, in denen die Kämpfe stattfinden, sind nach dem Modell der römischen Amphitheater gebaut, nicht so groß wie das Kolosseum in Rom, aber nach einem ähnlichen Bauplan. Die ältesten spanischen Arenen dieser Art standen in Sevilla und Ronda. Aber während unseres Aufenthaltes in Sevilla hatte leider kein Stierkampf stattgefunden. Doch nun in Cadiz ergriffen wir die Gelegenheit beim Schopfe: ein echter Stierkampf am Originalschauplatz.

Wir hatten recht gute Plätze bekommen. Um uns herum eine brodelnde Menge von Zuschauern. Eine sehr spezielle, fremde Atmosphäre, in die wir da eintauchten. Auch wir wurden von der allgemeinen Spannung angesteckt, eine eigenartige Erregung ergriff uns. Doch es sollte noch relativ lange dauern, bis endlich der erste Stier in die Arena stürmen würde.

Senior Perres nutzte die Gelegenheit, uns in die Riten und

Geheimnisse des Stierkampfes einzuweihen. Und er, wie die meisten Spanier, war ein Anhänger dieses blutigen, tödlichen Schauspiels. Das kann man kritisieren, sollte aber nicht vergessen, dass die Spanier auf dem Hintergrund einer ganz anderen Tradition zuschauen als wir Mitteleuropäer. Senior Perres erklärte:

Die ersten Stierkämpfe in der heutigen Form gehen bereits auf das 17. Jahrhundert zurück. Zwischenzeitlich, von Felippe V., wurde der Stierkampf sogar verboten. Aber in den ländlichen Gegenden hatte man sich nie daran gehalten. Die Regeln bestimmen, dass während einer *Corrida* etwa sechs Stierkämpfe gezeigt werden. Diese werden von drei *Matadores* bestritten, die also jeweils zwei Kämpfe zeigen. Der *Matator* ist das Haupt einer Gruppe von *Torreros*, zu der noch zwei *Picadores* und zwei oder drei *Banderilleros* gehören. Der klassische Kampf läuft in drei genau definierten Phasen ab.

Senior Perres wollte uns gerade diesen Ablauf genauer erläutern, da setzte eine kurze feierliche Eröffnungszeremonie ein und kurz drauf galoppierte der erste Stier schnaubend und kampfbereit aus seiner Box in die Arena.

Phase eins! rief Senior Perres uns zu, während wir gespannt den Stier beobachteten, der plötzlich aus der Enge der Box in die Weite der Arena gelangt war und irritiert die Menschenmenge wahrnahm, die ihn von allen Seiten umgab. Er reagierte mit Wildheit und Wut, schoss hierhin und dorthin, fand aber zunächst kein klares Ziel.

Die *Banderilleros* reizten ihn mit ihren rosa-gelben Umhängen. Man wollte den Stier dazu bringen, sein ganzes Temperament vorzuführen. Je ungestümer er sich gebärdete, umso schwieriger für den Matodor, aber um so interessanter für die Zuschauer. Auch der Matador befasst sich mit dem Stier. Auch er reizt die Wut des Stiers noch weiter an. Seine Kunst als Matador wird daran gemessen, wie geschickt er den Stier täuscht und wie nah er dieses mächtige, schnaubende Muskelpaket an sich heranlässt, bevor er es dann ins Leere preschen lässt. Besonders gelungene Aktionen werden mit frenetischem Beifall belohnt. Der Stier hält die rote *Capa* für seinen eigentlichen Gegner. Dadurch werden die Täuschungen überhaupt erst möglich. Würde einmal ein Stier diese Täuschung durchschauen, wäre es schlecht bestellt um den Matador.

Nun treten die Picadores auf ihren gepanzerten Pferden auf und versuchen, ihre Lanzen dem Stier in den muskulösen Nacken zu stoßen. Gelingt es, reizt es den Stier noch weiter an.

Die Lanzen, rief Senior Perres gegen den Lärm der Menge uns zu, *heißen Picas oder Varas*. Wir nickten nur, ohne den Blick von den Ereignissen in der Arena abzuwenden.

Jetzt kommt der nächste Abschnitt: Die Tercio de banderillas, kam`s von Perres. Mit Widerhaken versehene Stäbe wurden in den Nacken des Stieres gestoßen. Blut rann über das dunkelbraune Fell. Die Bänder am anderen Ende der Banderillas flatterten, wenn der Stier sich bewegte.

Phase drei, schrie Perres uns zu*, die tercio de la muerto!*
Alle verschwanden aus dem Rund der Arena, übrig blieb der Matador mit dem bis aufs Blut gereizten Stier. Der Matador hatte die Capa (den Umhang) gegen die Muleta (das Tuch) getauscht, doch nun tritt er mit der blanken Waffe an, dem 90 cm langen Stoßdegen, mit dem er das mächtige Tier zu töten gedenkt.

Hierzu muss er eine bestimmte Stelle zwischen den Schulterblättern treffen. Wenn ihm dieses exakt gelingt, dann durchtrennt er die Aorta und alle Nervenbahnen. Dringt der Degen an dieser Stelle ein, ist der Stier auf der Stelle tot. Der Kampf erreichte den Höhepunkt, der Matador lauerte auf die Gelegenheit. Es wurde still in der Arena. Nach einer geringen Anzahl von vergeblichen Ansätzen, gab es plötzlich einen beherzten Stoß, der Degen drang tief ins Fleisch des Tieres, ein Schrei aus Tausenden von Kehlen erscholl, kurz darauf brach der Stier in die Knie und fiel tot in den Sand. Der Kampf war beendet, die abgeschnittenen Ohren des Stiers erhielt der Matador als Trophäe. Ein Maulesel-Gespann schleifte den toten Koloss einmal durch die Arena, was eine Anerkennung seines Mutes und Kampfeswillens ausdrücken sollte. Dem toten Stier dürfte diese Anerkennung allerdings schnurzegal sein.

Wir sahen zu Senior Perres hinüber, der unsere Blicke glänzenden Auges erwartete. Na, schien er sagen zu wollen, gibt es etwas Hinreißenderes als so einen grandiosen Kampf zwischen einem mutigen Mann und einem wilden Tier? Ja, doch, wir waren beeindruckt von diesem ersten Stierkampf unseres Lebens, das muss ich schon zugeben. So ein Stierkampf ist eine enorm aufwühlende Sache, keine Frage. Die Mitglieder der Tierschutzvereine haben dazu eine andere Meinung, die wir ebenfalls mühelos nachvollziehen konnten. Aber wir waren ja auch keine Spanier.

Über die genaue Einhaltung der Kampfregeln wacht übrigens ein Präsident, der auch mit einem Signal die einzelnen Abschnitte des Kampfes ankündigt.

Ich erinnere mich, dass der zweite Kampf von einem außerordentlich jungen Matador bestritten wurde. Auch er machte seine Sache sehr gut und wurde mit donnerndem Applaus verabschiedet.

Senior Perres erklärte, dass im Gedächtnis des Volkes noch heute die ruhmreichen Namen der großen Matadores aufgewahrt werden, selbst, wenn deren Kämpfe mehr als ein halbes Jahrhundert zurückliegen. Als ein Beispiel aus der Ruhmesgalerie nannte er uns den Namen El Gallo und dessen Bruder Joselita, welcher allerdings 1920 noch blutjung von einem Stier getötet wurde. Uns sagte das nichts, aber wir sahen ihm an, dass er einen großen Respekt vor diesen Helden hatte. Ich vermute, die meisten von uns hätten sich - vor die Wahl gestellt - im Endeffekt doch für ein spannendes Fußballspiel entschieden. Eine Angelegenheit, die weniger Blut kostet und ebenfalls die Zuschauer von den Sitzen reißen kann.

Wir fragten unseren allwissenden Senior Perres noch nach den auffälligen typischen Kleidungsstücken des Matadors aus. Sie seien noch nach der Mode des 17. und 18. Jahrhunderts gefertigt. Das ganze Kostüm ist mit goldenen Stickereien versehen und verleiht ihm ein prächtiges Aussehen. Zu den traditionellen Kleidungsstücken gehören: Kniebundhose, Rüschenhemd, rosa Strümpfe, eine Weste und die typische kurze Jacke, welche nur bis in die Taille reicht. Den prächtigen Umhang tragen die Stierkämpfer aber nur, wenn sie in die Arena einziehen. Dieser heißt *Capote de Paseo*. Auf dem Haupt trägt der Matador einen schwarzen Zweispitz, am Hinterkopf ist ein Zöpfchen befestigt, die so genannte *Coleta*.

Nach den Kämpfen setzten wir uns alle gemeinsam in ein Café, um unsere Eindrücke auszutauschen. Senior Perres war selbstverständlich mit von der Partie. Er war in seinem Element. Bei weitem nicht jeder Stier bekäme die Chance, so erklärte er ohne Ironie, bei einem Stierkampf auftreten zu dürfen. Oh nein! Kampfstiere müssten es sein, beweglich, aggressiv, angriffslustig. Es gäbe eine ganze Anzahl von Züchtern, die sich auf die Zucht von Kampfstieren spezialisiert hätte. Es sei ja doch eine erkleckliche Zahl, die in der jährlichen Stierkampfzeit von Ostern bis Oktober, an den Sonn- und Feiertagen dran glauben muss. Auch über die Honorare der Stierkämpfer wusste Senior Perres Bescheid. Sie würden jeweils vor den Kämpfen ausgehandelt. In Sevilla lägen sie beispielsweise nur etwa halb so hoch wie in Madrid. Diese Unterschiede hingen mit den Kategorien

Die Stierkampfarena

zusammen, in die man die Arenen eingestuft hatte.

Dies und noch mehr erfuhren wir von unserem Freund über den Stierkampf. Vieles blieb uns fremd. Es war jedoch auch für uns Ausländer interessant gewesen, so einen Stierkampf einmal in natura zu sehen und dabei auch die Atmosphäre zu erleben und die spanischen Zuschauer beobachten zu können. In Deutschland würden sich vermutlich nur wenige Zuschauer für so ein Spektakel einfinden. Hier aber hatte man schon Tage vor den Kämpfen Mühe, noch eine Karte zu ergattern.

Wenn ich Dir, liebe Ilse, meine abschließende Meinung zu den Stierkämpfen sagen soll, dann würde ich sagen, dass sie für den Matador fast so gefährlich sind wie für uns das U-Bootfahren, für den Stier aber noch erheblich gefährlicher, denn seine Chance lag bei Null.

*

Was uns überraschte, waren die exzellenten Deutschkenntnisse von Senior Perres. Wir fragten ihn, wo und wie er sich diese Kenntnisse erworben habe. Er lachte und sagte, er habe viele Jahre in der Deutschen Botschaft in Cadiz gearbeitet. Nun sei er Rentner. Wenn aber Freunde der Botschaft aus Deutschland kommen, dann werde er immer gebeten, diesen Cadiz zu zeigen. Und nicht nur über Cadiz solle er die Gäste informieren, sondern auch über spanische, besonders andalusische Geschichte. Diese Aufgabe übernehme er sehr gerne, in unserem Fall sogar besonders gerne, da er wüsste, dass unser Kommandant ein guter Freund des deutschen Botschafters sei.

Und schon legte er los. Wir hatten die Corrida noch nicht verdaut, da befanden wir uns schon in einer Vorlesung über die Geschichte und die Landschaft Andalusiens. Natürlich war das Andalusien von 1937, das zu rühmen er so viele Worte fand, nicht zu vergleichen mit dem, das man 60 Jahre später vorfindet. Niemand hätte damals den Aus druck *Ferienparadies* auf Andalusien angewendet! Damals war die Costa del Sol und die Costa de la Luz kein Begriff aus Touristenprospekten mit hohen Auflagen. Doch die Costa del Sol hat sich in den letzten Jahrzehnten zu einem wichtigen Tourismuszentrum entwickelt. An vielen Plätzen muss man sie überlaufen nennen.

Und an der Costa de la Luz ist vor allem das Hinterland sehr interessant. Hier findet man herrliche zerklüftete Berglandschaften und vor allem auch sehr altehrwürdige Städte. Die Luft in diesem Landstrich ist besonders klar und rein.

Überhaupt ist Andalusien wegen der Vielfalt seiner Landschaften eine der interessantesten Provinzen Spaniens. Abgesehen davon, gibt es hier die besten Weine des Landes. In diesem Punkte konnten wir Senior Perres aus eigener Erfahrung zustimmen …

*

Am nächsten Tag überraschte uns der Befehl: *Auslaufen für einige Tage zu Ausbildungs- und Übungsfahrten im Atlantik. Anschließend Fahrt nach Huelva.* Wir alle freuten uns, wieder mal einige Tage zur See zu fahren. Sie war schließlich unser eigentliches Element! Und es wurde auch Zeit, dass unsere Manöver wieder täglich durchgeführt wurden. Wir hatten zwar noch nichts vergessen, aber wenn man zu lange im Hafen liegt, wird man träge und faul. Außerdem hatten die fehlenden Tauchfahrten, wegen der entfallenden Tauchgelder ein Leck in unsere Börsen gerissen. Das musste nachgefüllt werden! Etwas Ähnliches mag sich auch unser Kommandant gedacht haben, denn in den folgenden Tagen setzte er viele Tauchgänge auf den Plan. Schon nach dem ersten Tauchen, bei dem alles lief wie am Schnürchen und jeder konzentriert auf seinem Posten war, äußerte er seine Zufriedenheit mit unseren Leistungen und lobte unsere Einsatzfreude.

Ansonsten war die See verhältnismäßig ruhig und wir liefen in Richtung Kanarische Inseln, ohne dass es zu irgendwelchen ungewöhnlichen Vorkommnissen gekommen wäre. Wir hatten weder Nebel, noch hatte jemand versehentlich das Trimmventil in der Zentrale zwischen den Trimmtanks geöffnet, so dass wir durch besonders starke

Vorlastigkeit auf den Meeresgrund gesaust wären. Hier, im offenen Atlantik wäre es mit Sicherheit schief gegangen, denn die Meerestiefe lag meistens zwischen 500 und 2000 m. Zum Teil war der Atlantik hier noch wesentlich tiefer. Wir wären zerquetscht worden wie eine Coladose!

Dass uns das damals vor der Französischen Küste passierte, kann nur durch versehentliches Öffnen des Trimmventils in der Zentrale passiert sein.

Dies hat eine Rekonstruktion des Unglücks ergeben. Da wir uns ja (noch) nicht im Kriegszustand befanden, wo jederzeit Alarmtauchen erforderlich sein konnte, bei dem das Boot innerhalb von Sekunden von der Wasseroberfläche verschwunden sein musste, konnte man es sich leisten, zur Sicherheit ein Schloss vor das entsprechende Ventil anzubringen.

Man muss berücksichtigen, dass der achtere Trimmtank bei unserem Bootstyp im Heck sehr hoch lag. Der vordere Trimmtank dagegen lag unter den vorderen Torpedorohren in der Bilg, also sehr tief. Und so konnte damals das Wasser vom achteren in den vorderen Trimmtank laufen, ohne dass es jemand bemerken musste. Diese Unaufmerksamkeit hätte damals der gesamten Besatzung beinahe das Leben gekostet. Was, liebste Ilse, wäre mir alles entgangen, wenn ich damals als Fischfutter vor der französischen Küste geendet hätte! Die wundervollen Jahre mit Dir und unseren Kindern, alles hätte nie sein können, wegen einer kleinen Unachtsamkeit auf einem U-Boot.

Doch diesmal hatten wir wunderbar warmes Wetter und fast Windstille. Noch des Nachts um 24:00 Uhr hatten wir 20 ° Wärme.

Wir umrundeten die Kanarischen Inseln in dem erlaubten Abstand. Wir konnten durch unsere starken Gläser die herrlichen Landschaften, ja an bestimmten Stellen sogar Menschen sehen, die uns ebenfalls bemerkt hatten. Leider hatte der Kommandant keine Erlaubnis bekommen, eine der Inseln anzulaufen. Wir bedauerten das, aber schließlich waren wir ja hier nicht auf einer touristischen Kreuzfahrt.

Am Abend saßen alle, die nicht gerade Dienst hatten, auf dem Oberdeck. Das Wetter angenehm mild, das Bier schmeckte vorzüglich und die Unterhaltungen waren lebhaft. Über uns wölbte sich ein klarer Sternenhimmel, der sich gegenüber dem, den wir vor der spanischen Küste betrachtet hatten, wieder etwas anders darstellte. Insgeheim hofften wir, dass unser Obersteuermann wieder das Wort ergreifen würde und uns weiter in die Geheimnisse des Weltalls und der Sterne einführen würde. Und schließlich begann er tatsächlich, uns auf seine sympathische Art mit dem Stand der Forschung vertraut zu machen. Sofort brachen wir unsere anderen Gespräche ab und rückten näher um ihn zusammen.

Doch diesmal ging es nicht in die Tiefen des Universums. Diesmal hatte er sich ein näher liegendes Thema ausgesucht; das Wetter.

Heute Abend, so begann er, sitzen wir bei Temperaturen zusammen, die vor gar nicht so langer Zeit über Jahrtausende nicht erreicht wurden, ich meine die so genannten Eiszeiten. Im Laufe der Geschichte unserer Erde hat es immer wieder Kälte- und Wärmeperioden gegeben. Und niemand kann heute vorhersagen, ob wir uns auf eine neue Eiszeit zu bewegen oder im Gegenteil auf eine neue Wärmeperiode. Wenn letzteres eintreten würde, wäre das auch nicht gut für uns Menschen, denn bereits bei einer Erhöhung der Durchschnittstemperatur um 3 oder 4°C., käme es zu einer weitgehenden Abschmelzung der Polkappen. Dies hätte sofort einen Anstieg des Meeresspiegels zur Folge. Ganze Küstenstriche, Dörfer, Städte würden überflutet werden.

Wodurch diese langwelligen Temperaturschwankungen ausgelöst werden, darüber sind sich die Forscher noch nicht einig geworden. Eine Theorie besagt, dass eine Abhängigkeit von der Sonnenaktivität besteht. Man hat z.B. für den kurzen Zeitraum zwischen 1645 und 1715 eine ungewöhnliche Abfolge von besonders strengen Wintern beobachtet. Dies könnte auf einen Rückgang der Sonnenaktivität während dieses Zeitraums zurückzuführen sein.

Die letzte große Eiszeit endete vor ca. 10 000 Jahren. Menschen im heutigen Sinne leben aber wahrscheinlich schon seit über einer Million Jahren auf der Erde! Wie und wo haben sie diese Kälteeinbrüche über so viele Generationen hinweg überlebt? Fest steht, dass es eine sehr harte Zeit für unsere Vorfahren gewesen war. Vor allem, wenn man bedenkt, auf welch niedrigem Niveau ihre Technik, falls man überhaupt von Technik reden kann, gestanden haben muss. Die Beherrschung des Feuers war nicht von Anfang an gegeben!

Fest steht aber, dass es die Eiszeit(en) gegeben hat. Dies geht eindeutig au einer Vielzahl von geologischen Funden hervor. Die großen Gletscher schoben sich über die Landschaften und hinterließen Spuren, in denen jeder Geologe lesen kann, wie in einem Buch.

Es gibt aber auch andere Theorien für die Entstehung von Eiszeiten.

Einige Forscher sind der Auffassung, dass durch einen sehr großen Meteoriteneinschlag auf die Erde das Klima maßgeblich beeinflusst worden ist. Staubwolken verdunkelten für Jahrzehnte die Sonne. Pflanzen starben, Tiere starben. Dieses könnte vor ca. 140 Millionen Jahren der Fall gewesen sein. Einem solchen Meteoriteneinschlag könnten die Saurier zum Opfer gefallen sein.

Wieder andere Forscher vermuten, dass die Umlaufbahn der Erde nicht konstant ist. Man weiß z.B., dass der Tag- Nachtrhythmus früher kürzer war, weil die Erde schneller rotierte als heute. Die Rotationsgechwindigkeit der Erde wird auch in Zukunft immer weiter abgebremst werden und die Tage und Nächte werden sich verlängern. Das hat etwas zu tun mit der Gravitationskraft des Mondes. Die Folgen sind kaum abzuschätzen.

Eine weitere mögliche Ursache für die Klimaschwankungen könnte eine interstellare Wolke sein, die sich durch unser Planetensystem bewegte und die die Strahlen der Sonne, von denen alles Leben abhängt, abschwächte.

Unsere Kenntnis vom Zustand der Erde während der Eiszeiten ist begrenzt. Die Aufzeichnungen von der südlichen Erdhalbkugel sind unvollständig und sehr ungenau. Von der nördlichen Erdhalbkugel sind bessere Aufzeichnungen vorhanden. Aber auch diese lassen nur Annahmen zu.

Sicher ist jedenfalls, dass die Eiszeit ein globales Ereignis war und kein lokales. Auf der gesamten Erde waren die Temperaturen während der Eiszeit viel niedriger als heute.

Mit der Entwicklung der industriellen Produktionsmethoden nehmen noch andere Faktoren Einfluss auf die Klimaentwicklung unseres Planeten. Faktoren, die nichtnatürlichen Ursprungs sind, sozusagen hausgemachte Faktoren. Deren Wirkung scheint noch kurzfristiger zu sein. Selbst für die nächsten 100 Jahre können wir die Temperaturentwicklung nicht mehr voraussagen.

Die anhaltende Entwicklung der Industrie wird den Schadstoffausstoß in die Atmosphäre kontinuierlich vergrößern.

Unsere Ozonschicht könnte dadurch beschädigt werden. Die schädlichen ultravioletten Strahlen der Sonne könnten dann ungehindert auf die Erde vordringen. Bisher werden sie ja von der Ozonschicht aufgehalten. Vor allem die Menschen, aber auch Tiere könnten durch diese Strahlung schwer geschädigt werden. Der Hautkrebs bei Menschen, überwiegend eine Folge gefährlicher Strahlung der Sonne, könnte ungeahnte Ausmaße annehmen.

Nehmen wir an, dass der *Volkswagen*, der demnächst ja in Serie gehen soll und wahrscheinlich millionenfach hergestellt wird, auch andere Hersteller zu einer Massenproduktion anregt, so kann durch den Ausstoß der Schadstoffe dieser abermillionen Automotoren die schützende Ozonschicht unseres Planeten ernstlich in Mitleidenschaft gezogen werden.

Durch diese Entwicklung würden dann aber die Temperaturen sehr schnell steigen. Das Eis der Polarzonen könnte hierdurch abschmelzen.

Eine Erhitzung der Meere könnte zu einer Verschiebung des meteorologischen Gleichgewichts führen. Unwetter ungeahnten Ausmaßes sind denkbar. Stürme gewaltiger Stärke, sintflutartige Niederschlags mengen und ähnliche Katastrophen.

Wir können nur hoffen, dass es nicht so weit kommt!

Bis zum Jahre 2000 sind es über 60 Jahre. Wir werden von einer solchen etwaigen schädlichen Entwicklung wahrscheinlich weit weniger betroffen sein als unsere Kinder und Enkel. Ich weiß nicht, ob das ein Trost ist. Schließlich tragen wir die Verantwortung für die Generationen, die nach uns kommen!

Wir wollen im Interesse der Entwicklung auf der Erde hoffen, dass keine der beiden Entwicklungen, weder eine Erwärmung noch eine Eiszeit eintreten möge!

Schließlich gibt es noch andere Probleme, die sich der Menschheit in der Zukunft stellen werden. Etwa die Probleme, die sich aus dem Bevölkerungswachstum ergeben. Da die Bevölkerung im letzten Jahrhundert um über 2 Milliarden Menschen zugenommen hat, kann man davon ausgehen, dass wir im Jahre 2000 bereits 6 bis 7 Milliarden Menschen auf der Erde haben. Diese Menschen müssen aber alle ernährt werden! Und nicht nur Nahrung brauchen sie, sondern noch wichtiger ist trinkbares Wasser. Das könnte knapp werden. Es sind Verteilungskriege denkbar, die nur um Trinkwasservorkommen geführt werden.

Zusammenfassend ist also zu befürchten, dass es nicht so sehr die Natur als vielmehr der Mensch selber ist, der unsere schöne Erde unbewohnbar macht!

Damit endete der faszinierende Vortrag unseres weitsichtigen Obersteuermanns für dieses Mal. Betroffen und schweigend schauten wir in die Nacht, die sich mittlerweile über die Oberfläche des Ozeans gesenkt hatte.

Von *heute aus gesehen* kann ich kaum fassen, wie unglaublich exakt seine visionären Ahnungen waren! Haben wir es heute nicht genau mit den Problemen zu tun, die dieser bescheidene, aber so universell gebildete Mann uns damals auf dem *Oberdeck unseres U-Bootes* vor den Kanarischen Inseln vor Augen führte?

Für diese Nacht hatten wir zum Nachdenken genug erfahren. Und sicher würde er bei einer weiteren Gelegenheit uns weitere Geheimnisse der Natur entschleiern.

*

Zwei Tage später waren wir auf dem Wege nach Huelva. Wir fuhren flussaufwärts und konnten auch hier nicht über schlechtes Wetter klagen. Die von unserem Obersteuermann prognostizierten Klimakatastrophen waren ja auch erst in der Nähe der Jahrtausendwende zu erwarten. Wir waren noch nicht sehr weit landeinwärts gefahren, da kam steuerbord ein Sandstrand in Sicht, wie er im Paradies gewiss nicht einladender gewesen sein kann. In nur etwa 60 bis 80 m glitt dieser Streifen bildschöner Natur am Ufer vorüber, während wir wacker den Kurs Richtung Huelva hielten. Sehnsüchtig starrten wir auf dieses verlockende Sonnen- und Badeparadies. Ach, könnten wir hier doch für einige Stunden ganz friedlich vor Anker gehen, die schwere U-Bootkleidung einmal ablegen, uns unbeschwert auf diesem Naturstrand austoben und anschließend vielleicht sogar noch etwas in der Sonne aalen!

Und ganz plötzlich, als hätte er unsere Gedanken erraten, kam von unserem Kommandanten der Befehl: *Ankern*! Ein Aufschrei der Begeisterung war die Antwort! Ganz kurz nur hatte er sich mit dem Obersteuermann und dem Leitenden Ingenieur beraten.

Die Wassertiefe war trotz offensichtlichen Niedrigwassers auch neben der Flussmitte noch ausreichend. Außerdem hatten wir außer einem einzelnen Fischkutter noch kein Schiff auf dem Fluss ausmachen können. Wir pellten uns aus dem schweren Lederzeug und vertauschten es noch an Bord mit den Badehosen. Eine geringe Strömung würde keine Probleme bereiten. Einer nach dem anderen hechtete ins Wasser, *um ans Ufer zu schwimmen.*

Meine Kameraden Ewald, Pio und ich hatten die Idee, unser Dingi mitzunehmen. An Bord lagerte dieses winzige Schiffchen mit dem

Kiel nach oben auf dem Druckkörper des Bootes unter dem Oberdeck. Es konnte somit nicht sehr groß sein, denn hier war wenig Platz. Wir machten es klar und ruderten zum Strand hinüber. Es wurde auf den Strand gezogen. Zurückgeblieben waren nur der Kommandant, der L. I., der Obersteuermann sowie eine Notbesatzung.

Der feine Sand hielt, was er aus der Entfernung versprochen hatte. Es war ein Genuss, sich im Sand auszustrecken und von der Sonne verwöhnen zu lassen. In besonderem Maße galt das für diejenigen unter uns, die normalerweise *unter Deck* arbeiten mussten. Die wenigsten hatten, wie ich, das Privileg auf der Brücke arbeiten zu dürfen. Selbst die Badehosen waren eher lästig und flogen in den Sand. Plötzlich hüpften nur noch splitternackte Adams herum. So soll es im Paradies ja auch gewesen sein. Nur war da ja auch eine Eva zugegen gewesen, von der bei uns leider weit und breit nichts zu sehen war. Und wären etwa unerwartet einige Evas aufgetaucht, nun, so hätten sich die nackten Adams sehr schnell die Blößen bedeckt und sich in wohlerzogene junge Männer rückverwandelt. Die Zeiten waren damals noch wesentlich schamhafter als heutzutage.

Nachdem wir Sonne pur getankt hatten, spielten wir Fußball und Handball und tobten uns so richtig aus. Wir blieben die ganze Zeit völlig ungestört. Wie wir später anhand der Karte feststellen konnten, waren die nächsten Siedlungen weit entfernt. Und Touristen, vor denen bekanntlich nichts sicher ist, gab es doch damals noch nicht.

Etwa gegen 18:00 Uhr gab der Kommandant das Signal zur Rückkehr an Bord. Doch da erlebten wir eine böse Überraschung! Als wir nämlich an den Fluss kamen, war dieser plötzlich auf mehr als die doppelte Breite angeschwollen! Und was das Schlimmste war: Die ursprünglich so harmlose Strömung war enorm angewachsen. Sie war so stark, dass zu befürchten war, dass wir beim Versuch zurück zu schwimmen, abgetrieben würden, und das Boot verfehlten.

Was war geschehen? Woher plötzlich diese ungeheure Strömung? Wir sahen uns um. Jetzt fiel erst uns auf, dass an der Backbordseite unseres Bootes, aber auch noch einige Hundert Meter weiter nach oben überhaupt kein Flussufer mehr zu entdecken war! Die Wasser des Atlantik hatte es glatt überspült! Das Wasser des Ozeans hatte sich mit dem des Flusses gemischt. Wir hatten Flut und sie hatte uns an einer strömungstechnisch äußerst komplizierten und gefährlichen Stelle überrascht. ½ sm weiter in Richtung Huelva floss der Fluss wieder brav in seinem Bett. Dass dies so sein müsse, dämmerte uns allerdings erst später, im Moment konzentrierten sich alle verbissen darauf, wieder unversehrt an Bord zu gelangen!

Was tun?

Wir hatten ja unser Dingi noch am Strand liegen. Zu diesem hatten wir während der Werftliegezeit provisorische Segel angefertigt. Aber die konnten wir nicht verwenden. Es ging nur ein laues Lüftchen. Also musste gegen diese starke Strömung angerudert werden. Dafür standen aber nur zwei Miniruder zur Verfügung. Außerdem konnte das Dingi höchstens drei Mann Besatzung aufnehmen, was war mit den anderen?

Guter Rat war also teuer. An Bord unseres U-Bootes wurden Wurfleinen aneinander geknotet, an deren freiem Ende zwei aufgeblasene Schwimmwesten befestigt wurden, so dass sie auf dem Wasser liegen blieb. Die Leine wurde am Heck befestigt, damit ein Schwimmer, der am Boot vorbei getrieben würde, noch die Chance hätte, sich durch Ergreifen dieser Leine zu retten.

Am Ufer traf unser Bootsmann die Anordnungen. Der beste Schwimmer zuerst. Er sprang 200 m oberhalb des U-Bootes ins Wasser. Verbissen kämpfte er mit der Strömung. Gespannt beobachteten wir, wie er sich näher und näher an das U-Boot herankämpfte und es auch zu schaffen schien. Wir freuten uns für ihn, aber auch für uns, denn wir waren alle keine schlechten Schwimmer, was ihm gelang, würden wir auch können. Doch halt! Was war da drüben los? So einfach schien es da drüben am Boot nicht zu laufen! Warum ergriff er nicht die Pfänder, die angebracht worden waren, weil die glatte Metallwand des Bootes knapp über der Wasseroberfläche keine Zugriffsmöglichkeit bot? Stattdessen wurde er von der Strömung am Bord vorbeigerissen!

Erst kurz vor den Schwimmwesten, die ja das Ende der Wurfleinen markierten, also im allerletzten Augenblick, gelang es ihm, sich an einer der Leinen festzuklammern. Man zog den völlig Entkräfteten an Bord, er hatte es gerade so geschafft.

Ein weiterer Versuch durch einen Schwimmer kam nicht in Frage. Das Risiko war zu groß. Stattdessen sollten der Obermaschinist und ich unser Glück mit dem Dingi versuchen. Auch wir starteten etwa 200 m oberhalb des Bootes. Ich ruderte mit aller Kraft auf den Fluss hinaus und wir erreichten die Höhe des U-Bootes auch gerade in dem Moment, als uns die Flut die 200 m abgetrieben hatte. Jetzt kam der kritische Moment des Festmachens. Es klappte auf Anhieb, die Leinen des Dingis wurden erfasst. Wäre das nicht geglückt, hätten auch wir nur noch die Chance gehabt, die hinter dem Boot ausgelegten Wurfleinen zu ergreifen, um nicht mit unabsehbaren Konsequenzen von der Strömung weggetrieben zu werden.

Diese ganzen Aktionen hatten Zeit gekostet und es war nicht mehr lange hin bis zur Dämmerung. Der größte Teil der Besatzung war immer noch am Ufer. Ich sollte den Fährmann spielen und mit der *Dingifähre* noch einmal übersetzen. Bevor ich das Ufer erreicht hatte, war ich ca. 400 m abgetrieben. Also musste unser Fährschiffchen etwa 700 m stromauf gezogen werden, denn der nächste Versuch sollte diesmal mindestens 300 m oberhalb des U-Bootes beginnen.

Diesmal war ich Gast im Dingi. Unser Bootsmann ruderte selbst. Einen dritten Mann an Bord zu nehmen, war bei dieser sehr starken Strömung zu gefährlich. Eine unbedachte Bewegung hätte die kleine Nussschale sofort kentern lassen. Auch die zweite Fähre kam erfolgreich ins Ziel.

Doch inzwischen war es dunkel geworden. Der Kommandant beschloss, vom nächsten Hafen ein Motorboot anzufordern, um die restliche Besatzung an Bord bringen zu lassen. Doch gerade in diesem Augenblick vernahmen wir das Tuckern eines Fischkutters, der vom Fang zurückkam! Leider verstand der Kapitän unser Problem nicht. Auf unser Rufen reagierte er mit freundlichem Winken, als würden wir ihm begeistert eine gute Fahrt wünschen wollen! Schon hatte er uns Richtung Huelva passiert! Wir richteten unsere Scheinwerfer nicht nur auf ihn, sondern auch auf unsere wartenden Kameraden am Ufer. Da begriff er, dass das große deutsche Submarino seine Hilfe brauchte.

Er reagierte sofort, machte kehrt und mit nur einer Fahrt brachte er den Rest der Besatzung, und es war deren größerer Teil, zurück an Bord. Wir alle waren erleichtert. Der Kommandant bot dem hilfsbereiten Kapitän eine großzügige Belohnung. Dieser weigerte sich erst, für seine Hilfe, die doch unter Seeleuten selbstverständlich sei, etwas anzunehmen. Doch unser Kommandant ließ das nicht gelten und bewegte ihn schließlich doch dazu sein Angebot anzunehmen. Es dürfte mehr gewesen sein als das, was ihm der Fang einer Ausfahrt einbringt.

Wir mussten erst einmal verarbeiten, dass sich unser Paradies so hinterrücks als gefährliche Falle entpuppt hatte. Der Kommandant und vor allem unser Obersteuermann machten sich Vorwürfe, dass sie trotz ihrer langjährigen Erfahrung nicht gründlich genug die Gezeitenkarte studiert hatten. Mit ein paar Bieren löschten wir den Durst und alle beruhigten sich allmählich, denn schließlich waren wir ja mit einem blauen Auge davon gekommen. Nicht lange nach Mitternacht schickte uns der Kommandant in die Kojen, bis zum Morgen würden wir hier vor Anker liegen bleiben.

*

In der Nacht tuckerten nur einige Fischkutter an uns vorbei in den Hafen. Am Morgen gegen 8.00 Uhr lichteten wir den Anker und erreichten kurz darauf Huelva, das als geistig-religiöses Zentrum der Amerikafahrer gilt. Wir waren sehr gespannt, ob wir noch Anzeichen für die Anwesenheit von Kolumbus 1492 in Huelva entdecken konnten. Wir wußten, dass Nachbildungen seiner 3 Schiffe, mit welchen er Amerika entdeckt hatte, hier in Huelva lagen.

Auch Huelva ist eine sehr alte Stadt. Sie wurde vermutlich vor über

3000 Jahren von den Phöniziern gegründet. Für uns ist es immer wieder erstaunlich, dass viele spanische Städte über 3000 Jahre alt sind. Dieses gilt z. B. für Sevilla, Cadiz, Cordoba, Granada und viele andere.

Wenn bei uns eine Stadt eine 1000-Jahrfeier abhalten kann, dann ist das ein seltenes Ereignis, das tagelang gefeiert wird.

Ja man kann sagen, während die Germanen noch in Urwäldern hausten und die Römer vor allem auch an der Mosel und am Rhein entlang ihre Castelle und Befestigungen bauten, herrschte in Spanien bereits ein reges kulturelles Leben. Auf die Römer folgten die Westgoten und Mauren, alle hinterließen Spuren ihrer Kulturen.

Bedeutende Bauwerke der Stadt wurden durch das Erdbeben 1755 größtenteils zerstört. Wichtigste Bauwerke sind: Das *Museo Provinzial,* es erinnert an die epochale Bedeutung von Kolumbus und den Bergbau. Ferner aus dem 17. Jahrhundert die *Cadetral de la Merd* und die *Iglesia de San Pedro* aus dem 15./16. Jahrhundert. Es sind interessante Bauwerke, die aber den Vergleich mit entsprechenden Bauten Sevillas oder Granadas nicht aushalten.

Nach dem Fall des maurischen Huelva wurde im 15. Jahrhundert das *Franziskanerkloster* gegründet und festlich eingeweiht. Es besitzt bemerkenswerte Gärten, welche liebevoll gepflegt sind. Es nimmt in der Geschichte einen ganz besonderen Platz ein. Denn hier traf sich Kolumbus mit den Mönchen, die sein Projekt unterstützten.

Mit drei Karavellen Niña, Pinta und dem Flaggschiff Santa Maria unternahm er seine Fahrt von Palos de la Frontera aus. Der Hafen von Palos de la Frontera, von welchem er seine Entdeckungsreise startete, ist heute als Hafen übrigens unbrauchbar.

Wenn man die Nachbildung der Schiffe betrachtet, mit welchen er Amerika entdeckt hat, dann staunt man über ihre geringe Größe. Aber seine Entdeckungsreise war bekanntlich ein ungeheurer Erfolg. Er hat nicht nur Spanien reich gemach, er hat die Welt verändert.

Die Stadt liegt zwischen den Flussmündungen des Rio Tinto und

Odiel. Sie ist über mehrere Hügel verteilt. In Huelva blühte bereits im Altertum der Handel mit Metallen. Abgebaut wurde in den am Rio Tinto liegenden Minen vor allem Kupfer. Früher aber auch Gold und Silber. Das Wasser des Flusses ist durch die Metallabwässer mit farbigem Schaum bedeckt und hat oft eine rote Farbe. Die Fische des Flusses zeigen viele Mißbildungen durch die giftigen Abwässer auf.

Die Ausbeutung der Minen ließ nach, als in den Kolonien billiger Metall produziert werden konnte. Die Arbeitskraft war dort sehr billig.

Mir dem Bus unternahmen wir noch einen Badeausflug an die Costa de Lux. Wir sollten hier noch einmal tüchtig ausspannen und das Badeleben in vollen Zügen genießen. Eine Aufgabe, der wir uns mit ganzer Energie widmeten!

Die Costa de Lux ist ein ausgedehntes Strandgebiet mit herrlichem Sand. Es erstreckt sich fast 100 km am Atlantik entlang. So lange wir am Strand waren, haben wir nicht einen einzigen Menschen entdecken können! Das ist heute natürlich ganz anders.

Da nur eine Notbesatzung im Hafen zurückgeblieben war, konnten wir zwei Fußballmannschaften zusammenstellen. Die höheren Dienstgrade sollten gegen die niedrigen Dienstgrade antreten. Ich kann den Sieg der niedrigeren Dienstgrade vermelden.

Nach unserer Ankunft an Bord lag ein neuer Befehl vor: Rückkehr in heimische Gewässer.

Am nächsten Tage verließen wir Huelva Richtung Cadiz. Dort wurden die Tanks gefüllt und die Vorräte ergänzt.

Die Fahrt nach Deutschland verlief diesmal ohne Zwischenfälle.

Unser Boot musste in der Werft überholt werden. Die gesamte Besatzung würde in den lang ersehnten Urlaub fahren können.

*

Kapitel 17

Eine Hölle aus Wasser

Torpedo-Versuchsanstalt Eckernförde / Untergang des Versuchsbootes *Welle* im Februar 1938

Klirrend kalt war es, als wir im Januar 1938 in Eckernförde eintrafen. Doch der Auftrag, den wir zu erfüllen hatten, war klar definiert und duldete offenbar keinen Aufschub:

Ein neuartiger Torpedotyp war entwickelt worden und trat in die Testphase. Die Konstrukteure der Torpedo-Versuchsanstalt (T.V.A.) Eckernförde brauchten Daten, um der Waffe den letzten Schliff geben zu können. Diese Daten hatten wir zu beschaffen.

Der waffentechnische Fortschritt war in der Tat beträchtlich.

Die Torpedos herkömmlichen Typs wurden nämlich mit Druckluft angetrieben. Die entweichende Luft hinterließ auf ihrer Bahn zum Ziel eine verräterische Blasenspur auf der Wasseroberfläche, die von wachsamen Beobachtern rechtzeitig geortet werden konnte – einigermaßen ruhiges Wetter vorausgesetzt. So gelang es ins Visier genommenen kleineren Schiffen oft, sich im letzten Moment noch aus der Geschoßbahn zu manövrieren. Selbst größeren Schiffen glückte das rettende Ausweichmanöver nicht selten.

Die neue Technik hingegen versprach, die Trefferquote entscheidend zu steigern, indem sie die Vorwarnzeit erheblich verkürzte. Der Clou bestand in einer Umstellung auf elektrischen Antrieb. So verriet sich ein nahender Torpedo nicht mehr durch aufsteigende Luftblasen.

Diese Neuentwicklung hatten wir also in der beißenden Winterkälte zu testen. Dass wir dabei zwangsläufig erste Erfahrungen im Umgang mit dieser neuen Waffe sammelten, war ein durchaus beabsichtigter Nebeneffekt, denn noch nie zuvor waren Torpedos dieser Art in einer kriegerischen Auseinandersetzung zum Einsatz gekommen.

Die eisige Kälte machte das Hantieren mit diesen stählernen Riesenzigarren allerdings zur Tortur. Der Bugtorpedoraum musste immer aufs Neue mit Übungstorpedos bestückt werden. Und dieser Bugtorpedoraum diente etwa der Hälfte der Besatzung gleichzeitig als Wohnraum. Wegen der arktischen Temperaturen musste dieser Teil der Besatzung schließlich in ein Hotel am Strand einquartiert werden.

Waren die vorderen Torpedorohre schließlich geladen, begann die Hauptaufgabe, das Übungsschießen. Zunächst bei aufgetauchtem U-Boot, später wurde auch vom getauchten abgefeuert.

Dabei galt es, eine Zielscheibe zu treffen, die von einem kleinen Schlepper in einem gewissen Abstand durch die See gezogen wurde. Obwohl diese Übungstorpedos selbstverständlich nicht scharf gemacht waren, also ohne Sprengköpfe durchs Wasser pflügten, musste die Besatzung des Schleppers auf der Hut sein. Ein so genannter Kreisläufer oder ein anderweitig außer Kontrolle geratener Torpedo konnte immensen Schaden anrichten.

Diese Kreisläufer waren durchaus keine Seltenheit. Wir selbst mussten einmal unser Boot in Sicherheit bringen vor einem verrückt gewordenen Torpedo, den wir selbst abgefeuert hatten!

Alles in allem aber hatten wir Glück und konnten nennenswerte Unfälle vermeiden.

*

Noch im Februar 1938 waren wir in Eckernförde im Einsatz. Die Temperaturen waren nicht etwa gestiegen. Im Gegenteil, mittlerweile hatte fast die gesamte Besatzung in das Hotel zum Übernachten einquartiert werden müssen. Nur Wachposten und wenige Maschinisten blieben für Notfälle an Bord. Schließlich lag das Boot, so meinten wir, gut geschützt in der Eckernförder Bucht.

Doch dann zog ein Orkan über die Ost-, aber auch die Nordsee. Ein Sturm zog auf, wie ihn noch keiner von uns erlebt hatte. Selbst in der geschützten Eckernförder Bucht bekamen wir die mächtigen Auswirkungen zu spüren. Es wurden alle Sicherheitsvorkehrungen getroffen, damit das Boot nicht von der Pier gerissen und abgetrieben werden konnte. Die Posten wurden verdoppelt.

Am ruhigsten war es noch im Hotel.

Und in diese Situation platzte morgens gegen 05.00 Uhr folgender Befehl:

Sofort auslaufen in Richtung Insel Rügen! Versuchsboot „Welle“ gibt keine Funksignale mehr. Die letzten aufgefangenen Signale wurden aus der Nähe von Rügen empfangen.

Alles wurde unverzüglich seeklar gemacht. Unsere Poller an der Pier waren inzwischen durch den Orkan von einer dicken Eiskruste überzogen. Die gesamte Pier war eine Schlittschuhbahn und spiegelglatt! In der Eile des Aufbruchs riss es einige Kameraden von den Beinen.

Unser Pechvogel Ewald war natürlich auch darunter. Er machte es besonders gründlich und brach sich bei seinem Sturz den linken Arm. Er musste zurück ins Hotel, wurde ärztlich behandelt und in ein Lazarett gebracht. Dies alles wurde per Funk von unserem Boot aus in die

Der Ort der Handlung. Der Pfeil deutet auf Eckernförde, am rechten Bildrand die größte deutsche Insel, Rügen.

Wege geleitet. Unmöglich hätte er an Bord bleiben können. Bei diesem schweren Seegang hätten wir drei Arme zum Festhalten brauchen können, und er hatte ja nur noch einen zur Verfügung!

Der Kommandant, der Signalgast Emil und auch ich machten uns vor dem Auslaufen noch wetterfest. Jacken und Hosen bestanden aus grauem Leder. Beide Teile waren sehr warm abgefüttert.

Dazu trugen wir gefütterte Lederstiefel mit Holzsohlen.

Und über diese Bekleidung zogen wir spezielle wetterfeste Sturmbekleidung, den sogenannten *Seehund,* um uns gegen überrollende Brecher zu schützen. Auf den Kopf gehörte selbstverständlich ein wasserdichter Südwester.

Warme Kleidung war übrigens auch bei gemäßigterem Wetter an Bord erforderlich, denn die Heizung erzeugte keineswegs Temperaturen, bei denen wir Menschen uns wohlzufühlen pflegen ...

Als wir dann ablegten, waren wir auf einiges gefasst. Doch was uns tatsächlich erwartete, als wir aus der Eckernförder Bucht in die freie See kamen, übertraf unsere schlimmsten Befürchtungen.

Kaum hatten wir den Schutz der Bucht verlassen, überrollte uns eine erste gewaltige Welle.

Man muss berücksichtigen, dass die Ostsee, vor allem in Küstennähe, keine allzu große Wassertiefe hat. Und bei einem Orkan – also einem Wind ab Stärke 12, entsteht in der Ostsee aus diesem Grund nicht nur eine besonders schwere See, sondern an vielen Stellen der Ostsee die sogenannte Grundsee, unberechenbare, sehr hohe Wellen, besonders in Küstennähe.

Ferner muss man sich vor Augen halten, dass wegen der verhältnismäßig niedrigen Wassertiefe der Ostsee die hohen Wellen sich in kurzen Abständen aneinander reihen. Hierdurch wird jedes Schiff, vor allem aber leichtere Schiffe, zu denen unser U-Boot zählte, von gewaltigen Kräften auf und nieder geworfen wie ein Korken. Und fast nichts gibt es, was die Besatzung dagegen tun könnte.

Und mit dieser Grundsee hatten wir jetzt zu kämpfen! Ja, man muss es einen Kampf nennen, einen heftigen Kampf mit tosenden Elementen, ein Kampf, der jede Nerven- und Muskelfaser aktivierte und der mit hohem Einsatz gekämpft wurde.

Wir mussten, um Kurs auf die offene Ostsee nehmen zu können, unser U-Boot um 90° nach Backbord drehen. Das versuchten wir aus allen möglichen Positionen. Die Maschinen wurden auf A. K. gestellt, das Ruder *hart Backbord* gelegt, aber nichts tat sich, die Reaktion war *gleich Null!*

Selbst wenn wir es nach hartem Abmühen dann doch einmal geschafft hatten, unser Boot *um 20°* nach Backbord zu manövrieren, reichte die Wucht einer dieser mächtigen Wellen, uns wieder zurückzuschleudern, manchmal sogar noch über die Ausgangsposition hinaus! Das Spiel begann von vorn, wir waren *ein Spielball der Wellen!!*

*

Was mag unserem Kommandanten, der die Verantwortung für diese gefährliche Operation trug, durch den Kopf gegangen sein? Ob er gezögert hat, das Boot mit seiner jungen Besatzung in diese sturmgepeitschte Wasserhölle hineinzusteuern? Ob er sich vielleicht einen Moment vorgestellt hat, wie er den Eltern eines über Bord gegangenen Seemanns unter die Augen treten soll? Ob er, schlimmer noch, die Möglichkeit in Betracht zog, dass wir den Kampf mit dieser Naturgewalt verlieren könnten und das gesamte Boot mit Mann und Maus untergehen könnte?

Ich weiß es nicht. Der Befehl, den er gab, ließ keine Zweifel erkennen, er war eindeutig:

Auslaufen in die Ostsee - Richtung Rügen - Versuch der Kontaktaufnahme mit dem Versuchsboot "Welle"

Letzteres schien uns angesichts dieses Unwetters bereits illusorisch. Wir setzten uns ein bescheideneres Ziel:

N*achforschen, ob das Versuchsboot Welle überhaupt noch existiert*

Der Kommandant nahm den Befehl nicht auf die leichte Schulter. Er versuchte alles, um unser U-Boot in die Ostsee drehen zu können.

Er schonte nichts und niemanden. Weder unsere Dieselmotoren Max und Moritz, noch das U-Boot als solches und auch der Besatzung wurde nichts geschenkt.

Die Steuerbord-Maschine arbeitete auf A. K., - also: *äußerste Kraft voraus*. Durch das Sprachrohr wurde an den Leitenden Ingenieur (L.I.) *unmissverständlich* durchgegeben:

Aus den Maschinen rausholen, was rauszuholen ist!

Gleichzeitig erging an den Maschinenraum der Befehl:

Backbordmaschine äußerste Kraft zurück!

Dann: *Ruder hart Backbord!*

Wir alle hofften, dass die Wiederholung dieses Manövers schließlich zum Erfolg führen würde. Doch immer, wenn wir dachten, *jetzt klappt es*, wurden wir wieder mit voller Kraft zurück geworfen. *Die Lage schien hoffnungslos.*

Wenn das Boot endlose Minuten lang in Schlagseitenlage *bis zu 56° verharrte,* und keiner wusste, ob es sich jemals wieder aufrichten würde, dürfte so mancher von uns den Entschluss verflucht haben, zur See zu gehen.

Quer durch alle Dienstgrade war kein zartbesaitetes Sensibelchen an Bord, und dennoch bin ich sicher, dass so manches Stoßgebet zum Himmel geschickt wurde! Und wie könnte man das jemandem verdenken, *der sich bereits in der Hölle wähnt!*

Mir selbst blieb keine Zeit zum Grübeln. Ich war vollauf damit beschäftigt, die Befehle abzuarbeiten, die von Seiten des Kommandanten auf mich niederhagelten. Völlig durchnässt wie alle auf der Brücke stand ich neben ihm, als er befahl:

Rudergänger (das war ich) *und Signalgast in den Turm und das Turmluk wieder schließen!*

Ein Befehl freilich, den wir nicht ausführen konnten, denn das Turmluk war bereits geschlossen. Wie hätten wir mit offenem Turmluk fahren können, da ein Brecher nach dem anderen über uns hinwegrollte! Auch Kommandanten sind nur Menschen.

Schließlich hielten nur noch der Kommandant und der I.W.O. die Stellung auf der Brücke. Der Ausguck auf der Brücke musste besetzt bleiben, denn das ausgefahrene Seerohr war ständig von Wellen und Gischt umspült und erlaubte keine freie Sicht, bestenfalls einen *Lichtblick* zwischen den Brechern.

*

Doch unsere Anstrengungen sollten nicht belohnt werden. Nach zwei Stunden des Kampfes mit den Naturgewalten hatten wir uns so gut wie nicht von der Stelle bewegt. Allerdings hatte uns der Sturm in Richtung Kieler Förde abgetrieben. Wer gehofft hatte, da wäre die See weniger aufgewühlt, hatte sich getäuscht. Das Gegenteil war der Fall. Noch mächtiger war die Grundsee, noch größer die Gefahr.

Doch unser Kommandant gab nicht auf. Er versuchte ein Letztes: Nach Prüfung der Wassertiefe, gab er Befehl zum Tauchen!

Das gleiche Spiel unter veränderten Bedingungen. Alle Manöver, welche in dem stundenlangen Kampf über Wasser ausgeführt worden waren, wurden nun unter Wasser wiederholt! Doch auch unter Wasser, wurden wir genau so wild herum geworfen wie an der Wasseroberfläche. Auch hier erreichte *die Schlagseite unglaubliche 56 °!!*

Hinzu kam, dass die E. -Maschinen doch nicht die Kraft aufbringen konnten wie unsere beiden Diesel. Immerhin wurde auch dies versucht. Bald war klar, dass wir es nicht schaffen würden, in die Ostsee zu gelangen. Viele zweifelten sogar daran, dass wir wieder auftauchen würden! Womöglich würde uns *diese höllische See hier unten bei sich behalten ...*

Doch es hieß Nerven behalten!

Wenn wir eine Chance hatten, dann nur, wenn jedes Besatzungsmitglied auf seinem Posten blieb und seine Aufgaben erfüllte, ohne sich gehen zu lassen oder auszuflippen.

Noch heute, aus dem Abstand von weit mehr als einem halben Jahrhundert, bewundere ich die eisernen Nerven des Kommandanten, aber auch jedes einzelnen von uns. Es gab keine Zusammenbrüche oder gar irgendwelche hysterische Anfälle.

Und dennoch war unser Einsatz vergeblich. *Die Natur war stärker.* Sie erteilte uns jungen und noch nicht sehr erfahrenen Seeleuten an diesem Tag eine Lektion, die wohl keiner mehr vergaß. Es gibt eine Gewalt der See und des Windes, dagegen kommen all unser Wille und unsere ausgefuchsteste Technik nicht an. Das müssen wir respektieren.

Als uns nach etwa vierstündiger Schlacht, bei der wir alle technischen und menschlichen Ressourcen in die Waagschale geworfen hatten, ein Funkspruch nach Kiel zur Blücherbrücke zurückbeorderte, war so mancher erstaunt, *dass wir noch alle am Leben waren.*

Doch während wir auftauchten und Kurs auf die Kieler Förde nahmen, erhob sich die nächste bange Frage: Was war mit dem Sinn unserer Mission, wie stand es um die verschollenen Kameraden des *Versuchsbootes Welle?*

Die traurige Antwort kam per Funk:

Versuchsboot Welle gefunden. Es ist mit der gesamten Besatzung gesunken.

Wir waren erschüttert. Noch heute weiß ich, dass es 28 Seeleute waren, die in ihrem Boot den Tod gefunden haben.

In bedrückter Stimmung gingen wir an der Blücherbrücke in Kiel an Land. Applaus brandete auf. Am Hindenburgufer hatten sich nämlich zahlreiche Schaulustige eingefunden, die zusehen wollten, wie die hohen Wellen, die der Orkan herantrieb, immer wieder die *Hindenburguferstraße überfluteten.*

Keiner dieser vielen Menschen ahnte etwas von dem Drama, das sich draußen auf hoher See abgespielt hatte und *dass 28 Familien in Trauer stürzen würde*. Von uns jedenfalls erfuhr niemand etwas.

Dass vielen von uns die Tränen in den Augen standen, bemerkten die Neugierigen nicht. Und wenn sie es bemerkt haben, dann dachten sie wohl, dass uns die Kälte die Tränen in die Augen getrieben haben mochte. In Wahrheit hätten wir aufschreien mögen, über den Tod unserer Kameraden, denen wir nicht hatten helfen können.

Unser Boot wurde neugierig in Augenschein genommen. Es bot in der Tat einen ungewöhnlichen Anblick. Eine dicke Eiskruste überzog fast den ganzen Schiffskörper. Der mehrere Zentimeter dicke Eispanzer auf dem Oberdeck musste regelrecht abgehackt werden. Auch der größte Teil des aus dem Wasser herausragenden Druckkörpers und die Seiten des Oberdecks waren mit Eis überzogen. Unsere 8.8 cm Kanone - *nur noch eine Eisskulptur*. Und um das Boot zu vertäuen, mussten die Taue, die unter Deck im durchspülten Teil des Oberdecks gelagert hatten, erst einmal enteist werden!

Wäre freilich unser Ewald dabei gewesen, hätte er die zusammengefrorenen Taue mit seinen Bärenkräften kurzerhand auseinandergerissen und uns die Enden dann an den Kopf geschmissen, uns, *den Schwächlingen!*

Ehrenmal für die gefallenen deutschen U-Boot-Fahrer beider Weltkriege in Möltenort bei Kiel.

Der Zufall wollte es, dass das berühmte Segelschulschiff *Gorch Fock*, das sieben Jahre später, im Jahre 1945, von der eigenen Besatzung versenkt werden sollte, ebenfalls an der Blücherbrücke lag. Nach kurzer Rücksprache bot man uns großzügig die Benutzung der Bade- und Duschräume an.

Als wir dann unter den heißen

Duschen standen, tauten wir allmählich wieder auf. Staunend sah die Besatzung der *Gorch Fock* eine frierende und zitternde U-Boot-Besatzung in ihre Bäder stolpern und ganz normale Menschen wieder herausspazieren.

Obwohl für uns dieser Tag also ein gutes Ende fand, haben wir noch lange um die Kameraden getrauert, die an diesem Tag ihr Leben lassen mussten. Und ich bin sicher, jeder von uns wusste: *Es hätte auch unser Boot treffen können ...*

~ ~ * ~ ~

Kapitel 18

Anna, ihre Eltern und der Pfeil, der im Köcher blieb

Aufenthalt in Kiel und Bremen. Besuch auf Helgoland. Die Schlacht am Skagerrak 1916.

Als wir gewaschen und erfrischt das gastliche Segelschulschiff *Gorch Fock* verließen, um auf unser sturmgeprüftes U-Boot zurückzukehren, sahen wir, dass sich die Menge der Neugierigen an der Blücherbrücke und am Hindenburgufer noch keineswegs verlaufen hatte. Und auch der Orkan schien noch nichts von seiner Kraft eingebüßt zu haben. In unverminderter Stärke warf er sich auf alles, was sich ihm in den Weg stellte, peitschte das Wasser, riss und rüttelte an allem, was fest war und zwang die Menschen, sich irgendwo festzuklammern.

Doch unser Gesprächsthema Nr. 1 blieb der Untergang des Versuchsbootes *Welle* bei Rügen. In jedem von uns ging die Frage um, ob unter der Besatzung auch ihm persönlich bekannte Kameraden gewesen sein mochten, mit denen er gearbeitet, gefeiert, gelacht hatte. Und immer wieder hielten wir uns vor Augen, dass vor einem so ungeheuren und unberechenbaren *Orkan kein Schiff* wirklich sicher sein konnte, auch unseres nicht, das mit seinen 626 BRT wahrlich nicht zu den größten rechnete.

Gut, das Boot hatte sich nach der dramatisch lang anhaltenden Schlagseite *von 56 ° wieder ins Lot geneigt*, aber darauf hatten wir uns währenddessen durchaus nicht verlassen können! Wir hatten nicht gewusst, ob unser Bootstyp für solche Belastungen ausgelegt war. Hinterher ist man bekanntlich klüger. Aber was wäre gewesen, wenn es kein Hinterher mehr gegeben hätte, wie bei der *Welle*? - Solche Gedanken, die während des Kampfes mit den Elementen nur kurz durch unsere Gehirne geblitzt waren, beherrschten jetzt, wo alles überstanden war, eine längere Zeit unsere Gespräche.

Schließlich aber kehrte an Bord erst einmal wieder Ruhe ein. Und als uns dann mitgeteilt wurde, dass unser Boot zwecks Überholung oder gar Austausch der Dieselmotoren für drei bis vier Wochen in die Werft sollte, horchten wir auf. Sollte sich da ein höchst willkommener kleiner Sonderurlaub ankündigen? Ein Sonderurlaub, der freilich nur den seemännischen Teil unserer Besatzung beglücken würde, denn die Techniker hatten sich während der Werftliegezeit aus nahe liegenden Gründen beim Schiff aufzuhalten. Sie mussten mit allem, was die Technik des Schiffes anging auf dem Laufenden bleiben und Reparaturen und Wartung aus der Nähe verfolgen. Die Vertrautheit mit den technischen Details konnte im Ernstfall über Leben und Tod entscheiden.

Uns so machten einige von ihnen eine etwas säuerliche Mine, als bereits zwei Tage später tatsächlich Heimaturlaub gegeben wurde. Doch auch die Techniker gingen nicht leer aus. Sie wurden in zwei Gruppen eingeteilt, die sich mit dem Dienst am Schiff abwechseln sollten. Während also unser U-Boot in der *Deschimag-Werft* in Bremen, in der es auch gebaut worden war, einer gründlichen technischen Inspektion unterzogen wurde, tummelte sich der größte Teil der Besatzung ebenfalls an Land.

Doch auch nach dem Urlaub waren wir Seeleute günstiger dran. Denn die Arbeiten am Boot erforderten weitere drei Wochen Werftliegezeit.

Natürlich wurde die Zeit nicht völlig verplempert. Es wurde Unterricht abgehalten. Vor allem aber wurde tüchtig Sport getrieben.

Doch das betraf meist nur den Vormittag.

Des Nachmittags hatten wir fast immer dienstfrei und konnten zum Schwimmen oder auch zum Segeln gehen. Wer hätte sich da beklagen mögen?

Inzwischen war es März geworden. Erste Frühlingsdüfte und –lüfte ließen sich erschnuppern. Muss ich noch eigens betonen, dass es uns Lords nicht nur zur See zog, sondern mindestens ebenso stark in die diversen attraktiven Tanzlokale der Hansestadt und ihrer Umgebung?

Jedenfalls ließen wir keine Möglichkeit aus, das Tanzbein zu schwingen. Dabei überzeugten wir uns sehr schnell davon, dass Bremen nicht nur interessante Tanzböden bot, sondern, was noch viel interessanter war, außerordentlich viele und zudem außerordentlich hübsche junge Damen!

Und wofür schlägt bekanntlich das Herz des Seemanns? Sehr richtig! Für eine Braut in jedem Hafen!

Doch, nein, halt! Natürlich ist das Seemannsgarn, zum größten Teil wenigstens. Früher mag es ja bei der *Christlichen Seefahrt* üblich gewesen sein, in jedem Hafen eine Braut zu haben.

Hier in Bremen aber war alles viel harmloser. Es gab einfach viele frische junge Damen, die ebenso gern das Tanzbein schwangen wie wir.

Weißt Du, Ils´chen, es war nicht so wie bei uns beiden an jenem 12.10.1939 als wir beide uns auf Anhieb ineinander verliebt haben! Nein, so war es nicht. Da kann ich dich beruhigen. Und im Übrigen kannte ich Dich im März 1938 doch überhaupt noch nicht!

Also bitte, keine eifersüchtigen Klagen! Schließlich wolltest du doch, dass ich Dir die Wahrheit erzähle und nicht eine geschönte Lügengeschichte! Ja, nun lachst du wieder und wartest auf meine weitere Erzählung. Bitte, hier kommt die Fortsetzung, ungeschminkt:

*

Ich traf diese Sie, von der ich jetzt erzählen will, in einem sehr ansprechenden Tanzlokal, das in einem Park lag. Ich gebe zu, dass ich auf den ersten Blick Gefallen an ihr fand. Gefallen ja, aber verliebt, nein, verliebt habe ich mich nicht. Wir wollten beide tanzen. Darum ging es, und das taten wir mit jugendlicher Lebensfreude und viel Temperament.

O la la, dachte ich nach den ersten Tänzen, *was habe ich mir da für einen süßen Wildfang angelacht!* Und wenig später, als hätte sie meine Gedanken gelesen, machte sie mir ein mutiges Kompliment,

Der Autor im Jahre 1938,
Dienstgrad: Stabsmatrose
Tätigkeit: Gefechtsrudergänger

indem sie sagte: *Sie tanzen aber wirklich voller Leidenschaft!*

Ja, Leidenschaft, das war das passende Wort für das Gefühl, das mich beim Tanzen ergriffen hatte und das auch ihr Blut in Wallungen brachte.

Doch junge Männer - ich war gerade zwanzig Lenze jung - können bekanntlich sehr schüchtern sein. Da hantieren sie zig Meter unter dem Meeresspiel mit todbringenden Torpedos herum und pfeifen ein Liedchen dazu, doch der Liebreiz einer einzigen jungen Dame genügt und ihnen verschlägt es die Sprache! Es erforderte jedenfalls einen großen inneren Anlauf und ein Zusammenraffen meines ganzen Mutes, bis ich es schaffte, ihr das weltbewegende Kompliment zurückzugeben, dass auch ihr Tanzen voller Leidenschaft sei. Sie lachte erfreut und sagte, sie habe leider kaum Zeit fürs Tanzvergnügungen. Sie müsse in diesem Jahr nämlich ihr Abitur machen. Da müsse sie die Nase tief in die Schulbücher stecken.

Und obwohl ich, wie gesagt, durchaus nicht verliebt war, war es dennoch keine höfliche Heuchelei, als ich darüber mein tiefes Bedauern ausdrückte. Da müsse ich wohl auf den Genuss verzichten, mit ihr noch einmal zu tanzen, denn wir seien ja nur noch etwa drei Wochen in Bremen, bevor wir wieder auf große Fahrt gingen. Schade sei das, ach, so schade …

Doch als sie dann wieder so speziell lachte und mir flugs versicherte, sich gewiss öfter für das Tanzen freimachen zu können, wusste ich, dass sie begonnen hatte, *Feuer zu fangen.* Nur, setzte sie hinzu, *zu* spät dürfe es natürlich nicht werden ...

Sie wohne übrigens während der Schulzeit bei Verwandten hier in Bremen, komme aber eigentlich aus Helgoland, wo es keine Oberschule gäbe. Ihre Eltern betrieben auf Helgoland, auf dem so genannten Oberland, ein Geschäft für Geschenke und Schreibwaren.

Falls wir, so kündigte ich an, in Helgoland anlegen sollten, was durchaus im Bereich des Wahrscheinlichen lag, würde ich es mir nicht nehmen lassen, ihren Eltern einen Besuch abzustatten, insbesondere würde ich etwas in ihrem Geschäft kaufen.

Und während sie mir versicherte, dass ich diesen Kauf keinesfalls bereuen würde, da ihre Eltern das Geschäft mit Umsicht und Qualitätsbewusstsein führten - woran ich selbstverständlich nicht eine Sekunde zweifelte - *lachte sie wieder dieses bezaubernde Lachen.*

Das Eis zwischen uns war gebrochen. Es war offensichtlich, dass wir uns mochten. Ich stellte mich namentlich vor und sie antwortete mit ihrem Namen: *Anna.*

Und bis um Elf ließen wir nicht mehr voneinander, die Anna und ich, sondern tanzten Tanz um Tanz mit wachsendem Vergnügen. Wir dachten gar nicht daran, den Tanzpartner zu wechseln, Anna wollte nur mit mir tanzen und ich nur mit Anna. Und als wir zwischendurch an einem Tisch verschnauften, kam keine Verlegenheit auf. Wie von selbst stellten sich interessante Gesprächsthemen ein und ich bewunderte ihre Klugheit und Natürlichkeit.

Aus ihren Angaben errechnete ich, dass sie erst 17 Jahre alt sein konnte, höchstens 18. Als ich sie vorsichtig darauf ansprach, erklärte sie, dass sie später als ihre Mitschülerinnen eingeschult worden sei und in Kürze bereits 19 würde. Alles passte also bestens.

Die folgenden drei Wochen waren für uns beide eine wunderbare Zeit. Oft genug entzog sich Anna den Schulbüchern und nahm sich Zeit für mich. Doch als nach drei Wochen die Arbeiten in der Werft abgeschlossen waren, hieß es Abschied nehmen, und wir stachen wieder in See.

*

Einige Monate später, im Herbst 1938, legten wir dann tatsächlich in Helgoland an. Unsere Aufgabe bestand darin, in den Gewässern vor Helgoland die Wirkung gewisser neuer Strahlen im getauchten Zustand zu erproben. Diese Strahlen, die eine entscheidende Rolle im Verlauf des Krieges spielen sollten und deren zivile Bedeutung ebenfalls kaum zu überschätzen ist, waren später unter der Bezeichnung *Radarstrahlen* (ein englisches Kunstwort aus **ra**dio **d**etecting **a**nd **r**anging) in aller Munde!

Das Geschäft auf dem Oberland fand ich sofort. Es machte einen tadellosen Eindruck. Nachdem ich eingetreten war, fragte ich die Inhaberin, bei der es sich also um Annas Mutter handeln musste, ob Anna denn *ihr Abitur gut bestanden hätte.*

Aha, sagte sie, nur kurz verblüfft, bevor dann ein Erkennen über ihre Miene huschte, *dann müssen sie der junge Mann sein, mit dem unsere Anna in Bremen so oft getanzt hat, stimmt`s?*

Diese messerscharfe Schlussfolgerung traf zu, warum hätte ich das leugnen sollen?

Ja, sagte ich und mimte den Zerknirschten, *ich gestehe, dass ich der Sünder bin.*

Annas Mutter amüsierte sich und meinte, dass ich eigentlich genau so aussähe, wie ihre Anna mich beschrieben hätte.

Stell dir vor, sagte sie zu ihrem Mann, den sie herbei gerufen hatte, *das hier ist der Fritz, von dem unsere Anna so viel erzählt hat*!

Annas Vater empfing mich nicht weniger herzlich.

Kommen Sie doch auf einen Sprung zu uns in die Wohnung, lud er mich ein und dann fügte er freundlich hinzu, *Sie trinken doch sicher gern Eiergrog?*

Zwar war noch nie in meinem Leben ein Tropfen dieses Helgoländer Nationalgetränks durch meine Kehle geronnen. Nichtsdestoweniger bestätigte ich eifrig, ein großer Liebhaber des Eiergrogs zu sein. Das Wohnzimmer war nach vornehmer Seemannsart eingerichtet. An den

Wänden erkannte ich Bilder, die ich schon einmal gesehen hatte. Sie deuteten darauf hin, dass Annas Vater bei der Kaiserlichen Marine gedient hatte. Später erfuhr ich, dass er am Ende des ersten Welt-krieges Bootsmann gewesen war. Das war vor 20 Jahren, das Jahr des Kriegsendes war das Jahr meiner Geburt. Ich erfuhr auch, dass er bei der berühmten Seeschlacht am Skagerrak teilgenommen hatte.

Annas Mutter fragte mich ohne Umschweife, wie lange ich denn auf Helgoland bleiben würde.

Ein Helgolandplakat der Zeit zwischen den Kriegen. Der Fischer steht auf der Düne, im Hintergrund die steilen Felsen der Insel.

Das ist noch nicht ganz raus, sagte ich, *aber zwei, drei Tage dürften es schon sein.*

Da kommen Sie doch heute Abend zu uns zum Abendessen. Da können Sie sich mit meinem Mann noch unterhalten.

Ich nahm die Einladung an. Dabei dachte ich an die Bilder an der Wand und ahnte, dass Annas Vater eine Menge See mannsgarn spinnen würde. Jedenfalls machte ich mich auf einen anstrengenden Abend gefasst. Zu Recht, wie sich später herausstellte.

Mit einem schönen Blumenstrauß bin ich dann wohlerzogen

aufmarschiert. Die Mutter hat sich hierüber sehr gefreut. Gute Manieren kommen eben stets gut an, besonders bei den Eltern von Freundinnen ...

Im Gespräch übernahm ich die Initiative und erkundigte mich etwas eingehender nach Anna, wozu ich am Nachmittag nicht gekommen war.

Man gab bereitwillig Auskunft. Ich erfuhr, dass Anna mittlerweile eine kaufmännische Lehre bei einer Hamburger Bank machte, dass es ihr gut gefalle, obwohl sie wieder das Heimweh plage.

Den geschickten Umgang mit Geld solle sie da lernen, um dann das Geschäft zu führen, das sie als einzige Tochter selbstverständlich erben werde.

Bevor ich Rede und Antwort stehen musste, setzten wir uns zum Abendbrot. Serviert wurde ein Helgoländer Nationalgericht: Hummer. Nicht, dass dies mein erster Hummer gewesen wäre! In Spanien hatten wir diese großen, zehnfüßigen Krebse auch auf unseren Tellern gehabt. Dort waren wir ihnen relativ kunstlos aber durchaus erfolgreich zu Leibe gerückt. Doch so einfach konnte ich es mir hier nicht machen. Ich glaube, jeder Helgoländer ist ein Virtuose im Hummerzerlegen, und da wollte ich *nicht gleich als Banause dastehen.* Ich gab mir Mühe, das spezielle Besteck geschickt anzusetzen und konnte bald das Fleisch freilegen, das weltweit bekanntlich als große Delikatesse gilt. Der ausgezeichnete Wein rundete unser Mahl aufs Vortrefflichste ab.

Doch nun war die Schonfrist beendet und ein kleines Kreuzverhör stand an. Die Mutter wollte aber auch wirklich alles wissen. Dass wir 7 Kinder zu Hause waren, nahm sie mit freudigem Erstaunen auf. Leider hätten sie ja nur ihre Anna. Sie hätte ja auch noch gerne ein Geschwisterchen gehabt. Aber leider hätten sie keines mehr bekommen ...

Der Vater schmauchte währenddessen seine Pfeife und trank seinen Eiergrog. Es waren nur wenige Fragen, die er stellte, aber die waren genau ins Schwarze gezielt.

Was haben sie denn gelernt? fragte er mich beispielsweise ohne langes Gedöns. Als ich meine Ausbildung zum Kaufmann anführen konnte, bemerkte ich, dass sich seine Miene noch weiter aufhellte. Ja, das gefiel ihm. Und ich glaubte zu ahnen, welche Gedanken sich hinter seiner väterlichen Stirn abspielten. Den jungen Burschen mit kaufmännischer Ausbildung und Marineerfahrung *an Annas Seite ins Geschäft*, das wäre nach seinem Geschmack.

Aber soweit waren wir ja noch nicht. Mit meinen 20 Jahren fühlte ich mich zum Heiraten entschieden zu jung. Ich gedachte, mir mit dem berühmten Bund fürs Leben noch eine Menge Zeit zu lassen. Keinesfalls wollte ich etwas überstürzen. Dass Amor dann schon ein Jahr später seinen Pfeil zielgenau in mein Herz bohren würde, nun *dafür konnte ich eigentlich nichts.* Das war im wahrsten Sinne des Wortes höhere Gewalt. Meine Ilse kann das bestätigen, *denn ihr ging es nicht anders.*

Dabei war Anna - fröhlich, hübsch und tüchtig wie sie war - ein Mädel, das an jedem Finger drei hätte haben können. Nur der letzte Funke war zwischen uns eben nicht geflogen. Den Brandpfeil, der alles unwiderruflich in Flammen setzt, *hat Amor*, wie gesagt, noch ein Jahr lang im Köcher gelassen.

Während ich bei ihren Eltern also auf *meine Tauglichkeit zum Schwiegersohn* geprüft wurde, weilte Anna nichts ahnend in Hamburg.

Sie wurde jedoch für das kommende Wochenende erwartet und mir wurde versichert, dass sie sich sehr freuen würde, mich hier anzutreffen. Ich bedauerte, denn zu diesem Zeitpunkt würden wir bereits auf dem Weg in die Ostsee sein. Schade, denn ich hätte sie wirklich *gern getroffen.*

Als ich mich verabschiedete, meinte der Vater, ich solle doch am nächsten Abend wieder zum Essen kommen, da könnten wir uns über unsere Marine unterhalten. Ich nahm die Einladung nicht ungern an, denn im Grunde war es hier recht gemütlich. Annas Eltern waren *patente Leute!* Sie gefielen mir.

Am Abend des nächsten Tages rückte ich mit einer Flasche Eiergrog und einer Flasche Eierlikör an. Ich dachte, wo der *Mann Eiergrog* trinkt, wird die *Frau sicherlich Eierlikör* mögen.

Doch so einfach lagen die Dinge nicht! Ich lernte, dass auch die Helgoländerinnen keine Verächterinnen des Eiergrogs sind. Doch einerlei, die beiden freuten sich über beide mitgebrachten Buddels.

Auch diesmal erwartete mich ein köstliches Abendessen. Als Vorspeise gab es Lachs auf Toast, gefolgt von Zander als Hauptgericht. Heiße Himbeeren mit Eis bildeten den Nachtisch. Man musste mich nicht lange bitten, *ich langte ordentlich zu.*

Nach dem Abendessen nahm Annas Mutter das Strickzeug vor, das sie gerade auf den Nadeln hatte. Sie strickte gerade an einem *Helgoländer Pullover* für ihre Tochter. Als sie bemerkte, dass ich ihr fasziniert auf ihre klappernden Nadeln blickte und als ich mich dann auch noch bewundernd über das Strickmuster äußerte, fragte sie mich, ob sie mir einen *Marinepullover* stricken solle. Ein großzügiges Angebot, von dem ich leider nicht mehr profitierte.

Aus den Augenwinkeln sah ich, dass Annas Vater währenddessen unruhig in seinem Schaukelstuhl herumrutschte. Er wartete darauf, mit seinem Thema loslegen zu können: Seinen dramatischen Erlebnisse während seiner Dienstzeit bei der Marine im ersten Weltkrieg, die zweifellos spannender gewesen waren als seine Erfahrungen als Inhaber eines Schreibwarengeschäftes auf dieser kleinen, wenn auch außergewöhnlichen Insel, weit draußen vor der deutschen Nordseeküste.

Doch bevor er seine persönliche Sicht der berühmten Schlacht vor dem Skagerrak, an der er in vorderster Reihe teilgenommen hatte, ins Gespräch brachte, überraschte er mich mit der Frage, ob ich Helgoland denn schon umwandert hätte.

Umfahren schon, so in etwa jedenfalls, sagte ich, *aber umwandert?* -

Nein! ... schließlich, setzte ich keck hinzu*, kann ich nicht über dem Wasser laufen wie der Herr Jesus.*

Beide amüsierten sich über mich *Nichtinsulaner*. So wörtlich war das nämlich nicht gemeint, das *Umwandern*. Annas Vater wollte mich nur auf einen sehr reizvollen Wanderweg aufmerksam machen, der auf dem Oberland rings um die Klippen führt und höchst beeindruckende Perspektiven auf die Felsenküste und das Meer bietet. Er bot mir an, mich auf diesem unvergesslichen Weg, den man einfach einmal gegangen sein müsse, zu begleiten und nutzte das Thema, um interessante Informationen über Helgoland anzufügen:

Die Insel, deren Felsen bis zu 57 m fast senkrecht aus dem Meer aufsteigen, liegt etwa 38 Seemeilen vor der Elbmündung und hat nur etwa einen Quadratkilometer Fläche. Sie wurde 1890 von den Engländern gegen Sansibar getauscht.

Auf Helgolands Felsen fühlt man sich wie auf einem großen steinernen Schiff. Wir Helgoländer, *so Annas Vater,* sind durch jahrelange Übung in der Lage, fast jedes Schiff, das am Horizont auftaucht, schnell zu identifizieren. Durch das Fehlen von Autos und die Tatsache, dass die nächste Industrieanlage zig Kilometer entfernt ist, haben wir eine vorbildlich gesunde, saubere Luft, staub- und pollenfrei, *was besonders für manche Allergiker eine wahre Wohltat ist.*

Annas Vater, spürbar darum bemüht, das Leben auf der kleinen Insel in rosigem Licht erscheinen zu lassen, vergaß auch nicht, auf die herrlichen weißen Strände hinzuweisen, die auf der vorgelagerten Düne zum Badevergnügen lockten. Nein, er vergaß nichts! Unwillkürlich sah ich mich selbst vor meinem geistigen Auge *an der Seite Annas* nach einem ruhigen Tag im Geschäft den Rundweg machen oder auf der Düne mit unseren Kindern baden und anschließend einen Eiergrog trinken, bevor wir uns *zum gepflegten Hum*meressen niederließen. Sooo viel hat nicht daran gefehlt - genau genommen eigentlich nur der bereits erwähnte Pfeil, den Amor jedoch weise für eine andere Gelegenheit im Köcher stecken ließ ...

*

Doch nun wandte sich Annas Vater dem Hauptthema des Abends zu; seiner Marinedienstzeit. Der Höhepunkt dieser Phase seines Lebens war zweifellos die Teilnahme an der größten Seeschlacht des ersten Weltkriegs gewesen. Und wie hätte es mich nicht interessieren können, aus erster Hand von einem berichtet zu bekommen, der mitten in Kanonendonner und Pulverdampf der Schlacht gestanden hatte! Und nicht nur, dass wir beide zur großen Familie der Seefahrer gehörten, er wies noch auf andere Parallelen hin:

Als ich zur Kaiserlichen Marine eingezogen wurde, so begann er, *war ich genau so jung wie Sie jetzt, nämlich gerade mal 20. Der erste Weltkrieg hatte begonnen und nach der Grundausbildung wurde ich auf den kleinen Kreuzer Elbing kommandiert, den Sie in jeder Beschreibung der Skagerrak-Schlacht erwähnt finden werden.*

Er musste also, so rechnete ich im Stillen aus, im Jahre 1894 geboren worden sein. Was ich zum Zeitpunkt seiner Erzählung allerdings noch nicht wissen konnte, war, dass auch uns ein Krieg bevorstand, und zwar ein Krieg, *der an Härte und Verlusten* den ersten Weltkrieg noch übertreffen sollte.

Im ersten Jahr meines Dienstes an Bord ereignete sich nichts Besonderes. Es wurde exerziert und immer wieder exerziert, bis jeder Handgriff mit schlafwandlerischer Sicherheit ablief. In immer kürzerer Zeit mussten die Kommandos ausgeführt sein.

Dann kam der Mai 1916.

Heller Sonnenschein durchbrach den Morgennebel des 31.Mai 1916, als die Kolonnen der Deutschen Schlachtschiffe an Helgoland vorbei in die offene See fuhr.

Meine Eltern wohnten ja damals auch bereits auf Helgoland, wie auch frühere Vorfahren. Meine Mutter erzählte dann später von den langen imposanten Kolonnen der Deutschen Schlachtschiffe und Begleitschiffe welche Helgoland passierten. Meine Elbing war doch auch dabei!

Die als unbesiegbar geltende Grand Fleet nähert sich in Kolonnenformation

Teilnehmer einer Seeschlacht haben während der Kämpfe keinen Überblick, den haben kaum die Befehlshaber. Die allermeisten schuften unter Deck an den Maschinen und Waffen und führen mehr oder weniger *blind wie die Maulwürfe* die Befehle aus, die sie erhalten. Auch Annas Vater hatte sich erst *nach* der Schlacht genaue Kenntnisse vom Schlachtverlauf zusammensetzen können. Da diese Schlacht in der Literatur immer wieder beschrieben worden ist, will ich hier die interessanten Ausführungen meines Gastgebers an diesem Abend, 22 Jahre nach der Schlacht, nicht wiedergeben.

Nur über die Rolle und das Schicksal *„seines" Kreuzers Elbing* möchte ich den Leser informieren.

Während nämlich die britische und deutsche Flotte noch suchend und tastend aufeinander zu fuhren, schipperte ein kleiner dänischer Dampfer namens *N.J. Fjord* nichts ahnend zwischen den waffen starrenden Gegnern hindurch. Und es war exakt 14.00 Uhr als der leichte Kreuzer *Elbing* – immerhin 135 Meter lang, 30 000 PS, 480 Mann Besatzung - auf der Westflanke der deutschen Formation den dänischen Zivilisten als erster sichtete und zwei Zerstörer aus dem Verband zu ihm schickte, um ihn zu stoppen und mal nach dem Rechten zu sehen. 10 Minuten später wurde der britische Kreuzer *Galatea* auf den gestoppten Dänen aufmerksam. Als er sich näherte und die deutschen Zerstörer bemerkte, erscholl sofort, wie seit Jahrhunderten per Horn, das Signal *Schiff klar zum Gefecht*. Die Galatea eröffnete das Feuer, konnte aber keinen Treffer erzielen. Stattdessen gelang es der *Elbing* aus enormen 13 000 Metern Entfernung einen Treffer nahe der Brücke der *Galatea* zu setzen, der allerdings nicht explodierte. Dennoch war dieser Blindgänger der erste Treffer einer historischen Schlacht, nach deren Ablauf sich 14 britische und 11 deutsche Kriegsschiffe auf dem Grund der Nordsee befanden, und 6094 britische und 2551 deutsche Seeleute ihr Leben verloren haben. Die *Elbing* erhielt am Abend einen schweren Treffer und es gab 4 Tote und 12 Verwundete an Bord. In der Nacht vom 31. Mai auf den 1. Juni 1916 kam es zu einer Kollision mit der *SMS Posen*, der bei der *Elbing* zu einem verheerenden Wassereinbruch führte. Ihre Maschinen wurden beschädigt und das Schiff bekam Schlagseite. Alle Versuche, das Schiff zu retten, scheiterten. Daher befahl der Kommandant, Fregattenkapitän Madlung, am frühen *Morgen des 1. Juni die Versenkung der Elbing*, nachdem man zuvor die Mannschaft evakuiert hatte. –

Was nun den Ausgang der gesamten Schlacht angeht, den mir Annas Vater so detailreich vortrug, so haben sich die Militärhistoriker darauf geeinigt von einem *taktischen* Sieg der deutschen, aber einem *strategischen* Sieg der britischen Flotte zu sprechen. Die den Briten beigebrachten menschlichen und materiellen Verluste waren zwar eindeutig höher, aber die britische Überlegenheit zur See blieb dennoch bestehen und erlaubte es den Briten, die Seeblockade aufrecht zu erhalten, die deutsche Flotte blieb an ihre Stützpunkte gefesselt.

*

Spät war es geworden, als sein Bericht endete. Wir tranken noch ein Gläschen zum Abschluss, dann dankte ich und machte mich auf den Heimweg, auf den Weg zum Boot, das unmittelbar vor dem Hafen vor Anker lag. Auch am nächsten Tag sollten wir vor Helgoland noch Experimente mit den neuen Strahlen durchführen. Und für die Zeit nach Dienstschluss war ich, fast schon ein wenig selbstverständlich, wieder eingeladen worden. Eine Absage hätte sie brüskiert. Allerdings musste ich einen Kameraden finden, der bereit war, mit mir die Wache zu tauschen. Und ich fand ihn. Unser gutmütiger Ewald war dazu bereit, wenn ich ihm nur das Bier für seine zweite Abendmahlzeit spendierte.

Bei diesem täglichen Ein-und-Ausgehen in Annas Elternhaus wurde mir allmählich etwas mulmig zu Mute. Man betrachtete mich offenbar bereits als zukünftigen Schwiegersohn. Insofern war ich sogar ganz froh, dass Anna an diesem Donnerstag noch nicht auf der Insel sein konnte. Ich halte es für möglich, dass man uns zwei arme Sünderlein dazu verdonnert hätte, uns die Verlobungsringe an die Finger zu stecken! Andererseits hätte ich Anna sehr gern wieder getroffen, und ich bin sicher, auch sie hätte sich riesig gefreut, mich zu sehen. *Insgesamt also: gemischte Gefühle.*

Als ich mich dann von ihnen verabschiedete, musste ich versprechen sobald wie möglich wieder zu ihnen nach Helgoland zu kommen. Sie würden sich freuen, wenn ich vielleicht meinen Urlaub mit Anna auf Helgoland verbringen könnte. Sie hätten doch genügend Platz in ihrem Haus ... Und wieder merkte ich, dass ich bei diesem liebenswürdigen, gastfreundlichen Ehepaar einen ziemlich großen Stein im Brett hatte. Ich war ihnen dankbar, dass sie sich so viel Zeit für mich genommen hatten und bedauerte, ihre Erwartungen nicht erfüllen zu können, zumal ich sicher war, dass sie sehr angenehme Schwiegereltern geworden wären. Ich tröstete mich damit, *dass mein Besuch auch für sie eine willkommene Ablenkung gewesen sein könnte.*

Um dann von diesem letzten Besuch zurück auf das Schiff zu kommen, musste ich mich von einem *Helgoländerboot* übersetzen lassen, denn wir selbst hatten keine Barkasse mehr zur Verfügung zu dieser fortgeschrittenen Tageszeit. Außerdem musste man die Gezei tenwechsel genau kennen, sonst konnte man in Teufels Küche landen.

Der wachhabende Kamerad befand sich auf dem Turm und genoss die herrliche Frühherbstnacht. Ich gesellte mich zu ihm. Es war fast windstill, und eine herrliche frische Seeluft lag über der glitzernden schwarzen Wasseroberfläche. Erst als es dann kälter wurde, ging ich unter Deck und kroch in meine Hängematte.

Am nächsten Morgen zogen mich die Kameraden als *„neuen Helgoländer Bürger"* durch den Kakao. Aber soweit war es ja nicht gekommen. Die Reise ging weiter. Wir stachen wieder in See. Kurs: Travemünde.

Gut vielleicht, dass niemand wusste, ein wie *trauriges Schicksal auf Helgoland wartete!* Ein britischer Bombenangriff am 18.4.1945 vernichtete den Ort Helgoland vollständig. Nach der Kapitulation wurde die Bevölkerung ausgewiesen. Nach der Sprengung des U-boot-Bunkers und der Festungswerke zwei Jahre später, diente die Insel der britischen Luftwaffe als Übungsplatz für Bombenabwürfe. *Auch Annas Elternhaus und das Geschäft für Schreibwaren und Geschenke wurden total zerstört.*

Helgoland bei schwerer See

~ ~ * ~ ~

Kapitel 19

Übungsschießen bei Travemünde

Abschied von Helgoland und Fahrt nach Travemünde durch den Nord - Ostsee - Kanal.

Je weiter wir Helgoland hinter uns ließen, desto näher rückte Brunsbüttel, wo wir uns in den Nord-Ostsee-Kanal einfädeln wollten nach Kiel-Holtenau, wo der Kanal 1914 von Kaiser Wilhelm II. anlässlich der Kieler Woche eröffnet worden war. Dieser Kanal, der Nord- und Ostsee verbindet, und der sich zu den meist befahrenen Seekanälen der Welt entwickelte, bedeutet für die Seefahrt eine Wegersparnis von immerhin rund 400 Seemeilen.

Wenn wir ihn nutzten, lauerten wir stets mit besonderem Vergnügen darauf, dass backbord ein ganz bestimmtes Gebäude in Sicht kam. Bei diesem Gebäude handelte es sich nämlich um ein *Mädchenpensionat.*

Sobald es in den Bereich unserer Schiffssirene kam, kündigten wir unsere Annäherung durch lautes Getute an. Und richtig, während unserer Vorbeifahrt drängten sich hübsche junge Damen auf der Terrasse und an den Fenstern und winkten uns begeistert zu mit allem, was sie gerade hatten greifen können. Passierten wir das Pensionat bei Dunkelheit, war das durchaus kein Hindernis. Im Gegenteil, wenn wir unseren Scheinwerfer auf das Gebäude richteten, standen nicht wenige der Schönheiten im Lichtkegel und schwenkten zur Begrüßung *ausgelassen ihre Nachthemden*! Ein Schauspiel erster Güte! Ein großes Hallo erscholl von hüben und drüben. Und dass bei uns an Bord sämtliche Gläser besetzt waren, und wir sie uns gegenseitig fast aus den Händen rissen, muss ich ja wohl kaum eigens erwähnen. Diese Art der Begrüßung hatte sich fast schon zu einer Tradition entwickelt.

Durch die Kieler Bucht ging es in die Ostsee und weiter nach Travemünde, in einen Hafen den wir gut kannten, und in dem wir einen günstigen Liegplatz an der Pier zu nutzen pflegten. Da er zur

Stadtseite lag, konnten wir an Land gehen, ohne auf eine übersetzende Barkasse angewiesen zu sein.

Hafen in Travemünde

Es war immer noch die *Kraft durch Freude* Zeit! Die KdF-Züge aus Berlin, aber auch aus Leipzig trafen noch immer jedes Wochenende ein. Ihnen entstiegen vorwiegend junge Leute, die ein Wochenende bei Bad und Tanz verbringen wollten. Obwohl die mittlerweile gesunkenen Wassertemperaturen nicht mehr allen Gästen zusagten, war die Sonne noch recht warm und lohnte einen Strandaufenthalt. Und an den Abenden waren die Tanzlokale voll, und es ging hoch her. Über die Tatsache, dass das schöne Geschlecht dabei in der Mehrzahl war, waren wir Lords natürlich nicht traurig. Wir genossen es, umschwärmt zu werden, und es ist immer angenehm, die freie Wahl zu haben …

Aber wir waren schließlich nicht zum Vergnügen hier. Bereits am Montagmorgen jagten wir wieder Torpedos durch das Wasser, in dem wir am Wochenende noch gebadet hatten. Die ganze erste Woche verwandten wir darauf, mit unseren Torpedos die Scheibe zu treffen, die der Schlepper durch die See zog. Wer dabei die höchste Trefferquote erzielte und damit sein überdurchschnittliches Können unter Beweis stellte, war unser Kommandant.

*

Unter den Booten unserer Flottille fand während der Übungen eine Rotation von Wachoffizieren statt. Auf diese Weise konnte man voneinander lernen und Erfahrungen und Wissen wurden durch die gemeinsame Praxis weiter gegeben.

So kam u. a. Oberleutnant Kretschmer, der I. W.O. (Wachoffizier) eines anderen Bootes unserer Flottille, zu uns an Bord. Man hoffte, er würde von den Kenntnissen unseres Kommandanten profitieren. Und in der Tat, seine Trefferergebnisse verbesserten sich zusehends und fanden allgemeine Anerkennung.

Man setzte sich zur Mittagspause. Viele Seeleute saßen auf dem Oberdeck, um ein Sonnenbad zu nehmen. Unser Gast, *Oberleutnant Kretschmer*, hatte sich vor dem Turm im Fahrtwind niedergelassen und sich eine hochverdiente Zigarre angesteckt. Die Stimmung war gut, das Wetter war prächtig.

Dann sollte das Übungsschießen wieder beginnen und der Kommandant befahl *alle Mann auf Tauchstation*. Und alle verschwanden unter Deck. Sobald das Schiff tauchklar gemeldet wurde, befahl er erst: *tauchen*, dann: *auf Sehrohrtiefe gehen*. Jeder wusste, was er zu tun hatte.

Da der Kommandant *unseren Gast vermisste,* fragte er in der Zentrale an. Doch die unerwartete Antwort lautete *nein*! Ein Rundblick durch das Sehrohr offenbarte den momentanen Aufenthaltsort von Oberleutnant Kretschmer: Er war außerhalb des Bootes geblieben und schwamm, noch in Nähe zum Schiff! Der Kommandant ließ sofort auftauchen, das Turmluk wurde aufgerissen, unser Oberbootsmann und zwei Seeleute sprangen mit Leinen aufs Oberdeck. Die Wurfleine erreichte den *unfreiwilligen Bade-Gast* und zu dritt hievten sie ihn an Bord.

Den unverwüstlichen Oberleutnant Kretschmer aber hatte der Unfall, der auch schlimmere Folgen für ihn hätte haben können, keineswegs aus der Fassung gebracht. Er sprang auf die Beine, lachte und nahm *erst einmal einen tiefen Zug aus seiner Zigarre*, die tatsächlich immer noch Glut hatte. Er hatte von den Tauchvorbereitungen nichts mitgekriegt. Als das Boot dann plötzlich unter ihm weggesunken war und er statt das solide Oberdeck unter sich zu spüren, frei in der Ostsee trieb – und das in komplettem U-Boot-Lederzeug, inklusive der schweren gefütterten Stiefel! - war er nicht etwa in Panik geraten, sondern hatte zunächst einmal darauf geachtet, dass seine Zigarre nicht ausging! Dieser *schneidige Teufelskerl* wurde übrigens einer der *erfolgreichsten deutschen U-Boot-Kommandanten* des II. Weltkriegs. Diese Kostprobe seiner Kaltblütigkeit erzählten wir uns noch oft - lachend, aber mit *beträchtlicher Hochachtung*!

Unser pflichtbewusster Kommandant allerdings machte sich Vorwürfe, dass er die Meldung *klar zum Tauchen* nicht noch einmal hatte überprüfen und bestätigen lassen, wie es sonst seine feste Gewohnheit war. Zum Glück hatte es einen exzellenten Schwimmer erwischt.

Nach der Übungswoche Torpedoschießen folgte dann eine Woche Artillerie- und Flakschießen. Wir erzielten auf Anhieb gute Ergebnisse. Der Kommandant drückte seine Zufriedenheit seiner Besatzung aus, was uns freute und anspornte.

Auch das Nachtschießen wurde durchgeführt, obwohl inzwischen ein kaltes, windiges Herbstwetter eingesetzt hatte, was die Sache nicht gerade erleichterte.

*

Um das kalte Wetter ohne Erkältung zu überstehen, musste tüchtig heißer Tee zum Aufwärmen getrunken werden.

Spezialist für solche Getränke war unser Smutje Hans. Er gab großzügig Tee mit Rum aus, wir durchgefrorenen Schützen bedienten uns.

Die Stimmung an Bord stieg langsam aber stetig an. Der Zusammenhang mit dem Tee war uns zunächst noch nicht klar, schließlich waren wir alle keine Abstinenzler. Als jedoch die

Trefferquote deutlich absank und auch mein E-Messgerät eigenartig ungenau zu arbeiten schien, stieg ein Verdacht auf.

Sagen Sie mal Hans, wandte sich der Kommandant an den Smutje, *wie sollen wir das jetzt nennen, was Sie uns hier vorsetzen, Tee mit Rum oder eher Rum mit Tee?*

Herr Kaleu, verteidigte sich unser Smutje tapfer, *ich versichere, dass durchaus etwas Wasser im Tee ist.*

Durchaus Wasser - gelogen war das zwar nicht. Was der Smutje allerdings verschwieg, war das interessante Mischungsverhältnis: in 8 bis 9 Teile Rum hatte er – vermutlich, um irgendwie die Form zu wahren - noch einen Schuss Wasser gegeben, statt umgekehrt.

Ein Glück nur, dass das Übungsschießen für diesen Tag ohnehin ans Ende gekommen war! Treffer wären eher Glücksache gewesen.

Die Rückfahrt nach Travemünde verlief fast normal, bis auf die Tatsache, dass die meisten von einer bleiernen Müdigkeit regelrecht überfallen wurden. Wir waren schließlich bereits 18 Stunden im Einsatz. *Ich hätte im Stehen schlafen können.*

Doch das kam nicht in Frage. Wir mussten halbwegs frisch im Hafen einlaufen, denn das Wochenende stand bevor. Ich stand am Steuer des Bootes und ließ mir den kalten Fahrtwind um die Nase blasen, *um wach zu bleiben.*

Müdigkeit hin, Müdigkeit her, wer Freiwache hatte, würde selbstverständlich an Land gehen. Schließlich wartete eine Schar tanzlustiger Berlinerinnen auf die Seelords! Die jungen Damen, unter die sich auch ein paar ältere mischten, durften nicht enttäuscht werden *– Ehrensache!*

*

Da fällt mir noch eine amüsante Episode ein, die es wert ist erzählt zu werden: Im Hafen lag auch eine Zerstörerflottille. Einer dieser flotten Seeleute hatte sich eine kesse Berlinerin angelacht, *vielleicht auch Sie ihn*, wer kann da schon den Richter spielen?

Jedenfalls erschien an einem Samstag der Vater mit seiner kessen Göre auf dem Zerstörer und klagte dem Kommandanten sein Leid. Seine Tochter erwarte ein Baby von einem seiner Soldaten. An den Namen des Zerstörers habe sie sich gerade noch erinnert, von dem Vater ihres zukünftigen Kindes jedoch wusste sie nicht viel mehr zu vermelden, als dass er *gut aussehend* gewesen sei.

Der Kommandant ließ die gesamte Besatzung am Oberdeck antreten. Gemeinsam mit Vater und Tochter schritten sie die Front ab. Das Fräulein sah sich jeden genau an, aber dann schüttelte es resigniert den Kopf, gut *aussehend* waren zwar nicht wenige, aber der *richtige* Gutaussehende war nicht dabei.

Der Kommandant wollte schon alles abbrechen, als ihm der Gedanke kam, die Besatzung abzählen zu lassen.

Und siehe da, wen wundert es, ein Seemann fehlte!

Und der war schnell entdeckt.

Det isser! soll die Dame erfreut ausgerufen haben, und an den Betreffenden selbst erging der Vorwurf, *wat vasteckste dir vor mir? Det vasteh ik jarnich!*

Das Schicksal nahm seinen Lauf.

Von einem Kameraden, der auf diesem Zerstörer Dienst tat, erfuhren wir später, dass dieser Drückeberger seine Berlinerin geheiratet und sowohl ein stolzer Vater als auch ein überzeugter Berliner geworden sei. Der Vater der jungen Dame habe ohne Wenn und Aber darauf bestanden, *dass eine ordnungsgemäße Heirat vollzogen wird ...*

Wr waren nicht nur einmal in Travemünde zum Übungsschießen. Stets aber kamen wir gern hierhin zurück. Meist waren die Tage zwar angefüllt mit der Erfüllung unserer Pflichten, aber auch das Vergnügen kam nicht zu kurz und, wie die geschilderten Beispiele zeigen, gab es auch immer etwas zu Lachen.

Doch nun lag eine neue Direktive vor: Rückfahrt zum Stützpunkt in Wilhelmshaven, und Ausrüsten zu einer etwa zweimonatigen Fahrt in den Süden. In Wilhelmshaven tauchte überraschenderweise die Mutter unseres Kantinen-Willis aus dem Rheinland auf. Er bekam dienstfrei, um seiner Mutter den Hafen und die Stadt zu zeigen. Mehr als zwei Tage blieben ihm dafür allerdings nicht, denn nach zwei Tagen war unser Boot seeklar für die große Fahrt nach Süden. Eine kleine Reparatur an einem Diesel hatte uns aufgehalten. Inzwischen war es schon Herbst geworden und die einset zenden Herbststürme ließen nichts Gutes erwarten. Dennoch sahen wir dieser Reise mit Spannung entgegen. Wenn alles nach Plan ging, würden wir das Weihnachtsfest wieder bei unseren Angehörigen verbringen können. Aber wann im Leben geht schon alles nach Plan? Man sollte immer auf anderes gefasst sein!

Unser vereistes U-Boot im Februar 1938 beim Einlaufen in Kiel

~ ~ * ~ ~

Kapitel 20

Spanische Impressionen

Fahrt nach El Ferrol, Sturm im Atlantik. Besuch 1938 in Santiago de Compostella

---

Wir liefen nicht als einzelnes Schiff aus, sondern als Teil einer Flottille von U-Booten, denen allerdings unterschiedliche Routen vorgegeben waren. Der Hafen von Wilhelmshaven ist nicht direkt mit der Nordsee verbunden, sondern durch ein System von Schleusen, das die unterschiedlichen Wasserspiegelhöhen in Hafen und Jade reguliert und beschiffbar macht.

Unsere große Reise begann mit einer Panne. Wir steuerten die Schleuse 4 an. Drei Boote lagen bereits in der Schleuse. Doch ausgerechnet, während das Ruder noch nach Steuerbord lag und wir im Begriff waren in die Schleuse einzulaufen, um an einem anderen Boot festzumachen, versagte das Ruder! Unser Boot war außer Kontrolle, trieb auf das andere Boot zu und würde es rammen, wenn nicht augenblicklich gehandelt würde! Eine brenzlige Situation!

Ich stürzte so schnell ich konnte von der Brücke durch das Kombüsenluk in den achteren E-Maschinenraum. Dort befand sich nämlich das Notruder. Die Heizer hatten es bereits heruntergeklappt, so dass ich es sofort betätigen konnte. Mir war klar, dass es gegengelegt werden musste, um eine Kollision noch zu verhindern. Durch das Sprachrohr erfolgten die Befehle für das Ruder. Und alles lief wie am Schnürchen! Das Schiff legte sanft an, Beschädigungen gab es nicht. Unser Ruderversager war unbemerkt geblieben, sowohl von den anderen Booten, als auch von unserem Mutterschiff, das ebenfalls auslief.

Die Flottille spaltete sich. Das Gros der Boote nahm Kurs in die Nordmeere, was sicherlich angesichts des Sturms, der uns bereits in der Jade in Empfang nahm, alles andere als ein Vergnügen gewesen sein wird. Nur zwei Boote hatten Befehl auf Südkurs zu gehen. Das unsere war darunter. Niemand bedauerte das …

Der englische Kanal musste passiert werden. Wir hielten uns so dicht wie möglich an der Küstenlinie und passierten zunächst die deutschen Inseln eine nach der anderen in geringer Entfernung.

Schon die Fahrt durch die Nordsee war kein Vergnügungsausflug. Meterhohe Wellen rollten aus Norden auf uns zu. Unser U-Boot wurde wie eine Nussschale herumgeworfen. Was sollte erst werden, wenn, wie zu befürchten war, die Stürme im Atlantik noch stärker sein sollten?

Die Befürchtungen bestätigten sich! Die Stürme nahmen zu, die Brecher wuchsen an und krachten gegen die Brücke. Auf der Brücke mussten Sicherheitsgurte angelegt werden, sonst wären wir fortgerissen worden. Das Boot wurde, da die Wellen nun von achtern kamen, aus dem Kurs geworfen. Es wurde immer schwieriger, wieder auf Kurs zu kommen. Die Kraft des aufgewühlten Atlantiks war enorm. Der Ozean spielte mit unserem relativ kleinen Boot wie eine Katze mit einer gefangenen Maus.

An Schlaf war nicht zu denken. Angesichts dieser Schwierigkeiten stellte sich die Frage. Wozu das Ganze? Wozu hatte man uns bei diesem Wetter hinausgejagt? Gab es einen Auftrag? Und wenn ja, wie lautete er?

Die Offiziere schienen darüber mehr zu wissen als die Mannschaft. Immerhin fiel mir Folgendes auf: Wenn ich auf der Brücke Wache schob, blieb stets derselbe Dampfer am Horizont stehen, in konstantem Abstand, unverrückt. Das konnte kein Zufall sein! Und es war auch kein Zufall: Wie sich herausstellte, handelte es sich um große Frachtschiffe, die Material für den Diktator Franco an Bord hatten. Unser Auftrag bestand darin, diese Frachter unauffällig zu sichern. Das Hitlerregime unterstützte bekanntlich die Franco-Seite während des spanischen Bürgerkrieges, der erst im März 1939 mit Francos Sieg enden sollte.

Es waren Tage, die uns alles abverlangten. Hatten wir Freiwache, hinderte der Sturm uns am Schlafen; selbst wir Hängemattenfahrer hatten große Probleme. Hatten wir aber Wache, so wollten uns vor Müdigkeit die Augen zufallen. Es wäre uns nicht schwer gefallen, im Stehen zu schlafen. Es war ein quälender Kampf, die Augen aufzuhalten ... Dazu kam, dass wir trotz wasserdichter Sturmkleidung bis auf die Haut durchnässt von jeder Wache kamen und uns umziehen mussten. Das Trocknen der Kleidung war ein Problem. Das war nur im Maschinenraum möglich.

So ging es eine volle Woche ohne Pause.

Wie unser Smutje es trotz des ununterbrochenen Sturmes schaffte, die Mahlzeiten für die Besatzung auf die Back zu kriegen, ist mir noch heute ein Rätsel. Zwar kam zu manchen Mahlzeiten nur Kaltes auf den Tisch. Doch allein, die warmen Getränke zu kochen oder aufzubrühen, war eine Meisterleistung. Unser Hans schaffte es. Hut ab! Erst als wir uns der Küste von Nordspanien näherten, begann der Sturm ganz allmählich abzuflauen.

*

El Ferrol, gelegen an der galizischen Nordwestküste Spaniens, in der Provinz La Coruña, ist ein Naturhafen in einer großen, geschützten Bucht. Er wird für militärische Zwecke genutzt, ein Umschlagplatz für militärische Güter aller Art. Es war das erste Mal, dass wir diesen Hafen anliefen. Hier ist übrigens General Franco geboren, weshalb die Stadt 1939 einen Beinamen erhielt und El Ferrol del Caudillo hieß, was soviel bedeutet wie Leuchtturm des Führers. 1980 wurde der Name wieder verkürzt.

Sobald wir die Einfahrt der Bucht durchfahren hatten, verschwand das Toben von Wind und Wasser und wohltuende Ruhe trat ein.

Übermüdet wie wir waren, sehnten wir uns danach, erst einmal gründlich auszuschlafen. Wir stellten uns vor, nach Anlegen an der Pier in einen 24stündigen Tiefschlaf zu fallen.

Doch kaum lagen wir an der Pier, da kam schon wieder Leben in die müden Seeleute. Eine bunte Menge von Zuschauern näherte sich, um unser Boot in Augenschein zu nehmen. Und darunter befanden sich nicht wenige sehr hübsche Senioritas, deren Anblick unsere einsamen Seemannsherzen höher schlagen ließen, und sogar den Schlaf erst einmal vergessen ließ.

Getrieben von Neugierde und der Lust, wieder auf festem Boden wandeln zu dürfen, ließen sich einige Kameraden, die Freiwache hatten, trotz der allgemeinen Erschöpfung mit dem preiswerten Taxi in die etwas abgelegene Stadt bringen.

Doch ihre Exkursionen dauerten nicht sehr lange. Bereits am frühen Abend kehrten sie zurück, wankten in die Kojen, um nun doch dem Körper zu geben, was er so bitter benötigte: Schlaf.

Obwohl vor uns sicherlich schon etliche U-Boote im Hafen gelegen hatten, war die Neugier der Bevölkerung offenbar noch nicht befriedigt. Jedenfalls riss der Strom der Interessierten auf der Pier nicht ab.

Eine sehr nette junge Spanierin bot sich an, unsere Wäsche zu waschen. Und sie bekam wahrlich genug zu tun. Unsere *Genovefa,* wie wir sie unter uns nannten, kam fast täglich und brachte und holte unsere Wäsche. Bei 40 Mann fällt doch allerhand an.

Ich erinnere mich an eine komische Szene an einem Samstag. Die Pier stand am Mittag schon voller Besucher, die alle Vorgänge genau beobachteten. Um unser Mittagessen nicht erst mühsam und umständlich in Barkassen zu laden, um es dann wieder im Bugraum auszuladen, nutzten wir eine praktische Abkürzung: Unsere Mittagessen wurden durch das Kombüsenluk dem Backschafter hoch, und dann in den vorderen Bugtorpedoraum wieder nach unten gereicht.

Jede Mahlzeit, die auf ihrem Weg ans Tageslicht kam und für die Besucher sichtbar wurde, wurde mit begeistertem Publikumsapplaus bedacht, bevor sie wieder aus dem Blickfeld im Bauch des Schiffes verschwand, um dort vertilgt zu werden. Lag es daran, dass es nicht nur für den Obermaat, sondern für die gesamte Mannschaft zu Kartoffeln und Gemüse ein derart gewaltiges Schnitzel gab, das es weit über den Tellerrand stand?

Die etwas längere Liegezeit im Hafen gab uns Gelegenheit, Sport zu treiben. Uns reizte vor allem das Fußballspiel. Aus unserer Besatzung ließen sich zwei passable Mannschaften zusammenstellen. Meist traten die höheren gegen die niedrigeren Dienstgrade an. Oft aber stand die Aufstellung quer zu den Dienstgraden. Daran zeigte sich, dass bei einer zusammengeschweißten U-Boot-Besatzung, wie wir eine waren, der Rang nicht alles bedeutete, sondern auch die einfache menschliche Kameradschaft ein echter Wert war.

Einer für alle, alle für einen! Diese Einstellung ergab sich schon aus dem engen Dienst an Bord und aus der großen Verantwortung, welche *jeder* Seemann trug. Es kam auf jeden einzelnen an, unabhängig vom Dienstgrad.

Bei den Fußballspielen gewannen übrigens meistens die niedrigen Dienstgrade. Sie waren im Durchschnitt jünger als die höheren, unter denen sich ja schon *alte Herrschaften* von über 30 befanden! Doch egal, wie die Spiele ausgingen, den Sieg feierte die ganze Besatzung.

*

Die Freiwachen gingen auf Stadterkundung. Kurz nach unserer Ankunft gab es ein Volksfest. Da durfte die U-31-Besatzung natürlich nicht fehlen! In einer Bodega haben wir unseren Durst gelöscht. Der Vino tinto und Vino blanco wurde aus Tierbäuchen gezapft. Für uns eine ganz ungewohnte Angelegenheit. Aber wir haben uns schnell daran gewöhnt, zumal der Wein ausgezeichnet schmeckte.

Gut, die Gläschen waren ja verhältnismäßig klein, doch der Inhalt dafür umso stärker. Das bemerkten wir aber erst, als es bereits zu spät war. Fröhlich sprachen wir dem Wein zu, und Gläschen um Gläschen rann durch unsere durstigen Seemannskehlen. Solange wir in der

Bodega saßen, merkten wir nichts von der Wirkung des köstlichen Rebensaftes. Der eine oder andere wunderte sich darüber, dass sich die Spanier anstießen, auf uns zeigten und die offenbar außerordentlich trinkfesten Deutschen bestaunten.

Doch diese trinkfesten Deutschen erlebten ihr blaues Wunder, als sie schließlich auf die Straße traten! Um den Spaniern einmal die Treffsicherheit deutscher Seeleute zu demonstrieren, schwankten wir auf einige Schießbuden zu, die anlässlich des Festes aufgebaut worden waren. Doch eigenartig, die Beine wurden immer weicher, die Knie immer buttriger und der Boden schwankte wie bei orkanartigen Böen! Und was den Beweis unserer Treffsicherheit anging, nun, so vertagten wir ihn auf eine andere Gelegenheit.

Einige, die noch zu halbwegs klaren Gedanken fähig waren, erkannten die Gefahr und riefen zum geordneten Rückzug. Wir flüchteten in die Taxis, die uns zum sicheren Boot zurückbrachten. Hier zeigte man sich verwundert über unseren Zustand und wollte nicht glauben, dass uns ein paar Gläschen spanischen Weines derart außer Gefecht gesetzt haben sollten.

Nicht nur bei derartigen Festen pflegten die Spanier ihre Geselligkeit, sondern etwa auch bei der allabendlichen Promenade. Man meinte, die gesamte Jugend von El Ferrol wäre auf den Beinen, und wahrscheinlich war es auch so. Für uns war das eine ideale Gelegenheit, Kontakt mit der hiesigen Jugend zu knüpfen. Die jungen Leute erschienen uns aufgeschlossener als weiter im Süden. Auch die Sprachbarriere erwies sich nicht als unüberwindbar. Einmal waren unsere Spanisch kenntnisse besser geworden; und wo die Vokabeln fehlten wurde mit Händen, Füßen und entsprechender Mimik ausgedrückt. Jugend, so sagt man doch, versteht sich auch ohne viele Worte.

Unsere Diskussionen kreisten um den Bürgerkrieg und die Verhältnisse in Deutschland.

Wir versuchten das brennende Interesse der jungen Spanier für alles, was in Deutschland vor sich ging, so gut es ging zu befriedigen.

Wir sprachen natürlich nicht nur mit den Caballeros, sondern mit noch größerem Vergnügen auch mit den Senioritas. Erfreulicherweise war mit den jungen Damen leichter anzubandeln als im Süden, und es kam manche Verabredung zustande. Es stellte sich heraus, dass viele junge Frauen aus Gebieten geflüchtet waren, die von den Roten kontrolliert wurden. Sie waren hier sozusagen in der Fremde und mussten sehen, wie sie sich durchschlagen konnten. Auf eine Art Sozialhilfe konnten sie nicht rechnen. Was blieb, waren Gelegenheitsarbeiten, wie beispielsweise Wäschewaschen für eine deutsche U-Boot-Besatzung. Andere fanden einen anderen Weg, um sich ihren Lebensunterhalt zu verdienen ... Das Leben war für viele durch den Bürgerkrieg gezeichnet.

*

Eines Tages wurden wir von einem Spanier angesprochen, ob wir bereit wären, gegen eine Mannschaft aus El Ferrol im Fußball anzutreten. Er selbst stellte sich als Trainer dieser Mannschaft vor. Warum nicht – eine willkommene Abwechslung. Unser Kommandant ging auf das Angebot ein. Das Spiel sollte schon am kommenden Sonntag stattfinden. Wir berieten über die beste Mannschaftsaufstellung.

Erstaunlich viele Zuschauer hatten sich um den Platz versammelt. Selbstbewusst rechneten wir mit einem Sieg und legten uns mächtig ins Zeug. Die Zuschauer übten nicht gerade vornehme Zurückhaltung, sondern feuerten ihre Mannschaft lauthals an. Klar, das war das spanische Temperament! Verblüfft waren wir aber, als wir merkten, dass sie nicht nur ihre Landsleute anspornten, sondern ebenso unsere Mannschaft! Mit der Zeit hatten wir sogar den Eindruck, dass sie fast mehr auf unserer Seite standen als auf der ihrer Landsleute!

Nach heißem Kampf gingen die Mannschaften mit einem 3:3 unentschieden vom Platz. Damit aber hatten wir uns die Hochachtung der Spanier erworben, denn wir hatten gegen ein sieggewohntes Team gespielt. Mit unserer sicheren Niederlage war gerechnet worden. Dass wir aus unserer kleinen Besatzung eine Mannschaft aufbieten konnten, die ihren Männern standhalten konnte, das hatte Eindruck gemacht.

Gefeiert wurde gemeinsam. Und zwar nicht zu knapp. Schließlich gab es keinen Verlierer! Das Spiel hatte das Verhältnis zu den Spaniern entspannt und gelockert. Erschienen wir in den nächsten Tagen in der Öffentlichkeit, spürten wir Respekt, Wohlwollen, ja geradezu etwas Freundschaftliches.

*

Am nächsten Samstag stand ein Ausflug nach Santiago de Compostella auf dem Terminplan. Santiago de Compostella - wo sich das Grab des Heiligen Jakobs, des Schutzheiligen Spaniens befinden soll - ist für Spanien die wichtigste Stadt im Lande im *Heiligen Jahr*. Und 1938 hatten wir ein Heiliges Jahr!

Seit dem Mittelalter ist die Stadt Endpunkt eines berühmten Pilgerweges und Jahr für Jahr strömen Wallfahrer von nah und fern in die Stadt. Manche sind wochenlang unterwegs und legen Hunderte von Kilometern zurück, zu Fuß wohlgemerkt! In einem Heiligen Jahr, das alle 25 Jahr ausgerufen wird, wird diese galizische Stadt geradezu zum Magneten für die Gläubigen.

Obwohl die Entfernung nur wenig über 100 Kilometer betrug, unternahmen wir unsere Wallfahrt mit dem Bus. Fast die gesamte Besatzung nahm teil. Allein die Fahrt durch die Dörfer war hochinteressant.

Viele Bewohner saßen vor ihren Häusern und betrachteten die durchfahrenden Fahrzeuge. Es erstaunte uns, dass sich das Leben vieler Bewohner vor den Häusern und auf der Strasse abspielte. Eine Kleinigkeit, die uns befremdet hat, war, dass viele der Frauen, ganz gleich ob alt oder jung, große Zigarren rauchten. Uns schien es schwer vorstellbar, dass so etwas in Deutschland möglich wäre, aber - der Mensch ist ein Gewohnheitstier - schon bald gewöhnten wir uns an diesen Anblick.

Dann erreichten wir Santiago de Compostella, eine wunderbare Stadt mit vielen kostbaren Kirchen.

Gemeinsam besichtigten wir die Stadt. Ganz besonders interessierte uns die romanische Kathedrale. Hier nahmen wir an einem Gottesdienst teil.

Unter unserer Besatzung gab es nur wenige Katholiken. Diese waren natürlich besonders ergriffen von den Feierlichkeiten anlässlich des Heiligen Jahres. Aber ich würde sagen, dass auch auf uns Nicht-Katholiken ein Funke übersprang.

Eine beträchtliche Ablenkung für uns bestand nur darin, dass wir während der heiligen Messe ausgerechnet in unmittelbarer Nähe von bildhübschen Novizinnen saßen, welche wie wir am Gottesdienst teilnahmen.

Alle trugen dunkles, schweres Haar und bewegten sich sehr anmutig. Es fiel uns schwer, die angemessene Andacht zu bewahren. Aber auch diesen frommen jungen Spanierinnen war eine gewisse Unruhe anzumerken. Denn immer wieder verirrte sich ein Blick in Richtung dieser Gruppe junger Deutscher in tadellosen Marineuniformen. Und wenn uns ein Blick aus diesen schwarzen, glänzenden Augen traf, war es wirklich schwer, gegen die Stimme der Natur anzukämpfen und wieder in eine gesammelte Haltung zurückzufinden.

Kaum war der Gottesdienst beendet, verschwand die Schar dieser zauberhaften Wesen wie ein Spuk von der Bildfläche.

Die sie führenden Schwestern hatten das unfromme Knistern gespürt und waren mit ihren Schutzbefohlenen unverzüglich auf und davon! Schade!

Auf dem Marktplatz wurde als Andenken noch ein Gruppenfoto vor unserem Bus geschossen, bevor wir uns im besten Hotelrestaurant zum Mittagessen einfanden. Dort war für uns gedeckt. Die ganze Besatzung ließ sich an einer langen Tafel nieder. Vier Kellner bedienten uns, an jeweils einer Ecke beginnend. Jede ihrer Bewegungen beim Vorlegen der Speisen war derart präzise, flink und

Gruppenfoto auf dem Marktplatz

aufeinander abgestimmt, dass man den Eindruck bekam, sie hätten das eigens einexerziert. Sage und schreibe 25 Gänge wurden gereicht. Jedes Gericht war eine kleine Köstlichkeit. Und zu allen Speisen gab es einen passenden Wein. Es war eine meisterlich zubereitete Tafel, die ich in ihrer Raffinesse dem Hochzeitsessen auf der Hazienda bei Sevilla gleichzusetzen bereit war.

Es dauerte über zwei Stunden bis wir unser Festmahl beendet hatten.

Für das Gebotene, so sagte uns unser Obersteuermann, welcher als Chef der Verpflegungskasse die Rechnung beglich, war der Preis so

Mittagessen in Spanien

gering, dass er es kaum glauben könnte. Wenn ich mich richtig erinnere, kostete das Menü pro Kopf ungefähr 50 Peseten. Das waren für jeden von uns etwa 2.50 Reichsmark. Überhaupt war das Essen in Spanien recht preiswert. So bezahlten wir für ein normales Mittagessen in El Ferrol zwischen 6 und 10 Peseten. Sogar ein Hummergericht war für 8 Peseten zu haben. Für eine Flasche Malaga legten wir eine bis zwei Peseten hin. Das waren für uns gerade mal 5 bis 10 Pfennig.

Nach dem Mittagessen besichtigten wir die wichtigsten Sehenswürdigkeiten der Stadt. Wenn ich mich an die vielen Kirchen und historischen Anlagen dieser gepflegten Stadt erinnere, dann verstehe ich vollkommen, warum die Altstadt später von der UNESCO zum Kulturerbe erklärt worden ist!

Was wir auf der Rückfahrt durch das Busfenster sahen, war weniger prächtig. Eher ärmlich und klein erschienen die Dörfer, die vorüberzogen wie in einem Kulturfilm.

In El Ferrol angekommen sprachen wir noch lange über die empfangenen Eindrücke. Wir waren uns einig, dass Santiago de Compostella die ideale Stadt war, um das Heilige Jahr zu erleben. Und wir hatten wieder eine neue Seite Spaniens kennen gelernt, das religiöse Spanien, in dem die katholische Kirche einen mächtigen Einfluss hat, und großes Vertrauen und Ansehen in weiten Teilen der Bevölkerung genießt.

Für uns alle war es ein sehr wertvoller und interessanter Tag.

Wie gern, liebste Ilse, wäre ich mit dir auch einmal nach Spanien gefahren und hätte dir diese wundervollen Stätten gezeigt! Und ich bin sicher, noch so manches Neue und Schöne hätten wir zusammen entdeckt und genossen ...

~ ~ * ~ ~

Kapitel 21

Die Stadt der weißen Häuser

Fahrt von El Ferrol nach Casablanca in Marokko.

Als wir die schützende Bucht von El Ferrol verließen, empfing uns ein Wind der Stärke 6 bis 7. Das reichte, um die See in kräftige Bewegung zu versetzen, so dass wir es in unserem Boot durchaus zu spüren bekamen.

Aber trotzdem handelte es sich um ein harmloses Lüftchen, verglichen mit dem Orkan, der uns auf der Fahrt von Wilhelmshaven nach El Ferrol zu schaffen gemacht hatte. Das pausenlose Brausen dieses Sturmes hatten wir noch gut in den Ohren und die mächtigen Wellen, die von achtern über uns hinweggerollt waren, hatten sich unauslöschlich eingeprägt.

Ausrüstung für die große Fahrt

Wir schipperten relativ dicht an der portugiesischen Küste entlang bis runter nach Cádiz. Dort lag wiederum ein Versorgungsschiff im Hafen, welches uns mit allem Notwendigen versorgte. Während der Liegezeit in El Ferrol war doch allerhand aufgebraucht worden, insbesondere unsere arg reduzierten Biervorräte bedurften dringender Ergänzung …

Bereits am nächsten Tag liefen wir aus, weiter nach Süden, Richtung Afrika. Durch unsere starken Gläser konnten wir bald den Küstenstreifen des afrikanischen Kontinents erkennen.

Vorbei ging es an Tanger, Asilah, Kenitra und Rabat. Dann aber bot sich aus der Ferne ein unvergesslicher Anblick, der sich als unser Ziel herausstellte: In der flirrenden Luft unter der tropischen Sonne ein glitzernd weißes Häusermeer, so unwirklich, dass man an eine Fata Morgana denken konnte. Aber es war natürlich keine Fata Morgana, dagegen sprachen die nicht zu hohen Temperaturen. Auch auf der weiteren Fahrt ist uns übrigens dieses faszinierende Phänomen leider nicht begegnet, was ich bedauere, denn es hätte mich sehr interessiert.

Diese Häuser jedoch, die einem orientalischen Märchen entstiegen zu sein schienen, waren keine Spiegelung der Luft, sondern es handelte sich nach der zuverlässigen Auskunft unserer Karten um die Stadt Casablanca. Die Worte *Casa blanca* sind aus dem Spanischen und bedeuten *weißes Haus*. Selten schien mir ein Städtename passender!

Im Hafen erhielten wir einen guten Anlegeplatz. Ungeduldig warteten wir darauf, diese Märchenstadt zu erkunden. Aber noch bevor wir die Leinen festgezurrt hatten, drängte sich eine große Menge Schaulustiger an der Pier, als wäre unser U-Boot der weiße Wal. An jedem, der das Boot verließ, hing augenblicklich eine Traube von fragenden, rufenden und grüßenden Menschen. Im Nu war man Mittelpunkt eines Gewirrs von arabischen Lauten und verstand sein eigenes Wort nicht mehr. So warteten wir zunächst ab, in der Hoffnung, dass das Interesse nachlassen würde. Aber besonders die Jugendlichen ließen uns nicht aus den Augen. Sie lagen regelrecht auf der Lauer, fest entschlossen, jeden von uns auf seinem Erkundungsgang zu begleiten, koste es was es wolle. Schließlich, was blieb uns übrig, akzeptierten wir diese allzu anhänglichen Burschen, zumal ihr Interesse ja durchaus freundlich gemeint war.

Gekleidet waren die meisten Menschen in der Farbe ihrer Stadt: weiß. Nur einige verschleiert gehende Frauen bildeten eine Ausnahme und trugen schwarz.

*

Es sei mir gestattet, hier einige Bemerkungen über Land und Leute einzufügen. Marokko gehört mit Algerien und Tunesien zu den Atlasländern. Das Atlasgebirge prägt Klima, Landschaft und Leben der Menschen dieser Länder. Vor allem ein etwa 100 km breiter Streifen am Atlantik bildet den geistigen und wirtschaftlichen Mittelpunkt des Landes. Hier fällt auch genügend Niederschlag, um effektive Landwirtschaft zu betreiben. Das kann leider nicht von allen Regionen des Landes gesagt werden. Insbesondere die Gebiete die im Landesinneren der Sahara zu liegen, leiden unter chronischem Wassermangel und sind daher nur dünn besiedelt.

In Marokko ist das orientalische Element prägend. Für uns Europäer geht, besonders bei einem ersten Kontakt, eine Faszination aus für das

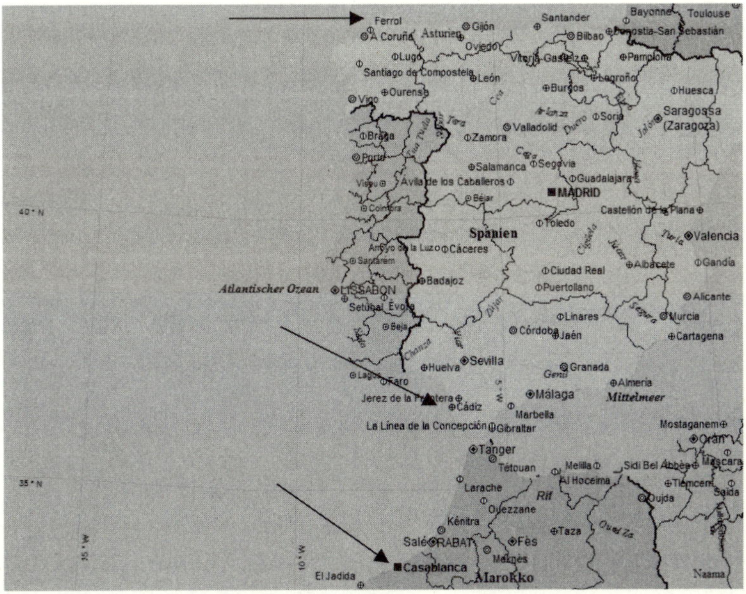

Schauplätze: Ferrol – Cádiz – *Casablanca*

orientalische Leben, das sich so bunt auf den Straßen abspielt. Überall gibt es etwas zu sehen, zu hören, ja, zu riechen, und von dem, was es zu schmecken gibt, werde ich auch noch berichten.

Die Bevölkerung in den Gebirgsregionen ist zum Teil noch halbnomadisch. Im Winter wohnen sie in ihren Häusern im Tal. Im Sommer ist ein Teil von Ihnen mit Herden von Ziegen, Schafen und Rindern auf den Hochweiden. Dann wohnen sie in Zelten, so genannten Khaimans.

Es war am zweiten Tag unseres Aufenthaltes in Casablanca, als ein deutsch sprechendes Ehepaar an unserem U-Boot erschien. Sie stellten sich als Mitglieder einer kleinen deutschen Kolonie in Casablanca vor. Unser Kommandant empfing sie zu einem längeren Gespräch.

Sie überbrachten Einladungen von deutschen Familien, erboten sich aber auch, uns durch die Stadt zu führen. Wir nahmen die Einladungen an und so wurden wir, in kleineren Gruppen aufgeteilt, von verschiedenen Familien abgeholt.

Gemeinsam mit zwei Kameraden wurde ich von einem großen Wagen abgeholt. Um uns erste Eindrücke zu verschaffen kutschierte man uns zu einer kleinen Rundfahrt durch die Stadt. Geduldig gab man Auskunft über alles, was unser Interesse auf sich zog. Mehr als einmal dachte ich, dass wir mit dem Wagen in einer engen Gasse stecken bleiben würden, aber der Chauffeur leistete Millimeterarbeit und manövrierte uns unbeschadet durch jedes Nadelöhr. Kein Zweifel, der kannte sich hier aus, das war seine Stadt. Als wir schließlich durch eine großzügige Einfahrt in das Grundstück unserer Gastgeber einfuhren, verschlug es uns fast den Atem! Eine prächtige orientalische Villa auf einem Grundstück, auf dem sich exotische Pflanzen und Blumen gegenseitig übertrumpften. Offenbar stand uns ein Tag im Paradies bevor.

Und wahrhaftig: Gleich darauf sitzen wir auf einer großen Terrasse und lassen unseren Blick über die sehr sorgfältig gepflegte parkähnliche Vegetation dieses Anwesens schweifen. Wir sind begeistert!

Allein die Bäume! Wir erkennen Akazien, Palmen und Platanen; aber darüber hinaus gibt es noch eine ganze Anzahl uns völlig unbekannter Baumexoten. Ganz zu schweigen von den riesigen, farbigen Blüten und verschiedenblättrigen Büschen! Blüten wachsen hier in großer Zahl am Wege, für die man in Deutschland eine große Summe hinlegen müsste.

Und überall spürte man, die tüchtige Hand eines erfahrenen Gärtners.

Wir verbrachten einige entspannende Stunden, in denen wir auch an unsere Kameraden dachten, die in die nördlichen Meere geschickt worden waren. Wenn die uns jetzt sehen könnten, windgebeutelt und durchgefroren, wie sie vermutlich waren - größer konnte der Kontrast kaum sein!

Nach guter deutscher Sitte wurde Nachmittagskaffee serviert und man nötigte uns, zum Abendessen zu bleiben. Allzu große Überredungskunst war dazu allerdings nicht nötig.

Nun, ich habe den Gaumenfreuden, die uns in Sevilla und in Santiago de Compostella auf die Tafel gestellt wurden, schon hohes Lob gespendet. Doch die Reihe der erlesenen Köstlichkeiten, die hier für uns zubereitet wurden, stellte alles in den Schatten. Dazu kam, dass die duftenden Speisen, die da in Schüsseln, auf Platten, in Karaffen erschienen, uns völlig unbekannt waren. Doch wir suchten nicht lange nach Worten, wir tafelten wie Fürsten aus 1001 Nacht. Von den exquisiten Weinen und der reichen Auswahl an Desserts will ich gar nicht erst reden.

Nach dem Essen machten wir es uns im Salon bequem, und es entwickelte sich eine lebhafte Unterhaltung. Unsere Gastgeber interessierten sich lebhaft für alles über und aus Deutschland. Sie waren bereits 1923 ausgewandert und lebten mithin schon etwa 15 Jahre in Marokko.

Wir schrieben das Jahr 1938. Fünf Jahre zuvor war Hitler an die Macht gekommen, Kriegsgefahr lag sozusagen in der Luft. Viel hatte sich in Deutschland geändert. Überall in der Welt blickte man sorgenvoll auf die Geschehnisse in Deutschland. Auch unsere Gastgeber hatten von den Umwälzungen gehört, aber nur aus dritter Hand. Insofern war es verständlich, dass sie von uns, die wir Augenzeugen, ja Beteiligte des Geschehens waren, Antworten aus erster Hand erhofften. Wir gaben uns redliche Mühe, ihren Wissensdurst zu stillen und antworteten offen und freimütig.

Er war im Phosphat-Geschäft tätig und musste wohl einen maßgebenden Einfluss haben. Zweifellos liefen seine Geschäfte sehr gut, denn Besitztümer, wie wir sie hier zu sehen bekamen, konnten sich auch in Marokko nur sehr erfolgreiche Leute erlauben.

*

Nachdem wir ihre Fragen beantwortet hatten, revanchierten sie sich, indem sie die unseren beantworteten. Ausführlich erzählten sie von den geschichtlichen, klimatischen, wirtschaftlichen und sozialen Besonderheiten Casablancas.

Wir erfuhren von den extremen Gegensätzen zwischen Arm und Reich in dieser Stadt. Überall gebe es trennende Mauern, die die Viertel der Reichen von den Slums der Armen trennen.

Früher sei Casablanca eine portugiesische Handelsniederlassung gewesen, habe sich aber nach einer wechselvollen und blutigen Geschichte zum wichtigsten Industriegebiet Marokkos entwickelt. Fast die Hälfte der Industrie Marokkos befinde sich hier, an erster Stelle sei da die Phosphatwirtschaft zu nennen, die den Reichtum der Stadt begründe, aber auch Leder-, Textil-, sowie die Fischkon servenindustrie trugen nach Auskunft unserer Gastgeber zum Reichtum des Landes bei. Außerdem sei Casablanca das Banken zentrum des Landes.

Wir lauschten den Ausführungen unserer Gastgeber mit großem Interesse. Wir spürten, dass sie stark mit dem Schicksal des Landes und der Stadt verbunden waren.

Als man uns zu unserem Boot zurückfuhr, konnten wir auf einen Tag zurückblicken, der uns viele Erlebnisse, Informationen und nicht zuletzt exotische Eindrücke beschert hatte.

Unser Dank galt nicht nur unseren großzügigen Gastgebern, sondern auch dem Personal, das uns mit nie nachlassender Aufmerksamkeit den ganzen Tag versorgt und betreut hatte.

Wir spürten, dass auch die Einheimischen uns Deutschen freundlich und aufmerksam begegneten. Von dieser Sympathie berichteten alle Landsleute, die Marokko bereisten.

Als wir zwei Tage später die Stadt besichtigen wollten, stellte man uns einen erfahrenen Fremdenführer an die Seite, der mit den hiesigen Verhältnissen in jeder Hinsicht bestens vertraut war.

Wir konnten unsere Eindrücke vervollständigen. Wir erlebten die Millionenstadt Casablanca, deren Stadtbild geprägt ist von breiten Boulevards, einer Erbschaft des französischen Kolonialismus. Für viele Marokkaner ist Casablanca die Stadt ihrer Wünsche. Hier gibt es Kinos, Restaurants, Theater, kurz, Elemente europäischen Lebensstils.

Der Ausgangspunkt unserer Besichtigung der *Alten Medina* war der Place Houphoulet Boigny. Hier liegt der alte Stadtteil mit seinen vielen kleinen Gassen. Hier spielt sich ein buntes Leben ab. Es wird gehandelt und gefeilscht wie wohl in jeder arabischen Stadt. Für europäische Besucher faszinierend, aber fremd.

In der *Neuen Medina* ist vor allem interessant das Viertel *Habbous*. In diesem Viertel, welches für die ärmere Bevölkerung erbaut wurde, verbindet sich arabische Baukunst mit moderner Architektur. Hier lebt auch der Kunsthandwerks-Markt mit den vielen Kupferarbeiten. Aber auch Teppiche und Lederwaren werden hier angeboten.

Erschöpft von den unglaublich vielen kräftigen Eindrücken kehrten wir schließlich zurück zum Boot. Im Gespräch waren wir uns einig, dass zwischen den Städten Südspaniens und den Städten Nordafrikas, die doch rein räumlich gesehen gar nicht so weit voneinander entfernt sind, ein sehr *deutlicher Unterschied* besteht.

Nicht nur, dass die Menschen sich anders kleideten, sie hatten auch eine völlig andere Lebensart. Grund für diesen so ganz anderen Stil des Lebens, so überlegten wir, ist sicherlich in den unterschiedlichen Religionen zu finden. Das christliche Spanien und das islamische Marokko – ein Unterschied zweier Kulturen.

Einig waren wir uns auch in der Begeisterung über die schier grenzenlose Gastfreundschaft, von der jeder von uns viele Beispiele berichten konnte.

~ ~ * ~ ~

Kapitel 22

Über das große Woher und Wohin der Welt

Unterweisungen auf dem Weg von Casablanca nach Madagaskar

Nach den erlebnisreichen, farbigen Tagen von Casablanca fiel uns der Abschied nicht leicht. Insbesondere die Gespräche und die üppige Bewirtung durch das so gastfreundliche deutsche Ehepaar blieben noch für einige Tage Gegenstand unserer Unterhaltungen an Bord. Und immer wieder, während unser Blick über das nun ruhiger werdende Meer ging, erschien vor uns das beeindruckende Bild dieser weißen Stadt, die wir hinter uns gelassen hatten.

Vor uns lag nun eine lange Fahrt. Auch hier weiter südlich, war es an den Abenden oft zu kalt, um am Oberdeck zusammen zu sitzen und miteinander zu sprechen oder einfach nur zu sinnieren und etwas von der Heimat zu träumen. Doch wir drängten den Gelehrtesten unter uns, unseren Obersteuermann, dazu, uns weiterhin an seinem offenbar kaum zu erschöpfenden Wissen teilhaben zu lassen. Doch dieser zuckte zunächst die Achseln und verwies auf das ungünstige Erzählwetter. Doch schließlich kamen dann doch eine paar mildere Abende und er versammelte uns um sich. Und wir freuten uns darauf, dass wir wieder ein Stück mehr verstehen würden von dem großen Woher und Warum der menschlichen Existenz. Dass wir uns dabei langweilen könnten, war bei *diesem Lehrer* ausgeschlossen! Das wussten wir aus Erfahrung. Er konnte über komplizierte wissenschaftliche Ergebnisse so anschaulich und packend reden, dass wir regelrecht an seinen Lippen hingen und alles um uns herum für eine Zeit vergaßen. Wir spürten, dass man nur dann so souverän einen Stoff darstellen kann, wenn man ihn voll und ganz durchdrungen hat. Diesmal sollte es um nichts Geringeres gehen als um die Entstehung des Planeten Erde. Und wieder hatten wir den Eindruck, unser Obersteuermann wäre höchstpersönlich dabei gewesen und hätte vom göttlichen Schöpfer des Ganzen, die Sondergenehmigung erhalten, ihm über die Schulter zu sehen und sich Notizen machen zu dürfen. Und während die Entfernung von der Heimat jeden Tag um etliche Seemeilen anwächst *und der Äquator näher rückt*, hören wir jungen Seeleute den Ausführungen unseres Obersteuermanns zu, wie vor Jahrtausenden die Schüler dem Universalgelehrten *Aristoteles oder dem Platon*. Dabei gab es allerdings zwei auffällige Unterschiede. Erstens: Unserem Aristoteles standen über 2000 Jahre wissenschaftliche Forschung zur Verfügung. Zweitens: Sein Unterricht fand nicht in einer antiken griechischen Schule statt, sondern auf Deck einer hochkomplizierten Maschine, über die der echte Aristoteles nur sein bärtiges Philosophenhaupt geschüttelt hätte.

Im Folgenden will ich unseren Aristoteles aus meiner Erinnerung heraus zu Wort kommen lassen. Auf die Sprünge helfen mir dabei meine Tagebuchaufzeichnungen vom Ende der 30er Jahre. Ungefähr so fing er an, nachdem jeder seinen Platz gefunden hatte:

*

Ihr wisst doch, dass weder die Erde, noch die Sonne, noch sonst irgendetwas in unserem Kosmos seit Ewigkeit existiert. Alles hatte einen Anfang. Die Bibel hat diesen Anfang in den Bildern der Schöpfungsgeschichte erzählt, doch heute können wir davon nüchterner erzählen. Vor 10 – 12 Milliarden Jahren war von der Erde nichts, aber auch gar nichts vorhanden. Vor gerade einmal 4 bis 5 Milliarden Jahren formten sich dann aus einer flachen Staubscheibe, die um unsere Sonne rotierte, langsam die Planeten und darunter auch der schönste von ihnen, die Erde, unsere Mutter.

In einer durchschnittlichen Entfernung von 149 Millionen Kilometern umkreist die Erde seitdem die Sonne, wofür sie momentan bekanntlich 365 Tage benötigt. Die allernächste Sonne - und alle Sterne, stellt euch das einmal wirklich ernsthaft vor, sind ja nichts als Sonnen! - ist der Stern mit dem Namen *Alpha Centauri* im Sternbild *Kentaur*.

Wahrscheinlich wird niemals ein menschliches Wesen in seine Nähe gelangen. Denn selbst wenn es gelänge, ein Raumschiff auf die höchste Geschwindigkeit zu beschleunigen, die physikalisch möglich ist, nämlich die Geschwindigkeit des Lichts, würde dieses Raumschiff 4,5 Jahre brauchen, um dorthin zu gelangen. Was aber physikalisch möglich ist, ist technisch noch lange nicht möglich. Also werden wir Menschen uns mit unserer guten alten Sonne begnügen müssen. Und sie macht ihre Sache doch nicht schlecht, auch wenn sie an manchen Abenden ruhig etwas zulegen könnte... Zu viel Sonneneinstrahlung übrigens wäre für das Leben auf der Erde auch nicht bekömmlich. Das Leben hat sich an eine ganz genaue Standarddosierung gewöhnt. Verändert sich diese Dosierung, leidet das Leben erheblich. So ist die Erde mit einer Gashülle umgeben, die sich zusammensetzt aus den Hauptbestandteilen Stickstoff und Sauerstoff. Der Stauerstoff bildet in einem gewissen Prozentsatz ein bestimmtes Molekül, das man als Ozon bezeichnet. Dieses Ozon bildet eine Schicht, die schädliche Sonnenstrahlen absorbiert. Durch industrielle Einflüsse wird diese Schicht geschwächt, und dadurch auch der Schutz vor den schädlichen Strahlen. Vorsicht ist geboten!

Dennoch gilt: Ein Leben auf der Erde wäre ohne die Sonne überhaupt nicht möglich. Die Sonne ist ein großer strahlender Körper mit einem Durchmesser von ca. 1,4 Millionen Kilometern. Durch Kernfusionen produziert die Sonne - wobei vor allem Wasserstoff in Helium verwandelt wird - die Energie, die sie als Strahlung so verschwenderisch nach allen Seiten in das eisige Universum abstrahlt. Nur ein winziger Bruchteil davon erreicht die Erde. Und genau von diesem winzigen Bruchteil lebt alles, was auf Erden jemals gelebt hat.

Man vermutet, dass im Zentrum der Sonne eine Temperatur von ca. 15 Millionen Grad herrscht. Die Dichte ist ungeheuer und beträgt ca. 160 000 kg pro Kubikmeter. Noch nicht endgültig erforscht sind die immer wieder auftretenden Sonnenflecken und Fackeln, welche sich wie ein Feuerausbruch auf der Sonnenoberfläche bemerkbar machen. Die Lebensdauer der Sonne, also die Reserve an Kernbrennstoff, schätzt man noch auf etwa 5 bis 6 Milliarden Jahre. Das ist etwas mehr als die Zeit, die seit der Entstehung der Erde vergangen ist. Spätestens dann wird sie kalt und dunkel werden und alles Leben, sollte es sich bis dahin erhalten haben, wird den Kältetod sterben.

Doch bevor wir uns unserer Erde widmen, wollen wir einen Blick auf die Geschwister der Erde werfen, die acht Planeten, die mit ihr die große Mutter, von der alles abhängt, umkreisen. Um diese Planeten wiederum kreisen Begleiter, die wir als Monde bezeichnen. Sonne, Planeten und ihre Monde bilden in ihrer Gesamtheit unser heimisches Planetensystem. Alle diese Planeten kreisen in ellipsenförmigen Bahnen um unser Zentralgestirn. Die Zeit, die sie für einen Sonnenumlauf brauchen, ist sehr unterschiedlich, ebenso ihre Größe und Zusammensetzung. Die mathematischen Formeln, nach denen die Astronomen haargenau für Jahrhunderte im Voraus sagen können, wann welcher Planet an dieser oder jener Stelle des Himmels stehen wird, sind seit etwa 500 Jahren bekannt. Diese Gesetze gehen auf den großen Astronomen Kepler zurück, der sie nach jahrzehntelangen Berechnungen präsentierte. Nach ihm sind sie auch benannt, sie heißen die Keplerschen Gesetze.

Ich werde euch mit der Mathematik der Planetenbahnen verschonen. Die Sache ist nicht ganz einfach und wir bräuchten Papier und Stift. Stattdessen stelle ich euch unsere kosmischen Tanten und Onkel vor. Nun, erläuterte er schmunzelnd, als wir ihn fragend ansahen, denn von solchen Verwandtschaften hatten wir noch nie etwas gehört, wenn die Sonne unsere Mutter ist und die Planeten ihre Geschwister, dann …

… sind die Planeten unsere Tanten und Onkel, riefen wir.

So ist es, bestätigte uns unser Aristoteles, und wir nehmen sie uns jetzt von innen nach außen vor. Also beginne ich gleich mit einem ziemlich klein geratenen Onkel, kaum größer als unser Mond, der sich aber am nächsten an seine riesige, glühende Mutter herangetraut hat: den Merkur. Er hat nur 40% des Erddurchmessers, braucht für einen kompletten Sonnenumlauf nur knapp 88 Tage und bezahlt die Nähe zur Mutter mit einem enormen Temperaturstress: zwischen Tag und

Nacht mehr als 600 Grad Unterschied.

Tante Venus versteckt sich fast immer hinter Wolken und ist etwa so groß wie die Erde. Aber sie ist ein sehr heißer Planet und unter ihrer Wolkendecke brodelt es. Ihre Erforschung könnte eines Tages große Probleme bereiten. Sie benötigt 243 Tage, um sich einmal um die Sonne zu drehen.

Als Nummer drei folgt der interessanteste, differenzierteste Planet, das Schmuckstück des ganzen Planetensystems: unsere Erde. Ihr Gesicht hat sich im Laufe seiner Geschichte oft gewandelt und was sie hervorgebracht hat, lässt einen starr werden vor Staunen. Sie ist wahrscheinlich der einzige Planet, der Leben trägt, mit Sicherheit der einzige, der intelligentes Leben trägt. Ich persönlich bin übrigens der Meinung, dass die Erde wohl der einzige Planet im Weltall ist, auf welchem sich Leben entwickelt hat. Um Leben in anderen Planetensystemen nachweisen zu können, müssten wir hinfliegen, was wegen der Entfernungen praktisch unmöglich ist - oder wir müssten Signale empfangen, so eine Art gemorste Botschaft: *Hallo, wir sind hier, ist da noch jemand irgendwo?* Das wäre natürlich eine unglaubliche Sensation, die Menschheit würde sich in den Armen liegen und feiern, aber bisher: Fehlanzeige, wir haben nichts empfangen, was von anderen Lebewesen ausgesendet worden sein könnte.

Leben gibt es wohl auch nicht auf dem Mars, der als roter Planet bezeichnet wird. Er hat nur etwa den halben Erddurchmesser. Man vermutet auf ihm eine dünne Atmosphäre. Es gab einmal die Vermutung, dass auf ihm Leben herrscht, oder zumindest in früheren Zeiten möglich war, aber bewiesen ist gar nichts. Jedenfalls nicht mit den uns zurzeit zur Verfügung stehenden technischen Mitteln. Vielleicht gibt es später ja andere Möglichkeiten.

Der Jupiter hat einen etwa 11-mal so großen Durchmesser wie die Erde. Seine Masse ist etwa 2 1/2 mal so groß wie die aller Planeten zusammen. Er ist ein Riese und hat nicht nur einen Mond um sich versammelt, sondern gleich 16 davon. Als zum ersten Mal ein Mensch ein Fernrohr, das gerade erfunden worden war, auf ihn richtete entdeckte er auf Anhieb vier Monde, die den Koloss umrunden. Dieser Mensch war übrigens der berühmte Galileo Galilei und man schrieb das Jahr 1610.

Der nun folgende Saturn hat dieses interessante Ringsystem, das diesen Planeten, der fast Jupiterdurchmesser erreicht, so unverwechselbar macht. Er ist der letzte Planet, der noch mit unbewaffnetem Auge am Himmel zu erkennen ist. Die übrigen, also Uranus, Neptun und Pluto sind kleiner, kälter und mit bloßem Auge nicht mehr zu identifizieren. Pluto braucht 248 Jahre, um einmal einen Sonnenumlauf zu vollenden. An dem Punkt, den er in unseren Tagen durchläuft, hat er also zuletzt gestanden, als unser Goethe ein Bübchen von 11 Jahren war!

Übrigens, wenn ihr euch die Reihenfolge der Planeten nicht merken könnt, so habe ich einen einfach Merksatz für euch. Der Satz lautet: *Mein Vater erklärt mir jeden Sonntag unsere neun Planeten.* Die Anfangsbuchstaben sind die Anfangsbuchstaben der Planeten von innen nach außen - probiert´s mal aus: Merkur, Venus, Erde usw. Wir vervollständigten seine Reihenfolge und siehe da, es stimmte bis hin zu Pluto.

Aus diesen eisigen Fernen zurück auf unser Schmückstück Erde. Schaut auf den Ozean! 2/3 der Erdoberfläche sind bedeckt von Wasser, auch das kann man von keinem der anderen Planeten behaupten. So wundervolle Meere gibt`s nur bei uns! Und Wasser ist ja die Voraussetzung für Leben. Die Landmasse ist zurzeit aufgeteilt auf fünf Kontinente. Ich sage bewusst: zurzeit, denn wenn ihr denkt, das war immer so, habt ihr euch gewaltig getäuscht! Vor ungefähr 250 Millionen Jahren waren alle Kontinente in einem einzigen Superkontinent vereint, den wir Pangäa nennen. Dieser Kontinent brach auseinander und die Teile trieben über Jahrmillionen langsam in die Position, die sie heute noch haben. Schaut einmal aufmerksam eine Weltkarte an und betrachtet besonders die Umrisse der Kontinente. Dann versucht, diese Kontinente möglichst lückenlos aneinander zu rücken und ihr werdet erstaunt sein, wie problemlos das gelingt. Die Kontinente fügen sich ineinander wie Stücke eines großen Puzzels. Und dieser Prozess ist keineswegs abgeschlossen! Die Wissenschaftler haben ausgerechnet, dass Australien in 60 Millionen Jahren gegen Asien stößt. Die Alpen haben sich aufgeworfen, als der Kontinent Afrika gegen Europa stieß und das höchste Gebirge der Welt - der Himalaja - ist das Ergebnis einer Kollision von Indien mit dem Kontinent Asien, zu dem es seither fest gehört.

Im Laufe der Geschichte haben sich die Vorstellungen über die Entstehung der Erde in der heutigen Gestalt natürlich immer wieder gewandelt.

Bereits in der Bibel stehen die ersten Vorstellungen über die Entstehung der Erde und über gewaltige Naturereignisse. Das Buch Genesis enthält einen Bericht über die Entstehung von Himmel und Erde. Das abendländische Weltbild wurde bis in das Mittelalter durch diese biblischen Darstellungen geprägt. Doch bei dieser Vorstellung blieb es nicht.

James Hutton, um nur ein Beispiel herauszugreifen, hat in seinem 1795 veröffentlichen Buch neue Ideen über die möglichen Formungsprozesse der heutigen Erdoberfläche entwickelt. Für ihn war entscheidend, dass die Erde in ihrem Inneren mit glutflüssiger Materie gefüllt ist, über die der Mantel der erkalteten Kruste liegt. Dieser heiße Kern aber verhält sich nicht ruhig, sondern da kocht und brodelt es, und aus dieser Unruhe heraus schießt von Zeit zu Zeit die glutflüssige Lava durch die Öffnung der Vulkane heraus.

Die Vulkane sind sozusagen Überdruckventile, die größere Verwerfungen, Risse oder sogar neue Spaltungen in den Erdplatten verhindern. Die Energie im Erdinneren ist gewaltig. Nicht ausgeschlossen, dass die Technik eines Tages in der Lage ist, an den Stellen der Erde, wo glühende Magma verhältnismäßig dicht unter der Erdkruste brodelt, diese als Energie aufzufangen und zum Beispiel zur HeizungUhr nein wir Bedrohung lagenFrau den wir gut in den hohen Mühen teilgenommen werden ganzer Städte umzuleiten.

Der erwähnte Hutton entwickelte die Theorie, dass z. B. Gesteinsformationen in mehreren Schüben entstanden sind. Immer wieder hat es Perioden von Veränderungen der Erde, Abtragung oder Zerstörung, auch durch Erdbeben gegeben. Die entscheidende Rolle spielt bei ihm der Vulkanismus und die Vorstellung vom glutflüssigen Kern der Erdkugel.

Dass die Erde nicht von einer ein für allemal festen Kruste ummantelt ist, zeigen eigentlich schon die Erdbeben, die ja in unterschiedlicher Stärke immer wieder die Erdkruste erschüttern. Doch womöglich noch spektakulärer sind die Beben, die sich auf den Böden der Ozeane ereignen. Durch Verschiebungen und Reibungen der Kontinen talplatten können sich sehr schnell Seebeben entwickeln, bei denen enorm hohe Wellen entstehen, die mit unglaublicher Geschwindigkeit über die Ozeane jagen können. Dies können auch ganze Serien von Wellen sein, die sich mit einer Geschwindigkeit von bis zu 700 km/h auf die Küsten zu fegen. Es sind oft Wellenlängen mit Kammentfernungen bis zu 150 km, so dass die Wellen in Abständen von ca. 15 Minuten aufeinander folgen. Auf dem offenen Ozean erreichen Sie kaum einen Meter Höhe und sind für die Schifffahrt daher völlig ungefährlich. Je nach Bodentopographie verstärkt sich die Wellenenergie jedoch, und zeigt an Land verheerende Auswirkungen. Prallt eine solche Seebebenwelle auf eine Küste, so richtet sie enorme Verwüstungen an. Ganze Inseln, Landstriche können fortgerissen werden und die Verluste an Menschenleben sind oft gewaltig. Bei einer Höhe von 30 bis 40 m ergießen sich die Wellen weit in das Landesinnere.

Auch als der Krakatau im Jahre 1883 ausbrach, fegten solche Meereswellen (Tsunamis) mit einer Höhe bis zu 30 m über die Nachbarinseln. Zum Teil wurden dann schwere Gegenstände (z.B. Boote) bis zu 3 km in das Landesinnere gerissen.

Das Wort Tsunami kommt aus dem Japanischen, und heißt so viel wie Wasserwand, oder Welle im Hafen.

Solche Tsunamis treten im Pazifik häufiger auf als im Atlantik. Sie entstehen dort vor allem entlang des Randes der pazifischen Kontinentalplatte. Ein gewaltiger Wellenzug verlässt ringförmig das Epizentrum eines solchen Seebebens.

So lange die Erde besteht, hat es Erd- und Seebeben gegeben. Es wird sie aber auch in Zukunft geben und zwar so lange, wie die Erde existieren wird. Es wird nie ein Mittel geben, um diese zu verhindern. Stets können ganze Inseln neu entstehen, wie in den letzten Jahrhunderten immer wieder geschehen. Ganze Inseln können aber auch wieder spurlos verschwinden, wie ebenfalls oft geschehen.

*

Hier an dieser Stelle unterbreche ich den Bericht unseres Obersteuermanns über die Kräfte, die die Erdoberfläche formten und noch immer formen. Aus aktuellem Anlass möchte ich einen Exkurs einfügen, der sich mit dem Thema *Tsunami* befasst. Zwei Jahre vor der Niederschrift des vorliegenden Berichtes, genau gesagt am 24. Dezember 2004, hat sich auf schreckliche Weise bewahrheitet, was unser Obersteuermann bereits in den Jahren 1936 bis 1939 vorhergesagt hatte. Eine furchtbare Bestätigung des vorstehenden Berichts, den ich nach *vorhandenen Tagebuchaufzeichnungen* dieser Jahre verfasst habe.

Als an diesem *24. Dezember 2004* ein solches ungeheures Ereignis eintrat, waren die davon betroffenen Staaten nicht vorbereitet. Wie später durch Messungen bekannt wurde, hatte sich der Meeresboden an vielen Stellen, besonders aber im Indischen Ozean um ca. 900 Meter angehoben. Die bisherige Meerestiefe von ca. 1000 Metern soll sich an einigen Stellen auf 30 bis 50 Meter Wassertiefe verringert haben!

Was aber die Auswirkungen dieser Welle, die wie eine hohe Wand auf die Küsten traf, so furchtbar werden ließ, war das Fehlen eines Warnsystems. Die Geschwindigkeit dieser Wellen ist, wie gesagt sehr hoch, dennoch wäre beim technischen Stand am Anfang des 3. Jahrtausends eine Warnung der betroffenen Gebiete bei entsprechender

Vorbereitung möglich gewesen.

Viele hätten sich in Sicherheit bringen können. So aber kostete die Sturmflut mindestens einer Viertelmillion Menschen, Einheimischen und Touristen, das Leben.

Ganze Inseln, welche nur wenige Meter über dem Meeresgrund herausragten, wurden überschwemmt und sämtliche Häuser wie Spielzeug zerstört. Noch nach einer Zeitspanne von sechs Wochen fand man in manchen Buchten weitere Tausende von Toten. Alle Helfer waren überfordert. Man war nicht in der Lage, alle Toten innerhalb der zur Vermeidung von Epidemien erforderlichen Zeit zu beerdigen.

Familien wurden auseinander gerissen und es gab unbeschreibliche Szenen, die sich - so ist unser Medienzeitalter - am Fernsehschirm verfolgen ließen. Ein Urlauber aus Schweden ist mir in Erinnerung, der suchte tagelang nach seinem Sohn und nach seiner Frau. Seinen Sohn hat er schließlich finden können, er lag verletzt in einem Krankenhaus. Von seiner Frau jedoch gab es nicht die geringste Spur. Selbst 14 Tage hartnäckigen Suchens brachten kein Ergebnis. Ein typisches Schicksal.

Wie ich bereits vor fast 70 Jahren notierte, sind für viele Schiffe und Boote auf dem Meer diese Wellen überhaupt nicht bemerkbar. Sie unterlaufen die Schiffe wie eine leichte Welle, sodass niemand einen Tsunami vermutet. Erst wenn diese Wellen Widerstand an Land und den flachen Küstengewässern finden, dann entwickelt sich ihre ungeheure Kraft.

Viele Beobachter dieser Meereswellen vom 24. Dezember 2004 sprechen davon, dass sie zwischen 5 und 15 m hoch waren. Deshalb möchte ich auf eine ganz besonders hohe Tsunamiwelle hinweisen, welche am 09.07.1958 die Lituja-Bucht im Süden Alaskas überrollte.

Eine Flutwelle habe es gegeben, höher als das höchste Gebäude der Welt! 516 m hoch soll sich die Wasserwand am 09. Juli 1958 in dieser Bucht erhoben haben. Nur acht Meter weniger misst der zum

Jahreswechsel eröffnete Turm Taipeh in Taiwan! Ein gewaltiges Erdbeben, begleitet von einem Erdrutsch, hatte den Rekord-Tsunami damals hervorgerufen. Doch das Ereignis hat sich nicht eingeprägt, da es nicht so viele Opfer zu beklagen gab, nur zwei Fischer ertranken. Nennenswerte wirtschaftliche Schäden sind damals auch nicht entstanden. Die Vorstellung allerdings, dass ein Wasserpegel in kurzer Zeit um einen halben Kilometer steigen kann, ist wahrhaft furchterregend!

Schon seit vorchristlichen Zeiten geistert das Gespenst einer großen Flut durch alle Religionen. Selbst heute noch wird - wie im Alten Testament - von der Sintflut gesprochen.

Die Sintflut währte, dem biblischen Bericht zufolge, 40 Tage auf Erden und die Wasser wuchsen und hoben die Arche auf und trugen sie empor über die Erde, während alles andere Leben vom Wasser zerstört wurde.

Ein weiteres Beispiel für die ungeheure Kraft und Zerstörungswut der Tsunamis möchte ich anführen. Am Morgen des 01. November 1755 bewegte sich die Erde in Spanien und Marokko, und in der portugiesischen Hauptstadt. Das Epizentrum des Bebens lag einige 100 km von Lissabon entfernt im Atlantik. Nach dem Beben rollten bis zu 10 m hohe Wellen in die Stadt. Etwa jeder vierte der 235.000 Einwohner Lissabons, das damals zu den bedeutendsten Handelsstädten des Kontinents gehörte, starb.

Die Nachricht von der Katastrophe verbreitete sich rasch in ganz Europa und verängstigte die Menschen. Unter den Aufklärern, den Philosophen und Schriftstellern, entspannen sich heftige Debatten. Diese wurden vor allen Dingen ausgelöst durch das im April 1756 veröffentlichte Gedicht Voltaires: *Über die Katastrophe von Lissabon.*

Die Katastrophe sorgte unter Christen für unfreundliche Auseinandersetzungen. Es entstand ein Streit, weil beispielsweise die katholische Kirche, das Unglück als Strafe Gottes für die Lasterhaftigkeit der Menschen interpretierte, während die britischen protestantischen

Geistlichen in dem Beben genau umgekehrt eine Missbilligung katholischer Verbrechen sahen.

Auch der Ausbruch des Krakatau am 27. August 1883, auf den ich in meinen früheren Ausführungen bereits hinwies, berührte die ganze Welt. Der Vulkanausbruch in der Sunda-Straße zwischen Java und Sumatra führte zu 40 m hohen Flutwellen, deren Ausläufer beispielsweise auch in Galle registriert wurden, jenem Ort an der Südspitze Sri Lankas, den auch der jüngste Tsunami ein 24. Dezember 2004 traf! Fast alle der 36.000 Menschen, die der Krakatau-Katastrophe zum Opfer fielen, fanden den Tod durch Ertrinken.

Eines der jüngsten Seebeben fand vor der chilenischen Südküste am 22. Mai 1960 statt. Das Beben erreichte einen Wert von 8,6 auf der Richter-Skala und produzierte 8 Tsunamis, die im Abstand von jeweils ungefähr 15 Minuten die 10.000 Kilometer vom Epizentrum entfernte hawaiianische Hafenstadt Hilo überrollten. 15 Stunden nach dem Beben hatte die erste Flutwelle Hilo erreicht. 61 Menschen ertranken in dem Ort, der bereits 1946 von einem Tsunami zerstört worden war.

Welche Kraft ein solcher Tsunami auslösen kann, haben ein britischer und ein US-Wissenschaftler errechnet. Sie haben den Vulkan Cumbre-Vieja auf der Kanareninsel untersucht. Dabei haben sie folgendes Szenario ausgemalt: Wenn der Berg nach einem Vulkanausbruch kollabiert, kann ein Tsunami entstehen, der an der nordwestafrikanischen Küste 100 Meter, in Florida 50 und in New York immer noch etwa 10 Meter hoch ist!

Die Erdplatten, die vor allem für diese Katastrophen verantwortlich zu machen sind, sind noch heute in unaufhörlicher Bewegung. Die Vorstellung, dass das Gesicht, das uns zum Beispiel ein gewöhnlicher Atlas von der Oberfläche der Erde zeigt, ein für allemal fixiert sei, ist völlig falsch. Nur die gewaltigen Zeiträume, in denen sich die Verschiebungen der Kontinente abspielen, erwecken den Eindruck, eigentlich bleibe alles beim Alten. Nicht nur die Menschheit hat eine Geschichte, die Erde als ganze hat eine Geschichte, die Erdgeschichte.

Die vorkommenden Gesteine haben keineswegs alle das gleiche Alter. In Kanada hat man die ältesten Gesteine der Erde entdeckt. Sie werden auf ca. 3.5 bis 3.8 Milliarden Jahre geschätzt. Die Rocky Mountains aber haben sich erst vor ca. 200 Millionen Jahren gebildet. Ihre küstennahen Gebirgszüge sind heute geologisch noch aktiv.

Wer will mit Gewissheit ausschließen, dass nicht eines Tages eine starke Verwerfung in der Erdkruste zu einem massiven Aufbruch führt und unendliche Lavamassen sich über die Erdoberfläche ergießen? Hiermit meine ich nicht die Vulkane, die geologischen Sicherheitsventile für den sich in der Erde entwickelnden Überdruck. Hiermit meine ich enorm starke, und nicht berechenbare Veränderungen und Verschiebungen von untermeerischen Bodenplatten, den Platten, auf denen unsere Kontinente treiben wie Flöße.

*

Bis zum Eintreten von Katastrophen solch gigantischen Ausmaßes haben wir hoffentlich noch etwas Zeit. Doch in dieser Zeit haben wir noch allerhand Probleme zu lösen. Da haben wir z.B. das Energieproblem. Die Hauptenergiequelle ist nach wie vor Erdöl. Wir verbrauchen Unmengen dieses schwarzen Goldes. Es dient nicht nur als Energielieferant für Motoren, sondern auch als Rohstoff für eine Vielzahl von Produkten.

In den letzten 20 Jahren ist mehr Erdöl verbraucht worden, als in den 80 Jahren vorher! Geht diese Entwicklung in diesem Tempo weiter, dann werden die Erdölvorräte mit Sicherheit in einem absehbaren Zeitraum verbraucht sein. Denn das ist das Problem: Erdöl gehört zu den fossilen Energien und die Vorräte werden nicht ergänzt, sondern sind begrenzt und irgendwann eben einfach verbraucht. Dasselbe gilt für Erdgas und Kohle. Man wird überall Vorkommen suchen, finden und ausbeuten, auch in den Tiefen der Ozeane.

Fast allen Menschen erscheint es heutzutage selbstverständlich, dass wir uns frei bedienen können. Wenn die eine Quelle erschöpft ist, suchen wir eben die nächste. Die Natur scheint keine Grenzen zu kennen. Aber das ist ein gefährlicher Irrtum!

Denn unweigerlich wird der Tag kommen, da nichts mehr aufgespürt werden kann, weil nichts mehr da ist. Aus diesem Grund wird man in Zukunft daran arbeiten müssen, andere Energiequellen nutzbar zu machen. Gelingt dies nicht, nun, so sehe ich schwarz für die Menschen zukünftiger Generationen. Wovon sollen sie leben, wie sollen sie den Energiebedarf einer Menschheit decken, die viele Milliarden Individuen umfasst?

*

Diese Milliarden wollen essen und trinken. Wird Mutter Erde ihre vielen, vielen Kinder ernähren können? Wird ihre Fruchtbarkeit womöglich eines Tages erschöpft sein? Lergefischt die Meere, ausgelaugt die Böden, abgeholzt die Wälder?

Es wird Politiker geben - und gibt es sie nicht schon heute? - welche geistig und charakterlich nicht in der Lage sind, den Ablauf der weiteren Entwicklung der Erde zu begreifen. Die nicht in der Lage sind, die Folgen ihrer rücksichtslosen Misswirtschaft abzuschätzen, die nur an Macht und Profit denken!

*

Kommen wir noch einmal auf das Erdöl zurück. Erdöl, Mineralöl lagert in unterirdischen Gesteinen. Es hat sich aus Fossilschlamm gebildet. Es ist ein flüssiges Gemisch aus Kohlenwasserstoff, Schwefel-, Sauerstoff- und Stickstoffverbindungen. Sehr oft wird es in Verbindung mit Erdgas gefunden. Die wichtigsten Lagerstätten sind in Saudi-Arabien, Kanada, der nördlichen Sahara, dem Irak, Russland und Venezuela. Aber auch in vielen anderen Ländern ist Erdöl gefunden worden. Auch in Deutschland wird Erdöl gefördert, wenn auch nur in bescheidenen Mengen.

Die Menge der geschätzten Weltvorräte wird immer wieder korrigiert. Man schätzt sie z. Zt. auf ca. 95 Milliarden Tonnen. Öl wird nicht nur als Brenn- und Kraftstoff verwendet, es ist auch die Grundlage vieler chemischer Produkte.

Das Erdgas wird in nicht allzu ferner Zukunft vor allem für Heizzwecke eingesetzt werden. Aber auch unter dem Meeresboden werden beträchtliche Mengen von Erdöl und Erdgas vermutet. Auch hier wird die Technik zweifellos Wege finden, um diese Ölvorräte an die Erdoberfläche zu fördern.

Erdöl und Erdgas wird aus unterschiedlichen Tiefen gefördert. Während die jüngere Braunkohle zum Teil im Tagebau abgetragen werden kann, muss die ältere, aber ergiebigere Steinkohle nicht selten aus Tiefen von 3000 Metern gefördert werden. Gebildet hat sich das Erdöl bekanntlich aus uralten Wäldern. Wo jetzt Erdöl zu finden ist, müssen einmal Wälder gewachsen sein. Wälder aber sind seit jeher auf das Sonnenlicht angewiesen, denn auch die ältesten Wälder hätten gar nicht entstehen können ohne den grundlegenden Vorgang der Photosynthese, zu der nun mal Sonnenlicht benötigt wird. Sonnenlicht gibt es nur an der Erdoberfläche. Da stellt sich also die Frage, wie diese Energielager in derartige Tiefen gelangt sind. Auch hier ist die Antwort die, dass vor Jahrmillionen massive Umwälzungen auf und in der Erdoberfläche, der Erdkruste, stattgefunden haben müssen. So wie sich noch vor 50 bis 400 Millionen Jahren neue Gebirgskämme von bedeutenden Höhen und gewaltigen Ausdehnungen gebildet haben, muss auch durch gewaltige Umbrüche in der Erdkruste eine Umschichtung großer Erdmassen bis in große Tiefen stattgefunden haben.

Wenn man in der Nordsee unter dem Meeresboden Erdöl vermutet und in erheblichen Mengen findet, so ergibt sich daraus, dass vor Jahrmillionen hier Urwälder gewachsen sind, vorhanden waren. Der Meeresboden muss sich um mehrere Hundert Meter gesenkt haben.

Vielleicht sind hier sogar noch bedeutsamere Veränderungen der Landschaft vor sich gegangen. Waren im heutigen Norddeutschland und den angrenzenden Gebieten vielleicht Gebirgszüge vorhanden? Und lag das Land, dass wir heute unser Vaterland nennen, früher nicht näher am Äquator? Nach dem heutigen Stand der Forschung ist das keineswegs ausgeschlossen.

Es gibt noch viele Rätsel im Zusammenhang mit der Entstehung und der weiteren Entwicklung der Erde zu lösen. Trotz der enormen Fortschritte der Technik und Forschung werden viele Ereignisse und Geschehnisse der Erde und des Weltalls wohl nie gelöst werden können. Vieles bleibt Geheimnis des Schöpfers.

*

Noch einige abschließende Bemerkung über die für die Zukunft der Menschheit so entscheidende Energiefrage.

Wir hatten ja festgestellt, dass die fossilen Energien in ihrem Vorkommen begrenzt sind, und die Vorräte in nicht allzu ferner Zukunft erschöpft sein werden. Angedeutet hatte ich auch schon, woher eine Lösung des Problems kommen könnte. Zumindest für eine weitere Zeitspanne. Wenn es der Forschung und Technik gelänge, die Methode zu beherrschen, nach der in der Sonne und anderen Sternen Energie in ungeheurem Maßstab gewonnen wird, nämlich durch atomare Prozesse, so hätten wir energiemäßig für lange Zeit ausgesorgt!

Man wird in den nächsten Jahrzehnten alles daran setzen müssen, um hier Fortschritte zu erzielen. Man muss versuchen, die Atomkraft für die Erde nutzbar zu machen. Ob dieses gelingen wird, weiß ich nicht. Denn es setzt voraus, dass man den Ablauf der Energieentwicklung durch die Atomkraft, also die Kernenergie, kontrollieren kann. Dieses ist ein sehr wichtiges, aber auch äußerst schwieriges Problem.

Doch die Technik bleibt nicht stehen. Seit Menschengedenken gibt es einen Fortschritt der Technik. Was sich geändert hat, ist die Geschwindigkeit dieses Fortschritts. Dauerte es früher Jahrzehnte oder gar Jahrhunderte, um eine technische Leistung wesentlich zu steigern, so hat sich dieser Prozess in unserem Jahrhundert rasant verkürzt.

Nehmen wir die Entwicklung des Flugzeugs. Vergegenwärtigen wir uns, dass zu Beginn des ersten Weltkrieges die Flugzeuge praktisch noch mit Stoff bespannt waren. Die Piloten saßen noch außerhalb einer festen Flugzeugkanzel. Bald entdeckt man das Flugzeug als

Kampfmaschine. Die vorhandenen Motoren ließen am Beginn des Krieges aber nur Geschwindigkeiten von 70 bis 80 Stundenkilometern zu. Die ersten Gefechte mit Waffen fanden statt, indem sich die Piloten mit Pistolen beschossen! So primitiv sahen die Anfänge aus.

Und wie sahen die Flugzeuge vier Jahre später nach Kriegsende aus? Es hatte sich in diesem kurzen Zeitraum eine enorme technische Entwicklung vollzogen. Warum soll es nicht möglich sein, dass innerhalb der nächsten 20 oder 30 Jahre eine noch beschleunigtere technische Entwicklung stattfindet? Heute, ca. 20 Jahre nach Ende des ersten Weltkrieges, fliegen Flugmaschinen über unsere Häupter, die die 8 bis bis 10-fache Geschwindigkeit der Maschinen von 1914 erreichen. Welche Geschwindigkeiten werden Flugkörper in den nächsten Jahrzehnten erzielen?

*

Wenn ich an unsere Beobachtungen im Jahr 1938 in der Ostsee bei Peenemünde erinnern darf, so haben wir erstmals einige Meter lange, zigarrenförmige Riesengeschosse, nämlich Raketen beobachten können. Wir wissen nicht, welche Entfernungen diese Raketen zurücklegen können. Man hörte aus unterrichteten Kreisen, dass es einige Hundert Kilometer wären. Aber es gehört nicht viel dazu vorherzusagen, dass es dabei nicht bleiben wird. Gerade in der Weiterentwicklung der Raketentechnik, die ja ein völlig neues Flugprinzip darstellt, ist noch viel zu erwarten. Wer weiß, ob nicht der Traum des französischen Schriftstellers Jules Vernes wahr wird, der in mehreren Romanen schon im vergangenen Jahrhundert ausphantasierte, man könne mit einer großen Rakete sogar den Mond erreichen und betreten!

Ob sich das lohnen wird, ist noch eine andere Frage. Denn keinesfalls werden die Mondfahrer ein Land vorfinden, in dem Milch und Honig fließt. Ohh, nein, im Gegenteil! Der Mond ist von Kratern übersät, er hat keine Atmosphäre, vermutlich kein Wasser, eine Wüste reiht sich an die nächste. Als Urlaubsgebiet ist er schlecht geeignet. Seine Entfernung zur Erde schwankt durch seine elliptische Umlaufbahn der

Erde. Die Entfernung beträgt im Mittel knapp 400 000 km. Er ist für die Erscheinung von Ebbe und Flut zuständig.

Vielleicht aber wird schon morgen das Leben auf der Erde durch eine ganz andere Gefahr beendet. In unserem Sonnensystem kreisen eine Unzahl von kleinen und größeren Brocken herum, die dann und wann die Erde treffen. Manche von ihnen sind so alt wie die Erde, 4,7 Milliarden Jahre. Sie bestehen zu unterschiedlichen Teilen aus Gestein und aus Eisen. Viele sind zu klein und verglühen beim Eintritt in die Erdatmosphäre. Je größer sie sind, desto größer ist die Zerstörung, die sie beim Aufschlag auf der Erdoberfläche anrichten können. Vor rund 20000 Jahren schlug im US-amerikanischen Bundesstaat Arizona ein Meteorit ein, der ein 1,2 km breites und 170 m tiefes Loch in die Erde schlug. Je größer die Meteoriten sind, desto seltener sind sie auch. Die Wahrscheinlichkeit, dass ein größeres Objekt niedergeht, ist nur für alle 100000 Jahre berechnet worden. Allerdings wird es dann zu Verheerungen kommen, die einen großen teil allen irdischen Lebens vernichten kann. Auch in Deutschland finden sich übrigens die Spuren gewaltiger Einschläge in der Vergangenheit. Zwischen Schwäbischer und Fränkischer Alb befindet sich ein kreisförmiger Kessel von 20 bis 24 km Durchmesser. Hier ist vor etwa 14,5 Millionen Jahren ein Meteorit niedergegangen, der beim Aufprall verdampft sein dürfte.

Die Dinosaurier, welche bereits vor ca. 140 Millionen Jahren lebten, sind mit großer Wahrscheinlichkeit durch einen Meteoriten- Einschlag ausgerottet worden, der sich vor etwa 65 Millionen Jahren ereignete. Die vernichtende Wirkung ist dabei weniger die unmittelbare Einschlagswirkung. Vielmehr führen die aufgewirbelten Staubmassen zu einer Verdunklung der Atmosphäre, und damit zu einem Absterben vieler Pflanzen, damit wiederum zu einem Aushungern vieler Pflanzenfresser, die wiederum die Nahrung für die Fleischfresser bilden, eine ganze Kette des Todes kommt so in Gang.

Was man eventuell gegen diese schwer vorherzusehenden Kollisionen unternehmen könnte, darüber ist viel nachgedacht worden.

Doch, so beendete unser Aristoteles seine Unterweisung für diesmal, das heben wir uns für ein anderes Mal auf. Ich hoffe, dass wir noch eine längere Zeit auf diesem Unterseeboot zusammen fahren können. Da wird sich so manche Gelegenheit ergeben, sich weiter mit den faszinierenden Erscheinungen der Erde und des Kosmos zu beschäftigen. Irgendwann werden wir sicherlich auf andere Boote abkommandiert oder auf Schulen verlegt, und dann werden sich unsere Wege trennen. Doch ich persönlich werde die lange gute Zeit, die ich als euer Obersteuermann mit euch gefahren bin, nicht vergessen.

Und ich, so füge ich als der Autor der vorliegenden Erinnerungen nach vielen Jahrzehnten an dieser Stelle hinzu, habe ihn auch nicht vergessen, was ich durch dieses Kapitel glaube bewiesen zu haben.

~~*~~

Kapitel 23

Bis Madagaskar - ohne Pest an Bord

Kapstadt - Das Kap der Guten Hoffnung - Madagaskar und zurück

---

Währenddessen verlief unsere Fahrt von Casablanca in Richtung Süden vorerst planmäßig. Wir folgten dem Verlauf der afrikanischen Westküste, überfuhren den nördlichen Wendekreis, irgendwo im Osten glitt die Sahara vorbei. Durch unsere Gläser konnten wir bis Dakar sehen, dass 15 Grad nördlicher Breite liegt. Dann ging es vorbei an den früheren deutschen Kolonien Togo und Kamerun. Wir näherten uns dem Äquator. Uns bekannte Namen tauchten auf wie *Brazzaville* und *Luanda*. Mittlerweile befuhren wir die Südhalbkugel unseres Planeten. Dann ging es weiter an der Küste der früheren deutschen Kolonie Südwestafrika entlang. Unser Obersteuermann versprach, uns bei besserem Wetter darüber zu berichten.

Markante Namen tauchten auf, welche uns aus unserer Jugendzeit aus Büchern bekannt waren, Namen wie *Swakopmund* und *Lüderitz* kamen in unsere Erinnerung. Wie gerne wären wir hier eingelaufen, um die Stätten kennen zu lernen, die wir nur aus Büchern kannten. Auch das legendäre *Windhuk*, in dem sicher noch viele deutsche Kolonisten anzutreffen sind (*heute ist es die Hauptstadt von Namibia*), hätten wir uns gern angesehen

Je weiter wir nach dem Süden kamen, umso wärmer wurde das Klima. In Deutschland musste jetzt tiefer Herbst sein, wir aber fuhren dem Sommer entgegen. Da es aber noch sehr stürmisch war, konnte sich unsere von allen so geschätzte Gesprächsrunde an Oberdeck nicht zusammensetzen. Wellen überspülten laufend unsere ungewöhnliche Bildungsstätte. Lediglich die Brücke blieb zu diesem Zeitpunkt von höheren Wellen verschont.

Alle waren wir schon gespannt, auf welches Wetter wir treffen würden, wenn wir das berühmt-berüchtigte Kap der Guten Hoffnung umfahren würden. Von den verschiedensten Seiten, zuletzt von

Kameraden, die hier mit Kreuzern gefahren waren, hatten wir gehört, dass hier fast immer eine steife Brise herrscht, und Orkanstärken eher die Regel als die Ausnahme waren.

Für Segler war die Umschiffung des Kaps der Guten Hoffnung seit Jahrhunderten mit hohem Risiko behaftet. Wie viele Segelschiffe waren an dieser Aufgabe gescheitert und wie viele Seeleute hatten hier ihr Seemannsgrab gefunden! Ja, es gab Janmaaten, welche vor der Umseglung abmusterten, weil ihnen die Umsegelung dieses Kaps einfach zu riskant war. Das Kap hat unter Seeleuten einen wirklich miserablen Ruf.

*

Etwa auf der Höhe von Kapstadt hatten wir einen Maschinenschaden. Einer unserer beiden Dieselmotoren streikte und bedurfte der Reparatur. Mit nur einem Diesel die Fahrt fortzusetzen, war zu gefährlich. Auch ein Abbruch der Fahrt und sofortige Rückkehr in die Heimat kam mit einem Diesel nicht in Frage. Was wäre, wenn auch der zweite Diesel versagen würde? Wir waren doch inzwischen einige Tausend Seemeilen von deutschen Docks entfernt.

Doch wozu hatten wir einen tüchtigen Leitenden Ingenieur und erfahrene Obermaschinisten mit ihrer sehr gut ausgebildeten technischen Mannschaft? Jetzt konnten sie zeigen, wie gut sie ihre Sache beherrschten! Doch der Seegang war so stark, dass eine Reparatur auf See nicht möglich war, da Teile des Motors zerlegt werden mussten.

Wir erhielten die Genehmigung, in Kapstadt einzulaufen. Allerdings war uns nur eine Liegezeit zur Durchführung der Reparatur gestattet. Dafür wurden 4 bis 6 Tage veranschlagt. Unsere Techniker krempelten die Ärmel auf.

Die arbeitsfreie Wache konnte sich derweil angenehmeren Dingen widmen. Stadt und Umgebung, Land und Leute warteten auf eine Besichtigung!

Und auch diesmal sprachen bald in Kapstadt lebende Deutsche bei uns am Boot vor, um uns ihre Hilfe anzubieten.

Zwei sehr nette Herren waren bereit, uns durch Kapstadt und Umgebung zu führen. Unser Kommandant nahm das Angebot gerne an. Die beiden wohnten schon länger in Kapstadt und wussten genau, was sich hier in dieser Stadt ereignete und was besonders interessant war. Die beiden waren übrigens erfahrene Großwildjäger, was wir allerdings erst später erfahren sollten.

Zuerst interessierte uns der markante und nicht zu übersehende Tafelberg, ein etwas über 1000 m hoher Berg mit einem flachen Gipfelplateau von über 6000 Hektar, über dem sich oft eine weiße Wolke bauscht, die anschaulicherweise als *Tafeltuch* bezeichnet wird. Die beiden ortskundigen Deutschen erklärten sich gern bereit, mit uns den Tafelberg zu besuchen. Eine Seilbahn trug uns in wenigen Minuten bequem in die Höhe, wo uns zunächst die Aussicht in ihren Bann schlug. Gerade wenn sich das Auge tage-, ja wochenlang mit den engen Distanzen im Inneren eines U-Bootes begnügen musste, unterbrochen nur von gelegentlichen flachen Blicken über eine gleichförmige Wasseroberfläche, erfreut es sich an einem reizvollen Panorama von erhöhtem Standpunkt wie diesem hier. Wo auch immer sich uns eine Gelegenheit bot, von erhöhtem Standpunkt eine lohnende Aussicht zu genießen, nahmen wir sie wahr. Und diese Aussicht hier lohnte sich über die Maßen! Und unsere beiden kundigen Begleiter lieferten die Namen für das, was sich da vor unseren Augen erstreckte. Erst nachdem wir uns daran satt gesehen hatten, richteten wir unsere Aufmerksamkeit auf die nähere Umgebung um uns herum. Es fiel uns die enorme pflanzliche Artenvielfalt auf. Auf dieser doch recht begrenzten Fläche sollen über 1400 verschiedene Pflanzenarten bestimmt worden sein und darunter nicht wenige botanische Raritäten, die nur hier auf diesem klimatisch im wahrsten Sinne herausgehobenen Biotop vorkommen. Auch Tiere gibt es, die sich an die besonderen Lebensbedingungen dieses ungewöhnlichen Berges angepasst haben. Beispielsweise finden sich hier die kaninchengroßen Klippschiefer, die kleinsten noch vorkommenden Huftiere. Sie kommen in dem felsigen Gelände hervorragend zurecht, da ihr Körperbau mit beweglichen Rippen ihnen erlaubt, auch zwischen schmalen Felsspalten hindurchzuschlüpfen. Ein klebriges Sekret, das sie, falls erforderlich, aus Drüsen an den Füßen absondern können, erlaubt ihnen, noch an extrem steilen Felsen Halt zu finden. Eine bemerkenswerte Erfindung von Mutter Natur.

Der Tafelberg selbst soll den Geologen zufolge vor etwa 250 Millionen Jahren aus dem Meer gehoben und durch Korrosion und andere Einflüsse zu seiner heutigen Gestalt geformt worden sein. Man stelle sich die gewaltigen Kräfte vor, die diese Materiemasse einen Kilometer in die Höhe gedrückt hat! Wenn dieser markante Berg auch nicht die Berühmtheit des unvergleichlichen Kilimandscharos erreicht hat, so gilt er doch als Wahrzeichen Kapstadts, ja Südafrikas.

*

Wir stiegen herab und machten uns daran, diese für uns so fremde Stadt zu erforschen. Die Kap-Festung aus dem Mittelalter gilt als das älteste erhaltene Bauwerk Südafrikas. Entstanden ist die Stadt 1652 als Niederlassung der Holländer, die zahlreiche Spuren im Stadtbild hinterlassen haben. Anfang des 19. Jahrhunderts ging die Stadt an die Engländer.

In der Festung sind noch heute südafrikanische Soldaten untergebracht. Wenn man die engen Kerker sieht, dann hat man Mitleid mit den hier Kasernierten. Es muss eine Qual sein, in diesen engen und unwirtlichen Kerkern eingesperrt zu sein.

Dann wurde uns die Stadt gezeigt. Viele im Kolonialstil erbauten Häuser stehen in der Long Street. Die ganze Straße ist eine Besonderheit, welche wir mit großem Interesse durchwandert haben. Einer der schönsten Plätze ist der Greenmarket Square. Hier bildet das Old Town House ein Platz der Ruhe im lebhaften bunten Treiben. Ursprünglich ist es eine alte Polizeistation.

Auch der Botanical Garden im Herzen von Kapstadt ist ein Platz der Ruhe. Die Nationalgalerie ist immer einen Besuch wert.

Auch für das South Africa Museum sollte man sich Zeit nehmen. Immerhin sind über 70 % der Bewohner Schwarzafrikaner. Nur etwas über 10 % sind Weiße. Der Rest verteilt sich auf Asiaten und viele illegalen Einwanderer. Sehr viele in Südafrika sind noch Analphapeten. Für uns ergibt sich ein buntes, kaum faßbares Bild.

*

Aber auch über die Geschichte Südafrikas informierten uns unsere Fremdenführer. Ich gebe hier nur ein paar Stichworte aus der Fülle der Informationen:

1652 wurde die erste niederländische Handelsstation in der Tafelbucht gegründet. Dann folgten viele Einwanderer aus den Niederlanden und Deutschland. Diese Buren - niederländisch Bauern -, entwickelten sich seit etwa 1800 sehr schnell zur Herrschaftsschicht in Südafrika.

1795 bzw. 1814 wurde Südafrika zum Teil eine britische Kronkolonie. Die Buren gründeten daraufhin Transvaal und den Oranjefreistaat. Aber diese wurden dann ebenfalls in die Kronkolonie übernommen nachdem die Buren gegen die Engländer nunterlagen.

1867 werden die ersten Diamanten und Goldadern in Transvaal entdeckt.

1883 wird Paul Oom Krüger Präsident der Burenrepublik Transvaal.

1886 werden die größten Goldvorkommen der Welt am Witwatersrand entdeckt.

1899 bis 1902 findet der Burenkrieg statt. Die Buren werden von den Engländern besiegt.

1910 wird die Südafrikanische Union gegründet.

1915 Besetzung von Deutsch-Südwestafrika durch das südafrikanische Heer.

1919 Südafrika erhält vom Völkerbund das Mandat über Südwestafrika.

1931 Südafrika erhält die volle Souveränität im Rahmen des

Commonwealth.

Südafrika ist im ganzen 19. Jahrhundert wegen seines Systems der Apartheid in den Schlagzeilen gewesen. Weiße und alle Nichtweißen wurden auf separate Wohngebiete verteilt, auch im öffentlichen Raum wurde Weißen und Nichtweißen verschiedene Räume zugewiesen. Es gab hier sogar getrennte Bushaltestellen für Afrikaner und Weiße. Alle Privilegien lagen auf der Seite der Weißen. Die Afrikaner konnten ab 1936 zur Zwangsarbeit bei weißen Farmern verpflichtet werden. Wer sich weigerte, wurde bestraft. Erst am Ende des 20. Jahrhunderts wird das Apartheidsystem nach blutigen Auseinandersetzungen abgeschafft werden. Ein Prozess, der maßgeblich mit dem Namen *Nelson Mandela* verbunden sein wird. Bis dahin ist noch ein sehr weiter Weg.

Voller Eindrücke kehrten wir auf unser Boot zurück, an dem die Techniker auf Hochtouren arbeiteten. Wie die Arbeit vorankäme? Ja, sie seien schon gut vorangekommen, aber es bräuchte noch zwei bis drei Tage, bis der Motor wieder voll einsatzfähig sei. Nun, wir waren nicht traurig darüber, denn so blieb uns noch wertvolle Zeit, ein wenig *in dieses Land hineinzuschnuppern.*

Unsere beiden Fremdenführer, die uns bis zum Boot begleitet hatten, wurden von unserem Kommandanten zu einem Umtrunk eingeladen. Eine lebhafte Unterhaltung über die Besonderheiten Südafrikas entwickelte sich.

*

Schließlich kam die Sprache auf die Großwildjägerei. Sie sei eine Notwendigkeit, da die Elefanten in manchen Gebieten überhand nähmen und auf den Farmen beträchtliche Schäden anrichteten. Mancher kleine Farmer verlor seine Existenz wegen der durch Elefantenherden angerichteten Verwüstungen. Im Krüger--Nationalpark nehme die Anzahl der Elefanten ständig zu.

Elefanten verschlingen täglich bis zu 150 Kilo Pflanzenmasse. Und diese mächtigen Dickhäuter fressen längst nicht alles, was ihnen vor den Rüssel kommt. Diese klugen Riesen sind Feinschmecker. Sie bevorzugen Zuckerrohr, Reis, Hirse und Bananen. Die Farmer sind zum größten Teil machtlos. Denn sie können ihre riesigen Felder nicht alle einzäunen.

Allein in Südafrika vermutete man zu diesem Zeitpunkt über 10000 Elefanten. Diese leben in Familien zusammen. Und mehrere Familien bilden oft eine große Herde. Diese können weit über 100 Tiere umfassen. Und man kann sich ja leicht ausmalen, wie ein Feld aussieht, nachdem eine Herde von 100 Tieren dort gespeist hat! Der Schaden ist beträchtlich. Und aus eben diesem Grunde müsse darüber gewacht werden, dass die Anzahl der Elefanten in einzelnen Gebieten nicht über ein verkraftbares Maß ansteige.

Auch die genannte Gesamtzahl der Elefanten in Afrika setzte uns in Erstaunen. Man nahm an, dass es auf dem Kontinent etwa eine Million Elefanten geben würde. Davon allein über 200 000 im Süden Afrikas.

Jedes Schulkind weiß, dass auch andere großen Wildtiere hier ihre Heimat haben. Giraffen, Büffel und Löwen finden hier trotz der sich immer weiter technisierenden Welt Raum zum Leben, machen aber den Farmern oft das Leben schwer.

Für uns, die wir uns höchstens als Schürzenjäger hervorgetan hatten, waren diese Schilderungen hochinteressant. Richten deutsche Wildschweine einen Flurschaden an, *erhält der Geschädigte eine Entschädigung.* Ein solches Verfahren ist in Afrika aus verschiedenen Gründen nicht möglich. Die Farmer müssen sich selber helfen. Und einfach ist es nicht, eine Herde von hungrigen Elefanten davon abzuhalten, *die mühsam bestellten Felder abzuernten.* Andere Länder - andere Problemstellungen.

*

Für den anderen Tag wurde eine Busfahrt zum Kap der Guten Hoffnung vorgeschlagen und vom Kommandanten auch genehmigt. Da Du heute wieder ausgeruht bist, kann ich Dir davon erzählen. Das Kap ist einer der markantesten und berühmtesten Punkte unserer Erde. Die 150 km, die wir bis dahin zurückzulegen hatten, führten durch eine sehr interessante Landschaft.

Wir fuhren auf der Ostroute, wo das Wasser meistens ca. 5 ° wärmer ist als auf der Atlantikseite. Herrliche Sandstrände gab es fast die ganze Küste entlang. Das Wasser war wunderbar klar und verlockend. Doch an Baden war nicht zu denken. Weder hatten wir Badezeug dabei, noch Zeit für solchen Luxus, denn wir sollten uns noch am selben Tag am Boot zurückmelden. Über St.-James kamen wir durch verschiedene Fischerorte bis nach Simons Town. Die Gebäude dieser kleinen Stadt bieten noch ganz den Anblick vergangener Jahrhunderte. Dennoch darf man sich von dieser oberflächlichen Beschaulichkeit nicht täuschen lassen, denn hier befindet sich der größte Marinestützpunkt Südafrikas.

Auf unserer Fahrt zur Südspitze konnten wir ganze Kolonien von Brillen-Pinguinen beobachten. Diese bis etwa 70 cm großen Vögel sind keineswegs scheu und schwer zu beobachten. Im Gegenteil. Völlig ungezwungen spazieren sie in weißer Weste und schwarzem Frack zwischen den Badegästen umher, als seien sie die eigentlichen Herren hier und wollten mal nach dem Rechten sehen.

Früher brüteten die Pinguine auf den vorgelagerten Inseln. Dort waren sie sicherer. Seit dort aber inzwischen Guano für Düngezwecke abgebaut wird, brüten sie auch im Sand oder unter Felsen am Festland. Doch hier erwarten sie neue Gefahren. Nicht nur Hunde und Hauskatzen sind hinter ihnen her, sondern auch Großkatzen wie Leoparden und sogar Löwen. Diese wagten sich in der Hoffnung auf schnelle Beute nicht selten in die Nähe von Siedlungen. Auch der Kampf um geeignete Nistplätze ist härter geworden, da sich Robben um dieselben Plätze bewerben und sich bei Auseinandersetzungen als die stärkeren erweisen. Da also alle möglichen Feinde hinter ihnen und ihren Eiern her sind, nimmt die Zahl dieser hübschen und viel zu arglosen Tiere ständig ab. Mittlerweile ist es auch so, dass die Bestände der von ihnen gejagten Fische ebenfalls rückläufig sind, was ihr Überleben auch nicht gerade erleichtert.

*

Schließlich endete die Hauptstraße. Wir hatten den Cap Point erreicht, nahe der äußersten Südspitze des Kaps der Guten Hoffnung. Wir parkten und stiegen aus. Wir befanden uns in einem Naturschutzgebiet von etwa 7700 Hektar, das 30 Kilometer Küstenlinie umfasste. Allen möglichen Tierarten bot sich hier ein Refugium. Es gab hier Buntböcke mit ihrem gewundenem Gehörn, Springböcke, Antilopen, Paviane, Zebras und auch Strauße.

Zum sehr steilen höchsten Punkt muss man zu Fuß gehen. Diese Mühe wird reich belohnt. Hier bietet sich ein unvergesslicher Blick auf die Hottentots Holland Mountains im Hintergrund und auf die gesamte False-Bay. Und mehr als 200 Meter unter unseren Füßen branden die Wasser des Atlantik gegen den Felsen.

Der Anblick des aufschäumenden Wassers ist atemberaubend. Obwohl nur Windstärke 4 bis 5 herrschte, prallten erstaunlich hohe Wellen gegen den Strand und den Felsen. Jeder, der diese Naturgewalten auf sich wirken lässt, wird ahnen, womit das Kap der Guten Hoffnung seinen Ruf als Seemannsgrab verdient hat. Durch diese tobenden Gewässer werden auch wir hindurch müssen, sobald die Schiffsmotoren wieder einsatzfähig sind.

Aber selbst Cap Point ist noch nicht der allersüdlichste Punkt der Cap-Insel. Dieser liegt noch etwa 200 Meter südlicher und ca. 2.2 Kilometer westlicher.

Doch nach einem Blick auf die Uhr traten wir die Rückfahrt an. Diesmal nahmen wir den anderen Weg nach Kapstadt, die westliche Atlantikseite. Das Wetter war hier weniger freundlich, der Wind steifer und das Wasser kälter.

Der *Chapmans Peak Drive* zieht sich zwischen *Noordhoek* und *Hout Bay* ca. 10 Kilometer entlang durch steile Klippen hoch über dem Meere. Nach vielen engen und gefährlichen Kurven ist dann der Scheitelpunkt erreicht, der Chapmans Peak.

Am Ortsausgang von *Hout Bay* geht es sehr steil bergauf. Und ganz oben verlässt man das Fahrzeug, um sich diesem umwerfenden Anblick zu stellen. Das Auge schweift über die gesamte Hout Bay und die Raumwirkung der imposanten Natur raubt einem zunächst einmal den Atem. Dieser Eindruck rechtfertigt jede Anstrengung der Anreise, denn er ist unvergesslich!

Auf dem verbleibenden Rückweg nach Kapstadt zeigt sich noch einmal die Natur von ihrer machtvollen Seite. Die majestätische Bergkette der Zwölf Apostel, an deren Ende der Tafelberg aufragt, schreibt ihre Linie in den Himmel.

Erschöpft von so vielen und so gewaltigen Eindrücken erreichten wir Kapstadt. Den Kameraden, welche die Fahrt nicht mitmachen konnten, sollten wir vom Gesehenen berichten. Ich erinnere mich aber, dass wir an diesem Abend ziemlich wortkarg waren und recht früh in Kojen und Hängematten verschwanden. Der Mensch fühlt sich so oft als Herrscher über die Dinge, aber manchmal zeigt die Natur ihre unerschöpfliche Kraft und Größe, und dann fühlen wir Menschlein uns ziemlich klein und werden ganz bescheiden.

*

Am nächsten frischen Morgen allerdings hatte der Mensch mal wieder einen Teilsieg über die Dinge davongetragen: Der Diesel lief wieder wie er sollte! In Tag- und Nachtschichten hatten unsere Techniker gearbeitet. Ein Probelauf brachte ein einwandfreies und gehörig bejubeltes Ergebnis. Wir schlugen ihnen anerkennend auf die Schultern.

Am Abend - so die einhellige Meinung aller - wären auf das Wohl unserer beiden E-Motoren Max und Moritz ein paar Gläschen fällig. Außer dem obligatorischen deutschen Qualitätsbier standen dann auch einige Flaschen hervorragenden südafrikanischen Weines auf der Back der Messe.

Vielleicht mag es manchen erstaunt haben, in diesem Teil der Welt Qualitätsweine vorzufinden, aber in der Tat werden in einigen großen

Weingütern in der Gegend um Paarl einige hervorragende Tröpfchen gekeltert.

Zur Verkostung besorgt hatten ihn unsere beiden Fremdenführer, die zur Feier eingeladen waren und uns eine Freude machen wollten. In intensiven Stunden des gemeinsamen Erlebens hatte man sich kennen und schätzen gelernt.

Jetzt erfuhren wir auch, dass beide in Windhuk geboren waren. Die Eltern von Kurt, dem Jüngeren, betrieben ein Textilgeschäft in Windhuk. Vor allem wurden Herrenartikel geführt. Uns erstaunte, dass ein großer Teil der Ware noch immer in Deutschland gekauft wurde. Beide hatten in Deutschland studiert, und dort Ingenieurswissenschaften studiert. Beide waren trotz ihrer Jugend in leitender Position in einem großen Werk in Kapstadt tätig. Es würde sich sehr gut in Kapstadt und Südafrika leben lassen, meinten sie übereinstimmend. Sie möchten beide auf jeden Fall hier bleiben.

Und wir sollten ja recht bald wieder vorbeikommen. Am besten mehr Zeit mitbringen. Sie hätten da noch ein paar tolle Besichtigungshöhepunkte auf Lager, da würden wir staunen. Auch ein Ausflug in die Weingegend von Paarl würde sich lohnen. Dort gibt es wohl eine der größten Winzergenossenschaften der Welt. Vor allem aber wäre die Fahrt über den Bains Kloof Paß sehr interessant, wenn auch nicht ungefährlich. 1853 wurde diese bemerkenswerte Straße zwischen Wellington und Ceres durch die Slanghoek Montains fertig. Es war eine große Leistung des Meisters des südafrikanischen Bergstraßenbaus Andrew Geddes Bain. Die Fahrt auf dieser Straße wäre immer wieder ein Abenteuer, das gewiss ganz nach unserem Geschmack wäre. Der Kommandant versprach zu versuchen, bei unserer nächsten langen Übungsfahrt wieder in Kapstadt Station zu machen. Dann würde die Fahrt nach Paarl nachgeholt.

Unsere beiden Freunde verabschiedeten sich zu später Stunde und sie nahmen uns das Versprechen ab, uns bei unserem nächsten Aufenthalt auf jeden Fall wieder bei ihnen zu melden. Schließlich, so argumentierten diese sympathischen Kerle, seien sie in diesen Tagen ja schon fast ein Teil der Mannschaft geworden.

Der nächste Tag wurde ganz für Vorbereitung des nächsten langen Reiseabschnitts verwendet. Die Treibstofftanks mussten gefüllt werden, aber auch für das leibliche Wohl mussten Lebensmittel herangeschafft werden. Daran gab es hier nun wahrlich keinen Mangel! Frische Lebensmittel boten die Märkte hier in Hülle und Fülle. Die Auswahl fiel schwer, waren doch unsere Laderäume notorisch zu eng bemessen. In der Zentrale jedenfalls hing eine viel versprechende Anzahl von prächtigen Schinken und Dauerwürsten. Es war immer ein Genuss, wenn man des Nachts um 24.00 Uhr mit knurrendem Magen von der Wache kam, sich schnell mit dem Bordmesser ein ordentliches Stück Dauerwurst absäbelte und es sich in den Mund schob, während man sich schon aus dem Lederzeug schälte, um in die wartende Hängematte zu klettern.

*

Abschiednehmen ist für einen Seemann nichts Seltenes. Auch die schönsten Tage gehen zu Ende und ein neuer Aufbruch steht an. Und oft bleiben dann Menschen zurück, die man schätzen gelernt hat und die nun auf der Pier stehen und winken, so wie bei unserem Aufbruch nach Madagaskar unsere neuen Freunde Kurt und Hermann da standen und uns letzte Worte zuriefen, bevor wir ablegten.

Die Fahrt um das Kap der Guten Hoffnung verlief wesentlich glatter als wir gedacht hatten. Das schwere Wetter blieb aus. Wir hatten nur etwa Windstärke 5, was für unser U-Boot kein Problem war. Immerhin war auch diesmal zu beobachten, dass auch eine geringe Windstärke die See erstaunlich aufzupeitschen vermochte. Die Gründe für dieses Phänomen sind erforscht. Es hängt mit den zwei verschiedenen Strömungen zusammen, die hier aufeinander treffen.

Als wir den Indischen Ozean erreichten, beruhigte sich die Wetterlage noch weiter. Die Windstärke ging noch einmal zurück. Es wurde eine fast gemütlich zu nennende Fahrt bei herrlichem Sommerwetter.

Alle waren gespannt, auf das, was da auf uns zukommen sollte. In diesem Seegebiet waren wir zuvor noch nicht gewesen.

Zunächst stand ein Besuch auf *Madagaskar* auf dem Programm. Madagaskar ist mit einer Fläche von 587 000 qkm die viertgrößte Insel der Erde. Das entspricht in etwa dem Gebiet von Frankreich und Belgien zusammen. Die Insel liegt zwischen dem 12. und 26. Breitengrad, und ist der afrikanischen Südostküste vorgelagert. Die Entfernung zum Festland beträgt etwa 450 Kilometer, die Hauptstadt heißt Antananarivo.

Wir fuhren an der Westseite Richtung Norden und gelangten bald nach Toliara. Hier, direkt vor Toliara, gingen wir vor Anker. Ganz in der Nähe befand sich ein etwa 100 Meter langer Steg, an dem wir bequem hätten anlegen können. Doch unser Kommandant legte offensichtlich Wert auf einen gewissen Abstand zum Ufer.

Kaum hatten wir das Ankermanöver beendet, da stimmten einige Kameraden, als hätten sie die ganze Zeit dieser Gelegenheit entgegengefiebert, lauthals und ausgelassen *das* Lied an, das jetzt fällig war, das berühmte Seemannslied, das wir alle schon oft gesungen hatten und das nirgendwo besser passte als hier:

Wir lagen vor Madagaskar
und hatten die Pest an Bord!
In den Kesseln da faulte das Wasser,
und jeden Tag ging einer über Bord.

Der Liegeplatz war korrekt - wenn auch nicht sehr exakt - bezeichnet, von dem Rest gab es gottlob keine Spur: Keiner ging über Bord, das Wasser war frisch, alle waren kerngesund und voller gespannter Erwartung.

Denn wieder lag eine unbekannte exotische Welt vor uns. Welche Erfahrungen und Erlebnisse mochten uns erwarten? Doch zunächst geschah nicht viel. Wir ließen es Abend werden und versammelten uns an Oberdeck, um die fremde Abendstimmung auf uns wirken zu lassen. Einige Eingeborenenboote näherten sich, man zeigte uns hübsche handgefertigte Gegenstände, die wir als Andenken kaufen sollten. Doch damit hatte es ja zumindest noch Zeit bis zum nächsten Tag. Andenken kaufen, ohne dass wir das Land überhaupt betreten hatten, das war nicht unser Stil. Ein so abgelegenes Land hatte doch andere Sitten und Regeln als ein europäisches. In einem europäischen Hafen fanden wir uns meistens recht schnell zurecht, weil sich die Abläufe mehr oder weniger ähnelten. Hier war es anders.

In der Nacht zerrissen plötzlich schrille Schreie die Luft, die uns durch Mark und Bein fuhren. Waren diese Schreie etwa menschlichen Ursprungs? Eher unwahrscheinlich. Worauf sonst aber waren sie zurückzuführen? Keiner von uns hatte eine befriedigende Antwort parat.

Am anderen Morgen stellten wir fest, dass sich bei Ebbe eine Schlammfläche an der Uferpromenade entlang zog. Einen Sandstrand gab es hier also nicht.

Erst am nächsten Tage fanden wir die Erklärung. Es handelte sich um die Schreie von Halbaffen, den so genannten Indris. Madagaskar gilt ja als die Insel der Halbaffen, die hier zahlreich und in vielen Arten vorkommen. Man hat über 25 Arten gezählt, unter denen die Indris die größten sind. Es sind harmlose Tiere, ihre Schreie jedoch sind gewöhnungsbedürftig. Große gefährliche Wildtiere wie Löwen, Elefanten oder Nashörner kommen auf Madagaskar nicht vor. Die Tierwelt hat sich hier anders entwickelt als auf dem benachbarten afrikanischen Kontinent. Dazu später mehr.

*

Am Morgen des nächsten Tages, unser Kommandant war von seinem Gespräch mit dem Hafen-Kommandanten zurück, legte ein Boot bei uns an. Ein braun gebrannter Man fragte in fließendem Deutsch, ob er uns helfen dürfe. Er wäre auf der Insel in Toliara verheiratet. Gedient habe er in der französischen Fremdenlegion und wäre dann hier hängen geblieben. Ob er uns die Insel zeigen dürfe?

Er machte einen ehrlichen und Vertrauen erweckenden Eindruck. Nach einem längeren Gespräch mit unserem Kommandanten und den Offizieren wurde er gebeten, uns als Fremdenführer zur Verfügung zu stehen. Es wurde ein Termin für die erste Besichtigung der Stadt und der Insel vereinbart.

Madagaskar stand ja damals noch immer unter französischer Herrschaft. Auch Fremdenlegionäre waren auf der Insel eingesetzt. Der größte Teil der Bevölkerung war aber gegen die Herrschaft der Franzosen, und oft kam es zur Unruhen und Aufständen. Bis zur Unabhängigkeit sollte es allerdings noch über zwanzig Jahre dauern.

*

Pünktlich am anderen Morgen erschien unser Fremdenführer. Er führte ein großes Boot mit sich, auf dem die gesamte Freiwache Platz fand. Zuerst zeigte er uns Toliara. Wir schlenderten durch breite Straßen, in denen nur spärlicher Verkehr floss. Der Boulevard Gallieni verbindet den Hafen mit der Uferpromenade und den Handelshäusern. Großzügig angelegte Alleen lassen den französischen Einfluss ahnen. Auch an den Fassaden der Häuser spürt man den französischen Geschmack. Die Hauptgeschäfte befinden sich entlang dem Boulevard Philibert Tsiranana. Die oft so hektische Betriebsamkeit europäischer Städte schien hier unbekannt. Die Bevölkerung begegnete uns Fremden freundlich aber zurückhaltend. An besonderen Sehenswürdigkeiten sind nur zwei kleine Museen zu erwähnen. Einmal die Station Marine, ein kleines ozeanographisches Museum, das seine Funde an zum Teil recht exotischen Fischen zeigte. Dann warfen wir einen Blick in das völkerkundliche Museum, welches ebenfalls keine Sensationen bietet. Hier illustrieren vor allem Masken, Statuen, Speere und Schnitzereien die madagassische Geschichte. Das war alles. Nein, das war keine Stadt, die mit dem Temperament und dem Glanz von Cadiz oder Sevilla konkurrieren könnte, sondern ein fast beschauliches Städtchen, in dem jeder ruhig seinem Tagwerk nachzugehen schien.

Wieder erwies es sich als nützlich, einen ortskundigen Begleiter dabei zu haben. Er hatte 15 Jahre als Fremdenlegionär vorwiegend auf der Insel verbracht und sich nun, da er pensioniert war, mit seiner Familie endgültig hier niedergelassen. Er schätze das unspektakuläre Leben hier. Das sei ein Ausgleich für sein an Entbehrungen und Abenteuern nicht gerade armes Leben als Soldat und Legionär. Er sei als Soldat für Deutschland im Ersten Weltkrieg im Einsatz gewesen, habe danach vergeblich nach einer Arbeit gesucht und sich schließlich entschlossen, zur Fremdenlegion zu gehen. Eine gewisse Abenteuerlust, so gab er augenzwinkernd zu, sei wohl auch dabei gewesen. Nach vielen harten Dienstjahren lebe er also nun als deutschstämmiger Pensionär auf dieser Insel und sei gewillt seinen Ruhestand zu genießen. Deutschland sei für ihn ein fernes Land auf der nördlichen Halbkugel. Dennoch freue er sich stets, wenn er auf Landsleute treffe und ihnen zeigen dürfte, was Madagaskar zu bieten habe.

Er kannte sich wirklich gut aus, führte uns zielsicher an die lohnenden Punkte und Plätze und wusste interessantes über Land, Leute und Geschichte zu berichten. Leider konnten wir nicht allzu viele Exkursionen unternehmen, so reichlich war unsere Zeit nicht bemessen. Außerdem waren die Verkehrsverbindungen nicht gut ausgebaut und fraßen unsere knapp bemessene freie Zeit. Dennoch bekamen wir einen Eindruck, den ich nicht missen möchte.

Im Westen lässt sich der Einfluss von afrikanischen Einwanderern erkennen. Hier sind viele rücksichtslose Brandrodungen durchgeführt worden, die dem Land mehr geschadet haben als eine konventionelle Nutzung der Wälder. Hier finden sich immer noch Edelhölzer wie Palisander und Rosenholz. Erstaunlich gut hat der Affenbrotbaum die Brandrodungen überstanden. Dies verdankt er seiner Fähigkeit, in seinem Stamm enorme Mengen Wasser zu speichern. Große Exemplare sollen bis zu 120 000 Liter speichern können!

Das Klima ist hier trocken und heiß. Gemüse und Reis kann deshalb hier nicht angebaut werden. Niederschläge beschränken sich auf die Monsunregen im Dezember und Januar.

Im 18. Jahrhundert erlangte der Hafen der Stadt Mahajanga größere Bedeutung. Hier legten die Schiffe aus Europa, Asien und Afrika an. Aber bereits 1895 versuchten die Franzosen, diese damals wichtige Handelsstadt einzunehmen. 2 Jahre später wurde dann das Land von den Franzosen unterworfen. Aber immer wieder gab es Aufstände der Bevölkerung.

Der Süden ist ein sehr trockenes Gebiet. In manchen Jahren regnet es an der Südwestküste nur an 2 Tagen. Oft auch nur ein paar Stunden. Wenn es regnet, ist es für die Bevölkerung wie ein Segen von oben, ein besonderes Fest.

Am Südostzipfel ist eine ganz andere Klimazone. Hier beginnt bereits der Regenwald. Auch hier ist die Bevölkerung afrikanischen Ursprungs. Interessant ist hier der Nationalpark im Isalogebirge.

Im Osten des Landes dehnen sich dichte urtümliche Tropenwälder. Hier fallen genügend Niederschläge und das Leben blüht auf. Durch die Feuchtigkeit gedeihen exotische Pflanzen und Gewürze wie Zimt, Kaffee, Kakao, Kokosnuss, Mango und Vanille. Zahlreiche Bäche und Flüsse durchziehen dieses Gebiet.

Freibeuter und Piraten, die in vergangenen Jahrhunderten die Meere unsicher machten hatten sich diesen hübschen Flecken als Stützpunkt ausgesucht. Oft nahmen sie sich einheimische Frauen zur Heirat, so dass so manches Tröpfchen Piratenblut in den madagassischen Adern rollen dürfte (wovon wir allerdings nichts bemerkt haben).

An vielen Stellen locken einladende Strände zum Baden. Doch Vorsicht! Unerwartet kann die dreieckige Rückenflosse eines Hais die Wasseroberfläche ritzen! Gnade dann dem, der sich zu weit rausgewagt hat!

Im Norden des Landes wachsen Zimt, Vanille und Pfeffer und Zuckerrohr. Am Südufer der Bucht liegt die Hafenstadt Antsiranana. In diesem Gebiet wohnen vor allem Abkömmlinge von Indern und Arabern.

Hier verlockt auch die Insel Nosy Bey mit einem Traumstrand und einer an Korallen reichen Unterwasserwelt zum Baden und Tauchen. Um sie herum gruppieren sich weitere, noch kleinere Inseln, die zu besuchen zum kleinen Abenteuer reizt.

Madagaskar war damals noch dünner besiedelt als heute. Es lebten nur etwa 4 Millionen Einwohner auf der Insel. Das sind auf einen Quadratkilometer nur etwa 7 bis 8 Einwohner. Im Jahre 2000 wird die Bevölkerung auf über 17 Millionen angewachsen sein.

*

Dass sich die Tier- und Pflanzenwelt Madagaskars stark von dem nur 400 km entfernten Kontinent unterscheidet, ist ein Zeichen dafür, das beide Landmassen schon lange voneinander getrennt sind. Das aber macht die Flora und Fauna der Insel so interessant: Hier finden sich viele Arten, die nirgendwo sonst heimisch sind. Dazu gehören die Lemurenarten, eine Familie von Halbaffen, deren Vorkommen auf die Insel begrenzt ist. Aber auch andere Tiergruppen kommen in unglaublicher Vielfalt vor. Allein 400 verschiedene Froscharten sollen auf der Insel herumhüpfen! Und durch die ja sehr unterschiedlichen Lebensräume taumeln über 3000 verschiedene Arten von Schmetterlingen. Bei unseren Reisen durch das Land haben wir Exemplare von atemberaubender Schönheit gesichtet.

In erstaunlicher Vielfalt kommen hier auch die merkwürdigen Chamäleons vor. 60 verschiedene Arten haben die Zoologen bisher bestimmen können, und ab und zu wird auch jetzt noch eine noch nicht bestimmte Art entdeckt. Dies liegt sicherlich auch an den sprichwörtlichen Tarnfähigkeiten dieser Tiere. Man braucht schon ein geübtes Auge, um ein ruhig an einem Baum sitzendes Chamäleon von seinem Untergrund unterscheiden zu können. Sie haben ihre Körperfärbung perfekt angepasst.

In einigen Flüssen gibt es auch Krokodile. Es handelt sich hierbei um Exemplare des mächtigen Nilkrokodils. Es kann mehrere Meter lang werden. In einigen Gegenden wird es gejagt, in anderen lässt man es in Ruhe, denn von manchen Einwohnern wird geglaubt, dass in den Krokodilen die Seelen der Ahnen wiedergeboren werden. Und vor den Ahnen hat man den allerhöchsten Respekt.

Genau so sind auf der Insel mehrere Schildkröten-Arten bekannt. Vom Aussterben bedroht ist die Strahlenschildkröte, die vor allem die Steppen der Südinsel bewohnt und nur auf Madagaskar heimisch ist.

Werfen wir noch einen kurzen Blick auf die Pflanzenwelt. Interessant ist, dass der überwiegende Teil der hier vorkommenden Palmenarten nur auf Madagaskar vorkommt. Die Vielfalt der Pflanzenarten ist enorm, sie liegt um ein Vielfaches über den in Deutschland heimischen Arten. Noch immer sind nicht alle Arten klassifiziert. Viele dieser Pflanzen könnten therapeutische Substanzen enthalten. Auf diesem Gebiet wird sicherlich noch so manche Entdeckung gemacht werden.

Noch vor fast 2000 Jahren war die Insel mit Regenwäldern bedeckt. Aber die schon erwähnten Brandrodungen haben den Waldbestand arg dezimiert. Fast alle Einwohner der Insel, vor allem in den ländlichen Gebieten, kochen heute noch ihre Speisen mit Holzkohle. Waldbrände sind hier an der Tagesordnung. Auch deshalb hat die Bewaldung der Insel sehr abgenommen.

Eines der Hauptnahrungsmittel ist der Reis. Hier wird eine sehr gute Qualität angebaut. Aber dieser erstklassige Reis wird zum großen Teil exportiert und billigerer Reis wieder eingeführt. Der Pro-Kopf-Verbrauch von Reis beläuft sich auf ca. 120 kg jährlich.

In der Gegend von Tolanaro wächst eine interessante Rarität: Die Kannenpflanze. Sie gehört zu den Fleisch fressenden Pflanzen. In ihren kannenförmigen Blättern hält sie einen Verdauungssaft bereit, der Insekten tötet und zersetzt. Doch selbst kleine Geckos sollen dieser Pflanze durchaus munden.

Das sind einige interessante Einzelheiten aus den Mitteilungen unseres Ex-Legionärs. Doch all dies sollte noch übertroffen werden durch die Eindrücke, die wir auf unserer Fahrt durch das Isalo-Gebirge empfingen. Einige davon seien hier festgehalten:

*

Ausgedehnte Steppengebiete glitten an unserem Busfenster vorbei. Hier und da waren Hirten mit großen Zebuherden unterwegs, auf die gleiche Art, wie vielleicht schon vor Hunderten von Jahren. Auch Ochsenwagen holperten hier noch durch die einsame Gegend. Eine der Haupterwerbsquellen ist für viele Einwohner immer noch das Zebu, eine Rinderart mit guter Arbeitsleistung aber geringem Milchertrag. Das Fleisch des Zebus ist zart und schmeckt vorzüglich. Unter den Hindus gilt dieses Rind bekanntlich als heilig.

Unser Fremdenführer machte uns auf die unübersehbar vielen Termiten- und Ameisenhügel aufmerksam. Der ganze Landstrich schien geradezu daraus zu bestehen. Dazwischen armstarke Erdlöcher - Wohnhöhlen der verschiedensten Schlangenarten.

Zebus in Madagaskar

Das Gebirge selbst ist ganz besonders interessant, denn es bietet die verschiedensten Biotope. So gibt es ein großes Gebiet mit Trockenflora. Andererseits aber, in den Flusstälern, riesige Gebiete mit Feucht-Vegetation. Hier wachsen Schraubenpalmen, Farne und unzählige andere Arten. In diesen Wäldern leben viele Lemuren, seltsame Vögel und es soll hier sogar schwarze Papageien geben. Der Sandstein des Gebirges schimmert in den verschiedensten Farben. Unerwartet kann plötzlich eine wundervolle Oase auftauchen, in der Mitte ein See von kristallklarem Wasser. Diese Natur hier ist noch nicht bewirtschaftet, gezähmt und nutzbar gemacht. Fast alles ist hier noch so, wie es vor dem Auftauchen des Menschen auch gewesen ist.

Von einer solchen unberührten Natur geht ein Zauber aus. Die Eindrücke dieses Tages waren für uns unvergesslich. Als wir spät am Abend auf unser Boot zurückkehrten, wussten wir, dass wir das heute Gesehene nie wieder ganz aus dem Gedächtnis verlieren würden.

*

Über unseren madagassischen Tagen lag eine Geruhsamkeit, die nur durch die durchdringenden Schreie der Indris unterbrochen wurden. Wir waren unserem Fremdenführer sehr dankbar für die Mühe, uns in so kurzer Zeit einen prägnanten Eindruck von seiner Insel verschafft zu haben. Wenn man so ein paar intensive Tage miteinander verbringt, lernt man sich auch als Person besser kennen, und es wird natürlich auch so manches private Thema angesprochen.

Ob er denn Sehnsucht nach Deutschland habe? Nun, ja, manchmal schon, aber er habe sich damit abgefunden, dass er dieses Land seiner Väter wohl nie mehr wieder sehen werde. Er sei hier glücklich verheiratet und Vater eines 2-jährigen Mädchens. Seine Frau, so erzählte er nicht ohne Stolz, stamme aus der hochangesehenen alteingesessenen Familie der Malagasy. Wie einen Sohn hätte die Sippe ihn aufgenommen. Nun sei er hier zu Hause.

Wir lernten seine Familie dann auch kennen, denn er brachte sie mit, als es ans Verabschieden ging. An seiner Seite strahlte eine sehr hübsche junge Frau und auf Papas Arm saß ein süßes kleines Mädchen, das uns aus schwarzen Kinderaugen neugierig betrachtete. Es dauerte nicht lange, so fasste sie Vertrauen zu den fremden Männern und lachend reichten wir die junge Dame von Arm zu Arm. Unser Kommandant wusste die drei mit schönen und nützlichen Geschenken zu erfreuen. Wir wünschten allen dreien weiterhin ein glückliches Leben auf ihrer von der Natur so begünstigten Insel.

Dann kam wieder einmal der Moment des Abschieds. Ich schätze, dass wir alle uns wünschten, dass dies nicht unser letzter Besuch auf dieser so ursprünglichen Insel gewesen sein möge. Alle wollten wiederkommen. Doch ist es nicht dazu gekommen. Die enorme Entfernung erschwerte dies und dann natürlich die Jahre des Krieges, der ja vor der Tür stand, ohne dass uns dies so recht klar gewesen wäre.

*

Eine lange Rückreise von vielen Tausend Seemeilen stand an. Auf der Rückfahrt liefen wir erst noch in einer Bucht von Südostafrika ein, um uns mit dem Versorgungsschiff Wilhelm Schulze zu treffen. Diese Bucht lag in der Nähe der Stadt Inhambane in Maçambique. Hier trafen wir noch ein zweites Unterseeboot unserer Flottille.

Nachdem wir vor allem unsere Tanks mit Treibstoff und Wasser gefüllt und unsere Vorräte an dem allseits beliebten Gerstensaft ergänzt hatten, nahmen wir endgültig Kurs auf die Heimat. Das bedeutete allerdings, dass wir uns zunächst von ihr in Richtung Süden entfernen mussten, denn auch diesmal sollte es um das Kap der Guten Hoffnung gehen. Doch auch auf dem Rückweg war der Wettergott auf unserer Seite, der Seegang war mäßig und harte Belastungsproben blieben aus. Wieder starrten wir staunend auf die mächtige Felsenwand gegen die Welle auf Welle anstürmte, wie schon seit zigtausend Jahren. Kapstadt tauchte auf und glitt vorüber, denn anzulegen stand nicht auf unserem Plan. Wir erreichten die Küste des früheren Deutsch-Südwestafrika, das nach vielen historischen Wirren 1968 schließlich auf den Namen Namibia getauft wurde. Eine deutsche Kolonie so weit im Süden? Wie ist es dazu gekommen? Das Universalwissen unseres Obersteuermanns war wieder einmal gefragt.

*

Bei einem Besuch in Afrika im April 1884 entdeckte der deutsche Kaufmann Adolf Lüderitz diesen Landstrich, der noch immer als weißer Flecken auf den Karten vermerkt war. Von keinem anderen Land waren für dieses Gebiet Ansprüche angemeldet worden. So erwarb er für sage und schreibe 100 Englische Pfund und

200 Gewehre die Bucht von Angra Pequena, die spätere Lüderitz-Bucht, von Nama-Kapitein Joseph Frederiks. Als die Briten aus Südafrika ebenfalls Ansprüche anmeldeten, gab Bismarck eine Schutzgarantie für dieses Gebiet. Das Gebiet wurde deutsches Protektorat.

Aber die Lüderitz-Bucht war nur der Keim der Bildung eines wesentlich ausgedehnteren Gebietes Deutsch-Südwest. 1914 hatte es eine Größe von ca. 824 000 Quadratkilometern. Projiziert auf eine europäische Landkarte reicht dieses Gebiet von Kopenhagen bis über Rom hinaus und von Paris bis nach München.

Siedler fanden sich ein, denn an kultivierbarem Grund und Boden mangelte es nicht. Doch um eine ertragreiche Landwirtschaft betreiben zu können, brauchten sie auch den Frieden mit den hier ansässigen Völkern der Nama und Herero.

Schutzverträge sollten die deutsche Hoheit sichern. Zu diesem Zweck wurden Soldaten als Schutztruppe nach Afrika in dieses Gebiet verlegt.

Nama-Kapitein Hendrik Witboi fragte deshalb auch den Landeshauptmann Curt von Francois, vor wem sie denn der Kaiser so fürsorglich schützen wolle? Als unabhängiger Herrscher könne er sein Volk selbst schützen!

Aber der Kaiser ließ sich nicht beirren. Er gab vor, Moral und Fortschritt bringen zu wollen. Dabei hoffte Deutschland insgeheim vor allem auf Lebensraum und auf wertvolle Rohstoffe, die auf diesem Gebiet vermutet wurden. Den angestammten Bewohnern dieses Landes brachte man - und das ist eigentlich eine Untertreibung - wenig Respekt entgegen. Man betrachtete sie als unterentwickelt und rückständig, sich selbst natürlich als die höhere Rasse.

Die Namas und Hereros waren eigenständige Völker. Man hätte den friedlichen Ausgleich mit ihnen suchen müssen. Doch darum bemühte man sich nicht einmal. Wie andere Kolonialmächte gingen auch die Deutschen mit der Arroganz der Macht gegen die Bevölkerung vor, die immerhin vor ihnen das Land bewohnt hatte. Durch brutales und rücksichtsloses Vorgehen wurden im Laufe der kommenden 20 Jahre große Teile der Bevölkerung vernichtet. Das Ganze ist wahrlich kein Ruhmesblatt der deutschen Geschichte!

Statt auf Dialog zu setzen und einen Ausgleich anzustreben, wurde die Kaiserliche Schutztruppe massiv verstärkt. Im Hafen von Lüderitz wimmelte es von frisch angelandeten Truppen. Diese provozierende Demonstration der eigenen Stärke rief den Ärger der Hereros hervor. Heimlich begannen sie, sich auf eine Auseinandersetzung vorzubereiten. Sie rüsteten auf, weil sie verständlicherweise nicht gewillt waren, ihr bestes Weideland deutschen Siedlern zu überlassen. Gegen die unberechtigten Ansprüche der Deutschen wehrten sie sich durch Sabotageakte an Brücken und Eisenbahnschienen, es kam auch zu Überfällen auf deutsche Farmen. Die Situation spitzte sich zu. Schließlich kam es zum großen blutigen Volksaufstand, zur Schlacht am Waterberg.

Am 11.08.1904 begann die Schlacht bei Sonnenaufgang. Die Hereros hatten das ganze Volk mobilisiert. Hinter den Kriegern der Hereros hatten sich deren Frauen als zweite Linie aufgebaut. Immer wieder erscholl aus Tausenden von Kehlen in deutscher Sprache: *Das Hereroland gehört den Hereros*! Doch das änderte nichts am Vorhaben der Deutschen. Ein grausames Gemetzel folgte. Am zweiten Tag zeichnete sich der Sieg der kaiserlichen Schutztruppe ab, die Hereros flohen, man trieb sie in die Wüste und schnitt sie ab vom lebensnotwendigen Trinkwasser.

Der Befehlshaber der Schutztruppe war der General von Trotha. Er war brutal, rücksichtslos und ohne jedes Verständnis für die Lebens- und Denkweise afrikanischer Völker. Sein Ziel war die Zerstörung, im Grunde der Völkermord.

In einem Tagesbefehl erklärte der General von Trotha:

Innerhalb der deutschen Grenzen (in Südwest) werden keine Hereros mehr aufgenommen. Ob bewaffnet oder nicht - sie werden erschossen!

Und dieser Befehl wurde auch gnadenlos exekutiert. Die Folge war, dass von ca. 80 000 Hereros nach diesem Blutbad nur etwa 12 000 noch am Leben waren!

Viele kamen noch in Zwangsarbeitslager und starben dort an Erschöpfung und Unterernährung.

Der deutsche Gouverneur Theodor von Leutwein sagte: Kolonisation ist immer eine unmenschliche Angelegenheit! Das mag zwar stimmen, aber dennoch gab es für die Befehlshaber einen Spielraum. Leutwein selbst beispielsweise scheint sich eher um ein gemäßigtes Vorgehen bemüht zu haben. Nachdem die Namas besiegt waren, bekamen sie einen milden Friedensvertrag.

General von Trotha dagegen, sein Nachfolger, griff mit harter Hand unbarmherzig durch. Nach dem Herero-Aufstand vernichtete er ca. 2/3-tel dieses stolzen Volkes. Hilflose Frauen und Kinder ließ er hartherzig erschießen und in der Wüste umkommen. Selbst im Berliner Reichstag wurde sein Vorgehen scharf kritisiert. Dennoch wurde nichts gegen sein unbarmherziges Vorgehen gegenüber den Hereros unternommen.

Und doch steht seit Kaisers Geburtstag im Jahre 1912 ein Reiterdenkmal in Okahandja, das an den für dieses Gemetzel Verantwortlichen erinnern soll. Kein Denkmal dagegen erinnert an die Kämpfe, die Qualen und den Untergang der Hereros und zuvor der Namas! Die Hereros verstehen sich als die eigentlichen Freiheitskämpfer gegenüber der Kolonialmacht Deutschland. All dies ist ein weiteres Kapitel der ohnehin unrühmlichen Kolonialgeschichte der westeuropäischen Völker.

In Okahandja wird jedes Jahr am Herrerotag der Schlacht am 11. August 1904 gedacht. Nicht nur die Gräber der Hereros und Namas werden von den Einwohnern besucht, sondern auch die Gräber der deutschen Gefallenen. Auch diese werden respektvoll gepflegt.

Die Feierlichkeiten beginnen mit einer Versammlung der Priester um das heilige Feuer. Tänze und Kriegsgesänge folgen. Auffällig ist, dass an diesem Tage viele Männer Uniformen tragen, welche denen der deutschen Schutztruppe sehr ähnlich sind. In keiner anderen der früheren Kolonien ist das Deutschtum noch so präsent wie in Südwestafrika. Von den Namas und Hereros sprechen noch heute viele die deutsche Sprache aus Tradition.

An jeder Ecke in Swakopmund oder Windhuk begegnet man deutschen Namen, so findet sich z.B. - eine Wilhelm-Straße, eine Moltkestraße. Aber auch bei vielen Geschäften, Hotels und Restaurants begegnen einem deutsche Namen.

Wie das Leben der deutschen Siedler in der Kolonialzeit hier abgelaufen sein mag? Nun, das Land, das man sich genommen hatte, war groß. Die großen deutschen Farmen lagen weit verstreut. Oft musste man 10 Kilometer reiten, um den Nachbar zu besuchen. Farmen von 6000 bis 10 000 Hektar Größe waren keine Seltenheit. Daher war Besuch von Nachbarn eine Gelegenheit zu Feiern, bei denen Küche und Keller nicht geschont wurden.

Es wurden Hospitäler gebaut, Schulen und Fabriken. Der Diamantenabbau florierte und brachte großen Gewinn. Auch Hotels und Banken entstanden. Man meinte, es herrschte eitel Frieden in Süd-West.

Doch am 13.09.1914 begann der erste Weltkrieg auch in Südwest-Afrika. Verglichen mit den Schlachtfeldern in Europa war es ein humaner Krieg - falls es so etwas überhaupt gibt. Der 18-mal stärkere Gegner aus Südafrika entschied bereits am 09. Juli 1915 den Krieg in dieser Region für sich. Deutsch-Südwest wurde von diesen Südafrikanischen Truppen besetzt. Verwaltetes Mandatsgebiet war Deutsch-Südwest für Südafrika bis 1921. Bis zu diesem Zeitpunkt wurden aber auch etwa 6500 deutsche Südwestler ausgewiesen.

Viele Siedler kehrten aber binnen weniger Jahre wieder nach Südwest zurück. Ja, in den 30er Jahren kamen Siedler aus Deutschland hinzu. Auch heute leben noch viele Deutsche im ehemaligen Südwest. Und immer wieder staunt der Reisende, wie viel Deutschtum sich hier erhalten hat. Sogar die Ureinwohner, denen man so übel mitgespielt hat, sind stolz, wenn sie z. B. die deutsche Sprache beherrschen. Wenn man hier afrikanische Kinder mit Liebe und Freude deutsche Lieder singen hört, dann ist da keinerlei Verbitterung über die Gewalttaten der Kolonialregierung herauszuhören. Die Deutschen haben also nicht nur Böses, sondern auch Gutes hinterlassen. Übrigens ist die deutsche Sprache dritte Amtssprache in Südwest.

*

Deutsch-Südwest ist ein sehr lang gestrecktes Land. Ein breiter Küstenstreifen ist fruchtbar und grün. Dann kommt die Namibwüste im Westen und die Kalahariwüste im Osten. Dazwischen liegt das Hochland. Es besitzt eine sehr unterschiedliche Pflanzen- und Tierwelt. Der tropische Norden, an der Grenze zu Angola, ist sehr wasserreich. Das übrige Land aber leidet unter seiner Wasserarmut.

Hier noch einmal eine kurze Auflistung historisch wichtiger Daten dieses Landes:

Bereits seit über 20 000 Jahren vor Christi hinterlassen die Ureinwohner (Buschmänner) interessante Felszeichnungen.

1486 entdecken Portugiesen als erste die Küste.

Um 1600 wandern die ersten Hereros mit ihren Viehherden in dieses Gebiet ein.

1878 beginnt die Kolonialisierung durch Großbritannien. Diese besetzen die Walfischbucht.

1883 erwirbt Adolf Lüderitz Land bei Angra Pequena, der späteren Lüderitz-Bucht.

Am 24. August 1884 wird die deutsche Reichsflagge gehißt.

Am 24. Juni 1889 treffen die ersten deutschen Schutztruppen ein.

1893 erste Feindseligkeiten mit den Namas.

1904 der Krieg mit den Hereros.

1907 leben in Deutsch-Südwest 6215 Zivilisten und 4000 Soldaten.

1915 am 09. Juli kapitulieren 3500 deutsche Schutztruppler vor den 43000 Südafrikanern. Nach 31 Jahren gibt es kein Deutsch--Südwest-Afrika mehr. 1920 wird es Mandatsgebiet von Südafrika.

All dies und noch viel mehr, schilderte unser Obersteuermann, das wandelnde Lexikon von U-31, während wir an der geschichtsträchtigen Küste von Süd-West-Afrika entlangfuhren. Das Wetter war mild, der Wind äußerst mäßig - ideale Bedingungen für unsere Oberdeck-Schule.

Uns die Schauplätze, von denen die Rede war, anzusehen, dazu reichte die Zeit nicht. Swakopmund und Lüderitz blieben unbesichtigt. Unser eindeutiger Befehl lautete: Rückkehr nach Deutschland und Zwischenaufenthalt in Cadiz, um Versorgungsgüter aufzunehmen. Da wir nun schon einige Monate unterwegs waren, fern von unseren Angehörigen, freuten wir uns auf die Rückkehr und den Weihnachtsurlaub. Planmäßig lag in Cadiz wieder ein Versorgungsschiff bereit und wir trafen hier das Unterseeboot U-32.

Bereits einen Tag später, nachdem unsere Tanks gefüllt und alle Versorgungsgüter übernommen worden waren, setzten wir unsere Fahrt in die Heimat fort.

Zum vorgesehenen Zeitpunkt erreichten wir unseren U-Bootstützpunkt in Wilhelmshaven. Einer der angenehmen Nebeneffekte dieser langen Reise war die Tatsache, dass unsere Konten gut gefüllt waren. Wir brauchten beim Kauf von Weihnachtsgeschenken, die wir voraus nach Hause schickten, nicht die Mark umzudrehen.

In der Kantine feierten wir unsere Heimkehr von dieser außerordentlich interessanten Fahrt voller Eindrücke. Bevor wir dann in den Weihnachtsurlaub verschwanden, präsentierte uns der Kommandant noch eine Überraschung. Die jedoch, liebe Ilse, verrate ich dir an einem anderen Tag,

~~*~~

Kapitel 24

Die Stimme des jüngsten Matrosen

Übertragung der Weihnachtsfeier für die Kriegsmarine aus unserem U-Boot, U-31 am Heiligen Abend 1938 im Radio für Deutschland

---

Im Jahr 1938, liebe Ilse, du weißt es, waren wir noch völlig Unbekannte füreinander. Noch nie hatte ich dir in deine schönen Augen sehen dürfen und noch nie hatte ich deine Stimme gehört. Wir waren uns eben noch nicht begegnet. Doch ein Jahr später schon, im Jahr 1939, feierten wir zusammen bei deinen Eltern das Weihnachtsfest. Und als das Gespräch auf das Weihnachten des vergangenen Jahres kam, machten wir eine überraschende Entdeckung: Ich hatte zwar deine Stimme noch nie gehört, du aber, so ein Zufall, oder doch nicht? - sehr wohl die meine!! Und zwar genau am 24.12.1938 während einer Radioübertragung, an der das ganze Deutsche Reich an den Empfängern saß! Genau da hattest du meine Stimme zum ersten Mal gehört. An meinen Namen konntest du dich natürlich nicht mehr erinnern, nur dass es die Stimme *des jüngsten Matrosen an Bord* eines U-Bootes war, das wusstest du noch.

Wer hätte ahnen können, dass dieser jüngste Matrose, dessen Stimme aus dem Radioempfänger in eure weihnachtliche Wohnstube schwebte, sehr bald dein Ehemann werden sollte? Was hättest du gesagt, wenn das jemand behauptet hätte? Ich weiß, was du getan hättest! Du hättest denjenigen ausgelacht. Und dennoch hätte er Recht behalten! Und mir gefällt die Vorstellung sehr, dass es ausgerechnet der Heilige Abend war, an dem meine Stimme zum ersten Mal an dein Ohr drang …

Hier in diesem Kapitel möchte ich dir erzählen, wie es zu dieser Denkwürdigkeit gekommen ist und wie ich die Umstände dieser Sendung erlebt habe.

Es begann damit, dass unser Kommandant die gesamte Besatzung außer der Reihe zum Appell antreten ließ. Es war kurz vor unserem Weihnachtsurlaub im Dezember 1938. Viele waren im Geiste schon bei ihren Lieben daheim. Deshalb war die Spannung groß. Sollte da noch etwas dazwischen kommen? Sollten wir noch so kurz vor Weihnachten in See stechen müssen?

Unser Kommandant begann ganz unspektakulär. Er sagte zunächst die Dinge, die ein Kommandant seiner Besatzung vor Weihnachten eben so sagt. Dann bestätigte er, dass an den Feiertagen nur die Notbesatzung an Bord bleiben und dann vor Silvester von anderen Kameraden abgelöst werden sollte. Allzu große Sicherheits vorkehrungen erschienen nicht nötig, schließlich lagen wir ja im Heimathafen unserer U-Boot-Flottille in Wilhlemshaven. Dieser Hafen war nach allen Seiten gut abgeschirmt. Die Mitteilungen des Kommandanten erleichterten uns, denn sie bedeuteten, dass unsere Befürchtungen, den Weihnachtsurlaub für eine Weltreise opfern zu müssen, unbegründet waren. Wir fanden das auch ganz richtig so, denn schließlich, so dachten wir, waren wir ja lange unterwegs gewesen und hatten unseren Heimaturlaub redlich verdient.

Soweit war alles im Lot und wir atmeten auf. Dennoch aber spürten wir, dass der Kommandant noch etwas hinter dem Berg hielt, mit dem er noch nicht rausgerückt war. Wir kannten seine Art und wussten, dass er stets für eine Überraschung gut war. Schließlich ließ er die Katze aus dem Sack:

Unter allen Schiffen, die unter deutscher Flagge führen, so begann er, sei unser Boot von der obersten Marineleitung auserwählt worden. Stolz könnten wir darauf sein. Geplant seien Rundfunkübertragungen von Weihnachtsfeiern des Heeres, der Luftwaffe und eben auch der Kriegsmarine, letztere werde durch die Besatzung von U 31 repräsentiert, durch uns. Zunächst werde am Heiligen Abend eine Weihnachtsfeier auf dem Boot stattfinden, die journalistisch begleitet und direkt ins Reich übertragen werde, anschließend wird es ein Abendessen in der Kantine an Land geben, und zwar unter

Beteiligung von niemand geringerem als des Befehlshabers der U-Boot-Flotte Herrn Admiral Karl Dönitz. Er bedauere, so fuhr der Kommandant fort, dass es dadurch zu geringfügigen Verschiebungen beim Weihnachtsurlaub käme, aber selbstverständlich werde die gesamte Besatzung bei dieser ehrenvollen Feier zugegen sein. Es werde eine Feier an Bord vorbereitet, alle Anweisungen kämen vom I. W.O.

Das also war`s, was er hinter dem Berg gehalten hatte!

Nun, es war ja kein Problem, an Bord unter Deck einen geschmückten Weihnachtsbaum aufzustellen und das Boot, vor allem den Bugraum, entsprechend festlich auszugestalten. Da der Bugraum der größte Aufenthaltsraum des ansonsten nicht eben geräumigen Bootes war, hatte die Feier natürlich hier stattzufinden.

Wir selbst wohnten übrigens, wenn wir in Wilhelmshaven lagen, in festen Kasernen. Je zwei U-Boot-Besatzungen teilten sich eine Kaserne, die aus einer unteren und eine oberen Etage bestand. Da die obere Etage einen separaten Zugang hatte, konnten Störungen durch frühes oder spätes Ein- oder Auslaufen eines Bootes vermieden werden.

Dass wir erst einige Tage später in den Urlaub fahren durften, damit fanden wir uns ab. Erfreulich war, dass die vorn weggekürzten Tage später dann hinten wieder angehängt wurden. Das war großzügig und förderte die Motivation.

Nur einer unserer Seeleute, unser Obermaat mit den großen Schnitzeln, durfte seinen Weihnachtsurlaub vorzeitig antreten. Noch während des Appells - sozusagen gut getimt -war nämlich ein Telegramm eingetroffen, aus dem hervorging, dass er in Hamburg Vater eines gesundes kleines Töchterchen geworden war. Mutter und Kind seien wohlauf und freuten sich auf den jungen Vater. Er strahlte und freute sich, dass er nun ein Pärchen, einen Buben und ein Mädchen hatte. Der Bub war 4 Jahre alt und trug den Namen seines Vaters, Detlef.

Natürlich ließen wir ihn nicht fahren, ohne die Geburt seines kleinen Seemannsjungen, so werden die Mädchen bei der Marine genannt, noch am Abend kräftig zu feiern! Obwohl der Obermaat keines der zahlreichen Gläser stehen ließ, erreichte er am frühen Morgen trotzdem noch seinen Zug nach Hamburg.

Die Sehnsucht nach seiner Familie gab ihm die Kraft dazu.

Wir Zurückbleibenden dachten intensiv darüber nach, wie man die Feier so gestalten könnte, dass sie allen Zuhörern – unter denen wir ja auch unsere Angehörigen wussten! –ein eindrucksvolles Bild vermitteln würde. Schließlich wollten wir neben den Radioübertragungen der mächtigen Luftwaffe und des inzwischen enorm angewachsenen Heeres bestehen können, und die Marine würdig vertreten.

Dass wir einen ausgezeichneten Chor zusammenbrachten, habe ich bereits bemerkt. Es lag auf der Hand, neben Seemannsliedern und Shanties auch Weihnachtslieder einzuüben. Natürlich wurde nicht nur gesungen, sondern geputzt, poliert und sortiert. Alles auf Hochglanz hieß die Devise!

Und schließlich war es dann soweit!

Bereits am Mittag des 24. Dezembers erschien ein Reporter, der für die Übertragung von unserem U-Boot abgestellt worden war. Er war nicht irgendeiner, nein, uns allen war er wohl bekannt. Wir kannten seine mitreißenden Reportagen von großen Sportveranstaltungen. Bereits als Kinder hatten uns seine Fußballreportagen begeistert. So klar und dramatisch hatte er uns das Geschehen vor Augen geführt, dass wir auch ohne Fernseher vor uns gesehen hatten, wie gedribbelt, geflankt und aufs Tor geschossen wurde. War er am Mikrofon, fieberten wir mit.

Und dieser Mann, der wohl bekannteste Sportreporter der damaligen Zeit Rolf Wernicke, saß jetzt mit uns an Bord im Bugraum! Wir konnten es kaum fassen! Von unserem L.I. (Leitenden Ingenieur) war ihm das Boot gezeigt und erklärt worden. Aber so schnell war unser Reporter nicht zufrieden zu stellen, er interessierte sich für alles und fragte und fragte. Dann wollte er von unseren Auslandseinsätzen hören und schaffte es geschickt, uns zum Erzählen zu bringen.

Die anberaumte Vorbesprechung mit der Besatzung fiel dann recht knapp aus. Rolf Werneckes Konzept war es nicht, eine bis ins Einzelne einstudierte Feier abzuliefern. So etwas wirke dann oft steif und leblos. Eine Feier aus dem Herzen heraus sei einfach natürlicher und interessanter. Wenn es mal hier oder da nicht laufe wie geschmiert, nun, das gehöre dazu und wirke so echt wie das Leben. Da sei eine allzu genaue Vorbereitung nur hinderlich. Das war eine Einstellung, die uns gefiel und sicherlich auch unser Lampenfieber gering hielt.

Auch unser Kommandant war übrigens bereits anwesend, obwohl seine Familie doch in Wilhelmshaven wohnte und Heiligabend war.

Die Uhrzeit für die Übertragung war vorgegeben. Unsere Weihnachtsfeier sollte als letzte der 3 Wehrmachtsteile stattfinden. Erst kam das Heer, dann die Luftwaffe und dann die Marine, also wir.

Übrigens war hinter vorgehaltener Hand in weiten Kreisen der Marine, der ehemaligen, aber auch der jetzigen, die Bezeichnung *Kaiserliche Marine* üblich. Vorgesetzte und höhere Dienstgrade hüteten sich, dies *offiziell* zu äußern. Aber in manchen Gesprächen, vor allem bei festlichen Zusammenkünften, die nicht-dienstlichen Charakters waren, konnte man entsprechende Bemerkungen hören. Vor allem dann, wenn man als Stuart eingeteilt wurde und die Ohren offen hielt.

Wir versammelten uns rechtzeitig im Bugraum. Es wurde sehr eng, aber gemütlich. Unser Reporter staunte, dass hier 40 Mann, also die gesamte Besatzung untergebracht werden konnte. Wir selbst aber waren kaum weniger erstaunt darüber.

Da unser Smutje kein Abendessen vorbereiten musste – das sollte, wie gesagt, anschließend in der Kantine mit Admiral Dönitz eingenommen werden - konnte er sich ganz der Vorbereitung der Getränke hingeben.

Das war ohnehin seine starke Seite. Für diesen Abend hatte er Grog und Tee mit Rum anzubieten - Getränke, die von innen durchwärmen sollten, so seine Begründung.

Da es im Bugraum zu dieser Jahreszeit hundekalt zu sein pflegte und wir natürlich nicht in der schweren Lederkleidung Weihnachten feiern wollten, hielt er diese Auswahl für das beste. Dabei hatte er natürlich nicht bedacht, dass 40 Mann, die für eine Stunde eng wie die Ölsardinen beisammen sitzen, ihre eigene Hitze erzeugen.

Außerdem meinte er wohl, dass seine Getränke unser Lampenfieber wegspülen würden, und damit hatte er auch Recht. Schon nach der ersten Runde Grog lockerte sich die Stimmung merklich und als dann sein berühmter Tee mit Rum – Rezept: ordentlich Rum, kleiner Spritzer Tee - ausgegeben wurde, stieg das Stimmungsbarometer noch weiter an. Als die Übertragung begann, hatten die meisten ein paar Gläschen intus, die Laune war prächtig und alle waren wir in Hochform.

Auch unser Reporter hatte sich keineswegs in vornehmer Zurückhaltung geübt, sondern respektabel mitgehalten. Man merkte es an seiner Sprache und vor allem an seinen flotten Sprüchen.

Dann gingen wir auf Sendung und mussten nun eine gewisse feierliche Ernsthaftigkeit an den Tag legen, denn schließlich konnte die gesamte Nation zuhören. Irgendwelcher Unfug war jetzt fehl am Platze. Nach einführenden Worten von Reporter Rolf Wernicke richtete unser Kommandant einige Minuten lang das Wort an uns. Er übergab dann an Rolf Wernecke

Nun schlug die Stunde des Reporters! Rolf Wernicke war sofort voll in Fahrt und ein Feuerwerk von Fragen ging auf uns nieder. Alles, was er zuvor gehört hatte, wusste er geschickt umzusetzen und er hatte für jeden das passende Stichwort parat. Man hätte meinen können, der Mann ist einer von uns, und wir hätten monatelang gemeinsam die

Meere durchkreuzt! Wir sahen, was ein echter Profi ist.

Einige Kameraden durften Grüße an die Familie ausrichten. Da ich noch immer der jüngste Seemann an Bord war, wurden mir vom Reporter einige spezielle Fragen gestellt. Und diese wenigen Sätze, die ich in dem kleinen Interview ins Mikrophon sprach, müssen es gewesen sein, an die, liebe Ilse, du dich ein Jahr später noch erinnern konntest. Nun, so furchtbar Bedeutsames war es ja eigentlich nicht, was ich da von mir gab. Dennoch rundeten sich diese Worte zu einem Bekenntnis zur Marine.

Warum ich zur Kriegsmarine gegangen sei, wollte er wissen und auch, wie ich mich bei der Marine fühle, vor allem aber interessierte ihn, wie es mir auf unserem U-Boot gefalle.

Wenn ich auch der jüngste Seemann war, so war ich um eine Antwort doch nicht verlegen. Ich antwortete, wie mir der Schnabel gewachsen war. Auf den Mund gefallen war ich nicht.

Natürlich, so kam´s von meinen Lippen, und ich vergaß in dem Moment die ganzen Millionen Zuhörer, *geht jeder junge Mann aus Abenteuerlust und Freude an der Seefahrt zur Marine. Er möchte ferne Länder und fremde Menschen kennenlernen.*

Vor allem aber, so ungefähr muss ich es formuliert haben, *habe ich meine Bewerbung zur Kriegsmarine unserem Onkel Alfred aus meinem Heimatdorf zu verdanken! Mein Onkel Alfred, müssen sie wissen, war im ersten Weltkrieg nämlich bei der Kaiserlichen Marine gewesen. Und niemand anders als Onkel Alfred hat in mir die Begeisterung für die Marine geweckt. Junge, hat Onkel Alfred gesagt, geh zur Marine, da erlebst du was. Er hat mir die Fackel sozusagen in die Hand gedrückt, dass ich sie weitertrage.*

Die Sache kam überall gut an. Besonders bei Onkel Alfred selber, der natürlich auch am Rundfunkempfänger saß, und tief bewegt davon hörte, dass ich den Dank an ihn vor der gesamten deutschen Nation abstattete! Als ich diesen ruhigen und stets besonnenen Mann während des anschließenden Weihnachtsurlaubs traf, war er ganz aus dem Häuschen. Er wollte mir kaum von der Seite weichen und sorgte dafür, dass ich stets ein volles Bierglas vor mit stehen hatte. Sein Glück, dass ich ein eher mäßiger Trinker bin, denn so blieb von seiner Rente noch etwas übrig …

Wir auf dem Boot schmetterten noch ein Shanty ins Mikrofon. Und zum krönenden Abschluss stimmte die ganze Besatzung von U-31 sehr gefühlvoll *Stille Nacht, Heilige Nacht* an. Dann war die für uns vorgesehene Übertragungszeit verstrichen und wir wurden ausgeblendet.

Ein gewisses Aufatmen ging durch die Reihen. Alles war gut gelaufen. Unser Reporter Rolf Wernicke war hochzufrieden mit der Übertragung, aber nun waren wir auch froh, wieder unter uns zu sein. Bei den Weihnachtsliedern, die wir nun noch sangen, konnte jedenfalls nicht das ganze Deutsche Reich hören, wenn einer total falsch sang! Die ganze Arbeit mit der Sendung hatte uns hungrig gemacht. Wir wussten, dass in der Kantine ein festliches Abendessen auf uns wartete, zu dem selbstverständlich auch Rolf Wernicke eingeladen war. Der fühlte sich, das war zu spüren, bei uns sehr wohl.

Die Tafeln waren festlich gedeckt. Wir mussten nicht lange warten, denn bald fand sich unser Flotillenchef und Admiral Dönitz höchstpersönlich ein.

Einen weiten Weg hatten die beiden übrigens nicht zurücklegen müssen, denn das Kommando-Wohnschiff, das sie zu diesem Zeitpunkt bewohnten, ankerte ebenfalls auf dem U-Boot-Stützpunkt.

Nachdem die Meldung durch unseren Kommandanten erfolgt war, hielt Admiral Dönitz eine kurze Ansprache.

In knappen Worten drückte er aus, dass ihm die Übertragung sehr gut gefallen habe. Er habe alles auf dem Wohnschiff mit angehört und sprach der gesamten Besatzung sein Lob aus für die Disziplin welche sie gezeigt habe.

Sehr gern hätte er an dieser Feier selbst teilgenommen, habe jedoch befürchtet, dass bei seiner Gegenwart die frische Ungezwungenheit gelitten hätte.

Er sagte unserem Kommandanten und der gesamten Besatzung seinen Dank dafür, dass wir den Hörern draußen an den Empfängern einen so guten Eindruck von der Kriegsmarine vermittelt hätten.

Aber ganz besonders bedankte er sich bei dem Reporter, Herrn Rolf Wernicke für die von ihm so gelungen in Szene gesetzte Weihnachtsfeier.

Doch damit war seine Ansprache noch nicht beendet. Denn zu aller, besonders aber meiner Überraschung sagte er plötzlich, der jüngste Seemann möge sich erheben.

Aufgeschreckt schoss ich in die Höhe und hätte fast Geschirr von der Back gerissen. Damit hatte ich nicht gerechnet! An der Back saßen wir den Dienstgraden nach. Wir Jüngsten mit den niedrigen Dienstgraden saßen den leitenden Rängen weitest möglich gegenüber.

Dönitz fixierte mich also kurz über die gesamte Länge der Tafel und meinte:

Sagen Sie mal, kenne ich Sie nicht? Sie sind doch noch heute auf dem Wohnschiff gewesen, stimmt`s?

Jawohl, Herr Admiral! antwortete ich sofort und wahrheitsgemäß.

Unser Kommandant erläuterte dem Herrn Admiral, dass ich manchmal Beschwerden mit dem Magen hätte und mir der Arzt Schonkost verordnet habe, wenn wir im Hafen liegen. Diese Mahlzeiten nähme ich dann auf dem Wohnschiff ein.

Niemand bemerkte, dass unser Smutje sich bei dieser Erklärung unseres Kommandanten das Grinsen verkneifen musste. Ich wusste natürlich warum. Kam ich nämlich – mit fader Schonkost verköstigt, vom Wohnschiff zurück, pflegte er zu mir zu sagen: Ich hab dir dein Kotelett warm gehalten, kannst es gleich essen.

Und auch diese zweite Mahlzeit verputzte ich mit großem Appetit.

Du, liebe Ilse weißt ja, dass ich damals noch rank und schlank durchs

Leben wandelte...

Admiral Dönitz gab sich mit der Erklärung zufrieden, alle hatten Platz genommen und endlich wurde aufgetragen.

Nach der Suppe, sollte es als Hauptgericht Klöße, Rotkraut, Selleriesalat und für jeden 1/2 Gans geben. Und als Nachtisch würde Rote Grütze mit Vanillesoße folgen.

Die Gans war wirklich eine mächtige Portion, die kaum auf den Teller passte. Doch wir waren jung und machten uns mit dem gesegneten Appetit der Jugend über das Geflügel her.

*

Plötzlich unterbrach ein dumpfer Schlag unser fröhliches Schmausen. Alle Köpfe flogen herum, um zu sehen, was los war. Eine halbe Gans war einem Teller entsprungen und übers Parkett geschlittert. Unser Ewald hatte mal wieder seine Bärenkräfte nicht richtig dosiert und das Messer viel zu fest auf das Rückgrad seiner Gans gedrückt, so dass diese vom Teller geschossen war wie ein Torpedo. Ein Glück nur, dass sie nicht seinem Kameraden auf der anderen Tischseite an den Kopf „geflogen" war!

Alle erstarrten und blickten zu den hohen Dienstgraden hinüber. Auch diese waren überrascht und wussten im ersten Moment nicht, was sich da zugetragen hatte. Doch Ewald ließ sich nicht aus der Fassung bringen. Die Gabel in der Faust stand er auf und ging gelassen auf seine entfleuchte Gänsehälfte zu.

Na, warte, mein Vögelchen, rief er, *so leicht kommst du mir nicht davon! Der Ewald kriegt dich schon wieder!* Sprach`s und hielt den aufgespießten Braten triumphierend in die Höhe. Das war sehr komisch.

Schallendes Gelächter folgte dieser bühnenreifen Vorstellung. Der Bann war gebrochen und selbst der ernste Admiral Dönitz konnte das Lachen nicht verbeißen.

Die Stimmung wurde nun sehr heiter und fröhlich. Ewald bekam sofort eine neue 1/2 Gans, obwohl er seine gerettete zunächst nicht wieder rausrücken wollte.

Es wurde ein sehr unterhaltsamer und unvergesslicher Abend. Admiral Dönitz unterhielt sich zwanglos mit allen Besatzungsmitgliedern. Besonders über unseren Ewald amüsierte er sich. Das Ereignis mit der Gans reizte stets aufs Neue zum Lachen. Auch unser Kommandant sagte:

Eine gebratene Gans, die fliegen kann, so etwas habe ich noch nie gesehen!.

So etwas, Herr Kaleu, antwortete Ewald, der ebenfalls nicht auf den Mund gefallen war, *gibt es eben nur im Schlaraffenland ...*

Auch mit mir unterhielt sich Admiral Dönitz. Er hätte interessiert zugehört, wie ich während der Übertragung erklärt habe, warum ich mich zur Marine gemeldet habe. Er erkundigte sich nach dem Onkel, der mich so für die Marine begeistert hätte. Und er lachte über die Umstände, die mich zum Matrosen mit dem jüngsten Eintrittsalter machten, *der bis dato* in den Dienst der Marine getreten sei.

Niemand ahnte zu diesem Zeitpunkt, welche politische Rolle Admiral Dönitz in einigen Jahren noch spielen sollte. Am Ende eines Krieges, der zu dem hier geschilderten Zeitpunkt noch nicht einmal begonnen hatte, wurde er von Adolf Hitler vor seinem Selbstmord mit Wirkung *vom 1.5.1945 zu seinem Nachfolger als Staatsoberhaupt ernannt. Dönitz würde die deutsche Kapitulation so zu steuern versuchen, dass in den noch verbleibenden Tagen möglichst viele Flüchtlinge aus den Ostprovinzen, und möglichst große Teile des Ostheeres in den Machtbereich der westlichen Kriegsgegner Deutschlands gelangen konnten.* Und im Namen der Regierung Dönitz würde im Mai 45 die Gesamtkapitulation unterzeichnet werden. Noch aber lagen diese für Deutschland so schrecklichen Tage mehr als sechs Jahre in der Zukunft und niemand ahnte das geringste von den blutigen Jahren, die bevorstanden, auch Admiral Dönitz selber nicht.

Gegen 24:00 Uhr verabschiedeten sich die hohen Herren. Nur unser Kommandant feierte noch einige Zeit mit seiner Mannschaft.

Meine Familie ist bestimmt schon zu Bett gegangen, erklärte er, *Meine Frau wusste ja, dass ich den heutigen Heiligen Abend nicht zu Hause mit feiern kann. Sie hatte sich damit abgefunden. Morgen ist der erste Weihnachtstag, da werden wir die Feier nachholen.*

Sein Sohn war inzwischen bereits 5 Jahre alt. Als wir ihn zum ersten Male mit seiner Mama auf der Pier beim Auslaufen gesehen hatten, war das Bübchen noch nicht einmal 3 Jahre alt gewesen.

Du siehst, liebe Ilse, schon damals verging die Zeit manchmal rasend schnell!

Für uns war das Fest noch lange nicht zu Ende. In gewisser Weise ging es erst jetzt richtig los. Mit Alkohol wurde nicht gespart. Die wenigen verheirateten Kameraden verabschiedeten sich als nächste und gingen zu ihren Familien. Zurück blieb aber der größte Teil der Besatzung. Auch von den höheren Dienstgraden waren längst noch nicht alle unter der Haube.

Da ich beim Trinken stets zurückhaltend war – was ich mit meinem empfindlichen Magen begründete –, hatte ich den besten Überblick *über die sich bis zum frühen Morgen um 04:00 Uhr hinziehende Feier.*

Dann wollte sich Herr Mann, unser patenter Kantinenwirt, für ein paar Stunden aufs Ohr legen, denn um 08:00 Uhr musste bereits das Weihnachtsbüfett für die nicht in den Urlaub fahrenden Kameraden hergerichtet sein. Außerdem wurden während des Weihnachtsurlaubs alle Mahlzeiten für die Nichturlauber in der Kantine ausgegeben. Die Smutjes waren nämlich ebenfalls in Urlaub gefahren. Zu tun gab es für das Kantinenpersonal also genug. Ich bin aber sicher, dass einige Kameraden auch jetzt noch kein Ende fanden, sondern auf den Zimmern noch das eine oder andere Glas leerten und Gespräche über

Gott, die Welt und die Frauen führten.

Ein letztes Problem blieb am Morgen des ersten Weihnachtstages 1938 noch zu bewältigen. Es betraf unseren famosen Reporter Rolf Wernicke, der ausdauernd mitgefeiert hatte. Ausgerechnet für den ersten Weihnachtstag musste er unbedingt zur Übertragung eines Fußballspiels in Berlin sein! Zu diesem Zweck musste er den Zug von Wilhelmshaven gegen 6:00 Uhr nehmen.

Aber wir bekamen den sympathischen Burschen kaum wach! Mit jedem einzelnen von uns hatte er ewige Freundschaft getrunken und sein Alkoholspiegel lag dementsprechend hoch.

Wir zogen ihn aus dem Bett und steckten ihn mit vereinten Kräften in seine Kleider. Dann ließen wir ein Taxi kommen und setzten ihn mit zwei Maaten zur Begleitung hinein. Am Bahnhof stiegen sie mit ihm aus dem Taxi, setzten ihn in den richtigen Zug und hofften, dass er bis Berlin halbwegs wieder nüchtern sein würde.

Doch kaum hatten sie sich umgedreht, war Rolf Wernicke wieder ausgestiegen und fragte, wo zum Kuckuck er denn überhaupt sei. Mittlerweile war der Zugführer aufmerksam geworden und bemühte sich um unseren Freund.

Und - oh Wunder! - er muss tatsächlich rechtzeitig in Berlin angekommen sein. *Gegen 15 Uhr nämlich rief er bei uns an*, um sich erstens für den prächtigen Abend zu bedanken, noch nie hätte er eine Feier in so fabelhafter Kameradschaft und so toller Stimmung erlebt *wie mit der Besatzung von U-31!* Am liebsten wäre er noch länger geblieben, was übrigens auch in Ordnung gewesen wäre, denn das Fußballspiel, wegen dem er sich nach Berlin gequält hätte, *wäre wegen Glatteis ausgefallen*! Nichtsdestotrotz er wolle sich ausdrücklich dafür bedanken, dass wir ihm Ärger ersparen wollten, und ihn rechtzeitig nach Berlin geschafft hätten.

Tja, so spielt das Leben! Immerhin waren wir beruhigt, dass er gesund und munter die Hauptstadt erreicht hatte.

Ich selbst setzte mich in die Eisenbahn und traf am Nachmittag des ersten Weihnachtstages in Bleicherode-Ost ein. Meine Familie holte mich am Bahnhof ab. Die Wiedersehensfreude auf beiden Seiten war groß. So viel hatte sich in der Zwischenzeit ereignet!

Alle bedankten sich für die von mir bereits per Post zugesandten Geschenke für Groß und Klein. Darunter waren auch einige Buddels und eine Gans. Wir hatten für die lange Auslandsfahrt guten Sold bekommen und es hatte mir Freude gemacht, meine Lieben in diesem Jahr etwas großzügiger zu beschenken als sonst üblich.

Du, liebe Ilse, hast die ganze Zeit so aufmerksam und ohne zu ermüden zugehört. Sollte dir unser erstes gemeinsames Weihnachtsfest 1939 in den Sinn gekommen sein?

Und wirklich, als ich so direkt das Wort an sie richtete, glitt ein Lächeln über das Gesicht meiner Frau und ihre Augen strahlten auf wie früher.

~~*~~

Kapitel 25

Die Heimkehr des Gefangenen

Gefangenschaft in Frankreich und Rückkehr nach Deutschland.

Du hast sicher nicht vergessen, dass ich versprochen hatte, ausführlicher von der Zeit meiner Gefangenschaft in Frankreich zu berichten. Und, wie ich dir ein ganzes Leben lang bewiesen habe, pflege ich meine Versprechen stets zu halten!

Nun, Du weißt ja, dass ich mich für die Arbeit auf einem Bauernhof in der Nähe von Dreux zur Arbeit gemeldet hatte. Ich wollte aus dem Hungerlager heraus. Obwohl die Franzosen im Allgemeinen damals nicht gut auf die Deutschen zu sprechen waren, hatten wir Glück, denn sowohl die Familie, für die wir arbeiteten, als auch die Dorfbewohner verhielten sich sehr anständig zu uns. Von Schikane konnte keine Rede sein, ja, teilweise behandelte man uns sogar ausgesprochen freundlich. Das lag allerdings auch daran, dass wir uns gehörig ins Zeug legten und die uns aufgetragenen Arbeiten fleißig und gewissenhaft erledigten.

Unsere Verpflegung war die gleiche wie die der Familie. Fehlte noch, dass wir mit ihnen am gleichen Tisch gesessen hätten, aber soweit ging es dann doch nicht. Wir nahmen das Essen da ein, wo wir auch wohnten, im so genannten Backhaus, was uns im Übrigen auch viel besser gefiel, weil wir so unter uns waren und reden konnten, wie uns der Schnabel gewachsen war. Lediglich am Erntedankfest haben wir mit der Familie gemeinsam gegessen.

Überflüssig zu sagen, worum sich unsere Gedanken und Gespräche drehten, nicht wahr? Um die Heimat drehten sie sich, um Euch, unsere Lieben daheim! Unsere Sehnsucht wuchs von Tag zu Tag und oft genug saß einer von uns in seiner Ecke und schwieg, und der andere wusste was in ihm vorging, weil es im eigenen Herzen auch nicht anders aussah. Natürlich haben wir Fluchtpläne erwogen und ausgesponnen. Aber das ließ sich nicht so einfach bewerkstelligen. Bei Nacht und Nebel vom Hof wegzulaufen, wäre noch das kleinere Problem gewesen. Aber Dreux liegt sechzig oder siebzig Kilometer westlich von Paris, und von dort bis zur deutschen Grenze ist es noch einmal eine beträchtliche Strecke. Diese vielen Kilometer unerkannt durch Feindesland zurückzulegen, ohne Waffen, Verpflegung, Karten, nein, das erschien uns einfach zu riskant. Würden wir geschnappt, hätten wir von den Franzosen Schlimmes zu befürchten. Nein, vernünftiger und viel versprechender war es, sich in Geduld zu üben und abzuwarten, ob nicht bald ein Gefangenentransport nach Deutschland zusammengestellt würde und man uns dabei nicht vergessen würde.

Doch bevor es dazu kommen konnte, geschah etwas anderes. Eines Morgens nämlich wachte ich auf mit furchtbaren Schmerzen im Rücken und im Hals. Der Hals war ganz steif, und ich konnte mich kaum bewegen. Ich schaffte es nicht mehr, meinen Kopf zu drehen. Ich ging sogleich zu unserem Chef und erklärte ihm meinen Zustand. Er nahm die Sache durchaus ernst, erließ mir die Arbeit für den anstehenden Tag und empfahl mir, Umschläge zu machen, um zu sehen, ob sich die Beschwerden besserten. Doch die Beschwerden besserten sich keineswegs, sie wurden sogar noch stärker! Daraufhin fuhr er mich mit der Pferdekutsche zum nächsten französischen Arzt. Dieser untersuchte mich und teilte dann in gutem Deutsch seine Diagnose mit: Der geschwollene Hals sei auf ein Muskelrheuma zurückzuführen, das nicht so schnell auszuheilen sei. Sollte in drei bis vier Tagen keine Besserung eintreten, empfehle er, den Gefangenen wieder ins Lager zurückzubringen. Dort sei ein Krankenrevier eingerichtet worden, in dem könne er besser gepflegt und behandelt werden. Damit waren die Würfel gefallen. Da weitere Umschläge und Salben nicht anschlugen, beschloss man, mich wieder ins Lager zurückzubringen. Meine Begeisterung hielt sich, gelinde gesagt, in Grenzen…

Die ganze Familie bekundete ihr Mitleid, aber niemand wusste einen anderen Rat. Mein Kamerad würde allein zurückbleiben, was ihm natürlich auch nicht sonderlich gefiel. Er war in Norddeutschland verheiratet und seine Frau war in einem Hotel als Köchin tätig. Er machte sich um seine Frau keine Sorgen, denn diese glaubte er gut versorgt.

Ich selbst hatte keine Ahnung, was mich im Lager erwarten würde. Mit einer sorgfältigen medizinischen Betreuung konnte ich als Kriegsgefangener ja wohl kaum rechnen. Nach meiner Rückkehr ins Lager wurde mir schnell klar, dass sich die Verhältnisse im Lager zwar gebessert hatten, aber nur geringfügig. Im Großen und Ganzen war alles beim Alten geblieben. Meine Hoffnung richtete sich jetzt darauf, mit einem der ersten Transporte abgeschoben zu werden. Doch wie ich im Lager erfuhr, war bislang noch nicht ein einziger Transport in Richtung Heimat abgegangen! Auch nicht gerade sehr ermutigend.

*

Doch die Dinge entwickelten sich ohnehin nicht wie erhofft. Kaum waren meine Beschwerden abgeklungen, wurde ich einem Transport zugeteilt, der in ein besonders großes Gefangenenlager führte, das in *Bolbec* bei le Havre lag. Dort gab es ca. 25 Einzellager, so genannte Camps. Ich kam mit in das Camp Nummer 15. Die Verpflegung war hier noch genau so mager wie in Dreux. Die Speisekarte war nicht gerade reichhaltig. Sie bestand vor allem aus Mais. Morgens, mittags, abends Mais - man konnte sich größere Köstlichkeiten vorstellen. Offenbar hatten die Amerikaner tonnenweise Mais über den Atlantik geschafft, und den hatten wir nun ständig auf den Tellern. Ich aß, was ich bekam, aber dennoch nahm ich immer weiter ab, wurde magerer und magerer.

In dieses Gefangenlager wurden auch die aus den USA rübergeschafften deutschen Kriegsgefangenen gebracht. Der Hafen von Le Havre lag ja ganz in der Nähe, so kamen sie direkt vom Schiff dorthin.

Wir, ausgezehrt und abgemagert bis auf die Knochen, staunten nicht schlecht, was da für Burschen hereingeschneit kamen! Braun gebrannt und wohlgenährt. Waren das wirklich Gefangene? Die sahen aus, als kämen sie aus einem amerikanischen Urlaub! Doch diese Urlauber machten ziemlich lange Gesichter, als ihnen dämmerte, dass sie keineswegs, wie ihnen in Amerika offenbar zugesichert worden war, sogleich in die Heimat entlassen werden sollten. Denn hier in Frankreich hatten die Franzosen das Sagen. Und denen kamen diese wohlgenährten Kerle, die noch gut bei Kräften waren, als Arbeitskräfte wie gerufen. Immerhin wurden sie in gesonderten Camps untergebracht, so dass sie zunächst unter sich waren. Viele hatten so viel Gepäck mitgebracht, dass sie es kaum schleppen konnten. Ich habe nicht wenige gesehen, die außer dem obligatorischen Seesack noch ein oder sogar zwei Koffer bei sich hatten. Für uns, die wir in Europa geblieben waren, sah es aus, als hätten sie halb Amerika mitgebracht.

Doch die Freude an diesen Privilegien konnten sie nicht lange genießen. Ehe sie so recht wussten, wo sie waren und wie ihnen geschah, hatte man sie im Schnellverfahren auf verschiedene Arbeitsstellen in Frankreich verteilt. Und dies nicht, ohne sie zuvor noch gründlich zu filzen. Bei vielen waren dann die Seesäcke und die Koffer so leer, wie unsere auch.

Man steckte sie in Bergwerke, vor allem in Kohlebergwerke. Andere kamen auf Weingüter und in die Landwirtschaft. Bei den Franzosen galt die Devise: Pardon wird nicht gegeben.

Irgendwie hatten Einige von ihnen schon auf der Überfahrt spitz gekriegt und sich vorgenommen, sich bei der ersten Gelegenheit auf und davon zu machen. Kaum hatten sie den Atlantik hinter sich und die Pier unter den Füßen, schwangen sich zwei dieser athletischen Burschen in einen unbeaufsichtigt herumstehenden amerikanischen Jeep, gaben Vollgas und preschten davon. Ein regelrechter Handstreich. Und ehe die Amerikaner, die mit der Abwicklung der Gefangenenübergabe beschäftig waren, begriffen hatten, was los war, war der Jeep längst außer Sichtweite und hatte einen beträchtlichen Vorsprung erzielt. Sie stürzten in ihre Fahrzeuge und nahmen die Verfolgung auf. Ob sie allerdings die beiden verwegenen Ausreißer wieder einfangen konnten, haben wir nie in Erfahrung bringen können.

Dieser Ausbruchsversuch blieb nicht der einzige. An einem Morgen, in aller Herrgottsfrühe, rissen uns heulende Alarmsirenen aus dem Schlaf. Was war passiert? Sehr schnell erreichte uns das Gerücht, ein Camp mit amerikanischen Insassen sei in der Nacht komplett getürmt. Das konnte man nicht auf sich sitzen lassen. Es wurde mobil gemacht. Eine groß angelegte Verfolgung wurde eingeleitet. Selbst ein Teil der für uns abgestellten Bewacher wurde für die Verfolgung abgezogen.

Nach und nach wurde ein Teil wieder aufgegriffen und zurückgebracht. Aber nicht alle Gefangenen hat man wieder einfangen können. Einige blieben für immer verschwunden. Und dies an der Kanalküste, also weit entfernt von Deutschland. Ein abenteuerlicher, langer Weg, stets von der Gefahr begleitet, entdeckt zu werden, wartete auf die glücklich Entkommenen.

Wie es in der Zwischenzeit um Deutschland bestellt war, wussten wir nicht. Zu lange waren wir von zuverlässigen Nachrichten abgeschnitten gewesen. Wir, die Soldaten aus St. Nazaire, hatten beispielsweise im letzten Kriegsjahr keinen Fuß mehr auf den Heimatboden setzen können. Und gerade in diesem Jahr wurden die schweren Bombenangriffe geflogen, die Städte wie Köln, Hamburg, Berlin und Dresden zu großen Teilen in Schutt und Asche legten. Wie mochte es aussehen zu Hause?

Umso begieriger stürzten wir uns dann auf eine neu eingerichtete Lagerzeitung. Diese wurde von Franzosen und deutschen Gefangenen erstellt. Ob die Nachrichten irgendwie manipuliert waren, konnten wir natürlich nicht kontrollieren. Aber wir erfuhren doch, dass in Deutschland gerade in den letzten Kriegsmonaten enorme Zerstörungen entstanden waren.

Wir erfuhren auch, dass vor allem die Frauen für die Aufräumarbeiten eingesetzt wurden. Es waren die berühmt gewordenen Trümmerfrauen. Aber wer von *der heutigen Jugend* kann mit diesem Begriff noch etwas verbinden?

In dieser Zeitung jedenfalls war auch von dem die Rede, was sich in den KZs ereignet hatte. Die meisten von uns hielten diese Berichte von ungeheuerlichen Gräueltaten zunächst für Propaganda oder zumindest für stark übertrieben. Wie hätten wir auch davon etwas wissen können? Die meisten von uns waren schon 4 bis 5 Jahre im Kriegseinsatz, ohne Möglichkeit, an Informationen über diese ohnehin geheim gehaltenen Geschehnisse zu gelangen.

In St. Nazaire waren wir ein komplettes Jahr von ausführlichen Nachrichten aus der Heimat abgeschnitten gewesen. Nur manchmal erfuhren wir etwas von den Piloten der Wasserflugzeuge, welche unsere Post brachten. Manches auch von Französinnen, welche an uns Äpfel oder Zwiebeln verkauften.

*

Dieser Kontakt mit Deutschen war für Französinnen sehr gefährlich. Wer von ihnen als deutschfreundlich angesehen wurde, hatte dann nach Kriegsende sehr schwer darunter leiden müssen. Viele dieser Frauen und Mädchen wurden nach Kriegsende mit kahl rasiertem Schädel nackt in Metzgerläden zur Schau gestellt! Sie wurden der Kollaboration mit dem Feind bezichtigt und dafür gedemütigt.

Dennoch haben manche auch während der Zeit der Gefangenschaft ein Herz für die deutschen Gefangenen gezeigt. Wo es - wie noch in den ersten Tagen in St. Nazaire - möglich war, haben sie uns etwa Lebensmittel durch den Zaun hindurch zugesteckt.

Eine der Verkäuferinnen lernte ich etwas näher kennen. Sie hieß Jeanette und stand immer am Ende meiner Mole. Sie verkaufte uns Äpfel, Zwiebeln, aber auch Mehl, und manchmal sogar Fleisch. Eines Tages fragte sie mich ziemlich direkt: *Warum Du misch nischt lieben?*

Nun, ich sagte ihr, ich *bin verheiratet und habe eine kleine Tochter*. Dies, so meinte sie unverblümt, wäre ihr egal. Ihr war`s egal, aber ich fühlte mich an meine Familie im fernen Deutschland gebunden und war nicht auf ein flüchtiges Abenteuer aus.

Ein Kamerad aus meiner Nachbareinheit, er hieß Herbert und war noch unverheiratet, hat sich dann mit ihr befreundet. Sie hat ihn stets mit allem versorgt, was er brauchte.

Und als wir dann in Gefangenschaft waren, wurde er als Lagerleiter eingesetzt. Zusammen mit zehn Kameraden gelang ihm der Ausbruch aus dem Lager. Nach und nach wurden alle wieder gefasst, nur von Herbert fehlte jede Spur. Jeanette hatte ihn in einem abgelegenen Gartenhaus versteckt und ihn einige Monate heimlich mit allem versorgt, was er zum Leben brauchte. Diese Mischung aus Bangen vor einer möglichen Entdeckung und heimlichen Liebesfreuden kann man sich in der Phantasie gut ausmalen. Im Frühjahr 1946 hat sie ihn dann, nachdem er einen Französischen Pass mit seinem Lichtbild hatte, in der Eisenbahn bis zur deutschen Grenze begleitet. Sein Haar hatten sie dunkel gefärbt, und wie ein waschechter Franzose trug er eine Baskenmütze auf dem Kopf. Fast problemlos gelangte er bis nahe an die deutsche Grenze. Sein Französisch muss er in der Zeit seines Gartenhaus-Aufenthaltes wesentlich verbessert haben. Doch akzentfrei, wie ein Franzose, sprach er natürlich nicht. Auf dem letzten Abschnitt seiner Reise kam er dann in eine wirklich brenzlige Situation. Er saß im Zug, Jeanette im Nachbarabteil, mitbangend. Eine Gruppe französischer Polizisten stieg zu. Herbert spielte den Schläfrigen, erwiderte ihre freundlichen Grüße und zog sich die Mütze vors Gesicht, um weiter zu schlafen. In Wahrheit aber lauschte er den Unterhaltungen der Polizisten. Sie sprachen von Verfolgungen geflohener deutscher Gefangener in den letzten Monaten und brüsteten sich mit ihren Erfolgen. Herbert klopfte das Herz bis zum Halse. Wenn er jetzt entlarvt würde, käme er in ein Sonderlager. Gerade ihn, den geflüchteten Lagerleiter, wollten die Franzosen nur allzu gern wieder in die Fänge kriegen. Auf seinen Kopf war sogar eine Prämie ausgesetzt. Doch er gelangte unentdeckt bis an die Grenze. Seine Verkleidung als Franzose muss ziemlich perfekt gewesen sein. Doch noch hatte er die Grenze nicht überquert! Sie wurde scharf bewacht, die Kontrollen in den Zügen waren gründlich. Herbert stieg am letzten Halt auf französischem Gebiet aus und versuchte es zu Fuß. Da er ein sehr guter Sportler war, schlug er sich durch und schaffte es unerkannt über die Grenze. Der Rest war kein großes Problem. Ohne Angst vor Entdeckungen erreichte er Bremen und war zu Hause. Dies ist eine der vielen Abenteuergeschichten, wie sie der Krieg zu Hauf geschrieben hat.

Woher ich dies eigentlich alles so genau weiß, möchtest Du wissen?

Nun, es war *im Jahre 1948,* dass ich geschäftlich in Bremen zu tun hatte. Da ich wusste, dass *Herbert Bremer Bürger war*, ging ich zum Einwohnermeldeamt und fragte nach Herbert Heinrich. Der Beamte des Einwohnermeldeamtes fragte nur: *Meinen Sie den Leichtathleten oder den Fußballspieler? Den Leichtathleten*, antwortete ich und hielt kurz darauf einen Zettel in der Hand, auf dem seine Adresse notiert war.

Er war zu Hause. Die Überraschung war groß. Nun erzählte er mir alles, was sich im Lager und bis zu seiner Heimkehr ereignet hatte. Er erzählte auch, was Madam Jeanette alles für ihn getan hatte. Sie hatte sich sehr gewünscht, dass er in Frankreich bei ihr blieb. Doch es zog ihn zurück, in die Heimatstadt. Nicht zuletzt auch, um seine Eltern wieder zu sehen. Doch er habe ihr versprechen müssen, nach dem Friedensschluss nach La Boule zu kommen, wo Madam Jeanette wohnte. Er hat sein Versprechen leider nicht halten können. In Bremen hatte er Anfang 1948 geheiratet. Hätte er in diesem Jahr versucht, nach Frankreich zu fahren, um seine treue Helferin aufzusuchen, hätte man ihn festgenommen. Er hatte sich vorgenommen, später mit seiner Frau Madam Jeanette in La Boule besuchen.

Übrigens ist La Boule ein wunderbarer Badeort mit einem der schönsten Badestrände der Atlantikküste! Die Stadt selbst hatte fast nur niedrig gebaute Häuser, die inmitten von Pinien - und Kiefernwäldern standen. Es gab aber auch mehrere Erholungsheime und Krankenhäuser. Diese waren in Kriegszeiten als Rot-Kreuz-Krankenhäuser für deutsche Soldaten eingerichtet.

Ich weiß das wegen eines Vorfalls im Sommer 1944. Nachdem wir als Festung eingeschlossen waren, hatte unser Geheimdienst Hinweise darauf erhalten, dass man diese Stadt trotz der Rot – Kreuz – Kranken häuser bombardieren wolle.

Ich hatte damals den Befehl bekommen, sofort einige Flakzüge nach La Boule zu verlegen zum Schutz der Krankenhäuser und der Stadt. Aus welcher Quelle diese Nachricht stammte, konnte ich nicht in Erfahrung bringen, trotz meiner guten Beziehungen zu unserer Brigade. Vor meiner Kommandierung nach St. Nazaire war ich bei der Brigade in St.Marc tätig. Ich für meinen Teil konnte mir nicht vorstellen, dass man so barbarisch sein würde, auf diesen zauberhaften Badeort Bomben abzuwerfen. Es ist dann, aus welchen Gründen auch immer, ja auch tatsächlich nicht geschehen.

Vermutlich wollte man die Flak vor den U-Bootbunkern und Schleusen in St. Nazaire und der Landfront schwächen. Und das ist den Alliierten ja auch gelungen. Wir bekamen keinen Nachschub an Waffen und Verpflegung mehr in die Festung. Ich glaube, von diesen Ereignissen habe ich dir schon ausführlicher erzählt.

*

Also zurück ins Lager in Bolbec. In den Camps standen etwa 25 bis 30 Zelte, von denen jedes so an die 40 Mann aufnehmen konnte. Als Unterlage zum Schlafen waren sie mit Stroh ausgelegt. Man schickte Gefangene von hier aus zur Arbeit auf Bauernhöfe und Weingüter, andere zu Minenräumarbeiten oder zum Straßenbau. Die Zurückbleibenden hatten nicht viel zu tun. Sie mussten nur die ständigen Appelle über sich ergehen lassen. An manchen Tagen ließ man uns mehrmals antreten.

Man hatte mir die Zuständigkeit für eines der Zelte übertragen. Da wir alle relativ friedfertige Burschen waren, gab es keine großen Probleme, obwohl das Eingepferchtsein alles andere als vergnüglich war.

Der äußerst bescheidene Speisezettel war natürlich ein ständiges

Gesprächsthema. Mais, Mais, Mais, bis wir das Gefühl hatten, dass uns das Zeug zu den Ohren herausquillt. Immer wieder kam einer an den Punkt, dass er den Fraß einfach nicht mehr runterwürgen mochte und es für ein Stück Brot eintauschte. Dieses aber hatte unter den Bedingungen des Lagers einen so hohen Tauschwert, da es sehr klein war, um den gröbsten Hunger zu stillen. Außerdem handelte es sich dabei nicht etwa um ein kerniges deutsches Roggenbrot, sondern um pappiges Weißbrot. Unsere Mägen knurrten rund um die Uhr. Dafür schoss die Phantasie ins Kraut. Oh, viele der Gefangenen haben sich gegenseitig köstliche Menüs zusammengestellt! Das Schlaraffenland war eine Armenspeisung dagegen! Da wurde Gebratenes und Gesottenes ausgemalt, dass sich die Tafeln bogen. Und mancher, der in Freiheit weggefuttert hatte, was auf den Tisch kam, entwickelte hier eine Phantasie, *als hätte er seinen Beruf verfehlt*. Viele haben ihre lukullischen Kreationen auf Zettel gekritzelt, in dem festen Vorsatz, sie nachzukochen, sobald sie nur erst aus diesem verdammten Lager herauskämen. Warum gab es später eigentlich kein Restaurant mit dem Namen *Lagerphantasie* - das hätte doch ein Erfolg werden können! Allerdings dauerte es auch *nach unserer Freilassung* noch geraume Zeit, bis die nötigen Zutaten greifbar waren, um diese Phantasiegerichte Realität werden zu lassen.

Ein zweites Problem war die Langeweile. Die meisten hatten Jahre der Anspannung und Gefährdung hinter sich, das Adrenalin war reichlich durch die Adern der Soldaten gerauscht. Und hier? Jeden Tag dasselbe langweilige Lagerleben, ohne Abwechslung, ohne Anregung, ohne Reiz. Doch Not macht bekanntlich erfinderisch. Da wurden mit einfachsten Mitteln Schachspiele gebastelt, auch das gute alte Mensch-Ärgere-Dich und Halma war dabei.

In unserem Zelt gab es einen Architekten, mit dem ich so manches Mal zusammensass und Pläne für die tollsten Bauwerke ausspann. Wir hatten uns dann auf den Entwurf von Eigentumswohnungen spezialisiert, so wie man sie heutzutage eigentlich bauen müsste. Die Gelegenheit dazu dürfte im zerbombten Deutschland ja reichlich vorhanden sein. Der Mann war wirklich ein Könner in seinem Fach, das merkte sogar ich als Nichtarchitekt. Später erfuhr ich, dass er bis 1942 an spektakulären Staatsbauten als Architekt maßgeblich mitgewirkt hatte. Doch um welche Gebäude genau es sich dabei gehandelt hatte, wollte er mir partout nicht verraten. In diesem Punkt blieb er merkwürdig stumm. Auch nach dem Krieg, als er mich einmal in unserer Wohnung aufsuchte, blieb er die Antwort schuldig …

Unter den Leuten in meinem Zelt befand sich auch ein ausgesprochen netter Kerl, der selbst in dieser bedrückenden Lage nicht daran dachte, sich die gute Laune verderben zu lassen. Er stammte aus dem Weinstädtchen Eltville und war beruflich dort für die AOK tätig gewesen. Obwohl er hier keinen Wein im Glase hatte, sang er uns bereitwillig seine Rhein- und Weinlieder vor, doch sein Repertoire war damit noch keineswegs erschöpft, sondern umfasste auch alle möglichen anderen bekannten Lieder. *Lassen wir uns nicht unterkriegen, Leute! Einmal müssen die Franzen uns wieder laufen lassen!* Das war so einer seiner Sprüche. So hat er uns, obwohl der Älteste unter uns, alle immer wieder erfreut und aufgeheitert. Nach dem Kriege besuchten wir Herrn F. in seinem Eltville. Da konntest du diesem leuchtenden Beispiel des Rheingauer Frohsinns einmal höchstpersönlich die Hand schütteln. Er hat den Beweis angetreten, dass dieser Frohsinn auch unter extremen Bedingungen nicht zerplatzt wie eine Seifenblase, sondern tief im Charakter verwurzelt ist.

In diesem großen Lager, die Zahl der Gefangenen schätze ich auf 20000 Mann, existierte auch eine Halle, die wir Gefangenen für Theatervorführungen nutzen durften. Unter so vielen Männern finden sich Talente und Spezialisten für fast alles, eben auch fürs Theater. Prompt meldete sich auch ein Theaterregisseur, der sich eine fabelhafte Truppe zusammensuchte. Natürlich mussten bei den Vorführungen alle Rollen, auch die weiblichen, von Männern verkörpert werden. Manchmal gelang das derart täuschend echt, dass wir uns fragten, ob man etwa heimlich Frauen ins Lager eingeschleust hatte, was natürlich nicht der Fall war. Man zeigte vor allem volkstümliche Schwänke und Lustspiele, Tragödien wären hier fehl am Platze gewesen - Tragödien trug jeder von uns in seinem Herzen mit sich herum.

Diese Aufführungen waren eine wirkliche Attraktion. Auch Männer, die noch nie in ihrem Leben ein Theater von innen gesehen hatten, fieberten der Vorstellung entgegen. Über 1000 Gefangene fasste die brechend volle Halle. Die Aufführungen waren fabelhaft und konnten sich fast mit professionellen Schauspielinszenierungen messen. Erstaunlich, was dieser Regisseur aus seinen Laiendarstellern alles rausgeholt hatte! Entsprechend begeistert fiel der Applaus aus. 1000 Gefangene riefen *bravo* und klatschten, bis ihnen die Hände brannten. Für eine Zeit hatten sie ihre Sorgen und Nöte vergessen können. Ereignisse wie diese machten das triste Vegetieren im Lager von Bolbec noch einigermaßen erträglich.

Doch dann kam die Verlegung nach Chartre. Eine eindeutige Verschlechterung. In Bolbec hatten wir zwar nur in Zelten geschlafen, doch waren diese recht geräumig und boten jedem einen ausreichend breiten Schlafplatz. Natürlich musste man rücksichtsvoll sein, wenn man in der Nacht die Schlafposition wechselte, sonst wachte der Nachbar auf. Doch wir hatten uns daran gewöhnen können.

In Chartres dagegen kamen die meisten Gefangenen in alte miefige Fabrikhallen. Die Betten waren 4-fach übereinander gebaut. Die Luft hier drin war stickig und im Nu verbraucht, es war kaum zum Aushalten.

Ich hatte das Glück, dass ich mit 40 anderen Kameraden in ein Zelt verlegt wurde. Die Aufsicht über das Zelt wurde mir übertragen. Es handelte sich bei allen um Männer mit Verletzungen oder überstandenen schweren Krankheiten. Darunter waren auch zwei mit einem verwundeten Arm.

Ein weiterer hatte einen lahmen Arm durch eine Nervenverletzung. Er stammte aus Cuxhaven an der Nordsee. Er wurde besonders betreut von einem im Lager tätigen deutschen Gefangenen, der im Zivilberuf

Arzt war. Er hatte als Neurologe in Deutschland in einer großen Klinik praktiziert. Für Heinrich Martin war dies sein Glück, denn dieser Arzt erzielte trotz Mangels an wichtigen Arzneimitteln bei unserem Hein kleine Besserungen.

Unser Hein war ein genialer Erzähler. Er selbst war vor dem Kriege als Janmaat auf großen Frachtseglern gefahren. Er hatte, so verkündete er immer, die ganze Welt gesehen. Begann er von seinen Erlebnissen zu erzählen, hörten wir gern zu. Er verstand uns zu fesseln. Wir merkten gar nicht, ob da nicht doch etwas Seemannsgarn hineingeflochten war. Eigentlich war es uns auch gar nicht so wichtig, Hauptsache, er gab ab und zu eine seiner Geschichten zum Besten.

Sicher erinnerst Du Dich daran, dass er uns nach dem Kriege öfter besuchte, wenn er unterwegs war, um in Sonnenberg Spielzeug zu kaufen. Für seine Übernachtungen stattete er uns seinen Dank in Form von Naturalien ab. Mal war es ein Fässchen Hering, mal ein paar Gläser mit Krabben. Aber auch ohne seine hochwillkommenen Gastgeschenke hätten wir ihn gern aufgenommen!

Übrigens gab es auch in Chartre eine Lagerzeitung. Was man da zu lesen bekam, war ebenfalls alles andere als erfreulich. Die Zweifel, ob und inwieweit es sich um Dichtung oder Wahrheit handelte, blieben bestehen. Manches erschien uns einfach zu unglaubwürdig.

Inzwischen war es Ende November 1945. Aber noch immer war kein Transport aus Frankreich mit deutschen Gefangenen nach Deutschland abgegangen.

Über dem Weihnachtsfest lagen traurige Schatten. Die Todesfälle im Lager häufen sich. Die Verpflegung war einfach hundsmiserabel. Jeder Gefangene bekam Lebensmittelkarten, gegen die er die Mahlzeiten ausgehändigt bekam. Diesen Umstand versuchte man sich zunutze zu machen. Als wieder einmal ein Todesfall zu beklagen war, nahm man die Lebensmittelkarten des Toten an sich, was konnten die dem armen Kerl schließlich jetzt noch nutzen? Nutzen konnten sie aber den Lebenden, denn die verschafften sich eine Zusatzration für die ein oder zwei Tage, in denen man den Todesfall nicht meldete. Die Leiche versteckte man währenddessen auf einem der oberen Betten, in denen kaum jemals nachgesehen wurde. Diese Praxis hat die Lagerleitung erst nach vielen Monaten entdeckt. Von da an wurde natürlich wieder schärfer kontrolliert. Dies wohl auch deshalb, weil sich Seuchen hätten ausbreiten können. So dicht zusammengepfercht, wie wir dort lebten, hätte sich ein Erreger blitzschnell ausbreiten können.

*

An einem Februartag erschien der Lagerkommandant in Begleitung einer Kommission französischer Ärzte in unserem Zelt. Es ging darum, kranke Gefangene für den ersten Rücktransport nach Deutschland auszuwählen. Endlich ging es los! So überraschend, wie die Franzosen meinten, war dieser Besuch für mich allerdings nicht. Hein hatte nämlich davon schon von seinem deutschen Arzt, dem erwähnten Neurologen, erfahren und die Information an mich weiter gegeben. Ich hielt es jedoch für besser, den Gefangenen nichts davon zu sagen. Womöglich hätten sie sich vor lauter Begeisterung noch verplappert. Auch Hein behielt alles für sich.

Nachdem ich meine Meldung gemacht hatte, fragte einer der Ärzte:

Wer von Euch ist verwundet oder krank?

Natürlich meldeten sich alle. Alle waren ja wegen ihrer Verwundung oder einer überstandenen Krankheit in diesem Zelt. Nun wurden sie einzeln befragt und man notierte die Beschwerden. In der Tat wurden fast alle für den ersten Transport in die Heimat vorgesehen. Schließlich wandte sich der Lagerkommandant in verständlichem Deutsch an mich:

Und Sie? Warum sind Sie in diesem Zelt hier?

Ich sagte ihm, dass ich durch meine freiwillige Arbeit auf einem Bauernhof bei Dreux sehr krank geworden sei, und zur Behandlung in das Lager zurückgebracht werden musste.

Was haben Sie denn für Beschwerden? fragte er mich.

Ich zählte auf: *Schweres Gelenkrheuma, einen starken Herzfehler und Magengeschwüre. Außerdem hatte ich kürzlich Typhus und Paratyphus und Gelbsucht.*

Und wieso haben Sie sich dann nicht gemeldet? Wollen Sie denn nicht nach Hause?

Ich sagte ihm, dass ich mich nicht vordrängen wollte, und erst die anderen Soldaten nach Hause fahren lassen wollte. Da meinte er zu dem zuständigen Arzt:

Notieren Sie auch diesen Gefangenen für die erste Heimfahrt nach Deutschland!

Und so plötzlich wie die Kommission erschienen war, war sie auch wieder verschwunden. Sie zog weiter zum nächsten Zelt, wo weitere Kranke und Verwundete lagen, die ebenfalls für den Rücktransport in Frage kamen.

Bei uns aber brach der Jubel aus! Die Heimkehr nach Deutschland schien unmittelbar bevorzustehen. Manch einer begann sogleich, sein Bündel zu schnüren. Es sollte dann allerdings noch einige Zeit vergehen, bis der Transport in einem Güterzug von Chartre aus in Bewegung gesetzt wurde. Doch irgendwann war es soweit. Der Tag des Aufbruchs war da!

Aus ganz Frankreich hatte man die Kranken und Verwundeten gesammelt. *Der Güterzug war völlig überfüllt.* Doch das spielte jetzt überhaupt keine Rolle. Alle Türen wurden von außen verschlossen und versiegelt. Sie konnten von uns nicht geöffnet werden. Als hätte auch nur einer von uns Lust verspürt, in *Frankreich auszusteigen*! Endlich setzte sich der Zug in Bewegung. Die Stimmung unter uns abgemagerten Gestalten war prächtig. Vorfreude ist die schönste Freude. Jeder malte sich aus, was ihn zu Hause erwarten würde, mancher vielleicht auch mit bangen Gefühlen.

Dann kam die deutsche Grenze. Diese wurde bei Perl passiert. Hier, auf diesem Bahnhof, gab es den ersten Halt auf deutschem Boden. Die

Türen wurden geöffnet und wir durften auch kurz aus den Waggons steigen.

Mit Waschkörben voll Brot standen Bürger dieser Stadt auf dem Bahnsteig und überreichten jedem dieser ersten Heimkehrer ein Stück davon. Und zwar kerniges deutsches Brot. Welch ein Genuss, welch ein freundlicher Empfang! Ich sah so manche Träne der Rührung in den Augen der Kameraden blitzen. Und keiner hat sich dafür geschämt. Es war erschütternd, was dieses eine Stück Brot für eine Auswirkung hatte. Mehr als den Magen sättigte es das Gemüt.

Erschüttert waren aber auch die Frauen und Männer, die uns diesen Empfang bereiteten. Ich werde nie vergessen, welche Szenen sich hier abspielten! Da sahen sie, wie aus den Türen einer nach dem anderen herauskletterte, einer abgemagerter und bis zur Hilflosigkeit erschöpfter als der andere. Die Augen seltsam tief in den Höhlen, die Wangen hohl und in Kleidern, die ihnen um die ausgezehrten Körper schlackerten. Diese jungen Männer waren gesund und durchtrainiert für Deutschland in den Krieg gezogen und wie kamen sie nun zurück! Sie brauchten kein Wort zu sagen, denn was sie durchgemacht hatten, war ihnen auf den ersten Blick anzusehen. So gab es auch unter denen, die uns begrüßten, bei so manchem, und vor allem mancher, die die Tränen nicht zurückhalten konnten. Und wir waren nur der erste Zug. Weitere würden folgen. Und aus allen würden die so schrecklich von Entbehrungen gezeichneten Söhne ihres Volkes klettern, die so stolz in ihren Uniformen von ihnen gegangen waren. Gibt es etwas Barbarischeres als Krieg?

Die Fahrt nach Deutschland hinein wurde fortgesetzt. Alle Türen durften geöffnet bleiben. Wir hingen an den Türen. Jeder von den Gefangenen wollte einen Blick auf das Land werfen, für das er die besten Jahre seines Lebens geopfert hatte. Für dieses Land waren viele bereits 7 Jahre im Kriege und Gefangenschaft gewesen. Und wozu das Ganze? Wie viele würden nicht mit dem nächsten, nicht dem übernächsten Zug, mit keinem Zug jemals zurückkehren! In zehntausenden von Familien fehlte ein Gatte, ein Vater, ein Bruder, ein

Onkel, ein Freund. Trauer kehrte ein. Doch die Verluste waren nicht nur unter den Soldaten zu beklagen. Unzählige der im Land Gebliebenen waren durch Bomben getötet oder verletzt worden.

Nein, nicht nur die Soldaten hatten gelitten. Das sahen wir auf unserer Fahrt durch das zerstörte Deutschland. Zerbombte Häuser, Straßen, Städte allerorten. Jeder stellte sich die bange Frage: Wie um Gottes Willen wird es bei mir zu Hause aussehen?

Der Zug hielt in Darmstadt.

Wir kamen hier in ein Entlassungslager! Schon wieder ein Lager! Wir wurden registriert. Das ging nicht besonders zügig, es nahm Tage in Anspruch. Doch wir waren ungeduldig. Es gab einige, die glaubten, es nicht länger aushalten zu können. Heimlich verließen sie das Lager. Jeder Entlassene musste seine graue Heeresuniform umfärben in marineblau. Was nach so einem Umfärbevorgang rauskam, war wenig überzeugend. Die Färbung gelang nicht gleichmäßig und so sahen die Uniformen merkwürdig gescheckt aus. Doch um überhaupt wieder angezogen werden zu können, mussten sie zuvor getrocknet werden. Dieses geschah an offenen Feuern. Die Öfen in den Zelten waren viel zu klein, um die vielen Uniformen in der kurzen Zeit zu trocknen. Und Bügeleisen standen natürlich nicht zur Verfügung. Das ganze dauerte Stunden über Stunden und das Ergebnis sah ziemlich lächerlich aus. *Eine Schnapsidee.*

*

Schließlich waren die Formalitäten abgeschlossen und wir wurden aus dem Darmstädter Lager entlassen. Ich erinnere mich, dass die Entlassung auf unseren Hochzeitstag fiel. Als freier Bürger bestieg ich einen Zug, der mich in meine Heimatstadt tragen sollte. Dort suchte ich zuerst unsere Wohnung auf. Ich wusste zwar, dass ich meine Familie nicht vorfinden würde, denn Du warst ja mit den Kindern evakuiert worden, und dieser Ort war mir auch wohlbekannt. Doch ich wollte einfach mal nach dem Rechten sehen. Ich vermutete meine ausgebombte Schwägerin mit ihrer Freundin in unserer Wohnung, allerdings dürfte sie tagsüber auf ihrer Arbeitsstelle sein. Da unsere Nachbarn den Wohnungsschlüssel in ihrer Obhut hatten, gelangte ich dennoch ohne weiteres in die Wohnung. Ich schnupperte mit Behagen den vertrauten Duft unserer Wohnung, ließ mich in einen Sessel fallen und sah zuerst die eingegangene Post durch. Unter den Briefen fand sich der eines guten Freundes, mit dem ich eine Zeit lang zusammen gedient hatte. Er schrieb: Bitte melde dich doch gleich bei mir, wenn du zurückkommst. Wir haben doch ein Geschäft, und wenn du willst kannst du sofort bei uns anfangen.

Wie wichtig diese Nachricht war, sollte ich kurze Zeit später merken, als ich den Zuzug meiner Familie in unseren ursprünglichen Wohnort beantragen wollte. Ich versuchte meine Schwägerin telefonisch zu erreichen, doch ihre Firma hatte wegen des Bombenkrieges eine Adresse mit anderen Telefonnummern. Ohne mich nun noch länger aufzuhalten, setzte ich mich in den nächsten Zug und fuhr in die Schwalm, wo ich meine Familie wusste. Doch als ich endlich vor dem betreffenden Hause stand, erklärte mir die Bäuerin, dass Ihr umgezogen wäret, da es für die Kinder in diesem Hause im Winter zu kalt gewesen sei. Freundlicherweise begleitete sie mich bis zu diesem anderen Haus. Mittlerweile war es dunkel geworden. Sie klingelte. Daraufhin öffnete sich ein Fenster und eine Stimme fragte: *Wer ist denn da?* Das war deine Stimme! Zum ersten Mal nach mir ewig erscheinender Zeit hörte ich wieder deine liebe Stimme! Die freundliche Bäuerin rief: *Sie haben Besuch bekommen, raten Sie mal, wer da ist.*

Und ohne, dass Du mich in der Dunkelheit hättest erkennen können, riefst du, überrascht und erfreut: Das muss mein Mann sein! Fritz, bist du da?

Jawohl, mein Schatz, rief ich, ich bin zurück! Es hat leider ein bisschen länger gedauert.

Ich verabschiedete die Bäuerin und nahm meine Frau in die Arme, die zur Haustür gestürzt war. Unsere Freude war unbeschreiblich. Wir lösten uns nach einer langen Umarmung und ich betrat die Wohnung.

Unser Töchterchen, mittlerweile vier Jahre alt, dass den Papa so lange nicht gesehen hatte, sah verschüchtert den fast fremden Mann an, der da hereingeschneit kam. Ich glaube, jetzt erst war sie in einem Alter, in dem sie mich bewusst wahrnehmen konnte.

Na komm, willst du nicht dem Papa ein Küsschen geben? fragtest Du sie aufmunternd. Sie zögerte und dachte nach. Dann meinte sie: Ich kann dem Papa noch kein Küsschen geben, er ist mir so fremd.

Diese Fremdheit währte allerdings nicht sehr lange, sie schmolz allmählich dahin und wir wurden uns wieder vertrauter. Eine ganz natürliche Reaktion.

Unser kleiner Sohn, den ich an diesem Abend zum aller ersten Mal zu Gesicht bekam, war weit weniger scheu. Vertrauensvoll lief mir der Kleine entgegen und ließ sich gern auf den Arm nehmen. Das war er also unser Holger, dessen Geburt ich in Frankreich mit den Kameraden so gründlich gefeiert hatte. Er war 1 ½ Jahre alt. Beide Kinder waren gesund und wohlgeraten. Mit wie viel Aufopferung und Liebe hast du dich all diese schwierigen Jahre um sie gekümmert! Doch jetzt war die Familie wieder vereint. Ein neuer Abschnitt stand uns allen bevor. Bald aber machte sich meine Müdigkeit und Erschöpfung bemerkbar. Im Bett erlitt ich einen Zusammenbruch. Ich hatte im Nu hohes Fieber und beunruhigende Herzbeschwerden. Dir gelang es, noch in der Nacht den Arzt in Treysa zu erreichen, der auch gleich kam. Die letzten Monate waren außerordentlich anstrengend gewesen, dazu die ungesunde, einseitige und unzureichende Ernährung. Ganze 56 Kilo wog ich, als ich bei Euch ankam. Das lag über 20 Kilo unter meinem Normalgewicht, und das, wo ich stets rank und schlank war. Um es deutlich zu sagen: Ich bestand hauptsächlich aus Haut und Knochen. Die ganze Zeit über hatte ich mich wacker geschlagen und die Erschöpfung niedergekämpft. Doch hier, bei Euch, da brach sie durch. Acht Tage lang lag ich nur im Bett und versuchte wieder zu Kräften zu kommen. Dann konnte ich wieder vorsichtig aufstehen. Es war Frühling. Wir machten mit unseren Kindern erste kleine Spaziergänge durch die blühende Natur. Mit der Zeit kehrten meine Kräfte wieder halbwegs zurück, aber wo ich ging und stand fror ich. Die Sonne schien, die Temperaturen lagen bei 15 bis 18 °, doch ich trug unter meinem Wintermantel noch zwei Pullover, um nicht mit den Zähnen zu klappern.

*

Es wurde Zeit, sich Gedanken über unsere Zukunft zu machen. Meine Wurzeln lagen ja in Thüringen, doch dies lag bekanntlich in der sowjetisch besetzten Zone. Unter den kommunistischen Russen mochten wir nicht leben.

Der Bürgermeister von Neustadt in der Schwalm bot uns an, ein Geschäft zu eröffnen. Aber wir konnten uns mit diesem gut gemeinten Vorschlag nicht so recht anfreunden. Wir wollten zurück in unser altes Zuhause, in unsere hübsche, moderne Wohnung. Das war ja auch nicht so abwegig, denn ich hatte ja das Angebot meines Freundes in der Tasche, sofort in seiner Firma anfangen zu können.

Also fuhr ich zu ihm. Als wir uns das letzte Mal gesehen hatten, war ich gesund und kräftig gewesen. Nun erschrak er über meine Magerkeit, freute sich aber, dass wir uns überhaupt wieder sahen, denn das war weiß Gott keine Selbstverständlichkeit. Wir besprachen alles Erforderliche. Ich erhielt einen Arbeitsvertrag, mit welchem ich den Zuzug für meine Familie in unsere eigene Wohnung bei dem Wohnungsamt beantragen wollte.

Dieses war zu meiner Überraschung gar nicht so einfach. Statt auf Wohlwollen und Entgegenkommen traf man hier auf bürokratische *Prinzipienreiterei und Herablassung.* Gerade für entlassene Soldaten schienen sie wenig Sympathie zu empfinden. Als wären die Herrschaften *beim Wohnungsamt* allesamt schon immer Kriegsgegner und *Widerstandskämpfer gewesen.* Ich erinnere mich an den Fall eines ehemaligen Oberst der Luftwaffe, den ich auf dem Wohnungsamt wieder traf. Man weigerte sich, ihm eine Zuzugsgenehmigung auszustellen, obwohl er hier bereits seit Jahren seinen Wohnsitz hatte und seine Wohnung weder besetzt noch zerstört war. Die Willkür einiger dieser hochnäsigen Angestellten muss man als schikanös bezeichnen. Sie saßen jetzt am Drücker und spielten ihre kleinen Befugnisse *selbstherrlich* aus.

Dass ich einen Arbeitsvertrag vorlegen konnte, war ihnen keineswegs Grund genug, die Zuzugsgenehmigung auszustellen und uns in unsere Wohnung zu lassen. Man wollte mich tatsächlich abwimmeln. Ich bestand hartnäckig auf meiner Forderung, und endlich hob der Sachbearbeiter seinen Hintern vom Stuhl, um mit seinem Vorgesetzten Rücksprache zu nehmen. Daraufhin stellte er mir endlich die Bescheinigung aus. Erleichtert steckte ich das Papier ein und wandte mich zur Tür. Doch da wurde ich noch einmal zurückgerufen.

Da ließ sich dieser unangenehme Mensch das Papier noch einmal zurückgeben, um es mit dem Vermerk zu versehen: Untermieter müssen wohnen bleiben.

Da hatte mir der *missgünstige Kerl* noch eins ausgewischt. Das dachte er jedenfalls. Doch ich ließ mir etwas später mit der Begründung, das Original sei mir abhanden gekommen, eine Kopie meiner Zuzugsgenehmigung ausstellen. Auf der Kopie stand nun nicht mehr, Untermieter müssen wohnen bleiben. Manchmal muss man eben mit kleinen Tricks arbeiten, um zu seinem Recht zu kommen!

Nun ging es darum, den Umzug zu organisieren.

Wir bestellten einen Güterwagen für unser Umzugsgut. Der größte Teil bestand aus ca. 4 Festmeter Brennholz, welche wir von der Gemeinde zugeteilt bekommen hatten. Mehrere Bauern, bei welchen Du gut angesehen warst, erklärten sich bereit, unser Umzugsgut kostenlos zum Bahnhof zu transportieren und auch einzuladen. Diese Sorge waren wir also los. Ja, sie gaben uns sogar noch haltbare Lebensmittel mit wie Kartoffeln und Erbsen.

Du hattest nämlich bei mehreren Bauern während Deiner Evakuierungszeit als Erntehelferin tüchtig mitgeholfen. Alle waren überrascht gewesen, dass eine so feine Dame aus der Stadt durchaus ordentlich mit anpacken kann. Das hat dir Respekt und Anerkennung verschafft. Davon profitierten wir jetzt.

Das Elternpaar eines Bauern hatte Dich besonders ins Herz geschlossen. Oft hatten sie dir für Dich und die Kinder Lebensmittel zugesteckt, wenn du am Abend die Milch für die Kinder abholen kamst.

Dies war Deine einzige Bezahlung für Deine oft schwere Arbeit. Arbeit, welche du in Deinem Leben noch nie gemacht hattest: Kartoffeln ausmachen, Heu- und Getreidewagen beladen. Geld gab es keins. Hattest du mitgearbeitet, bekamst du nur die Mahlzeiten als Lohn. Die Milch für die Kinder musstest du extra zahlen.

Aber diese Milch war sehr wichtig, denn unser Söhnchen hatte den Milchschorf und sollte die Milch immer von derselben Kuh bekommen, so hatte es der Arzt dringend empfohlen.

Eines Tages hatte dann plötzlich die Polizei vor Deiner Tür gestanden.

Frau Hennemann, Sie sind angezeigt worden dass Sie immer Milch von einem Bauern holen. Trifft das zu?

Ja, das stimmt!

Was ist der Grund hierfür?

Mein kleiner Sohn ist sehr krank und hat ganz schlimm den Milchschorf. Herr Dr. M. hat dringend empfohlen, dem Kleinen immer nur die Milch von der gleichen Kuh zu geben, damit es nicht noch schlimmer wird.

Gut, wir werden uns bei dem Arzt erkundigen. Bestätigt er, was Sie sagen, ist die Angelegenheit für Sie erledigt.

Aber bitte kommen Sie doch nach nebenan, da können Sie meinen Sohn ansehen. Dann sehen Sie sofort, dass meine Angaben stimmen.

Nein, nein, meinten die Polizisten, *das ist nicht nötig, wir glauben Ihnen ja. Doch Sie sollten vorsichtig sein, denn es gibt unangenehme Leute, ganz in Ihrer Nähe...*

Damit meinten die Polizisten die Vermieter, die im gleichen Hause wohnten. Dass sie es waren, die zur Polizei gelaufen waren, erfuhren wir allerdings erst später. Wir fragten uns, was sie mit dieser Anzeige eigentlich bezweckt haben mochten. Einen Vorteil konnte es ihnen ja in keinem Falle bringen. So bleibt nur die Vermutung, dass sie es aus purer Bosheit taten, was umso schlimmer ist, als sie ja wussten, dass unser Kleiner krank war und diese Milch brauchte. Gottlob blieb dieser hässliche Vorfall ein Einzelfall. Die übrigen Dorfbewohner behandelten dich freundlich, ja herzlich.

Während Du mit den Kindern im Zug fuhrst, blieb ich im Umzugswaggon bei unseren wenigen Habseligkeiten.

Auf unserem Heimatbahnhof kam unser Waggon auf ein Abstellgleis, so dass wir in Ruhe alles ausladen lassen konnten. Ein Spediteur lud alles auf seinen Pferdewagen und fuhr alles zu unserer Wohnung.

Du erinnerst dich sicher noch, dass plötzlich die Polizei zu uns kam und sagte, Nachbarn haben Sie angezeigt, dass Sie so viel Holz haben. Woher haben Sie denn das viele Holz? Als wir es ihnen erklärten, waren sie zufrieden und gingen wieder.

Nun mussten wir in unserer Wohnung, welche noch komplett eingerichtet war, einige Änderungen vornehmen. Deine Schwester und ihre Kollegin wohnten ja auch noch in unserer Wohnung. Die beiden teilten sich jetzt das Kinderzimmer. Unsere beiden Kinder mussten mit uns im Schlafzimmer schlafen. Etwas beengt das Ganze, doch das waren eben die Auswirkungen des Krieges, das hatte man in Kauf zu nehmen. Im Übrigen hielt dieser Zustand nicht lange an, da die beiden nach einigen Monaten auszogen, und eigene Zimmer ganz in der Nähe fanden. Jetzt erst waren wir wieder richtig zu Hause und wir fühlten uns auch so!

*

Nun begann meine Arbeit im Geschäft meines Freundes. Er selbst war schon einige Monate länger wieder aus dem Krieg zurück. In der Zwischenzeit hatte sein Vater, der immerhin schon 72 war, das Geschäft so gut es ging weiter geführt.

Natürlich hatten wir uns neben der Arbeit allerhand zu erzählen. Er war an der Ostfront eingesetzt gewesen und in Breslau in russische Gefangenschaft geraten. Eines Abends erzählte er mir, wie er es geschafft hatte, nicht in die gefürchteten Lager abtransportiert zu werden. Er hatte sich als Österreicher ausgegeben. Die Papiere, die ihn als Deutschen auswiesen, hatte er versteckt. Man schob ihn nach Österreich ab, wo er interniert wurde. In Österreich kannte er sich gut aus und besonders auch in Südtirol, von wo seine Frau stammte, die dort auch Verwandte hatte.

Da er die Adresse dieser Verwandten als seine Heimatadresse angeben konnte, wurde er dann nach einigen Monaten entlassen. Jetzt blieb er erst eine Zeit bei den Verwandten, denn die Grenze zwischen Österreich und Deutschland wurde von den Amerikanern streng bewacht. Obwohl er nun in Zivil war und einen österreichischen Pass besaß, verhielt er sich so unauffällig wie möglich. Hätten ihn die Amerikaner als Deutschen erkannt, wäre er in amerikanische Gefangenschaft geraten. Das wäre zwar immer noch besser gewesen, als von den Russen nach Sibirien verschleppt zu werden, aber am allerbesten war natürlich die Freiheit. Bei Nacht und Nebel ließ er sich von einem Mann, der sich im Grenzgebiet gut auskannte, über die Grenze nach Deutschland lotsen. Nun war er zwar in Deutschland, aber noch lange nicht in Hessen. Im Grenzgebiet wurde von den Amerikanern streng kontrolliert, selbst als Radfahrer musste man damit rechnen, unter die Lupe genommen zu werden. So fuhr er mit einem Güterzug bis nach Würzburg, von dort gelangte er auf einem anderen Zug unerkannt in seine Heimatstadt. Der Rest war einfach. Da seine Wohnung im Sperrgebiet der amerikanischen Besatzungskräfte lag, vermutete er, dass sich seine Frau bei einer seiner drei Schwestern aufhielt. Diese Vermutung erwies sich als zutreffend. So hatten sich diese beiden auch wieder gefunden.

*

Nun begannen wir mit dem weiteren Auf- und Ausbau des Geschäftes, ein Tapeten- und Teppichhandel. Das erste

Problem war die Beschaffung von Ware. Das war bei der allgemeinen Knappheit von allen Produkten und der zerstörten Infrastruktur kein Kinderspiel.

Doch da es sich um eine seit Jahrzehnten eingeführte Firma handelte, ließen sich schließlich doch Mittel und Wege finden, um an Ware zu kommen.

Im Umkreis arbeiteten zwei Tapetenfabriken, die Tapeten gegen Altpapier lieferten. Das System funktionierte folgendermaßen:

Kunden, die Tapeten haben wollten - und das war nach dem Bombenkrieg die halbe Bevölkerung - gaben bei einem Altpapierhändler Altpapier ab und erhielten dafür eine Quittung. Mit diesen Quittungen kamen sie dann zu uns. Die eine Fabrik stellte in der ersten Zeit vor allem Standart-Tapeten her auf Papier geringer Qualität. Die andere Tapetenfabrik war da etwas fixer, sie verbesserten bald die Papierqualität und präsentierten auch ansprechendere Muster. Jeder Kunde wollte natürlich für die Verschönerung seines Heims die besseren Tapeten haben, was ja verständlich ist. Klar, wer in diesem Konkurrenzkampf das Rennen machte.

Die fertigen Tapeten holten wir mit einem Lastwagen direkt von den Fabriken ab. Die Ballen mussten nun in einen tiefen Keller des Nebenhauses, der als Lager fungierte, geschleppt werden. Ich gab mein Bestes, aber oft verließen mich die Kräfte und ich konnte einfach nicht mehr. Mein Gewicht war noch nicht wesentlich über die 56 Kilo hinausgekommen. Doch zum Glück war der Chef auch mein Freund. *Setzt dich hin, Fritz,* sagte er, wenn mir mal wieder die Puste ausgegangen war, *ruh dich etwas aus, ich mach schon mal weiter.*

Der Keller gehörte einem Bäcker im Nebenhaus. Bei diesem holte ich mir zum Frühstück für eine 50-Gramm-Brotmarke ein köstliches Brötchen. Und wenn er gut gelaunt war, dann gab er mir mit gutmütigem Augenzwinkern auch manchmal zwei Brötchen für die eine 50 Gramm-Marke. Das ich sie gebrauchen konnte, war mir ja unschwer anzusehen. Vor Dankbarkeit wäre ich dem guten Mann am liebsten jedes Mal um den Hals gefallen. Diese Freude mag heutzutage, da jeder überlegt, wie er seine Kalorienzufuhr reduzieren kann und Hunger zumindest in Mitteleuropa so gut wie unbekannt ist, kaum nachvollziehbar sein. Doch Hunger kann ein unglaublich bohrendes Gefühl sein und ein Extrabissen konnte Begeisterung auslösen. Ich behaupte, wer einmal in seinem Leben wirklich Kohldampf geschoben hat, weiß den Wert von Lebensmitteln erst wirklich zu schätzen. Lehrmeister Hunger, sozusagen.

Viele Vorfälle und Begebenheiten der ersten Nachkriegszeiten hatten mit Nahrungsbeschaffungsproblemen zu tun.

Da erschien eines Tages ein Malermeister aus dem Vortaunus, um seine Altpapierquittungen gegen Tapeten zu tauschen. Nach dem Aufladen setzte er sich zu einer Vesper nieder. Und dann wickelte er sein Frühstücksbrot aus! Ein großes Bauernbrot, dick belegt mit rohem Schinken. Ein solches Brot war mir zuletzt in meinen Träumen erschienen! Mir fielen fast die Augen aus dem Kopf und mir lief das Wasser im Munde zusammen bei diesem überaus köstlichen Anblick. Der gute Mann stutzte, sah erst mich an, dann sein Brot und reichte mir großzügig die Hälfte rüber. Ich verzehrte es in kleinen Bissen, die ich sorgfältig kaute - und dabei hörte ich die Englein singen! Wenn er dann wieder einmal zum Einkauf erschien, brachte er mir stets zwei deftige Frühstücksbrote mit, damit ich wieder was auf die Rippen bekäme. Eins der Brote verzehrte ich selbst, das andere brachte ich Euch nach Hause mit. Erinnerst du dich noch über die Freude über diese mitgebrachten Brote? Und mir machte es Spaß zu sehen, wie ihr Euch darüber her machtet.

Eines Tages sagte dieser gutherzige Mann zu mir:

Hören Sie, ich habe einen großen Garten. Kommen sie doch mit Ihrer Frau und den Kindern mal vorbei und pflücken sich selbst Obst in unserem Garten.

Natürlich ließen wir uns das nicht zweimal sagen! Doch man überlege: Wer würde heutzutage noch acht Kilometer Fußmarsch auf sich nehmen, um Obst zu pflücken? Doch wir machten das damals gern. Unsere Kinder haben wir im Kinderwagen mitgenommen. Mit gefüllten Taschen und Körben kehrten wir zurück und Du machtest Dich gleich daran, einige Gläser einzukochen.

Solche Zeichen von gegenseitiger Hilfe in der Not wärmten das Herz. Und wir waren dabei nicht immer nur die Empfangenden, sondern konnten manchmal auch anderen helfen.

Manchmal erschienen beispielsweise Kunden, die mehr Altpapierquittungen vorlegen konnten, als sie Tapeten benötigten. Ich legte diese Überschüsse zurück, um Kunden zu Tapeten zu verhelfen, die selber keine Altpapierquittungen vorlegen konnten. In diesen Fällen war ich dann der helfende Engel, dem man dankte, was auch ein gutes Gefühl war.

In den zerstörten Häusern fanden sich große Mengen von Altpapier. Und deshalb bin ich am Wochenende selbst in die Häuser gegangen und habe Altpapier gesammelt. Auf diese Weise haben wir unsere Speisekammer etwas ergänzen und auffüllen können. Ich wundere mich heute, dass wir Monate brauchten, um auf diese glorreiche Idee zu kommen!

*

Noch eine amüsante Geschichte dieser Art fällt mir ein. Da fragte ein Malermeister aus dem Rheingau nach Tapeten für seine Kundschaft. Leider könne er aber nicht mit Altpapier dienen, doch seine Kunden böten Naturalien an: Wein. Ob sich das machen ließe? Ja, antwortete ich, ich hätte da eine gewisse Reserve, das ginge im Prinzip schon.

Das Problem ist, sagte er, dass ich den Wein nicht dabei habe. Ich könnte ihn aber am Wochenende zu Ihnen bringen. Falls Sie es nicht vorziehen, am Wochenende mit ihrer Familie zum Mittagessen zu uns zu kommen und den Wein anschließend mitzunehmen. Was halten Sie davon?

Ich hielt sehr viel davon! Wir haben natürlich unsere Kinder mitgenommen. Allein die Bahnfahrt war für die Kinder schon ein Abenteuer. Sie sahen sich alles genau an und fragten uns Löcher in den Bauch.

Das Essen war köstlich. Die ganze Familie, sie hatten noch zwei Töchter, bedauerten uns wegen der Lebensmittelkarten und den wenigen Lebensmitteln, welche wir hierauf bekamen. Hier im Rheingau bestanden offenbar keine Engpässe bei Lebensmitteln. Ausgerechnet mit Wein hielten sie sich über Wasser. Sie hatten also den Wein, wir aber die Tapeten. Eine Hand wäscht die andere. Das passte zusammen und in der Zukunft sollten wir unsere spezielle Geschäftsbeziehung noch weiter ausbauen. Das Problem war dabei der Weintransport, denn legal war die ganze Geschichte natürlich nicht.

Nach einem reichlichen Kaffeenachmittag begaben wir uns zum Bahnhof, um mit dem Zug zurück zu fahren. Mein Rucksack und zwei Taschen waren schwer gefüllt. Sie zu tragen, war allein meine Aufgabe, denn Du musstest Dich um unsere quicklebendigen Kinder kümmern, was auch nicht leicht war. Doch alles konnte ich nicht tragen. Es wurde vereinbart, dass ich den restlichen Wein zu einem späteren Zeitpunkt abholen könnte. So kam es dann, dass ich mich am Wochenende mit Rucksack und besonders großen Aktentaschen in den Zug setzte, um zum Abholen des Weines in den Rheingau zu fahren.

Ich musste höllisch aufpassen, denn ständig fanden Kontrollen statt. Und wer mit mehr als drei Flaschen Wein erwischt wurde, bekam alle abgenommen.

Als wieder einmal eine größere Menge an Wein angefallen war, fuhren wir beide mit einem Bekannten, der glücklicher Besitzer eines alten Opel war, in den Rheingau. In den Kofferraum packten wir 100 Flaschen Wein. Aber der Kofferraum war nur von innen zu beladen. Kofferraumdeckel zum Öffnen von außen gab es damals noch nicht. Und der Rest von 15 Flaschen Wein stand in einem Karton neben Deinen Füßen auf dem Boden. Der alte Opel hatte einiges an Lasten zu bewältigen. Doch bevor wir abfuhren, wurden ein paar Gläschen zur Stärkung zur Brust genommen. Wegen Alkohol am Steuer wurde damals noch nicht kontrolliert und unser Fahrer behauptete, mit etwas Alkohol am Steuer fahre er besser als Hans Stuck.

Mit klirrenden Flaschen setzte sich der wackere Opel in Bewegung, alles lief gut. Doch kurz vor Wiesbaden knatterte ein Motorrad mit Beiwagen an uns vorbei und eine leuchtende Polizeikelle befahl uns, unverzüglich ranzufahren und anzuhalten. Mist! Jetzt hieß es, die Nerven zu behalten.

Die Polizisten hielten sich nicht lange mit Geplauder auf, sondern fragten ganz gezielt: *Haben Sie Wein im Auto*?

Aber, selbstverständlich, Herr Wachtmeister, gaben wir treuherzig zu, *deshalb sind wir ja in den Rheingau gefahren.*

Aber Sie wissen doch, dass es untersagt ist, Wein zu hole?

Wir spielten die Naiven: Was? Wie bitte? Nein, das hätten wir nicht gewusst. Denn dann hätten wir selbstverständlich nicht soviel Wein gekauft.

Wie viele Flaschen haben Sie denn? Fragte er streng.

Na, es sind 15 Flaschen, das ist das noch genehmigt? Das entsprach der Menge, die im Karton hinter dem Rücksitz stand, und die nun wirklich nicht wegzudiskutieren waren.

Nein, das ist zuviel. Sie dürfen nur eine Flasche für jede Person haben.

Ja, aber dann müssen wir den Wein ja wegwerfen, sagten wir, *das wäre doch eine Schande.*

Wir pokerten hoch, zugegeben, aber der Wein in unseren Adern machte uns kühn.

Es hilft nichts, meinte der Unerbittliche, *der Wein muss von uns bis auf drei Flaschen beschlagnahmt werden.*

Dann bekommen wir sicher von Ihnen eine Quittung für den beschlagnahmten Wein?

Darauf bekamen wir interessanterweise keine Antwort. Ich witterte unsere Chance, schließlich sind Polizisten auch nur Menschen, die gern mal ein gutes Schlückchen trinken.

Darf ich Ihnen einen Vorschlag zur Güte machen? Wir teilen die 15 Flaschen Wein unter uns 5 Personen, dann bekommt jede Person 3 Flaschen. Dann ist die Angelegenheit erledigt. Sie brauchen den Wein nicht zu quittieren und auch nicht bei Ihrer Dienststelle abzuliefern. Und wir haben noch einige Flaschen für unseren Hochzeitstag. Deshalb nämlich wollten wir etwas Wein holen.

Die beiden Uniformierten zogen sich zur Beratung zurück, sie diskutierten sehr wahrscheinlich darüber, ob man uns trauen könnte. Ihren Job wollten sie natürlich nicht gefährden. Deshalb legte ich noch etwas nach:

Sie brauchen selbstverständlich keine Angst zu haben, dass wir dann eine Meldung machen. Wir sind sehr froh, wenn wir die 9 Flaschen Wein zum Hochzeitstag behalten können.

Na gut, meinte einer von ihnen endlich, *wenn das so ist ... und wenn Sie zusichern, dass es nicht wieder vorkommt, dann wollen wir mal ein Auge zudrücken und uns auf ihren Vorschlag einlassen.*

Gesagt, getan. Wir zogen 6 Flaschen aus dem Karton und überreichten Sie demonstrativ zähneknirschend. Die braven Ordnungshüter verstauten sie in der Tiefe ihres Beiwagens, in dem es übrigens verdächtig klirrte. Offenbar waren wir nicht die ersten Opfer dieser uniformierten Raubritter. Aber wir lachten uns ins Fäustchen, so billig davon gekommen zu sein. Unsere 100 Flaschen ruhten unentdeckt und vollzählig im Kofferraum. In ziemlich guter Laune, aber auch müde und erschöpft, kamen wir zu Hause an. Es war bereits nach Mitternacht, wir sanken in die Betten, ein aufregender Tag lag hinter uns.

*

Weißt du noch, dass Deine Eltern aus der Schwalm zurückkamen und wir sie in unserem Kinderzimmer einquartierten? So schliefen wir dann wieder zu viert in unserem Schlafzimmer. Die Wohnung Deiner Eltern war ausgebombt und musste vollkommen neu aufgebaut werden. Auch die Treppe war durch die Bomben schwer beschädigt und musste vollständig erneuert werden. Kannst Du Dich noch daran erinnern, wie Du an einem Morgen ganz früh mit einem Lastwagen zu einem Sägewerk im Bayrischen gefahren bist, um das Holz für die Treppe abzuholen?

Ich hatte in unserem Geschäft den Prokuristen eines ca. 50 km von uns entfernten Sägewerkes kennen gelernt. Solche persönlichen Beziehungen waren damals entscheidend. Die Holzscheine, welche wir benötigten, um das Holz auch zu bekommen, besorgte ich mit einigen Flaschen Rheingau-Wein. Darüber hinaus verlangte der Chef des Sägewerkes allerdings auch noch Arbeitsschuhe für seine Arbeiter. Auch diese organisierte ich für unseren Wein. Aber dafür wurden wir von besagtem Prokuristen gut bedient und mit ausreichend Holz für die Treppe, die Fenster und Türen versorgt. Die Schuhe bezahlte er nicht, doch uns ließ er das Holz bezahlen. Doch er berechnete wenigstens einen korrekten Preis, was damals schon viel war. Alles in allem mussten wir zufrieden sein.

Der Fahrer des Lastwagens verlangte dann – in Gewisserweise typisch für die Verhältnisse dieser ersten Nachkriegsjahre - auf der Rückfahrt einige Bretter für seinen Eigenbedarf. Eine schwierige Entscheidung für Dich. Was, wenn das teuer erworbene Holz nicht für die ganze Treppe reichen sollte? Andererseits: Was solltest du sonst machen? Also gabst du ihm das Gewünschte. Doch glücklicherweise hatte Dir unser Prokurist das Holz aber großzügig bemessen, so dass Du dem Fahrer des Lastwagens einige Bretter abgeben konntest und unser Bauvorhaben dennoch nicht darunter leiden musste.

Du bist sehr müde geworden und auch ich bin nicht mehr ganz frisch. Aber ich freue mich, dass Du Dich an so viele Ereignisse aus dieser früheren Zeit wieder erinnern kannst! Immerhin sind inzwischen ja etwa 50 Jahre vergangen. In den nächsten Tagen geht´s weiter. Dann werde ich Dir noch mehr Geschehnisse aus diesen vergangenen und erlebnisreichen Tagen unseres gemeinsamen Lebens aus der Erinnerung hervorholen, und Dir wieder vor Augen führen. Manchmal staune ich selbst, was wir so alles erlebt haben!

~ ~ * ~ ~

Kapitel 26

Geschäfte zwischen Trümmern

Interessante Erlebnisse im Geschäft / Trümmerbeseitigung in der Stadt

---

Ja, die Nachkriegszeit! Da konnte man was erleben, damals galten sehr spezielle Gesetze! Darüber möchte ich Dir heute noch einige Geschichten erzählen, über die wir heute schmunzeln, und die doch sehr viel über die damalige Zeit aussagen.

Da erschien eines schönen Tages in unserem Ausstattungsgeschäft, das zu dem Zeitpunkt allerdings nur Tapeten liefern konnte, eine hochelegante Dame und verlangte selbstbewusst, den Chef zu sprechen. Mein Freund eilte sofort beflissen zu dieser viel versprechenden Kundin und erkundigte sich nach ihren Wünschen.

Nun, erklärte sie, sie habe die Absicht, ihr Haus neu einzurichten und benötige dafür Tapeten, Teppiche, Gardinen und so weiter, natürlich nur in allerbester Qualität. Ferner benötige sie dringend einen erfahrenen Innenarchitekten, der ihr bei ihren Gestaltungsfragen mit seinem Fachwissen zur Seite stehe. Er, als Inhaber eines Ausstattungsgeschäftes, könne ihr da sicher einen guten Mann empfehlen?

Ich beobachtete die ganze Szene aus dem Hintergrund. Über Adressen von Innenarchitekten verfügten wir nicht, damit konnten wir nicht dienen. Schade. Vielleicht würde sie nun woanders kaufen.

Doch auf dem Gesicht meines Freundes erschien ein verbindliches Lächeln.

Innenarchitekt? Aber selbstverständlich, gnädige Frau, da haben Sie wirklich Glück, wir haben sogar einen sehr erfahrenen Innenarchitekten im Hause, den werde ich ihnen an die Seite stellen, ich bin sicher, sie werden zufrieden sein.

Da ahnte ich, was mein Freund im Schilde führte! Doch ehe ich in Deckung gehen konnte, hatte es mich auch schon erwischt.

Herr Hennemann? Haben Sie einen Moment Zeit? Wenn Sie sich kurz herbemühen könnten?

Was blieb mir übrig? Ich bemühte mich hin. Von Innenarchitektur hatte ich ungefähr so viel Ahnung wie ein einfacher Holzfäller von Intarsienarbeiten, also: Tendenz gegen null. Doch nun hieß es, das Spiel mitzuspielen! Wer mit dem U-Boot das Kap der Guten Hoffnung umfahren hat und das Lager von Bolbec überlebt hat, so sagte ich mir, wird sich doch vor solchen Kleinigkeiten wie Innenarchitektur nicht ins Bockshorn jagen lassen!

So kam es, dass Innenarchitekt Hennmann wenig später im Wagen einer hocheleganten Dame zu einer Villa gefahren wurde, die sich in einer der besten Gegenden der Stadt befand, in der Nähe der Pferderennbahn. Ein prächtiges Haus inmitten eines parkähnlichen Gartens.

Innerlich ermahnte ich mich zur Ruhe, als wir die Villa betraten, die nach meinen Vorschlägen eingerichtet werden sollte. Ich sah mir alles in Ruhe an, hörte der Dame zu, um herauszufinden, was ihr gefiel und was nicht, ließ dann mehr oder weniger den gesunden Menschenverstand walten, und garnierte meine Ratschläge mit sämtlichen Fachausdrücken, die mir gerade in den Sinn kamen. Und siehe da, diese Mischung kam an! Die Dame fühlte sich verstanden von ihrem Innenarchitekten, der von allem überkandidelten Firlefanz abriet und dafür die Eleganz der schlichten Linie lobte und die Überzeugungskraft der vernünftigen Lösungen … na, so in der Richtung lief es. Meine Vorschläge begeisterten sie geradezu und sie wollte alles so schnell wie möglich in die Tat umsetzen. Doch da kam die zweite Hürde: Außer Tapeten hatte unser Ausstattungsgeschäft bedauerlicherweise keine Waren auf Lager.

Über eine befreundete Firma konnten wir für sie dann noch ganz hübsche Gardinen ergattern, die ihr sehr zusagten. Es war nicht ganz einfach, dieser verwöhnten Dame verständlich zu machen, dass es zurzeit äußerst schwierig war, wertvolle und handgearbeitete Qualitätsteppiche zu beschaffen, welche unsere Firma ansonsten natürlich ständig im Sortiment führe. Aber sie wüsste doch, dass es da einige

Zwischenfälle gegeben habe, der Weltkrieg, sie verstehen, deshalb komme es zu Engpässen bei der Lieferung, wir bedauern sehr und so weiter. Als dann etwa drei Monate später die ersten Webteppiche lieferbar waren, unterrichteten wir sie umgehend, obwohl diese Produkte natürlich in keiner Weise vergleichbar waren etwa mit handgeknüpfter persischer Qualitätsware.

Doch es lohnte sich, diese schwierige Kundin bei Laune zu halten. *Ich benötige eine gute Malerfirma*, wandte sie sich vertrauensvoll an uns, *können Sie mir eine empfehlen*?

Aber selbstverständlich, gnädige Frau, antwortete ich*, mir ist da eine vorzügliche Firma bekannt, die im Vordertaunus ihren Sitz hat. Wenn Sie erlauben, werde ich mich persönlich um eine Auftragsanbahnung bemühen.*

Das wäre wirklich reizend von Ihnen, antwortete unsere reiche Kundin, befriedigt, dass man sich so intensiv um ihre Wünsche kümmerte.

Ich hatte natürlich an meinen netten Frühstücksbrot-Lieferanten gedacht und schwang mich aufs Fahrrad, um ihm das Angebot zu überbringen. Er nahm den Auftrag auch gern an, hatte lange Zeit zu tun und freute sich über die prompte und unkomplizierte Begleichung seiner Rechnungen.

Wir dagegen erhielten zum Dank wenig später einen prächtigen Korb mit feinsten Delikatessen. Der Gatte der besagten Dame besaß nämlich einen florierenden Lebensmittel- und Delikatessen großhandel. Wir kamen uns vor wie im Schlaraffenland! Außerdem hatten wir in ihr nun endgültig eine großzügige Dauerkundin gewonnen. Ein Grund zum feiern!

*

Etwas anders lag der Fall, von dem ich jetzt berichten werde. Ein bescheiden aussehender Kunde betrat unser Geschäft, um sich nach Tapeten zu erkundigen.

Sie wissen, dass wir nur gegen Altpapier liefern dürfen?

Ja, ja, meinte er, *das weiß ich schon, aber ich habe nun mal kein Altpapier...*

Ich wollte schon bedauernd die Achseln zucken, da huschte ein verschmitztes Lächeln über sein Gesicht und er setzte hinzu: … *ich habe aber Kohlen. Kohlen gegen Altpapier, Altpapier gegen Tapeten, na wie wär`s?*

Ich überlegte nicht lange. Mit Brennmaterial waren wir knapp. Wir heizten hauptsächlich mit Holz, das schnell verbrannt war, Kohlen waren eine Seltenheit bei uns. Das war eine gute Gelegenheit.

Gemacht, sagte ich, *ich werde Ihnen das Altpapier beschaffen. Wie viel Tapeten brauchen Sie denn?*

So an die 60 Rollen werden wir schon brauchen, meinte er. *Wissen Sie, unser Haus hat unter den Bomben schwer gelitten und wir mussten alles komplett neu richten, verputzen und nun sollen schöne Tapeten auf die Wände.*

Dann suchen Sie sich doch gleich was Passendes aus, bot ich an, denn ich vertraute ihm, *und wenn Sie was Geeignetes finden, können Sie es auch gleich mitnehmen.*

Er wurde fündig, packte ein und fragte: *Und, wann wollen Sie die Kohlen bei mir abholen?*

Ich überlegte. *Da ich kein Auto habe*, sagte ich, *komme ich mit dem Handwagen. Wo liegen die Kohlen denn?*

Er sah mich verdutzt an. *Handwagen?* Er lachte. *Na, Sie sind ja lustig! Wollen Sie etwa 15 Tonnen Steinkohle mit dem Handwagen durch die Gegend schieben? Besorgen Sie sich lieber einen Lastwagen, das geht schneller!*

15 Tonnen Steinkohle gegen 60 Rollen Tapete? Im ersten Moment dachte ich, der will mich auf den Arm nehmen. Doch nein, er meine es wirklich ernst.

Kommen Sie mit dem Lastwagen morgens gegen 9.00 Uhr in den Hafen an die Pier mit dieser Nummer hier, er reichte mir einen Zettel, *da werde ich sofort den Laster beladen. Ich arbeite dort nämlich als Kranführer!*

Über unseren Tapetenlastwagenfahrer organisierte ich einen entsprechend großen Lastwagen und fuhr mit diesem zur Pier. Innerhalb von 10 bis 15 Minuten hatte er etwas mehr als 15 Tonnen Kohle auf der Ladefläche.

Dieser Kohlesegen kam uns gerade recht! Wir fuhren erst zum Geschäft, dann zu unserer Wohnung und zur Wohnung meines Freundes. Jeweils wurden einige Zentner Steinkohle abgeladen.

Du Ärmste musstest diese Kohlen dann in Eimern allein nach unten in den Keller schleppen, da sonst niemand abkömmlich war. Wir konnten sie schlecht auf dem Bürgersteig liegen lassen, bis ich oder Dein Vater aus dem Geschäft kam. Vielleicht hätte man wieder die Polizei auf uns gehetzt wie bei unserer Rückkehr aus der Schwalm mit dem Brennholz, oder Nachbar Kohlenklau hätte sich bedient.

Mit der großen Ladung Kohlen fuhren wir nun in ein Zementwerk, welches die Kohle mit Kusshand gegen Zement eintauschte. Und ich bekam für eine Tonne Kohle eine Tonne Zement. Ob dies günstig war, wusste ich nicht. Vielleicht erging es mir ja, wie dem Hans im Glück, der mit einem Goldklumpen anfängt zu tauschen und am Ende mit einer einzigen mageren Gans unter dem Arm dasteht. Aber jedenfalls hatte ich nun genügend Zement, um die zerstörte Wohnung meiner Schwiegereltern wieder aufzubauen und noch einiges mehr. Mit 300 Zentner Zement, so vermutete ich, wird sich schon was Interessantes anfangen lassen. Und diese Vermutung erwies sich als durchaus zutreffend. Andere Baumaterialien ließen sich problemlos gegen diese Zement-Währung eintauschen.

Sogar der Wohnungsgesellschaft gab ich etwas Zement ab und erhielt andere Gegenstände für den Ausbau der Wohnung.

Auch die Handwerker wurden in Zement ausgezahlt und so blieben schließlich nur etwa 100 Zentner übrig. Der Ausbau der Wohnung hat doch immer noch ca. 4 Monate gedauert. Schwer war es, die Handwerker zu bekommen. Jeder wollte außer dem Lohn noch andere Waren haben, beliebt waren Kaffee oder Zigaretten. Ein Päckchen Zigaretten kostete auf dem Schwarzmarkt damals 200 RM! Ohne solche zusätzlichen Leistungen war damals niemand zu bekommen.

Ich hatte doch noch Glück, da gegen meine Anlieferung von Holz und Zement ein Teil der Handwerker von der Wohnungsgesellschaft für uns gestellt wurden. Ich habe auch gleich die Wohnung für die Schwägerin meiner Schwiegermutter im Stock darüber mit ausgebaut. Der Bruder meiner Schwiegermutter, Dein Lieblingsonkel, war im Krieg verstorben. Und so konnte die Schwägerin mit ihren beiden Kindern gleich eine ausgebaute Wohnung beziehen.

Die ganze Stadt lag ja zum großen Teil in Trümmern. Vor allem die Altstadt und die Innenstadt waren betroffen. Wer sich heutzutage Stadtansichten von 1945 ansieht, staunt darüber, dass ganze Straßenzüge dem Erdboden gleichgemacht waren. Altstadt und Innenstadt waren kaum mehr als eine einzige Trümmerlandschaft.

Heute findet sich keine Baulücke mehr. Vor Jahren ist alles wieder aufgebaut worden. Auch unser altes Opernhaus war ab 1976 wieder Ort glänzender Aufführungen. Die Spenden von wohlhabenden Bürgern hatten den Wiederaufbau ermöglicht. Wir beide hatten in diesem Haus während meines Urlaubs 1942 die Operette *Der Zigeunerbaron* von Johann Strauß gesehen. *Die Liebe, die Liebe ist eine Himmelsmacht*, meint das glücklich vereinte Paar im Schlussvers des bekannten Liedes *Wer hat uns getraut*? Und wir beide waren doch der Meinung, dass dies eine völlig richtige Auffassung war, nicht wahr?

Auch heute ist die Alte Oper wieder ein Wahrzeichen unserer Stadt. Obwohl inzwischen ein neues Theater gebaut wurde, ist die Anziehungskraft dieses Hauses noch immer sehr stark.

Der Aufbau der Stadt hatte nicht beginnen können, bevor die Trümmer der zerstörten Häuser weggeräumt worden waren. Durch die wichtigsten Verkehrsadern und über die Plätze waren Schienen einer Schmalspurbahn verlegt worden. Und in den Loren dieser Bahn wurde dann der Bauschutt zu Lastwagen gefahren und über Rampen auf diese geladen. Die Lastwagen fuhren die Trümmer dann auf den Trümmerberg, welcher am Rande der Stadt aufgeschüttet wurde, oder bald auch zu einer Trümmer-Verwertungsgesellschaft auf dem Platz des heutigen Eisstadions, die das Baumaterial wieder aufarbeitete.

Und so war auch ich nach Feierabend damit beschäftigt, die Trümmer von den Straßen und Plätzen zu räumen. In einem großen, damals bekannten Speiserestaurant im Herzen der Stadt, welches inzwischen im Keller seine Gaststätte wieder eröffnet hatte, bekam man dann manchmal eine heiße Suppe.

*

Bei den Räumarbeiten stand manchmal neben mir - den Spaten in den Fäusten, wie einer von uns - der damalige Oberbürgermeister Dr. Walter Kolb, ein schwerer kraftvoller Mann, der fleißig mit anpackte, und zwar nicht nur für die Fotokamera.

Schade, dass von uns beiden Trümmerwegräumern kein Foto existiert! Das muss filmreif ausgesehen haben. Neben dem Schwergewicht des Oberbürgermeisters schippte ein schmaler Mann, dessen Körperumfang nicht einmal die Hälfte seines Nachbarn erreichte. Beide schippten wir einträchtig nebeneinander, doch manchmal fühlte ich einen mitleidigen Seitenblick auf mir ruhen. Schließlich fragte er mich, warum ich denn so mager wäre.

Mager? fragte ich zurück, *seit der Rückkehr aus der Gefangenschaft habe ich schon wieder 5 Kilo zugesetzt!*

Er nickte verstehend, stellte aber keine weitere Frage mehr. Ich wurde allerdings den Verdacht nicht los, dass er mir allzu gerne 20 Kilo abgegeben hätte.

Es hat seine Zeit gedauert, bis alle Trümmer beseitigt waren und der Neuaufbau der Stadt beginnen konnte. Aber ich muss sagen, nachdem der Anfang gemacht war, ging es in erstaunlich flottem Tempo mit dem Aufbau voran.

Vor der Währungsreform 1948 wurden vor allem Banken und Geschäfte aufgebaut. Aber nach der Währungsreform waren auch normale Bürger, sofern sie über genügend Kleingeld verfügten, in der Lage, ihre Häuser wieder aufzubauen.

Es hätte die Möglichkeit bestanden, die Straßen vorausschauend breiter anzulegen, als dann tatsächlich geschehen. Dass der Autoverkehr in den Jahren nach dem Krieg kräftig und unaufhaltsam anwachsen würde, hätte jeder vorhersehen können. Doch die Pläne der Siegermächte liefen ja zunächst darauf hinaus, aus Deutschland wieder ein Agrarland zu machen. Man wollte sicherstellen, dass Deutschland nicht mehr in der Lage wäre, einen Krieg zu führen. Doch dann kam es anders. Der sich anbahnende Ost-West-Gegensatz ließ es den Amerikanern ratsam erscheinen, Westdeutschland nicht zu schwach werden zu lassen. Wie leicht hätte es vom kommunistischen Osten dann kassiert werden können! So wurde auch Deutschland Nutznießer der so genannten Marshallplanhilfe, von der auch Verbündete wie ehemalige Gegner profitierten. Interessanterweise hatten die Siegerstaaten mehr Probleme mit dem Wiederaufbau, als das besiegte Deutschland. Bald sprach man von Deutschland als dem Wirtschaftswunderland. Besonders unter Ludwigs Erhardts *Sozialer Marktwirtschaft explodierte die deutsche Wirtschaft geradezu.* 1955 lief der Millionste VW-Käfer, anerkanntes und viel exportiertes Symbol des wirtschaftlichen Wiederaufstiegs, vom Band. Was übrigens kaum jemand weiß: Dass die erste Skizze des Käfers bereits Anfang der 30er Jahre von niemandem anderem als von Adolf Hitler angefertigt worden war.

Heute kann man nicht mehr von einer Blüte der deutschen Wirtschaft sprechen. Wir haben es geschafft, in Europa mit unserer Wirtschaftsleistung *fast am Ende aller Europäischen Staaten zu stehen.*

Es war unvorstellbar, wie schnell nach der Währungsreform im Juni 1948 die Wirtschaft und Industrie aufblühte. Aber auch, wie schnell der Verkehr zunahm. Als ich 1950 mein erstes Auto kaufen konnte, *einen gebrauchten alten Opel P4*, genannt der rasende Benno, waren noch nicht einmal 1 Million Autos zugelassen. Heute dagegen sind allein ca. 42 Millionen Pkws auf den Straßen. Und das dürfte noch lange nicht das Ende der Fahnenstange sein.

Dazu kommen dann noch die Motorräder und vor allem auch die Lastwagen. Diese haben derartig zugenommen, dass sie zum echten Hindernis für einen flüssigen Verkehr der Pkws werden. Es wird höchste Zeit, dass für die Lastwagen spezielle Autobahnen von Nord nach Süd und West nach Ost gebaut werden. Wenn dieses nicht in den allernächsten Jahren geschieht, wird es zu einem Verkehrskollaps kommen. Es wird dann Autobahnstrecken geben, welche man mit einem Pkw kaum noch befahren will, weil die Fahrzeit einfach zu lang ist.

Die Verlagerung des Gütertransportes von der Straße auf die Schiene wird doch von der Bundesbahn grob fahrlässig, man könnte sogar sagen *vorsätzlich verhindert*. Hier findet kein Aufbau im Güterverkehr statt, sondern ständiger Abbau. Enorme Einschränkungen im Personen-, aber ganz besonders im Güterverkehr werden vorgenommen. Wo ist der kompetente *Fachmann* mit Überblick und Durchsetzungsvermögen?

Schon jetzt benötigt man in der Ferienzeit auf bestimmten Autobahnstrecken *für 200 km bis zu 3 Stunden Fahrzeit*. Der Ausstoß an Schadstoffen wird dadurch massiv verstärkt. Gelänge es, die Fahrzeiten wieder auf ein normales Maß zu verkürzen, reduzierte sich auch der Schadstoffausstoß automatisch.

Und diese Reduktion wäre dringend notwendig, um die Lebensfähigkeit aller Lebewesen auf unserer, immer noch ziemlich schönen Erde noch etwas zu verlängern!

Denn dieser wunderschöne Planet ist einmalig in einem Weltall, dessen Ausmaße jedes menschliche Vorstellungsvermögen bei weitem übersteigt. Heute werden Entdeckungen im Weltall gemacht, welche *unser Obersteuermann, ohne damals über die heutigen modernen und raffinierten Forschungsgeräte zu verfügen, ganz gleich, ob es sich um hochqualifizierte Observatorien oder um mit Raketen in das Weltall geschossene Forschungssatelliten handelte, in den Dreißigerjahren Jahren bereits ahnte, vorhersah und uns damals als seine Vision ankündigte. Er sagte vieles voraus, was erst in den letzten Jahren erforscht und festgestellt wurde.* Für mich wird dieser bescheidene, immer freundliche Mann unvergessen bleiben. Vieles von seinen hochinteressanten Erkenntnissen habe ich den hier vorliegenden Seiten ja schon anvertraut.

Da Du solche Berichte über die Erde, das Sonnensystem und die heutigen neuesten Entdeckungen des Weltalls gerne hörst, werde ich Dir in Kürze vielleicht weiter davon erzählen.

*

Als ich aus der Kriegsgefangenschaft zurückkehrte, hätte ich ebenso wenig wie die meisten anderen Menschen, mit denen ich sprach, gedacht, dass es in Deutschland zu einem derart rasanten wirtschaftlichen Aufschwung kommen würde. Auch das Ausland hatte damit nicht gerechnet. Diese Entwicklung ist umso erstaunlicher, wenn man sich die Ausgangslage vor Augen führt. Ein großer Teil der Bevölkerung hauste in Kellern, die notdürftig hergerichtet worden waren. Und dabei wurde der, der in einem sicheren und trocknen Keller wohnen konnte, von denjenigen noch beneidet, die sich irgendwie in halbzerstörten Häusern eingerichtet hatten und das nicht nur für eine Übergangszeit, sondern oft genug über viele Jahre, bis das angekurbelte Wohnungsbauprogramm jedem einen menschenwürdigen Wohnraum zur Verfügung stellte. Es war eine entbehrungsreiche Zeit, bei der dennoch kaum jemand sich einfach hängen ließ. Alle waren in Bewegung und fleißig, wie die Ameisen reparierten wir das arg zerstörte Rest-Deutschland.

Heute, über ein halbes Jahrhundert später, sind zwei neue Generationen geboren, die den Krieg und die ersten Nachkriegsjahre *nur vom Hörensagen und aus den Schulbüchern kennen.* Vieles gerät in Vergessenheit. Das ist bedauerlich, ja schädlich. *Wer die Vergangenheit nicht kennt, kann die Zukunft nicht sinnvoll gestalten.*

Die wirtschaftlichen Erfolge, die Deutschland innerhalb von knapp zwei Jahrzehnten in ein blühendes Land verwandelt hatten, betrafen allerdings vor allem den westlichen Teil. In der DDR, die bekanntlich unter dem Einfluss der Russen stand, die mehr nahmen als gaben, lief alles wesentlich langsamer an. Es war wie eine Schere, die sich langsam öffnete. Nicht ohne Neid blickten unsere Landsleute aus dem Osten zu uns herüber. *Viele hielten uns für gierig oder arrogant.* Die *wollen nur reich werden, hieß es.* Viele fühlten sich vernachlässigt und murrten. Doch darf man unsere Landsleute aus der ehemaligen DDR vielleicht einmal daran erinnern, wie viele Pakete von den angeblich so *egoistischen Westdeutschen nach drüben geschickt wurden?* Und keineswegs nur Pakete mit irgendwelchem Plunder, für den sie selber keine Verwendung gehabt hätten. Oft genug wurden eigene Wünsche hinten angestellt. Man ließ die eigenen Kinder auf die erforderlichen neuen Schuhe noch warten, weil die Oma in der DDR energisch Kinderschuhe für gleich mehrere Enkel angefordert hatte und auch erhielt. *Das alles wurde zu oft als selbstverständlich angesehen.* Und nicht selten schien den Empfängern dann auch das Geld für die Postkarte zu fehlen, auf der das einfache Wort *Danke* zu lesen gewesen wäre! Wenigstens nach dem Zusammenschluss hätte man dieses Wort doch manchmal gern gehört. Was ich hier beklage, beruht nicht auf Einzelfällen, wie ich aus dem Bekanntenkreis erfahren habe. Dennoch will ich nicht alle über den Kamm scheren! Ein großer Teil der Empfänger hat auch heute noch nicht vergessen, dass Angehörige, Freunde und Bekannte sie nicht im Stich gelassen haben, als bei ihnen die Not größer war als bei uns. *Und nur nach diesen wollen wir unser Verhalten richten.* Und im Übrigen: *Schwamm* drüber!

Du hast so aufmerksam zugehört. Sicher, weil Du Dich an unsere vielen Besuche bei unseren Angehörigen in der DDR erinnerst. Was war das für eine Wiedersehensfreude auf beiden Seiten! Und es hat doch auch Spaß gemacht, etwas aus den Koffern zu zaubern und zu überreichen, was so dringend gebraucht wurde, nicht wahr?

Aber nun genug für heute. Es ist spät geworden. Deine Zeit, ins Bett zu gehen, ist schon reichlich überschritten. Ich werde Dir aber bald von unseren Besuchen in der DDR und der DDR im Allgemeinen erzählen. Keine Bange!

~~*~~

Kapitel 27

Als die *ehemalige* noch die *sogenannte* DDR war

Die DDR, und unsere Besuche in der DDR

Als die DDR noch existierte, war es für mich keine leichte Zeit. Zwar befanden wir uns auf der westlichen Sonnenseite des geteilten Deutschlands, alle meine Geschwister und meine Mutter jedoch lebten und arbeiteten hinter dem Eisernen Vorhang, in der DDR.

Ich war der einzige der Familie, welcher durch Heirat auf dem Gebiet des späteren Westdeutschland vor Anker gegangen war. Natürlich wollte ich die Verbindung nicht abreißen lassen, aber der beginnende Kalte Krieg machte dies zu einem schwierigen Unterfangen. Der Eiserne Vorhang trennte nicht nur zwei Teile unseres Landes, sondern zog sich mitten durch unsere Familien.

Vieles von dem, was ich Dir heute erzählen möchte, haben wir bei unseren Besuchen von unseren Angehörigen gehört, aber vieles haben wir auch am eigenen Leibe erfahren oder doch aus nächster Nähe beobachten können.

Du erinnerst Dich sicher, dass wir unsere wertvollsten Haushaltsgegenstände, darunter wertvolles Porzellan, um sie vor den Bombenangriffen, die ja vor allem auf die Großstädte geflogen wurden, zu schützen, in mehreren Kisten verpackt zu unserer Tante auf den Helenenhof nach Thüringen gebracht haben.

Das Versteck war gut gewählt. Davon konnten wir uns nach dem Kriege überzeugen. Einige Monate nach meiner Rückkehr aus der Gefangenschaft - ich war wieder einigermaßen zu Kräften gekommen – hielten wir die Zeit für gekommen, unsere Habe wieder an uns zu nehmen. Unsere Befürchtungen, unsere wertvollen Sachen könnten

Schaden genommen oder sogar in den Wirren des Krieges irgendwie abhanden gekommen sein, erwiesen sich als völlig unbegründet: Alles fanden wir da vor, wo wir es versteckt hatten. Ja, das war erleichternd!

Dem Eigentum unserer Tante war es bedauerlicherweise weniger gut ergangen. Gutgläubig und vielleicht auch etwas naiv hatte sie keine Vorkehrungen getroffen, ihre Habe zu schützen. Und ehe sie sich versah, war sie von durchziehenden Gefangenen ausgeplündert worden.

Mit einer Pferdekutsche schaffte ich unsere Kisten zum Gemüsehändler Hahn nach Bleicherode. Herr Hahn kannte sich im Grenzgebiet bestens aus, denn für seine Einkäufe überquerte er oft die Grenze. Unsere wertvollen Kisten wurden auf einen Lieferwagen gehievt. In aller Herrgottsfrühe, morgens um 4 Uhr, starteten wir nach Ellrich, um dort die Grenze zu passieren. Es wurde kontrolliert. Wir gaben uns so unauffällig wie möglich, und nachdem Herr Hahn noch einen Bakschisch rübergeschoben hatte, wurden wir durchgewinkt. Es hatte geklappt, unsere kostbaren Kisten waren nicht entdeckt worden. Die gefährlichste Hürde war genommen. Beim ersten Dorf auf westdeutschem Boden setzte er mich ab und ging seinen Geschäften nach. Ich aber stand da mit meinen Kisten, morgens um 5 Uhr, mutterseelenallein, zwischen Häusern, deren Bewohner nicht zu den Frühaufstehern zu gehören schienen, denn alles war dunkel, in keinem Fenster ein Licht. So blieb mir nichts anderes übrig als zu warten, bis das Dorf zum Leben erwachen würde. Es war schon 7 Uhr durch, als der erste verschlafene Bewohner auftauchte. Doch nachdem ich ihm mein Problem geschildert hatte, zuckte er nur bedauernd die Achseln, er könne da gar nichts für mich tun. Pech für mich. Immerhin fand ich dann eine Familie, bei der ich wenigstens meine Kisten unterstellen konnte, um mich nach einer Transportmöglichkeit umzusehen. Das Gepäck musste irgendwie zum Bahnhof nach Bad Sachsa geschafft werden, von wo es auf dem Schienenwege nach Frankfurt am Main transportiert werden sollte. Endlich konnte ich einen Bauern dazu bewegen, meine Kisten zum Bahnhof zu kutschieren. Ich wandte dazu die Hahnsche Bakschisch-Methode an, die bekanntlich überall in der

Welt funktioniert. Nachdem ich nun mit Hilfe einiger Mitreisender meine drei schweren Kisten eingeladen hatte, hätte ich mich am liebsten bis Frankfurt zum Schlafen zusammengerollt. Ich war hundemüde. Doch dieses Hindernisrennen mit drei Kisten war noch nicht am Ende. Der Schaffner erschien. Er beäugte mein sperriges Gepäck. Wegen des Gepäcks wolle er noch mal gnädig ein Auge zudrücken, meinte er, jedoch handele es sich bei diesem Zug um einen Schnellzug, der in erster Linie für Besatzungsangehörige vorgesehen sei. Die Benutzung durch Deutsche sei nur dann erlaubt, wenn besondere Gründe geltend gemacht werden konnten. Ich hielt diese Gründe in meinem Fall für gegeben. Doch der Schaffner sah das anders. Erst gegen eine saftige Nachzahlung ließ er mich mitfahren. Dass er sich dann überhaupt noch dazu durchringen konnte, mag auch durch meine Hungerkünstlerfigur bewirkt worden sein, die ein gewisses Mitgefühl für den dünnen Mann erregte, der mit seinen drei Riesenkisten die ganze Zeit auf der Plattform stand. Mitleidige Besatzungsangehörige boten mir dann einen Platz an und irgendwann tauchte Frankfurt auf, wo die letzte Etappe dieses schwierigen Transports gemeistert werden musste. Mit einem Handwagen, den meine Schwägerin besorgt hatte, schob ich die Kisten aus dem Bahnhofsbereich. Nach geschlagenen vier Tagen kam ich endlich erschöpft, aber glücklich zu Hause an. Du hast dich sehr gefreut, mich wieder bei Dir zu haben. Ich brauchte Tage, um mich von diesen Strapazen zu erholen.

*

Dass der Eiserne Vorhang mich von meinen Familienangehörigen trennte, missfiel mir aufs äußerste. Wir bemühten uns mit allen Kräften, den Kontakt nicht abreißen zu lassen. Aber so viele Möglichkeiten gab es gar nicht. Was konnten wir schon tun? Wir konnten Pakete schicken und wir konnten Besuche machen, die allerdings umständliche Genehmigungs- und Kontrollprozeduren mit sich brachten. Doch wie konnten wir es nur einfädeln, dass meine Mutter unsere Kinder, ihre Enkel einmal kennen lernen konnte? Eine

Genehmigung zur Einreise wurde uns nicht ausgestellt. Wir überlegten hin und her und entschlossen uns schließlich, mit den Kindern diese menschenfeindliche Grenze im Inneren Deutschlands schwarz zu überqueren. Da wir kein Auto hatten, mussten wir mit der Eisenbahn fahren. Die ganze Sache war nicht ohne Risiko, fast war sie so etwas wie ein gefährliches Familienabenteuer.

Am Grenzbahnhof Bad Sachsa stiegen wir aus. Wir fragten herum, ob jemand uns einen Tipp geben könnte, wie und wo man am besten unbemerkt über die Grenze käme. Da wir nichts Brauchbares in Erfahrung bringen konnten, entschlossen wir uns, es einfach *auf gut Glück* zu versuchen. Und das mit zwei kleinen Kindern! Schließlich hatten wir uns ja nur deshalb in dieses Abenteuer gestürzt, damit ihre Oma sie mal auf den Arm nehmen konnte.

Ich trug einen Koffer und hatte einen Rucksack auf dem Rücken, auf diesen setzten wir unseren Jungen. Fast wundert es mich heute noch, dass ich da nicht zusammengeklappt bin. Unser Mädchen, mittlerweile sechs Jahre alt, musste zu Fuß gehen. Mit meinem Bruder hatten wir telefonisch vereinbart, dass er uns drei Kilometer hinter der Grenze in Empfang nehmen wollte. Diese Vorsichtsmaßnahme war erforderlich, da überall im Grenzgebiet Grenztruppen lagen und kontrollierten.

So machten wir uns also auf den Weg. Wir mussten die Grenze schon überschritten haben, da bemerkten wir von weitem patrouillierende Grenzsoldaten! Wir konnten nicht erkennen, ob wir Russen vor uns hatten oder DDR-Grenzer. Wir wollten weder den einen noch den anderen in die Hände fallen. Wir gingen sofort in Deckung und versteckten uns in einem Graben, bis die Luft wieder rein war. Dann schlugen wir uns zu dem Bauernhof durch, wo uns mein Bruder wie verabredet erwartete. Wir hatten es geschafft, denn hier, außerhalb eines engen Grenzstreifens, wurde nicht mehr kontrolliert. Mein Bruder war mit einem Traktor angerückt, an den hinten ein Handwagen angebunden war. So gelangten wir gut in unser Dorf. Der Empfang war voller Herzlichkeit.

Besonders die Oma war glücklich, ihre Enkel in die Arme schließen zu können. Unseren kleinen Holger hatte sie schließlich noch nie zu Gesicht bekommen.

Es waren glückliche drei Wochen, welche wir dort verbringen konnten. In dieser Zeit hatten wir auch Gelegenheit, die DDR-Verhältnisse aus nächster Nähe zu studieren.

Noch niemand konnte damals genau vorhersagen, wie sich die Dinge entwickeln würden. Wenn die DDR-Bürger schon damals geahnt hätten, wie sich das Regime in den kommenden 45 Jahren auf ihr Leben auswirken würde, wer weiß, ob nicht noch mehr von ihnen versucht hätten, ihre Existenz auf westlichen Boden zu verpflanzen!

Einiges bahnte sich natürlich deutlich an. Große wirtschaftliche Umwälzungen wurden eingeleitet. Die neuen Herren setzten ihre Regeln durch. Unsere Freunde in Bleicherode waren enteignet worden. Sechs Filialen dieser Firma blieben bis zum Zusammenschluss enteignet und einige wurden einfach verdienten Kommunisten zum Geschenk gemacht. Andere wieder wurden umgetauft in Konsumgeschäfte.

Das Geschäft in Bleicherode wurde, nachdem es runtergewirtschaftet und vollständig ausgeplündert worden war, den Eigentümern großzügig zurückgegeben. Da die Inhaber dieses Geschäftes, so hieß es von offizieller Seite, keine Nazis gewesen seien, erhielten sie ihr Geschäft zurück. Bei den anderen 6 Geschäften jedoch blieb es bei der Enteignung. Den Mann, den die Russen als Geschäftsführer einsetzten, kannte ich recht gut. Es war mein Freund Alfons, der kurz nach mir als Lehrling eingestellt worden war. Er werde, so hieß es, eingesetzt, da er kein Nazi gewesen sei. Damit hatten die Russen allerdings wirklich, fast hätte ich gesagt ausnahmsweise, Recht. Alfons hatte sich des Öfteren mit kritischen Äußerungen über das Nazi-Regime nicht zurückgehalten. Mehr als einmal hatten wir ihn mahnen müssen, bloß die Klappe zu halten, wenn er nicht hinter Gitter landen wollte. Seine Haltung entsprang seinem Glauben, er war tief religiös. Mit ihm hatten die Russen, wahrscheinlich eher zufällig, einen guten Griff getan. Nach anfänglichen Schwierigkeiten gelang es ihm, das Geschäft über Wasser zu halten und sogar gut in Schwung zu bringen. Seine starke Seite war die Warenbeschaffung, die in der DDR viel Findigkeit, Geduld und Gespür für die richtigen Kontakte erforderte. Besonders den wenigen Geschäften, die in privaten Händen verblieben waren, machte man das Leben noch zusätzlich schwer.

*

Wir freuten uns, wieder einmal einen ganzen Tag bei unseren Freunden in Bleicherode verbringen zu können. So konnten wir uns über alle Geschehnisse einmal ausführlich unterhalten. Es war die Zeit kurz vor der Währungsreform und keiner wusste, wie es weitergehen würde, weder hüben noch drüben.

Mit dem Fahrrad radelten wir auch zum Helenenhof zu unserer Tante. Sie wäre gekränkt gewesen, hätten wir ihr keinen Besuch abgestattet. Natürlich hat uns die Gute wieder ordentlich die Taschen vollgepackt. Noch war sie die Chefin des Kleinviehs auf dem großen Hof. Doch das sollte sich leider bald ändern.

Das große Gut wurde in mehrere kleine Höfe aufgeteilt, ich glaube gar es waren nun 8 Besitzer. Alles wurde aufgeteilt. Das Herrenhaus, in welchem nun zwei Familien wohnten. Das Verwalterhaus wurde ebenfalls aufgeteilt. Aber auch das Gesindehaus musste mehrere Besitzer aufnehmen. Der Maschinenpark stand allen zur Verfügung. Wir konnten uns während unseres Aufenthaltes ein gutes Bild von den neuen Verhältnissen machen. Das alles war nicht nach unserem Geschmack. Unsere ostdeutschen Landsleute waren nicht zu beneiden. Doch auch uns stand nun etwas bevor, was wir uns einfacher gewünscht hätten: Die Rückreise, schwarz natürlich, als wären wir irgendwelche Verbrecher, bloß weil wir von einem Teil Deutschlands in den anderen wollten!

Ein Bekannter aus unserem Dorf fuhr uns mit einer Pferdekutsche die ca. 20 km vor die Grenze. Von da an waren wir auf uns selbst gestellt. Als wir knapp vor der Grenze waren, hatten wir das Pech, von zwei Grenzern entdeckt zu werden. Wir konnten nicht feststellen, ob es sich um Deutsche oder Russen handelte. Aber im Grunde änderte das auch nichts mehr, denn fürs Verstecken war es ohnehin zu spät. So gingen wir einfach auf die Grenzer zu, die Kinder weinten, uns klopften die Herzen bis zum Hals. Beim Näherkommen sahen wir zu unserem Schreck, dass es sich nicht um Landsleute, sondern um Russen handelte. Dass mit den russischen Besatzern nicht gut Kirschen essen war, hatte sich herumgesprochen. Wir machten uns auf schlimme Schikanen gefasst. Doch erstaunlicherweise geschah etwas ganz anderes. Die beiden Russen blickten ratlos auf unsere Kinder hinunter, denen die Tränen über die Wangen kullerten. Mit uns Erwachsenen hätten sie womöglich kurzen Prozess gemacht, aber diese weinenden Kinder setzten sie schachmatt. Jedenfalls schmolz ihre Strenge unter den Tränen unserer Kleinen schnell dahin und als ich dann noch zwei Flaschen Nordhäuser aus dem Rucksack zauberte und ihnen reichte, hieß es: *Schnell beeilen über Grenze bevor Chef kommen.* Das Deutsch war nicht einwandfrei, aber wir wussten haargenau, was zu tun war und sahen zu, dass wir so schnell wie möglich westlichen Boden unter die Füße bekamen! Als wir endlich das nächste West-Dorf erreichten, konnten wir uns vor Erschöpfung und Angst kaum noch auf den Beinen halten.

Wir brauchten eine ganze Zeit, bis wir uns auf den Weg nach Bad Sachsa machen konnten. Ein freundlicher Bauer nahm uns unentgeltlich auf dem Pferdewagen mit, machte für uns sogar einen Umweg am Bahnhof vorbei. Als wir zwischen seinen Strohballen saßen, gingen wir vor fremden Blicken unwillkürlich in Deckung, obwohl wir doch längst im Westen waren und uns überhaupt nichts passieren konnte. Der Schreck war uns doch heftig in die Glieder gefahren. Wir nahmen uns fest vor, keinesfalls noch einmal schwarz über die Grenze zu gehen. Diese Aufregung wollten wir uns, vor allem aber auch unseren Kindern ersparen. Zumal wir uns ja nicht darauf verlassen konnten, dass die Sache beim nächsten Mal auch mit Kindertränen und Nordhäuser zu regeln sein würde …

*

Natürlich machten wir uns Gedanken über unsere Angehörigen in der DDR. Was den Lebensstandart anging, so hatte sich bis zu diesem Zeitpunkt nicht allzu viel verändert. Dieser Graben sollte erst in den folgenden Jahren immer weiter aufreißen. Was jedoch von Anfang an deutlich wurde: Man hatte unsere ostdeutschen Landsleute praktisch entmündigt und eingesperrt.

Was sie machen *mussten*, bekamen sie gesagt. Was sie machen *durften* bekamen sie ebenfalls gesagt. Was sie machen *wollten*, bestimmte der Staat. Vieles von dem, was für uns im Westen selbstverständlich war, war es im Osten noch lange nicht. Freie Berufswahl? Fehlanzeige! Das Urlaubsziel selbst bestimmen? Ebenfalls Fehlanzeige!

Gut, es gab auch Bürger, die das Leben in der DDR zunächst noch ganz behaglich fanden. Ihnen wurde das Denken abgenommen und das eigene Schwein wurde ihnen noch gelassen. Im Übrigen würde es sicher bald bergauf gehen. Doch die Mängel des Systems traten immer deutlicher in Erscheinung.

Mehrere Jahre gab es nur ein Einheitsbrot, kein gutes Backwerk, das zwar sättigte, aber nicht schmeckte. Die sozialistischen Brötchen waren klein, hart und mit einem knusprigen kapitalistischen West-Brötchen nicht zu vergleichen. Dann gab es Versorgungsengpässe allerorten. Die Pläne in der Planwirtschaft funktionierten nicht wie sie sollten. Hier gab es im Sommer plötzlich keine Erfrischungsgetränke, dort musste man für Schokolade stundenlang anstehen. Die Verpackungen waren lieblos und abstoßend. Diese Unterschiede waren nicht zu übersehen. Doch man gab sich Mühe, alles wegzuinterpretieren. Man redete von der Überlegenheit des Arbeiter- und Bauernstaates, die sich schließlich durchsetzen würde. Da war dann jedes Mittel recht, es wurde ideologisiert und gelogen, dass sich die Balken bogen. Ein Staatsbürgerkunde-Lehrer in Bleicherode erzählte seiner Klasse, dass die Verpackungen im Westen deshalb so bunt wären, weil es dort sehr viele Analphabeten geben würde!

Abgesehen von der Falschheit dieser Begründung, gab es Analphabeten auch in der DDR. In der Schule wurden sie mit durchgeschleift. Und wenn der Vater das richtige Parteibuch hatte, bekamen sie problemlos einen Arbeitsplatz. Die, die gar nichts lernten, machten eben einen Teilabschluss. Da jedem ein Arbeitsplatz zustand, bekam auch jeder Arbeit, ohne sich bemühen zu müssen. Und Bürger, die aufs selbständige Denken verzichteten, waren dem Staat ja sogar ganz lieb, da man sie nach Belieben lenken und indoktrinieren konnte.

Man brüstete sich stets damit, dass es in der DDR nicht einen einzigen Arbeitslosen gäbe. Die Erklärung für diese Errungenschaft war höchst einfach. Wenn ein Betrieb für einen Teil der Belegschaft keine Arbeit hatte, zahlte er den Lohn dennoch weiter aus. Die Arbeitslosen wurden statistisch gar nicht erfasst und so behauptete man keck, es gäbe nicht einen Arbeitslosen.

Auch in die Landwirtschaft griff der Staat, der ja im Wesentlichen von einer einzigen Partei gelenkt wurde, tiefgreifend ein. Ab 1952 wurden die privaten Höfe zu so genannten Landwirtschaftlichen Produktionsgenossenschaften (LPGs) zusammengeschlossen. Mehrere kleinere Felder wurden zu großen Anbauflächen zusammengelegt. Die erhoffte Steigerung der Erträge blieb allerdings aus. Vorteile von dieser Kollektivierung hatten vor allem die Kleinbauern, die man oft Kuhbauern nannte, weil sie ihr Land mit Kühen beackerten. Die großen Bauern hingegen, deren Felder eine definierte Größe überschritt, wie z.B. das von der Tante und dem Onkel verwaltete Gut, wurden kurzerhand enteignet.

Ganz besonders große Ställe für Kühe und Schweine wurden gebaut. Oft konnten in diesen 700 bis 800 Kühe oder 1000 Schweine gehalten werden. Der Viehbestand pro Einwohner lag in der DDR fast 10-mal höher als in der BRD.

Diese Riesenställe mit hohem Viehbestand brachten Probleme bei der Entsorgung von Mist und Gülle, die man offenbar nicht in den Griff bekam. Oft drang einem in der Nähe der Dörfer ein Gestank in die Nase, dass man sie sich am liebsten zugehalten hätte. Wer sich aber etwa erlaubte, gegen solche Geruchsbelästigung die Stimme zu erheben, bekam es gleich mit der Polizei zu tun, die gleich einen *Konterrevolutionär* oder einen westlichen *Agenten*, jedenfalls einen Feind des politischen Systems witterte.

Erstaunlich auch, dass das Fleisch dennoch knapp war. Woran mochte das nur liegen? Nun, es wurde zu Preisen, die weit unter den Weltmarktpreisen lagen, *in die Sowjetunion exportiert.* Angeblich hatte das sozialistische Bruderland ja auf Reparationszahlungen verzichtet. Doch bei Exportlieferungen dieser Art handelte es sich um nichts anderes als um verkappte Reparationsleistungen. Dieses wirtschaftliche Ausbluten in Richtung Osten ist neben den Problemen, die sich aus der Planwirtschaft ergaben, Grund dafür, warum der Lebensstandart immer weiter hinter dem Westniveau zurückblieb, obwohl unsere Landsleute sicher nicht fauler waren als wir.

*

Und dann kam der 20. Juni 1948: die Währungsreform. In den drei Westzonen wurden pro Kopf 60 DM gegen Reichsmark getauscht, in der DDR erfolgte eine ähnliche Umstellung wenige Tage später. Diese Währungsreform, die mit dem Namen *Ludwig Erhardt* verbunden ist, war der Anfang der freien Marktwirtschaft im Westen und der Beginn des Wirtschaftswunders. Der Schwarzmarkt verschwand fast ganz, in den Schaufenstern lagen plötzlich wie durch Zauberei die Waren, die die Händler bis dahin zurückgehalten hatten. Die erste Begeisterung war groß, doch dann erfolgte der Dämpfer: Rücklagen und angespartes Vermögen wurde nicht etwa 1:1 sondern 10 Reichsmark zu 1 DM getauscht. Da schmolzen lebenslang angesparte Guthaben weg, was für die Betroffenen ein herber Verlust und eine große Enttäuschung bedeutete.

Ich war zu dieser Zeit Geschäftsführer in einer Strickwaren-Fabrik. Verantwortlich war ich ebenfalls für den Einkauf von Rohmaterial, also für Wolle. Ich hatte dafür zu sorgen, dass die Produktion nicht aus Mangel an zu verarbeitender Wolle stockte.

Das war vor der Währungsreform keine leichte Aufgabe! Ich suchte so gut wie alle bekannten deutschen Spinnereien auf. Man zeigte sich spröde. Nur zögerlich rückte man hier oder da 200 oder 300 Kilo Wolle zum Verkauf heraus. Also musste ich als Einkäufer mehrere Spinnereien abklappern, um die für unsere Produktion erforderliche Menge zusammen zu bekommen. Ich habe es immer geschafft, aber der Aufwand an Reisen und Verhandlungen war beträchtlich.

Es war, als wären Kunden, von denen doch jedes Geschäft lebt, eher lästig. Dieser Eindruck änderte sich schlagartig, als ich etwa 8 Tage vor der Währungsreform wieder einmal unterwegs war, um Garn einzukaufen. Wo ich auch nachfragte, bereitwillig wurde jede gewünschte Menge akzeptiert. Ich nutzte die Gunst der Stunde und bestellte Wolle für ein ganzes Jahr. Als ich den Fabrikanten nicht ohne Stolz von meinen Einkaufserfolgen informierte, fiel der aus allen Wolken und machte ein bedenkliches Gesicht.

Wer soll denn das bezahlen? fragte er mich mit sorgenvoller Miene, statt sich über meinen Einkaufserfolg zu freuen. *Wissen Sie*, antwortete ich, *auf meiner Einkaufsreise habe ich gespürt, dass eine wesentliche Veränderung in der Luft liegt. Ich bin nicht sicher, aber ich vermute, es wird eine Veränderung im Währungssystem sein.*

Dass irgendetwas hinsichtlich des Geldwertes unternommen werden musste, war nicht nur mir klar. Der Wert des Geldes war inflationär abgerutscht. Eine Schachtel Zigaretten kostete RM 200.--. Ein Pfund Kaffee genau so viel. So war kein normales Wirtschaftsleben möglich.

Die georderte Ware traf dann in den nächsten Tagen ein, doch Moment mal, wo waren die Rechnungen? Wolle, Wolle, Wolle, aber keine Rechnungen. Sie ließen auf sich warten. Als ich die großen Mengen an Waren sah, wurde auch ich etwas unruhig. Auch ich fragte mich, ob ich mich da nicht verkalkuliert hatte. Doch gekauft ist gekauft, an der Bestellung ließ sich nichts mehr rückgängig machen.

Die Sparkasse unserer Kleinstadt, in der ich die Fabrik aufgebaut hatte, räumte uns einen entsprechenden Kredit ein, damit wir die Ware bezahlen konnten.

Und dann kam die Währungsreform. Kurz darauf flatterten die Rechnungen ins Haus. Und - oh Wunder, oh Freude! - wir hatten nur noch 10 % des ursprünglich veranschlagten Warenwertes zu zahlen! Vor der Währungsreform kostete uns 1 kg gefärbte Wolle, zwischen 14.-- und 16.-- RM. Nun aber hatten wir das Kilo Wolle für 1.40 bis 1.60 DM eingekauft! So eine Gelegenheit hat es nie wieder gegeben. Das war ein sensationelles Geschäft, das ich da für den Fabrikanten getätigt hatte! Es machte ihn zum Millionär und bald schon konnte er eine neue Fabrik errichten.

Doch Undank ist der Welten Lohn! Als ich einige Monate wegen schwerer Erkrankung daniederlag, weigerte er sich, die mir zustehenden 5 Monatsgehälter auszuzahlen. Das war wohl der Dank dafür, dass er durch mich zum Millionär geworden war! Ich zwang ihn später, zur Nachzahlung inklusive Zinsen. Doch das Vertrauensverhältnis war natürlich ruiniert. Ich kündigte.

Trotz dieses exzellenten Starts nach der Währungsreform, verschwand die Firma übrigens nach etwa 25 Jahren wegen Konkurs vom Firmenhimmel. Man soll ja nicht schadenfroh sein, aber in Tränen ausgebrochen bin auch nicht gerade, als ich davon hörte ...

*

Ich war in diesen Jahren viel geschäftlich auf Reisen. Und wenn einer eine Reise tut, so kann er bekanntlich was erleben. Hier ein paar Erinnerungen:

Die Hotels und Gaststätten waren in allen Städten chronisch überfüllt. Selbst wer acht Tage zuvor reserviert hatte, konnte keineswegs sicher sein, auch tatsächlich ein freies Zimmer vorzufinden.

In einem kleinen Hotel in der Nähe des Stuttgarter Bahnhofs, hatte ich mir ein Zimmer vorbestellt. Doch als ich zum vereinbarten Termin nachfragte, erklärte mir der Wirt, er habe es doch nicht einrichten können. Doch ich solle mich gedulden, vielleicht käme einer der angemeldeten Gäste nicht und dann könnte ich dessen Zimmer nehmen. Ich ärgerte mich über diese Unzuverlässigkeit, aber ich wartete. Ein

Zimmer nach dem anderen ging weg, frei blieb kein einziges, der Wirt bedauerte. Resigniert aß ich noch einen Happen und wollte dann zum Bahnhof aufbrechen, um mich irgendwo im Wartesaal zusammenzurollen und wenigstens ein paar Stunden zu schlafen.

Doch da sprach mich, wie ein Engel in der Not, eine hübsche junge Dame an. Sie hatte mein Malheur mitbekommen. Sie bot mir an, mit zum Hause ihrer Schwester zu kommen. Um Missverständnisse auszuschließen, vergaß sie nicht zu erwähnen, dass die Schwester verheiratet sei, was mich eher beruhigte als enttäuschte. Jedenfalls könnte ich dort ordentlich übernachten. Ich habe diesen Vorschlag mit Freuden angenommen und bin mitgefahren.

Das Haus stand in einem Weinberg. Die Familie war sehr nett. Die Schwester überließ mir ihr Zimmer und nächtigte auf der Couch. Natürlich habe ich das Zimmer gut bezahlt. Später habe ich als besonderen Dank noch eine Damenstrickweste geschickt. Das war mir die Sache wert. Denn nach dem Frühstück am nächsten Morgen konnte ich gut ausgeschlafen meiner Einkaufstätigkeit nachgehen.

Ein andermal blieb mir nichts anderes übrig, als mit einem mir unbekannten Gast des Gasthofes ein Zimmer zu teilen. Misstrauisch versteckte ich Brieftasche und Geld unter dem Kopfkissen und ich bin ziemlich sicher, dass er es auch so hielt. Vertrauen ist gut, Vorsicht ist besser!

Dies sind so kleine Erinnerungen an eine Zeit, die irgendwie ihre eigenen Schwierigkeiten, aber auch ihren eigenen Charme hatte – jedenfalls rückblickend gesehen. Denn damals im zerstörten Deutschland war jeder vollauf damit beschäftigt, sich und die Seinen über die Runden zu bringen. Den wenigsten fiel etwas in den Schoß. Ärmel aufkrempeln und anpacken - darauf kam es an!

Doch ich möchte noch einmal den Blick auf den anderen Teil unseres Vaterlandes richten, den östlichen, die so genannte DDR.

*

Durch die Währungsreform wurde die Teilung in Ost und West beschleunigt. Wenn wir jetzt wieder zu einem Besuch in die DDR kamen, mussten wir pro Person DM 25.-- pro Aufenthaltstag umtauschen. Das verteuerte unsere Reisen beträchtlich. Wohin diese Einnahmen gingen, weiß ich nicht, sie kamen wohl kaum bei unseren Landsleuten an, eher dürften sie dazu verwendet worden sein, den Bonzen des SED-Politbüros samt ihrer Familien ein Luxusleben im abgeschirmten Wandlitz zu finanzieren. Was nach der Wiedervereinigung über deren hemmungslose Schlemmereien ans Tageslicht kam, war empörend. Diese Kommunisten predigten dem Volk in großartigen Sonntagsreden Gleichheit und bedienten sich hinter den Kulissen in schamlosester Weise!

Schon einmal war dem Volk der Kragen geplatzt. Die SED hatte die Arbeitsnormen für Industriebetriebe um 10 % erhöht, eine Erhöhung der Löhne aber abgelehnt. Das war den Bauarbeitern auf der Stalinallee in Berlin aber zu viel. Spontan gingen sie zum Protest über. Der Protest sprang auf andere über und breitete sich blitzschnell im Lande aus. Mit russischen Panzern wurde der Aufstand blutig niedergeschlagen. Es gab Tote, es gab Tausende von Festnahmen, es gab standrechtliche Erschießungen. Von 1953 bis 1990 wurde der 17. Juni im Andenken an den Versuch unserer Landsleute, sich gegen die Diktatur der SED zur Wehr zu setzen, als *Tag der Deutschen Einheit* begangen.

Ein uns bekannter Fabrikant, einst stolzer Besitzer einer großen Strumpffabrik mit ca. 800 Arbeiterinnen in Oberlungwitz, *mittlerweile aber enteignet*, befand sich zum Zeitpunkt des Aufstandes zufälligerweise gerade geschäftlich in Westberlin. Von der Grenze aus konnte er alles genau beobachten. Er war erschüttert, über die rücksichtslose Gewalt, die die Machthaber des angeblichen Arbeiter- und Bauernstaates gegen die Arbeiter richteten. Der Wille des Volkes, den sie doch angeblich vertraten, *wurde brutal unterdrückt.* Damit hätte auch dem letzten Zweifler klar sein müssen, was von diesen Herren zu halten war. Unser Bekannter sah viele Arbeiter in Richtung

Westberlin fliehen. Die waren in Arbeitskleidung und hatten nicht einmal Kleingeld bei sich, denn die Empörung hatte sich völlig spontan entwickelt. Er, der vor dem Krieg mehrfacher Millionär gewesen war, fühlte sich solidarisch mit den abgehetzten Gestalten, die da herüber kamen. Er verteilte das Geld, das er bei sich hatte, unter ihnen und auch seine Zigaretten. Er schwor sich, von diesem Tage an nicht mehr zu rauchen, das war sein persönliches Symbol zum Gedenken an diesen Tag, der sich ihm so deutlich eingeprägt hatte. *Und so weit ich weiß, hat er dieses Gelübde bis zu seinem Tode nicht gebrochen.*

Nach der Niederschlagung des Aufstandes ging das Regime bald zur Tagesordnung über. Uns fiel auf, dass man immerhin etwas großzügiger Genehmigungen für Besuche in der DDR ausstellte, sofern sie per Eisenbahn geschahen. Wer aber umgekehrt aus der DDR einen Besuch in der BRD machen wollte, der hatte kaum eine Chance. Ausnahmen gab es höchstens für Verwandte 1. und später großzügigerweise auch 2. Grades bei Nachweis von schwerer Krankheit oder Todesfall. Die einzigen, denen die Ausreise nicht so schwer gemacht wurde, waren die Rentner. Bei ihnen genügten Geburtstage und Hochzeiten als Anlässe. Die Gründe sind leicht zu durchschauen. Die Machthaber hofften vermutlich, die, die ohnehin nicht mehr arbeiteten, würden gleich im Westen bleiben und man könnte die Rente einbehalten.

*

Wir wollten unsere Mutter zu uns in den Westen holen. Eine Genehmigung war verweigert worden. Wir ließen uns davon nicht abschrecken. Wenn nicht legal, dann eben illegal. Doch das unerlaubte Verlassen der DDR, ein Straftatbestand, den man ab Dezember 1957 als *Republikflucht* ahndete, barg ein gewisses Risiko und musste generalstabsmäßig geplant werden.

Pfingsten 1953 brachte sie mein Bruder an die innerdeutsche Grenze. Wir holten sie, in einem Hohlweg wartend, in der Nähe von Klettenberg ab. So aufgeregt war sie, dass sie am liebsten gleich wieder zurückgefahren wäre. Erst allmählich beruhigte sie sich.

Wir verbrachten die Pfingsttage in einer Pension in Bad Sachsa. Wir wollten ihr doch endlich einmal den schönen Harz zeigen.

Wir hatten Bekannte in Bad Sachsa. Es war ein Freund aus unserem Heimatdorf, der dort eine Autowerkstatt betrieb. Kaum hatten wir uns bei ihm eingefunden, da erschien unerwartet ein weiterer Besucher. Er stammte ebenfalls aus unserem Thüringer Heimatdorf.

Es war ein Gutsbesitzer, welcher sich mit Traktor und einem Anhänger voll Saatgut auf den Weg in den Westen gemacht hatte. Doch unglücklicherweise war sein Anhänger in einem Grenzgraben stecken geblieben. Ohne Hilfe war er nicht mehr flott zu machen. Also ließ er den Hänger stecken und war nur mit dem Traktor in Bad Sachsa angekommen. Wenigstens hatte ihn nicht auch noch die Vopo festgenommen. Doch nun war guter Rat teuer.

Da die Grenzposten sicher den Anhänger bereits gefunden hatten, empfahlen wir ihm, zu Hause anzurufen. So erfuhr er, dass seine Flucht bereits entdeckt worden war. Die Stasi hatte sich bereits bei der Familie gemeldet.

Erstaunlicherweise erhielt er in den nächsten Tagen die Aufforderung, wieder in die DDR zurück zu kommen. Es würde ihm nichts geschehen. Aber er wartete vorsichtshalber noch ab, bis diese Zusage schriftlich vorlag. Dann setzte er sich wieder auf seinen Traktor und tuckerte zurück auf sein Gut.

Doch in den Tagen, die bis dahin verstrichen, schloss er sich uns an. Es herrschte ein prächtiges Frühlingswetter. Unser Freund, der unglückliche Gutsbesitzer, und wir nutzten die beiden Pfingstfeiertage zu einer Tour durch den schönen Harz. Überall grünte und blühte es und die Vögel zwitscherten um die Wette. Und auch meine durch die Flucht etwas verstörte Mutter blühte zu meiner Freude wieder auf.

Unseren Gutsbesitzer traf ich erst viele Jahre später wieder, und zwar im Juli 1969, als wir wieder einmal in der DDR waren. Nach seiner Rückkehr, so erzählte er mir bei dieser Gelegenheit, sei er von den

Behörden auch tatsächlich zunächst nicht belästigt worden. Im Juni 1953 jedoch, im Monat des Aufstands, habe plötzlich die Stasi vor der Tür gestanden und ihn abgeholt. Ohne dass ein Verfahren eröffnet worden wäre, hatte man ihn ins Zuchthaus nach Weimar gebracht. Er war sich keines Vergehens gegen die Gesetze des Regimes bewusst, und man hielt es offenbar auch nicht für nötig, ihm einen Grund für seine Inhaftierung zu nennen. Bald nach dem Aufstand sei er wieder entlassen worden, aber eine offizielle Begründung gab es auch jetzt nicht. Offenbar war er seit seinem Fluchtversuch als Feind des Staates registriert gewesen, und einer Kampagne gegen Regimegegner zum Opfer gefallen.

*

Übrigens war dieser Juli 1969 ein ganz besonderer Monat in der Geschichte der Menschheit. Es war die Zeit der Konkurrenz der beiden großen Machtblöcke. Jede Seite wollte zeigen, dass sie es besser kann, dass sie überlegen sind. Dabei spielte bekanntlich die Weltraumfahrt eine immer größere Rolle. Nachdem die UdSSR bereits früher ihre Sputniks gestartet hatten, was überall als technische Meisterleistung gefeiert wurde, gelang es ihnen im April 1961, den Kosmonauten Juri Gagarin in seinem Raumfahrzeug Wostok als ersten Menschen in eine Umlaufbahn um die Erdkugel zu schießen. Diese 108 Minuten dauernde Reise markiert den Beginn der bemannten Raumfahrt. Die Russen hatten einen enormen Vorsprung vor den Amerikanern und gaben ihn als Beweis für die Überlegenheit ihres politischen Systems aus. Das stachelte nun die Amerikaner zu Höchstleistungen an. Präsident John F. Kennedy gab die Parole aus: Innerhalb eines Jahrzehnts wird ein Amerikaner den Mond betreten und sicher zur Erde zurückkehren. Und die NASA schaffte – nicht zuletzt durch die Leistungen des Deutschen Wernher von Braun, der schon das V2-Projekt in Peenemünde geleitet hatte - das Unglaubliche. *Am 20. Juli 1969 setzte der Kommandant des Raumschiffes Apollo 11 Neil Armstrong, als erster Mensch seinen Fuß auf einen anderen Himmelskörper*. Während er den Fuß von der letzten Sprosse der Landefähre in den Sand des Mondes setzte, sprach er jenen Satz, der mittlerweile in die Schulbücher eingegangen ist: *Dies ist ein kleiner Schritt für einen Menschen, aber ein riesiger Sprung für die Menschheit.* Bald darauf hisste er die amerikanische Flagge, die seit dem im Krater *Mare Tranquillitatis* Zeugnis ablegt von diesem Erfolg.

Die halbe Menschheit saß vor den Fernsehern und staunte. Sie staunte, dass da in 380000 Km Entfernung einer von uns große Sprünge auf dem Mond vollführte, dessen Anziehungskraft ja um ein Vielfaches geringer ist, als die der Erde.

Jetzt hatten die Amerikaner nicht nur aufgeholt, sondern sie waren an den Russen vorbeigezogen. Doch der Kampf ging noch in die nächsten Runden. Die Sowjetunion baute als erste eine Weltraumstation, die Saljut 1, später folgten andere Stationen. Heute, nach dem Zerfall der großen Ost-West-Machtblöcke hat man es endlich verstanden die gemeinsamen Kräfte zu bündeln, und baut friedlich an der internationalen Raumstation, der so genannten ISS. Warum nicht gleich so!

*

Im Juli 1969 verstarb überraschend unsere liebe Mutti. Wir hatten sie nach der dramatischen Grenzüberschreitung im Jahre 1953 bei uns aufgenommen und gehofft, dass sie sich bei uns einleben würde. Wir gaben uns große Mühe, ihr das Leben in der neuen Umgebung so angenehm wie möglich zu gestalten. Zunächst gefiel es ihr ganz gut. Doch nach zwei Wochen war sie immer unruhiger geworden. Ihre anderen Kinder, die Enkel, die Urenkel, die Bekannten und Freunde fehlten ihr. Es gelang uns nicht, sie umzustimmen: Sie wollte zurück. Obwohl die Lebensbedingungen im Westen besser waren, zog es sie doch zurück in die gewohnte Umgebung. Man soll einen alten Baum nicht umpflanzen, dieses alte Sprichwort bewies wieder einmal seine Wahrheit.

Nach einigen Telefongesprächen mit meinem Bruder stand unser

Schlachtplan für die Rückführung fest. Mit dem Wagen fuhren wir wieder in die Nähe des Hohlwegs bei Klettenberg. Hier wartete mein Bruder wieder mit einem Handwagen. Der Traktor stand einige Kilometer im Hinterland. Es hieß jetzt Abschied nehmen für mindestens ein Jahr. Aber so war die Zeit, eine schwere Zeit. Wir konnten sie nicht ändern, wir versuchten das Beste daraus zu machen.

*

Bei unseren Besuchen in der DDR wohnten wir stets bei meiner jüngeren Schwester. Sie hatte eine große Wohnung mitten in der Stadt. Hier trafen wir uns mit unseren Angehörigen. Wem es möglich war, brachte jeder auch etwas zur Verköstigung mit, damit wir nicht verhungerten. Alle Seiten genossen diese Zusammenkünfte, die das Band der Familie pflegten.

Wir hatten das große Glück, dass wir bis Erfurt mit der Bahn fahren konnten. Die letzten 75 km wurden wir dann mit einem Wagen des Werkes, in dem mein Bruder arbeitete, abgeholt. Dass man ihm den Wagen zur Verfügung stellte, geschah allerdings nicht aus purer Menschenfreundlichkeit.

Der Direktor des erwähnten Werkes benötigte gelegentlich Ersatzteile, die in der DDR nicht aufzutreiben waren. Ich besorgte sie also im Westen und wir reisten mit diesen schweren Teilen an. Um sie in Empfang zu nehmen, stellte der Direktor einen Werkswagen zur Verfügung, von dem wir dann alle profitierten. Eine Hand wäscht die andere, das galt auch hier.

*

Auch 1961 machten wir uns auf den Weg in die Heimat. Diesmal begleitete uns unsere kleine Tochter, die wir manchmal liebevoll unsere *Spätlese* nannten. Während der Eisenbahnfahrt bis Erfurt lag sie in einer kleinen Hängematte unter den Gepäcknetzen. Sie war gerade ein Jahr alt. Ich erinnere mich, dass viele Mitreisende sich für sie interessierten, gerade so, als hätten sie noch nie ein Baby gesehen. Aber Spätlesen sind ja bekanntlich besonders süß, vielleicht lag es daran.

Diesmal holte uns ein Freund meines Bruders mit dem Werkswagen ab. Natürlich hatte ich wieder etwas im Gepäck, womit einige planwirtschaftliche Versorgunglücken geschlossen werden konnten.

Zu Hause waren alle begeistert von unserem kleinen Töchterchen. Alle herzten und küssten und bewunderten sie. Sie konnte bereits laufen. Im Zimmer stand für sie ein Kinderställchen, in dem sie sich ganz wohl fühlte. Ihre Spezialität war, alle Gegenstände erst einmal sorgfältig zu beriechen, bevor sie diese in die Hand nahm.

So ein Besuch in die DDR erforderte generalstabsmäßige Vorbereitungen. Wir arbeiteten lange Wunschlisten ab und kauften, was drüben gewünscht wurde, aber dort nicht zu kaufen war. Diese Listen wurden jedes Mal länger, unsere Verwandtschaft war groß. Alle kamen dann und jeder nahm seinen West-Kaffee, seine West-Schokolade und als besonderen Leckerbissen Bananen mit. Ich erinnere mich an einen Besuch, bei dem wir mit 15 Pfund Kaffee und etwa 40 Tafeln Schokolade losfuhren. Doch das war nicht genug. Im Intershop - in dem auf DDR-Gebiet gegen konvertierbare Währungen, Westprodukte zu kaufen waren – verdoppelte ich die Geschenkmenge.

Zum Glück war es gerade während einer Olympiade, als wir mit vollem Gepäck anreisten. Die Medaillenflut für die DDR hob die Stimmung im Lande. Trotzdem wollte ein Grenzer wissen, für wen ich denn die beiden Bananenstauden mitnähme. Diese Frage brachte mich keineswegs in Verlegenheit. Ich zückte eine vorbereitete Liste mit unseren sämtlichen Verwandten und begann ihre Namen vorzulesen. Ab und zu unterbrach er mich und fragte stichprobenartig, um wen es sich denn dabei handelte. Ich sagte es ihm, denn auf der Liste befanden sich keine erfundenen Personen. Schließlich gab er sich zufrieden, schüttelte nur verwundert den Kopf und winkte uns durch. Ich weiß nicht, ob wir ohne den Medaillensegen, der auf die DDR-Sportler gerade niederging, auch so glimpflich davon gekommen wären. Man hörte von Fällen, in denen die Grenzer das ganze Auto bis in den letzten Winkel durchwühlt haben.

Für uns war es interessant, die Jugendbewegung in der DDR zu beobachten, die so genannte FDJ. Sie erinnerte uns stark an die Hitlerjugend und das Jungvolk in der Nazizeit. Nur, dass jetzt andere Uniformen und andere Farben getragen wurden.

Auch hier wurden die Kinder schon im zarten Alter dazu angehalten, bestimmte Meinungen des Systems nachzuplappern. Nur, dass dieses System sich jetzt nicht Nationalsozialismus nannte, sondern nur Sozialismus, ohne National-Vorsatz. Wie in allen Diktaturen machte man sich an die Kinder und Jugendlichen ran und versuchte sie zu treuen Anhängern des Systems zu manipulieren.

Die Schule war da eine gute Gelegenheit, die Schüler auf den richtigen Weg zu bringen. So wurden die Schüler gezwungen, ein Pionierhalstuch zu tragen. Und ab dem 14. Lebensjahr war es Pflicht, zu bestimmten Anlässen ein FDJ-Hemd zu tragen. Es wurde niemand gefragt, ob er in die FDJ eintreten will. Man war Mitglied und basta.

Das Kürzel FDJ bedeutet ironischerweise Freie Deutsche Jugend! Aber von Freiheit konnte nun wirklich keine Rede sein. Wer beispielsweise nicht im FDJ-Hemd erschien und dadurch die Normen des Systems anerkannte, wurde in ein Buch eingetragen und hatte mit Sanktionen zu rechnen.

Eine Großnichte erzählte mir bei einem kürzlichen Besuch, dass ihr Name sehr oft in diesem Buch vermerkt wurde, da sie sich weigerte, das geforderte Hemd anzuziehen. Sie habe nicht einmal eines besessen, sondern, wenn es wirklich nicht mehr zu vermeiden war, das des Bruders übergezogen. Ihre Eltern ahnten nichts von diesem stillen Protest. Nur der Opa wusste es, aber auf ihn war Verlass, zumal er selber mit dem System auf Kriegsfuß stand, und oft seinem Zorn auf die DDR-Bonzen mehr Luft machte, als angeraten war. Sie mussten ihn dann zur Zurückhaltung mahnen, sonst wäre er noch abgeholt worden, und in die Mühle des Staatssicherheitsdienstes geraten.

Dabei hatte die Stasi überall ihre Lauscher. Auch bei uns im Dorf vermutete man Stasispitzel. Es wurden Nachbarn über andere in der

Nähe wohnende Familien ausgefragt. Man erkundigte sich nach den Familienverhältnissen und irgendwelchen auffälligen Äußerungen.

Anlässlich einer Goldenen Konfirmation hatte ein Onkel von mir aus der BRD allen Mitkonfirmanten aus der DDR ein kleines Geschenk überreicht.

Die Damen erhielten Kaffee und Pralinen, die Männer Kaffee und Zigaretten oder Zigarren und andere Kleinigkeiten. Nach der Feier in der Kirche wurde im Pfarrhaus für alle Kirchenbesucher Kaffee und Kuchen serviert.

Eine Woche später, der Onkel war längst wieder im Westen, wurde sein Bruder zur Stasi nach Nordhausen bestellt: *Warum hat Ihr Bruder alle Konfirmanten beschenkt*?

Das wüsste er nicht, antwortete er, er habe sich zu dem fraglichen Zeitpunkt dienstlich in Warschau aufgehalten. Er habe seinen Bruder gar nicht gesehen. Hätte er nämlich zugegeben, seinen Bruder gesehen zu haben, hätte er gegen eine Stasi-Auflage verstoßen, die ihm Kontakt mir dem Bruder untersagte

Die Frage stellte sich natürlich, woher die Stasi die Information über diese Konfirmationsgeschenke bezogen hatte. Einzige Lösung: Irgendjemand muss unter den Gästen dieser Kaffeetafel im Pfarrhaus gewesen sein, der für die Stasi spitzelte. Eine traurige Schlussfolgerung. Während meiner Kindheit hatte einer dem anderen geholfen. Jetzt konnte man nicht sicher sein, ob der Nachbar freimütige Äußerungen mitnotierte, und an die Nordhäuser Stasi weiterleitete. Aber so kann eine menschenfeindliche Politik die Beziehungen zwischen den Menschen vergiften!

*

Besucheranträge ohne die oben aufgezählten Gründe wurden regelmäßig abgelehnt. Eine Chance hatte man, wenn ein Verwandter im Westen ernstlich krank war. Dies führte natürlich dazu, dass die Westärzte aus Gefälligkeit völlig übertriebene Atteste ausstellten. Hatte einer Grippe, rang er gleich mit dem Tode. Ja es kam vor, dass der, der angeblich in den letzten Zügen lag, quietschfidel durch die Gegend hüpfte und sich auf den Verwandtenbesuch freute!

Sogar das Stellen eines Ausreiseantrags hatte Folgen. Wer raus wollte, wurde systematisch ausgegrenzt und bekam die Macht der Stasi zu spüren. Es gehörte also Mut dazu, einen Ausreiseantrag in die BRD einzureichen.

Pakete und Briefe wurden selbstverständlich kontrolliert. Um das Briefgeheimnis kümmerte man sich nicht. In Magdeburg existierte eine Dienststelle mit einigen Hundert Mitarbeitern, die damit beauftragt waren, die Briefe und Pakete auf *republikfeindliche Äußerungen durchzusehen.* Aus Paketen verschwanden Wertgegenstände ohne irgendeinen Vermerk, geschweige denn einer Angabe eines Grundes. Vermutlich bediente man sich skrupellos für den eigenen Bedarf. Man fand auch nichts dabei, Briefe kurzerhand verschwinden zu lassen, wenn der Inhalt kritische Bemerkungen über die DDR enthielt. Als ein Bundesbürger schrieb, dass die DDR-Bürger schlechter behandelt würden als die BRD-Bürger, weil diese keine Devisen erhielten, wurde sein Brief vernichtet.

Als meine Schwester im November 1983 Goldene Hochzeit hatte, wurde ihr die Gratulationskarte der Marburger Verwandten zwar zugestellt, doch die beigelegten 100 Westmark hatten sich in Luft aufgelöst. Um diesen Verlust auszugleichen, wurde ein zweiter Hundertmarkschein auf die Reise geschickt. Doch auch dieser fand nie sein Ziel …

Wir hatten eine sehr liebe und fleißige Haushaltshilfe. Sie arbeitete vor allem, um der vielen Verwandtschaft in der DDR Pakete schicken zu können. Und so schickte sie auch ein Päckchen an die Schwägerin nach Greußen bei Erfurt. Die Schwägerin erhielt das Päckchen nie.

Einige Wochen später jedoch bekam die Absenderin eine Dankeskarte aus Vietnam! Man hatte also das für die Verwandtschaft vorgesehenen Weihnachtspaket kurzerhand ins DDR-freundliche Nord-Vietnam weitergeleitet. Dabei hatte man wohl vergessen, den ursprünglichen Absender zu entfernen.

Später wurde an der gesamten innerdeutschen Grenze eine Sperrzone eingerichtet. Viele Familien, bei denen man DDR-kritische Meinungen vermutete, mussten ins Landesinnere umsiedeln.

Aber auch andere Familien mussten Haus und Hof verlassen, sofern sich ihr Haus zu dicht an der deutsch/deutschen Grenze befand. Zum Teil wurden dicht an der Grenze stehende Häuser abgerissen, ohne die Besitzer zu informieren.

Es handelte sich um mindestens 5000 Familien, die auf diese Weise Haus und Hof verlassen mussten. Innerhalb von 24 Stunden wurden sie einfach aus ihrer Heimat vertrieben. Darüber hinaus wurde eine 5 Kilometer breite Sperrzone geschaffen, die nur von Anwohnern besucht werden durfte. Selbst Verwandten wurde der Zugang nicht erlaubt. Und warum das Ganze? Weil man die eigenen Landsleute daran hindern wollte, irgendwie mit dem Westen in Kontakt zu treten ohne dass der Staat die Sache unter Kontrolle hatte.

Die Kirchen waren für die DDR-Führung ein schwarzes Tuch. (Ein rotes Tuch kann man in diesem Fall nicht sagen, denn mit roten Tüchern dekorierten die Kommunisten ja selber das ganze Land.) Die Kirchen hatten Kontakt zum Westen und wurden schon aus diesem Grunde unterdrückt.

Aber es war nicht nur Böswilligkeit, sondern auch schlichte Unfähigkeit im Spiel. Dies zeigte sich am deutlichsten bei der Unfähigkeit der Planwirtschaftler, die Produkte des täglichen Bedarfs in tatsächlich benötigten Mengen herzustellen. Dies führte zu kuriosen Verhältnissen. Ich hörte von einem Bekannten, dass sich da jemand gleich 5 Toilettenschüsseln gekauft hatte, weil die gerade zu haben waren. Er brauchte keine einzige davon. Er hatte sie nur zu dem Zweck gekauft, sie als Tauschmittel für andere Produkte einsetzen zu können.

Bananen und Apfelsinen gab es nur vor Weihnachten. Ausgenommen hiervon waren nur die Luxusläden der Bonzen, in denen alles in Fülle zur Verfügung stand. Sie hatten auch ihr eigenes Wohnviertel, Wandlitz, dessen Schlaraffenlandleben erst nach der Wende in seinem hemmungslosen Ausmaß an die Öffentlichkeit kam.

Nicht alle Bürger trugen die Faust in der Tasche. Es gab auch die Gutgläubigen. Als wir sie darauf hinwiesen, dass Ulbricht und seine Genossen aus dem Politbüro insgeheim lebten wie die Fürsten, wollten viele das nicht glauben. Erst nach dem Zusammenschluss, als alle Tatsachen ans Licht kamen, ging ihnen ein Licht auf. Sie merkten plötzlich, dass sie die ganze Zeit in schönen sozialistischen Reden nach Strich und Faden belogen worden waren. Für manche war das ein Schock. Doch ist es nicht besser man erfährt die Wahrheit spät als gar nicht? Lüge und Schönfärberei waren in der DDR-Gesellschaft an der Tagesordnung. Die Betriebe übertrumpften sich mit phantas tischen Bilanzen und Planübererfüllung. Doch das meiste beruhte auf dubiosen Rechenkunststücken und stand nur auf dem Papier.

*

In Vorbereitung war, ab 1988 so genannte Internierungslager einzurichten. Zum Glück kam es dazu nicht mehr. Diese waren für Leute vorgesehen, welche der DDR-Führung unangenehm waren. Von intelligenten, kritischen Leuten ging eine Gefahr aus. Deshalb versuchte man, sie kaltzustellen.

Mein Freund Alfons, den ich noch aus meiner Lehrzeit kannte und der mir bei Bedarf freundlicherweise seinen Wagen zur Verfügung stellte, machte mich bei unserem Besuch im Jahre 1961 darauf aufmerksam, dass sich in Kürze irgendetwas in der DDR ereignen würde. Es läge was in der Luft, doch er wüsste nicht, was sich da zusammenbrauen würde.

Am 11. August kehrten wir zurück in den Westen. Zwei Tage später konnten wir aus sämtlichen Medien erfahren, was Alfons da erschnuppert hatte: Die DDR zog eine Mauer durch Berlin! Jetzt schien das Schicksal der Menschen dort endgültig besiegelt.

Wir haben noch die Bilder vor Augen, wie sich Menschen, auch ältere Menschen, aus dem 2. oder 3. Stock herunter ließen, um noch in letzter Minute in den Westen zu gelangen. Die Tür der Häuser zur DDR-Seite wurde vermauert, und durch die Fenster ließen sich die Bewohner an Seilen hinunter in den Westen. Ein unvorstellbarer Vorgang mitten in Deutschland!

Aber es sollte noch schlimmer kommen. Diese Mauer durchzog dann ganz Deutschland und bildete die Grenze zwischen beiden Deutschen Staaten. Dabei hatte Ulbricht noch am 15. Juni 1961 lautstark erklärt:

Niemand hat die Absicht eine Mauer zu bauen.

Auch viele intelligente Leute, die in der DDR geblieben waren, weil sie familiäre Bindungen hatten, hatten es nicht für möglich gehalten: Dass die DDR-Führung so dreist sein würde, ihr ganzes Volk schlicht und einfach einzumauern. Doch man darf nie Machthaber unterschätzen, die sich in die Defensive gedrängt fühlen. Die sind zu allem fähig!

Zur Begründung für den Bau der Mauer führte die SED, neben der Behauptung, man müsse sich gegen *westliche Wühlarbeit* schützen, an, die Westler kauften die DDR-Läden leer. Da kämen Gutverdienende rüber, um mal ordentlich billig einzukaufen. Das war nicht völlig aus der Luft gegriffen. Doch der Grund für die ständigen Engpässe dürften eher in einer erfolglosen Wirtschaftspolitik und den hohen verschleierten Reparationszahlungen in die UdSSR zu suchen sein. Und der Hauptgrund für den Mauerbau wurde überhaupt ganz verschwiegen: Dass nämlich zahllose qualifizierte Arbeitskräfte aus dem Land flüchteten, um sich im Westen eine neue Existenz aufzubauen. Gerüchte, dass der Fluchtweg über West-Berlin nicht mehr lange bestehen bleiben würde, ließen die Flüchtlingszahlen 1961 erheblich ansteigen, bis der Bau der Berliner Mauer am 13. August 1961, mit dem die DDR alle Verbindungen zwischen ihrem Sektor und den drei Westsektoren kappte, dem Flüchtlingsstrom ein Ende setzte. Von 1949 bis zum 13. August flohen sage und schreibe 2686942 Menschen in den Westen, das ist etwa ein Siebtel der

Gesamtbevölkerung!

Der Westen sah dem Mauerbau hilflos zu. Dem Säbelrasseln der Amerikaner folgten nur leere Worte.

Auf des Messers Schneide stand es aber zwischen der UdSSR und den USA, als die Sowjets 1962 Raketen in Kuba stationieren wollten. Aufgrund der sofortigen massiven Gegenwehr der Amerikaner, mit kompromisslos angekündigten militärischen Maßnahmen, sah die Sowjetunion dann von der Stationierung der Raketen in Kuba ab. Diese so genannte Kubakrise gilt noch heute als die gefährlichste Situation des Kalten Krieges. Die Welt hielt den Atem an, und um ein Haar wäre ein Krieg ausgebrochen wie ihn die Erde noch nicht gesehen hat: Ein Krieg geführt mit massivem Einsatz von Atomraketen.

Westberlin wurde vollkommen eingemauert. Die Mauer wurde in einer Länge von 155 km um ganz Berlin gezogen. Die Grenzbefestigungen mitten durch Berlin waren 43 km lang. Die Mauer, die sich durch ganz Deutschland zog, maß über 1390 km.

An der Grenze zu Westberlin sind ca. 5070 Fluchtversuche geglückt.

Aber 254 Menschen ließen ihr Leben bei dem Versuch, die DDR zu verlassen. War die Mauer zunächst ein provisorisches Bauwerk, wurde sie mit der Zeit immer perfekter, raffinierter und unüberwindlicher ausgebaut. Wachtürme entstanden, tonnenschwere Betonsperren wurden aufgerichet, man installierte Vibrationsmelder und Infrarotsensoren, außerdem wurden an manchen Stellen Scheinwerfer mit Bewegungsmeldern angebracht. Auf dem sogenannten Todesstreifen wurden Tretminen ausgelegt.

Die Mauer stand zur Gänze auf DDR-Gebiet. Auf der Westseite befand sich bis zur eigentlichen Grenzlinie noch ein nicht gekennzeichneter Streifen von ca. 1,70 m DDR-Gebiet.

Wer sich also auf der Westseite an die Mauer lehnte oder stellte, hielt sich also streng genommen auf DDR-Gebiet auf. Er musste damit rechnen, dass sich plötzlich eine Tür in der Mauer öffnete. Es kam vor, dass vermummte DDR-Grenzsoldaten mit vorgehaltener Maschinenpistole auftauchten und den Ahnungslosen auf die andere Seite der Mauer zerrten. Viele sind auf diese Weise plötzlich verschwunden und nie mehr aufgetaucht.

Es sei daran erinnert, dass innerhalb einer Woche im Juli 1953 mehr als 9000 Flüchtlinge den ersten Deutschen Sozialistischen Arbeiter- und Bauernstaat nach Westberlin verlassen haben!

Es sei ebenfalls daran erinnert, was sich an diesem 13. August 1961 an furchtbaren Ereignissen zutrug, was Menschen riskierten, nur um nicht im eigenen Land eingemauert zu werden!

Wie jene Frau, die aus dem 3. Stock des Hauses die Oberbetten aus dem Fenster warf und gleich hinterher sprang, und diesen Sprung in die Freiheit mit dem Leben bezahlte.

Wie jener junge Mann, der, von der Volkspolizisten verfolgt, auf das Dach eines Hauses in der Bernauer Straße flüchtete, von dort in die Tiefe sprang, das von der westlichen Feuerwehr bereitgestellte Sprungtuch verfehlte und starb.

Die Mauer nahm keine Rücksicht auf gewachsene Strukturen. Die Oma, die zwei Häuser weiter wohnte, wurde plötzlich unüberwindlich von ihren Enkelkindern getrennt. Aber die können sich ja noch zuwinken, soll der zynische Kommentar des Generalsekretärs der SED Walter Ulbricht gewesen sein.

In der Bernauer Straße dauerte es eine Zeit, bis die DDR-Grenzer hier die Lage unter Kontrolle hatten.

Wie sich später herausstellte, gab es in Wien eine sehr heftige Debatte zwischen Nikita Chruschtschow und John F. Kennedy bei einem Gipfeltreffen. Die Welt stand vor einem neuen Krieg. Die Kriegsgefahr war sehr groß.

Chruschtschow erklärte Kennedy:

Ich will Frieden. Wenn Sie Krieg wollen, dann ist es ihre Sache!

Chruschtschow wollte, dass Kennedy Berlin aufgibt. Die Welt stand tatsächlich am Rande eines Atomkrieges!

Kennedy erfuhr erst mit 18-stündiger Verspätung vom Mauerbau. Zu Vertrauten sagte er: *Es ist keine gute Lösung, aber immer noch besser als Krieg!* Damit hatte er Recht, leider.

*

Und dann kam der Oktober 1989. Die Schlagbäume gingen hoch, die Mauer öffnete sich. Was sich in dieser Zeit abspielte, hat sich tief ins Gedächtnis des deutschen Volkes eingeprägt. Unbeschreibliche Freudenszenen spielten sich ab.

Die vielen Urlauber der DDR, welche sich in Ungarn aufhielten, machten sich auf mit ihren Trabbis, aber auch zu Fuß oder mit der Eisenbahn in Richtung Österreich.

Viele ließen ihr wertvollstes Gut, den Trabbi, in Ungarn einfach auf der Straße stehen. Sie wollten alle in den Westen, in die BRD! Ganze Kolonnen standen kilometerlang vor der Grenze.

Und dann kam das erlösende Signal: der Stacheldrahtzaun wurde geöffnet. Der damalige Ungarische Außenminister Horn hatte nach Rücksprache mit dem Russischen Präsidenten Michail Gorbatschow die Grenze öffnen lassen. Die lange Kolonne von Trabbis setzte sich in Bewegung. Die Kolonnen wollten kein Ende nehmen.

In Prag, hatten über 5000 DDR-Bürger Zuflucht in der dortigen Deutschen Botschaft der BRD gesucht. Gebäude und Gelände der Botschaft konnten diese plötzliche Menschenflut kaum fassen und es drängten immer noch mehr nach, kletterten über die eisernen Zäune und hofften darauf, in den goldenen Westen zu kommen. Ganze Familien mit mehreren Kleinkindern waren darunter, alle harrten aus auf engstem Raume. Nie werde ich diese Bilder vergessen!

Und dann endlich trat der damalige Außenminister Genscher auf den Balkon und verkündete die erlösenden Worte:

Die Ausreise in die Bundesrepublik Deutschland ist genehmigt!

Ein Schrei der Erleichterung ging durch die Massen! Der Weg in den

Westen war frei! Noch vor einigen Monaten hätte das niemand für möglich gehalten, weder im Osten noch im Westen, doch jetzt war es greifbare Realität, für manche grenzte es an ein Wunder!

Und diese Massen kamen jetzt in die Aufnahmelager der BRD.

Du hast die ganze Zeit sehr interessiert gelauscht. Aber ich glaube, wir sollten uns jetzt bis Morgen eine Pause gönnen. Es ist doch zu anstrengend für Dich, wenn ich noch länger erzähle. Also bis Morgen, dann geht´s weiter.

~ ~ * ~ ~

Kapitel 28

Wieder zusammen

Der Ost-West-Konflikt und sein Ende / Entstehung, Wirkung und Fall der Mauer

---

Gestern hatte ich begonnen, Dir die bewegenden Ereignisse der Wiedervereinigung Deutschlands zu erzählen. Wir waren bis zu jenem Schrei der Erleichterung gelangt, der auf die Mitteilung von Außenminister Genschers in Prag folgte, von nun an sei die Ausreise in die Bundesrepublik Deutschland möglich. Aber nicht nur in Ungarn und der Tschechoslowakei, sondern in allen Staaten des Warschauer Pakts setzte das Tauwetter ein, das Michail Gorbatschow unter den Schlagworten *Glasnost* und *Perestroika* ausgelöst hatte.

Und am 01. Oktober 1989 kommen diese Flüchtlinge aus Prag in der BRD an. Nachdem sie in Zeltstädten auf dem Botschaftsgelände ausgeharrt hatten, durften sie schließlich in versiegelten Waggons durch das Territorium ihres ungeliebten Heimatstaates DDR in die Bundesrepublik fahren. Ähnliche Szenen spielten sich in Warschau ab, wenn auch in kleinerem Maßstab.

Und was haben diese Menschen, die hier voller Begeisterung ankamen, nicht alles zurücklassen müssen! Die Wohnung oder das Haus mit allem, was sich darin befand, dann natürlich die Freunde, die Bekannten, die Kollegen, die vertraute Umgebung, die Landschaft, in der sie ihre Wurzeln hatten, und nicht zuletzt einen sicheren Arbeitsplatz. Es waren vor allem junge Menschen, die mit ihrer ganzen Familie genug hatten von der Bevormundung, vom Belogenwerden, von den Einschränkungen an allen Ecken. Sie wollten raus aus diesem Gefängnisstaat und waren bereit, dafür ihre Habe zu opfern. *Das verdient unsere Anerkennung*.

Nachdem die verkrusteten Strukturen einmal ins Bröckeln geraten waren, ging es Schlag auf Schlag. Wie kam es zu diesem Erdrutsch? Werfen wir einen Blick zurück. Hier eine kleine Chronik in kurzen

Schlaglichtern:

Obwohl sich die DDR nach dem Mauerbau wirtschaftlich etwas erholte und auch eine Verbesserung des Lebensstandart vorweisen konnte, blieb sie doch hoffnungslos hinter dem Niveau des kapitalistischen Teils Deutschlands zurück. Sie war im Grunde stets in der Defensive.

Doch noch gaben die alten Machthaber sich nicht geschlagen. Die angeschlagene SED setzte auf innere Abgrenzung. Das Machtinstrument Staatssicherheit wurde ausgebaut. *Spitzel gab es überall.* Hierzu zählten auch die inoffiziellen Mitarbeiter der Stasi. In manchen Dörfern machte man aber einen Bogen um Leute, welche für die Stasi tätig waren, denn bei vielen ahnte man etwas. Die Menschen wussten oft, wem gegenüber sie vorsichtig zu sein hatten.

Die Kontakte zu den Westdeutschen sollten schärfer überwacht werden. Der Strom der Reisenden in die DDR nahm sehr zu. An Ostern 1975 stand vor dem Grenzübergang Duderstadt eine Autoschlange von 26 km. Hier wollte man für die Zukunft Abhilfe schaffen. Doch zu einem solchen Ansturm kam es in den nächsten 15 Jahren bei Duderstadt nicht mehr.

Durch Erhöhung des Zwangsgeldes auf 25 DM wollte man den Besucherstrom bremsen. Die Bundesregierung fühlte sich getäuscht, denn sie war es, die die Straßenbenutzungsgebühr pauschal beglich.

1983 erleichterte die DDR die Zusammenführung von Familien. Auch wurde die Ehe zwischen DDR-Bürgern und Ausländern, auch Westdeutschen erlaubt. Die Zahl der Ausreisen stieg spürbar. Viele Verwandte sahen sich jetzt zum ersten Mal in der BRD. Aber die Zahl der Besuchstage blieb begrenzt.

1986 wurde der Personenkreis, der in familiären Angelegenheiten ausreisen durfte, ausgeweitet. Der Kontakt war nicht mehr auf Verwandte I. Grades beschränkt. Aber manchmal musste ein Ehepartner im Lande bleiben. Offenbar hatte man Angst, ein ausreisendes Ehepaar würde nicht wieder zurückkommen. Eine Befürchtung, die durchaus berechtigt gewesen sein dürfte ...

Alles in allem waren es nur kleine Schritte und jedes Zugeständnis für den verbesserten Reiseverkehr musste teuer erkauft werden.

Die Unzufriedenheit stieg in der DDR. Es war aber nicht nur das unterschiedliche Warenangebot, oder der Zorn über verweigerte Reise genehmigungen, es war vor allem die konsequente Verweigerung innerer Reformen, welche die gesellschaftliche Unzufriedenheit auslöste.

Die Schlussakte von Helsinki hatte mit dem Korb 3 der Bürgerrechts-bewegung in den Staaten des Ostblocks eine Rechtsbasis geschaffen. Dies war eine Argumentationshilfe gegenüber dem eigenen Staat.

Die Wahl Gorbatschows zum ersten Sekretär der KPdSU 1985 und seine Forderungen nach Glasnost und Perestrojka weckten im gesamten Ostblock Hoffnungen. Jedoch widersetzte sich die DDR stur allen vorsichtigen Reformbewegungen. Unter dem Schutz der Kirche provozierte das eine systemkritische Oppositionsbewegung.

*

Das von Egon Krenz dann nach den Kommunalwahlen im Mai 1989 verkündete Ergebnis von 99,8 % wurde sofort als Wahlfälschung durchschaut. Dass diese lächerlichen 99 % - Ergebnisse erstunken und erlogen waren, wusste jeder, aber jetzt nahm es nicht mehr jeder mit resigniertem Achselzucken hin, der Zorn wuchs. Die DDR-Bürger machten Krenz für den Wahlbetrug verantwortlich und sie erinnerten sich daran, dass er noch vor kurzem die blutige Niederschlagung der Studentenbewegung am 3./4. Juni 1989 in Peking begrüßt hatte. Krenz hatte für sie keine Überzeu-gungskraft.

Am 06. Oktober 1989 ist in Berlin die große Festveranstaltung zum 40. Jahrestag der DDR im Palast der Republik. Ein letztes Mal versucht das System, sich selber zu feiern.

Am 07. Oktober 1989 findet die große Parade in Ostberlin statt. Hier trifft sich Honecker mit Michail Gorbatschow.

Und hier war es, wo Gorbatschow den unvergessenen Satz aussprach, der mittlerweile den Weg in die Schulbücher gefunden hat:

Wer zu spät kommt, den bestraft das Leben!

Damit spielte er auf die Weigerung der DDR-Führung an, rechtzeitig und flexibel auf Forderungen des Volkes zu reagieren und beispielsweise den Grenzverkehr zu erleichtern.

Zur gleichen Zeit finden Demonstrationen statt für Meinungsfreiheit und Reformen in Dresden, Leipzig, Berlin, Potsdam und Jena.

Mit brutaler Gewalt werden diese niedergeschlagen. Mehr als 1000 Personen werden festgenommen. Aber die Demonstrationen sind nicht mehr zu stoppen. Fast täglich gehen die Menschen auf die Straße, die alten Einschüchterungsversuche ziehen nicht mehr.

Am 09.10.1989 fand in Leipzig die inzwischen traditionelle Montagsdemonstration statt. Die Sicherheitskräfte griffen nicht mehr ein. Der Schlachtruf der mutigen Leipziger lautete immer wieder:

Wir sind das Volk! Wir sind das Volk!

Eine sehr gute Parole. Damit sprach man den Kommunisten, die ja ständig davon redeten, Sprachrohr und Ausführungsorgan des Volkswillens zu sein, diese Berechtigung ab. Hier meldete sich das Volk mit seiner eigenen Stimme! Und zwar kräftig und unmissverständlich!

Eine Woche später, am 16. Oktober 1989, demonstrierten 120.000 Menschen in Leipzig. Zwei Tage später trat Erich Honecker endlich zurück. Erster Sekretär wurde nun Egon Krenz. Er wurde am 24. Oktober zum Vorsitzenden des Staatsrates und auch zum Vorsitzenden des Nationalen Verteidigungsrates gewählt. Ein Reisegesetz wurde angekündigt, welches jedoch keine Zustimmung fand.

Am 27. Oktober 1989 wird eine Amnestie für Flüchtlinge erlassen – zwar Zeichen des Einlenkens, aber zu wenig und zu spät.

In einer Pressekonferenz am 09. November 1989, gegen 19.00 Uhr, kündigte Politbüromitglied Günther Schabrowski dann an, dass ständige Ausreisen künftig direkt über die Übergänge an der Grenze und in Berlin geschehen könnten. Das war der endgültige Durchbruch der Proteste und die Kapitulationserklärung des SED-Regimes.

Allerdings waren Tausende DDR-Bürger ohnehin bereits auf verschiedenen Wegen in die BRD gekommen.

Am 11/12. November 1989 wird endlich der Schießbefehl an der DDR-Grenze aufgehoben – eine zu diesem Zeitpunkt, zu dem das ganze System im Begriff ist in sich zusammenzusacken, fast schon lächerliche und hilflose Maßnahme.

Die SED häutet sich und heißt ab Dezember 89 plötzlich PDS. An der Spitze steht jetzt *Gregor Gysi* und verkündet, dass sich alles in der Partei ändern werde. Doch viele misstrauten den neuen Parolen und glaubten, dass hier nur der alte Wein in neue Schläuche gefüllt werden sollte. Die Vergangenheitsbewältigung sei unzureichend, der Umgang mit dem Parteivermögen der SED sei dubios und die Programmatik unausgereift, *so die Kritiker der PDS bis heute.*

*

Krisenstäbe wurden in der BRD gebildet. Man erwartete mächtige Wellen von Flüchtlingen. An allen Übergängen waren Überlegungen im Gange, wo und wie ausreichend Unterkünfte zur Verfügung gestellt werden könnten.

Aber es kam ganz anders. Jetzt wollten die bislang Eingesperrten nämlich vor allem erst einmal reisen, sie wollten einfach mal den Westen sehen! Die meisten hatten die Absicht, dann zunächst wieder an ihren Wohnsitz zurückkehren. Der Druck auf die Grenzübergänge wurde sehr stark.

Beispiel Duderstadt. Schon am Donnerstag hatten die Beamten des Grenzschutzes über den Ansturm gestöhnt. Aber am Freitag ging erst richtig die Hölle los! So etwas hatte Duderstadt noch nicht erlebt! Die Stadt war überfüllt von DDR-Bürgern. Aber auch von den Duderstädtern, die alle aus ihren Häusern kamen und die Kurzzeit-Reisenden aus dem Osten brüderlich und schwesterlich begrüßten.

Der 380 Fahrzeuge fassende Parkplatz war ständig überfüllt. Im strömenden Regen wurden die Wagen eingewiesen. Glücklich war, wer es bis hierher geschafft hatte. Vor den beiden Toiletten standen lange Schlangen. Und wer einen heißen Kaffee ergattern konnte, war König.

In Sontra war es das Gleiche. Am Karfreitag wurden Hunderte mit heißen Würstchen versorgt. Das Rote Kreuz baute ein Zelt auf, damit die Kleinkinder gewickelt werden konnten. Nottoiletten wurden schnellstens herbeigeschafft.

Über 20 Polizeibeamte bemühten sich, der Autoschlangen Herr zu werden. Doch diese Autoschlangen lösten sich auch in der Nacht nicht auf. Die meisten Tankstellen hatten innerhalb kurzer Zeit kein Benzin mehr. 7 Stunden Wartezeit war keine Seltenheit. Aber mit unendlicher Geduld und ohne Ärger kamen die Menschen über die Grenze. Sie waren glücklich, endlich mal im Westen zu sein.

Es gab also keine Fluchtwelle mehr. Stattdessen gab es einen unendlichen Strom von Reisenden. Hunderttausende hatten sich auf den Weg gemacht. Zum Teil fuhren sie ohne Reisepass, Papiere oder Visum einfach los.

In der Nacht zum 10. November konnte in Duderstadt kein Begrüßungsgeld mehr ausgezahlt werden. Deshalb zog der Stadtdirektor mit 3000 Menschen in die Eichsfeldhalle. Dort wurde weiter ausgezahlt, nachdem neues Geld herbeigeschafft worden war.

Der Rückstau auf den Straßen erreichte Worbis, Heiligenstadt und reichte fast bis Mühlhausen. In der Stadt wurde gefeiert. Die Geschäfte blieben geöffnet. Ja, manche Geschäfte hatten dann keine Ware mehr. Südfrüchte, Bananen und Spielzeug wurden bevorzugt gekauft. Manche sparten aber auch das erhaltene Westgeld.

An allen geöffneten Übergängen war das gleiche Bild. Eine unendliche Kolonne von Trabbis und Wartburgs rollte auf den Autobahnen nach Süden, Westen und Norden. Und was sich in Duderstadt abspielte, ereignete sich dann in vielen deutschen Städten.

*

Hier möchte ich Dir schildern, was in diesen *historischen Tagen in Frankfurt am Main* vor sich ging.

Plötzlich waren unsere reisefreudigen Landsleute nämlich auch in Frankfurt. Die Kolonnen von Trabbis und Wartburgs nahmen kein Ende. Aber auch per Anhalter oder in Zügen trafen sie hier ein. Viele Frankfurter wurden vor eine logistische Aufgabe gestellt. Zehntausende mussten verköstigt und untergebracht werden. Und natürlich wollten alle auch ihr Begrüßungsgeld ausgezahlt bekommen.

Man hatte wohl mit einer Welle von Umsiedlern gerechnet. Aber doch nicht mit einer solchen Masse von Kurzzeit-Besuchern.

Über Zehntausend wurden an diesem Schnupperwochenende in Frankfurt gezählt. Zum Glück hatte die Sozialdezernentin vorgesorgt und mehrere Mitarbeiter für das Wochenende zusätzlich eingeteilt. Auch in Frankfurt wollte jeder seine 100 DM Begrüßungsgeld und die 20 DM zusätzliches Fahrgeld der Stadt Frankfurt mitnehmen. Viele städtische Angestellte kamen dann freiwillig und halfen mit, die DDR-Bürger zu versorgen. Mit Engelsgeduld standen die DDR-Bürger stundenlang in der Schlange und freuten sich über das endlich erhaltene Westgeld, gute harte Westmark. Die Frankfurter Sparkasse musste aber zusätzlich Geld herbeischaffen. Aber es gelang, allen ihr Geld zu geben.

Die Turnhallen, aber auch Klassenzimmer wurden als Notunterkünfte hergerichtet. Es war unglaublich, was in kurzer Zeit alles herbeigeschafft werden musste. Feldbetten, Decken, Zahnbürsten, Zahnpasta und Handtücher wurden benötigt. Aber auch Bananen und Südfrüchte sollten ausreichend vorhanden sein. Für die Kleinen benötigte man Babywindeln, Schnuller und Kindernahrung.

Die Abfalleimer in der Stadt quollen vor allem über von Bananenschalen. Diese schöne gelbe Frucht, die wir Westler fast schon gedankenlos verspeisten, war in der DDR absolute Mangelware und nun stürzten sich alle darauf. Sie wurde fast so etwas wie ein Symbol für die Lust auf den Westen, der Westen schmeckte lecker wie eine Banane. Später, als die Ost-West-Flitterwochen vorbei waren und man sich zusammenraufen musste und ums Geld zankte, wurden unsere östlichen Landsleute wegen ihrer Bananenbegeisterung durch den Kakao gezogen. Mir aber war das immer völlig einleuchtend gewesen, schließlich hatten wir diese Früchte schon vor der Wende staudenweise über die Grenze geschafft.

Das DRK baute neben dem Ausgleichsamt eine Küche auf. 211 Helferinnen und Helfer teilten den Besuchern, die bis zu sechs Stunden auf ihr Begrüßungsgeld warten mussten, 3700 mal Eintopf, 7500 Becher Tee und 1500 Portionen Kaffee aus.

Weitere Helfer waren am Wochenende rund um die Uhr im Notquartier der Bettinaschule im Einsatz.

Allerdings gingen nicht alle Wünsche in Erfüllung. Manche konnten ihr Begrüßungsgeld nicht mehr ausgeben, da die Geschäfte pünktlich um 14.00 Uhr geschlossen wurden. Doch auch, wenn dann darüber gemeckert wurde, dass die Stadt z. B. keine Freifahrtscheine für Busse, Straßenbahn und Bahn herausgegeben hatte, Verzeihung, wer denkt denn immer gleich an alles? Es wurde meiner Meinung nach sehr viel für die anstürmenden Kurzzeit-Reisenden aus der DDR getan.

*

Aber was dachte eigentlich ein normaler russischer Bürger über diese unselige Mauer, der von den SED-Politikern hochtrabend und allen Tatsachen widersprechend *antifaschistischer Schutzwall* genannt wurde. (Lächerlicher ging es ja kaum noch!)

Ein Russe erzählte, über den Mauerbau hätten sie nicht viel gewusst. Unter dem wenigen, was in den Lehrbüchern über die europäische Nachkriegsgeschichte zu lesen war, kam die Mauer kaum vor.

Die Schüler der Moskauer Schulen wussten aber trotzdem ganz genau, warum die Mauer gebaut wurde. Es ging ganz einfach um die Wurst, genauer: um die so köstlich schmeckende ostdeutsche Teewurst! Denn diese war plötzlich verschwunden. Verschwunden, wie so viele Importartikel, vor allem Lebensmittel aus der DDR plötzlich nicht mehr zu bekommen waren. Aufgekauft von habgierigen Konsum-Heuschrecken aus dem kapitalistischen Westdeutschland! Moskau war traurig, sehr traurig. Wo blieb die Teewurst?

Aber klar, mit Deutschland war es eben immer sehr schwierig gewesen. Leider hatte es nämlich die glorreiche sowjetische Armee nicht geschafft, ganz Deutschland zu befreien! Die Amerikaner waren im westlichen Teil leider etwas fixer gewesen. Und deshalb wurde Europa nun in zwei Teile geteilt.

Die von der Sowjetunion befreiten Völker haben sich dann natürlich jubelnd für den Sozialismus entschieden. Und die anderen Völker mussten zähneknirschend den kapitalistischen Weg der Amerikaner einschlagen, weil diese sie unter ihr Joch zwangen.

So stand es in den Lehrbüchern der sowjetischen Schulkinder. Alle bösen Ex-Nazis hätten in Westdeutschland Unterschlupf gefunden, und die guten Antifaschisten hätten die sozialistische DDR gegründet.

Zuerst hätten die sozialistischen Arbeiter der DDR mit einer gewissen Nachsicht zugesehen, wie die Westberliner ihre sozialistischen Regale leergekauft hätten. Aber dann wäre es dem Generalsekretär der Sozialistischen Einheitspartei Deutschlands, Walter Ulbricht, doch zu dumm geworden und er habe sich gezwungen gesehen, um die soziale Gerechtigkeit wieder herzustellen, Berlin einzumauern.

Da hätten die Westberliner am nächsten Tag aber ganz schön lange Gesichter gemacht, als sie sich in der DDR mal wieder die Taschen füllen wollten, und nun vor dem *antifaschistischen Schutzwall* standen!

Dass eine weit längere Mauer von über 1390 km gebaut wurde, um den Wohlstand der sozialistischen Oststaaten vor den gierigen kapitalistischen Länder des Westens zu schützen, stand auch in den Lehrbüchern der russischen Schüler.

Für die Moskauer Schüler war dies eine einsichtige Erklärung. Schließlich waren das allzu wohlbekannte Praktiken. Schließlich ließ die Regierung auch in Russland immer mal wieder eine Siedlung einmauern. So geschehen mit der Kosmonauten-Siedlung Sternenstadt, nicht weit von Moskau entfernt. Nur Kosmonauten sollten dort einkaufen. In den dortigen Läden gab es Artikel, welche in Moskau nicht zu kriegen waren. Zum Beispiel tolle Wurst, sogar Himbeerkonfitüre, erstklassige Zigaretten und nicht zuletzt eine gute Qualität des russischen Nationalgetränks: Wodka. Doch weil hier auch die Einwohner der umliegenden Dörfer, ja sogar Moskauer einkauften, wurde Sternenstadt eben eingemauert. Und so hatte die Partei ihre Ruhe und die Kosmonauten ihre tolle Wurst und ihren guten Wodka.

Und von diesen Erfahrungen her gesehen erscheint es vollkommen einleuchtend, Berlin einzumauern. Jetzt konnte man den antifaschistischen Brüdern wieder die gute ostdeutsche Teewurst nach Moskau schicken! Und die haben es doch verdient!

*

Es ist mir ein Bedürfnis an dieser Stelle noch einige weitere Daten nachzutragen, die für die Entwicklung und Ereignisse der Jahre 1939 bis 1990 entscheidend waren. Durch diese Ereignisse ist das jetzt vorhandene Deutschland geprägt worden.

Ich möchte diese Daten hier festhalten, damit sie eines Tages von unseren, jetzt noch kleinen Enkeln gelesen, und somit nicht so leicht vergessen werden können. Denn die mit diesen Daten verbundenen Ereignisse haben unserer Generation großes Leid zugefügt und viele Menschenleben gekostet. Man kann sagen, dass der Kriegsgeneration ein rundes Jahrzehnt ihres Lebens, und zwar gerade die jungen, unbeschwerteren Jahre regelrecht gestohlen wurde. So etwas sollte sich nicht wiederholen! Ich rufe meinen Enkeln zu: Passt auf, seid vorsichtig, lasst euch nicht vor einen Karren spannen, der gar nicht euer Karren ist. Lasst euch nichts einreden und nichts aufschwätzen!

01.03.1939 Ausbruch des Zweiten Weltkrieges durch Überfall auf Polen.

04.02.1945 Konferenz von Jalta. Hier werden die Besatzungszonen für die Zeit nach dem Kriege festgelegt.

08.05.1945 Unterzeichnung der bedingungslosen Kapitulation der deutschen Wehrmacht.

30.06.1946 Die sowjetische Militärverwaltung sperrt die Demarkationslinie zu den westlichen Zonen.

20.06.1948 Währungsreform in der amerikanischen, britischen und französischen Besatzungszone.

23.06.1948 Währungsreform in der sowjetischen Besatzungszone.

Juni 1948 Luftbrücke. Dazu ein paar Worte der Erklärung und der Dankbarkeit. Berlin lag zwar im Gebiet der sowjetisch besetzten Zone (der so genannten SBZ), hatte aber einen Sonderstatus. Berlin wurde in Besatzungszonen aufgeteilt. Die Zonen der Westmächte wurden zu Westberlin zusammengefasst, aus der Zone, die an die Sowjets fiel, wurde dann Ostberlin. Plötzlich aber wollte Genosse Stalin die ganze Stadt. Er tat alles, um dies zu erzwingen. Er verhinderte einfach die Zufuhr von Versorgungsgütern nach Berlin auf dem Landwege. Doch die Alliierten, allen voran der Militärgouverneur der amerikanischen Besatzungszone in Deutschland, General Lucius D. Clay verstanden, dass dies die Probe aufs Exempel war.

Die Westalliierten beschlossen, unter allen Umständen die Versorgung von Westberlin sicherstellen. Aus diesem Grunde wurde die legendäre *Berliner Luftbrücke geplant.* Alle wichtigen Versorgungsgüter wurden mit Flugzeugen der Alliierten herbeigeschafft. In nur 11 Monaten wurden *über 270000 Versorgungsflüge durchgeführt*! Eine gigantische Zahl! Wie man sich leicht ausrechnen kann, müssen es über *800 Flüge pro Tag* gewesen sein! Pausenlos landeten und starteten die Flugzeuge, die von den Berlinern liebevoll *Rosinenbomber* genannt wurden. *2 555 300 Tonnen Fracht wurden nach Berlin eingeflogen.* Alles was benötigt wurde, wie Lebensmittel, Kleidung, Benzin und Kohlen, ja sogar ein ganzes Kraftwerk wurde eingeflogen. Am 12. Mai 1949 gaben die Sowjets auf, die Blockade wurde aufgehoben. *Die Völker der Welt sahen zu.* Und ihre

Sympathien wurden nicht auf die Seite derjenigen gezogen, die eine ganze Stadtbevölkerung einfach aushungern wollte, sondern zu denen, *die alles einsetzten, um zu helfen.* Viele der mutigen und einsatzfreudigen Piloten haben für Berlin ihr Leben gelassen. Insgesamt eine logistische Leistung der Extraklasse und ein Symbol für die Verteidigungs- und Hilfsbereitschaft der westlichen Welt. – Doch weiter mit der Datenübersicht:

23.05.1949 Das Grundgesetz der Bundesrepublik Deutschland tritt in Kraft.

07.10.1949 Gründung der Deutschen Demokratischen Republik.

26.02.1952 Verordnung des Ministerrates der DDR über Maßnahmen an der Demarkationslinie. Einrichtung einer 5 km Sperrzone und eines 500 m breiten Schutzstreifens. Zwangsaussiedlung aus diesen Gebieten. Schießbefehl der DDR an der Grenze zur BDR.

17.06.1953 Volksaufstand in der DDR.

11.12.1957 Einführung des Tatbestandes *Republikflucht* in der DDR.

13.08.1961 Abriegelung Ostberlins. Beginn des Mauerbaus der DDR zur BRD.

1961-1972 Ausbau der Grenzanlagen. Verlegung von Minen, Selbstschussanlagen und Hundelaufanlagen.

21.06.1973 Der grenznahe Verkehr tritt in Kraft. Öffnung des Grenzüberganges Duderstadt-Worbis.

1984/1985 Abbau der Minen und Selbstschussanlagen.

Am 19. Dezember 1989 trifft sich Bundeskanzler Kohl mit dem Ministerpräsidenten Modrow in Dresden. Die Visafreiheit und der Umtauschkurs von DM 200 für 600 MDN werden angekündigt.

Am 24. Dezember 1989 wurde die Visafreiheit eingeführt.

Im Jahre 1989 haben allein den Grenzübergang Duderstadt 678.000 Menschen passiert, davon waren 5.500 Aussiedler.

Insgesamt gab es im Jahre 1989 343.800 Übersiedler aus der DDR. Im

Jahr 1988 waren es nur 39.800.

Herbst 1989, Ungarn öffnet seine Grenzen zu Österreich. Massenflucht von DDR-Bürgern über Budapest, Warschau und Prag in die BRD.

09.11.1989 Die DDR öffnet die Grenzen zur BRD und Westberlin.

18.03.1990 Freie Volkskammerwahlen in der DDR mit 98,3 % Wahlbeteiligung.

01.07.1990 Wirtschafts-, Währungs- und Sozialunion zwischen der BRD und DDR.

03.10.1990 Beitritt der DDR zur Bundesrepublik Deutschland.

Aber auch im Jahre 1990 ereignet sich sehr viel, was den Zusammenschluss der BRD und DDR beschleunigt.

Am 1. Januar 1990 entsteht ein Großbrand in der Ziegelei Zwinge. *Hierdurch erfolgt der erste gemeinsame Einsatz deutsch - deutscher Feuerwehren.*

Am 7. Januar bildet sich eine Menschenkette durch die DDR von Duderstadt bis Witzenhausen gegen die SED, für mehr Demokratie und die deutsche Einheit.

Ab 11. Januar 1990 werden 11 neue Grenzübergänge geöffnet in der Zeit vom Freitag 15.00 Uhr bis Montag 08.00 Uhr.

Im Januar 1990 gibt es 614.000 Reisen über den Grenzübergang Duderstadt.

Am 19. Februar 1990 spricht Bundeskanzler Kohl in Erfurt zu 30.000 Menschen.

Am 24. Februar rollt zum ersten Mal Schwerlastverkehr über den Grenzübergang Gerblingerode.

Am 18. März finden vorgezogene Volkskammerwahlen mit 98.3 % Wahlbeteiligung statt. Es wird ein großer Wahlsieg der Allianz für Deutschland mit 192 Sitzen.

Für die CDU 163, die SPD 88, 66 für die PDS, und 12 Sitze für das

Bündnis 90.

Am 1. April findet eine Demonstration statt für den Umtauschkurs 1 : 1 DM/MDN.

Ab 4. April werden alle Grenzübergänge im Eichsfeld durchgehend geöffnet.

Am 20. April fährt der erste Linienbus von Göttingen nach Heiligenstadt.

Am 28. April reisen 630 Skins aus Nordhausen nach Duderstadt. *Es kommt zum ersten Mal zu Ausschreitungen.*

Am 26. Mai wird die Bahnlinie Kassel - Halle eröffnet.

Am 1. Juli 1990 tritt die Wirtschafts-, Währungs- und Sozialunion in Kraft.

Die letzte Grenzstreife endet am 01. Juli 1990 um 10.00 Uhr.

Am 02.10.1990 finden die Vorfeiern zum Tage der Deutschen Einheit in Duderstadt statt.

Am 03. Oktober 1990 findet das Fest zur Wiedervereinigung in Worbis statt.

Die 5 ostdeutschen Länder kommen zum Westen.

Der 03. Oktober jeden Jahres wird in Zukunft als Tag der Deutschen Einheit gefeiert.

*

Genug der historischen Fakten! So wichtig diese Daten auch sind, so sind es doch mehr die Schicksale, die Freuden und Leiden der lebendigen Menschen, die unser Herz berühren. Und natürlich ist es etwas ganz anderes, wenn man dabei war, wenn man diese Geschehnisse mitverfolgt und miterlebt hat, wenn man mit einem Wort: *Zeitgenosse war.* Und, liebste Ilse, *wir beide waren dabei!* Das war unsere Zeit! Manches haben wir hautnah erlebt, manches eher aus der Ferne verfolgt, aber es sind die Ereignisse, die *unsere* Epoche geprägt haben. Und man darf sagen: *Eine langweilige*

Epoche war das nun weiß Gott nicht! Keine einfache Zeit, das würde ich auf keinen Fall sagen, teilweise sogar eine furchtbare Zeit, eine Zeit, *die uns alles abgefordert hat,* in der wir kämpfen mussten und gekämpft haben, aber langweilig, *nein langweilig war es uns nicht*, nicht wahr?

Ganz im Gegenteil! *Denk doch nur an unsere schwarzen Grenzübertritte am Südharz!* Noch heute läuft uns eine Gänsehaut über den Rücken, wenn wir an diese Gefahren und Aufregungen denken!

Unsere damals noch kleinen Kinder sind inzwischen verheiratet. Und unsere älteste Enkeltochter Cornelia fuhr mit in die DDR, als sie 12 Jahre alt war, *das war im Jahre 1976.*

Kannst du Dich noch daran erinnern, dass wir uns im Januar 1990 für 14 Tage in Bad Sachsa, also noch auf dem Gebiet der alten Bundesländer, eine Wohnung gemietet hatten? Wir wollten alle Verwandten besuchen. *Diesmal, wie schön, ohne erforderliche Einreisegenehmigung!*

Jeden Morgen sind wir mit vollem Kofferraum gestartet, um zu unseren Verwandten nach Bleicherode und Umgebung zu fahren. Alles was wir mitbrachten, wurde freudig angenommen. Selbst in Bad Sachsa waren oft die begehrten Bananen am Morgen bereits ausverkauft! Der Kofferraum war immer voll mit Lebensmitteln. Natürlich besonders auch mit Kaffee und viel Schokolade und Kakao.

Wir haben auch Ostdeutschen, welche ja jetzt mit dem Auto in den Westen fahren durften, *an den Tankstellen immer mal ausgeholfen, indem wir die Tankrechnung bezahlten.* Ja, manchmal hatten wir die Spendierhosen an. Heißt es schließlich nicht schon in der Bibel, dass Geben seliger ist als Nehmen? *Hier jedenfalls passte es.*

Das haben auch andere so empfunden. Ein sehr nettes Erlebnis kommt mir in diesem Zusammenhang in den Sinn. Der Inhaber eines Sportgeschäftes in Bad Sachsa, *Herr Schäfer*, hat allen ehemaligen DDR-Bürgern, *welche an seinem Geschäft vorbeigingen oder in sein Geschäft kamen, eine Tafel Schokolade geschenkt.* Mein Freund

Werner, welcher ihm oft beim Einkauf als pensionierter Chefeinkäufer für Sportartikel eines großen Konzerns half, sagte mir, *dass er innerhalb von 3 Tagen 2000 Tafeln Schokolade verschenkte*. Und dies nicht etwa aus geschäftlichen Gründen, sondern einfach so, *aus purer Freude über die Wiedervereinigung!*

An einem Morgen, wir fuhren aus Steina in Richtung Bad Sachsa, um unsere Einkäufe zu machen, *blinkten uns plötzlich Scheinwerfer von hinten an.* Ich sagte noch zu Dir, ich werde mal halten, *vielleicht muss der Fahrer tanken und hat kein Geld.*

Der Wagen hielt hinter uns und wer ausstieg war unser Neffe Ralf, der Sohn meines Bruders, um uns freudestrahlend zu begrüßen. Da wir ihn und seine Familie noch nicht besucht hatten, fürchtete er, wir würden es womöglich versäumen.

Er bedauerte, die Wurst, welche er uns mitgebracht hatte, eine schöne Thüringer Mettwurst, nicht geben zu können. Seine kleine Tochter Julia hatte nämlich auf der Fahrt Hunger bekommen und ein Stück von der Wurst weggefuttert. *Wir trösteten ihn und nahmen die Absicht für die Tat.*

Der diesmalige Kofferrauminhalt war jetzt natürlich für Ralf und seine Familie bestimmt. Aber damit die kleine Julia nicht noch länger hungern musste, *fuhren wir nach Braunlage zum Mittagessen.*

Das kleine Fräulein wählte sich höchstpersönlich das für sie geeignete Mittagessen aus, *es waren Fischstäbchen*! Natürlich wurde als Nachtisch noch ein köstliches Eis genehmigt. Dann fuhren wir gemeinsam zurück in mein Heimatdorf, wo Ralf immer noch *in meinem Elternhaus wohnte*. Es wurde ein sehr schöner Tag mit den Verwandten. Endlich saßen wir ohne Angst beisammen. *Oh, schöne, schöne Wiedervereinigung!*

*

Unseren ersten Besuch im Januar 1990 führten wir bei meiner älteren Schwester durch. *Sie war einige Tage zuvor gerade 80 Jahre geworden.* Die Freude war groß, und wir waren den ganzen Tag fröhlich zusammen. Wir hatten so viel zu erzählen!

Zum ersten Mal konnten wir die Landstraßen von Bad Sachsa nach Bleicherode benutzen. Bisher mussten wir doch immer auf den uns vorgeschriebenen Straßen fahren. Es ging über Mackenrode, Bliedungen, Friedrichsthal, Kehmstedt nach Bleicherode. Die Straßen waren übersät mit Schlaglöchern. Weder richtige Begrenzungen noch Mittelstreifenmarkierungen hatten die Genossen hingekriegt. Wir holperten von Schlagloch zu Schlagloch. Der Unterschied zwischen West- und Ostdeutschland war allein schon an der Qualität der Straßen spürbar. *Aber nicht nur dort.* Sah man links und rechts aus den Fenstern, so erblickte man Dörfer, in denen in den letzten 40 Jahren nur hier und da ein neues Haus gebaut worden war. Und auch die älteren Hauser sahen vernachlässigt aus und hätten eine Auffrischung bitter nötig gehabt. Der Zahn der Zeit hatte überall fleißig herumgeknabbert und offenbar hatte man ihm wenig Widerstand entgegengesetzt. Da fehlte es an Farbe, an Zement, an Dachziegeln - alles Materialien, an die man in der DDR fast nur auf Umwegen durch Tausch und *die berühmten Beziehungen* kam. Sicher fehlte es auch schlicht und einfach an Geld. Es waren Verhältnisse wie bei uns vor der Währungsreform und vieles, was wir hier beim Durchfahren sahen, erinnerte an die Fünfziger Jahre bei uns im Westen. Man fühlte sich in der Zeit um Jahrzehnte zurückversetzt und es war auch alles ein wenig traurig.

Da fiel der Blick etwa auf Bauernhäuser, die einmal stattlich und stolz gewesen sein mussten, und nun halb verfallen neben vernachlässigten Scheunen und Stallungen dahinsiechten. Wozu brauchte man die alten Ställe, wenn man die großen modernen LPG-Ställe hatte? Durch die Kollektivierung der Landwirtschaft wurden die einst privat bewirtschafteten Höfe überflüssig. *In meinem Heimatdorf erschrak ich, als ich die Bauernhäuser sah, in denen ich früher ein- und ausgegangen war.*

Natürlich gab es einige wenige gepflegte Häuser. Die stachen geradezu ins Auge in der allgemeinen Tristesse. Doch unschwer ließ sich erkennen, dass sie sich auf die Hilfe von West-Verwandtschaft hatten stützen können. Sah man genauer hin, erkannte man sogar die Westprodukte, die zur Instandhaltung des Hauses verwendet worden waren. Die Von-West-nach-Ost-Pakete hatten es möglich gemacht, davon konnten wir ja auch ein Lied singen. Selbst die Nägel für die Reparatur des Gartenzauns, haben wir zu unseren Verwandten rüberschicken müssen.

Und doch: *Es war meine Heimat, durch die wir fuhren*! Und als wir dann etwa 2 km hinter Mackenrode nach der Steigung die Höhe erreichten, haben wir erst einmal angehalten und sind ausgestiegen. Welch ein großartiges Landschaftspanorama breitete sich vor uns aus! Blickten wir etwas nach links, *bot sich uns der Harz in seiner ganzen Schönheit*. Wir konnten seine höchste Erhebung, den 1142 m hohen Brocken, erkennen, auf seinem Gipfel lag weiß der Schnee.

Auf der rechten Seite lag die Ebene vor uns, welche sich bis zu den *Bleicheröder Bergen, der Hasenburg und der Hainleite erstreckte.* Wir haben das Bild dieser schönen und besonders mir tief vertrauten Landschaft ganz in uns aufgenommen: *Das Bild der Heimat.*

~~*~~

Kapitel 29

Glückliche Tage an der Mosel

Eine Reisetour führt 1953 an die Mosel / Mit guten Freunden auf den Spuren der alten Römer

---

Wie schön ist es, wenn sich das Angenehme zwanglos mit dem Nützlichen verbinden lässt! Das jedenfalls sagten wir uns 1953 bei unserer Fahrt, die uns über Koblenz und Bernkastel nach Trier führte. Einerseits nämlich handelte es sich dabei um eine Geschäftsreise, auf der ich unseren Kunden die neuen Kollektionen vorlegen sollte, das war das Nützliche, andererseits aber konnten wir bei dieser Gelegenheit unseren Freunden in Trier einen Besuch abstatten, was das Angenehme, ja, *das sehr Angenehme war.*

Ich erinnere mich noch gut an diese schöne Fahrt den Rhein und die Mosel entlang. Wir ließen uns nicht hetzen und genossen in vollen Zügen den Anblick der Weinberge, die verwinkelten alten Weindörfer und die gemütlichen Städtchen. In aller Ruhe folgten wir den malerischen Mäandern der Mosel.

In Koblenz und in Mayen hatten wir einen Tag zu tun. Zügig erledigten wir das Geschäftliche. Besuche bei einigen kleineren Kunden verschoben wir auf die nächste Woche. Die Fahrt über *Bernkastel, Traben-Trabach, Cochem bis nach Trier* war für uns beide ein besonderes Erlebnis. Natürlich muss bei einer solchen Unternehmung das Wetter mitspielen. Und es spielte mit: Die Sonne strahlte aus einem klaren blauen Himmel herunter, dass es eine Lust war. Selbst das Autofahren machte Spaß. War es doch damals fast *noch ein Privileg.* Die Verkehrsdichte lag weit unter dem heutigen Niveau. Staus, wie sie heute fast schon zum Normalfall geworden sind, waren damals äußerst selten.

Unterwegs gab es viele Sehenswürdigkeiten, die ich Dir im Grunde gern gezeigt und erläutert hätte. Aber wir wollten nicht allzu viel Zeit verlieren und verzichteten auf vieles. Außerdem, so überlegten wir, könnten uns unsere Freunde ja vielleicht auf der Rückfahrt begleiten und uns zu den schönsten Flecken führen. Sie waren mit der Gegend ja bestens vertraut und würden sicherlich hervorragende Führer abgeben.

Ich arbeitete zügig und schließlich stand nur noch ein einziger Kundenbesuch auf dem Programm. Es handelte sich um einen Kunden, der unsere Herren-Strickwaren besonders gern führte, da sie sich perfekt mit seiner Produktion von Damen-Strickwaren ergänzten. Auch diese Aufgabe war bald erledigt und nun sahst du mit einer gewissen Neugier der Bekanntschaft *mit meiner ehemaligen Freundin entgegen.* Eifersucht war ganz fehl am Platze, denn meine Bekanntschaft mit ihr ging auf das Jahr 1938 zurück, ein Jahr, in dem ich der Frau meines Lebens noch gar nicht begegnet war ...

Aber auch meine ehemalige Freundin in Trier war gespannt, wen ich denn da nun geheiratet hatte. Zwar hatte sie sehr aufmerksam das Foto studiert, dass ich ihr bei einem früheren Besuch einmal gezeigt hatte, aber so ein Foto kann ja einen lebendigen Austausch in keiner Weise ersetzen. Und sie wollte dich unbedingt noch persönlich kennen lernen, bevor sie ihren Wohnsitz wechseln mussten. Eindringlich hatte sie mir ans Herz gelegt, Dich bei meinem nächsten Besuch ja mitzubringen. Drei Monate später, wenn sie erst fortgezogen sein würden, wäre ein Treffen wesentlich aufwändiger. Auch ihr Mann würde sich über einen Besuch sehr freuen und alles daransetzen, sich ein oder zwei Tage für uns frei zu nehmen, obwohl er bereits in seinem neuen Wirkungskreis beschäftigt sei.

Wer so freundlich und dringend gebeten wird, folgt der besonderen Einladung gern. Zumal wir unsere Kinder in guten Händen wussten. Während unserer Reisewoche kümmerte sich Deine Mutter um sie und ich vermute, dass sie ganz froh waren, einmal die Oma ganz allein für sich zu haben. Für die Oma war die Arbeit zu schaffen, denn ihr stand Frau Balzer, ihre alte Schulfreundin, tatkräftig zur Seite. Erstaunlich, dass die Verbindung zwischen den beiden Frauen die ganzen Jahre über nie abgerissen war. Frau Balzer war mit den

Verhältnissen in unserem Haushalt übrigens gut vertraut, denn sie unterstützte auch Dich bei der Hausarbeit und kümmerte sich um unsere Wäsche. Für sie bedeutete das eine Aufstockung des Haushaltsbudgets, die sie gut gebrauchen konnte, da ihr Mann Frührentner war, und sie nur eine kleine Rente bezogen.

In Trier angekommen, hatte ich zunächst gar keine Zeit für unsere Freunde, da ich zuerst unseren hier ansässigen Kunden die neue Kollektion vorzulegen hatte. Aber wir hatten uns ja lange genug vorher angekündigt und meine alte – und, wie sich sehr bald herausstellen sollte, *deine neue – Freundin,* zeigte sich voller Verständnis. Ja, ja, meinte sie abwinkend, sie wisse doch, dass ich zu tun hätte, selbstverständlich sei das kein Problem, wenn ich ihr nur meine Ilse nicht gleich wieder mit entführte! Natürlich hatte ich nicht daran gedacht, Dich auf die Kundenbesuche mitzuschleppen, zumal ich sah, dass ihr euch auf den ersten Blick sympathisch wart. Deine Frau, so raunte sie mir bewundernd und ganz ohne Konkurrenzgefühle zu, *ist ja noch hübscher und aparter als ich das nach dem Foto erwartet habe!* Sie hatte sich für uns einige Tage Urlaub genommen und wollte, während ich den Kunden in der Stadt und in der Umgebung unsere neuen Muster schmackhaft zu machen versuchte, Dir die erstaunlichen Schätze der schönen Stadt Trier zeigen. Auch ihre Kinder, so versicherte sie, freuten sich schon auf den Besuch. Und davon konnten wir uns auch bald überzeugen, denn als die Kinder dann aus der Schule kamen, gab`s kein Fremdeln, sondern zutraulich, als würden wir uns schon lange kennen, begrüßten sie uns und plapperten unbefangen von dem, was sie gerade erlebt hatten.

Der Mann, den sie geheiratet hatte, sollte am nächsten Tage dazu stoßen. Auch er sei gespannt darauf, zu sehen, was das für ein Bursche sei, in den sich seine Gattin im Fasching des Jahres 1938 verliebt hatte, und von dem er schon so manches gehört hatte.

Alles ergab sich also aufs Schönste, eigentlich konnte gar nichts schief gehen.

Bald schon erzähltest Du mir, dass Du sie nicht weniger schätztest, als sie Dich. Obwohl Du immerhin 9 Jahre jünger warst als sie, verstandet Ihr euch auf Anhieb wie gute Freundinnen. Und ich hörte kaum ein Quäntchen Eifersucht in Deiner Stimme, als Du bemerktest, dass ich mir ja wirklich eine außergewöhnlich liebenswürdige Faschings freundin ausgesucht hätte! Dass ich mich in sie verliebt hatte, schien Dir sehr nachvollziehbar. Ja, Du glaubtest sogar zu wissen, dass auch sie eine gute Frau für mich geworden wäre! Und natürlich beeilte ich mich, Dir zu versichern, dass ich eine noch viel bessere gefunden hätte, was keine Schmeichelei war, *sondern die reine Wahrheit!*

Du warst gespannt, mit welchem Mann an ihrer Seite sie statt meiner nun durchs Leben ging, und ob es da womöglich Rivalitätsgefühle geben würde. Doch auch in dieser Hinsicht war ich recht optimistisch: Warum schließlich sollten wir so genannte Herren der Schöpfung uns *kleinlicher und zänkischer verhalten als unsere Evas?*

*

So ließ ich Dich bei unserer Freundin und ihren Kindern beruhigt zurück und startete zu meinen Kundenbesuchen. Zwei bis drei Tage hatte ich veranschlagt. So lange würde ich brauchen, zumal ich auch Kunden in der näheren Umgebung aufzusuchen hatte.

An den Abenden würde ich zu unseren Freunden zurückkehren, um mit ihnen den Abend zu verbringen und unter ihrem Dach zu nächtigen. Platz hatten sie genug, und ich konnte sogar meinen Wagen in ihrer Garage einschließen, was angebracht war, da es mir ersparte, die Sachen, die ich für die Kundenbesuche brauchte, jedesmal aus- und am nächsten Morgen wieder einzupacken.

Alles klappte wie am Schnürchen, das Auftragsbuch füllte sich recht ordentlich.

Als ich am zweiten Abend zurückkam, wurde ich mit großem Hallo begrüßt! Ihr Mann, ein frisch gebackener Chefarzt, war bereits eingetroffen und freute sich darauf, nun auch meine Bekanntschaft zu machen. *Mit Dir hatte er schon Freundschaft geschlossen.* Aber auch mir kam er entgegen wie einem guten alten Freund.

Es war so, als würden wir uns schon viele Jahre kennen. Dabei sahen wir uns zum ersten Mal!

Wir saßen bis tief in der Nacht zusammen und erzählten von den schweren Jahren, *die seit jenem Fasching 1938 vergangen waren.* Was war inzwischen nicht alles über uns, über Europa, ja man kann sagen über die Welt hereingebrochen! Anfang und Ende des Zweiten Weltkriegs, die chaotischen ersten Nachkriegsjahre und nun das Wirtschaftswunder, das sich gerade zu entfalten begann.

Er schilderte, wie sich seine Frau Sorgen um mich gemacht hatte, zumal sie ja wusste, dass ich 1939 noch Teil einer U-Boot-Besatzung gewesen war. Und dass die Verluste unter der U-Boot-Flotte enorm waren, hatte sich natürlich überall herumgesprochen. Wer aus dem U-Boot-Krieg wieder lebendig herauskam, *konnte von Glück sagen.* Das alles war bekannt. Deshalb habe seine Frau gleich nach Kriegsbeginn versucht, zu mir einen Kontakt herzustellen – vergeblich. Auf keinen der Briefe, die an meine Adresse nach Wilhelmshaven geschickt worden seien, sei eine Antwort erfolgt. Dennoch habe seine Frau nie die Hoffnung aufgegeben, dass ich noch am Leben sei. Auch noch nach dem Kriege *hätten sie sich gemeinsam bemüht*, eine Auskunft über mich zu bekommen. Es sei ihnen nicht gelungen, obwohl sie es einige Jahre *immer wieder versuchten.*

Umso größer war dann ihre Freude, als dann ein Anruf kam und tatsächlich meine Stimme in der Leitung gewesen war. Im ersten Moment *sei seine Frau vor Überraschung regelrecht sprachlos gewesen.* Jetzt wusste sie also mit Sicherheit, dass ich noch unter den Lebenden weilte und nicht in einem Seemannsgrab in der Tiefe des Ozeans! Sofort habe sie ihn in seiner neuen Arbeitsstelle im Krankenhaus aus einer Besprechung rufen lassen, um ihm die frohe Botschaft von meinem Überleben mitzuteilen. Bei der Gelegenheit habe er auch erfahren, dass ich mittlerweile ebenfalls eine Familie gegründet hatte und stolzer Vater einer glücklichen Familie war. Und wie gut habe er die Freude seiner Frau verstanden! Sie, in der noch immer der Schmerz über einen Bruder aufbrach, den ihr der Krieg entrissen hatte.

Und längere Zeit drehte sich unser Gespräch an jenem Abend in Trier dann um den Krieg und die Verluste an Menschen, die uns nahegestanden hatten und liebgeworden waren. Wie viele waren gefallen oder in Gefangenschaft geraten! Welche Katastrophe war doch dieser verdammte Krieg gewesen! Nicht nur die vielen schmerzlichen Lücken in den Familienbiografien gingen auf sein Konto, sondern in den deutschen Großstädten begegnete man praktisch in jeder Straße den Zerstörungen, die er hinterlassen hatte. *Trier allerdings war in dieser Hinsicht* – anders etwa als Frankfurt - weitgehend verschont worden. Dass nach all diesen massiven Zerstörungen die Wirtschaft überall wieder so erstarkt war und in ihrer Leistungskraft noch lange nicht an ein Ende gekommen war, schien uns fast tatsächlich wie ein Wunder. Auch in diesem Punkt waren wir uns völlig einig.

Ich erfuhr dann auch, wie es ihnen während der Kriegsjahre ergangen war. Seine Frau hatte als Ärztin in einem Lazarett um die Verwundeten gekämpft. Das war oft ein Kampf mit unzureichenden Mitteln. Besonders in den letzten Kriegsjahren fehlte es an Medikamenten und an vielen Mitteln einer guten medizinischen Versorgung. Vieles musste improvisiert werden. Sogar an Verbandszeug wurde gespart. Obwohl man sich als Arzt notgedrungen eine dickere Haut zulegen muss, um überhaupt arbeiten zu können, war dieser Anblick von leidenden Menschen, denen man oft nur unzureichend helfen konnte doch sehr bedrückend. Er selbst hatte auch während des Krieges im Trierer Krankenhaus gearbeitet. Dort war die medizinische Ausrüstung besser als in den Lazaretten, aber eben deshalb wurden bei ihnen die besonders schwer Verwundeten eingewiesen.

Schließlich wandte sich das Gespräch an diesem Abend zurück zu *jenem legendären Fasching 1938*, an dem der Faden, der uns nun hier zusammengeführt hatte, geknüpft worden war. Zufälligerweise sei auch er, so erklärte er lachend, an diesen tollen Tagen 1938 ebenfalls verliebt gewesen! Auch er habe sich in eine entzückende Schönheit verguckt gehabt, ebenso wie es bei mir der Fall gewesen sei. Es entging mir nicht, dass ihn seine Frau bei diesen Worten anlächelte. Ich glaube, sie bedankte sich dadurch für das Kompliment, das in diesen Worten versteckt war. Die Liebe ist bekanntlich eine Sache, die sich den Berechnungen entzieht. Was es letztlich ist, was die Paare zueinander zieht und – wenn es gut geht - lebenslang aneinander Gefallen finden lässt, wissen sie meistens selber nicht so ganz genau. Im Falle von uns vieren hatte sich allerdings auch unter dem Gesichtspunkt des jeweiligen Alters die sinnvollste Kombination ergeben. Unser neuer Freund war 10 Jahre als ich und 2 Jahre älter als seine Frau.

Als wir nach diesem angeregten Meinungsaustausch an diesem Abend ins Bett gingen, wussten wir, *dass wir wunderbare neue Freunde gefunden hatten.* Allgemein war bedauert worden, dass wir durch ihren bevorstehenden Umzug nach Süddeutschland zumindest räumlich weiter auseinander rücken würden. Die berufliche Karriere erfordere es so. Auch am neuen Wohnort fände man eine schöne Landschaft vor, aber sicherlich werde man die schöne Mosel vermissen, *und auch das traditionsreiche und hübsche Stadtchen Trier.*

Am Donnerstagabend hatte ich alle meine geschäftlichen Aufgaben abgearbeitet und so gab es von dieser Seite eigentlich keinen Grund die Gastfreundschaft noch länger in Anspruch zu nehmen. Doch unsere Gastgeber wollten uns noch nicht fortlassen. Wir sollten doch bitte noch bis zum Samstag bleiben. So viel könnten sie uns noch zeigen! Da sie ihr ganzes Leben schon hier verbracht hätten, könnten sie uns noch *zu erlebenswerten Weinorten und landschaftlichen Leckerbissen führen*, die nur Einheimischen bekannt seien. Es war rührend zu sehen, wie sie alle Mittel anwendeten, um uns umzustimmen und zu einer Verlängerung unseres Aufenthaltes zu bewegen. Wenn wir zustimmten, sagte der frisch gebackene Chefarzt, würde er auf der Stelle im Krankenhaus anrufen und ankündigen, dass er erst am Sonntag wieder zur Verfügung stehen werde. Wir ließen uns nicht ungern überreden. Zuvor jedoch mussten wir das Einverständnis der Oma einholen. Wir riefen an. Sie war sofort damit einverstanden, sich noch zwei Tage länger um unsere Kinder zu kümmern. Sie tat es gern, denn sie mochte die Kinder. Sie hatte dann sogleich die Idee, dass Opa Albert doch zur Verstärkung kommen könnte. Das war ein Vorschlag, der von unseren Kindern mit Begeisterung aufgenommen wurde, denn Opa Albert war ein Zauberer, der sie mit seinen Tricks zum Staunen brachte und auch sonst ein begabter Unterhalter war, der sich wunderbar in die Welt der Kinder hineinfühlen konnte. Also zu Hause würden wir nicht vermisst werden, die Kinder waren gut versorgt, also konnten wir uns beruhigt auf die interessanten Dinge freuen, *die da auf uns zukommen würden.*

*

Die beiden hatten sich flugs einen Plan zurecht gelegt. Unsere Tour würde in Trier beginnen und dann ins Umland führen. Es war nun nicht so, dass die Stadt für uns ganz und gar unbekannt gewesen wäre. Einige Monate vor Ausbruch des Krieges hatte ich Dir und zweien Deiner Kameraden schon einige Sehenswürdigkeiten gezeigt. Damals hatten wir uns allerdings alles erlaufen müssen, höchstens fuhr uns ein Bus ein Stück des Weges. Mit dem Auto war es diesmal natürlich wesentlich komfortabler und auch nicht so zeitaufwändig. Das war umso erfreulicher, als am zweiten Tag, für den eine Moselfahrt geplant war, die Kinder mitkommen würden.

Die Porta Nigra, das von den Römern erbaute Nordtor der Stadtbefestigung, das für viele als Wahrzeichen der Stadt gilt, hattest Du inzwischen ja mit unserer Freundin besichtigt.

Auch die Doppel-Kirchenanlage des Doms (nebenbei gesagt: der älteste Kirchenbau Deutschlands!) und die Liebfrauenkirche hattet Ihr Euch schon angesehen. Es ist ein mächtiger Bau mit wertvollen Schätzen. *Hier wird auch der berühmte Heilige Rock aufbewahrt*, der keine Naht aufweist, und um den die Soldaten unter dem Kreuz Jesu gewürfelt haben sollen. Zusammen mit den römischen Bauten sind diese Gebäude mittlerweile als Weltkulturerbe anerkannt und stehen *unter dem Schutz der UNESCO.*

Trier wurde als Augusta Treverorum um 16. v. Christus von Kaiser Augustus auf dem Gebiet der Treverer gegründet. Also konnte die Stadt im Jahre 1984 ihr 2000-jähriges Bestehen feiern. Damit ist Trier eine der ältesten Städte Deutschlands, wenn nicht die älteste überhaupt. Dies relativiert sich etwas, wenn man sich vor Augen hält, dass Huelva, Sevilla, aber auch noch andere spanischen Städte noch gut 1000 Jahre älter sind. Es ändert allerdings nichts daran, dass Trier neben den südlich der Alpen gelegenen Städten Rom, Konstantinopel und Alexandria die vierte, *nördlich der Alpen gelegene Metropole des Imperium Romanum war.* Das sind wahrlich beeindruckende historische Tatsachen! Bereits im 4. Jahrhundert soll die Stadt über 70.000 Einwohner gehabt haben.

Wir besichtigten das Amphitheater, einen fast zwei Jahrtausende alten Bau, der schon damals 25 000 Personen fassen konnte, also immerhin etwa halb so viel wie das gewaltige Kolosseum in Rom, das etwa zur gleichen Zeit gebaut wurde.

Besondere Sehenswürdigkeiten sind auch die Basilika und die römische Palastaula. Bei der Basilika soll es sich um den größten noch erhaltenen Raum aus der Antike handeln. Erhalten ist auch der *Thronsaal von Kaiser Konstantin,* der vor einer entscheidenden Schlacht vom Christengott ein siegbringendes Zeichen erhalten haben soll, woraufhin er sich taufen ließ. Unter Kaiser Konstantin wurden ab 300 n. Chr. auch die Kaiserthermen gebaut, die wir ebenfalls unter der fachkundigen Führung unserer Freunde besichtigten. Sie zeigten uns, mit welch raffiniert angelegtem Kanal- und Schachtsystem *die Römer bereits vor 2000 Jahren das Prinzip der Fußbodenheizung realisierten.* Auch in ihren Villen und Wohnhäusern verfügten sie vielfach über beheizbare Fußböden, worauf selbst heutzutage mancher Zeitgenosse neidisch sein könnte.

Etwa um 200 n. Chr. wurde die Römerbrücke erbaut. Zwar ist sie mehrfach renoviert und modernisiert worden, die tragenden

Basaltpfeiler jedoch stehen dort seit der Römerzeit.

Erwähnt werden sollte, dass Trier seit jenen Tagen Sitz katholischer Bischöfe war *und um 1590 Zentrum spektakulärer Hexenprozesse.* Die Stadt verfügt über eine Universität und wer will, kann hier das Haus besichtigen, in dem ein Mann das Licht der Welt erblickte, dessen Ideen die Welt kaum weniger verändert haben als die Jesu Christi, wenn auch in einem ganz anderen Sinne - die Rede ist von *einem gewissen Karl Marx.*

All diese Sehenswürdigkeiten machen die Stadt natürlich für Touristen attraktiv. Und so kamen schon damals in den 50-er Jahren viele Touristen, um die Bauten und Mosaike aus der Römerzeit zu bewundern. Und dieser Strom insbesondere von bildungshungrigen Besuchern sollte von Jahr zu Jahr weiter anschwellen.

Trier liegt bekanntlich an der Mosel und an der Mosel wachsen bekanntlich berühmte Weine. Wen wundert es also, dass man hier eine Vielzahl von Weinstuben vorfindet, in denen man köstliche Tropfen vorgesetzt bekommt. Wenn ich während meiner Zeit als Außendienstler hierher kam, überzeugte ich mich höchstpersönlich davon, dass die Qualität der Weine nicht nachließ. Später wurde an der Mosel der Trend zum trockenen Wein etwas verschlafen, aber mittlerweile sind die Moselwinzer auch da wieder auf der Höhe der Zeit. Hatte ich damals tagsüber etwas Zeit zur Verfügung, nahm ich mir eine interessante Besichtigung vor, *die ich abends im Hotel bei einem guten Weine nachklingen ließ.*

Geschäftlich war Trier, als größte Stadt des Umkreises Einkaufsmittelpunkt, recht ertragreich. Hier fand man Gutes für den Einkaufskorb, für den Gaumen und für den Geist – was kann man mehr verlangen?

*

Am Mittag unseres zweiten Exkursionstages holten wir die Kinder von der Schule ab und speisten zunächst einmal in einem netten Restaurant am Marktplatz. Nach dem Essen starteten wir dann zu einer Fahrt an der Mosel entlang in Richtung Luxemburg. Zuvor jedoch schlug ich einen Abstecher etwas weiter nach Süden vor, an die deutsch-französische Grenze, nach Perl.

Dort nämlich war ich – wie weiter oben geschildert – *mit dem ersten Gefangenentransport 1946 aus Frankreich über die Grenze nach Deutschland gekommen.* Und nun wollte ich Dir zeigen, wo wir abgemagerten, verwundeten und erschöpften Soldaten wieder Heimatboden betreten hatten. Bis hierhin hatten wir die verriegelten Waggons nicht verlassen dürfen und die Notdurft wie Galeerensklaven in stinkende Kübel verrichten müssen.

Die Geschichte meiner Rückkehr aus der Gefangenschaft habe ich Dir schon geschildert. Aber nun, da ich mit Dir und unseren Freunden in friedlicher Zeit, mit meinen beiden Beinen wieder auf dem Bahnhof von Perl stand, musste ich es noch einmal erzählen. *Noch einmal musste ich dieses tiefe Erlebnis in Worte fassen.*

Noch einmal musste ich erzählen, wie ich auf diesem Bahnsteig unter den Kameraden stand und man uns *die ersten Bissen deutschen Brotes reichte.* Und wie wir hineinbissen, schmeckte es nach Heimat und nach Wieder-zu-Hause-sein. Nein, dieser Bissen Brot stillte nicht nur den Hunger, den der Magen meldete, *mehr noch stillte er den Hunger des Gemüts,* den man Heimweh nennt. Und noch einmal erzählte ich, wie ich in die Gesichter der Kameraden blickte und in jedem Auge Tränen sah, Tränen, die sich nun hervorwagten, nun, *da alles überstanden zu sein schien.* Die meisten waren am Ende ihrer Kräfte und viele wussten nicht, ob die, *die sie liebten, noch lebten.* Und doch waren es Tränen des Glücks, die ihnen der Geschmack des Brotes in die Augenwinkel trieb. Und dieser Moment des Angerührtseins vertiefte sich noch dadurch, dass nicht nur den Empfängern des Brotes die Tränen kamen, sondern ebenso den Gebenden!

Und dies alles erzählte ich auf dem Bahnhof in Perl Dir und unseren Freunden. *Und Ihr hörtet mir so aufmerksam zu!* Und für dieses Zuhören bin ich euch dankbar bis zum heutigen Tage, denn ich brauchte es. *Es war wie eine Befreiung für mich,* dass ich hier, wo ich diesen Moment erlebt hatte, *euch davon erzählen durfte.* Und wie rührte es mich, dass Dir, obwohl du die Einzelheiten ja schon kanntest, nun deinerseits die Tränen kamen, so intensiv hast du alles mitempfunden, was ich in Worten vor euch hinstellte. Und wie Dich unsere älteren Freunde fest in ihre Mitte nahmen und Trost spendeten.

Es gibt Momente im Leben, die gehen tiefer als andere, *Momente, die man nie vergisst.* Von einem dieser Momente erzählte ich euch. Und was das Merkwürdige ist: Auch diese Stunde, in der ich euch erzählte und Ihr hörtet mir zu, *werde ich nie vergessen!*

Ich erzählte auch, wie es dann weiterging, bis ich dich endlich wieder in den Armen hielt und unseren Kindern in die fragenden Augen blicken konnte. Auch ich war abgemagert, auch ich klappte dann zusammen und musste mich erst wieder hochkämpfen, aber verglichen mit dem, was einige Kameraden innerlich durchgemacht hatten, ging es mir seelisch noch relativ gut.

Als ich erzählte, dass ich damals ein 56 kg schweres Klappermännchen gewesen war, betrachteten mich die staunenden Freunde in meiner ganzen neuen Pracht und meinten, dass ich meiner Jugend und meiner Willensstärke dafür danken müsse, dass ich meiner Familie mit meiner Hände Arbeit wieder Dach und Brot bieten könnte.

*

Wir schlossen noch einen Spaziergang durch Perl an, und unsere Freunde beeindruckten uns ein weiteres Mal durch ihre Kenntnisse der Sehenswürdigkeiten. Sie zeigten uns das barocke Hofhaus des Trierer Domkapitels, *das Palais von Nell* (1733) mit seiner herrlichen Parkanlage. Von der Einmündung der Sauer bei einem Ort mit dem merkwürdigen Namen *Wasserbillig* bis Perl, wird die Mosel zum Grenzfluss zwischen Deutschland und Luxemburg.

Auf dem Rückweg nach Trier fuhren wir über Saarburg. In dieser Stadt finden sich noch viele altertümliche, unbeschädigte Gebäude. Auch der Marktplatz ist sehenswert. Als Rarität muss der knapp 20 m hohe Wasserfall gelten, der sich mitten in der Stadt ergießt.

Aber woher hat die Stadt diesen Namen *Saarburg*? Vor über 1000 Jahren stand an einem steilen Hang bereits eine Burg, die von Graf Siefried von Luxemburg erbaut worden war. In den lateinischen Urkunden findet sie sich unter dem Namen *Sareburch* erwähnt. Und aus diesem Grunde wurde der darunter erbauten Stadt der Name Saarburg (Fluss und Burg) verliehen. Diese erhielt bereits im Jahre 1291 die Stadtrechte.

Nach diesen vielen Eindrücken hatten wir eine Pause nötig und kehrten im Burgrestaurant ein. Wir konnten uns nicht entscheiden, was uns besser gefiel: *das großartige Panorama oder das ausgezeichnete Essen.* Jedenfalls genossen wir beides ausgiebig, bevor wir den Rückweg nach Trier fortsetzten, den wir noch einmal unterbrachen, *um uns den Ort Konz anzusehen*, der an der Mündung der Saar in die Mosel liegt. Auch in Konz stößt man allenthalben auf die Spuren der Römer. Man findet eine Kirche, die Pfarrkirche St.Nikolaus, die auf den Resten einer römischen Villa erbaut wurde, die bereits 350 n. Chr. errichtet worden war. Hier soll Kaiser Valentinian I. (364 - 375), *Kaiser des westlichen Römischen Reiches*, seinen Sommersitz gehabt haben.

Als wir am frühen Abend wieder Trier erreichten, fühlten wir uns zufrieden und belehrt über die tief in die Geschichte zurückreichenden Wurzeln dieses Teils des Mosellandes.

Wohl jeder von uns hat ja schon einmal die Erfahrung gemacht, dass man als Ortsfremder *häufig etwas ratlos vor gewissen Sehenswürdigkeiten steht*, selbst wenn man ihren großen historischen Wert spürt. Es ist dann außerordentlich bereichernd, wenn man so kundige Begleiter hat wie wir. Die beiden waren geradezu *Experten für römische Geschichte.* Für dieses Interesse fanden sie in Trier und Umgebung reiches Anschauungsmaterial. Sie zeigten uns, wie das zu lesen ist, was für den ahnungslosen Reisenden vielleicht nur ein paar alte Steine sind. Unter ihren Worten erwachten die Steine zum Leben! *Ich nahm mir vor, später mit Kindern und Enkeln diese lehrreichen Fahrten mit Muße zu wiederholen*. Ich wünschte mir, dass auch unsere

Nachkommen sehen sollten, wie interessant unser Deutschland ist – und dies nicht nur an der Mosel.

*

Der Abend verlief, wie buchstäblich jede Stunde in diesem so überaus gastfreundlichen Hause, anregend und harmonisch. Wir hatten uns alle noch so viel mitzuteilen. Und der Abend reichte für unsere vielfältige Unterhaltung kaum aus. Als unsere Freunde dann fragten, ob wir eventuell Interesse hätte, etwas von der Reise zu hören, die sie im vorangegangenen Jahr nach Syrien und in den Libanon unternommen hätten, waren wir gespannt auf das, was sie in diesen biblischen Ländern erlebt und erfahren hatten. Sie boten uns einen farbigen Bericht, der uns keine Minute langweilte. Im Gegenteil, vor unseren Augen entstand der Orient, von raffinierten Teppichhändlern und bunten Basaren war die Rede, Moscheen und Speisen wurden geschildert und hier und da legten sie ein Bild vor uns hin, dass uns eine Szene aus Beirut oder Tripolis zeigte. Und – wie bei dem ausgeprägten historischen Interesse unserer Freunde nicht anders zu erwarten – wurde so ganz nebenbei die Geschichte Syriens und des Libanons eingeflochten, die irgendwo bei Alexander dem Großen begann, den Einfluss der Türken und die Geschichte der Kreuzritter streifte und beim Araber-Aufstand 1916 gegen die Herrschaft der Osmanen, geführt durch Lawrence von Arabien, noch keineswegs endete. Auch die modernen Staatengründungen in diesem bis heute politisch ja hochexplosiven Raum wussten sie interessant zu würdigen. Man denke nur an die Gründung Israels 1948 und die sich daraus ergebenden Konflikte.

Ihr Hauptinteresse aber galt den Spuren der antiken Geschichte. Ich sehe noch heute die Begeisterung in ihren Augen blitzen, als sie von ihrer Fahrt *von Tripolis nach Baalbek erzählten*, einem Ort der schon 804 vor unserer Zeitrechnung in assyrischen Inschriften erwähnt wird und damit älter ist als Rom, das nach dem alten Merksatz erst sieben-fünf-drei kroch aus dem Ei. In hellenistischer Zeit wurde der Ort Heliopolis – *also Stadt des Sonnengottes genannt.* Seit Augustus war er römische Kolonie, in der in den ersten nachchristlichen Jahrhun derten prächtige Tempel errichtet wurden, deren Ruinen zu den gewaltigsten des Vorderen Orient gehören. Der Haupttempel war dem Jupiter Heliopolitanus geweiht und hat schon allein wegen seiner Ausgedehntheit einen enormen Eindruck auf unsere antikenbegeisterten Freunde hinterlassen. 6 mächtige, ca. 20 m hohe Säulen dieses monumentalen Bauwerks sind noch erhalten. Sie stehen aufrecht und haben Erdbeben und Zerstörungswut getrotzt. Sie sind die letzten von ursprünglich 54 gleichartigen Säulen. Es ist erstaunlich, wie diese einst wohl größte Tempelanlage der Welt mit den Mitteln der damaligen Technik überhaupt errichtet werden konnte. *Allein die Ausmaße des Jupitertempels waren mit 150 mal 250 m kaum vorstellbar.*

Besser erhalten sind der Venus- und der Bacchustempel. Bis zu 20.000 Sklaven arbeiteten täglich bis in das 4. Jahrhundert, um den Ruhm der römischen Kaiser in Baalbek-Heliopolis zu mehren.

Wir verstanden, dass unsere Freunde ankündigten, in den nächsten Jahren wieder eine solche Bildungssreise zu unternehmen. Diesmal lockte Ägypten. Dort würden sie Bauwerke vorfinden, die sie noch tiefer in die Vergangenheit entführen würden.

Über diesen Schilderungen war es spät geworden und die Müdigkeit machte sich bei allen bemerkbar. Wir wünschten uns eine Gute Nacht, sanken in die Federn und schliefen den Schlaf des Gerechten. Am nächsten Tag wollten wir wieder frisch sein, denn geplant war eine Erkundungsfahrt an der Mosel entlang in Richtung Koblenz.

*

Auch diesmal war uns der Sonnengott hold. Vielleicht lohnte er uns, dass wir die Stätte seiner einstigen Verehrung am Vorabend so begeistert gewürdigt hatten, wer weiß. Nach einem köstlichen Frühstück ließen wir die Motoren unserer Wagen an. Ich weiß nicht, wer die Idee hatte, uns diesmal in anderer Kombination aufzuteilen. Jedenfalls stiegst du, liebe Ilse, mit den Kindern in den

Wagen meiner Freunde ein, *während meine Faschingsfreundin* aus dem so weit zurückliegenden Jahre 1938 bei mir auf dem Beifahrersitz Platz nahm. Das hatte den Vorteil, dass wir beide unsere persönlichen Fremdenführer hatten, die uns die Sehenswürdigkeiten, an denen wir vorüberfahren würden, erläutern konnten. Schließlich war es allein zeitlich unmöglich, jedes Mal anzuhalten. Außerdem stapelten sich auf der Rückbank meines Wagens die Kollektionen *und machten das Fahrzeug praktisch zum Zweisitzer.*

Der erste größere Ort, den wir allerdings ohne Halt passierten, war Pfalzel. Aber auch in Pfalzel sind, wie mir meine Beifahrerin erklärte, noch viele historische Gebäude auf den Grundmauern der Römer erhalten. Dies sind z. B. *das Stift, aber auch die Burg.* Bei der Gelegenheit erfuhr ich auch, dass die Nebenflüsse der Mosel, die Saar, die Ruwer, Alf, Orne und Meurthe, den Wasserspiegel zur Zeit der Schneeschmelze bedrohlich erhöhen können. Von Saar und Ruwer hatte ich schon einmal etwas gehört, aber Alf und Orne waren mir bislang unbekannt geblieben. Meine Begleiterin lachte, als ich ihr meine Unkenntnis gestand und meinte, dass wir eben öfter kommen müssten, *um uns mit den Feinheiten der Landschaft bekannt zu machen.*

Nehmt Euch, so etwa sagte sie, *die Zeit für diese schönen Erfahrungen, du weißt doch, nichts währt ewig, alles im Leben geht vorbei. Auch unser unvergesslicher Fasching von 1938 wird nie wiederkehren, ebenso wenig wie diese Fahrt an der Mosel, die wir jetzt gerade erleben. Jetzt müssen wir uns öffnen und genießen und später zeigst du es auch Euren Kindern. Weißt du, Friedrich,* rief sie aus und ich hörte die Begeisterung in ihrer Stimme, konnte mich ihr aber nur kurz zuwenden, schließlich hatte ich auf die Fahrbahn zu achten, *das Leben kann soo unglaublich schön sein, wenn man sich ihm nur mit ganzem Herzen zuwendet! Wie gern denke ich an die vielen Ausflüge zurück, die ich mit meinem Mann unternommen habe, als er noch nicht in Süddeutschland gearbeitet hat! An jedem Wochenende haben wir uns etwas Interessantes ausgesucht und es mit unseren Kindern besichtigt. Es ist so bereichernd, wenn man die Schätze, die unser Heimatland zu bieten hat, kennt und einzuordnen weiß!*

Aber nichts dauert ewig, nichts kann man für immer festhalten. Wir können nicht ewig an der herrlichen Mosel entlang fahren. Jetzt müssen wir es erleben, verstehst du, was ich meine?

Ich nickte und lächelte ihr zu, ich wusste haargenau, was sie meinte!

Sie fuhr fort: *Genießt die Zeit, die Euch für dieses herrliche Land noch bleibt und zeigt es auch euern Kindern! Wir machten, als mein Mann noch nicht in Süddeutschland wohnte, immer am Wochenende mit unseren Kindern Ausflüge zu anderen Sehenswürdigkeiten. Nicht nur die Mosel, nein ganz Deutschland ist voll von geschichtlichen interessanten Werken. Dies betrifft auch die Kunst der früheren Jahrhunderte.*

Ich merkte, dass meine Fremdenführerin voll in ihrem Element war und dass es ihr große Freude machte, *mir von ihrer Freude am Leben und den Dingen, die an unserer Frontscheibe auftauchten, zu erzählen.* Und ich ließ mich gern belehren. Es machte mir nichts aus, dass ich vorwiegend der Zuhörer war. Unter Profilneurosen dieser Art habe ich eigentlich nie gelitten. *Gute Zuhörer sind mindestens ebenso wichtig wie gute Erzähler!*

*

So erfuhr ich, dass sich die Mosel von den 540 km ihrer Gesamtlänge knapp die Hälfte durch Deutschland schlängelt, dass sie der größte linksseitige Zufluss des alten Vater Rheins ist, mit dem sie sich am Deutschen Eck in Koblenz vereinigt, dass sie in den *Vogesen bei Col de Bussang in einer Höhe von 750 m entspringt,* dass der deutsche Abschnitt wegen seiner seit Jahrhunderten gepflegten Weinberge als der landschaftlich schönere gilt. Ich schaute aus dem Seitenfenster, sah die Weinberge, die von den fleißigen Winzern auch auf den steilen Hanglagen optimal ausgenutzt wurden, so ordentlich im Sonnenlicht liegen und dachte, *ja, sie hat vollkommen Recht!*

Wir fuhren durch Schweich und Lonquich. Hier in Schweich, so erklärte sie mir, könnten wir einen mittelalterlichen Weinkeller besichtigen. Doch das müsse auf später verschoben werden, da er zurzeit nicht geöffnet sei. *Auch die Besichtigung der Römervilla Urbana verschob sie auf einen späteren Besuch.*

Ihr Mann fuhr derweil stets vor uns her, da er sich an der Mosel besser auskannte als ich. Und so konnten die Kinder auch ihrer Mutti durch das Rückfenster tüchtig zuwinken, da der Abstand eigentlich *nie sehr groß war und wir meist in Sichtweite fuhren.*

Bei Schweich verlässt die Mosel das flache Trierer Becken. Nun fuhren wir durch das *beschauliche Städtchen Mehring,* in dem sie von einer römischen Villa zu berichten wusste, die auf ihre Restaurierung wartete.

Trittenheim ist bekannt durch seine guten Weine. *Bekannt ist das Trittenheimer Altärchen.* Wegen dieses Weins mit dem bekannten Namen wird Trittenheim von vielen Touristen besucht.

Auch in Neumagen-Dhron, das wir zuvor durchfuhren, ist im 3. Jahrhundert ein Römerkastell errichtet worden. Es sei für uns fast unvorstellbar welche Kunstfertigkeit – *allein die Mosaike!* – die Römer bereits vor 2000 Jahren in Regionen brachten, die damals noch fast barbarisch waren. Für vieles können sich die Germanen, Franken und Kelten bei ihnen bedanken.

Sie haben aber auch damals ausgefeilte Rechtsnormen eingeführt und die Wirtschaft beherrscht. Organisieren war die starke Seite der Römer, das konnten sie noch besser als die Griechen, aber vielleicht nicht besser als die alten Ägypter. Hier an der Mosel waren sie 5 Jahrhunderte n. Chr. noch tätig *und haben einen großen Wandel in allen Lebensformen für die ansässige Bevölkerung gebracht.*

Ja, bei den Römern kannten sich die beiden wirklich besonders gut aus. Ich hatte das Gefühl, ihnen entging kein römischer Quaderstein im Umkreis von 100 Kilometern!

Bald gelangten wir nach Bernkastel-Kues. Dort hielten wir verabredungsgemäß. Auch die Kinder brauchten eine Pause. Außerdem hatten wir alle Hunger und guten Appetit.

Nachdem wir uns gestärkt und auch etwas ausgeruht hatten, machten wir einen Gang durch Bernkastel. Hier war ganz besonders der *mittel alterliche Marktplatz, umstanden von prächtigen Fachwerkhäusern sehenswert.*

Ganz besonders hat uns das Rathaus aus dem Jahre 1608 interessiert. Es ist in seiner Geschlossenheit einzigartig. Aus dem Mittelalter steht noch der Pranger an den Rathauskaskaden. Mit einem gewissen Schaudern stellten wir uns vor, wie die Verurteilten hier öffentlich zur Schau gestellt wurden.

*

Ich kannte den Markplatz bereits, da ich hier geschäftlich zu tun gehabt hatte. Ich erinnerte mich an ein nettes Erlebnis mit einem Kunden. Kaum hatte ich sein Geschäft betreten, hatte mir das Personal zugeraunt, dass der Junior heute Geburtstag feiere. Auf dem Absatz kehrte ich um und besorgte einen passablen Blumenstrauß, um zu gratulieren. Überraschung und Freude malte sich auf seinem Gesicht, als ich ihm so entgegentrat. Er schenkte mir daraufhin drei Flaschen *des berühmten Bernkasteler Doktor, eines wirklich exzellenten Tröpfchens*, das ich zu Hause auf sein Wohl trinken sollte, was ich ihm gerne versprach.

Doch für Besichtigungen blieb mir damals meistens leider nur wenig Zeit. Die Reisezeit war stets knapp bemessen. Heute war das anders! *Heute hatte ich Gelegenheit mit Dir und unseren Freunden alles mit Muße zu betrachten, geleitet von den fachkundigen Erläuterungen unserer beiden Experten.*

Über die Brücke, welche Bernkastel mit Kues verbindet, und die erst 1872 erbaut wurde, fuhren wir hinüber nach Kues.

Hier besichtigten wir die Stiftskirche und den Innenhof des Kreuzganges. Sie gehören zu den wichtigsten spätgotischen Baudenkmälern an der Mosel. Leider hatten wir nicht die Zeit, die

Bibliothek mit den vielen Handschriften des Nicolaus von Cusanus zu besichtigen. Der Philosoph und Theologe Cusanus wurde 1401 geboren und war Kardinal, Bischof von Brixen in Tirol. Sogar in Rom gibt es ein Denkmal zu seinen Ehren. Er lehrte, dass die Welt eine Ausfaltung Gottes ist, was mir besonders an einem so schönen Tag völlig verständlich vorkam. Sein Name wird übrigens in Kues nie vergessen werden, *denn er stiftete ein Alten- und Pflegeheim, welches heute noch belegt ist.*

Unsere Fahrt ging weiter über Zeltingen und Ürzig *nach Kröv.* Sehenswert ist hier das Dreigiebelhaus aus dem Jahre 1658. Es war früher das Rathaus und ein Zeugnis für die besondere Kunst des Fachwerkbaues an der Mosel. Übrigens hatte Kröv, in dieser Gegend als einzigste Winzergemeinde, *eine eigene Rechtsprechung und Gerichtsbarkeit.* Die barocke Pfarrkirche wurde bereits im Jahre 1725 erbaut.

Ganz besonders bekannt ist Kröv natürlich durch seinen Wein, den *berühmten Kröver Nacktarsch.* Ich ließ mir, mich unwissend stellend, von meiner Freundin erklären, wie dieser Name entstanden sein könnte. Und tatsächlich hatte sie auch hierauf eine Antwort:

Über die Entstehung dieses bemerkenswerten Weinnamens, so erklärte sie schmunzelnd, *gebe es mehrere Legenden.* Eine davon ginge so: An einem Tag in der Woche sollen die Weinbergarbeiter des Klosters frei bekommen haben, um aus den Besitztümern des Klosters Trauben zu lesen, *die sie dann zum Eigenbedarf keltern konnten.* Als der Abt jedoch bemerkte, mit welcher Geschwindigkeit die Arbeiter plötzlich die Reben aberntеten, spendierte er ihnen listigerweise ein Essen, von welchem sie so starken Durchfall bekamen, dass es mit der Weinlese für diesen Tag Essig war. Einer der Männer soll trotz Durchfalls in den Weinberg gegangen sein, um sich seine Eimer mit Trauben zu füllen. Um sich nicht in die Hosen zu machen, hatte er auf diese gleich ganz verzichtet und hüpfte also mit nacktem Hinterteil zwischen den Rebstöcken herum.

Als wir uns dies vorstellten, wie das wohl ausgesehen hat, brachen wir beide in Lachen aus und fanden den Weinnamen sehr hübsch erklärt.

Diese Erklärung passt allerdings nicht zu den Prospekten, mit denen die Gemeinde wirbt. Dort handelt es sich um einen kleinen Lausejungen, der von einem Winzer den blanken Podex, auf dem bereits eine gewisse Rötung sichtbar wird, *versohlt bekommt.* Das Vergehen des kleinen Missetäters bleibt im Dunklen, doch das Motiv erscheint auf den Etiketten der Weinflaschen *und fördert den Umsatz beträchtlich.*

Nun wusste ich, *warum der Kröver Wein so heißt*, wie er bereits seit Jahrhunderten heißt. Es war eine köstliche Erklärung und wir haben noch gelacht, als wir in Cochem wieder ausstiegen, um uns auch diesen Ort anzusehen.

Wir hielten auf einem Parkplatz an der Mosel. Die Kinder liefen gleich zum Wasser, um den Booten und Ausflugsdampfern zuzusehen. Ich selbst erklärte Dir sogleich eifrig, wie der Name Kröver Nacktarsch entstanden sein könnte. Ich hatte erwartet, dass du dich auch darüber amüsieren würdest. Doch wie überrascht war ich, als du erst verlegen wurdest und dann dein hübsches Näschen kraus gezogen hast! *Meine Frau – das unbekannte Wesen!* Nacktarsch, so las ich in deinem strafenden Blick, ist ein schmutziges Wort, das man als verantwortungsvoller Vater nicht in den Mund zu nehmen hat. Unsere Freundin rettete mich. Sie lächelten über deine Strenge und unsere Freundin gestand Dir, *dass Dein Friedrich diese Erklärung von ihr erhalten habe.* Da ließest du Dich umstimmen, und stimmtest ein in unser Gelächter über diese fröhliche, wenn auch etwas derbe Legende. Außerdem musstest Du einsehen, dass niemand diesen ausgezeichneten Wein bestellen kann, ohne seinen Namen auszusprechen. Einen Namen übrigens, den unser Johann Wolfgang von Goethe auch schon in seinem berühmten Götz-Zitat in Dichtungsrang erhob, mehr kann man von einem Wort schließlich nicht verlangen! Immerhin eine amüsante Vorstellung, dass nirgendwo das in feineren Kreisen verpönte Wort *Arsch* so häufig ausgesprochen werden dürfte *wie ausgerechnet im friedlichen*

Moselstädtchen Kröv!

Bald erreichten wir Cochem und wir Erwachsenen hatten bereits wieder Appetit auf einen Imbiss. Doch die Kinder wollten noch nichts essen, meldeten nur Lust auf ein Eis an. Wann hätte es je ein Kind gegeben, das keine Lust auf Eis gehabt hätte? Sie erhielten also ihre Eistüte und gemeinsam machten wir uns in die Altstadt auf, die schon damals für den Autoverkehr gesperrt war. In der Tat sind die Straßen und Gassen hier sehr eng und steil. Gut gelaunt schritten wir zwischen den Fachwerkhäusern hindurch, erstiegen Treppenaufgänge und besichtigten Stadttore. Das hoch gelegene ehemalige Kapuzinerkloster konnte nicht besichtigt werden. *Echte Mönche suchen schließlich das Gespräch mit Gott und nicht das mit neugierigen Touristen.*

Die um die vorletzte Jahrtausendwende gebaute Burg war im 17. Jahrhundert von den Franzosen zerstört worden, jedoch im 19. Jahrhundert wieder aufgebaut worden. *Sie machte Cochem zu einer der attraktivsten Fremdenverkehrsstädte an der Mosel.* Ritterspiele werden neuerdings auf der Burgruine Winneberg aufgeführt. Die Kinder aber hatten naturgemäß weniger Interesse für historisch wertvolle Gebäude, sie wollten unbedingt lebendige Tiere sehen und die versprach der *Wildpark Klotten.* Nebenbei wurde diese Kletterfahrt mit einem herrlichen Blick über das Moseltal und den Hunsrück belohnt. So kam jeder auf seine Kosten.

Doch nun knurrten die Mägen mit Nachdruck. Auch bei den Kindern meldete sich nun ein Riesenhunger. Wir sahen uns nach einer hübschen Möglichkeit zum einkehren um und entschieden uns für ein reizendes Weinlokal, von welchem aus wir den Schiffsverkehr auf der Mosel beobachten konnten. Kannst Du dich noch erinnern, dass Du allzu gern eine kleine Dampferfahrt gemacht hättest? Aber wir hätten dann eine ganze Stunde auf die nächste Abfahrt warten müssen. Das hätte unsere Zeitpläne doch ziemlich durcheinander gebracht. Schade, dass dieser Wunsch dir nicht erfüllt wurde! *Das bedauere ich noch heute!*

In Treis-Karden machten wir noch einmal Station. Dieser Ort ist von steilen Bergen und der Mosel umgeben. Unsere Freunde empfahlen uns, doch die mächtige Stiftskirche St. Kastor aus dem 13. Jahrhundert, dem heiligen Castor geweiht, zu besichtigen. Dieser war es, *der das Moselland im 4. Jahrhundert christianisierte*. Der schlichte Innenraum lässt die Schreine am Hochaltar besonders schön erscheinen.

Wir fuhren dann über Alken nach Oberfell. Hier gab es ein Restaurant an der Mosel, in dem ich bei meinen Reisen schon oft eingekehrt war. Vor allem hatte ich mir aus der angeschlossenen Metzgerei immer die gute hauseigene Wurst mitgenommen. Doch diesmal kehrten wir ein, um einen Abschiedstrunk zu nehmen, da wir uns entschlossen hatten, nicht wieder mit den Freunden nach Trier zurück, sondern noch an diesem Samstag nach Hause zu fahren. *So schön und interessant, ja unvergesslich diese Tage an der Mosel auch gewesen waren, wir spürten nun Sehnsucht nach unseren Kindern, die uns allerdings, so vermuteten wir, unter den Fittichen von Oma und angesichts der Zaubertricks vom Opa kaum vermissen würden.*

Unsere Freunde hatten Verständnis für unsere Entscheidung, nun die Heimfahrt anzutreten. Für ihre Kleinen hatten wir in Cochem noch einige Geschenke gekauft, worüber sie sich sehr gefreut haben. Aber auch für unsere Kinder daheim hatten wir etwas gefunden, was ihnen Freude machen würde. So ging eine der zauberhaftesten und unbeschwertesten Woche zu Ende, *die wir in unserem wahrlich abwechslungsreichen Leben erlebt haben*. Nicht zuletzt lag das auch an unseren so liebenswürdigen Freunden. Gegenseitig versprachen wir uns, den Kontakt auch nach ihrem Umzug nach Süddeutschland aufrecht zu erhalten und uns gegenseitig zu besuchen. Im Moment konnten wir zwar noch keine akzeptable Übernachtungsmöglichkeit bieten, dazu waren die räumlichen Verhältnisse in unserer Wohnung zu beengt.

Aber wir schmiedeten ja schon an dem Plan, im schönen Hochtaunus ein Haus zu bauen, in dem es an Gästezimmern nicht fehlen sollte. Diesen Plan haben wir übrigens auch bald in die Tat umgesetzt. Doch für diesmal hieß es Abschied nehmen und schließlich fuhren zwei Autos getrennt ihren jeweiligen Heimen entgegen.

Unsere Kinder, aber auch Oma und Opa hatten offenbar gar nicht mit uns gerechnet und machten überraschte Gesichter, als wir plötzlich in der Tür standen. Aber in einem Punkt hatten wir uns getäuscht: Unsere Kinder nämlich hatten uns, bei allem Vergnügen mit den Großeltern, ebenso vermisst wie wir sie! *So war die Wiedersehensfreude durchaus gegenseitig!*

Noch am selben Abend erhielten wir einen kurzen Anruf aus Trier. Gegenseitig bestätigten wir uns, gut nach Hause gelangt zu sein. Unsere Freunde wussten, *wie man Freundschaften pflegt.* Und Du, meine Liebe, hast noch einmal bestätigt, was ich ja schon während der Fahrt bemerkt hatte: *Wie sehr auch Dir diese Woche gefallen hatte.* Du habest Dich wirklich gefreut, meine gebildete und bezaubernde Faschingsfreundin von 1938 nun einmal kennen gelernt zu haben. Du konntest verstehen, dass ich mich in sie verliebt hatte. Und auch über ihren nunmehrigen Ehemann sagtest Du, wie angenehm seine Gesellschaft gewesen sei und dass seine Position als Chefarzt eines großen Krankenhauses seinen Charme durch keine Allüren getrübt habe. *So natürlich und glücklich hattest du diese Familie erlebt*! Ahntest du, wie ich mich über deine Bemerkungen freute? Irgendwie las ich nämlich noch etwas anderes aus deinen Bemerkungen, etwas, das weniger im Sinn der Sätze als vielmehr im Ton verborgen war und in der Art, wie du mich dabei angesehen hast. *Ich fühlte – und welches Glück durchflutete mich dabei! - dass Du mich liebst …*

Unsere Kinder wollten natürlich wissen, wo wir uns die ganze Zeit herumgetrieben hatten. Sie verwiesen darauf, dass heute schließlich Samstag sei und Samstag doch ihr angestammter Märchen- und Erzähltag sei, der beim letzten Mal schon ausgefallen wäre. Doch dafür fehlte uns jetzt einfach die Kraft und wir beantragten ausnahmsweise eine Verschiebung des Erzähltages *von Samstag auf Sonntag, was der Nachwuchs schließlich ohne Begeisterung genehmigte.* Kinder wollen immer alles und immer sofort, doch das

Leben erteilt die schmerzhafte Lektion, *dass es das nur in ganz seltenen Ausnahmesituationen gibt.*

Oma und Opa habe ich dann noch mit dem Wagen nach Hause gefahren. Sie hatten sich mit unseren Kindern, wie zu erwarten war, bestens verstanden. Beide meinten, wir könnten uns ruhig mal wieder eine Reisewoche gönnen, *sie würden mit den Rangen schon fertig werden.*

~~*~~

Kapitel 30

Wiederbegegnung im Frieden – Berichte vom Krieg

Wir fahren wieder an die Ostsee in den Urlaub. Besuch bei meinem I. W.O. (I. Wachoffizier) von unserem U-Boot. Spannende Unterhaltung mit Erzählungen von seinen Einsätzen.

Ich hatte Dir doch von meinem Besuch erzählt, den ich 1956 einem Mann abstattete, mit dem ich knapp drei Jahre lang auf demselben Unterseeboot Dienst getan hatte. Er als Erster Wachhabender Offizier. Ich, mehrere Jahre jünger, als Gefechts rudergänger. Damals hatte es sich angeboten, bei ihm in Bonn zu übernachten, so dass uns der ganze Abend geblieben war, *die gemeinsamen Erlebnisse und Abenteuer dieser Zeit noch einmal Revue passieren zu lassen.*

Und von diesem ehemaligen Kameraden nun, den ich mittlerweile als Freund bezeichnen durfte, erreichte uns just in dem Moment ein Anruf, als wir uns gerade darauf einrichteten, zu zweit in unsere hübsche Wohnung aufzubrechen, die wir an der Ostsee gemietet hatten, *um unseren Urlaub dort zu verbringen.* Und was war der Inhalt seines Anrufs? Nun, er fragte, ob und wann wir denn gedächten, wieder einmal an der Ostsee Urlaub zu machen. Als ich ihm lachend sagte, dass ebendies in der Planung sei, freute er sich und lud uns im Namen seiner Familie ein, *dann doch auch bitte einige Tage bei ihnen zu verbringen.* Er sei inzwischen pensioniert und es habe ihn wieder in die Nähe der See gezogen. Er brauche es nun mal, Salz in der Luft zu schnuppern und das Auge ungehindert bis zum Horizont schicken zu können. Jedenfalls habe ihm als Bonner Landratte doch immer was gefehlt. Ob wir kämen? *Klar, wir sagten zu.*

Am frühen Nachmittag erreichten wir die angegebene Adresse, wo man uns bereits erwartete. Beide freuten wir uns, dass wir uns nach diesem schrecklichen Kriege noch einmal gesund und munter begegneten. Wir waren älter geworden, nicht unbedingt schlanker, hoffentlich reifer, auf jeden Fall aber erfahrener.

In seinem Haus fühlten wir uns gleich wohl. Es lag herrlich an einem See mit allen Wassersportmöglichkeiten. Er, der schon in seiner Jugend vor dem Krieg ein guter Segler gewesen war, hatte es sich nun im Alter zum Hobby erkoren. Davon profitierten auch wir als Besucher, als er uns auf einen Segeltörn über den ganzen See mitnahm. Während wir dies und anderes unternahmen, waren wir natürlich fast die ganze Zeit im Gespräch. So nach und nach fügten sich die einzelnen berichteten Erlebnisse zu einem Zusammenhang.

Von diesem herrlichen Fleckchen Erde, sagte er einmal, stammen wir und sind nun zurückgekehrt. Auf diese Rückkehr haben wir uns schon seit Jahren gefreut. Habt Ihr vielleicht auf Eurer Fahrt hierher die großen Gärtnereien bemerkt? In einer von ihnen habe ich nach dem Kriege gearbeitet und die Brötchen verdient, um meine Familie zu ernähren.

Der Sohn des Inhabers war ein Freund von mir, und auch Kommandant eines U-Bootes. Doch wie so vielen, die diesem höllischen Handwerk nachgingen, wurde ihm das Boot schließlich zum Sarg. Noch ein paar verdammte Monate vor der Kapitulation, nämlich im Herbst 1944, fielen sie einem feindlichen Angriff zum Opfer und wurden im Nordmeer versenkt!

Ursprünglich war daran gedacht worden, dass ich in diesem Fall die Gärtnerei übernehmen sollte, denn Kinder waren sonst keine da. Doch ich konnte mich mit dem Gedanken nicht so recht anfreunden. Und als ich dann gefragt wurde, ob ich bereit wäre, beim Aufbau der Bundesmarine mitzuarbeiten, habe ich nicht lange überlegt und zugesagt. Dort arbeitete ich mit vielen ehemaligen Kameraden zusammen, auch einige U-Boot-Kommandanten waren darunter, sofern sie überlebt hatten.

Du erinnerst dich doch noch, dass ich Dich sofort einstellen wollte, als Du zu mir in die Dienststelle in Bonn kamst? Ich hatte übrigens oft an

Dich gedacht, und an unsere interessante und abenteuerliche Zeit auf U-31. Da ich aber keine Adresse von Dir hatte, wusste ich nichts über Dich, auch nicht, ob Du überhaupt überlebt hattest. Als Du dann bei mir aufkreuztest, war es für mein Angebot quasi schon zu spät, denn Du hattest Dir bereits eine andere berufliche Existenz aufgebaut, die Du nicht so einfach an den Nagel hängen wolltest, was ich natürlich verstehen kann.

*

Während er erzählte, erinnerte ich mich, dass ich damals, als ich auf dem Weg in sein Bonner Büro war, mehrere Namen von ehemalige U-Boot-Kommandanten gelesen hatte. Namen, welche mir aus meiner eigenen U-Bootzeit bekannt waren. Ich las z. B. den Namen *Kretschmer*, welcher bei Kriegsende Fregattenkapitän war. Er hatte im Kriege große Erfolge, und war als hochdekorierter Seeheld aus dem Krieg gekommen. Er hatte bereits 1940 das Ritterkreuz erhalten, aber auch das Eichenlaub zum Ritterkreuz. *Im Dezember 1941 gab es zum Eichenlaub sogar noch die Schwerter dazu!*

Ferner sah ich den Namen *Lüth* an einer Tür. Er wurde als Oberleutnant zur See bei Kriegsende entlassen. Auch dieser Name war mir vertraut. Viele, wenn nicht gar die meisten, der U-Bootkameraden, deren Bekanntschaft ich vor dem Kriege gemacht hatte, sind bekanntlich in den verbissenen Kämpfen der letzten Kriegsjahre gefallen.

Mein Freund hatte immer noch sein jungendliches und fröhliches Temperament, welches er sich in all den vielen Jahren, in denen wir uns nicht begegnet waren, bewahrt hatte.

Die beiden Tage, die wir nun miteinander verbrachten, waren voller Gespräche über diese vergangenen Jahre und die aufwühlenden Abenteuer und Gefahren, denen wir ausgesetzt waren, ob wir wollten oder nicht. Ihr Frauen spieltet dabei die Rolle der Zuhörer und immer wieder wurdet ihr in Staunen versetzt, weil im Gespräch so manches zur Sprache kam, das Euch noch unbekannt war. Vielleicht ist Euch das lange Zuhören manchmal doch zu lang geworden, aber angemerkt hat man es Euch eigentlich nicht. Wir saßen ja bis spät in der Nacht zusammen und ein Stichwort gab das andere und rief Erinnerungen hervor, *die einmal erzählt werden wollten.*

Natürlich wurde auch über die Kinder gesprochen und darüber, was aus ihnen inzwischen geworden war. Auch die beiden waren mittlerweile glückliche Großeltern und freuten sich nicht weniger über ihre Enkel als wir. Keiner ihrer Söhne war allerdings zur Marine gegangen, und auch unser Sohn sah die See nur, wenn er Urlaub machte. Verständnis hatten wir beide dafür, denn so spannend sich die Erlebnisse hinterher anhören, eins ist klar: *Die Toten können nichts mehr erzählen ...*

Was als positive Erfahrung aber immer wieder zur Sprache kam und sich in unseren Herzen eingegraben hatte, *das war die gerade auf einem U-Boot notwendige Kameradschaft.* Wie in kaum einem anderen Bereich ist im engen Raum einer so hochkomplexen Maschine wie sie ein U-Boot darstellt, der eine auf den anderen angewiesen, *oft auf Leben und Tod.* Im privaten Bereich spielte dann der Dienstgrad keine so wichtige Rolle mehr. Ausschlaggebend war die Zuverlässigkeit und Tüchtigkeit, mit der jeder die Aufgaben erfüllte, *die an seinem Platz gelöst werden mussten.*

*

Die Sprache kam auch auf die Zeit kurz vor Kriegsbeginn 1939. Wir hatten noch gut im Ohr, wie eine auf Hochtouren laufende Propagandamaschine ständig Meldungen verbreitete, *in denen die anderen Völker als unberechenbar und kriegslüstern hingestellt wurden.* Zunächst bezog sich das besonders auf die Polen, die ja dann als erste von deutschen Truppen angegriffen wurden. Nein, wir haben nicht durchschaut, *dass diese Meldungen Teil einer Kampagne waren,* mit der das deutsche Volk aufgehetzt und kriegsbereit gemacht werden sollte. Wir waren so naiv, alles zu glauben, was da aus den Radios und Zeitungen und Wochenschauen zu uns drang. Ich war ja auch noch blutjung und hatte mich bis dahin für politische Dinge, offen gestanden herzlich wenig interessiert.

Wie sich die Ereignisse vor Beginn des Krieges aus der Perspektive unseres Freundes darstellten, das erzählte er uns am ersten Abend unseres Treffens und wir alle lauschten gebannt seinen Schilderungen. *Er hatte diese Tage als Kommandant eines U-Bootes miterlebt.* Er berichtete etwa folgendermaßen:

*

Es war im August 1939, und die U-Boote lagen wie immer in Päckchen (mehrere nebeneinander) an der Tirpitzmole in Kiel-Wik. Ich selbst war Kommandant eines kleinen 250-Tonnen-U-Bootes. Meine Besatzung hatte die Ausbildung beendet und war einsatzbereit. Es herrschte reges Treiben und Verkehr zwischen den U-Booten und dem Mutterschiff. Torpedos wurden aufgenommen und an Proviant so viel, dass die Boote mehrere Monate auf See bleiben konnten. *Für die Wehrmacht wurde die Mobilmachung angeordnet.* Die Besatzung stand unter Hochspannung. Fieberhaft wurden alle Möglichkeiten eines Einsatzes überprüft. Jeder wusste, dass wir diesmal keine mit Luft gefüllten Übungsköpfe für unsere Torpedos an Bord hatten, sondern hochexplosive Gefechtsköpfe mit scharfer Sprengladung. Die Übungen waren beendet, *was bevorstand war der Ernstfall!*

Spannung lag in der Luft. Die Flottille ankerte weit ab vom Land, man wartete auf weitere Befehle. Die wachfreien Seeleute wurden auf das Mutterschiff zusammengerufen, um Instruktionen entgegenzunehmen. Am nächsten Tag wurden die Ausrüstungen noch einmal einer genauen Kontrolle unterworfen. Fehlende Ausrüstungsteile wurden ergänzt. Das Mutterschiff hatte alles an Bord, was wir brauchten, um die Lücken zu schließen. Die großen weißen Bootsnummern an den Türmen wurden grau übermalt und so unkenntlich gemacht, Tarnung. Die abnehmbare Reling und die Notsignal-Bojen wurden ans Mutterschiff übergeben.

Alle Besatzungen waren nicht nur in Hochspannung, sondern – was im Nachhinein vielleicht verwundert – *auch in Hochstimmung.* Keiner ahnte schließlich zu diesem Zeitpunkt, welche extremen

Belastungen in den folgenden 6 Jahren auf uns zukommen sollten! Hätten wir das gewusst, nun, so wäre die Stimmung auf jeden Fall etwas nachdenklicher ausgefallen. Aber so brannten wir voller Ehrgeiz darauf, *das Gelernte und Antrainierte nicht nur in Übungen anzuwenden, sondern im Ernstfall.* Und so gut wie alle glaubten ja auch, das Vaterland verteidigen zu müssen *und für eine gute und gerechte Sache zu kämpfen.*

Als wirklich nichts mehr an vorbereitenden Arbeiten zu tun blieb, wurde zur Ablenkung sogar noch ein improvisiertes Wassersportfest ausgetragen. Aber mitten in diese Wettkämpfe platzte dann endlich das entscheidende Stichwort: *Alle Kommandanten zum Flottillenchef zur Befehlsentgegennahme!*

Ein Boot sollte im Osten eingesetzt werden, drei Boote im Westen. Das Boot, das sich in den Osten in Bewegung setzen sollte, war das Boot, das unter meinem Kommando stand. Ich nahm die Glückwünsche der Kameraden entgegen *und mein Herz machte damals vor Freude und Stolz einen Satz.* Es folgte ein kurzes Durchsprechen des klar umrissenen Operationsbefehls *und ein Glas Sekt auf Hals- und Schotbruch, dann ging es zurück an Bord.*

Ich ließ die Mannschaft an Deck antreten, unterrichtete sie über die Befehlslage und machte Meldung an den Flottillenchef. Er verabschiedete uns mit ein paar markigen Worten.

Es war soweit, die Leinen wurden losgemacht. Drei *Hurras* schallten herüber und hinüber, ein letztes Winken und die Bugwelle rauschte auf. Die Motoren arbeiteten wie sie arbeiten sollten. Hinter uns schrumpfte das Mutterschiff und die anderen Boote. Schließlich verschwand alles im Dunst der abendlichen Kimm! *Die Fahrt hatte begonnen!*

Unser Kurs führte wie gesagt nach Osten. Ich rief meine Männer in der kleinen Zentrale zusammen und unterrichte sie genauer über Einsatzplan und Aufgaben. Die Augenpaare, die mich anblickten, waren voller Zuversicht. In der Friedensausbildung hatten wir uns kennen gelernt, *und nun kam die Bewährung im Kampf.* Wir waren allein auf weiter See. Nur über Funk – wir sagten nur FT – kommunizierten wir mit dem Befehlshaber. Auf uns jungen und kampfunerfahrenen U-Boot-Kommandanten lastete plötzlich eine große Verantwortung für unsere Boote und für die Besatzungen. Wir waren weitgehend auf uns selbst gestellt. Rechenschaft waren wir nur unserem eigenen Gewissen und unserem Befehlshaber schuldig.

Nun würde sich zeigen, ob die Besatzung richtig ausgebildet und mit dem Boot voll vertraut war! *Ich für meinen Teil war fest davon überzeugt, dass meine Männer alle hinter mir standen und ihre Aufgaben voll erfüllen würden.* In jeder Lage mussten wir die Kontrolle über unser Boot behalten, komme was da kommen mag! Und alle Fäden liefen bei mir zusammen.

Wir marschierten mit unserem Boot in die Höhe von Liebau. Wir sollten die polnischen Einheiten abfangen, falls diese versuchen würden, *bei Ausbruch der Feindseligkeiten in neutrale Gewässer zu entfliehen.*

Noch hatten wir ja Frieden und die Feindseligkeiten waren noch nicht eröffnet. Wir fragen uns, ob es unserer Regierung noch einmal gelingen würde, Deutschland und damit sehr wahrscheinlich der ganzen Welt den Frieden zu erhalten. Würden sich bei einem Kriege mit Polen die Westmächte abwartend verhalten? Was würde vor allen Dingen das riesige Sowjetrussland machen?

Fragen über Fragen, welche immer wieder auf uns einstürmten *und auf die keiner eine Antwort hatte.*

So in etwa war der Bewusstseinzustand der Besatzung kurz vor Kriegsausbruch! Welcher Soldat oder Bürger wusste denn zu diesem Zeitpunkt, *was Hitler alles im Schilde führte?* Wir sollten es zwar in naher Zukunft zu spüren bekommen. Doch nur ganz wenige haben im Jahre 1939 an der Ehrlichkeit und Redlichkeit Hitlers irgendwelche Zweifel gehabt. Erst nach dem Kriege haben wir dann erfahren, dass Hitler von Anfang an einen Krieg mit Polen und mit Russland plante.

Seine Propaganda hat es meisterhaft verstanden, *fast das ganze deutsche Volk in die Irre zu führen*. Ganz bewusst hatte er den Krieg vom Zaun gebrochen und uns alle belogen.

Doch vorausgesetzt, wir hätten seine Pläne durchschaut, was hätten wir zu diesem Zeitpunkt noch tun können? Die politische Mobilisierungsmaschine lief auf Hochtouren. *Hitler war unangefochtener Alleinherrscher,* er hatte alle Macht auf sich vereinigt. Welcher kleine Soldat oder Bürger hätte gegen diesen unangefochtenen Führer auch nur den Hauch einer Chance gehabt? Wer etwas von den zerstörerischen und aggressiven strategischen Plänen Hitlers wissen musste, *waren die führenden Militärs, die Generäle und Admirale*. Doch wer von ihnen davor warnte, dass sich angesichts der Bündnisverpflichtungen ein Weltkrieg nie gekannten Ausmaßes entwickeln könnte, wurde abgewürgt und kaltgestellt. Diejenigen, die zur Vorsicht rieten, wurden bald ihrer Ämter enthoben und in den Ruhestand abgeschoben.

Und die letzten Mahner wurden mundtot gemacht, als die Meldung um die Welt ging, dass die beiden Erzfeinde, das nationalsozia listische Deutschland unter Hitler und das kommunistische Russland unter Stalin, statt sich den Krieg zu erklären, *einen Nichtangriffspakt abgeschlossen hatten!* Dass diese Mächte, deren weltanschauliches Ziel die Vernichtung des Vertragspartners war, sich Schonung zusicherten, ist als diplomatisches Glanzstück der Hitler-Diplomatie angesehen worden. Denn damit schien die Gefahr eines Zweifrontenkrieges gebannt. Dieser nämlich war ein Argument der Warner gewesen: Wenn das riesige Russland gegen Deutschland im Osten mobil macht und die Westmächte von der anderen Flanke angreifen, dann könnten die deutschen Streitkräfte bald überfordert sein. Diese Gefahr schien nun ausgeräumt. Nun schien alles ganz einfach: Das militärisch schwache Polen würde schnell besiegt sein und die Westmächte würden kaum noch wegen eines bereits eroberten Polen Deutschland den Krieg erklären.

Dass es sich bei dieser zunächst so einleuchtenden Überlegung um einen folgenschweren Irrtum handelte, stellte sich erst etwas später heraus. Jeder von uns Seeleuten verfolgte begierig die neuesten politischen Entwicklungen. Ständig drängten wir uns an den Rundfunkempfängern, um nur ja keine Nachricht zu verpassen, denn schließlich hing unser Einsatz unmittelbar davon ab, was sich in der großen Politik ereignete. Als dann die Nachricht von der Unterzeichnung des Hitler-Stalins-Paktes durchkam, bewunderten wir die Raffinesse des Mannes, den auch wir als *Führer* bezeichneten. Interessant war, dass der *Moskauer Sender trotz des Paktes immer weiter gegen die kapitalistischen Staaten des Westens*, zu denen er selbstverständlich auch das Deutsche Reich zählte, polemisierte. Mit Genugtuung dagegen stellte Radio Moskau fest, dass die mit der Sowjetunion sympathisierenden Gruppierungen in Paris den Nichtangriffspakt einhellig begrüßten. Gleichzeitig wurde der Ton zwischen Deutschland und Polen schärfer. Trotz der Zuspitzung gab es noch keine Kriegserklärung. Stattdessen war von hintergründigen Aktivitäten zu hören. Beispielsweise, dass die englische Handelsschifffahrt der Admiralität unterstellt wurde, und für alle Devisen in England nunmehr Anmeldepflicht bestehe, oder dass Frankreich die Grenzen nach Deutschland sperrte. Doch von uns wurde vorerst nicht mehr erwartet, *als die Stellung zu halten.*

Inzwischen waren die fahrbereiten polnischen Zerstörer nach England durchgebrochen, ungehindert. Ohne Befehl waren uns die Hände gebunden, wir mussten sie ziehen lassen. Auch die Luftwaffe musste zusehen.

*

In der Nacht krachte ein furchtbares Gewitter nieder. Ein gewaltiges Präludium für den nächsten Tag. Dann folgt eine Sondermeldung. Es war der 1. September, Hitler gab in einer Rede im Reichstag den Beginn des Krieges gegen Polen bekannt. Polnische Soldaten hätten auf deutschem Territorium geschossen und dann folgte der berühmte Satz, der in die Schulbücher eingegangen ist, weil er quasi die Eröffnung des blutigsten Dramas der Weltgeschichte, des Zweiten Weltkriegs, darstellt:

Seit 5 Uhr 45 wird zurückgeschossen. Und von jetzt ab wird Bombe mit Bombe vergolten.

Und Hitler lässt weitere Phrasen über den Rundfunk verbreiten. Er wolle nichts weiter sein, als der erste Soldat des Reiches. Es sei gleichgültig, ob wir stürben, solange unser Volk lebe. Sein Leben würde er jederzeit geben, solange es für sein geliebtes Volk ist – *und ähnlichen verlogenen Schwulst.*

Wir wurden nun von unserer Position abgerufen, ergänzten noch einmal im friedlichen Memel unsere Ausrüstung und liefen mit hoher Fahrt nach Kiel zurück. Dieser Rückruf konnte nur bedeuten, dass wir für den Einsatz im Westen vorgesehen waren, *gegen England, das nun ebenfalls in den Krieg gegen Deutschland eingetreten war.*

Wir passierten übrigens die Stelle, wo das Versuchsboot Welle im Februar 1938 mit 28 Mann Besatzung in einem Orkan untergegangen war. Wir mussten damals unsere Suche abbrechen, weil wir nicht in der Lage waren, bei dem ungeheuren Orkan in die Ostsee zu drehen und auszulaufen.

Wir fuhren also einer Auseinandersetzung mit Engländern entgegen. Hätte Stalin sich dem Vertrag mit Hitler verweigert, wären wir mit großen Teilen anderer deutscher Streitkräfte im Osten gebunden geblieben. Vermutlich hätte das im Endeffekt die deutsche Niederlage beschleunigt.

Als hätte ich es geahnt, hatte ich vor unserem Auslaufen Richtung Osten, noch auf dem Wohnschiff Lech, zu den für den Westeinsatz vorgesehenen Kameraden gesagt: *Wartet es ab, womöglich steht ihr noch eher am Feind als wir!* Und ich hatte Recht behalten, denn sie hatten sicher bereits ihre Angriffspositionen in der Nordsee bezogen.

So ganz ohne Feindkontakt blieben wir allerdings auch in der Ostsee nicht. Wir hatten ein Gebiet zu durchqueren, in dem polnische U-Boote gesichtet worden waren. Und einmal, als ich gerade die Brücke betrat, um mal nach dem Rechten zu sehen, rief der Ausguck:

Steuerbord achteraus Sehrohr! Sehrohr wird aus-und eingefahren! Ist viel dicker als unsere deutschen!

So hatten wir uns die erste Begegnung mit dem Feind allerdings nicht vorgestellt. Jäger wollten wir sein, nicht Beute! Und wir wurden auch nicht Beute, *allerdings fehlte wahrlich nicht viel.*

Mit Alarm tauchten wir weg. Doch kaum waren wir unter Wasser, jaulte dicht an unserer Bordwand ein Torpedo vorbei. Er traf nicht, weil wir beim Tauchen das gesichtete Sehrohr genau achteraus genommen haben, um so dem Feind die geringste Zielfläche zu bieten.

Aus dieser Lage waren wir gerade so klar geschippt. Wahrscheinlich hatte der Pole tagsüber auf Grund gelegen und war erst durch unsere Schraubengeräusche wach geworden. Ehe er auf Sehrohrtiefe gekommen war, waren wir vorbei und er hatte das Nachsehen.

Als wir dann Kiel erreichten, kannten wir die Hafenanlagen kaum wieder! U-Boot- und Minensperren waren ausgelegt worden. Wir mussten erst anfragen, ob wir die Sperrlücke passieren durften. Die ganze Stadt war konsequent verdunkelt worden, nur die navigatorischen Feuer brannten in stark verminderter Helligkeit.

Als ich dem Flottillenchef Meldung machte, sah ich neben ihm noch eine griffbereite Gasmaske liegen. Kiel hatte gerade seinen ersten Fliegerangriff überstanden.

An Schlaf war nicht zu denken, denn die in Kiel zurück gebliebenen Kameraden wollten ganz genau wissen, wie es im Osten gewesen war. Große Erfolge konnten wir ihnen nicht melden, unsere Fahrt war nur eine winzige taktische Bewegung in einem größeren strategischen Geschehen.

*

Dass Erfolge auch einem U-Boot nicht in den Schoss fielen, merkten wir sehr bald. Aus einem Einsatz in der freien Nordsee und an der englischen Küste wurde ebenfalls noch nichts. Der neue Einsatzbefehl hieß: Kurs ins Kattegatt, Bewachung der

Ostsee-Eingänge!

Zwölf Stunden nach unserem Einlaufen in Kiel waren wir wieder auf See. Bald hatten wir unseren Wachtposten vor der so genannten Läsö-Rinne bezogen. Von der Morgendämmerung bis in die Dunkelheit war unser Sehrohr besetzt, zogen wir vor der Läsö-Rinne unsere Kreise und wachten nachts aufgetaucht vor ihr. *Den Durchbruch englischer Einheiten in die Ostsee zu verhindern,* dies war der Auftrag, den wir zusammen mit anderen Booten zu erfüllen hatten.

Statt Bewährung in kämpferischen Aktionen, wurde von uns Geduld, Disziplin und äußerste Sorgfalt verlangt. Was es heißt, mit einem relativ kleinen Boot zwei volle Wochen lang täglich 16 Stunden unter Wasser zu stehen, *14 Tage den Schein der Sonne nur durch das Sehrohr zu sehen, weiß nur der, der es selbst erlebt hat.* Da wir nicht wussten, wie lange unsere Wache dauern würde, gingen wir mit unseren Sauerstoffvorräten überaus haushälterisch um.

Bei längerer Unterwasserfahrt steht der Zustand der Luft unter ständiger Kontrolle des Leitenden Ingenieurs. Steigt der Anteil des Kohlendioxids in der Raumluft über eine kritische Grenze, wird die Lüftung im Boot angestellt. Einer oder mehrere Lüfter wirbeln dann im Boot die Luft durcheinander und saugen sie dabei durch eine Batterie von Kalipatronen, in denen die Kohlensäure chemisch gebunden, der Sauerstoff aber wieder freigesetzt wird. Fällt der Sauerstoffgehalt noch weiter, wird aus Stahlflaschen Sauerstoff dosiert der Raumluft zugegeben und durch die Lüftungsanlage gleichmäßig im ganzen Boot verteilt. Da der menschliche Körper bekanntlich durch Aktivität Sauerstoff verbraucht, verlegten wir so viele Arbeiten wie möglich in die Zeit des nächtlichen Zustandes, in dem das Boot aufgetaucht war und natürlicher Sauerstoff zur Verfügung stand.

So kam es, dass bei Dunkelheit ein reges Treiben an Bord herrschte und tagsüber nur getan wurde, was getan werden musste. Jetzt verzehrten wir unser Abendbrot, das bei normalem Seebetrieb schon gegen 17:00 Uhr verabfolgt und eingenommen wurde. Anschließend ging es an die Schwerarbeit. Die Torpedos wurden aus den Rohren geholt, der an Deck liegende Reservetorpedo musste dazu bis unter die Decke des Bugraumes angehoben werden. Die Maschine zauberte mit Hochdruck neuen Strom für unsere leer gefahrene Akumulatoren-Batterie. Arbeiten am Diesel und der gesamten Maschinenanlage wurden ausgeführt. Ein gründliches Reinschiff schloss den Dienst im Inneren des Bootes ab. Für die Freiwache gab es nun noch ein Stündchen Schlaf.

Um drei hieß es schon wieder: Komm hoch Seemann, Reise, Reise! Wenn es auch nur Seewasser zum Waschen und ein Glas Süßwasser zum Zähneputzen gab, so erfrischte es doch den Körper und hielt ihn rein.

Um 03:30 Uhr wurde Kaffee getrunken, danach folgte eine letzte Durchlüftung des Bootes. Sobald der erste graue Schimmer im Osten erschien, tauchten wir – wie man es von Vampiren erzählt – ab in unser eigentliches Element. Nun lautete die Order: Schlafen! *Nur die Wachen am Sehrohr und Horchgerät, in der Zentrale, am Tiefen-und Seitenruder und in der E-Maschine waren auf,* alles andere lag und versuchte zu schlafen.

Doch halt! Einen wichtigen Mann an Bord habe ich vergessen: *den Koch.* Auch er durfte sich unter Wasser nicht aufs Ohr legen, denn auf ein Mittagessen wollten wir keinesfalls verzichten. Gerade wenn alle anderen Vergnügungen entfallen, schmeckt einem das Essen besonders gut. Kurz wurde dazu geweckt, die Wachen lösten sich ab, dann war wieder Ruhe im Boot.

Gegen Ende des Tages, wenn das festgesetzte Tagesquantum an Sauerstoff verbraucht war, erhöhte sich allgemein die Frequenz unserer Atemzüge. *Die Lunge musste häufiger gefüllt werden, da die Sauerstoffausbeute geringer wurde.*

Wir gingen sehr geizig mit dem kostbaren Sauerstoff um, in Erinnerung an Weltkriegserlebnisse der Flandern-U-Boote im englischen Kanal. Nachträglich würde ich sagen, vielleicht etwas zu geizig, aber das lässt sich im Nachhinein natürlich besser beurteilen. Denn immer noch galt: *Vorsicht ist die Mutter der Porzellankiste*. In den letzten Stunden vor dem Auftauchen dachte dann jeder, eine Zentnerlast läge auf seiner Brust, *so schnauften unsere alten Kognakpumpen*. Das Abendessen schmeckte aber trotzdem.

Dann war es so weit. Der Moment des Auftauchens wurde von allen sehr genossen. Im Sehrohr war kaum noch etwas zu erkennen. Die neutralen Leuchtfeuer waren angezündet. Das Boot schoss an die Wasseroberfläche, das Turmluk flog auf. Das ganze Boot wurde von köstlich kühler Nachtluft durchströmt. *Ein herrliches Gefühl, wenn wir nach so einem Tage die frische Abendluft in langen Zügen einatmen konnten*! Ja, wer auf einem U-Boot fährt *lernt das Atmen als etwas Kostbares zu schätzen.*

Nacht für Nacht war ich selbst auf der Brücke. Ein Torpedorohr war ständig zum sofortigen Einsatz bereit. Bei einem Durchbruchsversuch könnten wir sofort reagieren. Doch der Tommy ließ sich nicht blicken. Vielleicht hatte er Wind bekommen von unserem Einsatz und der Bewachung des Kattegatt.

Täglich sahen wir am nördlichen Horizont kleine und große Handelsschiffe durch das Skagerrak ziehen. Gerne hätten wir diese auf Bannware durchsucht. Aber damit hätten wir unseren Standort verraten.

*

Nach zwei Wochen erfolgte die Ablösung und wir wurden nach Kiel zurückgerufen. In Kämpfen hatten wir uns nicht bewähren können, doch unseren Auftrag hatten wir perfekt erfüllt.

Dort erleben wir die Verteilung der ersten Kriegsauszeichnungen an erfolgreiche U-Boot-Kommandanten! Sie waren im Atlantik auf Feindfahrt gewesen und mit Erfolgen zurückgekehrt. Die Verleihung nahm der Oberbefehlshaber der Kriegsmarine persönlich vor. Nicht ganz ohne Neid betrachteten wir die Sonnenbräune auf den Gesichtern dieser Kameraden, während uns aus den Spiegeln sonnenentwöhnte käsebleiche Mienen ansahen.

Gebannt hingen wir an ihren Lippen als sie uns von ihren ersten

Kämpfen, ersten Erfolgen und ersten Opfern berichteten. *Sie hatten einen Erfahrungsvorsprung und wir wollten von ihnen alles wissen, was uns nützen könnte, wenn wir in den Atlantik hinausgeschickt werden würden.* Bereitwillig gaben sie ihre Erfahrungen an uns weiter.

Für unser Boot mussten wir ein Wappen haben. Einer meiner tüchtigen Seeleute war ein Künstler in diesem Fach. Innerhalb von 3 Tagen legte er mir mehrere Entwürfe vor. Schließlich fiel unsere Entscheidung *auf einen roten Teufel, der eine Fackel schwang*. Das Wappen wurde am Turm angebracht, ja, der wilde rote Teufel, der gefiel uns damals! Der Künstler hatte von da an seinen Spitznamen weg, *von nun an war er Iwan der Schreckliche!*

Wir aber steuerten nun mit dem roten Teufel gegen England. Wir operierten im englischen Kanal, dem Hauptkampfgebiet der Flandern-Flottillen im ersten Weltkrieg. In diesem Gebiet gibt es zahlreiche Untiefen, starke Strömungen, Nebel, Minenfelder, Treibminen, *also alles, was das Herz begehrt.*

Auf der Hinfahrt sind wir schon an den Treibminen, *diesen Hörner tragenden unheimlichen Gesellen vorbeigezogen.* Sie waren immer wieder in großer Zahl vorhanden und vermehrten sich offrenbar wie die Karnickel. Aber man entwickelte einen Blick für sie und machte einen Bogen. Sie gehören in den Nordseekrieg wie das Amen in die Kirche.

*

Du, liebe Ilse, und ich, wir lauschten diesen interessanten Erzählungen unseres Freundes, der uns die nun schon Jahrzehnte zurückliegenden Ereignisse so lebhaft und farbig vor Augen stellte.

Er kam dann auch auf jenen Vorfall zu sprechen, der sich auf der Fahrt nach Afrika im englischen Kanal ereignet hatte. Ich hatte Dir schon ausführlich davon erzählt (vgl. das Kapitel *Meisterkoch und Waldheini*), aber ich hörte doch mit Interesse, wie sich diese gefährliche Situation, bei der ich zum Retter des U-Bootes und seiner Besatzung geworden war, und zwar gerade weil ich einen Befehl des Kommandanten *falsch* ausführte, in seinem Gedächtnis abgespeichert hatte. Es war jene Begegnung mit einem Ozeanriesen, der im dicken Nebel urplötzlich vor uns auftauchte und uns zweifellos gerammt und wahrscheinlich versenkt hätte, *wenn ich das Ruder,* wie das Kommando lautete, *hart Backbord gelegt hätte* und nicht *hart Steuer*bord. Nur durch diesen glücklichen Irrtum (oder wie soll man so etwas Fügung nennen?) waren wir Bordwand an Bordwand an dem Frachter vorbeigeschrammt. Dies war alles so schnell geschehen, dass wir bei dieser schlechten Sicht noch nicht einmal den Namen am Bug des Dampfers lesen konnten. Nur an seiner Flagge hatten wir erkennen können, dass es sich um einen Franzosen handelte. Ein Schauer überlief uns, als wir uns damals ausmalten, was hätte passieren können!

Nur Dir, lieber Fritz, sagte unser Freund zu mir und er hob sein Glas dabei, verdanken wir es, *dass wir hier zu viert so gemütlich beisammen sitzen können!* Ich erinnere mich noch, dass wir von da an immer sagten: *Unser Jüngster, der Bengel, ist unser Schutzengel.*

Das fiel ja noch in die Zeit vor Ausbruch des Krieges, aber der Nebel nimmt auch in Friedenzeiten keine Rücksicht auf die Schifffahrt. Und wenn man erst einmal unten bei den Fischen ist, sagte er lachend, nutzt es einem auch nichts, wenn man sich dann sagen kann: *Aber, Moment mal, es war doch noch Frieden!*

Er erzählte dann, dass der Sohn eines Kommandierenden Admirals an Bord unseres U-Bootes war, um seine Ausbildung als Unterseeboot-Offizier bekommen:

Unser Kommandant war als erfahrener Offizier bekannt. Von 03/38 bis 10/38 war er II. W.O. auf U-31. Dann wurde ich abkommandiert, um ein eigenes U-Boot zu übernehmen. Und er wurde für mich dann I. W. O. auf U-31. Im Herbst 1940 wurde er dann selbst Kommandant eines U-Bootes.

Hier unterbrach ich die Ausführungen meines Freundes, um Euch zu erzählen, *dass ich zu dem Betreffenden einen sehr guten Kontakt hatte, da ich in seinen ersten Tagen bei uns an Bord mit ihm zum Wachdienst eingeteilt war.* Er war Leutnant zur See und hatte nie erwähnt, dass er der Sohn eines Kommandierenden Admirals war. Das hätte die Kameraden vielleicht befangen gemacht und das wollte er nicht. Irgendwie hatte ich es aber doch erfahren und erzählte ihm bei einer nächtlichen Wache auf dem Turm meine besondere Story.

Nach 6 Wochen Grundausbildung hatte der Kompaniechef zu mir gesagt: *Sofort landfein machen, wir müssen zum Kommandierenden Admiral!* Ich war überrascht und überlegte, ob ich etwas ausgefressen hatte, aber mir wollte nichts einfallen, was eine Vorführung beim Admiral wert gewesen wäre. Wir marschierten also zum Verwaltungsgebäude, wo der Kommandierende Admiral seinen Dienstsitz hatte. Wir wurden gemeldet und sofort eingelassen. Der Admiral sah mich an und musterte mich gründlich. Ich wartete ab. *Plötzlich lachte er und sagte: Den Burschen behalten wir. Er ist doch schon recht kräftig.* Lachend und mit einem Schlag auf die Schulter entließ er uns. Mir war das alles schleierhaft. Was sollte das heißen, dass ich *schon recht kräftig wäre?* Das waren ja Sätze wie beim Kinderarzt! Die Auflösung kam dann auf dem Rückweg von Seiten des Kompaniechefs: *Sie wissen doch, warum Sie dem Herrn Admiral vorgestellt wurden? – Aber nein*, antwortete ich, *ich habe nicht die geringste Ahnung.*

Da lachte auch er und sagte: *Nun, da kann ich Sie aufklären. Sie sind ein Jahr zu früh zur Kriegsmarine einberufen und auch eingestellt worden. In Friedenszeiten müssen die Rekruten mindestens 18 Jahre alt sein. Und Sie waren gerade erst 17 Jahre alt.*

Als ich diese Szene geschildert hatte, *überkam nun auch meinem II. W.O. das Lachen.* Er meinte: Der Kommandierende Admiral kann nur mein Vater im Jahre 1935 gewesen sein. Wenn ich wieder zu Hause im Urlaub bin, *dann werde ich ihm das erzählen.* Vielleicht erinnert er sich noch an den damals *einmaligen* Fall mit dem zu jungen Seemann!

Jetzt weiß ich auch, warum Sie mit ihren 20 Jahren schon ein guter Gefechts-Rudergänger sind. Ich habe 3 Lenze mehr auf dem Buckel!

Diese Geschichte kannte unser Kieler Freund noch nicht, aber er konnte über das Schicksal meines damaligen Wachkameraden Auskunft geben.

Kapitänleutnant S., sagte er mit bedauernder Miene, ist im November 1943 nahe der Kongomündung mit seinem Boot und der gesamten Besatzung versenkt worden. 1942 war er mit dem Ritterkreuz ausgezeichnet worden.

So ergänzten sich unsere Erzählungen manchmal wie ein Puzzle und wir konnten so manche Schicksalslinie durchziehen, *wenn auch die wenigsten bis zum heutigen Tage ...*

*

Auch kuriose Szenen kamen zur Sprache. *Hör mal Fritz*, begann er beispielsweise, *erinnerst Du Dich, dass ganz plötzlich sehr starker Nebel aufkam, als wir im Frühjahr 1937 eine Ausbildungsfahrt in die Ostsee unternahmen. Unser Nebelhorn war in dieser dicken Suppe kaum zu hören.* Unser Kommandant tat das Richtige und wir gingen vor Anker. Nach den Regeln des Seeverkehrs musste in einer solchen Situation, um Kollisionen zu vermeiden, mit der Schiffsglocke stets pünktlich jede Minute Signal gegeben werden.

Da jedoch weit und breit unsere Schiffsglocke als einzige erscholl, fühlten wir uns sicher, zumal wir nicht in einer befahrenen Fahrtroute ankerten. In aller Ruhe nahmen wir unser Mittagessen ein, als dann die Sonne erschien und den Nebel allmählich aufzulösen begann. Aber, wie seltsam, je mehr der Nebel sich lichtete, *desto mehr Schiffsglocken ertönten plötzlich um uns herum!* Und als der Nebel schließlich vollständig die Sicht freigab, fanden wir uns wieder *inmitten einer Torpedoboot-Flottille!* Ahnungslos hatten wir hier den Anker geworfen, und nicht eine einzige Schiffsglocke neben der unseren vernommen. Das zeigte mir nachdrücklich, wie enorm der Nebel den Lärm verschlucken kann. Das hätte natürlich leicht ins

Auge gehen können. Alle waren nachträglich erleichtert, besonders unser Kommandant, der in all seinen Dienstjahren nie etwas Derartiges erlebt hatte.

*

Aber zurück zu unserem Einsatz im englischen Kanal. Aufgrund des sehr starken Regens und der hohen Wellenberge gab ich das Kommando: Brückenwache, *Anzug: großer Seehund!*

Lange Gummistiefel wurden hoch gereicht, Gummihosen, die bis unter die Brust reichten, folgten nach. Jeder wickelte sich schnell noch ein Handtuch als Schal um den Hals, und zog über das Lederjackett noch den Gummimantel. Ein Südwester macht die Sache komplett.

Wer aber glaubt, das Wasser sei damit völlig gebannt und könne dem Seemann nicht mehr an die Pelle, der irrt gewaltig! *Irgendein Loch findet das Wasser immer.* Die Wellen kommen ja auch nicht zart angerollt, sondern krachen mit harter Gewalt über der Brücke und dem Boot zusammen. Wer leichtfertig an Oberdeck steht und nicht angeschnallt ist, *wird in Sekundenschnelle von Bord gerissen.*

Auf den Ruf *Warschau - Brecher* ducken sich alle auf dem Turm. Der achtere Ausguck hatte nicht daran gedacht, dass der Südwester ihm den Nacken schützt. Kaum hatte er den Kopf unvorsichtig nach vorn geneigt und damit den Nacken frei gelegt, fuhr ihm schon eine ganze Pütz (Eimer)Wasser in den Kragen. Ein ausgesprochen behagliches Gefühl ist es, wenn der Mann dann machtlos spürt, *wie das kalte Wasser sich an seinem Vorder- und Achtersteven in aller Ruhe bis zu den Stiefelschäften runterarbeitet!*

Ich habe ein hervorragendes Mittel dagegen, doch hilft es nur beim Abgehärteten, der trotz aller Lebensstürme Sonne im Herzen behalten hat. Die Gebrauchsanweisung habe ich zu meinem Wahlspruch erklärt. Ich erhielt sie von einem Menschen, *dessen Herz der See gehört und Krischan heißt.*

Und dieser Krischan sagte:

Mensch, Käpt'n, wie sich's Leben auch mag gestalten,
wir wollen die Schnauze stets ins Wasser halten!

Der Kanal war übrigens nicht nur die stärkste befahrene Schiffsroute in der Nordsee, hier gab es auch die stärksten Kontrollen und Überwachungseinsätze von englischer Seite. Dabei war es natürlich eine Eigenschaft des U-Boots von größtem Vorteil: Seine schwere Entdeckbarkeit. Die Unsichtbarkeit der U-Boote ist ja ihre Stärke. Damit steht und fällt die Effektivität dieser Waffe. Dass sie unter Wasser kaum auszumachen sind, leuchtet jedem ein. *Bei der Überwasserfahrt wird Unsichtbarkeit weitgehend erreicht durch die Verlegung des Bootskörpers unter die Wasseroberfläche, über die nur die geringe Höhe des flachen Oberdecks und der Turm ragt.* Keine Mastspitze verrät das U-Boot wie zum Beispiel einen Zerstörer oder ein anderes Überwasserschiff. Von weitem wirkt der Turm, wenn man ihn von der Seite sieht wie ein Segel. Und von vorn oder achtern kann man ihn für einen Maststummel halten.

Doch diese Überlegungen galten nur für den Anfang des Krieges, als die Radargeräte der Engländer noch nicht die Leistungsfähigkeit des Sommers 1943 erreicht hatten. *Von da an wurden auch Maststummel mit dem Radar sofort als U-Boot erkannt und in der Folge vor allem von Flugzeugen unter Beschuss genommen.*

*

Zum Abschluss hatte unser Freund noch einen erzählerischen Leckerbissen auf Lager: Sein erster Abschuss – an Dramatik kaum zu überbieten. *Dabei begann alles ganz normal:*

Es war Mitternacht und Wachwechsel. Die neue Wache zog auf. Einzeln kletterten die Männer auf den Turm. Sie stellten sich neben den Ausguck, um sich an die Dunkelheit zu gewöhnen. Mit ein paar Worten wurde die Wache übergeben. Sie erfuhren, worauf sie sich einzustellen hatten. Dann stolpern nacheinander die vier Gestalten, von Seewasser triefend, in die Geborgenheit der Zentrale. Hier pellten sie sich aus dem Grossen Seehund heraus, *kippten schnell noch eine Tasse heißen Kaffees runter und waren im nächsten Augenblick in ihren Kojen und Hängematten ins Land der Träume entschwunden.* Alles wie immer.

Ich lag im Halbdunkel in meiner Koje im Bugraum, welcher bei diesen kleinen Booten der gesamten Besatzung vom Kommandanten bis zum jüngsten Seemann zum Wohnen, Schlafen, Arbeiten und Essen dient. Eng ist er, aber hier werden die Mannschaften zusammengeschweißt, *hier spielt sich das Mannschaftsleben ab.* Aus der Zentrale drang ein Lichtschimmer durch den Vorhang in den Burgraum, auch hin und wieder wurde ein Wort gewechselt. Alles war wie immer. Man hörte die Schraubenschlüssel klappern und hörte ein paar Hammerschläge. Das Boot war eben sehr klein. Alles ganz normal.

Doch dann plötzlich der Ausruf:

Kommandant! Schnell auf die Brücke!

Wie ein elektrischer Schlag reißt es mich hoch. Ich sause in die Zentrale und verliere erst dort meine mich wärmende Wolldecke. Der Zentralegast hält mir das Doppelglas hin, ich schnappe es mir im Vorbeilaufen, stürze den Niedergang hoch, dann bin ich oben. *Regen peitscht mir ins Gesicht.*

Was ist los?

Da, Herr Kapitänleutnant! Ein fetter Brocken! Steht abgeblendet backbord querab, meldet der wachhabende Offizier.

Ich selbst sehe noch nichts. Meine Augen müssen sich erst an die Dunkelheit, Sturm und Regen gewöhnen.

Wie liegt das Ruder? - Das Ruder liegt hart Steuerbord!

Wir machen kehrt zum Aufdampfen. Der Bursche kam mit Gegenkurs auf uns zu. Gut so!

Rabenschwarz ist die Nacht, und in wenigen Augenblicken bin ich durchgeweicht bis auf die Haut. Doch das ist völlige Nebensache.

Endlich haben sich meine Augen an die Dunkelheit gewöhnt und jetzt sehe ich ihn auch, den Frachter, der auf Gegenkurs an uns vorbei gerauscht ist. *Bug- und Hecksee leuchten hell im Dunkel.*

Alle Rohre klar!

Gut gemacht! Wer hat ihn zuerst gesehen in diesem Regen?

Ich, Herr Kapitänleutnant, meldet der achtere Ausguck, Matrosen-Gefreiter M., von uns nur *Negus* gerufen. *Prima Negus, wenn wir ihn umgelegt haben, kriegst du einen Schnaps extra!*

Das Boot ist herum geworfen. Wir liegen jetzt auf parallelem Kurs mit dem Gegner, haben uns dabei so positioniert, dass wir mit dem Regen visieren, er muss dagegen angucken.

Im Innern des Bootes sind die Männer wie ich, aus dem Schlaf gerissen worden. Die volle Gefechtswache zieht auf. Die Freiwache hält sich für besondere Aufgaben bereit. Der Leitende Ingenieur, Oblt. (Ing) P. meldet:

Unterdeck ist auf Gefechtsstation!

Im Bugraum kurbelt das Mechanikerpersonal fieberhaft die Mündungsklappen der Torpedorohre auf. Pressluft zischt in die Ausstoßpatronen. Gute Wünsche werden dabei gemurmelt, Wünsche, dass unsere *Aale* (Torpedos) *richtig laufen und brav ihr Ziel finden.*

Ganz exerziermässig geht das alles, und doch ist innerlich jeder mit Hochspannung geladen. *Die Diesel laufen äußerste Kraft.* Im abgedunkelten Turm hocken drei Heizer der Freiwache und reiben wie wild die Doppelgläser trocken, die wir ihnen quatschnass laufend nach unten reichen. Alles läuft wie geschmiert, jeder weiß, was er zu tun hat.

Bei dem Aufdampfen zum Angriff gegen den Frachter werden Kurs und Fahrt des Gegners bestimmt, *der Vorhaltwinkel für den Schuss berechnet.* Jetzt ist die günstigste Angriffsposition erreicht. Wir haben uns nach vorn vorgearbeitet, drehen auf den Gegner zu, zeigen ihm dabei die schmale Silhouette, gehen mit den Maschinen auf langsame

Fahrt herunter, damit er uns an der Bugsee nicht erkennen kann, und lassen ihn in das Nachtvisier einwandern. Immer deutlicher kommt er aus dem Dunkel der Nacht heraus, immer größer und breiter werden seine Formen.

Bugrohre sind klar zum Schuss, tönt es aus der Zentrale. Noch einen Augenblick - dann muss es so weit sein.

Doch da, was zum Teufel ist das: *Der Umriss des Dampfers schrumpft wieder zusammen!*

Stürmann, der zackt doch auf uns zu!?

Jawohl, Herr Kapitänleutnant, der Zosse hat auf uns zugedreht!

Hart Steuerbord, beide Maschinen A. K. voraus! Will denn das Boot gar nicht drehen? Verflucht! Der Dampfer kommt immer näher! Gleich müssen wir zusammenprallen! Jede Sekunde dehnt sich zur Minute. Endlich zeigt sich der Bug frei vom Gegner. Ganz dicht scheren wir an seiner Bordwand vorbei. Ein Schauer überläuft uns, wie wir an seinem schäumenden Bug hoch schauen in dem Gedanken, *der Kerl hätte uns überrennen können.*

Das haben die Männer noch nicht erlebt.

Herr Kapitänleutnant, der sieht uns doch!!

Ach was, der kann uns gar nicht sehen, der muss doch in den Regen kieken!

Jetzt lachen sie und glauben mir, obwohl die Brückenposten des Gegners klar zu erkennen sind, die Tür zum Kartenhaus sich öffnet, und der Lichtschein des wahrscheinlich mollig warmen Raumes kurz einen Mann anstrahlt, der gerade herauskommt *und der sich wohl dort mal schnell aufgewärmt hat.*

Kaum sind wir vom Gegner frei gekommen, machen wir kehrt und jagen ihm mit höchster Fahrt nach. Doch durch unser Ausweichmanöver haben wir uns so schnell von ihm entfernt, dass er für eine ganze Zeit im Dunkel der Nacht verborgen bleibt.

Kurze Lagemeldung im Boot. Wir haben einen großen Frachter angegriffen, der uns kurz vor dem Schuss fast gerammt hätte. Das soll er büßen, diesmal ist er uns entwischt. *Wir werden ihn schon wieder finden!*

Die Meldung läuft von Mund zu Mund weiter: Nach vorn am Funkraum vorbei in dem die Funker die internationalen Wellen abhören, ob der Dampfer vielleicht um Hilfe ruft. Sie landet bei den Mechanikern, die konzentriert ihre Pressluft-Manometer beobachten. Einer schreit es den Männern im Lärm der Dieselmotoren zu, die es wieder an die E-Maschine weitergeben. Sie alle da unten sehen ja nichts*, müssen mir da oben im wahrsten Sinne des Wortes blind vertrauen, und sind doch mit heißem Herzen dabei.*

Während wir uns auf der Brücke die Augen aus dem Kopf starren, um den Dampfer im Dunkel der Regennacht wieder zu entdecken, hört man plötzlich ein wohlbekanntes Lied aus dem Sprachrohr auf die Brücke schallen:

Das kann doch einen Seemann nicht erschüttern ...

Prachtjungen sind es! Dieses Lied gibt mir die Gewissheit, alle meine Männer werden mit mir durch dick und dünn gehen. Sie werden hinter mir stehen und mir den Rücken stärken, auch in schwierigen Lagen wie der jetzigen.

Da werde ich an Steuerbord voraus aufmerksam auf einen schemenhaften schwarzen Schatten, der noch etwas schwärzer ist als das Pechschwarz der Nacht. Dass muss er sein! Ein Jubelruf geht durch das Boot: Wir haben ihn wieder, jetzt kommt er uns nicht mehr davon!

Ran an ihn! *Im Aufdampfen Fahrt und Kurs bestimmt*, schulmäßig den Anlauf angesetzt. Es dauert eine ganze Weile bis unser Boot in der richtigen Angriffsposition steht. Wird der Tommy diesmal wieder im letzten Augenblick auf uns zudrehen? *Hat er uns etwa doch gesichtet?* Um Hilfe gerufen hat er noch nicht, das wäre uns nicht entgangen. *Jetzt wandert der schäumende Bug ins Visier.*

Rohr eins - Achtung!

Rohr eins ----- looooos!!

Rums, sagt es vorn im Boot. Der Aal ist raus! Seine Blasenbahn strahlt im Meeresleuchten hell auf, als habe er einen Scheinwerfer im Übungskopf wie beim Schulschießen vor Warnemünde. Dampfer und Torpedolaufbahn laufen auf einen Schnittpunkt zu wie im Geometriebuch. Wir können es genau beobachten. Die Entfernung ist ja nur mäßig. *Wird der Aal treffen?*

Er muss ja, und … da! *Eine helle Detonation!* Dann ein Krachen und Splittern, riesengroß wächst ein Flammen- und Rauchpilz in die Luft, der Teufel scheint persönlich mit der Dampferseele zur Hölle zu fahren. Die Masten knicken ein, der Schornstein weht weg, die ganze Feuerung von den Kesseln fliegt in der Luft herum, *dann fällt alles zusammen.*

Durch unser ganzes Boot braust ein sieghaftes Hurra! Der erste Tommy, den ersten Siegeswimpel verdient!

Kaum kann ich noch ein paar Männer aus der Zentrale auf die Brücke holen, da stehen schon Bug und Heck des Dampfers senkrecht und sind unterwegs zu den Fischen. Ein paar Flöße mit Notlichtern tanzen auf den Wellenkämmen auf und ab. Wir können die Überlebenden nicht retten, sie müssen sich allein helfen, denn in unserem Boot ist jeder Platz ausgefüllt, jeder Mann mehr bedeutet Gefahr für das Boot, Hemmung für die Durchführung unserer Aufgaben. *Der Krieg ist eben hart und verlangt harte Männer.*

So verschwinden wir heimlich, wie wir gekommen sind. Die Siegesbuddel kommt auf die Brücke. Negus erhält seinen doppelten Schnaps, die anderen nur einen einfachen, denn die Flasche muss für die ganze Besatzung reichen, *denn alle haben geholfen, diesen Erfolg zu erzielen!*

Ja, beendete er seine packende Schilderung, dies war also unser erster Abschuss eines Feinddampfers. Aber das war natürlich nicht der letzte. Doch dass wir diesen Erfolg mit einem nur 250-Tonnen-Küsten-U-Boot erzielen konnten, war ein ganz besonderer Erfolg der gesamten Mannschaft.

Diese erste Versenkung eines Dampfers, es war die Kaunas, erfolgte am 17.11.1939. Bis zum 25.03.1940 hatten wir mit unserem kleinen Boot bereits *insgesamt 10 Dampfer versenkt.*

Im Herbst 1940, ergänzte unser Freund seinen Bericht, wurde ich Kommandant eines größeren Bootes. Auch mit diesem hatte ich gute Erfolge und versenkte innerhalb *von nur 7 Monaten weitere 10 Dampfer. Das ging Schlag auf Schlag.*

Natürlich kann ich Euch nicht alle Angriffe auf die Schiffe jetzt schildern, aber viele waren mit großen Gefahren für unser Boot verbunden. Der eiserne Wille und die Kraft durchzuhalten, gepaart mit *eiserner Disziplin jedes einzelnen meiner Mannschaft hat zu diesem Erfolg geführt.* Ich bin stolz darauf sagen zu dürfen, dass ich beide Boote unversehrt in den Heimathafen zurückbrachte. Mir wurden dann andere Aufgaben übertragen, vor allem im Bereich der U-Boot-Ausbildung.

Später wurde ich als 3. Asto beim 2. Admiral der Unterseeboote eingesetzt. *Am 29.05.1941 wurde mir das Ritterkreuz verliehen.*

So, sagte er dann, den langen interessanten Gesprächsabend abschließend, *Schluss für heute.* Ich habe Euch deshalb so ausführlich von meinem ersten Einsatz erzählt, weil ich natürlich weiß, dass Du, lieber Fritz, *aus Gesundheitsgründen bis zum Jahre 1943 U-Boot-untauglich warst.*

Ich weiß es übrigens deshalb so genau, weil ich Deine Kommandierung zu meiner U-Bootschule in Pillau im Sommer 1943 vorliegen hatte. Und als ich dich in St. Nazaire anrief und fragte, warum du nicht gekommen bist, sagtest Du mir am Telefon, dass Du die Grippe hättest. Dass sich diese Grippe dann als eine ausgewachsene Typhus-Erkrankung herausstellte, machte einen Einsatz in Pillau natürlich unmöglich, das war mir völlig klar. Dabei solltest du ein neues U-Boot als Kommandant bekommen. *Die Engländer und Amerikaner landeten dann am 06. Juni 1944 an der Kanalküste und Ihr wurdet in St. Nazaire eingeschlossen.*

Es ist schon sehr spät und ich schlage vor, dass wir uns jetzt erst einmal aufs Ohr legen und morgen unsere alte Marine-Heimat Kiel besuchen, was meint Ihr? Hier haben wir oft, wenn wir in Kiel lagen, an der Blücherbrücke angelegt. Gerne würde ich Euch dann Kiel zeigen, denn es hat sich in den Jahren nach dem Kriege enorm verändert. Vor allem baulich, aber auch wirtschaftlich. Ihr werdet sehen!

Dass im Juni jeden Jahres die Kieler Woche stattfindet, habt Ihr ja schon immer beachtet. Vielleicht gelingt es Euch doch einmal, im Juni die Zeit für einen Besuch in Kiel während der Kieler Woche zu arrangieren. Wir würden uns sehr freuen, *dann mit Euch das prächtige Bild der kleinen und großen Segler auf der Förde zu genießen.* Es ist immer wieder ein Anblick, der ein altes Seemannsherz höher schlagen lässt.

Wir sanken in die Betten und träumten schon von Kiel, welches wir nach dem Kriege noch nicht besucht hatten.

~ ~ * ~ ~

Kapitel 31

An der Ostsee in Zivil

Besuch in Kiel mit unseren Freunden / Urlaub an der Ostsee in Grömitz

---

Wir schliefen tief, jedoch nicht allzu lange. Schon früh am Morgen fanden wir uns bei einem kräftigen Seemannsfrühstück zusammen. Schließlich hatten wir etwas vor. Gestärkt und voller Neugier machten wir uns auf den Weg nach Kiel. Ich war gespannt, wie meine Wiederbegegnung mit der Stadt nach all den Jahren, die inzwischen vergangen waren, ausfallen würde.

Bereits die Zufahrten in die Stadt kannte ich kaum wieder! In ganze Straßenzüge blickte ich, die vor dem Krieg noch gar nicht existiert haben konnten. Und das waren nicht die einzigen Veränderungen! Gut, dass sich unser Freund nun als gut informierter Fremdenführer betätigte, der uns über alles Sehenswerte gut ins Bild zu setzen wusste.

*

Früher, so begann er, lagen wir meistens mit unserem U-Boot an der Blücherbrücke. *Und wenn die Gorch-Fock in Kiel lag, dann lag diese ebenfalls an der Blücherbrücke*. Und so entwickelte sich eine Freundschaft zwischen den Offizieren, aber auch den Unteroffizieren und den Mannschaften.

Ich weiß noch, wie Silvester 1937 einige von euch von Handharmonikamusik begleitet, nicht mehr ganz nüchtern, *auf den Großmast des Segelers geklettert sind.* Einer von euch hatte dann ein Problem, wieder runter zu kommen. Für einen U-Boot-Mann ist so ein Segelmast ja etwas relativ Fremdes. Mit Mühe und Not und nicht wenig Gelächter, wurde er dann wieder heruntermanövriert.

Übrigens wurde in einer Umfrage festgestellt, dass die Kieler unter Touristen als besonders freundlich gelten. Keine Rede also von dem Klischee der kühlen, abweisenden Nordländer, als die sie vielfach hingestellt werden! Aber vielleicht sind die Kieler nur etwas zu bescheiden, denn sie werben kaum für ihre schöne Stadt. Dabei braucht Kiel mehr Touristen, *und dies nicht nur zur Kieler Woche!*

Kiel hat doch allerhand zu bieten! Darunter ist nicht nur der größte Fährhafen Deutschlands mit mehr als 2 Millionen Passagieren jährlich. *Kiel ist auch das Tor zu Skandinavien.* Der Hafen ist die Drehscheibe im Ostseeraum und die großen Passagierdampfer und Kreuzfahrerschiffe fahren weit in die Förde hinein. Von diesem Fährhafen kann man zu Fuß zum Bahnhof gehen.

Und mitten in der Stadt, am Ende der Förde, soll ein neues Wohnviertel entstehen. Dann wird es kein unerfüllbarer Wunschtraum mehr sein, direkt am Wasser zu arbeiten und zu wohnen.

Die Kieler Woche ist das größte Volksfest im Norden Europas und das größte Seglerereignis der Welt. Wir fahren jedes Jahr mindestens einen Tag zur Kieler Woche. Meistens am letzten Tag, wenn die große Seglerparade mit aufgetakelten Drei- und Viermastern stattfindet. Obwohl ich die Kieler Woche bereits vor dem Krieg einige Male erleben konnte, lasse ich mir dieses Ereignis auch in diesen Jahren nicht entgehen! Da wird ein Augenschmaus geboten, der sich lohnt! Segelschiffe aus vielen Ländern nehmen an dieser Parade teil. Schiffe aus Russland, Schweden, Amerika und Deutschland liegen friedlich Bug an Bug. *Sie symbolisieren die friedliche Entwicklung im Ostseeraum nach dem Kriege.* Als Zuschauer muss man allerdings wissen, wo man einen guten Aussichtsplatz auf die Förde ergattern kann.

Der Krieg hat die Stadt zu 80 % zerstört. 1945 war Kiel nur noch ein Trümmerhaufen. Der Wiederaufbau ist eine große Leistung der Kieler Bürgerschaft. Eine neue, freundliche Stadt ist entstanden.

Aber es gibt durchaus noch historisch interessante Sehenswürdigkeiten.

Im Schloss wurde ein russischer Zar geboren. *Napoleon hat hier in Kiel nach seiner Niederlage mit dem Kieler Frieden skandinavische*

Geschichte geschrieben. Die Kasernen in Kiel waren 1918 die Geburtsstätte der deutschen Demokratie und der Weimarer Republik – um nur einige historisch bedeutsame Ereignisse zu nennen, die mit der Stadt Kiel in Verbindung standen.

Museen, Theater und die Studentenszene prägen heute die Kieler Kulturlandschaft. Mit dem Schiffbau, früher vor allem Kriegsschiffbau, *und der Marine ist Kiel eine Großstadt geworden.* Beide gehören auch heute noch zur Stadt wie auch der Nord-Ostsee-Kanal zwischen Kiel-Holtenau und Brunsbüttel. *Der Kanal ist noch immer die am stärksten befahrene künstliche Wasserstrasse der Welt und besitzt die größten Schleusen.*

Zu erwähnen ist der hohe Stand der maritimen Technologie, und die Hochschulen mit mehr als 30.000 Studenten. Kiel ist das Einkaufszentrum für ein sehr großes Einzugsgebiet, aber auch ein sehr begehrter Kongressplatz.

Hier wurden die ersten Unterseeboote gebaut. Telekommunikation und der Lichtsatz wurden hier weiter entwickelt. *Erfunden wurden in Kiel der Kreiselkompass, das Echolot und der Geigerzähler.* Ein Sohn der Stadt, einer der bedeutensten Physiker des 20. Jahrhunderts, *Max Planck, erhielt 1918 den Nobelpreis. Außerdem wurde die erste Professorin Deutschlands hier in Kiel berufen.*

1233 wurde der Flecken von den Schauenburger Grafen als Civitas Holsatia gegründet und bekam 1242 das lübsche Stadtrecht. Erst ab dem Ende des 15. Jahrhunderts stieg die damalige Einwohnerzahl über 2500.

Mitte der vierziger Jahre des 19. Jahrhunderts, als das Maschinenzeitalter in Deutschland in Schwung kam, stieg die Bevölkerungszahl kontinuierlich an. Dazu trug auch die Bahnlinie zwischen Altena und Kiel bei, sowie die erste Dampfschiffverbindung zwischen Kiel und Korsör.

Im Jahre 1860 hatte Kiel etwa 17.000 Einwohner.

Der Aufschwung wurde rasanter, als der Kaiser seine Liebe zu Kiel entdeckte. 1865 wurde die preußische Flotte von Danzig nach Kiel verlegt. *Kiel war 1864, nach dem Deutsch-Dänischen Krieg an Preußen gefallen.* 1871, mit der Gründung des Deutschen Reiches, wurde Kiel zum Reichskriegshafen erklärt. Für große Schiffe benötigte man große Werften. Und diese wurden auch gebaut.

Zwischen 1887 und 1895 wurde der Nord-Ostsee-Kanal ausgebaggert. Die Reiserouten der Schiffe zwischen Nord- und Ostsee verkürzten sich enorm, um ca. 400 Seemeilen.

Die Einwohnerzahl wuchs weiter an. Im Jahre 1915 wohnten ca. 212.000 Menschen in Kiel. Es wurden viele Arbeitsplätze geschaffen. *Kaiser Wilhelm kam oft nach Kiel. Er war ein großer Förderer der Marine.* Er liebte seine Marine. Als 1914 der Nord-Ostsee-Kanal eröffnet wurde, schnitt er persönlich das Band durch und *eröffnete die erste Durchfahrt durch den Kanal.*

Aber dieses Jahr war auch das Unglücksjahr in der Deutschen Geschichte. Der Kaiser war extra zur Eröffnung des Kanals und Eröffnung der Kieler Woche nach Kiel gekommen. *Zum Beginn der Kieler Woche am 23.06.1914 besuchte die Royal Navy Kiel und ankerte auf der Außenförde.* Mit Salutschüssen wurden sie empfangen. Die Engländer wollten die geballte Kraft ihrer überlegenen Flotte vorführen.

Aber der Kaiser ließ sich nicht beirren, seine Marine immer stärker auszubauen und zu vergrößern. Alle Angebote der Engländer, zu einer Übereinkunft über die Größe der Flotten beider Länder, lehnte er strikt ab.

Am 28.06.1914 traf dann die Nachricht von der Ermordung des Erzherzogs Franz Ferdinand und seiner Gattin in Sarajewo in Kiel ein. Der Kaiser wurde sofort benachrichtigt und fuhr umgehend nach Berlin zu Beratungen zurück. *Kurz darauf begann bekanntlich der Erste Weltkrieg.*

In den Jahren bis 1942 wuchs die Einwohnerzahl Kiels immer weiter, da Arbeitskräfte gebraucht werden. Auch die Kriegsschiffe wurden immer zahlreicher. Ganz besonders der Bau von Unterseebooten wurde in Kieler Werften vorangetrieben. Die Einwohnerzahl wuchs über 300.000. Aber dann folgten die schweren Angriffe der Engländer und der Amerikaner. *Sie hatten es vor allem auf den Kriegshafen und die Werft abgesehen.* Doch auch die Zivilbevölkerung wurde nicht geschont.

Über 90 Luftangriffe wurden auf die Stadt geflogen. 50.000 Sprengbomben und über 500.000 Brandbomben wurden auf Kiel geworfen. Das Inferno war unermesslich und die Zahl der Toten und Verwundeten sehr groß. *Viele flohen rechtzeitig aus Kiel und entgingen so dem sicheren Tod.*

Nach dem Krieg wurde Kiel praktisch vollkommen neu aufgebaut. Alles musste erneuert werden. Der Kriegsschiffshafen, die Werften, aber auch die Wohnstadt und die Universität mussten neu erstellt werden. Da ich ja vor dem Kriege einige Jahre immer wieder nach Kiel gekommen war, konnte ich gut vergleichen. Auch der große Fährhafen wurde neu angelegt. Inzwischen herrschte wieder reges Leben und Treiben in Kiel und Umgebung.

*

Unbeschädigt geblieben war auch das Marine-Ehrenmal in Laboe. Es war auf Vorschlag von Admiral Scheer errichtet, und 1936 eingeweiht worden. *Heute erinnert es sowohl an 35.000 Marine-Soldaten, die der Erste Weltkrieg gefordert hatte, als auch an die 120.000 gefallenen Seeleute des Zweiten Weltkrieges.* Ich war mit diesem Ort der Mahnung und Erinnerung ganz persönlich verbunden, *denn immerhin war ich selbst 1936 der Ehrenkompanie zur Eröffnung* des *Ehrenmals mit zugeteilt gewesen.* Damals war ich genau 18 Jahre alt. Die Eröffnungsfeierlichkeiten waren für mich als jungem Mann ein prägendes Erlebnis. *Es war eine besondere Ehre, dieser Kompanie zugeteilt worden zu sein.*

Auch dem U-Boot-Ehrenmal in Möltenort statteten wir einen Besuch ab. Vor der Bronzetafel unseres U-Bootes, welches am 11.03.1940 durch eine englische Fliegerbombe vor Wilhelmshaven versenkt wurde, legten wir Blumen nieder. Es starben bei diesem Untergang 48 Marinekameraden und 11 Zivilisten. Unter den Gefallenen befanden sich von der Besatzung, die das Boot 1936 in Dienst genommen hatte, noch 6 Kameraden, darunter der bärenstarke Ewald, von dem ich schon erzählt habe. Er war auf dem Boot, das uns einst sicher nach Madagaskar getragen hatte, vor der deutschen Küste den Heldentod gestorben. Die meisten anderen Besatzungsmitglieder waren einige Monate vorher auf Marineschulen oder auf andere U-Boote kommandiert worden. Mit ziemlicher Sicherheit gab es mehr Gefallene als Überlebende. Mein Freund und ich, die wir nun Jahre nach dem überstanden Kriege gemeinsam hier standen, *wussten, dass wir großes Glück gehabt hatten.*

*

Nach dem Mittagessen fuhren wir nach Kiel-Holtenau, damit Du, liebe Ilse, auch einmal den Kanal und *die größten Schleusen der Welt sehen konntest.* War es nicht ein imposantes Bild, hier die Riesenfrachter ein - und auslaufen zu sehen? Immer am Hindenburgufer entlang gelangten wir zum Norwegen-Kai. So kamen wir auch an der Blücherbrücke vorbei, die für uns Männer mit so vielen Erinnerungen verknüpft war. Leider hatten wir nicht das Glück, einen Blick auf die neue Gorch Fock, 1958 erbaut, werfen zu können. Wir studierten jedoch die modernen Kai-Anlagen. Mit Glasfronten, Rolltreppen und modernstem Ladegerät, war ein hochtechnisierter Einschiffungskai entstanden. Das Verladen der Autos konnte so innerhalb kürzester Zeit abgewickelt werden. Eine Besichtigung der HDW-Werft schloss sich an, wo ein reges Leben und Treiben an allen im Bau befindlichen Schiffen herrschte. Auch Unterseeboote wurden hier wieder gebaut.

*

Das Kieler Rathaus steht am Kleinen Kiel. Dieser war früher mit der Förde verbunden. Hier residiert der Oberbürger meister. Vom Rathausturm hatten wir einen sehr schönen Ausblick auf die Stadt und die Förde. Wir sprachen über die Kräfte der eiszeitlichen Gletscher und die gewaltigen Schmelzwasserströme, die dieses charakteristische Landschaftsbild geformt haben.

Kiel ist umgeben von vielen kleinen, aber auch größeren Seen, eine Landschaft, bestens geeignet zum Ausruhen und Erholen. Die Badestrände rings um die Förde ziehen verständlicherweise viele Badegäste an. Es herrscht reger Badebetrieb im Sommer.

Ganz neu ist die gewaltige Ostseehalle mit ihren vielen Möglichkeiten. Bis zu 10.000 Menschen treiben hier Sport, vor allem Handball, genießen Konzerte, große Tanzturniere und Volksmusik-Veranstaltungen oder die Eisrevue.

Natürlich gibt es auch heute noch das, was uns Seeleute schon vor dem Kriege in Begeisterung versetzte: die berühmten Kieler Sprotten. Damit bezeichneten wir nicht nur das heringsartige Fischlein, das geräuchert so köstlich mundete, sondern auch die äußerst reizvollen jungen Damen von Kiel. Wobei wir gestehen müssen, dass uns die letzteren noch mehr interessierten als die ersteren, und wobei wiederum ungeklärt bleiben muss, wer dabei den Fänger und wer den Fang abgab. Diese Kieler Sprotten traf man auch nicht in den salzigen Weiten des Meeres an, sondern weit eher in einem der vielen schönen Ausfluglokale, in denen auch ordentlich das Tanzbein geschwungen wurde.

*

Diese Stadtbesichtigung brachte für meinen Freund und mich eine Fülle von Erlebnissen ins Gedächtnis zurück. *Den Abend verbrachten wir dann in seinem Haus in harmonischer Runde.*

Wohl mit Rücksicht auf unsere Frauen, kündigte er an, an diesem Abend keine Kriegserlebnisse erzählen zu wollen. Nur eines müsse er einfach noch loswerden, noch nie habe er mir davon erzählt, obwohl wir doch fast drei Jahre auf demselben U-Boot unterwegs gewesen waren. *Diese Vorfälle aus dem Jahre 1932 seien wirklich unglaublich.*

Danach, *da gebe er sein Seemanns-Ehrenwort,* kein weiteres Wort über Krieg und Marine.

*

Was unser Freund nun schilderte, betraf die wahren Hintergründe des Untergangs des Segelschulschiffes Niobe am 26. Juli 1932. Ein Vorfall, der damals durch die Zeitungen ging und großes Aufsehen erregte. Ganz Deutschland war erschüttert, und nahm großen Anteil an dem Untergang dieses früheren Gaffelschoners, welcher 1923 zu einer Dreimast-Topsegel-Bark umgebaut worden war.

Unser Freund hatte diesen Untergang deshalb hautnah miterlebt, weil er während dieser Zeit auf dem Schiff seine Grundausbildung erhielt, *die er also fast nicht überlebt hätte.*

Dabei war ich, so begann er seine spannende Schilderung, über diese Kommandierung *ursprünglich sehr glücklich gewesen,* denn sie bildete den Anfang einer beruflichen Entwicklung, die in die Übernahme des Kommandos über ein U-Boot am 29. Dezember 1938 mündete. Davon habe ich Euch gestern erzählt.

Die Niobe war ein stolzer Segler mit ca. 700 Tonnen und einer Segelfläche von ca. 950 Quadratmetern. Die Länge betrug 46 Meter, über alles, also mit Klüverbaum sogar 58 m. Der Tiefgang betrug ca. 5 Meter, die Breite ca. 7.50 Meter.

Am Unglückstag waren 109 Mann an Bord, das waren 6 Mann weniger als normalerweise. Der Segler besaß auch noch einen Hilfsmotor und war damit gut ausgerüstet.

Vielleicht sogar zu gut. Denn, wie gesagt: 950 Quadratmeter Segelfläche. *Besonnene Fachleute nämlich beurteilten den Umbau zu einer Dreimast-Bark mit der Segelfläche von 950 Quadratmetern als völlig übertakelt!* Das heißt, dass die Segelfläche für diesen kleinen Segler zu groß war, was bei Sturm *zu einer kaum zu handhabenden Anfälligkeit führen könnte.*

Doch diese warnenden Stimmen wurden von den Verantwortlichen im wahrsten Sinne des Wortes in den Wind geschlagen. Wir jungen Seeleute kannten diese Warnungen überhaupt nicht. Hätten wir sie gekannt, *hätte sich an unserem Dienst auch nichts geändert.*

Und so kam es, wie es kommen musste. Am 26. Juli 1932 befanden wir uns einige Seemeilen vor der Küste der Insel Fehmarn. Es war das herrlichste Sommerwetter, wie man es sich nicht besser wünschen konnte. Ich erinnere mich noch, *dass wir an diesem Tag das zwölfmotorige Großflugboot Do-X durch die Gläser beobachtet hatten*, als Kurs auf den Belt in Warnemünde genommen wurde. Plötzlich, es mochte gegen 13:00 Uhr gewesen sein, zogen schwere Gewitterwolken auf. Der Kommandant gab sofort Befehl, die Obersegel zu bergen. Dies wurde auch unverzüglich in Angriff genommen. Doch als uns der Sturm traf, stand immer noch eine zu große Segelfläche im Wind. Eine schwere steife Böe packte das Schiff. *Die Niobe neigte sich blitzschnell nach der Backbordseite und lag schon Sekunden später mit Mast und Segeln in der See.* Das Wasser strömte nun in alle offenen Niedergänge und Luken und ließ den unter Deck befindlichen Seeleuten keine Chance, das Oberdeck zu erreichen.

Ich selbst befand mich zu meinem Glück zwecks Bergung des Obersegels an Deck. Fast alle wurden nun vom Oberdeck in die See geschleudert. Viele Seeleute fanden sich plötzlich im Wasser wieder und klammerten sich verzweifelt an irgendwelchen Gegenständen fest, die mit ihnen von Bord gegangen waren. *Es war ein harter Kampf auf Leben und Tod in der durch den Sturm aufgewühlten See.*

Trotz sofort eingesetzten Rettungsbooten des Feuerschiffes Fehmarn-Belt und eines anderen Schiffes wurden nur 40 Mann der Besatzung gerettet. Für die 69 Mann die sich im Schiffskörper der Niobe befanden, kam jede Hilfe zu spät. *Sie wurden mit dem Segler in die Tiefe gerissen.*

Ich selbst wurde mit auf das Feuerschiff Fehmarn-Belt gebracht, und noch am gleichen Tage nach Kiel.

Eine Erholungspause wurde mir nicht gegönnt. Da ich keine Verletzungen erlitten hatte, musste ich bereits am nächsten Tag meinen Dienst zur weiteren Infanterieausbildung in Stralsund antreten.

Der Kommandant der Niobe kam vor ein Kriegsgericht. Er wurde aber freigesprochen, da das Unglück *durch eine nicht vorhersehbare und ungewöhnlich schwere Fallböe, also durch höhere Gewalt*, entstanden wäre. *Von der Übertakelung, die als tiefere Ursache zu gelten hat, war keine Rede.*

Damit endete dieser letzte maritime Bericht meines Freundes.

*

Am anderen Morgen bedankten wir uns herzlich für die genossene Gastfreundschaft und verabschiedeten uns mit der Einladung, uns doch im nächsten Sommer im Taunus zu besuchen und bei uns Urlaub zu machen. *Die Einladung haben sie gerne angenommen.*

Wir aber setzten nun unsere Fahrt nach Grömitz fort. Unterwegs machten wir noch eine kleine Pause, um uns das alte Rosenstädtchen Eutin anzusehen.

Am frühen Nachmittag wurden wir bereits von unserer Vermieterin erwartet. Wir hatten, wenn wir mit unseren Kindern und Enkeln nach Grömitz fuhren, um Urlaub zu machen, dort eine sehr schöne 5-Zimmerwohnung angemietet. Die Zimmer in Lenste waren für uns mit unserem Nachwuchs zu klein geworden, und Ferienwohnungen wurden in dem großen Bauernhaus erst später gebaut.

Viele Jahre haben wir in den Ferien diese Wohnung in Grömitz genutzt. Auch diesmal wohnten wir in dieser großen Wohnung, allerdings ohne unseren Anhang. Unsere Kinder waren ja inzwischen erwachsen geworden, so wie die Kinder unserer Vermieterin auch. Früher waren die Kinder ein Herz und eine Seele gewesen und hatten zusammen gespielt und getobt.

Diesmal war es unser letzter Urlaub in diesem schönen Haus, welches so angenehm nahe am Strand stand, das nun aber verkauft werden sollte, weil die Vermieterin sich zur Ruhe setzen wollte. Wir erholten uns auch in diesem Urlaub wieder sehr gut. *Die Seeluft war für uns immer besonders heilsam.* Wenn wir 4 Wochen mit unseren Kindern im Sommer an der Ostsee gewesen waren, dann bekamen diese das ganze Jahr hindurch keine Erkältung.

Außerdem konnten wir von Grömitz aus herrliche Ausflüge in die Umgebung machen. Z. B. über die Fehmarn-Sund-Brücke nach Fehmarn mit seinem großen Fährhafen. Von hier liefen die Fähren aus nach Dänemark, Schweden, aber auch nach Norwegen.

Bereits vor einigen Jahren hatten wir mit unseren Kindern eine Fahrt nach Schweden unternommen. Ganz begeistert waren wir alle von den wunderbar hergerichteten Speisesälen auf der Fähre, mit den Büfetts und den leckeren Speisen. Unseren Kindern hatte es ganz besonders das Smorrebrod angetan. Sie durften so viel essen, wie sie wollten. Und das musste man ihnen nicht zweimal sagen! Sie futterten was das Zeug hielt, bis schließlich die Mägen voll waren, und wirklich nichts mehr hineinging.

In diesem Jahr hatten wir uns vorgenommen, Dänemark wieder einen Besuch abzustatten. Bereits 1963 waren wir zwei in Momark in einem sehr guten Hotel gewesen. Wir hatten noch das Glück, einen Hotel-Bungalow direkt über der Steilküste beziehen zu können. Es war ein Zwei-Zimmer-Bungalow mit Bad und Küche. Vor allem lag er sehr ruhig in dem wunderbaren großen Park.

Zum Baden mussten wir nur 100 Meter nach unten an den Naturstrand gehen. Unsere Nachbarn waren ein sehr nettes älteres Ehepaar aus Giessen mit ihrer 16-jährigen Enkeltochter. Ihr Opa war Professor an der Uni in Giessen. Da wir damals doch wesentlich jünger waren als ihre Großeltern, war die Kleine ständig bei uns und unternahm alles mit uns. Ihren Großeltern war das ganz recht, denn sie fühlten sich, wie sie uns schmunzelnd sagten, etwas überfordert mit der Vitalität der jungen Dame. Sie war in der Tat ein frisches und fröhliches Persönchen und machte uns viel Freude.

Das Essen nahmen wir im Speisesaal des Hotels ein. Die Gerichte waren verführerisch und allein beim Anblick der Speisen lief uns das Wasser im Munde zusammen, eine Freude für Auge und Magen. *Kannst Du Dich noch daran erinnern, dass die Krabben ganz besonders groß und im Geschmack einfach nicht zu übertreffen waren?* Ja, es war eine herrliche Zeit, welche wir beide hier verbringen konnten. Aber dann wurde die Sehnsucht nach unseren Kindern so groß, dass wir trotzdem einige Tage früher nach Hause fuhren.

Bei der diesjährigen Fährfahrt nach Dänemark waren die Speisen genau so schmackhaft und vielseitig wie früher auf den Fähren nach Schweden. Wir legten in Rodby an und fuhren hier von Bord. Da wir uns unbedingt Kopenhagen ansehen wollten, hatten wir diesmal unseren Wagen mitgenommen.

Wir fuhren dann über Maribo und Vordingborg nach Kopenhagen. Die dänische Hauptstadt gefiel es uns sehr gut. Weißt du noch, dass du als Erstes das Wahrzeichen der Stadt, die berühmte Kleine Meerjungfrau sehen wolltest, eine Skulptur, die nach einem Märchenmotiv des berühmten dänischen Dichters Hans Christian Andersen auf einen Felsen am Hafen gesetzt worden ist?

Wir machten uns auf die Suche. Doch Kopenhagen ist eine große Stadt mit einer verwirrenden Anzahl von Kanälen und Gassen, in denen sich der Fremde leicht verirren kann. Überall Sehenswürdigkeiten, von denen wir die meisten nur von außen zur Kenntnis nehmen konnten, *da es uns an Zeit fehlte, hier in die Tiefe zu gehen.* Ohne es so recht beabsichtigt zu haben, fanden wir uns auf unserer Streiftour im Wintergarten der Ny Carlsberg Glyptothek wieder. Hier kann man sich unter Palmen ausruhen. Unser nächster Weg führte ins Tivoli, eines der größten und interessantesten Vergnügungsparks in Europa. Hier war die Abwechslung so vielfältig, dass wir uns in der uns zur Verfügung stehenden Zeit mit einem kleinen Ausschnitt begnügen mussten. Dann landeten wir am Gondelteich im Tivoli und konnten *unsere vorzügliche Mittagsmahlzeit im Chinesischen Turm einnehmen.*

Doch noch hattest Du die Kleine Meerjungfrau nicht gesehen. Das war natürlich nicht akzeptabel. Was sollte der Besuch in Kopenhagen, *wenn wir dieses Wahrzeichen nicht sehen würden?* Wir nahmen ein Taxi, das uns routiniert durch das Straßengewirr direkt zur Kleinen Meerjungfrau fuhr. Ich sah, wie du dich freutest, *dass Dein Wunsch in Erfüllung gegangen war und ich freute mich mit Dir.*

Wir mussten nun schleunigst zurück nach Rodby und erwischten gerade noch unsere Fähre. 15 Minuten später legte sie nach Fehmarn ab. Unser Abendessen nahmen wir nun wieder an Bord der Fähre ein. Es war genau so köstlich wie am Vormittag auf der Fahrt nach Dänemark. Glücklich, aber auch ziemlich müde kamen wir wieder in Grömitz an.

Andere Ausflüge führten uns nach Lübeck und nach Travemünde. Für die Kinder war dies auch immer interessant gewesen. Wir waren aber auch nach Hamburg gefahren, um dort Freunde und Verwandte zu besuchen. Dies vorzugsweise bei schlechtem Wetter.

Inzwischen hatte sich in Grömitz viel geändert. Es war ein Meerwasser-Schwimmbad mit dem Wellenbad gebaut worden. Hier hatten wir bei kaltem Wetter immer viel Freude. Ganz besonders gern sind wir zum großen Jachthafen gegangen. Es war immer reizvoll, sich die schmucken Jachten anzusehen.

Unsere kleine Enkeltochter, sie war damals 6 Jahre, hatte sich als Freund und Spielkameraden *den kleinen Heinrich ausgesucht, vielleicht war es auch umgekehrt.* Jedenfalls wurden wir auf die Jacht seiner Eltern, die aus dem Ruhrgebiet stammten, eingeladen, um das stolze Schiff zu besichtigen. Ich schätzte den Preis auf eine halbe Million DM, hörte dann aber, dass der Besitzer fast das Doppelte hingeblättert hatte. Wenn man sich genauer umsah, wusste man auch, wieso: Es war wirklich an nichts gespart worden, die Ausstattung war vom Feinsten, bis hin zum Inhalt der Bar. *Köstliche Tröpfchen rannen durch unsere Kehlen!*

Aber im nächsten Sommerurlaub lag die Millionen-Jacht mit dem kleinen Heinrich an Bord leider nicht im Jachthafen von Grömitz. Wir haben dies sehr bedauert. Nicht wegen der guten Getränke, sondern weil die beiden Kleinen so wunderbar zusammen gespielt hatten.

Auch der schönste Urlaub geht einmal zu Ende. Und so machten wir uns wieder auf zur Heimreise. Vorher statteten wir noch unseren ersten Gastgebern aus dem Jahre 1952 in Lenste einen Besuch ab. Wir fühlten uns mit dieser Familie noch immer verbunden. *Und daran hat sich auch bis heute nichts geändert.*

~ ~ * ~ ~

Kapitel 32

Aufbau einer neuen Existenz

Gründung einer Großhandlung / Umstellung als Handelsvertreter / Trennung von einem Partner / Zugführer in St. Nazaire für die leichte und mittlere Flak / Abwendung der Gefahr vor ein Kriegsgericht gestellt zu werden

---

Du weißt doch noch, dass wir 1948, nach meinem Ausscheiden aus der Strickwarenfabrik überlegten, was machen wir jetzt?

Eröffnen wir ein Einzelhandelsgeschäft oder ein Versandgeschäft. Die Genehmigung für ein Versandgeschäft wurde von uns bereits im Jahre 1947 beantragt. Sie wurde uns aber erst nach der Währung, am 07.November 1949 erteilt. Aber woher sollten wir das Geld nehmen um ein entsprechendes Warenlager anzulegen, Kataloge zu drucken und entsprechende Räume anzumieten?

So einfach war dies nicht. Unser Bekannter, ein Handelsvertreter mit viel Erfahrung und guten Fabrikvertretungen bereits vor dem Kriege sagte mir mehrere Fabriken welche bereit waren uns Ware zu liefern.

Also begannen wir mit dem Aufbau einer Textilgroßhandlung. Besonders spezialisierten wir uns auf Damenwäsche und Babyartikel.

Gleichzeitig eröffneten wir auch eine Abteilung für Sportartikel. Hier ganz besonders für Sportbekleidung, Fußball- und Handballschuhe.

Für Sportbekleidung hatte ich aufgrund meiner früheren Tätigkeit in einem großen Textil- und Modehaus in Thüringen sehr schnell gute Verbindungen aufgenommen. Und alle waren auch bereit sofort zu liefern. Dies war sehr wichtig, da es in unserer Stadt 1948 scheinbar kaum ein lieferfähiges Sportgeschäft hierfür gab.

Für die Fußball- und Handballschuhe fand ich sehr schnell 2 Schuhfabriken, nur ca. 30 km von uns entfernt, welche für uns diese Schuhe anfertigten. Die Lieferungen erfolgten immer pünktlich.

Da ich selbst in einem sehr großen Sportverein war mit sehr vielen

Mannschaften, bestand hier bereits sehr großer Bedarf an Trikots, Hosen, Stutzen und Schuhen. Der Leiter der Sportabteilung war sehr froh, dass er von uns zuverlässig beliefert wurde.

Hinzu kam dass er für uns, da wir noch nicht über entsprechende Kopiergeräte usw. verfügten, ansprechende Prospekte und Angebote anfertigen ließ. Diese konnten wir in Zeitschriften einlegen, welche sehr viele Sportvereine erhielten.

Der Auftragseingang war sehr gut, und wir waren oft Tag und Nacht mit den Lieferungen beschäftigt.

Weißt du noch dass dein Schwager im Versand, und deine Mutter bei der Büroarbeit oft aushelfen mussten?

Bei größeren Lieferungen, vor allem Schuhen, wurden diese von den Fabriken mit ihren Lastwagen direkt bei uns angeliefert. Bei kleineren Lieferungen fuhr ich zum Abholen der Ware in die Fabriken. Nicht immer ging dies reibungslos vonstatten. Vor allem bei schlechtem Wetter, Schnee und Glatteis gab es manchmal Probleme. Leider hatten wir noch kein Auto. Um ein solches zu bekommen, musste man 1948 gute Beziehungen oder Glück haben.

Manchmal saßen dann ganze Fußball- oder Handballmannschaften in unserem kleinen Verkaufsraum und probierten die Schuhe an. Damit es nicht zu langweilig wurde, wurde dann eine Flasche Cognac zum Aufwärmen herumgereicht.

Du hast alles bewältigt und mit deinem Charme und deiner Liebenswürdigkeit alle in deinen Bann gezogen. Ohne dich hätten wir doch dies alles nicht erreicht und durchführen können. Du warst immer die Seele des Geschäftes!

Unsere Sportartikelabteilung lief sehr gut. Aber auch unser Großhandel kam in Schwung. Eigentlich hatten wir uns zu viel zugemutet. Wir waren wirklich sehr vielseitig. Und hierdurch ergaben sich auch vielfältige Geschäftsmöglichkeiten.

Eine unserer Schuhfabriken für Fußballschuhe hatte nach der Währungsreform 1948 ein Riesenlager an „Jedermann-Schuhen“!

Diese mussten von verschiedenen Schuhfabriken vor der Währung, weil der Schwarzhandel auch mit Schuhen blühte, zu einem besonders günstigen Preis angefertigt und verkauft werden.

Und nach der Währungsreform saß diese Fabrik auf diesen Schuhen. Dabei waren es sehr gute Straßenschuhe. Aber sie hatten eine Gummisohle, was viele nun nicht mehr wollten. Es gab jetzt ja wieder Ledersohlen.

Der Fabrikant bot mir alle Schuhe zu einem besonders günstigen Preis an. Sicher dachte er, wenn Herr H. so viel Sportschuhe verkauft, kann er sicher auch meine „Jedermann-Schuhe“ verkaufen. Es waren doch über 15.000 Paar.

Aber wir hatten bald eine gute und erfolgreiche Idee!

Ich besuchte fast alle großen Industriewerke in unserer Stadt und näheren Umgebung. Mit den Betriebsräten wurde ich sehr schnell einig, diese preiswerten Schuhe den Werksangehörigen anzubieten.

Jedes Werk erhielt je 2 Paar Musterschuhe für Damen und Herren. Es gab ja immer nur ein Modell, aber auch nur die Farben schwarz und braun.

Und jetzt kam die Überraschung. Bereits nach 3 bis 4 Tagen gingen die ersten Bestellungen bei uns ein. Viele Arbeiter und Angestellten bestellten oft für die ganze Familie diese preiswerten, aber sehr gut verarbeiteten Schuhe. Bestellungen von einzelnen Werken über 600 bis 800 Paar Schuhe waren keine Seltenheit.

Unser Schuhfabrikant fiel aus allen Wolken als ich ihn nach ca. 3 Wochen fragte, ob er nicht noch 15 000 Paar von diesen herrlichen Schuhen hätte! Aber er hatte keine mehr.

Die Schuhe wurden bei uns von der Schuhfabrik angeliefert. Wir stellten die Posten für die Werke so zusammen wie sie bestellt worden waren. Unsere Wohnung war dann ein einziges Schuhlager da unser Verkaufsraum so viele Schuhkartons überhaupt nicht aufnehmen konnte.

Aber die Werke schickten dann immer schnellstens ihre Lieferwagen und holten die Schuhe bei uns ab.

Natürlich haben wir die guten Verbindungen zu den Werken wahrgenommen und auch noch große Mengen von Arbeitsanzügen geliefert. Aber es kam nach einigen Monaten der Tag, wo wir dies Geschäft dann endgültig abgeschlossen haben.

Es gab auch gleich eine neue Möglichkeit unseren Umsatz zu steigern.

Bekannte von uns hatten einen großen Vorrat an Fallschirmseide. Sie wussten aber nicht, was sie damit anfangen sollten. Wir dürfen nicht vergessen, wir hatten das Jahr 1948, das Jahr in welchem die Währungsreform stattfand. Viele Waren welche benötigt wurden, gab es oft noch nicht so kurz nach dem Kriege.

In Offenbach hatte ich einen sehr guten Kunden welcher Damenwäsche und Babyartikel aus unserem Großhandel kaufte. Er hat sich immer amüsiert, weil ich in der Anfangszeit mit dem Fahrrad und dem Musterkoffer auf dem Gepäckträger kam.

*

Aber so waren die Zeiten. Man musste alles versuchen um ins Geschäft zu kommen und vor allem auch um im Geschäft zu bleiben. Noch war die Konkurrenz nicht groß. Die Geschäfte waren zu diesem Zeitpunkt froh, wenn sie gute Ware zu einem korrekten Preis bekamen.

Unser Kunde hatte einen Freund, welcher eine Fabrik für Lederwaren hatte. Vor allem für Handtaschen und andere Kleinlederwaren fehlte ihm das Futter.

Er konnte es nirgends bekommen.

Hierfür war die Fallschirmseide hervorragend geeignet. Nachdem ich ein Muster mitgebracht hatte, bestellte er gleich eine größere Menge. Den Preis, welcher ja nicht von mir festgesetzt wurde, war ihm etwas hoch. Aber es blieb ihm nichts anderes übrig zu kaufen, wenn er seine Handtaschen und anderen Kleinlederwaren überhaupt verkaufen wollte, musste er jetzt die Fallschirmseite kaufen. Es dauerte nicht lange, und die gesamte Fallschirmseide hatte ihren Abnehmer gefunden.

Später bin ich dann mit der Eisenbahn und meinem Musterkoffer zu unseren Kunden gefahren. Bei gutem Wetter fuhr ich auch mit dem Motorrad. Den Musterkoffer hatte ich dann auf dem Gepäckträger. Immer fand ich in den Städten einen Platz wo ich mich umziehen konnte um korrekt angezogen bei den Kunden zu erscheinen.

Und ich muss sagen, ich hatte nur sehr nette Kunden. Sie haben mir geholfen wo sie konnten. Sie hatten Verständnis dafür, dass ich mich als noch junger Mann in dieser schweren Zeit selbständig gemacht hatte.

Und niemand meiner guten, oft vornehmen Kunden, hat es mir übel genommen *wenn ich mit dem Fahrrad oder Motorrad kam.*

In Wiesbaden sagte mir der Junior-Chef eines der besten Modehäuser;

„auch meine Großeltern haben mal klein angefangen. Die Großmutter ist mit der „Kiep" auf die Dörfer gefahren und hat Wolle verkauft. Wo wären wir heute, wenn sie damals, vor über 6O Jahren nicht den Mut gehabt hätten sich selbständig zu machen. Und das soll man nie vergessen".

Hier hatte ich noch einen anderen Kunden. Es war aber zu diesem Zeitpunkt noch ein kleines Warenhaus. Der Inhaber war eigentlich immer im Geschäft wenn ich kam. *Er lebte für sein Geschäft.* Die Umsätze mit dieser Firma waren sehr gut.

Später hat er dann eines der besten Modehäuser eröffnet. Aber dann kam ich nicht mehr als „kleiner Grossist" in sein Modehaus, sondern als Handelsvertreter großer Firmen. Für seine verschiedenen Abteilungen, z. B. Damenkleider oder Strickwaren, hatte er jeweils einen Einkäufer oder Einkäuferin.

Wenn er mich dann mit meinen Kollektionen sah dann sagte er;

„Herr H. mit seinen Lumpen ist wieder da"!

Meine Antwort erhielt er dann prompt, und darauf wartete er ja schon; *„mit meinen Lumpen sind Sie reich und groß geworden, und konnten dieses herrliche Modehaus bauen“! Und dann strahlte er.*

Aber ich möchte meinen weiteren Erzählungen zeitlich nicht vorgreifen.

*

Du kannst dich doch noch erinnern, dass wir manchmal bis zum frühen Morgen unsere Sendungen zusammenstellten und verpackten. Oft bin ich dann bereits um 06.00 Uhr zum Expressgut gefahren und habe die Pakete aufgegeben. Größere Sendungen holte unser Spediteur mit seinem Pferdewagen bei uns ab und gab sie bei der Post oder Bahn auf.

Aber 2 bis 3 Stunden später war ich bereits wieder mit meinem Musterkoffer in Mainz, Wiesbaden oder Darmstadt. Natürlich habe ich Frankfurt nicht vergessen. Hier hatte ich eine besonders nette und liebe Kundin. Ihr schönes Geschäft war ausgebombt. In der Nähe der Hauptwache hatte sie in einem zum Teil zerstörten Haus einen provisorischen Laden für Aussteuer, Damenwäsche und Babyartikel eingerichtet. Natürlich gab es keine Heizung in diesem Haus. Und für den aufgestellten Kohlenofen mussten immer die Kohlen aus dem Keller geholt werden.

Meine erste Aufgabe war hier immer wenn ich kam, erst genügend Kohlen aus dem Keller nach oben zu holen. Ich hatte das Gefühl, sie wartete immer auf mich zum Hochtragen der Kohlen. Und dann ging es an das Geschäft. Die Aufträge waren auch für einen Kohlenträger ausgezeichnet, und wir beide waren immer zufrieden. Da sie eine ausgezeichnete Geschäftslage hatte, war ihr Umsatz sehr gut.

Nach einigen Jahren, als die Läden wieder modern aufgebaut wurden, bekam sie einen wundervollen Laden in bester Lage. Sie war ja als Fachgeschäft für Aussteuer in der Stadt sehr bekannt. Und jetzt hatte sie sich wieder auf ihren früheren Artikelbereich, die Aussteuer spezialisiert. Es gab ja hierin wieder genügend Warenangebote von den Fabriken. Den Kontakt habe ich aber immer aufrecht erhalten, bis Ihre Tochter das Geschäft übernahm.

Es war eine sehr aufregende Zeit. Man musste sehr fleißig sein um zu überleben. Unser Geschäft lief immer gut. *Und so kam das Jahr 1950.* Uns wurde für einen großen Laden ein Grundstück angeboten. Aber uns waren die Kosten zu hoch, da ja auch der Bau des Ladens noch bezahlt werden musste. Und so blieben wir recht bescheiden.

In Wiesbaden besuchte ich einen Kunden mit meinen Damen-Wäschemustern. Dann kam ein Handelsvertreter mit einer Wäschekollektion einer großen Fabrik. Der Inhaber hatte Humor und sagte; *bitte bleiben Sie doch hier. Ich habe gerade die Wäschekollektion unseres Grossisten gesehen. Was bieten Sie?*

Nachdem er sich die Kollektion der Fabrik angesehen hatte, sagte er zu dem Vertreter;

„es ist erstaunlich, dass Herr H. mit seiner Großhandelskollektion billiger sein kann mit fast der gleichen Ware als Ihre große Fabrik"!

Also kaufe ich weiter bei Herrn H., welcher seinen Auftrag bereits hat. Wir verließen beide den Kunden und mein „Kollege" fragte mich; „wo haben Sie Ihren Wagen stehen? Wollen wir zusammen zum Mittagessen gehen? Gegenüber ist ein gutes Lokal".

Wir gingen zum Essen und unterhielten uns über das Geschäft. Er war natürlich neugierig woher ich meine gute und preiswerte Ware beziehe. Natürlich habe ich ihm nicht die Wahrheit gesagt. Er war ein erfahrener Handelsvertreter von 55 Jahren, welcher vor dem Kriege bereits sehr gute Fabrikvertretungen hatte. Durch seine Tätigkeit als Handelsvertreter bereits vor dem Kriege hatte er auch einen guten Stammkundenkreis. Immerhin war er 23 Jahre älter als ich.

Er nahm mich in seinem, damals bereits modernen neuen Auto mit nach Hause. Ich hatte wohl den Führerschein, aber kein Auto. *Die Verbindung wurde aufrecht erhalten.*

Und dann machte er mir einen verlockenden Vorschlag. Wir arbeiten mit seinen Vertretungen gemeinsam. Es war ja nicht nur die eine

Wäschefabrik welche er vertrat, sondern noch einige Fabriken mit anderen Artikeln. Allein würde er es nicht mehr schaffen. Da ich ja wesentlich jünger wäre, *könnte ich später die Vertretungen allein weiterführen.*

Die Anteile von der Provision wurden für jeden festgesetzt und die Arbeit konnte beginnen. Ich hatte Glück und konnte mir einen gebrauchten Opel kaufen. Er war ja nicht so schnell, dafür aber ohne Heizung und ohne Winterreifen, welche es damals noch nicht gab.

Die von uns vertretenen Fabriken waren alle schon vor dem Kriege gut eingeführt. Es war verhältnismäßig leicht zu verkaufen. Außerdem hatten wir ja noch das Jahr 1950 und nicht alle Fabriken waren wieder aufgebaut.

Außerdem bekamen wir die Möglichkeit die Vertretung einer der damals größten deutschen Strickwaren, Strickhandschuh- und Strickstrumpf-Fabriken zu übernehmen.

Wir fuhren mit seinem Wagen in das Sauerland und blieben dort 2 Tage. Uns wurde alles gezeigt. Die gesamte Produktion wurde uns erklärt. Aber auch die neuesten Maschinen wurden uns vorgeführt. Es waren 2 sehr lehrreiche Tage, und wir fuhren zurück mit dem Vertrag in der Tasche.

Es war mir natürlich aufgefallen, dass es sehr wichtig für die Übernahme der Vertretung war, *dass ich als noch junger Mann Mitinhaber der Handelsvertreterfirma war.* Sehr wahrscheinlich hätte mein Kollege allein die Vertretung dieser großen Firmen überhaupt nicht bekommen.

Wir vertraten außerdem bereits eine Damenwäschefabrik, eine Lederhandschuh- und eine Strickhandschuhfabrik. Jetzt waren wir aber mehr als ausgelastet.

Alle Fabriken, für welche wir jetzt tätig waren, brachten gute und modische Ware auf den Markt. Wir waren mit unserem Erfolg sehr zufrieden. Auch die von uns vertretenen Fabriken waren mit unseren Umsätzen zufrieden.

Inzwischen hatte ich mir auch einen neuen Opel Olympia zugelegt. Hier war der Kofferraum bereits von außen zu öffnen. Die Kollektionen passten gerade noch in meinen Wagen.

Ich lernte durch diese Reisetätigkeit viele neue Kunden kennen, welche ich ja vorher ohne Auto überhaupt nicht besuchen konnte. Ich bekam sehr guten Kontakt und stellte fest, dass ich bei den Kunden gern gesehen war. Wir besuchten vor allem den guten Einzelhandel, aber auch die entsprechenden Abteilungen der Warenhäuser.

*

Mein Kollege war sehr oft krank, und die Hauptarbeit lastete auf mir. Aber es machte Freude einen so guten Kundenstamm besuchen zu können. In dieser Zeit lernte ich noch sehr viel und sammelte wertvolle Erfahrungen. Ich hatte das Gefühl dass die Kunden bei mir genau so gerne einkauften wie bei meinem erfahrenen Kollegen. Und ich machte tolle Umsätze. Oft musste ich noch für den Abend Vorlagetermine ausmachen um alle Kunden besuchen zu können.

Ich hatte inzwischen das Gefühl, dass mein Kollege sich voll und ganz auf meine Arbeit verließ. Er selbst ging oft wochenlang nicht mehr auf die Reise weil er sich nicht wohl fühlte. Vor lauter Arbeit habe ich ganz vergessen mir rechtzeitig mehr Provision auszahlen zu lassen.

Monatlich ließ ich mir eine A -Kontozahlung von meiner Provision geben. Aber als ich nach etwa einem Jahr meine restliche Provision für 1950 haben wollte, es war ja inzwischen 1951 geworden, gab es Schwierigkeiten. Ich bekam trotz fester Zusage meine vollständige Provision auch nicht nach der festgesetzten verlängerten Frist von weiteren 3 Monaten. *Ich entdeckte aber ausreichend Geld in Zigarrenkisten gestapelt, auf dem Schreibtisch seiner Frau.*

Und so nahm ich diese Gelegenheit wahr, um mich zur sofortigen Trennung zu entschließen. Auch unser, von meinen Kollegen noch schnell eingeschaltete Verband, konnte mich nicht umstimmen. Ich wollte mich nicht noch einmal reinlegen lassen. Meine restliche

Provision habe ich dann nicht mehr bekommen. *Ich wollte keine Klage einreichen.*

Für die nicht erhaltene Provision hätte ich mir 1951 ein großes Haus kaufen können.

Ich hatte aber viel Erfahrung gesammelt und hatte einen guten Kundenstamm, was für unsere Zukunft sehr wichtig war. Unser Geschäft wurde von dir in einem etwas kleineren Rahmen noch aufrecht erhalten. Aber auf Dauer war dies nicht durchzuführen, und *wir stellten uns ganz auf Handelsvertretungen um.*

Jetzt musste ich mir selbst neue Fabriken besorgen welche ich vertreten konnte. Schon mein erster Besuch bei einem großen privaten Kaufhaus in Frankfurt führte zum Erfolg. Die Einkäuferin, eine sehr nette und erfahrene Dame, sagte mir gleich;

„Ich habe schon geahnt, dass es für Sie auf Dauer sehr schwer sein wird mit dem Kollegen zusammen zu arbeiten. Vor kurzem bin ich von einer großen Strumpffabrik gefragt worden, ob ich einen Handelsvertreter wüsste".

Ich rufe gleich dort an ob die Vertretung noch frei ist. Aber die Vertretung war bereits einem Kollegen im südlichen Deutschland halb und halb zugesagt worden, welcher aber nicht im vorgesehenen Reisegebiet wohnte. Mein Wohnsitz sagte dem Chef der Strumpffabrik besser zu.

Ich sollte doch am nächsten Tage selbst die Fabrik noch einmal anrufen. *Hinzu kam, dass der Inhaber einer Wäschefabrik erfahren hatte, dass ich eine Vertretung suche.* Als ich nach Hause kam, rief er auch schon an und fragte ob ich seine Fabrik übernehmen würde. Er käme gerne am nächsten Tage persönlich mit der neuesten Kollektion damit ich seine Ware kennenlerne.

Er war pünktlich am anderen Mittag bei uns. Die Kollektion gefiel mir gut und ich übernahm die Vertretung. Er selbst war vor dem Kriege Miteigentümer einer großen Strumpffabrik in Sachsen. Jetzt war aber die Fabrik von der DDR enteignet, und er hatte deshalb mit einem

Verwandten die Wäschefabrik gegründet.

Da er selbst vor dem Kriege als Mitinhaber und Verkaufsleiter der eigenen Strumpffabrik auch in Deutschland unterwegs war, hatte er bereits einen guten Kundenstamm. Vor allem waren es die Einkäuferinnen und Einkäufer der großen Häuser bei welchen er gute Geschäfte machte. Die Strumpfmarke war bereits vor dem Kriege bestens eingeführt.

Dies waren meistens Einkäufer in Häusern, welche bereits vor dem Kriege durch die Strumpffabrik mit unserem neuen Fabrikanten persönlich bekannt waren. Die Fabrik war sehr großzügig und stellte den Einkäufern am Wochenende auch ein Auto mit Fahrer zu einem Ausflug zur Verfügung. Oft wurden dann die Bäder in der Tschechoslowakei besucht.

Nach den geschäftlichen Besprechungen kam natürlich die Frage, welche Fabriken vertreten Sie noch. Ich erklärte ihm, was mir mit meinem Kollegen passiert war, und welche Firmen wir vertreten haben.

Aber auch, dass ich heute nachmittag in einer großen Strumpffabrik in der Pfalz wegen der Vertretung anrufen solle.

Er sagte sofort, den Inhaber und den Verkaufsleiter kenne ich persönlich sehr gut. Der Verkaufsleiter war früher in Chemnitz für diese Firma tätig.

Rufen wir doch gleich mal dort an.

Gesagt getan, und die Verbindung war schnell hergestellt. Den Verkaufsleiter bekam ich sofort an den Apparat. Und das Gespräch entwickelte sich sehr zufriedenstellend. Als ich ihm sagte, dass ich gerade Besuch eines Fabrikanten einer früheren Strumpffabrik aus der Nähe von Chemnitz zu Besuch habe und den Namen nannte, wollte er ihn sprechen, *da er ihn kannte.*

Das Gespräch der beiden Herren war gleich sehr freundschaftlich und persönlich. Inzwischen war auch der Inhaber der Strumpffabrik am Apparat. Auch er kannte meinen Besucher sehr gut und meinte, treffen wir uns doch heute zum Abendessen im Hotel Quellenhof in Bad Kreuznach. Dann können wir alles besprechen. Vielleicht kann Herr H. auch seine Gattin mitbringen. Sie können dann im Quellenhof übernachten. Ich lasse gleich die Zimmer bestellen.

Ich freue mich auf unser Treffen nach so vielen Jahren.

Und damit waren wir für den Abend fest eingeplant. Unser Besucher war sofort einverstanden und freute sich auf ein Zusammentreffen mit alten Freunden. Mit seinem Wagen fuhren wir nach Bad Kreuznach. Dort wurden wir bereits von dem Verkaufsleiter erwartet. Und als er hörte, dass ich in Thüringen in einer ihm bekannten Textilfirma tätig war, war der Kontakt gleich vorhanden. Diese Firma war ein sehr guter Kunde in seinem Bereich vor dem Kriege. Er hatte unsere Firma in Bleicherode als Verkaufsleiter für diesen Bezirk auch persönlich besucht. Und somit wusste er, dass ich eine gute Ausbildung hatte.

Und dieser sehr gute Kontakt blieb nun auch über 25 weitere Jahre bestehen.

Die Gespräche mit dem Chef der Firma entwickelten sich erfolgreich. Wir müssen dem anderen Herrn erst endgültig absagen. Dann bekommen Sie unsere Vertretung für Hessen und Rheinland-Pfalz.

Der Abend verlief sehr harmonisch und du wurdest von den Gattinnen des Chefs und des Verkaufsleiters gleich in die Mitte genommen. Ihr habt euch fabelhaft unterhalten und du wurdest eingeladen, bei meinem nächsten Besuch wieder mitzukommen.

*

Weißt du noch, dass wir dann fast jedes Jahr nach den Besprechungen in der Fabrik zum Essen und Übernachten im Quellenhof waren? Wenn es dir wieder besser geht, dann fahren wir auf jeden Fall wieder mal zum Quellenhof.

Du kannst dich dann sicher wieder an diese sehr schönen Tage erinnern.

Am anderen Tage fuhren wir wieder zurück in unsere Wohnung.

Unser neuer Wäschefabrikant ließ gleich die Kollektion mit allen Unterlagen bei uns. Die Arbeit konnte beginnen. Noch am gleichen Abend rief er bei uns an und bedankte sich für die freundliche Aufnahme und das wunderbare Essen, welches er von Dir serviert bekam. Und er kam auch später oft zu uns und lobte immer dein Essen und den guten Wein! Schließlich wohnen wir ja nicht weit vom Rhein.

Bereits nach 2 Tagen erhielten wir die Nachricht, dass uns die Strumpfvertretung übergeben wurde. Zur Übernahme der Kollektion und der erforderlichen Unterlagen mussten wir dann noch einmal zur Fabrik fahren.

Wir waren überrascht über die Größe der Kollektion, ließen es uns aber nicht anmerken. Wir besuchten noch unsere Freunde in diesem kleinen Städtchen.

Unser Freund war doch unser Kantinen-Willi vom Unterseeboot U 31, welcher mit seiner Familie 1950 in sein Elternhaus gezogen war.

Dann machten wir uns auf den Heimweg. Leider kam pottdicker Nebel auf, und wir konnten zum Teil nur im Schritt in der Dunkelheit fahren. Eine ganze Zeit hattest du dein Seitenfenster heruntergekurbelt und gabst mir die Entfernung zum Straßengraben und den Bäumen an. Aber wir hatten Glück, und kamen gut wieder zu Hause bei unseren Kindern an. *Ab Mainz hatten wir keinen Nebel mehr.*

*

Wir hatten das Jahr 1951, und ich hatte eine Kundenliste von der Strumpffabrik mitbekommen. Jetzt hatte ich die gesamte Pfalz dabei in welcher ich mit Ausnahme von einigen großen Städten noch nie Kunden besucht hatte.

Ich machte mich auf zur großen Fahrt! Und wenn ich zu den Kunden kam, wurde ich immer sehr freundlich empfangen. Einige Geschäfte waren darunter, mit welchen ich auch persönlich gute Kontakte knüpfen konnte. Natürlich musste ich mich auch erst an den „Pfälzer Dialekt“ gewöhnen. *Es entwickelten sich viele gute Freundschaften.*

Was 1951 noch ein Hindernis war, es konnten nicht alle erteilten Aufträge für Strickstrümpfe in bestimmten Artikelgruppen *in voller Höhe geliefert werden.* Vor allem waren zu dieser Zeit noch Jaquard-Kniestrümpfe für Kinder besonders gefragt. Aber auch Herrenkniestrümpfe und Herren-Kurzsocken gingen in dieser Musterung sehr gut. Die Maschinen konnten noch nicht so schnell nachgeliefert werden wie wir sie benötigten.

Außerdem wurden große Mengen an Herren-Jaquardsocken nach Amerika und England exportiert.

Aber in den nächsten Jahren änderte sich dies sehr schnell. Mit meinen Verkäufen war meine Fabrik zufrieden. Der Technische Leiter der Fabrik sagte mir so nebenbei bei einem späteren Besuch, aber nicht unfreundlich;

„es wäre schön, wenn mein Gehalt so hoch wäre wie Ihre Provision"!

Und ich sagte ihm genau so freundlich;

„Sie brauchen auch für ihre Arbeit *kein Auto*, *keine Bürokraft* welche *sie selbst bezahlen müssen*, müssen *keine Hotelkosten bezahlen*, und müssen auch *nicht täglich zwischen 10 und 16 Stunden arbeiten".*

Er sagte nie mehr etwas über zu hohe Provisionen, und hat sicher über meine Worte nachgedacht. Aber er war sonst immer sehr korrekt und hat auch Vorschläge von uns für neue Muster umgesetzt. Hierfür war er immer sehr dankbar.

Unser Verkaufsleiter war immer ganz auf der Seite seines Außendienstes. Ich war der erste Handelsvertreter welcher nach dem Kriege von dieser Fabrik eingestellt wurde. Aber es folgten dann weitere Kollegen. Wir haben uns alle immer sehr gut verstanden.

Es fanden dann jährlich 2 mal die Besprechungen über die neuen Kollektionen in der Fabrik statt. Immer zu Saisonbeginn trafen wir uns hierzu. Diese dauerten immer 2 bis 3 Tage. Zur Fabrik gehörte ein sehr schöner Park. Hier wurden nach den geschäftlichen Besprechungen immer die „Nachfeiern", aber auch die Jubiläumsfeiern durchgeführt. Es waren immer herrliche Tage. Und

Du warst immer dabei. Während unserer geschäftlichen Tätigkeit warst Du bei unseren Freunden gut aufgehoben. Aber zu den Nachfeiern wurdest Du vom Fahrer der Fabrik immer rechtzeitig abgeholt.

Die Nachfeiern waren immer sehr intensiv und zogen sich bis nach Mitternacht hin. Ich möchte nicht sagen dass Kollegen betrunken waren, aber stark angeheitert waren einige immer. Aus mir nicht bekannten Gründen übernachteten wir einmal nicht in Bad Kreuznach, sondern im Städtchen unserer Fabrik.

Nach 01:00 Uhr konnten wir zwei uns verabschieden und in unser Hotel gehen.

Gegen 03:00 Uhr wurde es plötzlich sehr laut auf der Strasse vor unserem Hotel. *Und immer wieder wurde dein Name gerufen.* Ich sagte dir noch, gehe bitte auf keinen Fall an das Fenster, sonst wird der Lärm noch stärker.

Und dann fingen beide Kollegen auch noch an zu singen, und zwar recht laut. Beide waren an diesem Abend bzw. dieser Nacht *„etwas stärker angeheitert*". Aber nachdem ihr Gejammer erfolglos blieb, und wir uns nicht am Fenster zeigten, zogen beide wieder ab.

Aber es war ein sehr lauter Abschied. Der eine Kollege *„aus Kölle"* saß in einer eisernen Straßenpflasterkarre mit breiten Eisenrädern, und der Kollege *„aus Bayern"* schob die Karre über das Kopfsteinpflaster mit hochgekrempelten Hosenbeinen.

Es war ein Bild für Götter. Aber der Rückweg wurde für beide sehr beschwerlich. Er führte durch eine sehr enge Gasse. Die meisten Strassen dieses Städtchens waren eng. Dann öffneten sich einige Fenster über den lauten Störenfrieden und ganz bestimmte Gefäße wurden, *sogar mit Treffsicherheit*, auf sie entleert.

Nun, sie hatten ja ein Zimmer mit Bad!

Am anderen Morgen erschien die Polizei bei unserem Fabrikanten und brachte die Beschwerden der gestörten und erbosten Bewohner vor. Man einigte sich darauf, dass es keinesfalls Mitarbeiter des

Außendienstes der Fabrik gewesen sein können welche diesen Lärm veranstalteten. Und damit waren die Anzeigen aus der Welt geschafft.

Natürlich wollte mein Wäschefabrikant auch seine Aufträge haben. Hier bestand kein Mangel an Maschinen und es konnte alles geliefert werden was verkauft wurde. Er stellte eine sehr sauber verarbeitete Ware her in hoher Qualität. Wer einmal bei uns diese Qualität gekauft hatte, *bestellte sie immer wieder.*

Wir wurden auch von dieser Fabrik bald nach Nürnberg eingeladen. Der Seniorchef hatte seine besondere Freude daran uns Nürnberg zu zeigen. Er machte uns aber auch auf die Spezialitäten und *Besonderheiten dieser Stadt aufmerksam.*

Weißt du noch, wie wir oft in einem kleinen Spezialitätenrestaurant waren. Unser Fabrikant war dort wie zu Hause. Auch die Nürnberger Bratwürstchen lernten wir kennen. Als wir im Bratwurstglöggle zum Essen waren, wurden wir gefragt, wie viele Bratwürste möchten Sie essen?

Ich sagte gleich, *mehr wie zwei Bratwürste kann ich nicht essen.* Und Du sagtest das Gleiche. Es entstand ein Gelächter über unsere Bescheidenheit.

Die Würstchen sind doch sehr klein, und man kann ohne Schwierigkeiten 6 oder sogar 12 Stück essen. Natürlich wussten wir dies. Aber wir wollten doch unseren beiden Fabrikanten die Freude nicht verderben. Natürlich war bei solchen Gelegenheiten der Juniorchef auch dabei. Auch die Damen nahmen fast immer an solchen Mittag- oder Abendessen teil. Die Spesen konnten doch von der Steuer abgesetzt werden. *Und die Sachsen sind nun einmal sehr sparsam.*

Anschließend wurden wir noch zum *„Rauchbier trinken“* geführt. Überhaupt ist Nürnberg, aber nicht nur am Tage, sondern auch in der Nacht, *eine wunderbare Stadt.* Die zum Teil altertümlichen Häuser, oft noch mit ihren Türmen, bei voller Nachtbeleuchtung, sehen einfach wunderbar aus.

Wir wohnten in einem sehr guten Hotel. Ganz besonders gut hat uns hier der „*Karpfen blau*“ geschmeckt. Wenn man die Preise für Mittag- oder Abendessen in Nürnberg gegenüber hessischen Preisen betrachtete, so lagen diese zum *Teil 50 % niedriger.* Wir waren immer wieder überrascht über die günstigen Preise.

Und zu Weihnachten bekamen wir ein großes Paket mit Nürnberger Lebkuchen geschickt. Auch dies ist eine Nürnberger Spezialität. Und noch heute verschenken wir gerne diesen Lebkuchen zu Weihnachten, und lassen uns auch immer selbst eine wunderbare Truhe mit den Köstlichkeiten schicken.

In Nürnberg besuchten wir noch einen ehemaligen Soldaten meiner Einheit in St. Nazaire am Atlantik. Er war etwa 25 Jahre älter als ich, *und bereits in St. Nazaire über 50 Jahre alt,* und war Reservist. Eigentlich gehörte er zu einer Balloneinheit.

Diese Einheit hatte große Ballons, welche an Stahlseilen einige Hundert Meter in die Luft gelassen wurden um bestimmte Objekte gegen tieffliegende Flugzeuge zu schützen. Z. B. waren dies in St. Nazaire die Schleusentore, der Unterseebootsbunker, oder andere Objekte welche vor allem von tieffliegenden Flugzeugen zerstört werden konnten.

Aber inzwischen waren die Ballons unbrauchbar. Und die Mannschaften waren ja, *wie auch wir, in St. Nazaire eingeschlossen* und konnten nicht mehr nach Deutschland zurück. Einige Soldaten dieser Einheit wurden mir zugeteilt. Es waren alles Männer im Alter *über 50 Jahre.* Aber sie waren sehr fleißig und gaben sich große Mühe alles richtig zu machen. Sie waren korrekt und gewissenhaft, *und für manchen jungen Soldaten ein Vorbild.*

Wir trafen meinen Herrn Krodel auch zu Hause mit seiner Frau an. Die Freude war sehr groß dass wir uns noch einmal sehen konnten. Er hatte jetzt in Nürnberg eine Taxifirma. Natürlich kamen wir auch auf unsere gemeinsame Zeit in St. Nazaire zurück. Die Unterhaltung war sehr lebhaft. Und unserem Herrn Krodel fielen aus unserer Dienstzeit in St. Nazaire noch Ereignisse ein, welche ich dir noch nicht erzählt hatte.

Er wusste noch genau, wie ich 1943 erkrankt, und für lange Zeit im Lazarett war. Aber auch, dass ich mich immer für meine Soldaten eingesetzt habe.

Du warst ganz überrascht, *als seine Frau mit seiner Brieftasche zu dir kam und ein Foto von mir aus dieser herausnahm.* Sie sagte zu dir;

Frau H., mein Mann trägt dieses Foto immer bei sich. Er sagte mir, dass ihr Mann immer für seine Soldaten gesorgt hat als wäre er ihr Vater. Dabei war er doch erst 25 Jahre alt.

Wir werden dies nie vergessen.

Und Herr Krodel sagte dir, *ich kann mich noch genau an einen sehr schweren Bombenangriff erinnern. Es waren keine Tiefflieger gemeldet. Alle Bomber befanden sich in über 8000 m Höhe. Unsere Flakgeschütze hatten doch nur eine Reichweite bis in eine Höhe von ca. 5000 m. Es war die leichte und mittlere Flak. Die schwere Flak lag doch außerhalb der Stadt in Stellungen.*

Ihr Mann sah durch sein Glas, wie die Bomben in dieser großen Höhe ausgeklinkt wurden, und er wusste ganz genau welche Zeit diese bis zum Einschlag auf die Erde benötigte. Es war ein Riesenpulk an Flugzeugen, an schweren Bombern. Es waren über 100 Flugzeuge. Diese sollten den U-Bootbunker in St. Nazaire und vor allem auch die Schleusentore und die Werft treffen. Und das taten sie ja auch.

Aber bevor die Bomben einschlugen gab ihr Mann uns den Befehl;

„Alle Mann, außer den Telefonposten sofort, aber nur während der Bombeneinschläge, in den Bunkern untertreten"!

Er selbst blieb aber allein auf seinem Gefechtsstand.

Es waren viele Bombeneinschläge in unmittelbarer Nähe unserer Batterie. Auch große Splitter von detonierten Bomben fanden wir auf unseren Geschützständen. Unmittelbar neben einem besonders großen Bunker war eine große Bombe detoniert. Der Bunker wurde angehoben und erhielt eine große Schlagseite. Es musste von außen mit technischen Mitteln die Tür geöffnet werden. Aber in diesem Bunker waren nur Infanteristen welche alle unverletzt, aber viele sehr bleich und erschrocken, den Bunker wieder verlassen konnten.

Leider wurde auf der kleinen Mole auch ein Flak-Geschützstand von einer Bombe getroffen. Das Geschütz und der Geschützstand wurden total zerstört. Da aber die Bedienung im Bunker, und der Telefonposten in einem Betonunterstand waren, *wurde zum Glück niemand verletzt.*

Über alle Vorkommnisse musste sofort die Abteilung und die Brigade in St. Marc unterrichtet werden. Natürlich war unser Abteilungs kommandeur sehr froh, dass niemand seiner Soldaten verletzt oder gefallen war. Er war Korvettenkapitän und Reservist und stammte aus Mainz, wohnte aber in Frankfurt am Main. Er war sehr ruhig, besonnen und immer freundlich. Im Zivilberuf war er Architekt.

Aber bei der Brigade löste dies *„Wunder bei diesem Bombentreffer“* doch besondere Nachforschungen aus.

Wie kann ein Geschützstand einen Treffer bekommen, das Geschütz ist zerstört, und kein Mann der Bedienung wurde verletzt! Mit seinem ganzen Stab kam der Admiral zu unserer Batterie, *zu meinem Zug!*

Wir machten gerade Sport, zu diesem Zeitpunkt Boxen. Wir waren bereits in der dritten Runde als unser Admiral kam. Natürlich musste ich sofort Meldung machen. Aber vorher musste ich mir noch das Blut von meiner Nase abwischen.

Ich hatte einen deutschen Jugendmeister im Boxen, im Mittelgewicht unter meinen Soldaten, gegen welchen ich gerade boxte. Er stammte aus dem Ruhrgebiet und hat natürlich niemand verraten was er für ein guter Boxer ist. Und ich hatte wirklich meine Last einen in etwa ausgeglichenen Kampf zu erreichen. Meine Soldaten mussten durch ihr Urteil entscheiden *wer gewonnen hat.*

Aber dazu kam es heute nicht. Nachdem ich dem Admiral meine Meldung gemacht hatte, sah er mich erst einmal ganz zweifelnd an, denn so kannte er mich doch nicht. Immerhin war ich, bevor ich nach St. Nazaire kommandiert wurde, *einige Monate selbst in seinem Stab* in St. Marc gewesen und habe die Ausbildung der Soldaten dort durchgeführt.

Er sagte sofort zu mir;

„Da Sie ohne Befehl die Geschützbedienungen in die Bunker haben untertreten lassen, und somit die Abwehr der Flugzeuge nicht mehr gegeben war, kommen Sie vor ein Kriegsgericht".

Und dies sagte er nicht nur zu meinem, *sondern auch zum Entsetzen seines eigenen Stabes*. Alle kannten mich doch aus meiner Dienstzeit im Stabe der Brigade. Ich brachte kein Wort der Erklärung oder Entschuldigung mehr hervor. *Meine Soldaten waren entsetzt*, denn sie hatten alles mit angehört, und ich tat ihnen unendlich leid. Aber so ist es einmal im Leben.

Macht man einen Fehler, so muss man auch dafür gerade stehen.

Du siehst mich jetzt ganz entgeistert an. *Ich weiß, ich hatte dir hiervon nie erzählt,* auch nicht, als du noch gesund warst. Erst in Nürnberg hast du dies erfahren. Aber es ist ja noch einmal gut gegangen. Ich habe doch den Krieg überlebt, *und was gar nicht so einfach war.*

Aber ich werde dir noch erzählen, warum ich doch nicht vor ein Kriegsgericht kam.

*

Natürlich war ich entsetzt und voller Angst. In St. Nazaire war am Kriegsgericht ein Richter tätig, welcher die schärfsten Urteile fällte. Und auf so einem Vergehen, welches man mir jetzt vorwarf, *wurde in jedem Fall die Todesstrafe verhängt und auch in St. Nazaire sofort vollstreckt*.

Mein Abteilungskommandeur kam noch am gleichen Abend mit seinem Adjudanten, meinem Freund, einem Oberleutnant aus Butzbach zu mir. *Sie machten sich auch Sorgen*. Sie wollten mich beruhigen und meinten;

Alle Offiziere des Stabes werden sich dafür einsetzen, dass keine Meldung an das Kriegsgericht geht. *Sie waren doch lange genug im Stabe der Brigade und unser Admiral kennt Sie doch persönlich. Er weiss doch, dass Sie Ihren Dienst immer korrekt und ohne Tadel versehen haben.*

Wir verstehen die Aufregung des Admirals schon, *aber Sie haben auch Menschenleben gerettet.*

Außerdem haben Sie ja inzwischen nachgewiesen, dass die Geschütze *innerhalb von 30 Sekunden wieder voll einsatzfähig waren.*

Meine Soldaten waren alle sehr traurig, denn sie sahen mich bereits vor dem Kriegsgericht. Ich musste ca 3 Wochen warten bis mir die erlösende Nachricht von meinem Freund aus Butzbach, dem Adjudanten unseres Abteilungskommandeurs überbracht wurde;

„Der Admiral meldet den Vorfall nicht"!

„Der Vorfall ist endgültig erledigt"!

Du sollst dich aber morgen Vormittag um 10.00 Uhr bei ihm melden. Mir viel ein Stein vom Herzen, *und ich konnte die erste Nacht wieder mal ruhig schlafen.* Ich hatte die ganze Zeit nicht schlafen können vor *lauter Sorgen um euch und mein Leben.* Immer waren meine Gedanken bei dir und unserem Püppchen! Mann kann sich nicht vorstellen, was ein solches Ereignis für Auswirkungen auf den Nervenzustand hat. Dann muss man erst einmal wieder Abstand gewinnen und ruhig durchatmen. Dieses Ereignis ließ mich zu einem anderen Menschen werden. *Ich lebte viel intensiver, nachdem die Angst verschwunden, und sich alles zum Guten gewendet hatte.*

Am Abend trafen sich alle Freiwachen meiner Geschützbedienungen zu einer kleinen Feier in der Kantine. *Alle meine Soldaten hatten sich wieder beruhigt und waren froh, dass ich nicht vor das Kriegsgericht kam.*

Wir haben ja immer sehr gute Weine eingekauft. Wir lagen doch in einer Gegend mit hervorragenden Weinen. Es wurde kein besonders fröhlicher, *aber ein erlösender Abend!*

Am anderen Morgen fuhr ich mit unserem Dienstwagen zur Brigade. Diese lag in einem sehr schönen Park und grenzte an der Vorderseite direkt an die Loire. Der Park war mit einer hohen Mauer umgeben.

Ich selbst habe während meines Dienstes bei der Brigade in einem *kleinen Gartenhaus im Park gewohnt und geschlafen.* Es war eine herrliche Zeit. Der Park stand auch voller Lorbeerbäume und ich habe dir doch viele Päckchen mit den Lorbeerblättern nach Deutschland geschickt.

Es wäre damals sehr leicht gewesen, mich des Nachts zu überfallen, zu entführen oder zu töten.

Aber auf den Gedanken ist niemand gekommen, denn es wurden auch noch andere Gartenhäuser bewohnt.

Nun kam der große Moment meines Zusammentreffens mit unserem Brigade- Kommandeur, Konteradmiral M. Unser Abteilungskomman deur war ebenfalls anwesend und ging mit mir zum Admiral. Dieser war nicht mehr böse und zornig auf mich. Ich spürte, *hier war eine gute Vorarbeit von den Offizieren und dem Abteilungskommandeur geleistet worden.*

Jetzt musste ich ihm den ganzen Vorgang auf die Sekunde schildern. Unser Abteilungskommandeur hatte sich davon überzeugt, dass die Geschütze nach 30 Sekunden nach dem Verlassen der Bunker wieder voll einsatzbereit waren. Er hatte sich beruhigt und sagte es mir auch.

Ich wurde auch nicht abgelöst und versetzt, sondern ich blieb auf meiner Position. *Hier in St. Nazaire die mittlere und leichte Flak als Zugführer zu befehligen, war eine Aufgabe welche einen Tag und Nacht in Anspruch nahm.* Wir hatten täglich mehrere Male Alarm wegen tief angreifenden Kampffliegern.

Der Abteilungskommandeur sagte mir offen: „*Wir haben Niemand, der ihre Aufgabe bei diesem sehr großen Zug übernehmen kann*“!

Der Admiral hat dies selbst gesagt. Und er sagte immer noch: *Trotz ihrer eigenmächtigen Handlung habe ich großes Vertrauen zu Ihnen.*

Natürlich haben Sie das Leben unserer Soldaten gerettet. In der Zeit, in welcher sie den großen Flakzug geführt haben, ist es keinem englischen oder amerikanischen Flugzeug gelungen, Torpedos gegen die Schleusentore oder in den U-bootbunker abzuwerfen! *Wir waren doch auch ein gutes Team am Bau bei unserer Maurerarbeit.*

Da das Dienstgebäude etwas zu klein war, sollten einige Büros angebaut werden.

Wenn die französischen Arbeiter Feierabend machten, dann hat unser Admiral weiter gemauert. Da er erfahren hatte, dass ich ein Fernstudium für Bautechnik und Architektur absolviert hatte, wurde ich *„sein Kollege am Bau“.*

Ich war eigentlich fast nur sein Handlanger. Aber es machte uns beiden Freude. Einen weiteren Dummen für diese Arbeit hat er in seinem Stabe nicht gefunden. Er war immer ganz stolz auf seine geleistete Maurerarbeit. Aber er hat nie erfahren, dass die französischen Maurer oft einen Teil *„seiner Mauer“ wieder abreißen mussten weil sie schief war.* Und dies, obwohl die Franzosen auch keine Könner in ihrem Fach waren, *oder nicht sein wollten.*

Es folgte noch eine kurze Unterhaltung, und dann wurde ich entlassen. Allerdings sagte er mir noch;

„Ich komme in den nächsten Tagen in die Batterie und möchte dann sehen, *dass tatsächlich innerhalb von 30 Sekunden die Geschütze wieder gefechtsbereit sind“!* „Erst dann werde ich entscheiden, ob bei so hohen Angriffen die Bedienungsmannschaften der leichten und mittleren Flak wieder in die Bunker untertreten dürfen“! Und als er dann kam, hat es auch zeitlich genau funktioniert. Wir blieben sogar noch 3 Sekunden unter der Zeit. Wir hatten dies doch immer ganz intensiv exerziert.

Er war zufrieden und fuhr in seinen Park zurück. Dann erteilte er mir die Erlaubnis, meine Soldaten bei hohen Angriffen untertreten zu lassen, *wenn keine Tiefflieger gemeldet waren! Also ein toller Erfolg für meine Soldaten, für welche ich jetzt eine größere Sicherheit erreicht hatte.*

Jetzt war ich meine große Sorge endgültig los! *Ich kam nicht vor das Kriegsgericht, und das musste gefeiert werden!* Mein Freund, Oberleutnant Braubach aus Butzbach, kam auch zu meiner Erlösungs feier. Es wurde ein sehr feuchter Abend, *und alle meine Soldaten waren beruhigt, dass ich nicht vor das Kriegsgericht kam!*

Natürlich habe ich dir damals nichts von diesen Ereignissen geschrieben um dich nicht aufzuregen. Und auch später wollte ich es dir eigentlich nicht erzählen. Aber das wusste unser Herr Krodel in Nürnberg ja nicht. Hätte er nicht davon angefangen, dann hättest du nie etwas von den damaligen, *für mich sehr großen Aufregungen, und meine Sorge um euch erfahren.*

Für heute reichen die Aufregungen welche ich dir bereitet habe. Aber es ist doch alles schon längst vorbei. So etwas Ungewöhnliches wird mir sehr wahrscheinlich in meinem Leben nicht noch einmal passieren! Wir haben ja von Herrn Krodel in Nürnberg noch andere Ereignisse aus der Kriegszeit erzählt bekommen, welche ich dir eigentlich nicht erzählen wollte. Darauf komme ich in den nächsten Tagen zurück. Für heute ist es schon zu spät.

~ ~ * ~ ~

Kapitel 33

Verstärkte Fortsetzung der Reisetätigkeit und besondere Kundenkontakte

Unser Besuch zu einem Jubiläum in der Pfalz / Angebot, ein Geschäft zu übernehmen / Geschäftsbesuch in Trier / Erinnerungen an die Faschingszeit 1938 in Trier.

Die Arbeitswelt hatte uns nach unserem Ostsee-Urlaub wieder! Mit neuem Eifer stürzten wir uns in unsere Arbeit. Der Kundenkreis wurde immer größer und die Umsätze wuchsen.

Weißt du noch, wie wir zu einem Geschäftsjubiläum eines besonders guten und treuen Kunden in die Pfalz eingeladen wurden? Am Tage des Jubiläums konnten wir nicht fahren, da wir im Ruhrgebiet mit unseren Vorlagen nicht pünktlich fertig wurden. So fuhren wir 2 Tage später, bepackt mit einem wunderbaren Blumenkorb um zu gratulieren.

Die Inhaber des Geschäftes haben sich sehr gefreut dass wir beide persönlich kamen, und haben uns den ganzen Tag nicht mehr fort gelassen. Nachdem sie dir die ganze Firma gezeigt, und über den Geschäftsablauf informiert hatten, machten sie uns einen Vorschlag. Wir möchten Ihnen vorschlagen, die Firma in einigen überschaubaren Jahren zu übernehmen. Immerhin waren ca. 40 Angestellte in dieser Firma tätig. Da sie aber keine Kinder hatten, suchten sie einen Nachfolger. Und dafür hätten sie uns sehr gerne das Geschäft übergeben.

Als wir meinten, dass wir nicht so viel Geld hätten um das Geschäft zu übernehmen, meinten sie:

„Geld brauchen Sie überhaupt nicht. Wir haben genügend Geld. Bezahlen Sie uns die noch vorhandene Lagerware so, wie sie verkauft wird“! Das genügt uns vollkommen.

Das Geschäft selbst bekommen Sie, da wir keine Erben haben, testamentarisch von uns vermacht. Wir wohnen ja nicht mehr im Geschäftshaus, sondern in einem neuen Einfamilienhaus.

Dies war ein tolles, und kaum zu erwartendes Angebot. Aber wir wollten nicht aus unserem neuen Haus fort und die schöne Pfalz ziehen. Wir hätten noch mehr Arbeit gehabt, und die ganze Familie wäre eingespannt gewesen.

Beide zeigten uns ihre geliebte Stadt. Besonders hatten sie sich, auch finanziell für die Erhaltung alter Kulturdenkmäler der Stadt eingesetzt. Es sind tolle Bauwerke, welche unbedingt erhalten werden müssen. Die Stadt gefiel uns sehr gut. Sie war auch im Kriege von Bomben weitgehendst verschont geblieben.

Als wir uns dann am Abend verabschiedeten, sagte das Ehepaar zu uns:

„Überlegen Sie sich bitte ob Sie unser Angebot annehmen. Wir wollen nur eins erreichen, dass unser Geschäft in unserem Sinne weitergeführt wird. Und wir beide glauben, dass Sie ganz besonders geeignet sind, dies in unserer Art weiter zu führen. Für uns wäre es eine besondere Freude wenn wir wüssten, dass unseres, von uns persönlich aufgebautes Lebenswerk in gute Hände übergeben werden könnte"!

Dies Angebot machen wir nur Ihnen, da wir der Meinung sind, Sie würden in unserem Sinne das Geschäft weiter führen.

Wir haben uns herzlich für dies großzügige und für uns überraschende Angebot, und vor allem dem uns entgegen gebrachten Vertrauen bedankt. Wir versprachen, es uns zu überlegen.

Ich habe natürlich bemerkt, dass du von dem Ehepaar gleich ganz besonders freundlich aufgenommen wurdest. Sie haben dich gleich als besonders gute Freundin behandelt. Du hast, wie immer einen hervorragenden, vor allem sehr sympathischen und zuverlässigen Eindruck hinterlassen. Auch Deine Fachkenntnisse, welche du dir ja inzwischen erworben hattest, wurden sofort erkannt. Am liebsten hätten sie uns gleich dort behalten.

Aber unsere Kinder warteten doch zu Hause auf uns. Wir haben uns auf der Rückfahrt noch lange über dieses großzügige und ungewöhnliche Angebot unterhalten. Aber wir kamen zu dem Ergebnis, dass es uns unser bisheriges Leben vollkommen umgekrempelt hätte. Unsere Kinder hätten andere Schulen besuchen müssen und alle ihre Freunde verloren. Deshalb sagten wir nach reiflichem Überlegen die Übernahme des Geschäftes ab.

Die Inhaber bedauerten dies sehr, waren uns aber weiterhin freundlich gesonnen. Das Geschäft lief im gleichen guten Rahmen weiter. Und wenn am Morgen gegen 07:30 Uhr unsere Kollektionsvorlagen begannen und gegen 10:30 Uhr bereits beendet waren, so war es immer unmöglich dies Haus vor 12:30 Uhr, der Mittagszeit zu verlassen. Es gab immer sehr viel zu besprechen.

Besonders an Informationen über die Organisation etwa gleich großer Häuser in anderen Städten war man immer interessiert. Wir wurden als zuverlässige Berater angesehen und entsprechend respektiert!

Unser Beruf war schon sehr vielseitig. Wir mussten nicht nur unsere Kollektionen kennen, sondern mussten auch über Betriebswirtschaft, Steuerwesen usw. erhebliche Ahnung haben. Viele Kunden, vor allem die mittleren und kleineren Kunden, welche ja auch zu unseren Kundenkreis zählten, waren uns immer für wichtige Hinweise und Vorschläge für Verbesserungen sehr dankbar. Oft merkten wir bei unseren nächsten Besuchen, dass unsere Vorschläge durchgeführt waren.

Wir hatten ja auch durch die Vielzahl unserer Kunden und deren Verschiedenheiten einen sehr guten Überblick, und wussten genau was wir unseren Kunden für Verbesserungen empfehlen konnten.

Leider wurde unser Kunde in der Pfalz bald sehr krank, und hat dann sein Geschäft verpachtet. Vorher hat er aber noch hinter seinem Geschäft ein 3-stöckiges Modehaus gebaut. Zur Einweihung wurden wir beide eingeladen und sie waren ganz stolz, dass sie dies herrliche Modehaus noch bauen und eröffnen konnten.

Den Pächter seines Geschäftes kannten wir bereits persönlich, denn wir besuchten seine anderen Geschäfte welche er in der Pfalz bereits besaß. Den neuen Geschäftsführer lernten wir gleich kennen, und die Zusammenarbeit auch mit dem zum Teil neuen Führungsteam ging hervorragend weiter. Das Personal wurde vollkommen behalten und noch neues Personal eingestellt.

Mit dem jetzigen Pächter des Hauses wohnte ich oft zur gleichen Zeit in Neustadt-Hard im gleichen Hotel. Wir hatten uns schon oft über seine Geschäfte, welche ich ja alle besuchte unterhalten. Auch er fragte mich, wie machen meine Kollegen dies oder jenes anders als wir?

Aber ich konnte ihm nur sagen, dass er gute und sehr tüchtige Geschäftsführer in seinen Häusern hatte. Ich war mit allen befreundet, und das war ihm auch bekannt. Er hat nie Anstoß daran genommen und hat mich auch seinem neuen Geschäftsführer in dem jetzt neu übernommenen Geschäft entsprechend vorgestellt. Mit diesem haben wir gut zusammen gearbeitet bis ich durch deine Erkrankung meinen Beruf aufgeben musste.

*

Auch die Mosel war mein Arbeitsgebiet. Hier hatte ich in den 50er Jahren mehrere Großhändler als Kunden. Damals machten die Großhandlungen noch gute Umsätze. Aber auch die Spezialgeschäfte für Handschuhe, Strümpfe und Strickwaren waren hier reichlich vorhanden. Hier war ein reiches Arbeitsfeld für uns und ich hatte oft 2-3 Tage hier zu tun.

Ein Strickwaren-Spezialgeschäft erteilte einen Auftrag nie unter 1000 Stück Damenpullover für jede Saison. Aber Artikel, welche er speziell für sein Geschäft kaufte, durfte man in Trier nicht noch einmal verkaufen. Aber die Kollektion war so groß, dass noch andere Kunden bedient werden konnten.

Die Strickwaren-Abteilungen der Konzerne, z.B. des Kaufhofs in Trier, orderte doch bei der Zentrale-Musterung die bereits von dieser aufgenommenen Teile. Darüber hinaus musste ich hier in Trier beim Kaufhof unsere Kollektion noch einmal vorlegen, da der Einkäufer unsere Ware besonders gern führte. Die Qualität war ausgezeichnet, und die Muster entsprachen immer der neuesten Mode.

Ein weiteres großes privates Modehaus, mit einer Großhandels-Abteilung war ebenfalls ein hervorragender Kunde. In den 70er Jahren wurde hier der Großhandel aber aufgegeben und das Modehaus vergrößert. Die Umsätze waren immer hervorragend. Hinzu kam, dass wir noch eine Firma mit Damenröcken, Hosen und Kombinationen übernommen hatten. Diese arbeitete für Damen bis zur Größe 60. Diese Firma hatte 2 weitere Modehäuser, ebenfalls in Rheinland-Pfalz, für welche der Einkauf in Trier mit getätigt wurde. Und in allen drei Geschäften wurden Übergrößen geführt.

So ergaben sich hier sehr gute Umsätze. Auch bei dieser Firma ergaben sich Nachfolgerprobleme. Die Inhaber hatten keine Kinder, wollten sich aber aus Altersgründen zurückziehen.

Und so bekam die Freundin der Inhaberin mit ihren Kindern die Firma praktisch geschenkt. Die Kinder, im Modefach bereits ausgebildet, übernahmen nun die Geschäftsführung, aber auch den Einkauf. Es lief alles hervorragend. Wenn ich mit meinen Kollektionen allein kam, dann bekam ich sofort vom ältesten Sohn, er war auch der Einkäufer meiner Artikel, Hilfe für den Transport meiner Muster. Es stand mir immer Jemand zur Verfügung.

Wenn ich meine Kollektionen allein transportieren wollte, dann bekam ich sofort eine Rüge erteilt. Ich habe mich dann, wenn ich wieder alles eingeladen hatte, mit einem großen Kasten Pralinen bei meinen Helferinnen bedankt.

Meistens war mir eine seiner Schwestern behilflich, und sie freuten sich immer über die köstlichen Süßigkeiten.

Als ich wieder in Trier arbeitete, fiel mir ein, dass ich mit 2 Kameraden unseres Unterseebootes U-31 im Jahre 1938 in Trier Karneval gefeiert habe.

Es waren Jonny unsere Funker, und Pio ein guter Kamerad, auch ein

Seemann wie ich. Wir trafen am grünen Donnerstag in Trier ein. Pios Bruder war Unteroffizier bei der dort stationierten Infanterie.

Von seinem Kompaniechef wurden wir zum Wettschiessen eingeladen. Außerdem fand auch ein gemeinsamer, sehr interessanter Kameradschaftsabend statt.

Wir wussten natürlich was uns an diesem Abend blühte, und hatten uns mit kleinen Tricks auf den auf uns zukommenden Alkohol vorbereitet. Wir waren auch am Ende des Abends noch immer fast nüchtern und fielen nicht unter den Tisch. Unsere Kameraden vom Heer waren über unsere Trinkfestigkeit doch überrascht, und sagten es uns auch am nächsten Tage.

Auch beim Wettschiessen waren wir nicht die Schlechtesten. Wir haben auf keinen Fall die Marine blamiert, und wurden in der Kaserne des Heeres als gleichwertige Kameraden angesehen. Wir wohnten doch in der Kaserne des Bruders von Pio. Auch die Verpflegung bekamen wir dort.

Unser U- Boot hatte gerade eine längere Werftliegezeit in Bremen, und so bekamen wir ausreichend Urlaub für einen Heimaturlaub. Außerdem aber auch noch eine gute Woche zur freien Verfügung zu unserer Fahrt nach Trier. Wir waren auch von der dortigen Marinekameradschaft eingeladen. Wir waren also voll beschäftigt.

Natürlich sind wir des Abends auch zum Tanzen ausgegangen. Es war doch Karneval. Und in Trier wird dieser tüchtig gefeiert. Ich weiß noch genau, es ist ja bald 60 Jahre her, dass wir „im Astoria“ zum Tanzen waren. Hier spielte eine temperamentvolle Kapelle. Und wir haben fleißig das Tanzbein geschwungen. Es war eine reiche Auswahl an jungen hübschen Trierer Damen anwesend. Man wusste nicht, auf welche man sich konzentrieren sollte. Die Auswahl war wirklich sehr schwer.

Ich hatte eine sehr temperamentvolle Tänzerin erwischt, mit welcher ich dann immer in dieser Nacht tanzte. Wir verstanden uns sehr gut, obwohl sie doch einige Jahre älter war als ich.

Sie war in Trier Ärztin, was ich aber erst kurz vor unserer Abfahrt erfuhr. Aber ich war ja gesund und munter, und benötigte sie keinesfalls als Ärztin.

Wir trafen uns auch am anderen Tage, damit sie uns Trier zeigen konnte. Es war gut, dass wir hier eine sich gut auskennende Fremdenführerin gefunden hatten. In Trier gibt es sehr viel aus der Römerzeit zu sehen. Wir waren ganz überrascht über die zum Teil fast 2000 Jahre alten Bauten.

Ich möchte hier nur einige der wichtigsten, durch die Römer geschaffenen Bauwerke erwähnen.

Bereits 180 nach Christi wurde mit dem Bau der Porta-Nigra begonnen. Dieses Bauwerk steht heute fast noch so da, wie der Bau unvollendet abgebrochen wurde.

Die Kaiserthermen wurden ab dem Jahre 400 n. Chr. erbaut. Sie waren eine der größten von den Römern erbauten Thermen. Ein römischer Mitregent residierte in Trier.

Das Amphitheater, etwas außerhalb des eigentlichen Stadtkerns gelegen, mit einer Größe von 75 mal 50 Meter, gebaut als Oval, wurde 100 n. Chr. erbaut.

Der Dom, in welchem noch jetzt ein großer Teil römischen Mauerwerks aus dem 4. Jahrhundert erhalten ist, ist als gewaltige dreiteilige Raum-Kombination als Großkirche erbaut worden. Der Trierer Domschatz zählt unter den rheinischen Kloster- und Domschätzen mit zu den bedeutendsten.

Wir besichtigten noch die Basilika und das Kurfürstliche Palais. Wir waren überrascht über diese herrlichen römischen Kulturgüter aus einer Zeit, als die Germanen noch in den Wäldern wohnten.

Das zwischen 16 und 13 v. Chr. von Kaiser Augustus gegründete Trier erhält im Zuge der Erweiterung zur Kaiserresidenz zahlreiche neue Großbauten, von welchen ich vorstehend einige aufführte. Und das alles erklärte uns unsere hervorragende und liebenswürdige Fremdenführerin. Es machte ihr große Freude, uns Trier zeigen und erklären zu können.

Auch gingen wir am Nachmittag in ein Kino in Trier, in welchem gerade ein Film Premiere hatte. Der Hauptdarsteller war der Schauspieler Albrecht Schönhals. Wer kennt heute noch seinen Namen?

Wir setzten uns an einen Tisch in der Nähe von Herrn Schönhals und dem Kinobesitzer, welchem auch das Restaurant gehörte. Von Herrn Schönhals und dem Kinobesitzer wurden wir an deren Tisch gebeten. Wir waren sehr glücklich, dass wir mit dem damals sehr bekannten und vor allem hervorragenden Schauspieler Schönhals zusammen sein durften.

Die Unterhaltung wurde sehr lebhaft, und wir wurden alle kostenlos zum Besuch des Films eingeladen. Außerdem durften wir unsere Getränke nicht bezahlen. Wir waren Gäste des Kinobesitzers, dessen Namen ich leider nicht mehr weiß.

Auch meine neue Freundin blieb den ganzen Tag bei uns und

begleitete uns in das Kino. Anschließend gingen wir wieder zum Tanzen und wirbelten die Trierer Mädchen durcheinander! Ich blieb meiner sehr netten und besonders liebenswerten Freundin die ganzen Tage in Trier treu. Ich hatte mich in diese aparte junge, und besonders liebenswerte Frau verliebt. Ich hatte den Eindruck, auch sie hatte sich in mich verliebt. Ja, ich spürte es ständig wenn wir zusammen waren. Der Altersunterschied war für uns beide vollkommen belanglos.

Wir haben jeden Abend und jede Nacht getanzt. Und wenn wir an einem Abend erst nach der Kameradschaftsfeier frei waren, getanzt wurde auf jeden Fall. Es war wunderbar mit dieser charmanten und besonders liebenswerten jungen Frau über die Tanzfläche zu schweben. Tango wurde damals sehr oft und viel getanzt. Und hierbei konnte man mit viel Gefühl tanzen.

Wir waren glücklich wenn wir zusammen sein konnten. Es wurden herrliche Urlaubs- und Faschingstage.

Es war schade, dass wir am Aschermittwoch wieder nach Bremen zurückfahren mussten. Zum Glück hatten wir gleich die Fahrkarten für die Hin- und Rückfahrt von Bremen nach Trier gekauft.

Am Ende der Karnevalstage waren auch unsere Moneten am Ende. Es wäre für mich kein Problem gewesen mir etwas Geld geben zu lassen. Damals gab es noch keine EC-Karten wie heute. Und mit unserem mitgenommenen Bargeld waren wir recht großzügig umgegangen. Aber so eine Woche Karneval in Trier kostete doch für uns eine Menge Geld.

Trotzdem hatten wir auf der Rückfahrt noch so viel Geld, dass wir uns noch 2 bis 3 Tassen Kaffee von Trier bis nach Bremen leisten konnten. Wir kamen gut in Bremen wieder an. Unser I. WO. sagte uns, leider zu spät, ihr hättet noch einige Tage Nachurlaub bekommen können, denn die Werftliegezeit hat sich verlängert.

Natürlich hatte ich meiner Freundin meine Bremer Adresse hinterlassen. Wir wollten uns doch fleißig schreiben, denn wir hatten herrliche Tage gemeinsam verlebt.

Wir waren 2 Tage wieder in Bremen, da kommt ein Anruf in unserer Unterkunft an. Wir wohnten in der Zollkaserne in Bremen. Ich wurde am Telefon verlangt. Mein Kamerad, welcher das Telefon bediente sagte mir:

„Eine Dame aus Trier ist am Apparat“!

Ich ahnte gleich, dass es nur meine Freundin sein konnte. Ich ging an den Apparat und hatte richtig gedacht. Es war tatsächlich meine Freundin. Ich sagte ihr, dass ich mich freue dass sie mich aus Trier anruft.

Da meinte sie:

„willst du mich besuchen? Ich bin im Essighaus in Bremen. Komm bitte sobald du kannst. Ich warte auf dich“!

Ich war erstaunt, aber auch erfreut. Bereits eine Stunde später trafen wir uns, denn ich habe sofort eine Woche Urlaub bekommen. Die Überraschung war ihr vollkommen gelungen. Sie sagte mir gleich, ich hatte große Sehnsucht nach dir. Es waren herrliche Tage welche wir nun in Bremen verbringen konnten, aber auch in vollen Zügen genossen haben.

Jetzt war ich an der Reihe meiner Freundin Bremen zu zeigen.

*

Und wo begann ich meine Führung durch Bremen? Natürlich auf dem Marktplatz! Ich erklärte ihr auch, dass sich hier die verabredeten Pärchen immer treffen, denn der Roland von Bremen ist ein bekannter Treffpunkt.

Sie fragte mich, ob auch ich mich hier schon mit jungen Damen getroffen hätte.

Natürlich, sagte ich, und ich tue es jetzt gerade wieder und treffe mich mit einer ganz besonders liebenswerten und hübschen jungen Dame und nahm sie ganz fest in meine Arme.

Der Roland steht immerhin bereits seit dem Jahre 1404 auf seinem Platz. Wir beide stehen hier aber erst 10 Minuten. Ich glaube, die sich hier getroffenen Liebespaare sind kaum noch zu zählen.

Das Rathaus ist ein gotisches Rathaus und wurde in den Jahren 1405 bis 1410 erbaut. Zuerst wurde es gebaut mit Zinnen und Wehrgang wie eine Burg. Etwa 200 Jahre später wollten die Bremer ein *eleganteres Rathaus haben* und veränderten es mit einer repräsentativen Renaissance- Fassade.

Der Dom „St. Petri“ wurde 1042 begonnen, und erhielt dann ca. 300 Jahre später seine gotische Doppelturm-Fassade zum Marktplatz hin.

Natürlich konnte ich nicht alle Sehenswürdigkeiten dieser herrlichen Stadt zeigen, wir wollten doch vor allem auch Zeit für uns haben. Aus diesem Grunde war sie doch gekommen.

Aber erklärt habe ich noch, dass der Seehafen außerhalb von Bremen an der Wesermündung gebaut wurde wegen Versandung der Weser. *Und so wurde Bremerhaven gegründet.* Hier stehen die Überseehäfen für den Fracht- und Personenverkehr zur Verfügung. Hier legen auch die großen Passagierschiffe an, wenn sie große Überseefahrten, z. B. nach Amerika unternahmen.

Auch die Nordland-Kreuzreisen auf den Luxuslinern beginnen hier in Bremerhaven.

Bekannt ist Bremerhaven auch für seine Fischindustrie. Die Fischkonserven-Industrie von Bremerhaven ist sehr bekannt. Der Fischereihafen ist wohl der größte Europas. Bremerhaven ist die Geburtsstadt der Hochseefischerei. Leider hatten wir nicht die Zeit, und wir wollten sie uns auch nicht nehmen, um Bremerhaven einen Besuch abzustatten. Das habe ich dann später getan als ich auf die Marineschule nach Bremerhaven kommandiert war.

Aber jetzt haben wir uns Zeit für uns genommen. Wir gingen in das Theater, in das Varieté, aber vor allem auch wieder zum Tanzen. Die Tage vergingen so schnell, und wir waren sehr traurig als ihre Urlaubstage, welche sie sich extra genommen hatte um mich in Bremen zu besuchen, zu Ende gingen.

Aber alles hat einmal ein Ende. Wir hatten vorgesehen, im nächsten Jahr wieder in Trier gemeinsam Fasching zu feiern. Hierauf haben wir uns ganz besonders gefreut. Aber es war nicht möglich, der Dienst hat es nicht zugelassen.

Aber es waren in Bremen noch schönere gemeinsame Tage als in Trier. Vielleicht auch deshalb, weil wir immer allein waren, ohne Jonny und Pio. Nur einen Abend haben wir geopfert um mit Jonny und Pio auszugehen.

Und wir waren glücklich, wenn wir allein sein konnten. Wer konnte denn ahnen, dass dieses unser letztes Treffen vor einem Kriege war?

Und dann kam der Krieg, der furchtbare Krieg, welcher über Jahre alle Verbindungen abreißen ließ. Ich selbst habe ja 1940 geheiratet. Bei einem Besuch in Trier Anfang der 50er Jahre dachte ich an die schöne Zeit 1938 in Trier und Bremen.

Was macht wohl meine ehemalige Freundin jetzt in Trier? Ihre Privatadresse hatte ich nicht mehr, aber ich wusste wo sie 1938 als Ärztin gearbeitet hat.

Ich fragte mich, kann ich es wagen mich jetzt nach ca. 15 Jahren zu melden, zu fragen, *wie geht es dir?*

Ich sprach mir selbst Mut zu denn ich dachte, nachdem wir gemeinsam so herrliche 14 Tage in Trier und Bremen erlebt hatten, *darf ich dies.* Ich rief dort an und fragte nach Frau Dr. K. Die Zentrale sagte mir gleich, Frau Dr. K. heißt nicht mehr so. *Sie ist inzwischen verheiratet.*

Ich sagte, ich bin ein Jugendfreund und würde sie gerne sprechen. Es dauerte nicht lange, und sie meldete sich am Telefon. *Ich sagte nur meinen Namen und Unterseeboot U-31.*

Es trat eine spürbare lang anhaltende Stille ein. Ich dachte schon, sie hat den Hörer aufgelegt. Da hörte ich plötzlich ihre Stimme und sie sagte wie erlöst:

„Gott sei Dank, Du lebst noch"!

Mir fiel ein Stein vom Herzen, auch sie war noch am Leben. Immerhin waren seit unserem letzten Treffen in Bremen ca. 15 Jahre vergangen. Aber sie freute sich sehr, dass ich noch an sie gedacht habe. Auch sie habe oft an die damaligen wunderschönen Tage gedacht und würde sie nie vergessen.

Bist Du in Trier, fragte sie. Ich sagte ja, ich bin am Marktplatz und wollte zu dem Restaurant neben „Astoria" zum Essen gehen.

Sie sagte, *„ich habe gleich Feierabend, da können wir uns gleich dort treffen".*

Ich wartete auf dem Marktplatz bis sie kam. Ich habe sie sofort erkannt. Ob sie mich so ohne weiteres erkannt hätte, weiß ich nicht. Aber ich ging ihr gleich entgegen. Sie begrüßte mich gleich sehr herzlich, so wie vor 15 Jahren! Wir beide haben uns sehr gefreut uns gesund wieder zu sehen.

Sie sagte gleich, viel Zeit habe ich nicht, denn ich muss nach Hause zu meinen Kindern. Deshalb arbeite ich nur noch halbe Tage. Dann gingen wir in ein Kaffee, damit wir uns unterhalten konnten.

Sie sagte:

„Ich habe mir große Sorgen um dich gemacht, da du doch auf dem Unterseeboot warst, und so viele davon im Kriege versenkt wurden! Ich bin sehr froh und glücklich, dass du wieder gesund aus diesem furchtbaren Kriege zurückgekommen bist".

Ich habe auch im Kriege noch, als ich bereits verheiratet war, an deine Adresse in Wilhelmshaven geschrieben, *erhielt aber nie eine Antwort.* Auch mein Mann hat alles getan um eine Nachricht von dir oder über euer U-Boot 31 zu erhalten. Ich kann dir nicht sagen, wie glücklich ich bin dich gesund, aber auch etwas kräftiger wieder zu sehen.

Und ich erzählte ihr, wie es mir ab 1938 bis jetzt gegangen war.

Ich habe 1940 geheiratet und habe zwei Kinder, sagte sie zu mir. Mein Mann ist Arzt und wird jetzt Chefarzt an einem großen Krankenhaus in Süddeutschland. Dann müssen wir unseren Wohnsitz leider wechseln. Ich sagte ihr: *„Auch ich habe 1940 geheiratet und habe auch zwei Kinder.* Meine Tochter wurde 1942, und mein Sohn 1944 *geboren".*

Sie lachte und sagte:

„Mein Sohn wurde 1942, und meine Tochter 1944 geboren". Jetzt fehlt nur noch, dass sie die gleichen Namen haben. Das war aber leider nicht der Fall.

Sie sagte, „Du hast aber sehr jung geheiratet wenn du 1940 geheiratet hast. Da warst du ja gerade erst 22 Jahre. Ich war immerhin schon 30 Jahre als ich heiratete".

Hast du Zeit, dann kannst du mit zu mir kommen und meine Kinder sehen. *Und sie zeigte mir Bilder von ihren Kindern.* Sie sahen prachtvoll aus und ich freute mich über die beiden hübschen und freundlichen Kinder. Immerhin war sie ja auch Kinderärztin.

Auch ich zeigte ihr die Bilder meiner Kinder. Da sagte sie:

„*Was haben wir doch für ein großes Glück so gesunde und fröhliche Kinder zu haben.* Und deshalb arbeite ich auch nur noch halbe Tage um mehr Zeit für meine Kleinen zu haben. Und sie sind ganz glücklich, wenn ich gleich nach Hause komme"!

Und dann zeigte ich ihr das Bild meiner Frau aus dem Jahre 1939, als sie 20 Jahre alt war und sie kennen lernte. Sie sah das Bild sehr lange an. Dann sagte sie:

„Selten habe ich ein so klares, liebes und bildhübsches Gesicht einer Frau gesehen mit so wundervollen großen Augen und einer so eigenwilligen, aber ganz besonders attraktiven und gepflegten Frisur. *Ich glaube dir, dass du mit ihr ganz besonders glücklich bist.*

Du hast dich sicher gleich sehr in sie verliebt als du sie kennenlerntest. *Und darüber bin auch ich sehr glücklich.*

Ich gönne und wünsche dir von ganzem Herzen eine so wundervolle Familie, wie ich sie auch habe. Ihr Gefühl überwältigte sie und sie nahm mich in ihre Arme. Ich spürte, dass alles was sie mir sagte, aus vollem Herzen kam.

Mein Mann weiß, dass wir 1938 zusammen Fasching gefeiert haben. Aber auch, dass ich dich dann in Bremen eine Woche besucht habe. Er hätte ja auch tüchtig Fasching gefeiert und hätte sich auch verliebt. *Dafür wäre man ja schließlich jung.*

Er würde sich sicher sehr freuen dich kennenzulernen. Im Moment ist er in seinem neuen Krankenhaus zu Besprechungen. Am nächsten Ersten muss er dort seinen Dienst antreten. *Er freut sich sehr auf seine neue, verantwortungsvolle Aufgabe.* Dann sagte sie: Du hast doch etwas zugenommen. Aber es steht dir ganz gut.

Und ich sagte ihr, dass sie noch genau so jung, schlank und bezaubernd wie vor 15 Jahren aussieht. Sie lachte nur und sagte: „Du hast dich wirklich nicht verändert“! *Ich habe dies als Kompliment aufgefasst.*

Dann fragte sie mich, hattest du keine Freundin mehr bis du 1940 geheiratet hast? Wir konnten uns doch wegen der großen Entfernung bis Kriegsbeginn nicht mehr sehen. Und wenn ich Zeit hatte, dann wart ihr gerade im Ausland.

*

Natürlich hatte ich wieder einige Freundinnen. Aber nach der Faschingszeit 1938 sind wir doch wieder viele Monate im Ausland auf großer Fahrt gewesen. Ich habe dir doch auch aus Afrika und Madagaskar geschrieben.

Du hast doch die Briefe von mir bekommen. Deine Briefe erhielt ich ja erst nach unserer Rückkehr in Wilhelmshaven.

Aber vom Herbst 1938 bis zum Oktober 1939, bis ich meine Frau am 12.10.1939 kennenlernte, *hat sich Verschiedenes ereignet.* Aber es würde heute zu lange dauern, wenn ich Dir jetzt alles erzählen würde. Meinen Termin in Koblenz würde ich dann versäumen. Es ist wohl besser, wenn ich bei meinem nächsten Besuch in Trier dir alles erzählen kann. Vielleicht kann ich dann auch meine Frau mitbringen. Auf jeden Fall werde ich mich bemühen so schnell wie möglich wieder nach Trier zu kommen. Ich habe hier in Trier sehr viel Arbeit und sehr nette Geschäftsfreunde. Ich freue mich ganz besonders, deine Familie, deinen Mann und die Kinder dann kennen zu lernen.

Ich bedauerte, dass ich 2 Stunden später einen Termin in Koblenz hatte und nicht in Trier bleiben konnte. Wenn du wieder in Trier bist, dann rufe doch bitte wieder an. Wenn wir dann noch hier wohnen, dann können wir uns auch mehr Zeit nehmen. Dann musst du zu uns kommen und meine Familie kennenlernen. *Ich bin sehr glücklich mit meinem Mann und den Kindern.*

Und ich konnte ihr bestätigen, dass ich das gleiche Glück mit meiner Familie gefunden habe.

Wir waren beide sehr froh und sagten es uns auch, dass jeder seine große Liebe gefunden hat. Immerhin war ich doch noch keine 20 Jahre alt als ich sie 1938 kennenlernte, und dachte doch in diesem Alter überhaupt nicht an das Heiraten.

Auch sie hätte doch damals nicht an das Heiraten gedacht. Der Krieg hat doch nicht nur Millionen an Toten hinterlassen und ganze Städte zerstört, er hat auch viele guten Beziehungen und Bindungen unterbrochen *oder ganz unmöglich gemacht.* Ja ganze Familien wurden zerrissen. Erst nach vielen Jahren haben sich die Angehörigen erst wieder treffen können. Und viele Familien konnten sich überhaupt nicht sehr treffen, dass viele von ihnen im Krieg getötet oder verschleppt wurden!

Ihr Berufsleben hatte doch erst kurz vor unserem Kennenlernen richtig begonnen. Und auch sie bestätigte mir, dass es damals herrliche Faschings- und Urlaubstage in Trier und Bremen waren. Für alle Fälle bekam ich noch ihre Privatadresse.

Wir müssen glücklich sein, dass wir diesen furchtbaren und unnötigen Krieg gesund überlebt haben. Ich selbst war im Krieg in mehreren Lazaretten als Ärztin eingesetzt. Was ich in dieser Zeit gesehen habe, kann ich nie vergessen. Hoffentlich werden unsere Kinder von einem so unsinnigen Krieg verschont!

Wir wollen doch immer Freunde bleiben, sagte sie mir zum Abschied.

Ich freute mich sehr über diese liebevollen, und ich spürte es, sehr ehrlichen Worte. Wir verabschiedeten uns so, als würden wir uns nie wiedersehen. Sie hatte immer noch ihr wunderbares Temperament und Liebenswürdigkeit. Sie begleitete mich noch bis zu meinem Wagen. Dann fuhr ich, froh diese wunderbare Begegnung noch einmal erlebt zu haben, und diese wunderbare Frau noch einmal sehen zu können, ab in Richtung Koblenz.

*

Auf der Fahrt nach Koblenz hatte ich genügend Zeit über das soeben Erlebte nachzudenken. Mein Mut, sie anzurufen, erschien mir doch das Richtige gewesen zu sein. An ihrem ganzen Verhalten, ihren lieben Worten und ihrer großen Freude darüber, dass wir uns noch einmal treffen konnten, erkannte ich ihren wahren Wert, *ihren großartigen Charakter.*

Ja, so kannte ich sie aus unserer kurzen gemeinsamen Zeit im Jahre 1938. Es war damals alles wie ein Traum.

Es waren ja nur 14 Tage welche wir damals zusammen sein konnten, aber sie waren herrlich, unvorstellbar harmonisch und ganz besonders glücklich!

Sie hatte sich nicht verändert und war stets eine sehr ehrliche und zuverlässige Partnerin. Dass sie alles ihrem Ehemann erzählt hat zeigt, dass sie beide ein großes Vertrauen zueinander haben.

Genau so wie ich zu meinem Ilschen. Sie wollte auch immer alles wissen was vor unserer Ehe war. Und ich habe ihr alles erzählt. Sie kannte also alle meine kleinen Sünden. Sie sagte dann immer,

„das war doch bevor wir uns kannten". Sie hat dann nur gelacht und sich amüsiert.

In Koblenz kam ich pünktlich bei meiner Kundin an. Es war ein noch neu gegründetes Geschäft mit einer noch sehr jungen Inhaberin, welche aber ganz besonders große Größen für Damen führte. Sie wusste was sie für ihre großen Damen brauchte, und erzielte auch sehr gute Umsätze. Sie war auf eine gute und vernünftige Beratung angewiesen. Ihre Einkaufsfreude war sehr groß. Ich musste ihre Einkaufsfreude etwas bremsen und versicherte ihr, dass sie nachbestellte Artikel prompt geliefert bekäme. Ich würde mich dafür einsetzen dass sie alle Artikel immer schnell nachgeliefert bekommt.

Ich wollte nicht, dass sie finanziell in Schwierigkeiten kommen sollte, denn ihre Kapitaldecke war noch sehr dünn. Sie begriff sehr schnell, dass ich sie korrekt und gut beraten wollte. Ich erklärte ihr ausdrücklich mein Bemühen sei, sie sorgfältig zu beraten, damit sie ohne Sorgen ihr Geschäft zum Erfolg führen könne. In späteren Jahren, als ihr Geschäft sehr gut lief und sie bereits das zweite Geschäft eröffnen konnte, war sie mir für meinen Rat immer noch sehr dankbar.

Es ist nicht leicht ein Geschäft zu eröffnen wenn man nicht genügend Kapital zur Verfügung hat. Und ohne Mut geht dies überhaupt nicht. Sie hatte viel Mut und sehr großes Glück, dass die ganze Familie sich zur Verfügung stellte um im Bedarfsfalle mit zu helfen, *und zwar kostenlos.*

Ich habe es immer wieder verstanden nicht blindlings durch die Landschaft zu fahren. All die Schönheiten unseres herrlichen Deutschlands wollte ich in mich aufnehmen. Wenn man an der Mosel entlang fährt, die herrlichen Weinberge in ihrer ganzen Pracht sieht, *dann geht einem das Herz auf.* Und gerade an der Mosel mit seinen oft sehr steilen Hängen, haben die Winzer besonders schwere Arbeit zu leisten.

Aber auch die schönen beschaulichen kleinen Städte an der Mosel haben ihren ganz besonderen Reiz.

Städte wie Konz, Trier, Mehring, Klüserath, Piesport, Bernkastel-Kues, Traben Trabach, Zell, Cochem und Koblenz an der Mündung der Mosel in den Rhein, um nur einige zu nennen, *hinterlassen unvergessliche Eindrücke.*

Die vielen, oft auch zwischen den Weinorten liegenden Weingüter zeigen auch heute noch ihre ganze Pracht. Wenn ich Zeit hatte, dann habe ich mir die Städte und Orte genauer angesehen. Wie viel Tradition ist gerade noch in den Weinstädten und Orten, aber ganz *besonders auch in den herrlichen Weingütern verborgen.*

Gerade die Innenhöfe mit ihren vielen Blumen und blühenden Pflanzen, z. B. Oleander in den verschiedensten Farben, können einen Gast verzaubern.

Am Abend, wenn ich in Mehring an der Mosel in meinem gepflegten Lieblingshotel saß und den köstlichen Wein trank, *kam ich mir vor wie ein König. Und wie ein König wurde ich hier als Gast behandelt.* Man fühlte sich hier sehr wohl, und freute sich bereits auf den nächsten Besuch.

Es geschah aber auch, dass das ganze Moseltal überschwemmt war und man sich einen Umweg suchen musste um zu den Kunden zu kommen. In manchen Jahren war dies mehrfach der Fall. Schuld daran sind die Begradigungen der Flüsse, ganz besonders der Nebenflüsse der Mosel. Das Wasser fließt unaufhaltsam durch bis zur Mosel *ohne vorher Hindernissen zu begegnen, oder auf Auen und Überschwemmungswiesen aufgehalten worden zu sein.*

Gerade in den letzten Jahren war dies in besonders großem Umfang der Fall. Ich habe, um Zeit zu sparen, meine Besuche an der Mosel sehr oft mit den Kundenbesuchen in der Eifel verbunden. Schnell kam man von Trier nach Bitburg, und von dort nach Wittlich. Es waren Städte mit einem sehr guten Hinterland und glänzenden Umsätzen. Oft bin ich dann über Mayen nach Koblenz gefahren. Auch in kleineren, zwischen den größeren Städten liegenden Orten, lagen oft sehr gut geführte Geschäfte.

Besonders gern bin ich auch nach Bad-Neuenahr gefahren. Hier hatte ich auch sehr liebe und nette Kunden. Ich habe mir die Zeit dann meistens so eingeteilt, dass ich eine Stunde in den wunderbaren Kuranlagen spazieren gehen konnte. Am Nachmittag waren oft noch Kurkonzerte. *Und bei einem guten Kaffee und einem Stück Kuchen konnte man neue Kraft sammeln.* Zu solchen Zwischenaufenthalten hatte ich leider meistens nur sehr selten Zeit.

Aus zeitlichen Gründen musste man manchmal einen Kunden weglassen, wenn er sich zum richtigen Zeitpunkt nicht in die Reisetouren einpassen ließ. Ich habe aber immer die kaufwilligen, und *unsere anstrengende Reistätigkeit verstehenden Kunden, sehr gerne besucht.* Es waren alles ungewöhnlich treue Kunden, welche unsere Waren gerne führten.

Über die Limburger Autobahn bin ich dann von Koblenz aus wieder zum Wochenende zurückgefahren. Die Kinder, aber auch du habt immer auf mich gewartet. Dann haben wir, sofern wir nicht in unser Haus in den Hochtaunus fuhren, ein gemütliches Familienleben durchgeführt. Unsere Kinder waren immer glücklich, wenn der Papa einige Tage am Wochenende da war. Dann wurde vor allem erzählt, aber auch gespielt, und oft viel zu spät zu Bett gegangen. *Vor allem dann, wenn die Großeltern bei uns waren.*

Und mein Ilschen hat mich dann immer gefragt: „Wie war die Woche. Hat sich etwas Besonderes ereignet. Du hast wieder viele Aufträge mitgebracht. *Ich werde sie gleich zum Versand fertig machen".*

Die Aufträge wurden erst ausgerechnet und dann in unser Auftragsbuch, welches wir für jede Firma hatten, eingetragen. So hatten wir immer einen genauen Überblick über unsere Umsätze.

Und dann erzählte ich meinen Ilschen von meiner Begegnung mit meiner Freundin aus dem Jahre 1938 in Trier. Und ich sagte ihr auch, wenn ich wieder nach Trier fahre, *dann fährst du bitte mit.* Sie möchte dich sehr gerne kennenlernen. Sie hat dein Bild gesehen und war begeistert. Ich glaube, sie wäre eine sehr gute Freundin für dich. Sie hat sich so sehr gefreut, dass ich doch noch am Leben bin. *Sie hatte große Angst, weil so viele deutsche Unterseeboote versenkt wurden.*

Sie war so glücklich dass wir eine so wunderbare Familie haben. Sie selbst ist sehr glücklich mit ihrem Mann und den 2 Kindern.

Und mein Ilschen sagte nur:

„Wünscht du es dir so sehr, dann fahre ich selbstverständlich mit"! Dann sind wir wieder einige Tage zusammen, und können sehr viel auf der Fahrt besprechen, und uns unterhalten. Selbstverständlich hat mein Ilschen ihr Wort gehalten. Nach nicht allzu langer Zeit haben wir es so eingerichtet, dass uns unserer Reiseroute einige Tage nach Trier führte. Und das habe ich in meinem Kapitel 29 „glückliche Tage an der Mosel" ausführlich geschildert.

*

Aber auch in der Schule haben sich unsere Kinder große Mühe gegeben. Sie mussten meistens die Schulaufgaben allein machen, da wir nicht da waren. Aber sie haben es immer geschafft. Wir müssen mit ihren Leistungen sehr zufrieden sein. Ihren Schulabschluss haben alle sehr gut bestanden.

Besonders gern sind wir am Wochenende in unser Haus im Hochtaunus gefahren. Im Sommer war es besonders schön. Wir konnten in der herrlichen frischen Luft wandern oder auf der Terrasse sitzen. Unser Sohn ritt mit seinem Jochen über Berg und Tal. Er kam sich immer vor wie ein Indianer oder ein Westernheld.

Wenn in Königstein Burgfest war, dann ritt er mit seinem Jochen zur Burg. Dann durften die Kinder einige Runden reiten gegen entsprechende Bezahlung. So hat er sich sein zusätzliches Taschengeld verdient. Am Abend kam er dann mit seinem Jochen zurück, und beide waren total erschöpft.

Oft kam er mit einem Freund vom Ausritt zurück, und sie hatten alle Behälter voll mit Pilzen. Oft musste sogar das Unterhemd als Behälter für Pilze herhalten. Und für dich, liebes Ilschen, gab es dann viel Arbeit die Pilze zu backen und zu braten, *und vor allem genügend Butterbrote zu schmieren.* Für beide reichten 10 Stück Butterbrote oft gerade aus. Sie waren ja auch im richtigen Alter und hatten den richtigen Appetit.

Da uns die Himbeeren fast in den Mund wuchsen, mussten sie natürlich auch gepflückt werden. Am Wochenende gab es dann Himbeer- oder Heidelbeertorte. Die Heidelbeeren wuchsen sogar auf unserem großen Grundstück.

Wenn mehr Besuch kam als erwartet, dann bekam Jeder, auch der Besucher, ein Glas in die Hand. Ganz schnell waren genügend Heidelbeeren gepflückt um einen Tortenboden belegen zu können. Außerdem machte es allen noch sehr viel Freude.

*

Und mit unseren Gedanken an die herrlichen Heidelbeer- und Himbeertorten möchte ich für heute meine Erzählung schließen. Ich möchte dir schon heute eine besondere Freude machen.

Wir werden in den nächsten Tagen unsere Heimat am Südharz besuchen. Dann kannst du diesen herrlichen Blick genießen der dir besondere Freude macht. Links haben wir dann den wundervollen Harz, und auf der rechten Seite liegt dann die weite Ebene vor uns, welche sich bis zu den Bleicheröder Bergen, der Hasenburg und der Hainleite erstreckt.

Wir werden dann das Bild dieser schönen und besonders mir tief vertrauten Landschaft ganz in uns aufnehmen: ***Das Bild unserer Heimat.***

~ ~ * ~ ~

Einige Erinnerungen

Ich im Herbst 1942

Unser-U-31

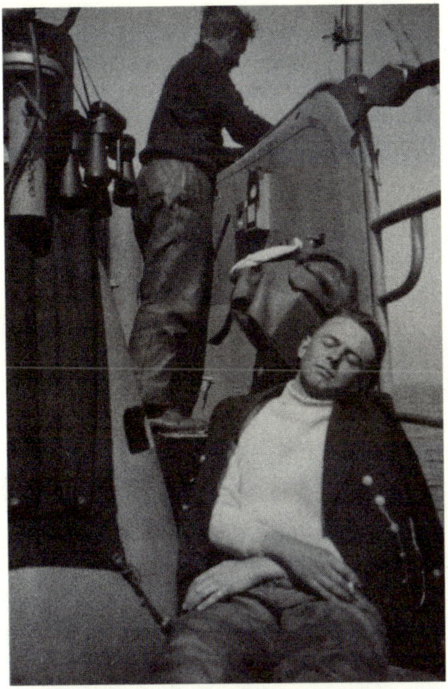

Unser erster Wachoffizier (I.W.O) beim Mittagsschlaf

Mit Marlis 1942

Unsere Mannschaft

Ewald, unser stärkster Seemann und ich. 1937

Marlis und ich 1942

Unsere U-Bootsbesatzung U-31 im Jahre 1937

Meine Ilse am 70. Geburtstag 1989

Daten über das Unterseeboot U- 31

~~~~~~

U-31 war ein hochseefähiges Unterseeboot vom Typ VII a

Technische Daten:

- Länge: 64,5 m
- Breite: 5,9 m
- Tiefgang: 4,4 m
- Wasserverdrängung: 626 t
- Gesamtfahrbereich: 6800 sm bei 10 kn,
- Höchstgeschwindigkeit: über Wasser 16 Knoten, unter Wasser 8 Knoten
- Tauchtiefe: 200 Meter
- Alarmtauchzeit: 30 Sekunden.
- Treibstoffvorrat: 67 Tonnen
- Besatzung: 4/40 bis 4/56
- Motor: 2 x Diesel-Motoren - 2300 PS
  2 x Elektro-Motoren - 750 PS
- Bewaffnung: 4 Bug - 1 Hecktorpedorohr –
  11 Torpedos oder 33 Minen.
  8,8 cm Kanone auf Oberdeck (250 Schuss)
  2 cm Flak (4.380 Schuss)
  Nach 1943 wurde die 8,8 cm Kanone teilweise durch weitere Flakwaffen ersetzt.

Prototyp der VII a-Boote war das finnische U-Boot "Vetehinen"!
Bauwerft: Deschimag Bremen. U-31 wurde am 28. Dezember 1936 in Dienst gestellt. Der erste Kommandant war Kapitänleutnant Rolf Dau. Bis auf sechs Mann der Besatzung wurden alle im Sommer 1939, vor Beginn des Zweiten Weltkrieges auf andere Unterseeboote und auf Marineschulen zur Weiterbildung kommandiert.

Unterseeboot U-31 wurde am 11.03.1940 auf der Jade durch eine Fliegerbombe versenkt. Es war ein Totalverlust mit 58 Gefallenen, davon 10 Zivilpersonen (Werft-Angehörige). Auch die 6 Kameraden, die als Stammbesatzung zurückblieben, mussten bei diesem Untergang ihr Leben lassen. U-31 wurde wieder gehoben, und neu in Dienst gestellt.

Der neue Kommandant war Kapitänleutnant Wilfried Prellberg. Das wieder in Dienst gestellte Unterseeboot U-31 wurde im Nordmeer eingesetzt. Die U-31 versenkte 4 englische Schiffe. Am 02.11.1940 nordwestlich von Irland, auf 56 Grad, 26 Minuten Nord und 10 Grad 18 Minuten West, wurde es durch den britischen Zerstörer "Antelope", und durch britische Fliegerbombe vom Flugboot versenkt. Zwei Mann der Besatzung sind gefallen, der Rest geriet in Gefangenschaft.

Seit der Indienststellung des Unterseebootes U-31 im Jahre 1936 versah ich meinen Dienst als "Gefechtsrudergänger" und Flakleiter für die Flugabwehrkanone auf U-31. Während der Ausbildung auf der Unterseebootsschule Kiel-Wik fuhr ich im Jahr 1936 bis zur Indienststellung vom U- 31 abwechselnd auf Booten der U-Boots-Flottille Weddingen.

Vom Dezember 1936, bis zu unserer Kommandierung auf andere Dienststellen 1939, wurde unser U-Boot U-31 vor allen Dingen dafür eingesetzt, die Leistungsfähigkeit dieser neuen Unterseeboote zu testen. Hierzu wurden wir für Auslandsfahrten eingesetzt. Gleichzeitig wurden viele ausländische Häfen besucht, und in Buchten fremder Länder liegenden Versorgungsschiffen wurden wir mit allem Notwendigen ausgerüstet. Ich
~~~~~~

selbst kam zu einer Marineschule zur weiteren Ausbildung. Anschließend wurde ich zum Wehrbezirks-Kommando Frankfurt am Main kommandiert.
Nach kurzer Zeit war mein nächstes Kommando die Wehrersatz-Inspektion Frankfurt am Main, welche aus Platzgründen in Frankfurt, ihren Sitz noch in Erfurt auf dem Petersberg hatte.
Eine sehr interessante Zwischenstation meiner Dienstzeit fand auf dem Petersberg als Beisitzer des Kriegsgerichtes des Heeres statt. Diese Kriegsgerichte waren bis zum Kriegsbeginn die Militärgerichte. Es war für mich eine sehr lehrreiche Zeit. Ich habe viel gelernt vom Ablauf von Gerichtsverhandlungen, welche von seriösen und korrekten Richtern menschlich und vernünftig durchgeführt wurden. Es waren Militär/-Kriegsrichter des Heeres, und keine Richter der NSDAP. Ihre Aufgabe war, die Ordnung und Disziplin in Heer aufrecht zu erhalten. Im Jahre 1939/1940 war dies kein Problem. An diesen Verhandlungen habe ich mehrere Monate teilgenommen, bis unsere Dienststelle ihren Platz in Frankfurt am Main erhielt.

Nachdem meine Erkrankung, welche ich mir während der dreijährigen U-Boots-Fahrenszeit zugezogen hatte, fast ausgeheilt war, wurde ich wieder an die Front versetzt. Nahe der Stadt Brest in der Normandie in Frankreich, wurde ich als Ausbilder für Unteroffiziere eingesetzt. Das nächste Kommando war die Flakbrigade in St. Marc, in der Nähe von St. Nazaire am Atlantik. Einige Zeit tat ich meinen Dienst im Stab der Brigade. Dann wurde ich als Flakleiter in St. Nazaire eingesetzt. Mein Flakzug war verantwortlich für den Schutz der Schleusen und des Unterseeboot–Bunkers. Es war der größte Flakzug der Batterie und bestand aus über 200 Soldaten mit 20 Geschützen der leichten und mittleren Flak.

Auf St. Nazaire wurden sehr schwere Bombenangriffe geflogen. Alle Hallen im gesamten Hafengebiet und fast die gesamten Werftanlagen wurden zerstört. Außerdem wurde die Stadt fast ganz zerstört. Es ist uns gelungen, sämtliche tieffliegenden Jagdbomber, welche die Schleusen und den U-Boot-Bunker angreifen wollten, abzuschießen oder abzuwehren. *Es wurden keine Schleusentore zerstört, was fatale Auswirkungen für die im U-Bootbunker liegenden Unterseeboote gehabt hätte.*
Es wurden auch keine ein- oder auslaufenden Unterseeboote durch tief angreifende Flugzeuge beschädigt oder zerstört. Wir hatten in St. Nazaire insofern großes Glück, weil auch durch die hochfliegenden schweren Bomber, welche in 8000 bis 9000 m Höhe die Stadt und den Hafen angriffen, an dem Bunker und den Schleusen kein Schaden verursacht wurde.
Im Juli 1943 war mein schweres Gelenkrheuma wieder ausgeheilt, so dass ich wieder zur Unterseeboots-Waffe kommandiert wurde. Aufgrund meiner Erfahrung durch meine lange Fahrenszeit auf Unterseebooten von 1936 bis 1939 sollte ich ein Boot als Kommandant übernehmen. Hierzu musste ich zur Offizierschule nach Flensburg. Auch einen Navigationslehrgang musste ich dort absolvieren. Mein Freund war bereits inzwischen Ritterkreuzträger und Kommandant der Unterseebootsschule in Pillau. Er wartete auf mein Eintreffen.
Leider bekam ich vor meiner Abkommandierung Typhus, und anschließend Paratyphus, so dass ich das neue Kommando nicht antreten konnte. Für mich war das damals eine große Enttäuschung. Auch nachdem ich wieder gesund war, konnte ich das neue Kommando nicht antreten, weil inzwischen die Festung St. Nazaire von den Alliierten eingeschlossen war. Später ist mir zum Bewusstsein gekommen, dass durch die sehr schwere Typhuserkrankung meine Kommandierung zur Unterseeboots-Waffe verhindert wurde. Nach den Verlusten, die bei den U-Booten ab dem Sommer 1943 stark auftraten weiß ich, dass mir diese Typhus-Erkrankung sehr wahrscheinlich mein Leben gerettet hat. Am 8. Mai 1945 geriet ich in französische Gefangenschaft. Freiwillig arbeitete ich im Sommer 1945 in der Landwirtschaft. Im März 1946 wurde ich mit dem ersten Transport aus Frankreich nach Deutschland entlassen.

Friedrich K. Hennemann